周振华学术文集

产业卷
中国经济卷
上海发展卷
全球城市卷

增长方式
与竞争优势

周振华 著

格致出版社 上海人民出版社

潘宜辰摄于2023年5月24日

作│者│小│传

　　周振华，1954年4月1日出生于上海。祖籍是浙江上虞。1961年，就读于上海市南市区中心小学（试行五年制），受到当时最好的教育。但初中三年"复课闹革命"，没上过什么课，留下一片空白。1970年，作为69届初中生，毕业后即赶上知青下乡"一片红"（全部离沪"上山下乡"），便去了黑龙江香兰农场接受"再教育"。农田干活，战天斗地，经受日炙风筛的砥砺，接受凌雪冰冻的洗礼。好在八年的知青生活，没有闲游如戏人生、放荡如梦江湖，而是把青春默默存放，毫无目标地翻阅了一大堆哲学、历史及马列经典著作。特别是调到场部宣传科后，接触了更多文史哲的理论知识。

1977 年恢复高考，仓促迎考，也不抱有太大希望。也许是，付出终究会有回报，竟被牡丹江师范学院政治系录取，圆了多年的上学梦。作为 77 级大学生，对知识的追求，如饥似渴，分秒必争，近乎痴迷和狂热。不经意间，还孕育出未来继续深造的奋斗目标——报考硕士研究生。最初，选择了当时较热门，自身也有些基础的哲学专业方向。后来，接触了政治经济学，有一种直觉：这门学科更为实用，尤其是在改革开放和转向以经济建设为中心的背景下。于是，调整了报考研究生的专业方向——政治经济学，并主攻《资本论》研究，尽管是从"一张白纸"起步。大学期间，除优质完成所有课程学习外，大部分时间花费在备考研究生上，特别是"无师自通"了《资本论》三卷本。

1981 年底，如愿考上了福建师范大学硕士研究生，师从我国《资本论》研究权威人物陈征教授。硕士研究生三年里，在陈征老师的卓越指导和严格要求下，通读和精读《资本论》数遍，受到政治经济学及《资本论》逻辑体系的系统训练，为此后的学术研究打下了扎实的理论功底。并尝试运用《资本论》原理，结合我国改革开放的实际，研究社会主义流通问题。硕士论文成果在《福建师范大学学报》和《南京大学学报》上发表。

1985 年初，硕士毕业去南京大学经济系工作。除了开设《资本论》课程外，又系统学习了宏观经济学和微观经济学、投资学、企业管理学等，进一步完善了经济学的知识结构。在教书育人的同时，深入研究我国改革开放中的重大理论问题，如市场经济问题，现代工业、乡镇工业和农业三部门的结构问题等，并发表了一系列论文。1986 年，被评为讲师。1987 年，领衔完成《社会主义市场的系统分析》一书的撰写，该书由南京大学出版社出版，成为我国较早一部阐述社会主义市场经济的著作。

1987 年，因科研成果突出，被中国人民大学免试录取为博士研究生，师从我国杰出经济学家、教育家、新中国国民经济学学科开拓者胡迺武教授。在此期间，学习和研究的重点转向市场经济条件下的宏观经济管理，在《经济研究》等刊物陆续发表学术论文。参与了吴树青、胡迺武承接的"中国改革大思路"国家重大课题，撰写了其中有关流通体制改革的章节。该成果获首届孙冶方经济科学奖论文奖。博士论文选题是当时比较前沿的产业结构与产业政策研究。博士论文提前一年完成，并以《产业政策的经济理论系统分析》为书名于 1991 年由中国人民大学出版社出版。

1990 年初，去上海社会科学院经济研究所工作。因博士论文撰写中的大量资料积累及观点酝酿，在 1991—1992 年两年内，出版了《产业结构优化论》和《现代经济增长中的结构效应》两部专著。1991 年底，从讲师（助研）破格晋升为研究员。1993 年，获享受国务院特殊津贴专家荣誉。1994 年，获国家人事部突出贡献中青年专家荣誉。1995 年，入选中共中央宣传部、组织部、国家人事部等国家社科领军人才。1996 年，任上海社会科学院经济研究所副所长，《上海经济研究》总编。在此期间，陆续出版了《增长方式转变》、《步履艰难的转换：中国迈向现代企业制度的思索》、《积极推进经济结构调整和优化》（合著）、《体制变革与经济增长》、《信息化与产业融合》等专著，主编了《中国经济分析》年度系列研究报告（持续近 25 年）、"上海经济发展丛书"（12 卷本）等。

2006 年，调任上海市人民政府发展研究中心主任、党组书记；兼任上海市决策咨询委员会副主任、上海市社会科学界联合会副主席、上海市经济学会会长等职。在此期间，创建了上海发展战略研究所，兼任所长；创办了《科学发展》杂志，兼任主编。主持和组织了上海市若干重大课题研究，如"上海'十二五'期间发展主线研究""上海世博后开发利用研究""面向未来三十年上海发展战略研究"等。出版个人专著《崛起中的全球城市：理论框架及中国模式研究》《服务经济：中国经济大变局之趋势》《城市发展：愿景与实践》等，主编《上海：城市嬗变及展望》（三卷本）等。

2014 年，退居二线，任政协上海市十三届委员会常务委员、经济委员会常务副主任，继续兼任上海发展战略研究所所长。在此期间，出版个人专著《全球城市：演化原理与上海 2050》，主编《上海改革开放 40 年大事研究》（12 卷本），并执笔其中的第一卷（总论）《排头兵与先行者》。组织上海发展战略研究所科研人员集体攻关，完成《战略研究：理论、方法与实践》《上海战略研究：历史传承时代方位》《上海战略研究：资源、环境、驱动力》《上海建设全球科创中心：战略前瞻与行动策略》等研究成果并公开出版。

2018 年，受邀组建上海市决策咨询委员会下属的全球城市研究院，并出任院长。创办《全球城市研究》杂志，为总负责人。每年组织面向全市和全国的招标课题研究，主编和出版《全球城市发展报告》《全球城市发展指数》和《全球城市案例研究》三大年度标志性成果。个人撰写并出版《卓越的全球城市：国家使命与上海雄心》《全球城市：国家战略与上海行动》等简明读本。加强国际学术交流，组织"全球城市经典译丛"系列的翻译，个人专著《崛起中的全球城市：理论框架及中国模式研究》《服务经济：中国经济大变局之趋势》《全球城市：演化原理与上海 2050》的英文版也由世界著名学术出版商施普林格（Springer）、世哲（Sage）等出版发行。

曾被中国人民大学、上海交通大学、同济大学、华东师范大学、上海财经大学、上海海事大学、上海师范大学等诸多高校聘为兼职教授。为首届长三角一体化发展咨询委员会专家、上海市决策咨询委员会委员、上海市政府特聘专家，被浙江、成都等多地政府聘为顾问和咨询专家。著作类研究成果曾获得国家"三个一百"原创图书奖、华东地区优秀理论读物一等奖、上海哲学社会科学优秀成果奖一等奖（多次）、北京哲学社会科学优秀成果奖、上海市"银鸽奖"最佳出版奖等多种奖项，入选"十四五"国家重点出版物出版规划等。

自　序

　　出版社准备编辑这套学术文集,要我作一自序。正好,乘此机会,对一路走来的经历及感受作一个系统梳理。但是,又有点犯愁。往事久远,记忆淡去,再加上我有一个习惯,就是只顾匆忙前行,无暇回眸过往。学术生涯四十载,研究成果积三尺,却从未整理过一二。这下可好,有点手忙脚乱,不得不静下心来,凝思回想:这一学术之路如何走过,沿途又有怎样的风景? 一帧帧画面,在脑海中匆匆闪过,丰实多彩,却又片断杂乱。这些画面的不规则组合、交叉渲染,竟然变幻为一种朦胧写意,让我突然联想到当年独登泰山的生动场景。两者之间,如此相似! 难道是冥冥之中的暗喻?

　　那还是1971年,我参加知青下乡的第二年,回沪探亲途中的事情。事先约定登泰山的同伴们,或许因旅途疲惫,快到泰安站,临时变卦,剩我一人独行。为观日出,我不顾舟车劳顿,半夜三更上山。天色阴黑,万物寂静,漫漫山道上,一道孤影飘然而行,尤显孤单、落寞。沿途两侧,景物模糊,难窥秀丽之色,我不免有些无奈,心生遗憾。更叹浑然不知泰山典故,无以领略沧海桑田之变,乏味、茫然之感陡增。

　　到半山腰,正准备歇脚,突然望见,远处有黑影晃动。哇! 原来不乏夜行者。那是两位50多岁的老人,正慢悠悠走着,不时停下来,指指点点,说说笑笑。原来,他们对泰山情有独钟,每隔几年就登临山间,对此地的一景一物了如指掌。见我一人,他们便热情招呼我随其同行。这下可好,下半程的山路,有了另一番风景。他们给我介绍景点,讲传闻趣事。生动之余,阐幽明微,赏心悦目。周边朦胧景物,仿佛逐渐明朗,露出真容仪态,并似乎鲜活起来,呈现古往今来的流动。这才让我慢慢感受到五岳之尊的魅力,初识得泰山的真面目。过了中天门向上,两边山崖壁如削,山路陡峭乱云渡,风啸阵阵催更急。置身其中,犹如逆天渡劫。我咬紧牙关,拉着铁索,奋勇攀爬,直至一步一喘,五步一歇。终于,天色微亮之际,站立于岱顶之上,脚踩云雾缭绕中的峰峦,领略了"一览众山小"的境界。

一

说来好笑。搞了一辈子学术研究,还真不知,学术生涯开端,以什么为标志。有人说,是处女作。如果那样的话,我的学术生涯开端可追溯到1980年。当时,我还是大学三年级的学生,试着对外投稿。想不到,稿件被黑龙江省委党校《理论探讨》录用,他们让我快速去编辑部修改定稿。为此,我专门向学校请了假,连夜从牡丹江乘火车赶去哈尔滨。此番经历给我留下深刻印象。

但我总觉得,这似乎并不能标志学术生涯的开端。当时发表一篇论文,只是业余爱好而已。更主要的是,当时压根没想过要走学术研究之路。这主要源自69届知青的"出身卑微"。所谓的知青,其实没什么文化知识,尤其是69届知青,实际上只有小学文化程度。初中三年,赶上"复课闹革命",没上过文化课;毕业后上山下乡"接受再教育",整整八个年头,实践知识大增,文化知识却没增添多少。幸好,1977年恢复高考,借洪荒之力,我考上了大学,实现了不可想象的"飞跃"。但如此浅薄的底子,怎能去搞这般高深的学术研究?! 至今,回想起来,对走上这条学术之路,我仍感不可思议。只能说,也许是鬼使神差,机缘巧合,勉为其难,艰辛付出的结果吧。

应该讲,真正意义上从事学术研究,是在攻读硕士学位之后,是我国《资本论》研究的权威人物陈征老师将我带入了学术研究之门。其实,当时报考陈征老师的研究生,也是逼迫无奈,挣扎奋起的结果。1978年底,大批知青返城,这使曾经当过知青的我,有一种失落感,回上海的愿望很强烈。无奈所读学校是省属高校,毕业后当地分配。唯一出路,就是报考研究生。但这种机会,只有一次。直接报考上海高校的研究生,风险太大,故选择"曲线返城",先报考福建师大陈征老师的研究生,等以后有机会再回上海。为此,大学在读期间,我足足准备了近三年。考试下来,自我感觉也不错。但结果如何,心里仍没底。在焦急等待之际,意外收到陈征老师来信,告知报考人数多达 80 余人,竞争十分激烈,但"你考试成绩优秀,欢迎前来深造"。这样,我开启了新的人生,走上了学术研究之路。

陈征老师担任中国《资本论》研究会副会长,并率先组建了"全国高等师范院校资本论研究会",担任会长。他的 5 册本《〈资本论〉解说》是我国第一部对《资本论》全三卷系统解说的著作,也是国内对《资本论》解说得最为清晰明达、通俗易懂的专著。在他的教诲和指导下,我开始对《资本论》三卷进行系统学习和研究。一开始,我感觉这"大部头"很难啃,读了老半天,像无头苍蝇似的,不得要领,入不了门。陈征老师送我陆九渊《读书》中的一段话:"读书切戒在慌忙,涵泳工夫兴味长。未晓不妨权放过,切身须要急思量。"于是,我调整了策略,采取"先粗后精、步步为营"的方法。初读时,看不懂的地方,先跳过去,继续往下看;然后,回过头再看,将原先不懂的地方消化了。前后章节,来回研读,并特别注重《资本论》方法论及辩证逻辑关系。在每一阶段学习结束后,加以巩固,把其逻辑演绎梳理出来。通过"三遍通读"加上"两遍精读",我最终将其逻辑演绎完整梳理出来,绘制出了一张《资本论》结构体系示意图。同时,我学习和研究了马克思的《剩余价值史》《政治经济学批判导论》等专著,以及黑格尔的《小逻辑》等。这不仅让我掌握了《资本论》的核心范畴和各种概念,而且理清了基本脉络,甚至有点触摸到《资本论》的精髓。正所谓"半亩方塘一鉴开,天光云影共徘徊。问渠那得清如许,为有源头活水来",唯有进入这一境界,才能真正享受到《资本论》逻辑思维的艺术性和美感。

而且,陈征老师身先垂范,将《资本论》基本原理与中国具体实际相结合,创建了社会主义城市地租理论和现代科学劳动理论,并要求我们把

《资本论》的原理及方法运用于现实之中,特别是中国的改革开放。这不仅为我从事学术研究打下了坚实基础,而且也为我指明了学术研究方向。当年,我的硕士论文就是运用《资本论》原理来分析社会主义流通问题,论文中的研究成果在《福建师范大学学报》和《南京大学学报》上发表。

硕士毕业后,我到南京大学经济系任教。课堂上,给学生上《资本论》课程。业余时间,潜心学习和钻研西方经济学,感觉其中许多原理及方法,可用于现实经济运行分析。在此过程中,我试图将《资本论》的逻辑演绎与西方经济学分析工具结合起来,用于研究中国改革开放及经济发展问题,并撰写和发表了一些学术论文。同时,高度关注改革开放实际情况及相关文献,并通过征文录用,我参加了一系列全国中青年经济学人论坛及研讨会,与许多当时活跃在改革开放理论研究和决策咨询领域的中青年学者进行交流。这种交流,特别是私下闲聊,不仅信息量大,而且现实生动,绝非书本上所能获取。由此,我明显感觉思想认识上一个新台阶。另外,也学习和汲取了他们合作攻关重大课题的经验。当时,这些中青年学者合作发表的一系列高质量、高水平研究报告,产生了重大的社会影响,其建议往往被政府部门所采纳。

在南京大学,我们六个硕士毕业、同时进入经济系的青年教师(金碚、胡永明、张二震、刘志彪、施建军和我)也开展了合作攻关。尽管专业和学术背景不同,但都具有较扎实的理论基础,思想活跃,精力充沛,积极向上,平时交往也较密切。我们围绕一个重大问题,分头调研,取得一手资料,开展头脑风暴,分工协作撰写论文。这些合作论文围绕热点问题,有新思想和新观点,质量也较高,从而录用率较高。成果出得也较快,一篇接一篇地密集"出笼"。后来,感觉不过瘾,遂开始更高层次的合作——撰写专著。当时,全国正进行有关市场经济的大讨论,焦点在于商品经济还是市场经济。我们的选题更超前一步,试图回答"市场经济是什么样的,有怎样一种市场体系结构"。我承担了主要部分的撰写,并对全书进行了统稿和润色。1987年底,《社会主义市场体系分析》一书由南京大学出版社出版。这是国内较早一部全面系统研究社会主义市场经济的专著。我的博士生导师胡迺武先生为此写了书评,发表在《经济研究》上。在南京大学,虽然这种学术合作只持续了两年多(其中三人,离开南大去读博了),但十分让人留恋。它不仅促进互相学习,实现知识互补,拓展学术视野,而且形成学术争锋的强大激励,激发多出成果、出好成果的斗志。对于刚踏入学术研究领域的青年学者来说,这无疑是难得的宝贵财富。

在南大两年多,我的工作与生活已基本安稳下来,也分配到了两室一厅的新房。然而,"天上掉下馅饼",人生又迎来一次重大转折。中国人民大学的胡迺武教授首次招收博士生,向校方争取到一个免试名额。经一些学者推荐,并看了我的科研成果,胡迺武教授对我颇有兴趣,允许我免试去他处攻读博士学位。事出突然,让我有点措手不及。但惊喜之余,我还是毅然决然放下家里一切,投入胡迺武老师门下。

当时,胡迺武老师是中国人民大学最年轻的博导,经济研究所所长,学术精湛,成果丰硕。而且,胡迺武老师思想解放,与时俱进,不受传统理论束缚。他结合中国改革开放和建立社会主义市场的实践,率先将我们的专业方向(国民经济计划与管理)转向宏观经济管理研究。这给我们专业研究打开了通途,其中涉及许多值得研究的新议题和理论创新。更重要的是,这正为我国改革开放及经济发展所迫切需要。胡老师在专业研究指导上,强调系统学习,独立思考,掌握分析工具,涉猎前沿新理论;积极倡导学以致用,理论联系实际,务实求真;鼓励我们运用原理及方法深刻揭示现象背后的深层原因,大胆提出独到见解,发表研究成果。胡老师还经常组织大型课题研究,为学生提供参与现实问题研究的机会及平台。例如,他与吴树青老师一起承接了"中国改革大思路"国家重大课题,组织在校博士生开展研究,带领我们收集资料、开展调查研究、梳理思路、讨论交流;指导我们设计课题、确定提纲、把握写作重点、进行修改完善等。在此过程中,我们全面了解了我国 80 年代改革开放的进程及特点;充分认识到价格"双轨制"等问题的复杂性和严重性;深切感受到进一步推进改革面临的艰难抉择;深入思考了如何推进改革,减少改革风险的思路和操作路径等。这种"实战"磨炼的机会,非常难得,我们的研究明显提升了一个境界。后来,"中国改革大思路"的人大版本,因研究扎实,并提出独到的改革思路,获首届孙冶方经济科学奖论文奖,我们得以分享荣誉。胡老师这一治学品格,对我影响极其深刻,甚至决定了我此后学术生涯的风格。

特别难能可贵,让我更为感动的,是胡老师对后辈的鼎力扶持,为后辈的开路铺道。初次接触,只觉得胡老师平易近人,对学生关心备至,爱护有加。到后来,我越来越深切感受到,胡老师对学生,倾其心血,尽其所能,创造条件,积极提携,帮助搭建与著名学者的学术联系。他听说我正在翻译国外《金融大百科》的相关词条,便主动联系著名经济学家、资深翻译家高鸿业教授,并陪我去高教授家里,让他帮着把关与指导。高教授视力很差,几乎贴着稿纸进行校对,一整就大半天。这让我十分感动,敬佩之极。还有一次,胡老师给我一本中国社科院经济所董辅礽所长的新著《经济发展战略研究》。原以为,是让我读一下这本书,有助于博士论文写作。殊不知,胡老师说:"你写一个书评吧。"闻之,我吓了一跳。一个无名小卒岂能给大名鼎鼎的大师的著作写书评?!我赶紧解释,水平太低,难以把握书中要点和精髓,容易"评歪"或评错。看到我有所顾虑,胡老师鼓励说:"没关系,试试吧,争取写出一篇好的书评。我跟董辅礽所长打个招呼。"接下这一任务后,我不敢有丝毫懈怠,反复阅读,认真学习,吃透精神。同时,参阅了不少文献资料,通过比较分析,找出书中的新思想、新观点及理论创新点,阐明该书独特贡献的学术价值以及现实指导意义。一天晚上,胡老师和我,骑着自行车,去董辅礽所长家送书评初稿。董辅礽所长热情、好客、随和,不经意间给人一种轻松、惬意的感觉。而他一拿起稿子阅读,便聚精会神,神情也变得严肃起来。他看得非常认真,逐字逐句斟酌,让我不由产生时间放慢的错觉。寥寥数页,怎么看了这么长时间?瞬间,我有点坐立不安。一旁的胡老师似乎有所察觉,便乐呵呵介绍起写作过程,还不时夸我几句。总算,董辅礽所长看完了稿子,对我微微一笑,说道:"写得不错。"随后,董辅礽所长与我们交谈了一些重大理论问题及其争议等,并询问了我的学习和科研情况。后来,这篇书评在《经济研究》发表。胡老师用各种方式为学生搭建与著名学者的学术联系，并向大师们积极推荐学生，体现了崇高师德，他是教书育人的楷模。这对我也有深远影响。

在博士课程尚未结束之际，我就提前进入博士论文撰写。经过反复比较和斟酌，我最后确定论文选题为产业结构与产业政策研究，从而也奠定了我学术生涯的主要研究方向。这一选题在当时是比较前沿的，可参考的文献资料较少，还要收集大量历史资料及数据。而传统统计口径缺少这方面的现成数据，要重新整理并作相应的技术处理，甚为繁杂与烦琐。当时，没有电脑，全靠笔记，抄录在小卡片上，厚厚一沓，用不同颜色进行分类。虽然费时、费力，但有一个好处——走心了，不容易忘记。主线逐渐清晰后，开始梳理基本逻辑关系，编排相关内容。由于受过《资本论》逻辑的系统训练，这是我的强项，没有花费太多精力。主要功夫下在充分论证，提出新思想，提炼新观点上。整天，满脑子的问题，不停歇地思考；稀奇古怪的想法，不断否定之否定，似乎进入着魔状态。半夜醒来，有时会突发灵感，好似洞彻事理，便赶紧起床，将它及时记录下来。这段时间，讲呕心沥血，一点也不为过。用了一年多时间，我完成了博士论文写作，提前半年进行论文答辩。并且，经胡老师推荐及专家们严格评审，论文被列入首批"博士文库"出版。至此，我的第一部个人专著《产业政策的经济理论系统分析》诞生了。

1990年初，我来到上海社科院经济所工作。这里集聚了一大批学术大佬和知名专家，学术氛围十分浓厚，学术影响很大，是一个名副其实的学术殿堂。院、所领导高度重视人才培养，言传身教，进行学术指导，并向社会大力宣传和推荐青年学者及其优秀成果。张仲礼院长为我的两部专著亲自作序。袁恩桢所长向宣传部推荐我参加市委双月理论座谈会。所里经常举办报告会，组织学术讨论，鼓励思想交锋，展开争论，却能心平气和，以理服人，学术氛围浓厚、活跃、融洽。这样的环境，不仅让我深受学术熏陶，更加夯实学术研究的根基，而且让我备感温暖，激发起学术钻研的劲头。利用博士期间的知识积累，我在《经济研究》等刊物上连续发表了数篇论文,并先后出版了《现代经济增长中的结构效应》和《产业结构优化论》两部专著。1991年底,我破格晋升为研究员,开启了学术生涯的新篇章。

社科院学术研究的一个显著特点是:针对现实问题,深入调查研究,理论联系实际。上世纪90年代初,我国改革开放进入以浦东开发开放为标志的新阶段,社会主义市场经济体制机制开始建立,许多新事物,如证券市场、公司上市、土地批租等涌现出来。当时,我们宏观室在张继光老师的带领下,系统研究了证券市场的架构、功能及其运行方式,讨论中国证券市场自身运行特征和市场管理及调控方式等,集体撰写了《经济运行中的证券市场》。这是一本国内较早出版的证券市场专著,引起社会较大反响。为此,我们受邀去杭州举办讲座,给浙江省银行系统人员普及股票市场知识。我还在社科院新办的《证券市场研究》周刊担任副主编。周五闭市后,与一批股评家讨论与分析基本面、走势图和个股,然后分头赶写稿件,连夜编辑印制,保证周六一早出刊。另外,在袁恩桢所长的带领下,经常深入基层,进行调查研究,先后参与了二纺机、英雄金笔厂、中西药厂、白猫集团等企业改制与上市的课题研究。在此过程中,我接触了大量鲜活案例,了解到许多实际问题,提出了不少研究新题目,也有了更多理论研究的实际感觉。在此期间,除了坚守产业经济学研究外,也研究了经济增长与制度变革、经济结构调整以及企业改制等问题,在《经济研究》《工业经济研究》等杂志发表了多篇学术论文,并出版数部专著。

到20世纪90年代后半期,理论研究更加深植上海实际,与决策咨询研究相结合,我先后承接和完成了一批国家及市里的重大研究课题。例如,参与了"迈向21世纪的上海"的课题研究,主要分析世界经济重心东移和新国际分工下的产业转移,为上海确立"四个中心"建设战略目标提供背景支撑。在洋山深水港建设前期论证研究中,我主要分析了亚洲各国争夺亚太营运中心的核心内容及基本态势,论证了加快洋山深水港建设的必要性和紧迫性,并评估了优势与劣势条件。尽管这些课题研究是问题导向和需求导向的,但仍需要相应的理论分析框架,并运用现代经济学分析方法和工具,才能找准问题、讲透成因、切中要害、对症下药。而且,通过这些课题研究,还能引发新的学术研究方向及思路,并可以从现象感知、具体事实、个别案例中抽象出理论要素、思想观点,并加以系统化和学理化。因此,在完成许多课题研究的同时,我也在核心期刊上发表了诸如"城市综合竞争力的本质特征:增强综合服务功能""流量经济及其理论体系""论城市综合创新能力""论城市能级水平与现代服务业"等议题的学术论文。

学术研究,确实要甘受坐"冷板凳"的寂寞,乐于"躲进小楼成一统"的潜心钻研,但也需要广泛的社会交往和学术交流。同仁间的思想交锋、观点碰撞,将会带来意外的收获和启发,产生更多的灵感,得到更深的感悟。从1993年起,在没有正式立项和经费资助的情况下,通过一批志同道合者的聚合,我们自发组织开展中国经济问题研究,撰写《中国经济分析》系列报告,主题包括"走向市场""地区发展""企业改制""增长转型""结构调整""金融改造""收入分配""挑战过剩""政府选择"等。我负责设计每一主题的分析框架和基本要点,撰写"导论"和有关章节,并负责全书的统稿。这套年度系列报告的编撰,一直持续了25年之久,产生了重大社会影响。在此过程中,不仅结识了一大批各专业领域的专家学者,形成了松散型学术团队,而且在大量学术交流中,我深受其益,提高了学术水平。1996年,我担任经济所副所长后,组织所里科研人员集体攻关,研究改革开放以来上海经济运行新变化及主要问题,并分成若干专题,逐个进行深入研讨,确定分析框架及重点内容,然后分头撰写,创作了一套《上海经济发展丛书》(12本),其中包括自己撰写的《增长方式转变》。这一成果获得了市级优秀著作奖。此后,我又组织所内科研人员专题研究收入分配理论及我国收入分配问题,突破传统收入分配理论框架,基于权利与权力的视域探讨收入分配,提出了许多新观点,形成集体成果即《权利、权力与收入分配》一书。通过这种集体攻关,不仅锻炼了青年科研人员,带出了一批科研骨干,而且自己也从中吸收许多新知识、新思想,拓展了视野,开阔了思路。

　　不得不说,教学相长,也促进了学术研究。自 1993 年起,我担任博士生导师,讲授产业经济学课程。鉴于博士生有一定理论基础和思考能力,我重点讲述一些基本原理在现实中的运用及表现,以及实践发展对原有理论命题提出的证伪(质疑与挑战)。这种启发式的、令人思考的教学,要求每年的课程内容及重点都有变化。我每年讲授这门课,都有不同"新版本"。实际上,这是一种促进学术研究的"倒逼"机制。授课前,要根据现实变化和实践发展,重新审视产业经济学理论,如现代信息技术带来的产业融合以及产业集群的新变化等,逼自己事先调整和补充课程内容及重点,并厘清逻辑关系及思路。讲课时,不用讲稿,娓娓道来,主线清晰,逻辑相扣,化繁为简,深入浅出。一些同学惊讶地发现,比较完整的课堂笔记,稍作修改,就可成为一篇论文。更重要的是,在课堂上,我喜欢营造宽松、活跃、惬意的氛围,让学生随时提问及插话,我及时回应,予以解答。这些博士生都很优秀,思想敏锐、想法新奇,又有社会阅历和实践经验,会提出许多"稀奇古怪"的问题,发表与众不同的看法,进行热烈的讨论和争辩。这种探究和碰撞,往往是新知识的开端,理论创新的导火索。特别是那些反对意见,更给人很大启发,有较大研究价值。在近 30 年的博士生指导工作中,我确实从他们身上汲取了不少学术研究的养料,而这些学生也成为我人生中的宝贵财富。至今,我们仍保持着密切联系,不时小聚一番,继续切磋"武艺"。

　　2006 年,我调任上海市政府发展研究中心主任。在这样一个专职为市委、市政府提供决策咨询的机构里,理论研究更贴近现实,特别是上海经济社会发展的现实,同时也有利于我发挥自身理论研究的特长,使其更有用武之地。当时,上海经济经过连续 16 年高增长后趋于减缓,且出现二产、三产交替增长格局,由此引发坚持发展制造业还是坚持发展服务业的争论。对此,我提出了新型产业发展方式以及产业融合发展方针的政策建议。针对 2008 年全球金融危机对上海形成较大外部冲击,致使诸多经济指标严重下滑,且低于全国平均水平的状况,通过深入分析各种主要变量对上海经济的影响程度,我提出,其主要原因在于大规模投资驱动的上海经济高增长已到一个拐点,外部冲击只是加重了下滑程度。我进一步分析了全球金融危机是世界经济"三极"(技术、资本输出国,生产加工国,资源提供国)循环的"恐怖平衡"被打破,其实质是全球产能过剩。基于此,我提出了不宜采用大规模投资刺激来应对这一外部冲击,而要实行"创新驱动,转型发展"的政策建议。这一建议被采纳作为上海"十二五"发展主线。此后,围绕这一主线,我又深入开展了培育新增长极的研究,如大虹桥商务区开发、张江高新技术区的扩区、迪士尼国际旅游度假区的功能调整及扩区等,提出了中心城区商务"十字轴"及环形(中环)产业带的构想,郊区新城作为区域节点城市的建设,以及融入长三角一体化的空间拓展等政策建议。

在上海举办中国 2010 年世博会时,围绕"城市,让生活更美好"主题,通过城市最佳实践区的案例分析,我进一步挖掘城市发展新理念、新实践和未来发展新模式,出版了《城市发展:愿景与实践——基于上海世博会城市最佳实践区案例的分析》;参与了《上海宣言》的起草,提出设立"世界城市日"的建议;参与撰写作为上海世博会永久性成果的首卷《上海报告》;牵头全市的"上海世博会后续开发利用研究",提出了世博园区"公共活动区"的功能定位。针对当时上海服务经济乏力,服务业发展"短腿"的实际情况,根据市委、市政府的工作部署,从市场准入、税收制度、法律制度、营商环境、统计制度等方面研究影响服务经济发展的制度性障碍,组织了"服务业'营改增'试点"课题研究,提供总体思路及可操作方案。

我在上海市政府发展研究中心工作期间,为做大做强组织全市决策咨询研究的平台及网络,在市领导大力支持和中心同仁共同努力下,除了创办上海发展战略研究所和《科学发展》杂志外,还加强与高校及研究院所、政府部门研究机构、中央部委研究机构、国际智库等联系和合作。例如,与上海市哲学社会科学规划办公室一起创建了 15 家"领军人物"工作室;在大多数高校设立了研究基地及联合举办的发展论坛;组建了由 10 多家高校参与的社会调查中心,由麦肯锡、野村、德勤等 10 多家国际咨询机构参与的国际智库中心,以及决策咨询研究部市合作办公室等。通过组织和参与上述机构的各项活动,加强了与专家学者的合作,拓宽了学术交流的渠道,得以及时了解学术前沿发展新动向,掌握理论研究的主流趋势,获得许多新思想与新见解。同时,在主要领导身边,参加各种工作会议、专题会和内部讨论会,与各委办、各区县有密切联系,深入基层和企业开展广泛调研,接触到大量生动的实际情况,了解到许多关键性的现实问题。这两方面的结合,不仅没有中断自己的学术研究,反而更有助于我学术研究的深化。在此期间,我组织上海30余位专家学者对上海建埠以来的历史、现状、展望作了系统研究,合著《上海:城市嬗变及展望》(三卷本),时任上海市市长韩正为此书作序。后来,在上海发展战略研究所,与上海市地方志办公室合作,我组织上海50多位专家学者撰写《上海改革开放40年大事研究》系列,其中我撰写了丛书总论性质的《排头兵与先行者》一书。

2013年,鉴于上海2020年基本建成"四个中心"后,如何进行目标定位,更上一层楼,我提议开展"面向未来30年上海发展战略研究"大讨论。经上海市委、市政府批准后,研究和制定了大讨论的实施方案,设立了三大平行研究的总课题,即委托世界银行的"国际版"、国务院发展研究中心的"国内版",以及上海市发展研究中心、上海社会科学院、复旦大学、上海市委党校等分别做的"上海版",另有80多项专题研究,广泛动员学界、政界、商界及社会团体和社会组织参与。随后,举办了各种形式的国际研讨会和论坛,分析战略背景、战略资源、战略目标、战略路径及行动,开展学术讨论和交流,参照国际标杆和借鉴国际经验,进行典型案例和实务操作分析等。2014年,我退居二线,去上海市政协工作,同时兼上海发展战略研究所所长,组织所里科研人员集体攻关,出版了《战略研究:理论、方法与实践》《上海战略研究:历史传承　时代方位》《上海战略研究:资源、环境、驱动力》《上海建设全球科技创新中心:战略前瞻与行动策略》等。这次大讨论的研究成果,有许多在《上海市城市总体规划(2017—2035年)》的修编以及上海市委、市政府文件中被采纳。

2018年退休后,我原想"解甲归田",但上海市决策咨询委员会拟成立全球城市研究院,我于是受邀出任院长。时任上海市委书记李强同志为研究院的成立作了重要批示。上海市委宣传部予以大力支持,把全球城市研究院列为首家市重点智库,并帮助创办了公开发行的中英文版《全球城市研究》杂志以及新建光启书局(出版社)。该研究院落户于上海师范大学,也得到校方大力支持,提供了办公用房和人员编制。研究院引进了一批海内外精通外语、熟悉国际大都市的青年才俊,形成基本科研骨干队伍,并构建起一个广泛的社会研究网络。每年围绕一个主题,如"全球资源配置""全球化战略空间""全球化城市资产""城市数字化转型""全球网络的合作与竞争"等,出版《全球城市发展报告》和《全球城市案例研究》,并发布《全球城市发展指数》。另外,还出版《上海都市圈发展报告》系列、《全球城市经典译丛》等。在此过程中,我也延续和深化自己的学术研究,出版了一系列个人专著,并承接了国家哲社重大课题"以全球城市为核心的巨型城市群引领双循环路径研究"等。

二

在上述我的学术生涯中,学术研究林林总总,看似带有发散性,未能"从一而终",但实际上仍有一条贯穿全过程的明显脉络,即产业经济研究。学术,确实要"术有专攻",不能开"无轨电车",但也不是固守一隅之地、无过雷池一步。特别在侧重与现实结合及问题导向的理论研究中,我发现,许多问题在产业经济学范围内并不能得到很好解释,必须向外拓展开去来寻求新的解释。因此,一些所谓的旁支研究,实际上都是从产业经济研究发散出去的延伸性研究。我认为,这种做法也符合学术研究的规律性。如果把学术研究譬喻为一棵大树,那么术有专攻是根深于土的树干,延伸研究则是分叉开来的树枝。枝繁叶茂(当然要经过修剪),不仅反衬出树干的粗壮,而且更多的光合作用,也有利于树木生长。

最初,我的博士论文选题,着重产业结构与产业政策研究,在当时是新颖和前沿的,但也是一个具有较大国际争议的问题。西方主流经济学以发达国家经济运行为蓝本的理论抽象,注重宏观与微观及其综合,不研究产业结构等问题。一方面,这些国家是先行发展国家,其经济发展是一个自然过程,许多结构问题作为经济增长的因变量,在经济自然增长中被不断消化,实行迭代升级,因而结构性问题很少长期累积,结构性摩擦不很充分。另一方面,这些国家市场经济发展较成熟,市场机制在结构转换中发挥着重要作用,使得资源、资本、人力等生产要素较好地从衰退产业部门转移到新兴产业部门。尽管其中存在沉没成本、技能刚性、工资黏性等障碍,但通过经济危机的释放,强制市场出清,达到新的均衡。因此在西方主流经济学看来,只要市场处于动态均衡之中,就不存在产业结构问题,也不需要什么产业政策。然而,后起发展的国家,在经济系统开放情况下,通常可以通过外部引进,发挥后发优势,但由此也形成现代部门与落后部门并存的二元结构,结构性问题比较突出。而且,在追赶和赶超过程中,势必面临领先国家的产业打压(客观的与主观的),致使一些主导产业难以自然发展,形成对外的强大依赖。在这种情况下,旨在调整结构及培育新兴主导产业的产业政策应运而生。特别在日本、韩国等后起发展国家和地区,基于出口导向发展模式的经济起飞后,转向进口替代战略,产业政策发挥着重要作用。总之,西方发达国家一直对产业政策持否定态度,甚至将其视为国家保护主义的产物;后起发展国家,特别是亚洲"四小龙"则比较推崇产业政策,认为这十分必要。因此,在选择这一研究方向时,我心里是有点忐忑的。毕竟这一研究面临重大挑战,且风险也较大。

对于中国来说,这一问题研究有着重大现实意义。在传统计划经济体制下,中国工业化超前发展,跨越轻工业、基础产业发展阶段,直接进入重化工业阶段,导致产业结构严重扭曲,结构性问题不断累积。改革开放后,产业结构迫切需要调整,甚至需要"逆转","补课"轻工业发展,"加固"基础产业发展,实现产业结构合理化。与此同时,随着经济特区开放进一步转向沿海主要城市开放及沿江开放,通过引进外资、加工贸易等参与新的国际分工,外部(全球)产业链日益嵌入本土,打破了原有国内产业关联。在这种情况下,如何进行产业结构调整,采用什么样的政策进行调整,成为一个迫切需要解决的问题。显然,传统的国民经济计划与管理方法已不再适用,而比较可用和可行的新的理论及方法就是产业经济理论与产业政策。当时,产业经济理论主要来源于两部分:一是发展经济学中的结构理论,以刘易斯、克拉克、赫希曼、库兹涅茨、钱纳里等为代表;二是日本的产业结构理论,以筱原三代平、赤松要、马场正雄、宫泽健一、小宫隆太郎等为代表。国内在这方面的研究,基本处于空白。相对来说,这方面的研究文献少得可怜,无疑增大了研究难度。在博士论文撰写中,我针对产业政策国际性的争议,找了一个较小切口,对产业政策进行经济理论系统分析,试图回答产业政策有没有必要,在什么情况下显得尤为重要,属于什么性质的政策,涉及哪些主要方面,有哪些不同政策类型,如何制定与实施,如何与其他经济政策配合,如何把握政策的"度"及避免负效应,如何监测和评估政策绩效等问题。这一研究也算是对这一国际性争议的一种回应。

当然,这一争议至今尚未结束,时有泛起。有的学者对产业政策直接予以否定,认为是扰乱了市场,引起不公平竞争。我仍然坚持自己的观点,即不能把市场设想为是一种平滑机制,可以消除结构变动的摩擦,而是需要通过政策干预(不仅仅是宏观调控政策,也包括产业政策)来解决市场失灵问题。更何况,在外部冲击的情况下,市场本身更容易产生失衡,存在着内外不公平竞争问题,要有产业政策的调节。事实上,我们可以看到,目前西方发达国家也在一定程度上自觉或不自觉地推行和实施产业政策,如美国的"制造回归"、德国的"工业4.0"等。新兴经济体及发展中国家就更不用说,都在加大产业政策的实施。当然,产业政策也有一定的负面效应,犹如宏观调控政策反周期的负面效应一样。特别是在政策不当的情况下,负面效应更为明显。但这不能成为否定产业政策的根本理由。关键在于,采取什么样的产业政策,产业政策是否适度。首先,要立足于产业技术政策,注重解决技术创新瓶颈,促进产业技术能力提升,而不是产业部门扶植政策,对一些产业部门实行保护,实行差别对待。产业部门扶植政策的运用,要压缩到最小范围,甚至予以取消。其次,要通过不同类型产业政策的比较,权衡产业政策的正面效应与负面效应之大小,决定采取什么样的产业政策。最后,要通过科学的政策制定,将产业政策的负面效应降至最低程度。

我在研究中发现,产业政策制定基于三种不同类型的产业结构分析,即趋势分析、机理分析和现象分析。我的博士论文主要基于产业趋势分析来论述产业政策,还远远不够。所以在完成博士论文后,便进一步转向产业结构的机理分析与现象分析。机理分析主要研究产业结构变动对经济增长的作用及其实现机制,即结构效应,重点考察不同类型结构变动对经济增长的差别化影响。这就要对传统增长模型排斥结构因素的缺陷进行批判,并用非均衡动态结构演进分析法替代传统的均衡动态结构演进分析法,具体分析结构关联效应、结构弹性效应、结构成长效应和结构开放效应;以结构效应为价值准则,判断不同类型产业结构状态及其变动的优劣,选择最佳(或次佳)结构效应模式,并说明这一结构效应模式得以实现的必要条件和机制,从而为产业政策制定提供基本思路和方向性指导。这一研究的最终成果即《现代经济增长中的结构效应》,是国内最早系统研究产业结构作用机理,揭示全要素生产率索洛"残值"中结构因素的专著。现象分析主要是立足本国实际,在考察中国产业结构变化的历史过程及其特点的过程中,对照产业结构变动规律,评估和分析中国产业结构变动轨迹的严重偏差;系统梳理当时比较突出的结构问题,深刻剖析各种结构性问题的成因;从产业结构合理化与高度化的不同角度,探讨产业结构调整方向、优化重点及实现途径、方法手段等。这一研究的最终成果是《产业结构优化论》,成为较早全面分析中国产业结构变动及其调整优化的一本专著。

在上述研究中,我已隐约感觉到,尽管结构效应分析与库兹涅茨"总量—结构"分析不同,但都把制度视为"自然状态"的一部分及外生变量。然而,在如何发挥这种结构效应问题上,是绕不过制度这一关键环节的。事实上,许多结构性问题的背后及生成原因就在于制度缺陷或缺失。从这一意义上讲,产业政策对产业结构调整的作用是有限的。或者说,只有在体制机制相对稳定且成熟的情况下,产业政策对产业结构调整才比较有效。如果没有相应的制度变革,仅仅靠产业政策,难以从根本上解决结构性矛盾。特别是中国的结构性问题,许多都是传统计划体制下形成和累积起来的,在体制改革尚未真正到位的情况下呈现出来的。而且,在体制机制不健全的情况下,产业政策实施可能不是缓解而是加剧结构性矛盾。从更宏观的层面考虑,中国经济高速增长的"奇迹"来自全要素生产率提高,其中有较大部分是结构效应所致,而结构效应的释放恰恰是改革开放和制度变革的结果。因此,产业结构重大调整总是与制度变革联系在一起的。这样,产业经济研究开始向制度变革的方向延伸。经过几年的努力,我出版了专著《体制变革与经济增长:中国经验与范式分析》。

在考察制度变革对产业结构及经济增长影响的过程中,我还特别关注了企业制度变革。因为企业组织是产业经济的微观主体,是产业变动及其结构调整的微观基础。产业部门变动及其结构调整是这些企业组织的决策及其行为方式集体性变动的结果,而这在很大程度上取决于起支配作用的企业制度。在企业制度不合理的情况下,企业组织的决策及其行为方式会发生扭曲。对于我国产业结构调整来说,企业改制及迈向现代企业制度显得尤为重要。为此,我对产业经济的研究向微观基础重构的方向延伸,深入研究了影响和决定企业决策及其行为方式的企业制度,最终出版了个人专著《步履艰难的转换:中国迈向现代企业制度的思索》。实际上,这一时期我的其他一些研究,如有关经济结构调整与优化、经济增长方式转变、中国新一轮经济发展趋势及政策的研究,也都围绕产业经济这一核心展开,是产业经济研究的拓展与延伸。

当然,在延伸研究的同时,我也时刻关注产业发展新动向,开展产业经济的深化研究。一是产业融合问题。这主要是关于信息化条件下的产业发展新动向。2000年左右,我较早接触和研究了现代信息技术及信息化的问题,并先后承接了上海市信息委重点课题"上海信息化建设研究"和"上海信息化建设的投融资体制机制研究"。在此研究中我发现,信息化不仅仅是信息产业化(形成新兴信息产业)和产业信息化(信息化改造传统产业)。现代信息技术的特殊属性,能够产生技术融合与运作平台融合,进而促进产品融合、市场融合及产业融合。这在很大程度上打破了传统的产业分立及产业关联,代之以产业融合发展的新方式。为此,我对传统产业结构理论进行了反思和批判,从理论上探讨信息化条件下的新型产业发展方式,分析了产业融合的基础、方式及机理,以及由此构成的产业新关联、新市场结构等。2003年我出版了个人专著《信息化与产业融合》,在国内较早提出了产业融合理论。

二是服务经济问题。这是后工业化条件下的产业发展新动向。2004年左右,我先后承接了"城市能级提升与现代服务业发展""加快上海第三产业发展的若干建议""'十一五'期间上海深化'三、二、一'产业发展方针,加快发展现代服务业的对策研究""'十一五'期间上海发展服务贸易的基本思路及政策建议"等重大课题。在这些课题的研究中我发现,原先产业经济理论主要基于工业经济的实践,虽然也揭示了服务经济发展趋势,但对服务业发展的内在机理阐述不够深入。事实上,服务业发展有其自身规律及方式,与制造业有较大不同。尽管服务业发展与制造业一样也基于分工细化,但其相当部分是制造企业内部服务的外部化与市场化的结果,其分工细化更依赖于产业生态环境(规制、政策、信用等)。而且,服务业发展带有鲍莫尔"成本病"及"悖论"。因此,促进服务业发展的思路与制造业是截然不同的,更多是营造适合其发展的"土壤"与"气候",重点在于技术应用,创造新模式与新业态,扩展基于网络的服务半径等。为此,我撰写出版了个人专著《服务经济发展:中国经济大变局之趋势》。

另外,在我研究产业经济的过程中,一个重要转折是开始关注产业经济的空间问题。尽管产业集群理论是从空间上来研究产业经济的,但我感觉其主要涉及制造产业的集群,而工业园区及高新技术园区等空间载体,似乎并不适合于服务经济的集聚。服务经济的集聚方式有其独特性,特别是生产者服务业高度集中于城市及市中心区。为此,我开始重点考虑服务经济的空间载体问题。与此同时,一系列课题研究也促使我把服务经济的空间问题引向了全球城市研究。这一时期,我曾先后承接了国家哲学社会科学基金项目"我国新一轮经济发展趋势及其政策研究",上海市哲学社会科学基金"十五"重点项目"城市综合竞争力研究",上海市哲学社会科学基金 2004 年系列课题"科教兴市战略系列研究"(首席专家),上海市重大决策咨询课题"科教兴市战略研究""全社会创新体系研究""上海'学各地之长'比较研究",上海市科技发展基金软科学研究重点课题"实施科教兴市战略与科技宏观管理体制、机制研究",以及上海市发展改革委课题"上海市新阶段经济发展与 2005 年加快发展措施"等。完成这些研究后我发现,尽管这些课题研究涉及不同领域,内容不尽相同,但实际上都在回答同一个问题,即如何建设现代化国际大都市。由此我想到,如果能在一个更高层次的理论分析框架下来研究这些具体问题,可能会形成统一的标准要求,以及更为明晰的相互间关系,有利于这些具体问题的深入研究,特别是有利于准确地定位判断。于是,我开始关注和研究全球城市理论。

全球城市理论虽然涉及全球化、全球城市网络、全球战略性功能、城市发展战略及规划、城市运行及治理,以及城市各领域的重大问题,但核心是其独特的产业综合体及全球功能性机构集聚。它决定了全球城市不同于一般城市的属性特征,赋予了全球城市独特的全球资源配置等功能。这种独特的产业综合体及全球功能性机构集聚,集中表现为总部经济、平台经济、流量经济等。全球城市正是这种高端(先进)服务经济的空间载体。因此,在全球城市研究中,有很大一部分内容是产业综合体及其空间分布规律。出于研究需要,我举办了国际研讨会,邀请"全球城市理论之母"沙森教授等一批国内外专家前来交流与研讨。之后,我主编了《世界城市:国际经验与上海发展》,翻译了沙森教授新版的《全球城市:纽约、伦敦、东京》,在《经济学动态》等刊物上发表了"世界城市理论与我国现代化国际大都市建设""全球化、全球城市网络与全球城市的逻辑关系""21 世纪的城市发展与上海建设国际大都市的模式选择""现代化国际大都市:基于全球网络的战略性协调功能""全球城市区域:我国国际大都市的生长空间""我国全球城市崛起之发展模式选择""全球城市区域:全球城市发展的地域空间基础""城市竞争与合作的双重格局及实现机制"等议题的论文。同时,陆续出版了个人专著《崛起中的全球城市:理论框架及中国模式》《全球城市:演化原理与上海2050》《上海迈向全球城市:战略与行动》《卓越的全球城市:国家使命与上海雄心》等,主编了《全球城市理论前沿研究:发展趋势与中国路径》,个人专著《全球城市新议题》也即将完成。

三

学术生涯,一路走来,风景无限,辛苦并快乐。

尽管一开始并没有如此的人生设计,但不管怎样,一旦走上学术研究之路,也没有什么后悔与懊恼,就义无反顾、踏踏实实地走下去,坚持到最后。幸运的是,赶上了国家改革开放、蓬勃发展的大好时光。这不仅创造了思想解放、实事求是、理论创新的学术环境,而且源源不断地提供大量来自实践的生动素材,让我们的学术研究始终面临机遇与挑战,有机缘去攻克许多重大和高难度的研究课题,并催促我们的学术思想与时俱进、创新发展,形成高质量的众多研究成果。

当然,这条路也不好走,有太多坎坷,面临多重挑战。特别是,要补许多先天不足,把耽误的青春年华追回来,更是时间紧、困难多,须付出加倍努力。在此过程中,把"别人喝咖啡的时间"用于学习钻研,牺牲掉许多陶醉于爱情、陪伴于亲情、享受于友情的人生乐趣,是在所难免的。而且,还要有孜孜不倦的追求和持之以恒的坚韧,要坚持"苦行僧"的修行,这些都毋庸置疑。

好在,久而久之,这逐渐成为人生一大乐趣,我甚为欣慰。每当面对疑难问题或有争议的问题时,必会生发探究其中的巨大好奇心。每当带着问题和疑惑,学习新知识和接触新理论时,常有茅塞顿开的兴奋。每当有一些新发现或新想法时,便得一丝欣喜,不禁自鸣得意。每当理清思绪、突发奇想时,总有强烈的创作冲动。每当思维纵横、纸上落笔时,定会亢奋不已,乐此不疲。每当成果发表,被引用或被采纳时,获得感和成就感则油然而生。

其实,这也没有什么特别之处,我们这一代学人都差不多。但一路走过,总有一些个人的不同感受与体会。此在,不妨与大家分享。

学术研究,重点自然在于研究,但更是一个学习过程。这并非指大学本科、硕博期间的学习,而是指在此后专职研究过程中的学习。按照我的经验,在做研究的过程中,至少有一大半时间要用在学习上。任何一项研究,都带有很强的专业性,很深的钻研性。只有补充大量专业知识与新知识,汲取新养分,才能拓宽视野,深入研究。而且,也只有通过不断学习,才能敏锐地发现新问题,得到新启发,提出新课题,从而使研究工作生生不息,具有可持续性。另外,对"学习"我也有一个新解:学之,即积累;习之,即哲思。学而不习,惘然之;习而不学,涸竭之。因此,不管理论研究还是决策咨询,都要"积学为本,哲思为先"。

学术研究,不仅是一种知识传承,更是一种理论创新的价值追求。在我看来,"研"似磨,刮垢磨光;"究"为索,探赜索隐。研究本身就内涵创新。我所倡导的学术研究境界是:沉一气丹田,搏一世春秋,凝一力元神,破一席残局。学术研究中,不管是在观点、方法上,还是在逻辑、结构、体系等方面的创新,都有积极意义。但据我经验,更要注重研究范式及本体论问题。因为任何学术研究都是自觉或不自觉地在某种研究范式及本体论假设下展开的,如果这方面存在问题或缺陷,再怎么样完美和精致的学术研究,都不可避免带有很大的局限性。在这方面的创新,是最具颠覆性的理论创新。

学术研究,必先利其器,但更要注重欲善之事。熟练掌握现代分析方法和工具,有助于深刻、严谨的分析,新发现的挖掘,以及思想观点的深化。并且分析方法和工具多多益善,可针对不同的研究对象及内容进行灵活应用。但分析方法及工具要服务于欲善之事,特别是当今时代许多重大、热点、难点问题研究。要拿着锋利的斧子去砍大树,而不是砍杂草。避免被分析方法及工具约束,阻碍观点创新。更不能通过分析方法及工具的运用,把简单问题复杂化。事实上,任何一种分析方法和工具,都有自身局限性。特别是,不要过于迷信和崇拜所谓的数理模型及其验证。

越是复杂、精致的数理模型工具，假定条件越多，也越容易得出偏离现实的观察和结论。

学术研究，生命力在于理论联系实际，回归丰富多彩的大众实践。因此，不能把学术研究理解为狭义的纯理论研究，而是还应该包括决策咨询研究。两者虽然在研究导向、过程、方法及语境等方面不同，但也是相通的，都要"积学为本，哲思为先"，知行合一，有创见、有新意。而且，两者可以相互促进。理论研究的深厚功底及分析框架，有助于在决策咨询研究中梳理问题、揭示深层原因、厘清对策思路，从而提高决策咨询研究的质量；决策咨询研究的问题导向以及基于大量生动实践的分析与对策，有助于在理论研究中确定特征事实、找准主要变量、校正检验结果，从而使理论研究得以升华。当然，跨越这两方面研究，要有一个目标、角色与技能的转换。理论研究，明理为重，存久为乐（经得起时间检验）；决策咨询研究，智谋为重，策行为乐。

也许让人更感兴趣的是，怎样才能让学术研究成为一种乐趣？据我体会，除了执着于学术研究，将其作为一种使命外，治学态度及方式方法也很重要。

学术研究，要率性而为。因为率性，不受拘束，就能"自由自在"。坚持一个专业方向，研究范围可有较大弹性。刻意划定研究范围或确定选题，只会强化思维定势，束缚手脚。率性，不是任性，要懂得取舍。不为"热门"的诱惑力所左右，趋之若鹜，而是只研究自己感兴趣，且力所能及和擅长的问题。不顾自身特长，甚至"扬短避长"，去啃"硬骨头"，往往"吃力不讨好"，很难走得下去。对于所选择的问题，要甄别是否具备研究条件。那种超出自己知识存量及能力水平，以及研究对象不成熟或不确定、资料数据不可获得等客观条件不具备的研究，只会走入僵局或半途而废。

学术研究，要淡定处之。既要志存高远，脚踏实地，也要云心月性，从容不迫。只有保持平和心态，静心修炼，方能修成正果。任何心猿意马，心浮气躁，只会徒增烦恼，让人焦虑不安。保持适度目标或望值期，做到"全力以赴，力尽所能"即可，至于做到什么程度和达到什么水平，那是"顺其自然"的事情。追求过高目标或期望值,往往"高标准"地自我否定,会带来更多纠结乃至痛苦。面对坎坷与挫折,只有云淡风轻,冷眼相看,蓄势待发,才能迈过一道道坎,从挫折中奋起。任何浮云遮目,畏缩不前,灰心丧气,一蹶不振,只会令人陷入困境,无法自拔。对待学术研究,介于功利与非功利之间,"宠辱不惊,闲看庭前花开花落;去留无意,漫随天外云卷云舒"。任何急功近利,试图一蹴而就,为博"眼球",哗众取宠,一味追求结果的"名利"效应,只会落得焦头烂额,苦不堪言。

学术研究,要抱残待之。这既是对学术抱有敬畏之心,也是一种自知之明。学术研究是无止境的。任何一个阶段的学术研究成果,总会留有瑕疵。对于个体的学术研究来说,其缺陷和不足更会几何级数地放大。因此,学术研究,不求完美,只求不断完善。年轻时,无知无畏,感觉什么都行,并认为来日方长,以后可以得到弥补和提高,总想着要达到完美,不留遗憾。后来,逐渐对自身存在的缺陷和不足,看得越来越清楚,尽管内心有着坚持与努力,却感叹人生苦短,许多东西是难以弥补和提高的。特别是迈入老年后,更明白了应该努力的方向以及如何进一步提高,但已力不从心,望洋兴叹。也许,这就是个体学术研究的一种宿命吧。然而,这种残缺的美感也正是学术发展的魅力所在,让后来者"接棒"跑下去,并超越前人。当然,有生之年,如果还有可能,我很想把近年来对产业经济理论的反思作一系统整理,写一残本《新产业经济学纲要》。

周振华

2023 年 6 月 18 日

目　录

上编　增长方式转变

下编　竞争优势、现代服务与科技创新

上　编

增长方式转变

本编原为周振华著《增长方式转变》，上海社会科学院出版社 1999 年版。

1 导论:增长方式转变的理论框架及上海的特殊性

在体制大变革的背景下,上海经济发展的战略性调整就是实现经济增长方式的转变。这是一个具有全局性意义的发展战略问题,关系到上海经济长期发展的基本态势及其命运。上海经济运行中显现的现实矛盾及问题,已使我们深切感觉到转变经济增长方式的重要性和迫切性。事实上,改革开放以来,上海经济发展的增长方式已开始发生转变,特别是进入 90 年代以后,上海经济结构发生了重大变化。因此,不管是总结 20 年来的上海经济发展历程,还是把握上海跨世纪发展的大趋势,伴随着体制变革的增长方式转变,始终是一条基本主线。

为了对上海经济增长方式转变的实践及发展轨迹有一个集成系统的描述,揭示其转变的内在动力与外部条件的整合过程及规律性的变化,在导论中我们首先给出一个基本理论分析框架,确定增长方式转变的科学内涵及作用机理,以使我们能对这一重大问题作深层次的理性思考。同时,我们也将从总体上指出上海转变增长方式的特殊环境条件及特殊内容,以便我们在以后各章中更好地进行分析与归纳。

1.1 增长方式转变:理论分析框架

对于增长方式的研究,可以从不同的角度展开,并采用各种分析工具和方法。根据研究对象的特点及研究的需要,我们所采用的是比较规范的现代经济学分析方法,从增长方式的基本内涵及类型、决定变量及其转变的衡量标准等方面构建其理论分析框架。

1.1.1 增长方式内涵及类型划分

经济增长通常是用国内生产总值(GDP)这一指标来衡量和显示的。GDP 实际值变化的时间序列构成经济增长的运行轨迹。但 GDP 实际值是一个实际经济中的总产出水平,不仅受制于潜在总供给水平,还受到总需求变化的影响。与此不同,GDP 潜值是一个长期供给值,由潜在供给水平所决定。在现实经济中,总需求的变化可能使实际 GDP 高于或低于 GDP 潜值。

因此,当总需求不足而使 GDP 实际值低于 GDP 潜值时,便出现经济萧条。在经济萧条之后,随着总需求增加将实际经济中的总产出拉回到其潜值附近——GDP 的总需求回升到等于长期供给值,此后的经济增长不可能快于 GDP 潜值可能增长的速度。如果一个国家力求超过其速度极限,由此产生的压力会拉高通货膨胀率。

可见,总需求的变动可以解释 GDP 的短期波动,但从长期角度来看,GDP 的增长是由供给增长的速度来决定的。也就是,GDP 实际值是围绕 GDP 潜值波动的。所以当我们对经济增长下定义时,主要是指人均实际收入的长期增长。这里有两层含义:一是指长期的持久的增长,而不是经济周期中某一阶段的暂时性增长;二是经济增长率的最低标准应该高于人口增长率。因此,经济增长就其本身定义来讲,实际上是指供给增长,即 GDP 潜值增长。

经济增长方式是指一国国民经济实现长期增长所依赖的基本源泉、机制与路径,以及由此表现出来的总体特征。

首先,增长源泉是构成增长方式的基础。经济增长是诸多增长因素综合作用的结果,增长方式首先涉及增长源泉的构成,即在诸多增长因素中居主导地位的增长因素及其结构形态。如果细分的话,增长源泉有多种,但最基本、最简便的归类则是两大类:一是要素投入增长率;二是总和要素生产率。

其次,增长机制是增长方式的本质内容。实现经济增长的运作机制,决定了要素之间的配置关系,从而决定了要素的产出弹性及技术进步的含量。增长源泉构成的决定及变化,在相当程度上也与一定的运作机制有关。因为增长机制不仅本身就是增长方式的内在组成部分,而且是增长方式的本质体现。

最后,增长路径是增长方式的动态结果。在既定的增长源泉构成基础上,通过一定的运作机制所实现的经济增长,在动态过程中将表现为某种增长路径。这就是增长方式的路径依赖问题。一定的经济增长方式总是要通过相应的增长路径表现出来的。

　　经济增长方式可以从不同的角度进行划分,没有统一的格式。例如从需求的角度,可以划分为以内需为主导的增长方式与外向型增长方式;从供给的角度,可以划分为外延型增长方式与内含型增长方式;从投入产出的角度,则可以划分为粗放型增长方式与集约型增长方式。而选择哪种角度来划分增长方式的类型,完全取决于研究的内容及需要。从我们的研究内容及研究需要来讲,主要从投入产出角度来进行增长方式的类型划分。

　　从投入—产出关系来讲,一定的产出水平增长取决于两方面:一是投入物(包括劳动要素和资本要素)的增长率;二是总和要素生产率。如果我们以 GY 表示经济增长率,GK 表示资本投入增长率,GL 表示劳动投入增长率,GA 表示总和要素生产率,那么描述经济增长的数学模型为 $GY=GA+d \cdot GK+b \cdot GL$。其中,$d$ 和 b 分别为资本产出弹性和劳动产出弹性。若将 GI 定义为要素投入增长率,那么上述模型可以进一步简化为 $GY=GA+GI$。

　　利用这个数学模型,根据要素投入与总和要素生产率在经济增长中的贡献率大小,可以把经济增长方式粗略地划分为两种类型。如果产出水平的提高主要依靠大量要素投入的积聚,或者一个社会主要依靠增加要素投入来维持产出水平,就是典型的粗放型经济增长方式。如果产出水平的提高主要依靠要素内在质量提高及利用程度提高,或总和要素生产率提高,便是典型的集约型增长方式。总和要素生产率的变量反映了资源配置、技术和动态的比较优势的变化。总和要素生产率增长缓慢要么说明技术优势的衰退,要么说明投入物使用效率提高不快,或兼而说明这两个问题。

　　当然在现实的经济增长中,投入物的增长率和总和要素生产率是不可分割、互为前提、互相转化的。因此,从理论抽象上来讲,粗放型增长方式与集约型增长方式是两种不同类型的增长方式,但在现实经济生活中,两者之间有着密切的联系:一是两者之间并不是完全排斥的,在一定条件下,投入物的增长可能会带来总和要素生产率的提高;反之则反是。二是两者之间存在着某些过渡形态,如准集约型增长方式(此问题我们将在后面作详细阐述)。

1.1.2　增长方式的决定因素

　　在上述分析的基础上,我们将进一步提出:是什么因素决定增长方式,从而使其具有不同的类型? 这一问题的重要性在于揭示不同增长方式存在的客观性,说明转变经济增长方式不是一种主观随意性的选择,而要遵循其转变的客观规律性。我们认为,在决定和影响经济增长方式不同类型的众多因素中,经济发展阶段、体制条件、技术进步程度及对外贸易的开放度是主要的变量。

1. 经济发展阶段与增长方式

我们暂时撇开其他因素,仅从竞争角度来讲(即假定制度是有效率的),在不同的经济发展阶段,其对增长方式的影响是有偏向性的。在现有的文献中,对经济发展阶段有不同的划分标准和方法,如按人均 GDP 或 GNP 水平所划分的经济发展阶段、按工业化标准划分的经济发展阶段等。为了比较直观地显示经济发展阶段与增长方式之间的关系,我们倾向于用要素竞争(比较)优势的尺度来划分经济发展阶段(Porter, 1990)。

在一国经济发展尚停留在满足人们温饱水平的情况下,由于这时候的劳动力、土地、其他初级资源等生产要素是比较廉价的,所以其竞争(比较)优势在于依靠廉价的生产资源。在这种情况下,大量投入廉价的生产资源来推动经济发展也就成为其合理的选择。显然,在这第一个"资源推动的发展阶段"中,具有较明显的粗放型增长方式的倾向。

随着一国进入工业化发展阶段,分工和专业化的发展提供了规模收益(单位产品的成本随生产单位总产出率的上升并随生产时间的累积而降低)的可能。规模收益使得产品价格大幅度下降,成其为强有力的竞争力。而规模收益的获得要靠资本(人力的和物质的)积累,以大规模的"机器"形式,或以长时间的"培训"形式出现。大规模投资形成的规模收益降低了单位成本,从而使给定的家庭收入的购买力上升,这就扩大了市场规模。可以称之为"内涵的市场规模"的扩张,以区别于按人口规模或国土规模度量的"外延的"市场规模。内涵的和外延的市场规模不断扩张,产生了更大规模的需求,从而引致更大规模的投资及分工与专业化的深化。在此市场规模引致分工的深化,分工深化又引致市场规模扩大的过程中,大规模的投资使技术被不断物化于物质资本中。因此,大规模投资就成为第二个竞争发展阶段(投资推动的发展阶段)的基本特征。

在这一"投资推动发展阶段"中,大规模投资使资本深化(资本—劳动比率提高),从而使人均产量也相应提高,从这一意义上讲,是与典型的粗放型增长方式不同的。因为即使在技术不变的条件下,劳动生产率取决于人均占有资本额,即 $k = K/N$(K 代表资本数量,N 代表劳动者人数)。而人均占有资本额越大,人均产量越高,即 $x = AF(k)$,其中 x 表示人均产量($=Y/N$),A 表示技术进步乘子。但由于资本—劳动比率的提高是以大量资本投入为前提的,而且因为资本边际生产力的斜率为负(即 $x/k < 1$),故人均产量较小幅度的提高要以人均占有资本额较大幅度提高为条件。从这一意义上讲,它仍带有粗放型增长方式的色

彩。当然,在现实经济生活中,增加资本密集性与不断开发新技术之间存在着一种重要的联系。若没有新的技术加入,企业将耗尽采用资本更密集的技术来提高利润的可能性。即使利率水平非常低,资本—劳动比率的进一步提高也将不再是可盈利的。因此,我们认为,这一阶段的增长方式是准集约型增长方式。

随着闲暇和收入的增加,消费者的口味越来越细腻,教育水平开始大幅度提高,信息积累速度加快,人口转移已经完成且人口结构趋于老化。服务业开始增长并占主导地位。产品多样化、高质量、小批量发展。于是开始了第三个阶段即"创新推动的发展阶段"。在此阶段,技术创新越来越重要,日益成为产品附加值的主要部分,社会必须调整以提供创新的环境,诸如知识产权的保护、人力资本的高度积累、国民素质的普遍提高和教育回报率的增加等因素都必须具备。在创新推动发展阶段,技术进步使人均产量水平提高成为主导方式,从而是一种典型的集约型增长方式。

2. 经济体制与增长方式

增长理论的深入研究向人们揭示了,生产率的提高有两种:一是生产率增长速度的加快;二是生产率水平的提高。如果说生产率增长速度的提高,主要是因为如固定资产中的技术含量增加、资本—劳动比率提高、劳动力受教育水平和技能水平提高及先进技术等因素引起的话,那么生产率水平的提高,则主要是因为经济体系运行效率的改善,如提高了市场的灵活性、劳动力的流动性、管理质量等。

为了说明这一问题,我们以劳动生产率为例进行分析。众所周知,社会生产是一种分工协作的生产,需要进行协调。这一协调成本与参与分工的人数成正比。参与分工的人数在协调分工的成本函数中的弹性(反映了协调分工的效率),直接与劳动生产率水平有关。而决定这种协调成本的主要因素,就是制度。因此,即使在劳动生产率增长速度不变的情况下,随着制度变革及改善,劳动生产率水平得以提高,即劳动生产率会按新的较高的路径变化,其增长率仍与过去相同。

由于制度变革会引起生产率路径的变化,进而影响生产率的变动,所以体制因素与增长方式之间也有着内在的联系。在不同的经济体制下,增长机制构造不同,进而其经济体系的运行效率不同,这直接决定了生产率路径的高低,进而规定了其增长方式的类型。

在传统计划经济体制下,对分工协作生产进行行政性的垂直协调,其协调的效率低下,既无有效的激励,又无硬预算约束,从而带来追求速度、投资饥渴、数量扩张、效益低下等问题。因此,传统计划体制内在规定了其增长方式是粗放型的,即粗放型增长是传统体制和运行机制的函数。

在市场经济体制下,市场机制对分工协作生产的横向协调,虽然也有某种缺陷,但其协调的效率相对较高,既提供有效的激励,又有硬预算约束,从而使人们在利益机制驱动下通过市场开拓、提高质量、技术创新、加强管理等来追求效益最大化。因此,市场经济体制从本质上是有利于促进集约型增长方式形成的。

显然,在传统体制向市场经济体制转换的制度变革时期,随着制度效率的改善,生产率水平的提高会特别明显,使其进入一条新的较高的路径。这也就是我们通常所说的改革就是解放生产力。尽管制度变革也是有成本的,但相对于其收益则是微弱的(假定这一制度变革是有效的),它可以在不增加或少增加要素投入的情况下实现更多的人均产出。这种由于经济体系运行效率提高而带来的经济增长,其性质无疑是集约型的经济增长。

3. 增长方式与技术进步

与生产率水平的提高相联系的是决定"协调成本"的制度因素,而与生产率增长速度加快相联系的主要因素则是技术进步。长期增长率与协调成本的弹性成反比,与技术进步的水平成正比。因此,技术进步与增长方式之间也有着内在的关系。

由多夫曼、萨缪尔森和索洛提出的"大道定理"被证明是长期经济增长最快捷、最经济的方法。这一定理形象地说明,从A地到B地的距离甚远时,其最快的路线往往不是那种需要穿街走巷的最短路线,而是先绕到A地附近的"高速公路"上,沿着高速公路一直行驶到B地附近,再离开高速公路转向通往目的地的路线。显然,在此过程中,其增长率的高低是一个至关重要的问题,它直接关系到经济均衡增长的速度。

各种研究表明,这种均衡增长的增长率是由技术矩阵水平决定的。技术矩阵水平则取决于:(1)每一产业部门的技术水平;(2)具有较高技术水平的部门所占的比重。因此,技术矩阵水平的提高,实际上就是各部门的技术进步及先进技术在更大范围的扩展。当各部门的平均技术水平得以提高以及具有较技术水平的部门增加时,技术矩阵水平便相应提高了。可见,我们这里所讲的技术进步是整个社会的技术进步。

当技术矩阵水平发生变化时,经济均衡增长的途径也将发生转移。这种大道转移意味着经济均衡增长的变速,即出现更高的增长率。在技术矩阵水平变化过程中,均衡增长途径随之转移,被称为弯曲大道问题。这一弯曲大道实际上反映了旧生产技术向新生产技术的转换,进而也反映出增长方式的转换。

因为衡量技术矩阵水平的指标通常采用中间产品投入使用效率,而考察中间产品投入使用效率的主要方法是分析中间投入的总的耗用情况。在最终需求向量相同的前提条件下,所需投入的中间产品耗用的多寡,表明技术矩阵水平的高低。显然,在技术矩阵水平低下的情况下,其中间产品的耗用是较高的。此时的经济增长是要依靠高投入、高物耗来支撑的,表现为粗放型增长方式。相反,在技术矩阵水平较高的情况下,其中间产品的耗用相对下降。此时的经济增长则主要依靠开发利用效率的提高来支撑,表现为集约型增长方式。

4. 增长方式与国际贸易

在一个开放的经济系统中,作为与外界进行交流重要方式之一的国际贸易,对一国的经济增长方式也有决定性的影响。因为国际贸易可以促进竞争、扩大市场和增加获得技术的机会,由此而产生的收益甚至可能超过从改进资源配置方法中获得的收益。

从贸易中得到技术转让有两条途径:一条途径是进口资本货物。由于技术是包含在许多种类的进口资本货物中的,所以进口资本货物实际上也就引入了新技术。这不仅能够影响生产工艺,也能影响投入物的性质。通过进口取得质量较优的投入物就可能提高生产率和加速产量增长,使出口商和进口商都能了解由于国际上技术进步而产生的新产品和新工艺。另一条途径是通过出口。参与国际贸易使出口商能够有机会了解新产品情况,外商是提供技术信息的一个重要来源。一些公司从与外国买主的接触中获得蓝图和技术规格,得到有关相互竞争产品的生产技术和技术规格的情报,以及对出口产品的设计、质量和技术水平情况的反馈。

在国际贸易中,不仅要参与国际市场的竞争,而且也会带动国内竞争。出口与外部的竞争是显而易见的,同时也带来国内出口商之间的竞争。进口同样能够引起竞争,促使制造商提高产品质量和降低价格。

通过贸易还能扩大市场(这在一些小国有特别明显的效应),从而为大批量生产提供了可能。同时,贸易带来产品的统一,并使生产能够专业化。市场的扩大使研究活动获得较大的收益,并且使竞争加剧,这就推动生产者去发展或适应新技术。

因此,一国参与国际贸易的程度对其增长方式会有较大的影响。如果一国采取闭关自守政策或严重贸易限制政策,其开放度很低,那么就不能得到大量的技术转让,而且还会影响其对进口技术的选择。保护主义措施使相对价格遭到扭曲,往往使一些本来劳动力很充裕的国家采用资本密集型技术,其结果是要付出高昂代价的。贸易限制还将使投资的配置遭到扭曲。总之,保护水平的扩散会导致显著的扭曲状况,即使平均保护水平很低。同时,一些限制进入市场的关税和非关税壁垒成为阻挠内部竞争的障碍,往往使企业不愿进行技术革新。此外,估值过高的汇率也会使选择技术的过程遭到扭曲。因为这种汇率降低了进口机器的成本,使发展格局向资本密集型方面发展。如果资本的成本过高(如对进口的资本货物征收高关税)或是过低,技术转让的速度和在当地条件下从进口技术中获得的利益都会下降。显然,在这种情况下,一国的增长方式将向粗放型倾斜。

与此不同,在对外开放度较高,贸易数量较大的情况下,由于大量的技术引进,且尽最大的努力传播和发展这些技术,以及进口竞争一般可以有力地制止相互勾结或垄断,因而企业不得不专注于技术方面的情况发展。而且经济越开放,个人和企业借鉴外国技术、学习外国思想和购买外国商品越自由,教育和有形投资的收益就越大。与此同时,出口竞争则促使企业通过市场扩大的机会增加创新活动的收益以采用新的技术。

增长方式转变是有其客观规律性的,人们只有遵循其规律性才能自觉地转变增长方式。因此,我们必须对增长方式转变的客观规律性有一个较全面的认识。增长方式转变的必然性,在于不同的增长方式有着优劣之分,增长的质量是不同的,进而决定了长期增长的速度。

比较各国的长期经济增长历史,我们可以看到,当一国 GDP 潜值增长较快时,其长期增长速度也是较快的;反之则反是。而当 GDP 潜值增长即定时,一国的 GDP 实际值围绕其潜值波动的幅度较小(其波动较平稳),其长期增长速度也相对快些;反之则反是。也就是,当一国 GDP 潜值增长较快,且 GDP 实际值围绕其潜值的波动较平稳时,其长期增长速度就十分迅速;而当一国的 GDP 潜值增长较慢,且 GDP 实际值围绕其潜值的波动较大时,其长期增长速度就较缓慢。因此,经济增长方式与其长期增长速度有密切关系。对于一个国家的生死存亡来讲,说到底,一个实质性问题就是长期增长率。为了保持较快的长期增长率,必须转变经济增长方式。

当然,在转变经济增长方式过程中,不能操之过急,否则欲速而不达。因为在决定增长方式的诸种因素中,其变化有相当部分是不以人的意志为转移的演变过程,具有历史的规定性。例如经济发展阶段的变化,是以人均收入水平的提

高为基础的。而人均收入水平的提高,是一个渐进的过程,要有不断资本积累
(物质资本和人力资本)和经济总量沉淀为基础,尽管其增长速度可以加快,但要
想在短期内使人均收入水平一下子提高是不可能的。与此相联系的技术进步,
也是如此,其变化要有相应的基础。即使如后起发展国家可以通过引进国外先
进技术来加快其技术进步步伐,但如果国内缺乏传播和扩散这些先进技术的能
力及相应的知识积累,其技术进步速度也是会受到限制的。因此,增长方式转变
有其自身的历史规定性,受制于诸种决定因素变化的速率。另外,由于增长方式
是由诸种因素综合决定的,所以增长方式转变实际上是诸种相关因素综合变化
的结果,而不是被单一因素所左右。从这个意义上讲,增长方式转变是一个系统
工程,具有全面性的特征。如果我们把增长方式转变仅仅理解为是一个生产力
问题(主要是技术进步),或者把增长方式转变只是简单地等同于体制转换问题,
都是有片面性的。

1.1.3　增长方式转变中的知识积累

我们在前面的分析中已指出,影响长期经济增长的因素主要是技术进步、物
质与人力资本积累,以及决定"协调成本"的制度等。增长方式转变,其实质就是
这些因素综合变化的结果。当然,这些因素的变化涉及各个方面,但在这些因素
变化的背后有一个共同的基础,那就是一个知识积累问题。从一个更高的层次
来讲,制度、物质资本与人力资本、技术都不过是知识载体而已。因此,增长方式
转变的最根本的基础条件之一,就是知识积累。

广义的知识可分成四类:(1)物化于资本品中的知识,随着资本品的折旧而消
失,随新的资本品而更新。(2)蕴涵于劳动者的知识,随着劳动者的死亡而消失,通
过教育与模仿部分地转移到下一代身上。其特征是可以随个人的流动而流动。
(3)蕴涵于制度的知识,随制度的延续而积累,随制度的更迭而改变。其特征是存
在于一个特定地组织起来的人群中。(4)可以见诸文字的知识,这包括所有前三类
知识的"溢出"(汪丁丁,1995)。前三类知识属于专门知识,因其知识本身的"技术
特征"(例如大部分劳动经验和技巧,管理上的"直觉"等)和"经济特征",其中大量
是无法交流的,而第四类知识通常表现为一般性知识,是可以广泛交流的。在前三
类知识中,第一类知识与第二类知识是互补的;第二类知识与第三类知识也是互补
的(即蕴涵于制度的知识往往要求有蕴涵于人的知识去支持)。

在现实经济生活中,这几类知识是互相依存、互相促进的,并在历史的发展
中逐步积累。例如我们可以看到,一旦制度和所提供的激励朝着有利于专家型

人才获取较大收益的方向确立起来,人力资本投资就会有利可图,从而促使人力资本投资的增加。人力资本的积累反过来加速知识的获取和积累。人力资本和一般性知识又推动技术进步。在这一过程中如果人的"影子价格"相对于物的影子价格是不断增长的,那么技术进步的方向大致是人力节约型的。而人力节约型生产带来的更充裕时间使学习成本降低,则提供了进一步积累人力资本的激励。

对于长期经济增长来说,这四类知识都是十分重要的,缺一不可的。但在经济发展不同阶段,其重要性相对有所侧重。对那些成熟的经济而言,第二类与第四类知识相对更为重要。因为这些经济已经成功地积累了大量的物质的、人力的和公共的资本,以及一般知识,社会所关心的主要问题逐渐从"物"转向"人",转向人的全面发展,由于对真正意义上的"人文"价值的重视,蕴涵于人的知识和一般性知识的积累成为人们的兴趣所在。而对于那些发展中的经济,也许第一类与第三类知识的积累更加重要。因为这些经济需要积累大量物质资本以奠定其发展的基础,同时社会的合作秩序尚停留在相对狭小的范围内(大量的小农经济或非市场经济),制度变革所带来的扩展秩序有着很大的递增收益的潜力,因而对物化于资本品的知识和蕴涵于制度的知识的需求就十分强烈。

当然,仅仅增加知识是不够的,知识还应传播,还应运用于实践。接受知识的程度部分取决于人们对新思想的接受能力,部分取决于各机构在获取和运用新思想方面的获益程度。在人们习惯于多样化的观点或习惯于变革的社会中,新思想能以最快的速度为人们所接受。相反,一个孤立隔绝的、同源的、妄自尊大和独裁的国家在新思想涌现出来的时候,则不可能迅速吸收它们。

现实经济运行表明,不管商业周期如何,在此之外还有另外一个基本过程,即知识累积及各类创新的进程。正是这一进程使生活水平得到长期提高。经济增长从长远来看像一条向上的趋势线,商业周期则像微小的波纹围绕着经济增长线起伏波动。经济增长最终将达到多高,是由经济增长线的斜率来决定的,而不是由小小的波动来决定的。经济增长线的斜率,是由知识积累及创新的速率决定的。因此,知识积累及其传播与应用于实践是各国(地区)长期经济增长的最终支撑点,也是实现集约型增长方式的基础。

1.1.4 增长方式转变及其标志

1. 从粗放型增长方式转变为集约型增长方式

受历史规定性的影响,在某种条件下必然出现粗放型增长方式,尤其在经济发展低级阶段是不可避免的。国际经验表明,在经济发展低级阶段各国都出现过以粗放型为主导的增长方式。但粗放型增长方式是有其内在局限性的,并随着经济发展水平的提高日益明显地表现出来。

因为在资源稀缺的既定条件下,这种靠高投入、高耗用支撑的经济高增长是有限度的,一旦超出极限,经济马上出现滑坡。因此,在一个较长时间内,粗放型增长方式会从总量和结构两方面形成对经济增长的制约:

一是总量制约。在粗放型增长方式下,由于其资源开发利用效率低下,随着经济规模的扩大,资源消耗总量也同步增加,而可使用的资源是有限的,构成一定的生产可能性曲线。因此,若不改变生产可能性曲线的位置(即向右上方移动),经济增长将受到可用资源的总量制约。特别是进入工业化阶段后,随着制造业份额的增加,中间需求份额会大幅度增加。各国工业化常规进程中的结构转换趋势表明,制造业部门的生产过程机械化程度提高和再加工层次的深化,使总产出中的更大份额成为中间投入品,而非最终消费品。因此,粗放型增长方式下的物质消耗系数过大,中间需求的扩大就会引起大量的资源投入,总量制约将更加明显。

二是结构制约。在粗放型增长方式下,即使基础产业部门的产值和投资所占比重并不低,但由于过高的物质消耗仍将能源、原材料的供应十分紧张,成为国民经济发展的瓶颈制约。如果为解决这一结构失衡而进一步增大对基础产业的投资进而扩大其产值比重,则将直接削弱产业结构高度化的转换能力。因为在产业结构高度化进程中,基础产业部门的产值比重趋于下降,而不是进一步提高。因此,粗放型增长方式有可能导致或加剧产业结构失衡,阻碍产业结构高度化。

根据前面我们对两种类型增长方式的定义,其关键变量是总和要素生产率。粗放型增长方式的实质含义就是总和要素生产率增长水平低。国际比较表明,总和要素生产率增长水平的不同是各国在经济增长率方面有所差异的主要原因。

另外,粗放型增长方式也不可能保持稳定、持续的经济增长,只会导致大起大落的经济增长。因为,依赖于高投入、高消耗而支撑的高增长是难以为继的,一旦其受到总量制约和结构制约,便会被迫进行强制性调整而使经济滑坡,故粗放型增长方式通常伴随着非常规性的经济大波动。

因此,从经济发展的自身规律来讲,为了突破低水平发展的陷阱,摆脱经济大起大落的恶性循环,必须从粗放型增长方式转变为集约型增长方式。

2. 增长方式转变的基本标志

根据不同类型增长方式的基本特征,参照国际经验,从粗放型增长方式转向集约型增长方式的基本标志大致有以下几方面:

(1) 从增长源泉构成来讲,是以高投入为主的增长转向以使用效率提高为主的增长,总和要素生产率增长速度要快于投入物增长速度,且前者对经济增长的贡献率逐步提高,并居主导地位。

(2) 从增长形态来讲,是从速度效益型转向效益速度型,经济波动的幅度趋小,经济增长处于相对稳定状态。

(3) 从增长依赖路径来讲,是由非均衡增长转向均衡增长("均衡"是指消费、人力资本和人均收入均以同一速率增长)。这意味着结构性扭曲与瓶颈的逐步消除,所有部门的要素收益都趋向等于要素的边际生产率。

(4) 从增长潜力的角度来讲,是由趋于衰竭的经济增长转向可持续性的经济增长。这意味着使人口增长与社会生产力的发展相适应,使经济建设与资源、环境相协调,实现经济良性循环,保持福利效用递增及有发展后劲。

1.2　增长方式转变的宏观背景分析

上海转变经济增长方式,除了一般意义上的内容外,还有其自身特定的内涵。但要揭示上海转变经济增长方式的特殊内涵,不能孤立地"就上海研究上海",而要将上海经济增长方式转变置于全国性的宏观背景下进行研究。因此我们首先对转变经济增长方式的宏观背景进行实证分析,从中把握上海经济增长方式转变的定位,揭示上海在转变增长方式过程中所面临的共性问题中的特殊性,并透彻了解其增长方式转变的重点及途径。

1.2.1　中国全面工业化进程中的经济增长方式定位

增长方式转变首先涉及增长源泉构成的变化,即在诸多增长因素中居主导地位的增长因素及其结构形态的变化。而这种增长源泉构成的变化,在很大程度上与一国经济发展阶段密切相关。从一般意义上讲,经济增长方式是经济发展阶段的函数。在不同的经济发展阶段,要素的比较优势差异将导致要素之间的不同替代,进而引起推动经济增长的源泉构成变化。从目前中国全面工业化进程来看,总体上处于一种准集约型增长方式。但由于中国作为后起发展国家,经济发展不平衡,二元结构特征明显,所以即使从发展阶段角度来看,这种准集约型增长也具有两种不同的含义。

1. 投资推动发展阶段的准集约型增长方式(第一种含义)

尽管新中国成立后不久我们就强制性地推行工业化,但当时的工业化是残缺的、畸形的。只有改革开放之后,中国才开始了全面工业化进程,出现了收入与生产之间相互促进的良性循环。与改革前30年初步工业化不同的一个特点是,在部门间产值结构变动的同时,就业结构也出现了同样的变化。1978—1992年间就业结构变动速度几乎4倍于前25年。这表明,改革开放之后开始的全面工业化进程不仅迅速改变了人们的生活方式,而且迅速地改变了人们的生产方式。

这种全面工业化进程带动了中国经济的快速增长,使国民经济正逐步进入持续高增长的"起飞"新阶段。1979—1993年中国GNP平均增长率为9.3%,其中有一半以上直接来自工业增长的贡献。据世界银行计算,1993年中国人均GNP为470美元。这有些低估了中国的实际收入水平,较为恰当的估计为560—1120美元。这正是工业化阶段中的第二个时期,也是我们步入向小康生活水平发展的阶段。

从工业化的内部构成来看,如果说在80年代中国的全面工业化是以轻型化倾向为主导的,那么进入90年代以后,中国工业化进程发生了一个重大转折,即转向了重化工业为主导的发展。1978—1992年间,轻工业增长了6.9倍,年平均增长速度为14%;重工业增长了4.3倍,年平均增长速度为10.6%,轻工业发展一直快于重工业发展。但从1992年起,重工业增长速度开始领先于轻工业,并且差幅逐渐拉大(见表1.1),出现了重化工业化势头。

表1.1 轻重工业产值增长速度比较(比上年增长%)

	1986	1987	1988	1989	1990	1991	1992	1993
轻工业	16.50	24.87	34.90	19.84	9.77	16.82	26.74	32.54
重工业	14.06	22.04	29.17	21.75	7.59	19.28	35.48	50.95

注:按当年价格计算。

因此,总体上中国已进入"投资推动的发展阶段"。在这一阶段,工业化带来的分工和专业化的发展,提供了规模收益(单位产品的成本随生产单位的总产出率和累积的生产时间而降低)的可能。这种规模收益降低了单位成本,令产品价格大幅度下降,使给定的家庭收入的购买力上升,这就扩大了市场规模,产生了更大规模的需求,从而引致更大规模的投资及分工与专业化的深化。因此通过大规模的投资形成资本(人力的和物质的)积累来实现规模收益,就成为这一发展阶段的合理选择。

同时,资本投资,无论是对机器还是对人,都形成"正的外部性"。就是说,投资不仅提高被投资的企业和工人的生产能力,也提高相关的其他企业和工人的生产能力。以往的研究,都低估了资本对产出增长的贡献。据罗切斯特大学的罗默(Paul Romer)估计,资本增加 1 个百分点对产出增长全部的实际贡献接近于 1 而不是 0.25。当投资外部性足够大时,就不存在资本报酬递减问题。其结果是,储蓄率的上升引致增长的"永久性"提高。

更何况,在现实经济活动中,增加资本密集性与不断开发新技术之间存在着一种重要的联系。若没有新的技术加入,企业将耗尽采用资本更密集的技术来提高利润的可能性。即使资金成本(利率水平)非常低,资本—劳动比率的进一步提高也将不再是可盈利的。

因此从这些方面来讲,投资推动的经济增长具有集约型特征。但由于资本—劳动比率的提高是以大量资本投入为前提的,而且因为资本边际生产力的斜率为负,故人均产量较小幅度的提高要以人均占有资本额较大幅度提高为条件。从这一角度来看,它又具有一定的粗放型色彩。因此,我们将该发展阶段的增长方式定义为准集约型增长方式。

2. 二元结构下的准集约型增长方式(第二种含义)

然而,在中国的全面工业化进程中,由于历史和现实的因素所致,存在着严重的二元经济结构的矛盾。用相对国民收入度量的二元结构强度,改革开放之前的 1978 年中国达到 6.08。而美国著名数理统计专家库兹涅茨的统计研究表明,除中国外,世界上发展中经济体这一差距最大为 4.09。日本在工业化初期,其差距只有 2.94(1955 年),中国台湾地区只有 2.30(1965 年)。

改革开放以后,中国二元结构变动呈现了"下降、增强、再增强"的变化过程。1984 年,二元结构强度缩小到 3.58,但到 1988 年其强度上升到 3.89,1991 年进一步上升到 4.14。在这种强烈的二元结构背景下,中国工业发展具有阶段的重叠性。中国目前所出现的重化工业增长势头,是由只占全体人口 22% 的城镇居民消费升级所引发的,而占全体人口 78% 的农村居民,其消费结构远未到足以引起工业增长向重化工业方式转换的转变时期。中国城市人均 GNP 水平约是农村人均水平的 3 倍。这与日本和亚洲"四小龙"在高速增长起步阶段,城市人口占 50%—60%,城乡居民收入差距在 1 倍左右的情况极不相同。因此,90 年代后中国虽然进入了以加工制造与组装型工业为重点的重化工工业发展阶段，但轻工业和原材料工业在今后发展中仍占有重要地位。

由此看来，中国今后一个时期的工业化进程，实际上是由城市与农村两个完全不同的发展层次和两种完全不同的工业化内容构成的。城市经济居民人均收入起点高，需求结构的变动已经引导城市工业朝重化工业方向发展，改革前30年建立的城市大工业基础，也到了必须全面改造和升级的阶段。农村经济则由于人均收入水平起点低和农业内部剩余劳动力规模庞大，在提高收入水平、寻求比较利益的驱动下，要到非农部门就业，发展吸收劳动多、投入资金少的传统工业。因此，从地区结构与产业结构上来讲，城市工业化将要求转向集约型增长方式，而农村工业化则在较大程度上仍保留着粗放型增长方式。这种不同增长方式并存的结构性分布，是另一种特殊含义上的准集约型增长方式。

1.2.2　中国体制转换中的增长方式转变

增长方式转变也涉及增长机制问题。与西方市场经济国家不同，中国经济增长方式不仅受制于经济发展阶段的竞争比较优势，而且还受制于体制变量的特殊因素。在非市场经济的体制中，由于生产要素无法真实体现竞争比较优势，因此其增长方式并不完全按照经济发展阶段的要求来定位。这样，我们必须结合体制变量来考察增长方式问题。

传统计划体制对分工协作生产实行行政性的垂直协调，其协调效率低下，既无有效的激励，又无硬预算约束，从而带来追求速度、投资饥渴、数量扩张、效益低下等问题。这种微观基础上的宏观经济运行，表现为经济增长单纯受资源供给约束的格局，从而内在规定了其增长方式是粗放型的。

与传统体制相联系的闭关自守政策及保护主义措施，同样使相对价格遭到扭曲，这往往使一些本来劳动力很充裕的国家采用资本密集型技术，并将使投资的配置遭到扭曲。同时，一些限制进入市场的关税和非关税壁垒成为阻挠内部竞争的障碍，使企业不愿进行技术革新。此外，估值过高的汇率也会使选择技术的过程遭到扭曲。因为这种估值过高的汇率降低了进口机器的成本，使发展格局向资本密集型方面发展。如果资本的成本过高（如对进口的资本货物征收高关税）或过低，技术转让的速度和在当地条件下从进口技术中获得的利益都会下降。显然，在这种制度变量作用下，一国的增长方式将向粗放型方面倾斜。

这种由制度变量内生的粗放型增长方式，与作为经济发展阶段函数的粗放型增长方式有本质上的区别。前者是制度低效率的产物，而后者是竞争比较优势下的要素替代的结果。因此,只要这种低效率的体制存在,不管其经济发展阶段到了何种水平,这种粗放型增长仍会继续下去。

自改革开放以来,随着市场化取向的制度变革不断深化,市场机制开始对分工协作生产实行横向协调,其协调效率相对提高,既提供了有效的激励,又带来了硬预算约束,促使人们在利益机制驱动下通过市场开拓、提高质量、技术创新、加强管理来追求效益最大化目标。这对增长方式产生深刻的影响,具体表现在以下几方面:

首先,体制变革使被抑制多年的消费需求得到了释放,以那一发不可收的蓬勃旺盛态势而成为中国经济增长的巨大牵引力。经过十多年的体制变革,消费需求在新中国 40 年历史上,第一次成为经济增长的制约因素,并且成为影响经济增长的主要问题。因此,在体制变革过程中,中国经济增长单纯受资源供给约束的时代已经结束,取而代之的受双重约束的时代已经开始。在整个 90 年代,甚至更长时间,中国经济的增长将受到双重约束:既有来自资源供给的制约,又有来自消费需求的制约。在经济快速增长时期,增长的约束将主要来自资源供给;而在经济缓慢增长时期,增长的约束将主要来自消费需求。

其次,体制变革提高了社会分工生产的协调效率,进而提高了生产率水平。现代增长理论表明,生产率提高有两种类型:一是生产率速度的加快,主要是由如固定资产中的技术含量增加、资本—劳动比率提高、劳动者受教育水平和技能水平提高及先进技术运用等因素引起;二是生产率水平的提高,主要是因为经济体系运行效率的改善,如提高了市场的灵活性、劳动力的流动性、管理质量等。在体制转换过程中,随着制度效率的改善,在生产率增长率不变的情况下,生产率水平得以提高,按新的较高的路径变化。

最后,体制变革带来的要素市场化,使要素的竞争比较优势开始显现,为要素之间的有效替代提供了条件。这将为作为经济发展阶段函数的增长方式转变,奠定机制性基础。

但目前我们面临的情况是,体制变革正处于转变过程之中,它对增长方式的影响是双重的:一方面促进增长方式按照经济发展阶段的要求向集约型转变;另一方面又继续保留着与经济发展阶段要求不相一致的粗放型增长方式特征。这可以从近些年来国内积累和投资效益均日趋下降,高积累、高投资与低效益长期并存的现象中得到验证。

与社会固定资产投资超高增长形成鲜明对照的是,在现有的约 2.2 万亿元的国有资产存量中,闲置和利用率不高的就占 1/3 左右,即相当于 7000 多亿之巨。有关资料显示,在中国工业系统中,由于资产使用效率提高所增加的净产值占全部新增产值的"效益贡献率",只有 20%左右,而德国等 12 个经济发达国家达到 50%左右,阿根廷等 20 个发展中国家也在 30%左右。这种固定资产增量投入不断扩张,不断加速,而技术更新、技术改造步履迟缓,资产存量的利用率十分低下,损失浪费严重等并存的状况,正是中国传统体制内生的粗放型增长方式长期延续的结果。

1.2.3 中国增长方式转变:历史必然选择

在以二元结构强化与体制转换摩擦为特征背景的投资推动发展阶段中,中国经济运行势必产生一系列的大碰撞。这些大碰撞实际上反映了转变经济增长方式的内在规定性和客观必然性,显示了转变经济增长方式的迫切性。

1. 高投资势头与提高投资效益

中国国民经济的重化工业化,预示着社会单位产品中资金含量的上升,需要有高强度的资本投入。在这种情况下,增长方式转变并不意味着强行压低投资率,这是与经济发展趋势相违背的。在投资推动发展阶段,存在着高投资的必然性,尤其在初始阶段投资增长率会高于经济增长率。

但问题在于,伴随着较高的投资增长率,经济增长率是否能逐步趋近于乃至高于投资增长率。国际经验表明,伴随着较高的投资增长率,经济增长率普遍高于或逐步接近于投资增长率是基本趋势。这一基本趋势反映了科技进步因素、效率因素在经济发展中的作用日益增强,经济发展的集约化程度不断提高。根据世界银行提供的资料,1965—1980 年间,新加坡的 GDP 年均增长率为 10%,同期国内投资总额(即用于固定资产增加部分的支出+库存水平变动的净值)的年均增长率为 13.3%;到了 1980—1990 年间,GDP 的年均增长率为 6.4%,而国内投资总额的增长率则降为 3.6%。在相同的两段历史时期内,韩国前一时期GDP 年均增长率为 9.9%,国内投资总额的年均增长率为 15.9%,但在后一时期内,前者变为 9.7%,后者则降为 12.5%,两者逐步趋近。在香港地区,前一时期的两个指标均为 8.6%,后一时期则出现了很大变化,GDP 的年均增长率为7.1%,而地区投资总额的年均增长率降到 3.6%的水平。泰国前一时期 GDP 的年均增长率为 7.3%,国内投资总额的年均增长率为 8%;后一时期 GDP 是7.6%,国内投资总额增长率也只有 8.7%,二者的差距只有 1.1 个百分点。

与此相对照,中国 1981—1991 年间的 GDP 年均增长率为 8.8%,但社会固定资产投资的年均增长率却高达 19.1%,后者大于前者 10 个百分点以上。

1992 年 GDP 比上年增长 12.8%,全社会固定资产投资的增长更高达 37.6%。这种投资增长率持续高于经济增长率,且两者差距不断拉大的状况,如果延续下去,将是十分危险的。而造成这种状况的主要原因,就是体制因素造成的投资效益低下。因此,这种高投资、低效益的粗放型增长特征,在投资推动发展阶段是完全与此要求格格不入的。

2. 物耗比率上升与城市产业升级及技术进步

目前中国经济发展阶段及二元结构背景下的双重工业化,正处于高物耗的强大压力下。现代农业科学一般认为,现代以化肥、农药等为代表的农业生产技术,其边际生产潜力为每亩耕地产出粮食 300 公斤左右,当接近和越过这一边际时,农业投入的边际报酬递减现象就会显著起来。中国现阶段农业正处在物耗急剧上升时期,大约达到 35% 的水平。国际经验表明,在此阶段,农业物耗上升速度超过其他产业物耗上升速度。到工业化后期,农业物耗甚至可以超过50%,比中国目前 35% 的水平要高得多。但问题是,发达国家建立高投入农业的基础是高度发展的农业劳动生产率,而中国农业还比较落后。从每个农业劳动者创造的产值来看,发达国家是中国目前水平的 100—200 倍。

与此同时,中国农村工业化过程还不可避免地具有粗放型发展的基本特征。以农村工业化发展为主线实现中国经济在 90 年代的高增长,必然会显著提高全社会的物质消耗水平。因此,压抑社会总物耗上升的主要力量,只有依靠城市工业的技术进步与结构升级。况且从工业资源使用方面看,80 年代以来国内能源和主要矿产品生产,相继出现开采过度,采储比例失调,开采成本急剧上升,以及产出重心西移等问题,因此继续维持粗放型增长方式已不行了。这样,在增长方式转变中,就突出了城市经济产业升级的重大意义。

3. 产业结构高度化与产业协调发展

在中国经济发展的新阶段,重化工业化、资本技术密集型产业发展及第三产业的发展,势必推动产业结构高度化。产业结构高度化的实质含义,是更多的资源从低增长、低效率部门向高增长、高效率部门转移。这是符合经济增长向集约化方向发展要求的,是增长方式转变的重要内容之一。

但由于长期以来人为因素的推动,某些部门和行业扩张迅速,造成地区间的产业同构,以致挤压其他部门和行业的正常发展,形成产业结构失衡,并导致经济的不协调增长。这种与粗放型增长方式相伴随的结构性瓶颈制约,一直是阻碍中国经济正常发展的比较突出的问题,也是今后中国产业结构高度化的严重障碍。

4. 高速度增长与提高增长质量

从经济发展阶段性和体制变革角度来讲,中国今后一段时期仍将维持高速度增长势头。因为进入 90 年代后,在城市消费需求结构升级引发下,重化工业将再现持续增长势头。日本和亚洲"四小龙"的经验说明,在重化工业化阶段,经济发展将进入一个较长期的高速增长过程,GDP 增长率可以在十年左右的时间内维持 10% 左右的高速度。再加上在此期间体制变革继续深化所释放出的能量,也将大大促进经济增长。

在这一特定阶段,增长方式转变并不是要人为地抑制高速增长的必然趋势,而是在推进经济高速增长过程中提高增长质量。这与我们过去那种片面追求高速度,忽视增长质量的粗放型经济增长方式有本质的区别。但问题是,目前这种粗放型增长方式下的高速度仍然存在,所表现出来的突出问题有:

(1)在需求结构变动较快和社会需求层次不断提高的情况下,忽视产品质量、品牌、款式的数量增长,往往导致大量的产品滞销压库,造成严重的损失浪费,并带来资金占用,企业互相拖欠等问题。

(2)产业素质低,技术水平不高。优质产品和劳务少,一般水平的多,短缺与积压并存,开工不足与大量进口并存,许多企业和产品成本高,盈利率低,资金积累能力低。企业进步缓慢,主要靠引进技术和设备来实现,消化、吸收、创新不足,致使企业新产品开发能力薄弱,国际竞争能力弱。技术进步在经济增长中的贡献份额仅占 30% 左右。

(3)严重的环境污染。测算的结果表明,每年由于水体污染造成的损失在 400 亿元左右,大气污染造成的经济损失在 300 亿元左右,固体废物和农药等的污染经济损失在 250 亿元左右,三项合计为 950 亿元左右,约占国内生产总值的 6.75%。这些损失主要表现在:人体健康的损失约占 32%,农林牧渔的损失约占 32%,工业材料和建筑物的损失约占 30%,其他约占 6%。据联合国环境规划署资料报道,美国、日本等发达国家,环境污染引起的经济损失占国内生产总值的 3%—5%。"八五"期间每年环境污染的经济损失为 1350 亿元。[①]

5. 持续增长与改善资源利用

90 年代以后,中国经济运行内在的矛盾与冲突孕育着新一轮结构转换。可以预期,与这一轮结构转换相伴随的,将不仅是基础产业、基础设施、城市化的大发展,同时也将是农村剩余劳动力的大转移,广大农民收入水平的大提高。这又

---

① 数据来自曲格平:《中国的环境与发展》,中国环境科学出版社 1992 年版,第 47 页。

必将为消费品工业创造出 80 年代所无法比拟的更大的需求和更大的购买力,从而把国内的消费品工业推入新的高速增长轨道。上述结构转换无疑包含了比 80 年代结构转换更深刻的内容,特别是,由于这一转变是发生在一个拥有 960 万平方公里国土和 12 亿人口的大国中的,由区域发展不平衡形成的递推式增长浪潮,必然在一个相当长时期内形成持续快速增长的局面。

然而,在这新一轮结构转换中,我们面临的资源约束的压力也日益增大。中国的自然资源条件事实上并不优越,很多重要资源如耕地、水和石油、煤炭、铜等矿产的人均占有量均大大低于世界平均水平。根据统计资料,中国现有耕地总面积 14.31 亿亩,人均 1.22 亩,耕地后备资源为 2 亿亩左右,人均远低于世界平均水平(4.57 亩)。同时,耕地资源质量较差,改造难度大,在耕地面积中,有近 7 亿亩农田不同程度受旱灾危害。中国现有森林面积共 12863 万公顷,人均仅 2 亩,而世界人均为 12 亩;中国森林覆盖率为 13.4%,也低于 22% 的世界森林覆盖率平均水平。中国人均水量只有 2710 立方米,约为世界人均水量的 1/4。按耕地面积计算,亩均水量只有 1770 立方米,约为世界亩均水量的 3/4。同时,中国水资源的地区分布很不均匀,与人口、耕地、矿产资源的分布不相适应。中国的矿产资源探明量(按折算值)居世界第三位,但人均拥有量仅居世界第 80 位,不到世界人均水平的一半,特别是石油、天然气、黄金、铜和铁矿石等,如果没有新的突破,很难满足未来经济高速增长的需要。在 1995—2010 年的未来年代里,自然资源的紧缺情况将进一步加剧,并将制约国民经济的持续增长。

在这种状态下,如果继续实行以大量资源耗费为代价的粗放型增长,那么实际上是一种"自杀"行为,其恶果是十分严重的。目前,高物耗造成能源、原材料的供求关系紧张,使这些产品的价格呈强劲上升趋势,从而给经济高效增长带来了成本过快上升的巨大压力,实际上就已经体现出这种恶果。与此相对照,发达国家在重视产业结构高度化、产品结构最优化的同时,十分强调资源耗费最小化、生产效率最大化。80 年代初至 90 年代初,发达国家的钢铁消费量减少了 5000 万吨,每天的石油消费量减少 70 万桶。因此,为保证新一轮结构转换的顺利进行,必须首先改变那种掠夺式使用资源、高度依赖资源、大量浪费资源的增长方式,通过制度保证和依靠科技进步,对资源进行深度开发和珍惜利用,力求以更少的资源投入获得更多的产出,使经济发展建立在更少依赖地球上有限资源的基础上。

1.3　上海增长方式转变的特殊性分析

上述背景实证分析的意义,在于为我们提供了一种对上海转变经济增长方式进行基本定位的参照系,使我们能够比较准确地把握上海转变经济增长方式的固有内涵及重点,并从全国经济的大视野来确定其增长方式转变的努力方向和主要内容。

1.3.1　上海经济增长的特殊规定性

上海作为全国整个经济系统中的一个地方子系统,其经济增长方式转变是脱离不开总体增长方式变迁的。上述增长方式转变的理论分析框架,也同样适合于上海。但由于上海经济发展及其内外部环境条件的独特之处,上海经济增长方式的转变是有特殊性的。

从经济发展阶段来说,上海经济发展水平在全国是处于领先地位的。1997 年上海的人均 GDP 已达 25750 元,高于全国平均水平的 5 倍;GDP 占全国比重为 4.5%;财政收入占全国比重为 12.4%;出口商品额占全国比重为 18.3%。在这一经济发展水平上,上海经济增长方式的转变就有其与众不同的独特内容。

从经济类型来说,上海属于城市经济类型,但传统计划体制下历史形成的大工业基地与市场经济发展中逐步形成的现代服务中心,使其既不是单纯工业基地型城市经济,也不是"产业空心化"的城市经济,而是工业基地与现代服务中心并存的混合型城市经济,构成了上海城市独特的"二产"与"三产"共同推动的经济结构。

从功能定位来说,上海的发展目标是建设国际大都市,形成"一个龙头,三个中心"的战略性地位,成为联结国际国内两个市场的通道,向长江三角洲及长江流域乃至全国辐射。

因此,上海经济增长方式转变既有与全国一样的共性内容,又有其独特的内涵。从体制改革的角度讲,上海与全国一样都面临着改变由传统体制内生的粗放增长形态的相同任务,这是共性的问题。但从经济发展阶段的要求来讲,上海经济增长方式转变的程度以及采取与此相应的结构调整政策、技术政策、人力源泉开发政策等措施则具有特殊性。

首先,上海经济发展水平已领先于其他地方,正进入经济起飞阶段,顺应其发展阶段的要求,迫切需要尽快转向集约型经济增长。

其次,上海处在对外开放、融入世界经济的前沿,朝着国际大都市的方向发展,率先要与国际接轨。这就要求上海率先转变经济增长方式,以崭新的姿态屹立于国际经济舞台之上。

再次,上海作为一个城市经济,在增长方式转变中不仅有一般意义上的总和要素生产率提高的要求,而且也表现在城市形态、城市功能、城市环境、城市空间区域等方面转变的特殊规定性上。

最后,上海在全国经济发展中的特殊重要地位,其发展不仅是自身的问题,而且是能否带动其他地方经济发展的涉及外省市的问题。这决定了上海增长方式转变必须融入全国经济增长方式转变进程之中,率先转型,依托外地,带动全局。

1.3.2　小结

第一,上述分析表明,在中国经济运行中,粗放型增长方式已成为我们当前经济生活中许多矛盾和问题的症结所在。同样,上海经济运行中所出现的各种矛盾和问题,也在很大程度上与粗放型增长方式有密切关系。若不改变这种增长方式,上海与全国一样,都是难以解决这些矛盾和问题的。如果从更大的视角来看,今后国内外市场的竞争将主要是科技、质量、效率和效益的较量,若不改变粗放型经济增长方式,上海就难以在越来越激烈的国际与国内市场竞争中立足。

因此,实现经济增长方式从粗放型向集约型转变,实质上是在新的经济环境条件下探索与开创一条新的经济发展的道路,使国民经济进入良性循环的轨道。对于上海来说,也就是要寻找一条使其发展成为"一个龙头,三个中心"的新路子。

第二,转变经济增长方式,要区分两种不同性质的粗放增长形态:一是作为初级经济发展阶段函数的粗放增长形态;二是由传统体制内生的粗放增长形态。我们目前总体上进入了投资推动发展阶段,与此相适应,要求改变粗放型增长方式。但如果传统的经济体制与运行机制没有得到彻底改变,其内生的粗放增长冲动就会使粗放型增长方式难以有根本性的转变。因此,实现经济增长方式的转变,最关键的就是要通过深化改革,加快建立有利于提高经济效益的社会主义市场经济体制及运行机制。从这一意义上讲,经济体制与增长方式的"两个转变"实质上是一个统一体。我们的主要任务是通过体制改革深化来推动适应新的经济发展阶段要求的增长方式的转变。显然,改变由传统体制内生的粗放增长形态,这是共性的问题。

上海与全国一样,在此过程中面临着相同的任务。但改变由传统体制内生的粗放增长形态,并不能涵盖增长方式转变的全部内容。我们还要根据经济发展阶段的要求,采取相应的结构调整政策、技术政策、人力源泉开发政策等措施来推动增长方式转变。

第三,中国目前总体上进入了投资推动的发展阶段,与此相适应,是从粗放型增长转向准集约型增长。这种投资推动发展阶段的增长方式,既有人均占有资本额提高带来人均产量增加的集约性特征,又有大幅度人均占有资本额提高带来较小幅度人均产量增加的粗放性特征。同时,在二元结构背景下,集约型增长与粗放型增长在不同部门和地区并存。这就要求我们既要坚持集约增长的方向,又要从劳动力多、就业压力大、资金和资源相对不足的实际出发,继续发展劳动密集型产业。此外,还要根据各地的经济发展水平及资源禀赋,选择不同的技术发展政策,实行资金、技术、劳动力在不同地区的合理组合。

从经济发展阶段的角度来讲,上海转变经济增长方式有其与众不同的独特内容。因为上海经济发展水平在全国处于领先地位,事实上,上海经济发展已到了投资推动后期阶段,正处于第二个发展阶段向第三个发展阶段(创新推动的发展阶段)的过渡之中。因此,上海转变经济增长方式已不再是从粗放型转向以投资推动为特征的准集约型增长,而是要从准集约型转向以创新为特征的集约型增长。

第四,在二元结构强化的背景下,中国全面工业化进程实际上是由城市经济工业化与农村经济工业化双重内容构成的。因此从全国范围内讲,我们既要坚持集约化增长的方向,发展资本、技术密集型产业,又要考虑到人口等因素,发展劳动密集型产业。

对于上海来说,作为一个城市经济,在转变经济增长方式中就不能把主要精力放在发展传统工业上,以避免与农村工业化发生强烈的碰撞,而要大力发展高新技术产业。更何况,上海不同于一般城市经济,其目标定位是“一个龙头,三个中心”,所以在转变经济增长方式中就不能只抓城市经济工业化问题,而要大力推进以金融保险为主导的第三产业的发展。但在经济转型过程中,还必须发展以吸收劳动就业为主的都市型产业。

2 体制变革与增长转型:历史过程透视

对于像我们这样的国家来讲,在决定增长方式的诸多因素中,制度变量的权重也许是最大的。传统体制塑造了与之相适应的增长方式,而伴随着体制的巨大变革,增长转型也逐步展开。因此,在分析上海增长方式转变时,我们首先要对体制变革与增长转型作一历史过程透视,以便后面各章论述的具体展开。

2.1 体制变革与增长转型的约束条件

体制变革与增长转型都是一个动态过程,意味着从一种旧形态向一种新形态的过渡。其演变的方向、途径及方式,在很大程度上是由其初始条件约束的。从上海体制变革与增长转型来讲,这种初始约束条件最主要的就是:(1)传统体制塑造的上海经济运行基本特征;(2)中国体制改革特殊的渐进方式。它们对上海体制变革与增长转型产生着极其深刻的影响。

2.1.1 传统体制对上海经济运行特征的塑造

上海是中国最大的经济中心,经济最为发达的大城市,是内地与海外集散商品、融通资金、转移技术的枢纽和桥梁。在高度集中计划的传统体制下,上海也是中央计划经济控制最完备、最严格的地区。

第一,在中央计划的宏观布局及集中投资下,上海逐步演变成为中国最大的综合性工业基地。从国有经济单位基本建设投资情况来看,1952—1962年间第二产业投资以年均3.2个百分点的幅度增长,所占比重从36%上升到68.34%;第三产业投资比重则降至28.7%。在以后很长一段时间里(1963—1985年),第二产业投资比重始终居61%—71%的区间,而第三产业投资比重只在27%—

32%的区间。

经过30多年的经济建设,除了矿物开采、森林采伐等工业外,上海基本形成了门类齐全、具有较强自我配套能力的综合性工业生产体系。在全国统一划分的166个工业门类中,上海有157个,形成了33个大类,184个中类,434个小类的工业行业。工业生产所需的钢材用量,90%可由上海自己供应;化工产品有2万多种,90%可由市内配套;100个大类、1.8万个品种的机械产品,其单机配套率达90%;大型冶金、矿山、化肥、电站等设备的成套率也达80%。并且,在工业结构上形成了原材料工业、装备性工业和消费品工业的"三足鼎立"的工业格局。1978年与1949年相比,上海的轻、重工业产值分别增长11倍和109倍,上海逐步演变成为中国最大的综合性工业基地,轻重工业各占一半。1978年,上海的工业总产值占到全国的1/8。

第二,上海规模庞大的加工工业在中央统一调配原材料、能源等物资和统购包销的计划控制下实行指令性生产。1979年上海约有170种物资属于"统配""部管"物资,这些物资的80%以上的产量属于国家计划分配的范围。在日用工业品方面,约有80%的货源掌握在中央一级采购供应站手中。国家指令性的工业生产,约占全市工业总产值的70%。上海调往各地的工业产品,占全国省市区间调拨总量的1/3。

第三,与指令性生产相配套的财政、财务管理,实行统收统支的方式。从50年代末到80年代上半期,上海的"上解中央支出"占上海地方财政预内收入的比重,绝大部分年份都在85%以上,约半数年份超过90%。1949—1978年,上海创造的财政收入占全国的1/6,累计上缴国家财政收入为2000多亿元。

第四,与这种高度集中的计划经济的大工业相适应,上海形成了国有经济最发达的微观组织基础。经过1956年的生产资料所有制改造,上海形成了国有经济占绝对主导地位的所有制结构。在工业中,国有经济比重由1952年的26.7%上升到96.1%;在商业中,国有经济由15.5%上升到95%。

第五,与计划性的大工业管理和国有企业管理相适应,上海形成了最强大、最严密的行政领导体制和行政管理体系。在这样一种体制架构下,上海地方政府没有支取财力的自主权,也没有自我积累和自我发展的能力,其行为方式表现为:(1)向中央争计划、争投资,努力扩大地区经济(工业)规模;(2)全力以赴抓生产,保证中央指令性生产计划的完成,而对城市建设等则无能为力;(3)通过强有力的行政领导和严密的行政管理体系,直接干预企业生产经营;(4)把企业作为行政管理的组织载体,通过企业社会化(即由企业来承担各项社会责任与义务)实施社会管理。

　　而对于企业来说,在这样一种体制架构下,每个企业都有一定的行政隶属关系和主管部门。企业的建立及其规模取决于其主管部门的发展要求、投资计划和组织调整的决策;企业的生产经营活动及考核是由政府的指令性计划决定的;企业所需要的资金绝大部分是根据其行政隶属关系由政府直接拨款并规定其用途的;企业的劳动用工和工资分配是统一安排和集中管理的。因此,企业的行为方式表现为:(1)纵向依赖,凡事找主管机构;(2)执行生产加工指令,注重于执行过程中的管理及效率;(3)具有规模扩张的强烈冲动,热衷于争投资、争项目、争编制等;(4)政治崇尚,生产任务被当作政治任务来完成,而且企业承担的各种社会性义务和责任往往要压倒经济工作。

　　在传统体制下,居民部门虽然名义上具有"主人翁"地位,但实际上是没有什么经济独立性的。一方面,劳动者被计划安排"充分"就业,并享有各种社会福利(劳动者只有进入国有或集体企业,才能享有各种社会福利);另一方面,实行低工资、低收入,许多生活必需品要凭证凭票购买。因此,居民部门的行为方式表现为:(1)严重依附于企业,不仅是因为收入来源,而且也涉及各种社会福利的获得;(2)闲暇替代,即在工作期间以尽可能小的努力(更多的闲暇)来获得固定性收入;(3)单一的消费主体身份,不具有投资主体的性质;(4)限制性的最大化消费(放弃凭证凭票的供应意味着不享受政府给予的补贴)与强制性储蓄(因商品短缺而形成的被迫储蓄);(5)没有为"未来"进行保险的动机。

　　总之,传统体制下的上海经济运行机制是一种中央计划全面控制下的居民依附于企业,企业受令于政府主管部门,通过行政层级的信息流动和行政力量的协调,依靠集中计划从全国各地平价调进各种原材料、能源等物资,运用自身强大的综合加工能力进行深度加工,然后把高附加值产品输往全国各地,实现经济流程循环的运作机制。

　　在这样一种体制运作下,上海工业化的超前推进,严重排斥了第三产业发展,致使金融、商业、服务业等第三产业增加值占国内生产总值的比重由 1952 年的 42.6% 下降为 1978 年的 18.6%。而在工业化推进过程中,受当时产业政策导向的影响,上海工业经济发展明显偏重于重工业发展。1953 年至 1978 年,上海轻工业增长了 4.4 倍,年均增长 6.1%,而同期重工业增长 20.6 倍,年均增长达 12.9%,比轻工业增长快了一倍多。由于过分重视重工业发展,轻重工业发展比例失调,影响了上海工业长远发展的能力。

　　与此同时,在集中发展工业的过程中,上海大部分工业集中分布在中心城区。上海中心城区面积为142平方公里，其中工厂、仓储用地为39.74平方公里，占28％；商业服务业用地为4.77平方公里，占33％。同世界上一些大城市通常用地的比例相比，上海市中心城区工业用地比例约高20个百分点，商业服务业用地比例约低10个百分点。工业大量占用城市用地，造成城市"空间危机"，不仅抑制了第三产业的发展，也造成企业用地紧张，工厂与居民住宅交错混杂。更为严重的是，中心城区分布有8个工业区、70个工业街坊和上千个工业点，它们大体分布在中心城区三个不规则的环形区内，从而构成对市中心区的双层污染包围。更为突出的问题是，在大力推进工业化的同时，由于过重的财政负担，缺少城市建设资金，城市化建设受到严重排斥。城市基础设施与住宅建设的投资比重偏小，城市基础设施陈旧，道路拥挤，住房紧张，人均居住面积低下，且有不小比例的简易危房。居民收入水平低下，生活质量较差。

总之，长期以来上海形成了以工业生产为主导、依靠大量要素投入的规模扩张、追求产值和数量、忽视城市化建设和生活质量改善的发展模式，严重制约了整体经济发展水平的提高，拉大了与发达国家和地区的差距，削弱了在国际经济分工中的地位。

2.1.2　渐进式改革设定的选择空间

传统体制塑造的上海经济运行基本特征，既是上海体制变革与增长转型的起点，又是影响上海体制变革与增长转型进程及其特点的重要因素之一。但这种自身条件的影响作用则是在外部因素的诱导下发生的，并受到外部因素的直接规定与限定。这种外部因素最主要的就是中国渐进式改革的大环境，它为上海的体制变革与增长转型设定了可供选择的活动空间。

中国渐进式改革的程序设定，主要是改革目标动态化、改革选择集弹性化和制度交易合约非完全化。在此程序中，中央政府掌握着对整个体制改革与经济发展的最终可控权，地方各级政府及基层组织具有不同范围内的改革选择权和经济发展自主权，由此形成了动态多次博弈的体制变革方式。

当然，这里的前提条件之一，是中央政府高度集中的权力实行下放。如果没有这种中央政府的权力下放，地方政府和基层企业对改革的各种尝试既缺乏利益驱动，也不具有自主行动的自由。在这种情况下，即使政府决策者不作理性化的改革方案设计，也很少有来自地方和基层的改革实践经验，从而改革选择集事实上就无法弹性化。

但是，这种权力下放与传统经济体制下的权力下放有本质的区别。因为这种权力下放的背景是体制改革,所以它不仅仅是经济、行政方面权力的下放,更是改革权力的下放。中央政府的改革权力下放,是一种明智的选择。在新制度"生产"资源稀缺的条件下,这种改革权力下放由于充分调动起各级政府和广大基层组织的积极性,因而是在全社会范围内最大限度动员和组织改革资源的有效办法。同时,这种权力下放诱导广大人民群众直接参与制度创新,事实上是给予他们一种拥有改革的感觉,一种"改革不是强加给他们的无中生有的东西"的感觉。另外,这种权力下放实际上也伴随着中央政府改革风险的下放,以通过改革风险分散化来实现风险最小化的目标函数。在改革权力下放的情况下,政府的改革政策调整主要是提出若干原则和基本规则,更多地具有指导性的意义,从而给基层组织在制度创新中留有一定的活动余地,并通过基层组织的信息反馈进一步调整改革政策。从这一意义上讲,改革选择集并不是完全由政府决策者来设定的,而是通过各方面的重复博弈的均衡解来设定的。

当然,在渐进式改革过程中,中央政府始终保留着对改革与发展的最终控制权。政府决策者的这种最终控制权十分重要,与权力下放的性质类似,也是渐进式改革的前提条件之一。这种中央政府拥有的最终控制权具体表现在以下几方面:(1)从大局出发,对各地实行不同程度的控制或扶植,即对于关系到体制变革稳定性的重点地区实行较严控制或扶植;对于其他地区放松控制。(2)当改革处于严重的无序状态时,政府决策者也将使用最终控制权来调整改革选择集,对不允许做哪些事作出明确的规定。因此,尽管各级政府和广大基层组织在弹性化的改革(选择)集中拥有较多的行动自由和决策机会,但其范围是有相应限制的。(3)当改革进程发展到一定阶段,分散化的新制度"生产"就需要适当集中与统一,以使改革向正规化方向发展。在这种情况下,政府决策者就需要动用最终控制权对改革选择集进行适当调整。否则,就不能引导改革走向健康发展的道路。

可见,这种动态多次博弈的体制变革方式的一个重要特点,是多方参与者的交互作用。但各参与者必须根据其战略空间,才能作出自身策略行为选择。而在渐进式改革中,这种可供参与者进行选择的活动空间是不同的,这一点明显不同于静态博弈改革条件下由统一改革方案决定的转型特征的划一性。因此,中国渐进式改革不仅表现为体制变革内容由浅入深的发展轨迹,而且还呈现出体制变革区域推进的不平衡及形式多样化的特征。

2.1.3 约束条件与制度创新切入点选择

上述两方面约束条件对上海体制变革与增长转型的影响是十分重大的。现在我们把这两方面约束条件结合起来考察其对上海体制变革与增长转型的影响。为了更好地揭示这种影响，我们不妨在此问题上把上海与江苏、浙江两地作一比较分析。

1. 产权结构及中央控制程度

在传统体制下，国家为获取租金最大化而设定的产权结构，在各地是有所差别的。在上海创造的财政收入占全国的 1/6 的情况下，为了保证上海上解中央财政的收入，必定设置国有经济高度集中的产权结构。因此，在改革之初的初始产权结构中，上海国有经济所占比重较高，相对于江苏、浙江两地要高得多。

由于国家为每一个不同的集团所设定的不同的产权，是为了实现其租金收入最大化的目标函数，因此政府对不同产权的控制程度是不同的。这种中央控制，是经济与政治的双重控制。与各地不同产权结构相对应的，便是中央政府控制程度的差异。相对而言，中央政府对上海的控制也要比江、浙两地严格得多，这不仅表现在对工业产品生产和销售的较高程度的计划控制，以及对上海财政收入上解的高度控制上，而且也表现在对政治与社会稳定的大局控制上。

因此在中国渐进式改革中，中央的战略步骤对上海体制变革与增长转型的影响是极大的。这种影响集中体现在中央对上海的管制程度上。当中央从战略步骤上考虑，要稳住上海，从而稳定全局时，就会相对强化对上海的管制程度。如其他省份在 1984 年就开始开展各种形式的财政包干，而上海一直到 1988 年才开始实行。相对于其他地区来讲，上海受制于中央要更直接些、程度更大一些。这里面实际隐含着一个重要的约束条件差别，即江、浙两地制度创新的选择集要比上海相对更大，发展非国有经济的空间也比上海要大。然而，当体制改革深化到一定程度，中央需要借助上海的龙头作用，带动长江三角洲及长江流域发展时，中央也会给予上海更广阔的制度创新空间。

2. 经济结构与经济类型

对于动态多次博弈改革方式来说，其推进特点表现为由一系列阶段性重点交替演化的连续过程。由于各地在改革前形成的经济结构与经济类型不同，全国范围的宏观层面改革从什么领域或方面启动，即改革初始的阶段性重点放在哪里，对微观基层组织的诱致性制度创新是有重大影响的。

在传统体制塑造下形成的上海经济运行，其经济活动主要集中在工业领域。

1978年,上海第二产业的产值比重高达77.4%,就业比重达44.1%。而江、浙两省则是城乡混合经济,除了工业外,还有相当大比重的农业,如1978年江苏的农业产值比重为27.6%,农业就业比重为69.9%。即使撇开农业,仅工业来讲,上海工业的加工度也要比江、浙两地高,有着较长的产业关联和较复杂的投入产出关系。

这种经济结构与经济类型的初始约束条件对制度创新切入口选择的影响,主要表现在:一是中国体制改革起步于农村改革,这对于上海以工业为主的城市型经济及其结构来说,在当时实际上就面临着比江、浙两地更小的制度创新选择集;二是伴随农村改革的农业人口向非农产业的转移,当国有经济部门不可能承接这一大规模产业转移时,其转移压力的大小对制度创新切入点的选择有相当的影响;三是产业关联较长且较复杂的地区,其改革的难度相对较大。

3. 组织形式

制度创新最终总是引起经济组织的变革,因此初始的组织形式就构成一个重要的约束条件。从产权的角度讲,组织是一种契约关系。一般而言,组织规模越大,其契约关系越复杂;组织形式越是正规化,其契约关系越是相对完备;组织结构越是严密,其契约关系越是相对稳固。因此,在传统体制下形成的较大规模、正规化的、结构严密的组织形式,相对来说比较小规模、非正规化的、结构松散的组织,更难以调整和发生变革。

在现代大工业背景下,上海以工商企业为主的经济组织通常都具有较大规模、正规化、结构严密的组织特征。而江、浙两地在改革之前,就已存不少小规模、非正规化和结构松散的经济组织。这种组织形式的差别,使各地在改革初期的制度创新切入点选择上有所侧重。

4. 区位条件

动态多次博弈改革方式的基层诱致性制度创新,总是以潜在收益预期为导向的。而潜在收益的产生,除了政策结构松动的因素外,还有一个潜在经济机会问题。从与外部的关系来讲,一个地区的潜在经济机会,在一定程度上与其区位条件有关。

从区位角度讲,上海的潜在经济机会在于其周围地区具有接受产业转移和经济能量扩散的能力,这就为其国有经济部门的计划外经济的发展提供了有利条件。而江、浙两地的潜在经济机会则是可以较容易地接受来自上海大工业的辐射,较便宜地吸收来自上海的技术、设备、技术工人等,特别是苏南地区和杭嘉湖、宁波一带处于上海强烈辐射之下,其乡镇集体企业的发展获得了有利条件。

相比之下,远离工业中心城市的浙东地区,这种潜在经济机会就要小得多,其区位条件提供的潜在经济机会也许更有利于以小工商业为主要特色的个体(家庭)、私营企业的发展。

5. 文化传统因素

在渐进式改革的基层诱致性制度创新中,潜在收益预期只是构成其制度创新的动机,而实现其动机所采取的不同手段除了各种客观因素外,还有一个文化传统的影响问题。它不仅通过思维定式使人们在制度创新中自觉或不自觉地注入传统的因素,而且也更容易使人们在制度创新中取得一致性的共识。因此,各地的文化传统因素对制度创新的切入点选择,有着不易察觉而根深蒂固的影响。

对于上海来说,虽然具有工商并重的"海派"文化传统,及以大工业为基础的业缘型人际关系方式,但在传统体制下形成的典型的以生产和行政管理体系并行的"组织系统模式"为主框架的人际交往关系,使这种业缘型人际交往方式具有很大的局限性。这对改革初期上海选择国有经济部门计划外经济的发展,也有着一定程度的影响。

相对来讲,苏南地区以血缘地缘关系为基础、以宗法制的伦理规范和亲情为交往主导原则的文化传统比较深厚。这种文化传统注重亲缘群体的利益及内部人际关系的协调,人际交往往往以人格信誉代替契约合同,功利服从于亲情,且交往活动的空间范围表现出狭隘的地域性。再加上苏南地区长期以来,就有着较强烈的实业强国的意识和传统。这些都对其大规模的乡镇企业发展,有着重大的影响。

而浙江,特别是浙东地区,则具有深厚的商贸文化传统,更注重外部人际关系的开拓,交往活动的空间范围较大,十分重视个人交往能力的培养和作用。因此当禁锢在人们身上的传统体制和政策被摆脱之后,他们个体的能量得以充分发挥,并又本能地走向国内外商贸战场。

因此,在不同的约束条件下,各地的体制变革与增长转型的途径及形态是有差异的,特别是基层组织的诱致性制度创新的切入点会有较大差别。所谓基层组织诱致性制度创新的切入点,是指体制转换初期操作层次上参与主体所选择的居主导地位的制度创新活动。显然,这种居主导地位的制度创新活动通常发生在体制转换初期最具有潜在收益机会的方面。相对来讲,江苏和浙江的制度创新切入点,更侧重于传统体制边缘上的非国有经济发展,并通过非国有经济发展所产生的市场关系及示范效应对传统体制形成强有力的冲击;而上海的制度创新切入点,则选择了国有经济部门内计划外经济的发展,并通过其来冲击计划内经济。如果进一步细分,那么江、浙两地的非国有经济发展,其制度创新的切入点选择还有所不同。江苏的非国有经济发展,主要是以集体经济为主的乡镇企业的发展;而浙江的非国有经济发展,主要是以个体工商业为主的微观组织创新。

2.2　20世纪80年代上海体制变革与经济增长的特点

在中国体制变革特定的方式下,上海自身的特点决定了它在20世纪80年代改革大进程中扮演"后卫"的角色。这一角色定位,使其受到来自外部的强烈冲击,传统的优势逐步丧失。因此,80年代上海体制变革与经济增长呈现出相对滞后的基本特点。

2.2.1　在全国改革进程中扮演"后卫"角色

中国市场化取向改革在20世纪80年代是探索起步与逐步展开的阶段。这一阶段改革开放的主要内容:一是农村改革以及农村非农产业发展;二是计划与价格放调结合,稳步推进产品市场化;三是沿海部分城市开放和经济特区试验:四是放权让利,分类搞活省区经济。在这一体制改革大进程的特定阶段中,上海始终扮演着"后卫"的角色。这一角色定位,不是主观臆造的,而是有其客观必然性的。

渐进式的非均衡改革开放的一个重要特征,就是迂回前进,暂时避开传统体制的核心问题,选择传统体制中较薄弱以及对宏观全局影响相对较小的环节和区域作为突破口。这一突破口的选择,实际上意味着把上海排除在改革安排的"首发阵容"之外。因为上海是中国传统体制下高度集中的计划经济运行最好、控制最严密的特大城市。高度集中的计划体制使上海经济形成了非常严格的计划层级,高度的综合配套又使产业间、部门间的计划关联很强。上海经济的这种内在体制惯性,显然是传统体制的"硬核"所在,绝非一时三刻便会被冲破的。在渐进式的非均衡改革背景下,上海经济的这种内在体制惯性,只能随外界环境和总的体制变化而逐渐改变。

渐进式改革的另一个重要特征,则是分步推进、小步快走。中国80年代的渐进改革,从总体上主要还是引入市场机制、适度分权让利,逐步放开放活经济。

这种改革思路要求必须继续管住、管好传统体制下增长最快、贡献最大的部分,以支撑改革和发展的推进,同时需要国家在相当大的范围内继续运用以往的渠道、手段调节、控制国民经济总体运行,分步推动市场化过程。同全国许多省市相比,上海作为传统集中计划经济体制中塑造出的最具规模经济优势和配套能力最强的工业基地,经济基础好,经济水平高,居民收入和福利也相对高些,对全国经济的影响举足轻重。因此,在渐进式改革推进过程中,上海作为对中国经济影响最大的工业基地和经济中心城市,理当成为国家稳定宏观经济、支撑改革推展、平衡经济变动的重要"棋子",被定位于中国改革开放的"后卫"角色的。

渐进式改革还有一个重要特征,是充分利用原有经济优势和可利用资源,为制度创新奠定稳定性基础。这种利用传统体制资源塑造新体制的策略,就使上海在初期阶段具有继续利用原有经济优势的某种需要。在改革之初,与其他地区相比,上海的综合经济优势比较明显。上海自20世纪30年代以来就是中国和远东地区最繁荣、发达的经济都市,具有在全国相对领先的城市基础设施以及齐全的产业配套环境。上海产业发展的相对配套投入费用在新中国成立几十年中一直最低,包括相应的基础设施投入和产业关联配套投入的费用均最低。极低的投入成本、齐备的综合配套效应以及高度集中计划体制中产品统购包销,使上海工业具有超常规的规模经济收益。这种超常规的经济收益使国家有了稳定、坚实的财政收入来源,维系上海经济在传统体制下的增长循环。与此同时,上海也长期积累起人才、技术、产业、基础设施等方面的优势。在渐进式改革的背景下,由于新旧体制转换是一个较长的过程,这些经济优势条件并不会转瞬即逝,而会在一段时间内继续得到保持,并被用来为制度创新提供物质条件。当然,随着改革开放的深入,这些传统经济优势势必会逐步丧失。但在这些经济优势消失之前的"时间差"里,唯一的选择就是尽可能继续利用这些优势,加速发展,转换结构,积蓄新发展能量,顺势推进改革开放。

上述这些因素的相互作用,从客观上限定了上海在初期阶段的体制变革与增长转型中,其选择空间是相当狭窄的。尽管在80年代的改革开放中,上海在取消指令性计划、企业的放权让利、"利改税"、消费品价格调整与放开,以及引进外资等方面也取得了一些重大突破,但大多只能在不影响、牵动全国宏观大局的前提下(如传统的财政统收统支的管理方式一直延续到1988年,之后才开始对上海实行"财政包干")进行一些制度创新,或在别的地区及全国性制度创新的基础上加以延伸或拓展,不可能在改革开放最急迫、最敏感的环节上,或最有突破性的方面,进行领先一步的探索,进而上海经济运行机制的变化进程较慢。因此,在中国改革开放的初期阶段,渐进式改革宏观战略定位将上海置于一个维护全局性稳定的地位,让其充当了改革"后卫"的角色,使上海很难获取体制创新的先发性收益。

2.2.2   来自外部的冲击及传统优势丧失

随着中国改革开放不断向纵深推进,上海充当改革"后卫"角色,不仅难以获取体制创新的先发性收益,而且其传统优势也逐步丧失,传统的发展模式受到了强烈的冲击。

1. 以产品市场化为背景的全面工业化浪潮冲击

我们知道,上海大工业中心的形成,在当时是以中央政府实行赶超发展战略为背景的,并受到集中计划体制的特殊保护,从而在全国经济中居独特的重要地位。改革开放初期,产品市场化不仅使得各种消费品和生产资料的价格逐渐放开,计划管制范围不断缩小,而且引致许多消费品和生产资料批发市场的迅速发展,依靠价格信号调节的产品生产与流通范围和影响日趋势扩大。

其结果是,产品市场化过程不仅使全国的城市工业化再度掀起高潮,而且推动了以乡镇企业发展为契机的农村工业化的蓬勃兴起。特别是东部沿海地区,80年代以来的工业发展主要依托乡镇集体、私人企业的发展。例如江、浙、鲁80年代乡镇企业平均增长速度达35％以上,至80年代末乡镇企业的工业产值占这些地区工业总产值50％以上,国有企业仅占30％左右。这种产品市场化的体制变革,有力地激励了沿海地区工业生产的迅速发展,内陆一些地区的工业也逐渐形成了自己的规模优势。

由于产品市场化的过程并没有与要素市场化同步推进,资金、土地、劳动力等生产要素依然控制很死,所以上海经济发展受到较大的制约。外地工业化的兴起,在许多工业产品领域形成与上海激烈竞争的局面,工业基础差距趋于逐步缩小。1980年以来,上海工业增长速度逐步下降,低于全国平均增长水平,更大大落后于江苏、浙江、广东等沿海省市。1979—1989年,上海工业的年平均增长速度为6.9％,较全国慢3.4个百分点,到1989年降为3％。企业效益连续下降,工业资金利税率由1978年的75.21％降到1989年的27.09％,较之江苏、浙江、山东、广东等沿海省份要低10个百分点左右。这一时期上海制造业固定资产原值增长2.1倍,净产值增长2.2倍,而同期广东、江苏、浙江的制造业固定资产原值分别增长3.02倍、2.9倍和3倍,净产值则分别增长5.2倍、3.99倍、5.36倍,其净产值增速是上海的1倍多。

在这种情况下,上海的传统市场范围逐步缩小,大量外地产品进入上海市场。改革之前几十年上海一直是全国日用工业品主供地区,上海国营批发企业成交额一般占全国供货会的 40%—60%。而到 80 年代,尤其是 1985 年以后,上海向市外购进工业品明显快速增长,1988 年上海一商局所属批发企业向市外购进比 1985 年增长 5.1 倍。上海本地市场上的外地产品,包括国外产品迅速增加,尤其是高档产品、耐用消费品,外地、国外产品在上海市场上渐占主流。上海从作为全国日用工业品的主供地,开始转换为主要承担集散地功能。整个 80 年代,是上海传统优势产品逐渐让出和丧失全国市场竞争的痛苦过程。广货"北伐",苏、浙、鲁等地产品"东征西讨",甚至许多内陆省市的轻纺产品、食品等也大举进军、抢滩上海。上海产品在全国市场占有份额迅速下降,有些重要产品在家门口也无力同外省市竞争。

2. 生产资料价格"双轨制"的冲击

在传统体制的计划管理下,生产要素的统一调拨和集中供给,以及廉价的原材料、能源和较昂贵的加工产品之间的相对价格差,支撑了上海作为工业加工中心的地位。80 年代中后期,随着改革开放的推进,形成了生产资料价格"双轨制"的格局,计划供应的低价原材料、能源数量逐步减少,市场供应的原材料、能源的价格趋于上升,加工产品的价格相对下降,加上外地大力发展本地加工工业造成的原材料、能源紧缺,这些都对主要依赖于外地原材料、能源的上海工业加工中心的地位形成强大的冲击。

因此,80 年代中后期上海经济发展面临的最突出的制约,首先是原材料、资源平价供给量的迅速减少,无法支撑上海经济的持续增长。上海工业为维持稳定增长不得不设法从非计划的市场渠道高价获取资源,整个上海的工业投入品成本不断提高,效益逐渐回落。更重要的是,改革中的分权让利激发了各地区、各部门的内在经济发展冲动,在市场体系与机制还未成熟的状态下,也势必引致地区与部门的分割、保护。于是,上海的原材料、资源等供应不仅面临价格不稳定的巨大风险,而且面对随时可能出现的突然性资源供给中断的危险。

另一方面,国家在逐渐放开原材料、资源的价格和供给渠道的同时,又从稳定大局的目标出发,对工业制成品采取控制主产销地的办法,使上海的工业产出品难以随成本提高而相应涨价。加上国家对上海的重要工业品计划数量控制比率一直较高,上海无法运用灵活、有效的方式自主开拓国内外市场,也无需开拓市场。

实证分析表明,同全国市场相比,80 年代中后期上海的日用工业品消费市场在价格上处于全国"盆地"位置。除了国家始终对国有大中型企业产品价格实施计划控制外,上海为稳定市场也对 120 多种日用工业品进行监管。但是,原材料、能源价格双轨制下的市场慢慢放开,使上海购进的原材料、能源成本猛升。1987 年同 1986 年相比,上海生产资料消费量仅增 4%,而销售额却增长达 21.6%。1988 年生产资料增长速度已下降 2.8%,而其销售额增长速度仍为 16%。造成这一偏差的主要原因,就是原材料、能源价格因素。

在原材料、资源供给风险不断增大和工业制成品计划控制依然较死的双重挤压下,上海经济发展必须首先解决原材料、能源等资源供应问题,以维持正常的经济运行。其主要途径:一是组织地区间的产品与资源的协议串换,以补计划平价供给之不足。上海将计划外自销的一部分紧缺轻纺产品、优质名牌商品组织起来向内地串换煤炭、石油、原材料等资源性产品,弥补平价资源缺品。二是进行跨地区的联营合作以及投资共建,在资源产地建设上海原材料、能源的长期供给基地,保证远期供给的稳定。三是在上海投资建造石化、冶金、电力的大规模现代化企业,提高自我原材料、能源供给能力。四是增加出口创汇留成收入,用进口来弥补原材料、能源的部分缺口。

因此,在整个 80 年代,特别是 80 年代前半期,上海的重点放在向内地串换资源、共建原材料、能源基地方面,试图在拓展同长江三角洲及内陆资源省份经济联合上走出困境。然而在大体制、大政策未变,财政、资金运营机制不动的情况下,上海的开拓战略无论怎样创新也摆脱不了旧体制大框架束缚。从总体上看,这种方式的效率不高、收益较低。如上海对内陆地区的能源、原材料基地投资累计达 16 亿元,但投入产出比仅为 1∶0.2。而联营合作方式不仅没有带来平价原材料来源的利益(利益通过各种渠道流失到个人手中),还加速了上海产品质量信誉和技术优势的丧失。为此,热闹一时的上海大经济区、上海与内地的联营合作品,上海与其他省市的物资串换市场,很快便烟消云散了。

3. 外资大量进入的冲击

在原先的封闭经济下,上海大工业的规模和技术能级在全国范围内居有较高的优势地位,凭借其较强的技术力量和生产能力尚可占据较大的国内市场份额。但随着外商直接投资的进入,大量的先进设备和技术及管理的引进,使上海原有的工业优势迅速消失。

在这种新的背景条件下,上海继续在原有技术含量和发展等级的工业化水平上搞规模效益,所付出的机会成本极高。一是面临着工业资源的竞争,上海在此方面不具有自然禀赋的优势;二是面临着生产成本的竞争,上海的劳动力成本高于其他地区;三是面临着工业品市场份额的分割,上海为争取市场份额所付出的代价将是巨大的。而改革"后卫"的角色定位,又使上海在制度创新方面难以有所作为,缺乏制度创新的增长,其增量收益依然按传统流程分配,对实际的增长主体没有多少利益激励,导致动力机制日渐弱化。

例如 80 年代至 90 年代初,上海也想加快产品市场的发育、拓展。1985 年国务院批准的上海经济发展战略规划,就明确上海要成为全国最大商业中心,必须建立各种批发贸易市场。为此,上海各类批发市场在 80 年代中后期有了较快增长,到 1992 年全市消费品批发市场达 159 个,农副产品批发市场达 145 个。然而,这些市场总体上说规模小、层次低。159 个消费品批发市场总面积约为 38 万平方米,平均每个市场 2400 平方米,其中最大的为 2 万平方米,最小的仅 300 多平方米,而交易额年过亿元的仅 3 家,平均每家交易额仅 2600 万元,同上海大贸易、大流通构架极不相称。与周边一些小市,如浙江义乌市场、江苏常熟招商市场 1990 年初 15 亿元的交易额相比,差距太大。

其结果是,上海国民经济循环的机制基础受到越来越大的冲击,经济增长速度逐渐降低,成本负担不断加重,国家财政上交任务却仍呈刚性上升。数据比较显示,上海年均国民收入增长率,在六七十年代高于全国平均增长率 40%。而到 80 年代,由于上述原因,年均国民收入增长率则低于全国平均水平 12.6%。因此,上海经济亟待在改革开放中寻求发展新思路。上海经济发展战略调整已成为一件迫在眉睫的头等大事。

2.3　20 世纪 90 年代上海体制变革与增长转型进入快车道

进入 20 世纪 90 年代后,随着宏观环境的变化及中央战略构想的调整,特别是开发开放浦东的战略决策的出台,上海的改革开放和发展进入了一个新的时期。上海及时抓住这一历史机遇,充分挖掘自身潜力,使体制变革与增长转型驶入了"快车道"。

2.3.1　寻找突破口:经济发展战略调整及浦东开发开放

在 80 年代上海经济发展受到严重冲击与制约的情况下,"上海向何处去""建设什么样的上海"等一系列战略性、全局性的问题,被迫切地摆到了议事日程上来。早在党的十二大提出"工农业总产值翻两番"目标时,中共上海市委、市政府就因势利导,层层发动,组织各部门和高校、研究机构进行广泛讨论,探讨上海的发展方向和目标,着手进行上海经济发展战略的研究。1984 年,在全面、深入调查研究,并反复听取学者专家和各方面人士意见的基础上,以国务院改造振兴上海调研组和上海市人民政府的名义联合召开了上海经济发展战略研讨会,形成了《关于上海经济发展战略的汇报提纲》。

这一经济发展战略的主要内容,包括上海经济发展的方向、目标、方针以及实现战略目标所必须创造的条件和采取的对策措施。首先明确提出四条指导思想:(1)上海应当成为中国"四化"的开路先锋;(2)上海要充分发挥对外开放和多功能中心城市的作用;(3)上海近期工作的重点要放在改革、开放和理顺经济上;(4)进行经济体制改革是实现上海经济发展战略目标的基本保证。同时,提出新的历史时期的战略目标是:力争在 20 世纪末,把上海建设成为开放型、多功能、产业结构合理、科学技术先进、具有高度文明的社会主义现代化城市。

1985 年 2 月,国务院正式批准了《关于上海经济发展战略的汇报提纲》,批文强调指出:上海在中国经济建设中占有举足轻重的地位。上海是中国最重要的工业基地之一,也是全国最大的港口、贸易中心、科技中心和重要的金融中心、信息中心。还指出,在新的历史条件下,上海的发展要走改造、振兴的新路子,充分发挥中心城市多功能的作用,使上海成为全国四个现代化建设的开路先锋。这标志着上海经济和社会发展进入了一个重要时期。根据《关于上海经济发展战略的汇报提纲》,中共上海市委和市政府在贯彻实施和编制"七五"计划的同时,对 80 年代初期制定的《上海市城市总体规划方案》进行修改和完善,使上海经济建设和城市发展两个战略蓝图结合得更加紧密,充实和发展了上海经济战略。

1987 年 12 月,根据当时国内改革与发展的实际情况,在中央工作组指导下,上海又向国务院上报了《关于深化改革、扩大开放,加快上海经济向外向型转变的报告》,提出抓好五个方面的突破:(1)抓住国际市场变化的有利时机,加快上海工业结构调整,迅速形成强大的出口基地;(2)大胆地利用外资,引进技术,推动企业技术改造和城市建设;(3)进一步搞活大中型企业,全面提高企业素质和经济效益;(4)积极推进土地使用权有偿转让,逐步开发浦东;(5)充分发挥上海综合优势,发展横向经济联合,建立长江三角洲经济圈。这五个方面的内容,更进一步丰富和完善了 1984 年提出的经济发展战略,并为 90 年代的开发开放浦东发展战略构想奠定了基础。

进入 90 年代以后,根据世纪之交的国际、国内形势的发展,上海进一步提出了开发开放浦东发展战略构想,以迎接新的挑战和机遇。这一战略构想按照"面向世界,面向 21 世纪,面向现代化"的战略指导思想,提出要把浦东建设成具有合理的发展布局结构、先进的综合交通网络、完善的城市基础设施、便捷的通信信息系统以及良好的自然生态环境的现代化新区。通过浦东开发,进一步提高上海城市综合功能,并为 21 世纪把上海建设成为太平洋西岸最大的经济贸易中心之一奠定基础。这一构想得到了党中央和国务院的充分肯定,1990 年 4 月 18 日,国务院总理李鹏向国内外正式宣布了中央关于开发浦东、开放浦东的战略决策,并明确提出了"开发浦东、振兴上海、服务全国、走向世界"的浦东建设总纲,以及实现"金融先行、商业兴市、基础铺路、工业联动"的具体要求。

之后,党的十四大报告又进一步指出:"以上海浦东开发开放为龙头,进一步开放长江沿岸城市,尽快把上海建成国际经济、金融、贸易中心之一,带动长江三角洲和整个长江流域地区经济的新飞跃。"这一重大战略决策,使上海在全国改革、开放和发展中的地位和作用更加明确,把上海从"后卫"推向了"前锋"的位置,为上海在 90 年代进入体制变革与增长转型的快车道打开了大门。

2.3.2 抓住机遇与发挥自身潜力

进入 90 年代后,特别在 1992 年邓小平南方谈话精神的推动下,中国经济体制改革从产品市场化深入到要素市场化的层次,并进行宏观经济管理体制的重大改革,这给上海经济运行机制变革带来了新的机遇。抓住这一机遇,充分发挥上海自身潜力,加快上海体制变革与增长转型的步伐,就成为上海 90 年代改革开放和经济发展的主旋律。

1. 外部条件的新变化

与 80 年代相比,90 年代上海的外部环境条件发生了重大的新变化,其中,对上海体制变革与增长转型有决定性影响作用的外部条件新变化表现为:

(1) 体制变革进入要素市场化的新阶段。在中国渐进式改革过程中,80 年代主要集中于商品(农产品和日用消费品)市场化和生产资料(原材料、能源等)市场化方面。在此基础上,90 年代中国体制变革向要素(资金、土地、资产、劳动力、技术等)市场化推进。在要素市场化的改革中,一系列要素市场相继形成并发展起来。房地产市场从无到有,其规模不断扩大。货币市场逐渐扩大,日益发挥着越来越重大的作用。资本市场迅速扩容,稳步发展。产权市场初具规模,开始运作。劳动力市场发展迅速,劳动力流动规模日益增大。技术、信息市场蓬勃兴起,发展势头良好。总之,各类要素市场的形成与发展,为构建一个完整的市场体系奠定了基础。

从市场发展层次来看,要素市场的发育、发展要建立在产品市场发育的基础上,要素市场的运行规则、管理组织体系、交易方式等也远比产品市场复杂得多,要素市场是层次更高的市场。由于要素市场的这种特点,其形成和发展不可能像产品市场那样遍地开花,往往必须依托某个中心逐步拓展。这个中心不仅能够大范围地聚集各类生产要素,而且具有高层次市场发育所必备的人才、管理优势和不断增长的需求。

要素市场化以及各类要素市场的建立与发展,为上海的体制变革与增长转型开辟了一个新天地。因为,上海特殊的区位条件、经济基础、城市类型,以及历史沿革和人文背景,决定了上海在发展各类要素市场方面具有得天独厚的有利条件。上海在历史上就是远东最大的经济、金融、贸易中心之一,一直是中国沿海与内地、南方和北方经济交流的枢纽,而且具有率先发展要素市场的人才、管理资源的丰富储备,加上产业密集、要素聚集,有着不断增长的对生产要素的需求。因此,上海在中国要素市场化过程中有着率先突破的诸种优势条件。

事实上,上海最大的经济优势是生产要素潜能的优势,而不是产品的优势。上海长期以来沉淀下来的庞大资产存量,极高的土地级差,雄厚的技术力量及密集的资金等,是其他地方所无法比拟的。而这些生产要素潜能在要素市场化过程中将被激活,变无偿使用为有偿使用,变无价值为有价值。因此,要素市场化的新一轮改革开放,为上海领先一步获得先发效应提供了机遇。

(2)兄弟省市的改革先发示范效应及对上海的促进作用。在中国渐进式改革中,客观上存在着"让一部分人、一些地区先富起来"的改革先发效应。兄弟省市(特别是广东、福建、浙江、江苏、山东)的改革先发效应,不仅对上海形成巨大的压力和冲击,促进上海加快体制变革与增长转型的步伐,而且也给上海带来了极好的示范作用。这种学习效应大大节约了改革探索成本,并经过在上海这一特殊环境条件下的再创造,其作用就更大了。

(3)外资大量进入及与国际惯例接轨的要求。中国对外开放也是渐进式推进的,80年代外商直接投资主要是港台地区的小资本,随着中国经济高速增长及投资环境的改善,90年代以后欧美资本,特别是跨国公司逐步进入中国进行直接投资。而且,外资进入规模迅速增大,大项目增多。上海经济基础条件较好,城市功能较强,从而在对外开放浪潮中,接应嫁接引进国际资本(包括港澳台资本)的能力较强。通过引进外资的努力,上海吸引了较大规模的国际资本进入,同时,也带来了国际惯例的导入,形成新的经济运行机制的参照系,并要求上海经济运行逐步纳入这一新的经济运行机制中去。这对上海经济运行机制变革,产生了比较直接的影响。

(4)国内统一市场的发育及区域经济一体化程度。上海作为大都市型经济,具有集聚与扩散的特殊功能,其经济运行机制赖以运转的基础不是本地市场及环境条件,而是全国性市场及环境条件。因此,国内统一市场的发育及区域经济一体化程度,对上海经济运行机制变革有重大影响。在 80 年代一度出现的地方政府互相分割市场的"诸侯经济"情况下,上海经济运行机制势必带有明显的被扭曲的烙印。而随着国内统一市场体系逐渐形成,上海经济运行机制自然会作出相应的调整,与此发展要求相适应。同时,区域经济一体化发展的状况,直接关系到上海大都市经济对外辐射的程度,从而也会对上海经济运行机制的变化带来一定程度的影响。

2. 上海自身内部条件

从开放系统的观点来看,外部因素条件固然十分重要,但上海体制变革与增长转型的变化及其特征的形成,总是与上海自身内部条件联系在一起的。90 年代上海进入体制变革与增长转型的快车道,下面一些自身内部条件也许同样是重要的。

(1)上海经济发展水平及其阶段。进入 90 年代后,上海人均 GDP 已达到相当的规模,1993 年已达 11700 元,城市综合实力居全国之首。在这一经济发展阶段,正是产业结构急剧变化时期,呈现明显的结构高度化趋势。然而,原有经济运行机制往往造成结构扭曲,严重阻碍产业结构高度化发展,特别是上海第三产业发展长期受到压制趋于停滞状态。因此,在此经济发展水平上的产业结构急剧转换趋势,要求打破传统体制的束缚,形成与之相适应的经济运行机制。正是在这种结构转换的大趋势,成为上海经济运行机制发生相应变化,并促进产业结构调整的内在要求与动力。

(2)上海城市功能的开发与功能升级。上海作为中国的经济中心城市,拥有相应的城市集聚扩散能力,只是计划经济的传统体制束缚了这种能力的发挥。因此,当中央作出决策开发开放浦东,把上海建成国际性的经济、贸易、金融中心后,尽可能地释放潜在的城市功能并相应调整城市功能就成为一种内在的强烈要求。因此,通过导入市场机制来开发级差地租收益,调整城市布局,增强城市经济的辐射功能和服务功能,就成为上海进一步发展的一种必然选择。

(3)工业升级化趋势。经过 80 年代的自然调整和适应性调整,上海工业化面临着新兴工业替代传统工业的战略性调整的艰巨任务。在此过程中,要迅速调整一些产业,如传统产业中的纺织业,淘汰一批劳动密集、低附加价值产品,并培育和发展一批新兴的支柱产业。这就要求有与此相适应的经济运行机制来实现上海工业升级化目标,否则,上海经济在国内外竞争中就将处于被动局面。正是在这一内在要求,引发了经济运行机制的相应变革,并促进了增长转型。

(4)经济发展的独特人文背景。上海是经国务院批准的中国历史文化名城之一,自正式开埠后,就成为内外贸易、金融、制造业的重要城市。20世纪30年代,上海已成为远东重要的国际金融贸易中心城市,其金融业的资本、存款与业务总额均高于东京等城市;黄金的交易量仅次于伦敦与纽约;口岸进出口贸易总额占全国对外贸易总额的一半以上。新中国成立后,上海又成为重要的制造业加工基地。上海有着独特的人文条件。旧上海完全是一个典型的移民社会,80%以上是外省市籍和外国籍人口。华洋杂居的"上海人"群体的出现,形成了中西文化融合的海派文化;形成了兼容并蓄、易于吸收外来先进文化的传统;形成了上海特有的地方语言;形成了有利于经济要素流动,有利于信息交流的社会氛围;也形成了以血缘、朋友关系为纽带的联结海内外广泛社会关系的网络。上海文化传统的最重要特征是具有浓厚的商业特色,主要表现为:文化传统与价值取向的"重利"特征;行为活动中的市场交换与契约意识较强,因而宗法式、血缘、地缘式的行为活动相对而言处于次要地位;个人选择过程中风险意识和求稳观念过强。这种文化背景及特征,一直对上海经济体制的运行与演进有着重要的影响。

2.3.3　90年代上海体制变革与增长转型的重大变化

伴随国内统一市场体系的发育,上海在要素市场化中的比较优势逐步显现,金融市场、房地产市场等发展迅速。浦东作为"既非特区,又比特区更特"的政策设计,迅速促成城市功能开发导入市场机制力量,很快释放出市场经济的能量,形成了外高桥、金桥、陆家嘴三个开发区,吸引带动国外著名跨国公司参与浦东开发。通过要素市场化为中心的突破式改革,上海充分利用了自己的相对、绝对优势,不仅迅速提高了上海市场化的层次,而且开辟了上海经济内外开放、双向循环的重要通道,最终通过市场关联、产业关联、企业关联的牵引、拉动引致整个经济运行机制的连续性变化。

90年代上海加快体制变革和增长转型,是以要素市场发育为突破口的。也就是充分发挥上海管理规范、组织水平高的优势,最大限度地利用上海的地理位置优势、产业密集优势和内外开放度的优势,构建发达、完善的要素市场体系,加速上海经济运行机制及增长方式转型。

上海在推进要素市场化的体制变革中,一是抓住上海经济发展中最亟待启动的要素资源来展开,从而把要素市场启动和上海经济发展紧密结合起来;二是选择相对较容易启动和有迅速成长力的要素作为市场化的启动点,特别是把上海具有相对优势的要素率先市场化;三是选择与上海改革和增长转型中关键环节密切相关的要素市场化进行突破。

为此,上海推进要素市场化是以金融市场、房地产市场发展为先导的。土地批租的启动,不仅吸引了海内外大量资金流入上海,而且迅速拉动上海房地产市场的发展;几十家股份公司的股票上市和上海证券市场规模管理、开放运营,不仅带动了证券交易、资金融通的长足发展,而且促进了新型市场中介组织的生成、完善;有色金属交易所等期货集中交易市场的形成,不仅使上海要素市场一下子进入高层次前沿阵地,而且推动了上海要素市场组织管理水平迅速提高。上海初步形成了以高层次要素市场为中心的全国领先的市场体系框架。

要素市场的迅速发育不仅给上海带来了发展急需的资金与要素资源,而且使上海成为中国生产要素价格变动的信息中心。同时,要素市场的发展也拉动了国有企业组织制度和管理体制的变革,促进了政府宏观经济管理职能、方式的转变。

其一,要素市场的生成和发展,为企业直接利用要素市场筹集和分配各种生产要素提供了舞台和空间,使之可以在不依赖政府行政、计划分配机制自由地配置资源和要素,从而为上海企业真正介入市场竞争,逐步成为独立自主、自负盈亏的市场主体,创造了相应的条件。要素市场的发展为上海企业盘活现有存量资源、资产,广泛地、低成本地吸收外部资本、资金,走出上海,迈向全国,奠定了一定的市场机制基础,从而呼唤上海企业改革、改造的加快展开。上海一批国有大中型企业通过股票市场吸收大量发展资金,重构了企业产权制度与组织结构,转变为现代公司制度。一批随证券市场、期货市场、外汇交易市场等发展而创设的新型国有公司,如金融证券公司、期货经纪公司、投资公司等快速崛起,使上海微观企业改革后来居上,国有企业总体状况大大好于全国许多地区。

其二,要素市场的发展,为政府管理经济的职能和方式转变,为推进政府经济管理体系的改革,铺平了道路。随着上海要素市场的发展,政府原有的管物资、分资金、配置要素的权限范围不断缩小,相应地其原有的机构、组织显得过于庞杂,需要改革和调整。同时,要素市场的发展也要求政府宏观协调功能强化,服务和信息工作跟上，从而为政府部门机构和组织的改革、调整提供了新的契机。一部分新的市场型事业制的经济组织从原有的政府部门分离出来，或在政府机构之外新生出来，逐步吸纳原有政府机构人员，承担相应的服务功能。如证券交易所、期货交易所等政府创办的新型经济组织，实际上承担着原本由政府承担着的协调、管理市场功能。某些国有资产经营控股公司也以企业形式承担政府授权的国资经营功能。要素市场的发展，为新组织替代原来的政府管理部门奠定了基础。

其三，要素市场的发展，启动了上海产业结构调整和资源配置结构优化的新契机。要素市场的发展和市场网络范围的扩展，使上海能够利用市场机制在更大的地域空间重新调整、优化产业结构，突破原有行政区划体制的束缚。要素市场的发展，带来上海许多高层次第三产业部门的迅速发展，极大地改变了上海传统的产业结构状况，粗放型、不经济的加工工业逐步萎缩，各种要素更多地流向上海的几大支柱工业和高层次第三产业部门，推动了经济结构的大调整。

随着体制变革的重大变化，增长转型也发生了根本性的变动。为实现"一个龙头，三个中心"的战略目标，建设国际大都市，上海对城市空间布局和产业结构都作了重大的战略性调整：将城市功能从单一的生产加工功能转变为综合服务功能；将产业发展排序从"二、三、一"转变为"三、二、一"。并据此明确了"三个优先发展"战略重点：优先发展城市基础设施；优先发展第三产业；优先发展高新技术。

以综合服务功能定位为基础的城市建设，按照"多心、多层、组团式"的城市形态布局框架，即确定约5平方公里中央商务区为城市核心层，主要发展金融、贸易、信息和管理等高层次第三产业；第二层约30平方公里的中心商业区，成为汇集全国名、特、优商品的主要商业区；第三层约100平方公里的中心城区，以第三产业和居住为主，并保留一部分城市型工业；第四层约1000平方公里的辅城，以工业和科技开发为主，形成汽车、电子信息设备、电站设备、钢铁、石油化工和精细化工等制造产业基地，并建设若干配套设施完善的住宅小区；第五层约5000平方公里的郊区，形成以十大种植业基地和十大养殖业基地为主的城市特色农业，并形成若干工业园区和旅游度假区。

从1992年到1998年，上海根据这一规划，进行了大规模城市基础设施建设，在产业布局上加快了"退二进三"（即第二产业从市中心退出，第三产业进入市中心）的调整，基本形成了以外滩金融一条街和浦东小陆家嘴为中心的中央商务区,以南京路、淮海路、四川路、徐家汇商城和豫园商城为主的中心商业区,以市郊一大批工业园区为主的工业制造基地,以及南浦大桥、杨浦大桥、徐浦大桥、延安路隧道、环城高架、地铁一号线等一大批新基础设施组成的新城市空间布局。随着以"三港两路"(即上海深水港、航空港、信息港和高速公路、高速铁路)为标志的新一轮建设逐步完成,一个面向 21 世纪的国际大都市的轮廓初步呈现。

与国际大都市相匹配的产业结构调整,以"优先发展第三产业,积极调整第二产业,稳定提高第一产业"为原则,逐步淘汰纺织、有色冶炼等一批初级加工产业,五年多来纺织工厂关闭销号 110 多家,下岗转岗人数达到 25 万。经过大浪淘沙,纺织业中附加价值高的产品保留下来,有了更强的竞争发展能力,而六大工业支柱产业(汽车、通信设备、电站设备、钢铁、石油化工、家用电器)在调整中逐渐崛起。与此同时,大力发展金融保险、商业贸易、交通通信、房地产、信息咨询和旅游业等六大行业,把市场体系的建设作为发展的重点,形成了证券、外汇、航运、资金拆借、期货、产权、房地产、人才、技术等一批以国家级市场为龙头、区域性市场为骨干、地方性市场为基础的体系,呈现了商品流、资金流、技术流、信息流和人才流的交汇,使上海从原来的原料、产品聚集扩散地变为资金、信息扩散地。

总之,正是以要素市场发展为中心枢纽点,上海循序渐进、不断深化,从微观企业层面、中观政府管理层面和宏观发展层面全面启动改革开放,从而使上海很快摆脱 80 年代经济运行和发展的被动局面,从长期低于全国平均增长水平一跃而成为增长领先的地区,进入持续、快速发展与领先改革开放的新阶段,上海跃入率先建立社会主义市场经济体制的地域行列。

2.3.4　小结

可见,在改革开放的推动下,上海经济运行机制正发生着重大的历史性变化,尽管其变革的路径具有较明显的拐点,变革的进程是非匀速的。在上海经济运行机制变革过程中,外部因素决定了其变革的方向与速率,而自身条件则赋予其变革的特色。

上海经济运行机制变革经历了一个先慢后快的非匀速过程。这里给我们提供的重要信息是:(1)上海在渐进式改革初期的产品市场化过程中不具有改革先发优势,这与传统体制下上海加工工业完全依靠中央计划调拨原材料等物资有关;(2)上海在改革深化的要素市场化过程中具有较大的潜在改革优势,这与上海长期积累起来的较强的经济基础条件(资金、技术、人才、信息、管理等要素及良好的区位和地理位置等)有关;(3)上海的经济运行机制变革受到外部因素的制约较大,尤其是涉及全局性的制度创新,但一旦外部制约条件改变,上海制度变革的能量释放是巨大的。

3 经济增长作用机制的基本架构

在上海经济增长转型中,增长作用机制的转变是一个关键环节。经济增长作用机制由经济主体行为方式及相互关系、资源配置组织方式和政府政策调控等内容构成。在上一章体制变革与增长转型的历史透视的基础上,我们将在这一章深入分析上海经济增长作用机制的变化,揭示其内在关系及基本特征。

3.1 经济主体行为方式及其关系:制度基础分析

经济增长作用机制的核心,是行为主体的策略行为及相互关系。经济增长作用机制之所以不同(差异),就在于行为主体的行为方式及其相互关系不同。当然,这种行为主体的行为方式及相互关系是具有一定稳定性,表现为常态的。因此,这种行为主体的行为方式及相互关系总是有一定制度基础的。

3.1.1 体制变革中行为主体之间关系的变化

我们按经济学的分类,将行为主体确定为居民、企业(厂商)和政府三大部门。在这一分类基础上,还可进行细分,如把政府细分为中央政府与地方政府等。另外,居民在对应不同其他行为主体时,可有不同角色,既可以是消费者,也可以是劳动者。在上海体制变革过程中,各行为主体之间的一些主要关系发生了深刻的变化,具体表现如下。

1. 中央与地方政府的关系

体制改革以来,中央政府对地方实行了全面性的权力下放,包括财政收支管理权、投资管理权、外资外贸管理权、价格管理权和企业管理权等,其中最主要的是财政收支管理权的下放。与改革前的财政模式变动不同,财权下放是沿着"分灶吃饭"的方向演进的。1980—1984 年,除北京、上海、天津三个直辖市外,其他地方都实行了"划分收支,分级包干"的财政体制。上海直到 1988 年,才与中央实行了"基数包干,超收分成"的财政体制;1994 年进一步实行了中央与地方的分税制。显然,中央权力,特别是财权下放,更直接地把地方政府的收支联系起来,为地方政府进行经济管理提供了强有力的激励,也为上海经济运行机制变革奠定了决定性的基础。

2. 政府与企业的关系

通过"利润留成""利改税""承包经营责任制"向企业放权让利的改革,以及建立现代企业制度的企业改革,企业不仅拥有采购生产、销售定价、劳动用工等经营自主权,而且通过明晰产权关系,逐步形成法人财产权权力。政府主要通过国有资产管理与监督,行使出资者的权益,不再直接干预企业生产经营活动(至少在形式上是如此)。原先的行政主管部门先后改制成国有控股公司,获授权从事国有资产运营。1997 年,全市国有资产授权经营面已达 90%以上,市、区两级国有资产管理机构已逐步建立,确立全市国有资产投资主体,并逐步明确了资产责任。在国有资产管理、运营体系进一步完善的同时,逐步将重点转向监督考核。

3. 企业与企业的关系

随着体制改革的深入,企业越来越成为相对独立的经济实体进入市场;企业之间的关系也逐步演变为市场的契约关系。随着价格放开和产品、要素市场化,各类市场也逐渐发育起来,形成了尚未成熟的市场体系。企业对市场的依赖日益强化,以市场为导向进行资源配置,不断提高竞争能力已成为企业的生命线。企业之间的优胜劣汰机制逐步建立起来,企业兼并与破产日益成为经济资源更为充分、有效利用的途径。1992 年初至 1996 年底的五年时间里,全市累计有860 多家国有企业被兼并,59 家企业破产。1997 年又有 27 家企业破产,45 家企业被兼并。

4. 劳动者与企业的关系

在体制改革过程中,随着国有企业社会职能的剥离,新型社会保障制度的建立,各种非国有经济成分的发展,以及劳动力市场的发育,劳动者对国有企业的严重依附关系得以改善。企业与职工之间的双向选择及合同关系开始建立,职工能进能出机制逐步形成。在此过程中,上海建立了再就业服务中心的新模式。这一服务中心对下岗待工人员进行托管,在两年内提供两次就业指导并帮助安排就业机会,如无故不愿再就业的,可解除其劳动合同和托管协议。下岗待工人员进入再就业服务中心后,职工与原企业脱钩,为加快实施企业破产创造了条件；人员离岗、离厂，但不离系统、不进社会，这既保障了职工的基本生活，又保持了社会的基本稳定。这样就把促进再就业与保障生活结合起来，逐步形成企业优胜劣汰的良性循环机制和再就业的良性循环机制。再就业服务中心的资金由政府、社会、控股(集团)公司三方面共同筹集，用于被托管职工的基本生活费、门诊医疗费和社会保险费。1997年，在总结试点经验的基础上，上海已把再就业服务中心试点范围扩大到轻工、化工、机电、冶金和建材等七个行业，基本覆盖了上海地方国有工业企业。截至1997年底，再就业服务中心托管25.6万人，累计分流16.5万人，分流率达65%。

与此同时，实行市场导向和保障措施相结合，促进再就业。针对企业下岗待工人员的结构，重点实施了劳动力的分类引导：较年轻的劳动合同制职工，原则上无条件进入劳动力市场；中年职工保留社会保险关系，鼓励其自谋职业；接近退休年龄的职工承诺保留社会保险关系，允许其到符合提前退休条件时回到原单位办理提前退休手续，鼓励其在现阶段再就业；符合提前退休的下岗待工人员，经本人自愿申请，可实行提前退休，并允许其获取相应的劳动收入或谋取相应的职业。目前全市已建立各个层次的劳动力市场60多个，职业培训基地20多个，各类职业介绍所已近400余家，就职中介业务已辐射到外省市，初步形成了社会劳动力分流、指导和循环机制。

5. 居民部门与政府的关系

随着居民个人收入的增加和个人财富积累的增大，居民部门作为纳税人和政府提供公共产品的关系越来越显性化和规范化，从而政府的社会、经济管理职能不断得到调整，原先完全由政府财政补贴的一些公益事业逐步走向产业化，居民部门也从全面依赖于政府提供的社会福利转向部分个人支付和个人投资(特别是教育等方面的人力资本投资)。

上海通过分阶段、有重点地推进社会保障制度改革，初步形成了以基本保险、补充保险、社会救助为主要内容，覆盖全社会的社会保障体系。1997年底，全市已有3.64万个城镇企事业单位的416.68万职工参加基本养老保险，202万离退休人员参加养老保险社会统筹。城镇职工养老保险、失业保险的覆盖面均已达98%，医疗保险的参保率也已达到98%。补充保险有了很大发展。商业保险的各类保费近两年以30%以上的速度增长，1997年比上年增长了50.9%。社会救助体系基本建成。上海前几年实行了职工最低收入线、待业(失业)职工保障线和城镇居民最低生活保障线等三条保障线制度。1997年又施行了《上海社会救助办法》，"两级政府、三级管理、四级服务"的社会救助网络正逐步形成。

总之,在体制改革过程中,各行为主体之间的主要关系都发生了不同程度的变化。尽管大多数关系尚未调整到位,仍处于进一步调整过程之中,但与传统体制的行为主体之间的关系相比,已发生了根本性的质变。

3.1.2　现阶段各经济主体的行为方式特征

上面我们从动态角度,描述了体制变革过程中行为主体之间关系的主要演变。在这里我们将从某一时点上的横截面进行剖析,对各经济主体的行为方式进行分析,以实证描述其行为方式特征及制度基础。

1. 居民个人行为方式特征分析

随着经济体制改革带来的国民收入分配向个人倾斜,上海居民个人收入迅速增加。1991年上海市区居民人均每月的生活费收入仅为194.53元,1996年增加到643.45元,扣除物价上涨因素,五年间实际增长了55.8%。在此基础上,居民个人经济活动的范围不断扩大,在全社会经济生活中的地位日益突出。其现阶段的行为方式特征主要表现为:

(1) 居民消费行为趋于合理化。随着居民个人收入水平的提高,其消费支出也不断增加。1997年上海居民人均消费性支出为6819.94元,比1981年的584.58元增长10.7倍,年均递增16.6%。若扣除同期的物价上涨因素,居民实际消费水平比1981年增长1.4倍,平均每年实际递增5.6%,比同期的年均实际收入增幅低0.9%。

更为重要的是,居民消费行为趋于合理化。在传统经济体制下,居民消费行为是追求限量供应下的消费最大化;到了改革开放后的初期(80年代前、中期),居民消费行为表现为盲目攀比、追求高消费的"消费饥渴症";而进入90年代后,居民消费行为开始趋于合理化:

一是近期消费与未来消费的合理组合。随着体制改革的深化,居民对未来收入与消费支出不确定性,以及养老保险的预期日益强化,从而其消费边际倾向有较大幅度下降,用于未来消费的储蓄存款大幅度增加。1990年上海城乡居民储蓄存款净增额是457万元,1996年达6187万元,当年城乡居民储蓄余额达1868.58亿元。1997年与1981年相比,居民人均储蓄存款年均递增18.1%,人均储蓄性保险支出年均递增69%,人均购买有价证券年均递增38.4%,三者均超过同期居民支出的增幅。

二是消费结构得以完善。在居民消费支出不断增加的同时,更侧重于教育文化、保健、休闲等方面的消费。1996年与1992年相比,其中:食品类支出从

116.59 元增加到 284.63 元,增长了 1.44 倍;衣着类支出从 23.07 元增加到 49.14元,增长 1.13 倍;家庭设备用品及服务类支出从 17.22 元增加到 53.11 元, 增长 2.08 倍;医疗保健类支出从 3.12 元增加到 12.31 元,增加 2.95 倍;交通及通 信支出从 8.66 元增加到 38.99 元,增长 3.50 倍;娱乐教育文化类支出从 17.34 元 增加到 64.94 元,增长 2.75 倍;居住类支出从 12.80 元增加到 32.72 元,增长 1.56 倍。同时,在消费性支出的结构中,家庭设备用品、医疗和保健、交通和通 信、娱乐教育文化类支出比重呈上升态势,而食品和衣着类支出比重呈下降态 势。1997 年与 1981 年相比,居民人均教育费用支出年均递增 33%。

三是消费选择理性化。居民在安排消费时,不再互相攀比、盲目抢购,而是 量入为出,根据自身实际需要有计划地购买物品。在消费选择上,也越来越多样 化、个性化。这样,社会的消费就形成了不同消费层次、多样化的消费方式,以及 不同类型消费群体。

(2) 居民的投资行为强化。80 年代初期,居民收入在满足日常生活支出后 积余较少,因此金融资产并不多。但到了 90 年代初,随着居民个人收入的增加, 以及各种投资渠道的拓展,居民的金融意识逐步增强,在将部分余钱存入银行的 同时,购买股票、国库券、债券日益增多,个人投资行为开始强化。这是在传统经 济运行机制中所没有的一个新的行为方式。目前上海的个人金融资产估计在 3000 亿元左右。个人金融资产已由主要集中在银行存款,转向证券、房地产、私 营企业、邮币卡及其他收藏品等多种投资领域,个人投资正趋于多元化。由此, 居民收入的结构由单一转为多层次,收入的来源呈现多元化、多渠道的格局,财 产性收入的增加成为居民新的收入增长点。1997 年居民人均财产收入为 68.72元,比 1988 年增长 4.6 倍,年均递增 21%,超过可支配收入增幅 1.7 个百分 点。尽管目前上海居民个人投资的规模还不很大,但其发展势头较迅猛。党的 十五大以后,随着股份制、股份合作制的大规模推行,居民个人投资将有一个新 的发展与飞跃。

(3) 居民的劳动供给方式市场化倾向。随着居民个人收入增加与个人金融 资产增多,以及社会保障体系的建立与完善,居民的劳动供给方式开始走向市场 化。劳动者与企业之间开始实行双向选择和劳动合同制,职工对企业的依附性 趋于下降,劳动力流动开始兴起。从 1990 年到 1996 年,上海已有 100 万下岗待 工人员通过各种方式转换了岗位。1996 年上海新下岗待工 23 万人次,当年分 流安置 23 万人次,开始做到当年下岗,当年安置。到年末,下岗待工人数达 20 万,失业率在 2.8%。至 1997 年底,下岗待工人员积存 20 万左右,与 1996 年底数基本持平;失业人数为 15 万人,失业率仍维持在 2.8%。其中,企业管理人员、技术人员、销售人员等流动性更大,其劳动供给的市场化程度较高。但从总体上讲,上海居民的劳动供给仍保留着较大的传统体制"铁饭碗"的痕迹,特别是国有企业职工的市场流动性较差。

总之,目前上海居民的行为方式已越来越市场化,成为市场主体的重要组成部分和市场运转的重要基础,居民部门在经济运行中的地位和作用也大大增强。

2. 企业行为方式特征分析

企业行为方式与其所有制及财产制度有密切关系,不同的所有制及企业财产制度产生不同的企业行为方式。近年来,上海的企业所有制结构发生较大变化,国有企业规模得到调整,呈现多种经济成分共同发展的格局。就工业企业而言,上海国有企业户数已由 1985 年的 4176 户下降到 1996 年的 3612 户,占当年全市企业总数的比重由 39% 下降到 14%;国有企业的总产值由 1985 年的 672.87 亿元上升到 1678.62 亿元,占当年全市工业总产值比重则由 78% 下降到 33%。与此同时,集体及其他经济类型(包括外资、个体、私营经济)企业发展呈上升态势。目前上海工业总产值的 40%、新增工业产值的 50% 和全市出口创汇的 40%,都来自集体经济。其他经济类型工业总产值所占比重在 1996 年已近50%。目前上海的私营企业和个体企业已分别猛增到 5.5 万户和 10 多万户,其户数和注册资本规模均居全国各大中城市的首位。1996 年,上海社会商品零售总额的 21.8% 是私营商业企业实现的。落户上海的外商独资企业目前已发展到3148 户,实际利用外资 19.18 亿美元,分别比 1992 年猛增 12 倍和 17.4 倍,在非公有制企业就业的职工将近 100 万。

当然,国有经济的资产总量在社会总资产中仍占绝对优势,对整个经济的发展起主导作用。据上海市统计局资料,在掌握国民经济命脉的三大产业——电力、钢铁、运输和通信业,国家资本金比重分别高达 99.5%、94.4% 和 89%。在对国计民生有举足轻重影响的支柱行业,如金融、证券、保险业等,国有经济都居支配地位。在关系国家综合实力的重大基础设施建设和高新技术开发领域,例如航天技术、集成电路、生物医药、信息港、新材料等战略性产业的建设,都由国家资本控股。因此,国有企业的行为方式在整个经济活动中仍居主导的地位,下面我们主要描述国有企业的行为方式。

(1)对市场与政府的双重依赖。在产品与要素市场化的推动下,国有企业已越来越面向市场,根据市场的导向来安排"生产什么、生产多少"的生产计划,也在相当程度上依靠市场获取生产要素来组织"如何生产",对市场的依赖性大大加强。但在"为谁生产"问题上,由于产权关系不明确或尚未理顺,仍存在着政企不分现象,企业继续保持着对政府的依存关系。企业对市场依赖性的增强,客观上减弱了政府对企业的约束力;而企业对政府的依存关系,则又削弱了市场对企业的预算约束硬化。

(2)目标函数双重化。企业对市场的依赖,决定其利润(经济效益)最大化的追求,进而进行投入—产出、成本与收益的计算。但国有企业尚承担着社会、政治等职能,对企业领导人继续实行着行政职别制及组织任命,这就势必使其同时追求政治性的目标函数。在国有企业运作中,这种双重化目标函数在某种条件下有可能统一,即在追求政治性目标函数时获得收益,且大于其成本。一旦两者发生矛盾与冲突,往往是把追求政治性目标函数的成本也计入总成本之中去,在此前提条件下再来追求其利润最大化目标。

(3)企业内部人控制。虽然通过企业改制明确了出资者并建立了公司治理结构,现有的国有资产管理体制也形成了外部人的监督机制,但由于作为国有资产出资者的代表,并不是真实的资产所有者,也不是真正意义上的委托人,所以在公司治理结构中并没有真正建立起委托—代理关系,外部人的监督机制作用微弱。而在国有企业中一直存在的职代会、工会等组织机制仍在继续发挥作用,对企业经营管理者形成较大的制约。因此,企业经营管理者更倾向于对职工负责,而不是对出资者负责。企业经营管理者与职工的"勾结",形成企业内部人控制的基本格局。

(4)盲目扩张与扩张乏力并存。自从"拨改贷"后,投资资金来源主要靠银行贷款,这不仅使企业负债率大幅度上升,企业背上沉重的利息负担,而且随着投资形成的国有资产的增加,企业还要承担上交更多红利的义务。这使企业不愿扩张其生产能力,事实上也无力承担这一扩张的成本,从而导致企业扩张乏力。但由于仍然存在对国有资产投资失误不承担责任的机制,所以又在一定程度上孕育着盲目投资扩张的冲动。

3. 政府行为方式特征分析

在80年代的改革开放过程中,上海受到中央的制约较强,因此地方政府也难以"有所作为",而传统体制下政府与企业的直接管制的关系也没有得到根本性的削弱。进入90年代后,随着中央对上海制约程度的适当放松,地方政府开始具备"有所作为"的较大空间。而90年代的要素市场化相对于产品市场化来讲,一系列大市场的建设以及浦东开发开放也更需要地方政府从中进行组织与促进。因此,为尽快推动上海"一个龙头,三个中心"的建设,有效地组织起各类大市场,提高总体资源配置的效率,政府对经济活动采取了积极干预的行为方式,并通过政府分级管理模式加以实施。

针对上海是个拥有 6300 平方公里、1360 万常住人口、360 多万流动人口的特大型城市的基本特征,根据决策效率和最佳规模的管理原则,坚持事权与财权相统一、建设与管理相统一、下放权力与加强调控相统一,经过有计划分阶段地明责放权,逐步建立"两级政府,两级管理"新体制,全方位地增强了区县政府在财税、计划、城建、商业、劳动人事、社会管理等方面的职能;并且,相应下放了部分财权,即明确区县收入连同今后增量除上划中央的部分外,全部留作自用,市级收入增量,还要划出一块转移支付给区县。上海实行分税制时,正值市中心地区土地使用权有偿转让后,人口大量向城郊转移,中心城区增加收入而城郊地区增加负担的矛盾突出。为此,上海率先制定"适当集中,兼顾均衡,因素调节,激励区县"的转移支付办法,把市级和区县级收入中的部分增量集中起来,按照人口、土地、蔬菜上市量等因素转移分配给各区县;后又把产业政策、区县功能定位、激励增加收入等纳入分配因素,使"财随事转"的转移支付更具政策导向和激励作用。通过转移支付,使各区县之间的人均财政收入的差距相应减小。在完善"两级政府,两级管理"的基础上,又按费(税)随事转的原则进一步把区级政府承担的部分管理、服务职能分解到街道,从体制、机制、编制、经费、队伍五个方面加强社区层面的综合管理职能,逐步形成城区"两级政府,三级管理"和郊县"三级政府,三级管理"的特大型城市管理的新体制。

在上述背景及政府分级管理体制模式下,现阶段的市、区县政府行为方式主要表现为以下基本特征:

(1)地区经济发展最大化与社会安定最大化的双重目标函数。在当前的经济体制和政治体制下,经济发展是政府政绩考核的主要内容之一,各级地方政府通常都把地区经济发展列为其主要目标函数。而对于上海来讲,"一年一个样,三年大变样"的高要求,更加迫使政府把经济发展作为头等大事来抓紧、抓好。上海市、区县政府除了一般市场经济国家和地区政府职能使然的产业政策制定、产业布局调整、产业规划控制以外,往往还主持或参与重大经济项目投资决策,以及项目实施中的利益协调和资金调度、企业兼并、企业集团组建乃至企业产品市场开拓等活动。此外,上海在国内政治、经济中的特殊重要的地位及影响,又要求其保持政治、社会的高度稳定,因此社会安定最大化也同时成为政府的目标函数。此双重目标函数之间,具有统一性,即地区经济发展是社会安定的基础,而社会安定的环境又是经济发展的必要条件,但一旦发生矛盾,通常是以牺牲经济发展为代价来维护社会安定的。

(2) 充分利用现有的行政资源。在市场发育程度不高及可利用市场资源稀缺的情况下,政府受上述双重目标函数的驱动,势必要充分利用现有的行政资源。而上海曾经是国内计划经济最为集中、计划体制发育最为完善的地区之一,其行政管理制度及手段是较完善的,行政管理水平与能力较高,也具有较丰富的可利用行政资源。因此,政府在实现其目标函数过程中就积极动员与充分利用现有的行政资源,以弥补当前可利用市场资源不足的缺陷。从近期来看,为在最短的时间内实现经济大发展并保持社会安定,这是一种合理的选择。但从长远来看,对现有行政资源的充分利用,也许在一定程度上是强化(而不是削弱)了经济系统中的行政性力量,从而对市场关系的发展有负面效应。

(3) 行政"条块"利益冲突最小化前提下的力争改革规范化操作。为了充分利用现有的行政资源实现其目标函数,就必须在一定程度与范围内保护其既得利益,调动其积极性和主动性,因此行政"条块"利益冲突最小化就成为政府制定与出台的改革措施的基本出发点。为了使行政"条块"利益冲突最小化,在改革中涉及行政管理机构利益时,往往就采取利益补偿的过渡性办法。在这种前提条件下推进的各项改革,势必具有自上而下的政府主导型的特征,从而至少在形式上是相对规范化(具有统一性)的,而通过现有行政力量确实也能够实现比较规范的操作。这种力争改革的规范性操作,从某种意义上讲,也正是为了保证行政"条块"利益冲突的最小化。因为,自下而上的诱致性改革的相对非规范化,往往会形成对行政"条块"利益的冲击。

(4) 注重总体效益的"强人"综合协调。在推进上海经济发展和社会安定的过程中,政府注重的是总体效益。这种总体效益来自各方面的协同。而在充分利用现有行政资源的情况下,传统行政管理体制下形成的政府各部门之间的"条线"分割依然表现明显,各部门行政官员的优秀、积极的工作客观上更强化了这种"条线"分割。因此,在政府工作中,层层综合协调就显得十分重要和突出,否则就难以取得协同基础上的总体效益。由于目前尚未建立起法制化的行政协调机制,所以这种"条线"关系的协调效果在很大程度上取决于主要领导人的个人能力。也就是说,这种行政综合协调主要是靠"强人"来实施的。

3.1.3 居民、企业、政府三者之间的互动关系

由于上海经济体制与运行机制尚处于转换之中,市场的发育尚未成熟,所以居民、企业、政府三大部门之间存在着较明显的双重关系,即市场关系与非市场

关系的并存。居民、企业、政府三者之间的互动,就是在这双重关系中展开的。

1. 居民部门在全社会经济生活中的地位和作用日益突出

在传统体制下,居民部门在社会经济生活中是一个严重受抑制的部门,完全是消极地、被动地受制于企业与政府部门的规制。现在居民部门已成为一个活跃的部门,对企业与政府部门形成强有力的约束和影响。

作为消费者,居民部门的需求对企业生产形成有效约束,替代政府的计划而决定企业生产什么、生产多少的产出安排。工商企业部门日益将消费者视为"上帝",不得不尊重消费者的选择,将生产者主权让位于消费者主权。

作为投资者,居民部门的储蓄对社会资金流动及投资形成有效约束,替代政府积累而成为企业和政府投资的重要资金来源。工商企业部门的直接与间接融资越来越依赖于居民部门的储蓄,从而其融资约束日益硬化(具体表现为企业效益不好,就不可能进入资本市场进行直接融资,也难以从金融机构得到贷款),客观上迫使工商企业提高资金利用效率。

作为劳动供给者,居民部门中一小部分群体(主要是经营者、技术人才等)的劳动供给对企业发展形成重大影响,成为企业发展的第一重要的资源。但大部分群体的劳动供给,则严重依赖于企业及政府的特殊保护而得到实现,成为企业生产与发展的沉重负担,也成为政府部门必须全力解决的社会问题。

作为纳税人,居民部门上解的所得税虽然比重仍较小,但其增长迅速,越来越成为重要的税种,再加上居民参与证券、房地产投资的交易税也增长较快,从而扩大了税基,为政府部门的财政收入提供了重要保障。

2. 企业部门在经济运行中的约束增大,活动空间狭窄

在传统体制下,企业部门仅受指令性计划的硬约束,而其要素来源与产品供给是无约束的,其预算约束则是软化的。但在目前,企业部门在经济运行中的约束已明显增大,受到来自居民部门与政府部门的较强制约。

作为生产要素的需求者,企业部门所受的约束是不对称的。生产资料的需求,主要通过市场得到满足;资金的需求,则受到一定的非市场因素的约束,如贷款或直接融资的额度等;而劳动的需求,在很大程度上是只能增加而不能减少的(除自然减员外),其减员的劳动需求调整基本上是被居民部门与政府部门非市场"锁定"的。由于各生产要素的需求约束不同,企业在组织"怎样生产"时往往造成资源配置扭曲。

作为产品供给者,企业部门受到全面市场约束,但又不是"最后"惩罚的约束。目前企业部门基本上是按照市场信号进行生产安排的,并在市场上与同行企业进行全方位的竞争,其产品过时、质量低劣、销售服务跟不上等与市场需求不相适应的做法,都将使其产品销售不出去,从而造成经济效益低下,甚至亏损的局面。在这种情况下,企业虽然会受到某些市场惩罚,如积累乏力、收入下降、福利减少等,但作为大部分的国有企业是难以遭受市场"最后"惩罚(破产与淘汰)的。国有企业的破产涉及银行坏账处理及职工安置等问题,因此往往要经过政府部门的"许可"。政府部门在近阶段是推行"多兼并,少破产"的原则,确定每年国有企业破产的额度。至 1996 年底,全市被兼并企业累计达 700 多户,破产企业 58 户,涉及银行各类金融机构债务 40 亿元。其中,1995 年经中央银行批准,各专业银行共冲销 9.3 亿元呆账准备金。

作为经济实体,企业部门(主要是国有企业)在财产制度上的约束也具有明显的不对称性。目前上海大部分国有企业已改制成为公司制。1995—1996 年上海选择了 250 家企业进行现代企业制度改革试点,这 250 家试点企业覆盖了全市国有资产的 80% 和全市职工人数的 1/3。目前已有 90% 以上的试点企业初步完成改制,其中改制为多元投资有限公司的约占 60%。国有企业改制为公司制后,一方面出资者得以明确,各类国有资产代表替代了原有的行政机构对企业行使出资者的权益,从而使企业运行受到出资者的约束;而另一方面,企业法人财产权却没有得到真正落实,企业无法保证其独立的运作,及承担相应的民事责任。

作为经营主体,企业部门(主要是国有企业)的资本结构不合理,往往是高负债经营。1994 年末,上海地方国有工业企业的资产负债率高达 80%。近几年来,政府部门对国有企业实行增资减债,通过盘活存量、债权转股权、向国有企业注入资本金等办法,降低资产负债率。到 1996 年末,地方国有工业企业的资产负债率下降至 68.5%,两年里下降了近 12 个百分点,企业增加资本金近 200 亿元。但其中主要是地产与房产的资本金注入,由于地产与房产不能随意变现,所以对企业资本结构的调整只是从账面上降低了资产负债率,而对企业实际经营活动的改善作用不是很大。

3. 政府部门积极干预以弥补市场发育不足缺陷和保持社会稳定

进入 90 年代以来,随着中国社会主义市场经济体制改革的不断深化,为适应经济体制改革和社会主义市场经济发展的需要,政府部门在实行管理职能转变的同时,为弥补市场发育不足的缺陷和保持社会稳定,采取了积极干预的态度。1993 年以来,上海在建立市国有资产管理委员会,初步形成国有资产管理体制框架的同时,重点突破了延续 40 多年的企业主管局行政管理体系,将过去 84 个政府委办局减至目前的 53 个,人员减少了 15%。通过国有资产授权,先后把工业、建设、商业、农业、交运等系统的 19 个企业主管局改制为 36 个国有资产控股集团公司或大型企业集团。原主管局的政府管理权力分别移交给有关委办内设立的行业办公室,社会服务职能则逐步转给社会中介机构,为政企分开、政资分离创造了条件。

作为公共管理者,政府部门采取条块结合、齐头并进的社会公共管理方式,并通过各类地方性法规的实施,对社会公共行为进行规范。从市政府管理的条线上说,全市性经济活动的组织、协调由市综合经济工作委员会(非常设机构,由市政府各委办负责人组成,类似于联席会议制度)负责;全市性城市管理方面工作的组织、协调由市市政管理委员会负责;全市性社会保障如养老、失业、医疗保险等方面工作的组织、协调由市社会保险管理局负责;全市性的社会治安管理工作由在市委领导下的市政法委员会负责等。从市政府对全社会进行公共管理的基础上来说,主要是依托街道、乡镇,目前正在探索街道、乡镇社区化管理的道路。社区的建设正在引起各方面的高度重视,社区将建设成为集社会服务、社会治安、物业管理、环境保护、工商管理等于一体的最基层的社会管理载体。

在社会公共管理中,地方财政给予极大支持。1992—1996 年,地方财政用于城市公共建设和维护的支出累计达 571.6 亿元,占了改革开放 18 年来的 70%,有效地缓解了制约经济增长的“瓶颈”压力。公共财政的发展还有力地推动了各项社会事业的发展,维护社会秩序的稳定。1992 年以来,上海各级政府用于科教文卫的支出以年均 30% 的速度递增,累计支出 277 亿元,占了同期财政支出的 1/4;用于抚恤福利救济和社会治安方面的支出累计达 64 亿元。此外,上海还运用财政补贴机制,在一定程度上抑制了通货膨胀压力,缓解了企业困难,增强了经济增长的稳定性。

作为国有资产代表,政府部门按照“国有资产国家统一所有,政府分级监督”的原则承担了国有资产管理的职责,初步形成了“市国有资产管理委员会(国资办)和区县国资办→国资授权的控股集团公司→企业”三个层次的国有资产管理体制。

在第一层次上,市国有资产管理委员会作为全市的国有资产所有权总代表,依法对全市的国有资产行使占有、使用、处置和收益四项权能,对全市国有经营性资产、非经营性资产和资源性资产进行宏观的、全方位的管理和监督。市国有资产管理委员会下属的国有资产管理办公室,代表市政府对全市国有资产专司行政管理职能,主要职责是:贯彻执行市国资委的重大决策并接受国家国有资产管理局的业务指导,开展上海国有资产的日常管理工作,承担上海国有资产管理体制改革的具体组织和协调职能。各区县也成立了国有资产管理办公室,负责区县的国有资产行政管理职能。市国有资产管理部门通过与授权企业全面签订资产保值增值书并制定科学的考核办法,强化国有资产保值增值责任。

在第二层次上,国有资产授权经营公司是由市国资委授权的国有资产运营机构,它既不是行政管理部门,也不是普通的企业,而是代表国家对部分国有资产行使资产受益、重大决策、选择管理者等出资者权利的特殊企业法人和国家授权投资的机构,承担着国有资产保值增值的责任。国有资产授权经营公司形成的途径主要有:一是撤局改建国资授权经营公司,如将以往的纺织、仪电、建材、物资等工业局改组为控股(集团)公司;二是将原有大型集团性公司改组为授权经营公司,如汽车总公司、住总集团等;三是将一部分中小型企业合并组建成一个授权经营公司,实行强强联合,如东方国际集团公司;四是将早期成立的几个控股公司经一段时期的运作后合并组建为大型授权经营公司,实现规模经济,如华谊集团、电气集团。目前,上海36家控股集团公司和企业集团都与市国资管理部门签订了国有资产保值增值责任书。

在第三层次上,由国有资产经营公司出资形成的各类企业(国有资产独资公司、控股公司和参股公司),拥有独立的法人财产权,具有企业法人资格,开展各种生产经营活动。目前,近2万家国有企业获得了产权法律凭证。

为有效开展国有资产管理工作,政府部门先后制定了"上海市国有授权经营公司管理暂行办法""上海市企业国有资产产权登记实施办法""上海市国有资产产权纠纷调处暂行办法""上海市企业国有产权转让管理暂行办法""上海市企业集体产权转让管理暂行办法"等一批规范文件。

企业主管局改制为国有资产运营机构以后,实现了"三个转变":一是在产业结构和城市布局调整方面,从单个企业个别行业的适应性调整向着眼于整个行业、整个国有经济的战略性调整转变;二是在发展经济新增长点方面,以过去分散投资向大项目集中投资转变;三是在落实资产责任制方面,从以产值为主的经济指标考核体系向以资产责任为主的考核体系转变。

经过近几年的探索实践,国有资产已连续四年以10%的递增速度实现了增值目标。到1997年底,上海实现了授权经营的国有资产占全市国有经营性资产总量的80%;按现代企业制度法人治理结构实现改制的企业占全市试点企业总数的80%;实现投资主体多元化的企业占改制企业总数的80%。

作为经济调控者,政府部门正进行经济管理职能的四大转变,即从过去的实物量管理为主转向以价值量管理为主;从过去的抓微观经济活动为主转向抓宏观调控为主;从过去的直接管理为主转向以间接管理为主;从过去的搞单一计划转向出大思路、拟大政策、抓大项目、搞大平衡、建大市场。

通过上述对居民、企业、政府三大部门互动关系的分析,可较明显地描绘出三者之间的作用机制。(1)政府部门与居民部门之间存在着一定程度的"串通",即政府部门为实现经济体制转换中的社会稳定,将一系列社会职能与负担转嫁给企业部门,从而使居民部门客观上对企业形成不合理的强硬制约。(2)企业部门与居民部门之间在某些方面也对政府部门存在着"共谋",主要是通过收入侵蚀利润、利润侵蚀折旧等途径蚕食国有资产。(3)企业部门与政府部门之间则存在着"相互依赖",企业部门依赖政府帮助得以生存下去,而政府部门要依赖企业部门来解决社会问题。

总之,在这一行为主体的互动关系中,具有明显的不平衡性。其中,主要是企业部门的作用相对"软弱",受到居民部门的强硬制约,也受到政府部门的较多干预。

图 3.1　政府、企业、居民三者关系

3.2　市场体系发育程度:资源配置的组织架构

如果说上述各类经济主体的行为方式特征,在一定程度上反映了经济关系的深层内容,那么行为主体的活动空间则表现为经济运行的组织架构。由于中国经济体制正在发生重大转换,市场经济的制度基础正在逐步替代计划经济的制度基础,所以我们主要从上海市场体系发育程度方面来描述现阶段经济运行的组织架构。

进入 90 年代以来,上海以发展和培育生产要素市场作为经济体制改革的首要突破口,以培育建立现代大市场作为建设国际经济、金融、贸易中心的基本战略,制定了一整套发展大市场的战略规划和政策,确立了在全国率先建成多功能、多层次、规范化、强辐射现代市场体系的战略目标。目前上海市场发育的基本情况是:市场体系架构已形成,各类市场发展不平衡,市场发展形多于实,市场软硬件配置欠对称。

3.2.1　市场体系架构基本形成

在传统体制下,上海只存在单一的、本身又被严重扭曲的商品市场。在80年代,个别市场有较大发展,但市场体系仍然是残缺不全的。90年代后上海从经济中心城市的功能出发,立足于为长江流域和全国经济发展服务,在全国性、区域性和地方性三个不同层次上构筑市场体系,先后建立了证券、期货、外汇、产权、人才、技术、信息及房地产等一批大市场,目前已初步形成了以国家级市场为龙头、区域性市场为骨干、地方性市场为基础的较为完善的市场体系。

1. 商品市场

上海凭借特有的巨大人流、物流、信息流的优势,商品市场得以迅速繁荣。1996年上海社会消费品的零售总额为1161.29亿元,比1990年增长2.84倍,年均增长23.1%。1996年上海第三产业占全市GDP比重达到42.2%,比1990年的31%增加了11.2个百分点,其中商业增加值从1978年的23.15亿元增长到1990年的51.48亿元,1997年达到380.78亿元,比1978年增长15.4倍,按可比价格计算,实际增长2.8倍,年平均递增7.2%。商业成为上海增长速度最快的产业之一,商业占国内生产总值的比重已从1978年的8.5%提高到1997年的11.3%。

随着市场购销规模不断扩大,商业网点如雨后春笋般兴起。1997年商业网点数已达到20.29万个,比1978年增长7.7倍,平均每年增长12%。目前上海已形成34个市、区两级商业中心和十大专业商业街,以及各居住区购物中心等多层次、多样化的商业网络。1990年前的40年,全市商业设施的建设每年平均只增加1万平方米。近几年来,平均每年改建新建商业网点达100万平方米,到目前为止,上海商业营业面积为900万平方米。上海的市级商业中心各具特色,南京路、淮海路、四川路、新客站、徐家汇、豫园商城和西藏路这些古老商业城街经改造后,重新焕发了青春。25个区级商业中心遍及全市各个角落,方便了市民的购物,提高了市民的生活质量。

2. 生产资料市场

上海是中国最大的加工型工业基地,对物资的需求量很大。据统计,上海每一天要耗用煤7万吨、电7000万度、木材4000立方等,一年所需的原材料总量以千万吨计。为了满足上海经济的发展,上海逐步建立起各类各种层次的生产资料专业市场。

现在经营生产资料的组织机构分为两个部分:一是在计划经济年代形成的现正在转变经营机制的传统的物资供应系统;二是在市场经济中新兴的生产资料市场,其中包括现货市场和期货市场。现货市场,如中山北路的物资贸易市场、外高桥保税区生产资料市场等;期货市场,如上海商品交易所、金属交易所、粮油交易所等。上海生产资料市场的发展,有效地配置了物资资源,促进了企业的生产。

表 3.1   生产资料和商品交易成交情况(1996 年)

名　称	交易日(个)	交易量(万手)	成交额(亿元)
商品交易所	248	6152.19	5384.92
金属交易所	248	214.91	2305.11
煤炭交易所	248	71(万吨)	2.03
粮油商品交易所	247	672.88	867.20
肉类商品批发市场	248	9.53(万吨)	9.80

3. 金融市场

近几年上海的金融事业有了很大发展,金融市场正在逐步形成。1992 年以来,证券、外汇和资金拆借等全国性的资本、资金市场在上海建立,初步确立了上海在全国金融中心的地位,提高了货币资源市场化配置的程度。1996 年,在上海证券交易所上市股票的上市公司共 329 家,比证券所成立初增加了 320 多家,当年各类证券成交额达 2.77 万亿元;中国外汇交易中心自 1994 年正式在上海建成并联网运作以来,有力地推进了中国外汇体制的改革,到 1996 年末,交易中心累计成交 1692 亿美元;全国银行间资金拆借市场在上海建成,近几年,平均每年拆借额达 3000 多亿元,1996 年总拆借额达 5871.6 亿元。拆借市场在一定程度上反映了全国货币资金的供求状况。作为融资中心,上海仍然是主要的资金流出地区,1996 年全市流出资金超过 1000 亿元。

从金融机构来看,1992 年以前上海金融机构的行业和经济类型均比较单一,经过几年的改革,一个多元化的格局已经初步形成。银行网点和证券公司遍布全市,信托投资公司和财务公司有步骤地发展,股份制和外资金融机构迅速壮大。近年还陆续新建了一些中资金融机构,如上海浦东发展银行、上海城市合作银行,同时,全国性和地方性的股份制银行纷纷驻足上海,光大、民生、华夏、福建兴业、广东发展等纷至沓来。目前上海已有中资银行、保险公司、财务公司、信托投资公司等金融机构近 30 家,2700 多家营业网点。内外金融机构共同为上海的经济发展和广大的市场提供广泛的金融服务。多元化的金融机构使得上海金融服务功能趋于健全,改善了上海的投资环境和宏观经济运行环境。

4. 房地产市场

80 年代后期上海房地产市场开始形成,1992 年后进入繁荣期。上海的房地产市场主要有六个方面:一是建立相对完善的土地租赁市场,以土地使用权的转移为基本内容,包括土地批租市场和土地转让市场。二是房地产开发市场,主要业务范围是通过房地产开发公司和发展商,组织和实施对土地及其附属物的投资开发。三是建设施工市场,其市场主体是建筑商,他们通过各种方式获得施工委托,按合同兴建多种物业。四是房地产交易、租赁市场,这是一个出售出租住宅、各种楼宇及机关物业的市场。五是房地产金融市场,它是房地产开发经营活动的融资场所。六是房地产服务市场,以提供代理、信息、咨询、评估、保证、设计、监理等多种规范服务为主要特征,也包括工商、税务、纠纷仲裁等管理部门。

5. 技术市场

为加快科技成果的推广应用,上海的技术市场逐步配套和完善,现已形成技术交易所、技术经济网络、无形资产评估、知识产权保护等服务体系。全市技术交易额从 1986 年的 1.95 亿元,上升到 1996 年的 25.65 亿元,增长 20 余倍。就近两年的成交额而论,上海技术市场已经居全国第二位。

上海技术市场呈现的特点:一是技术成果交易活跃,交易质量不断提高。1990 年上海技术合同成交额为 5.15 亿元,1996 年是 1990 年的 5 倍。1990 年平均每项技术合同成交额为 3.23 万元,1996 年平均每项 12.77 万元,比 1990 年增长近 4 倍。技术开发合同 1990 年每项平均 3.2 元,1996 年平均每项 23.79 万元,是 1990 年的 7.4 倍。二是技术成果流向合理,突出支持大中型企业。1996 年,流向上海的技术成果占总数的 73%,其成交额占总成交额的 63%,而大中型企业是科技成果流向的主要基地。1996 年流向企业的项目为 9561 项,成交额达 13.3 亿元,分别占全市成交量的 47.6% 和成交额的 51.8%。其中大中型企业占了 6790 项,合同成交额达 11.4 亿元,分别占总数的 33.8% 和 44.4%。大中型企业在吸纳技术的同时,充分发挥其人才和技术优势,将大量适用技术向外进行二次转移。1996 年企业共出让技术 1478 项,成交额达 1.8 亿元。企业参与交易的意识不断增强,正在逐步成为上海技术市场交易的主体。三是逐步形成辐射全国的市场。近年来,上海技术市场在做好本地市场科技成果转化的同时,充分利用自身优势,积极向全国各地辐射扩散。1996 年成交的技术成果中 27.4％出让给外地;从成交余额看,36.8％是外地客户出资吸收的。特别是外地 吸收上海科技成果较关注大项目。1996 年成交的 368 项 100 万元以上的技术 合同中,外地吸纳 163 项,占 44.29％。科研院所仍是技术出让的主力军, 1996 年成交合同为 7512 项,成交金额达 14 亿元,分别占总数的 39％和 56％,雄 居上海卖方市场首位,且有一批获奖成果进入市场。

6. 产权市场

上海新近形成与发展起来的产权市场分为两种形式,一是产权有形市场, 即上海产权交易所(由上海城乡产权交易所演化而来);二是产权无形市场,即 不通过产权交易所而进行的产权市场交易。从产权交易所的情况来看,其交 易能级不断提高。上市量方面,1994 年至 1996 年底共挂牌上市 3320 家,资 产总额 245.2 亿元。1994 年 4—12 月鉴证成交 229 家,1995 年鉴证成交 442 家,1996 年鉴证成交 384 家,鉴证成交共计 1055 家;其成交额分别为 5.7 亿元、12.7 亿元和 39.98 亿元,成交额共达 58.38 亿元,占上市资产总额的 23.8％。原先的“上海城乡产权交易所”刚成立时,其交易范围限于乡镇集体 企业产权,改组成“上海产权交易所”后,国有、集体、外资、私营、股份合作制等 多种经济成分的企业都进入市场收购兼并企业产权。其交易的内容也从单一 的产权整体转让,发展为一些非公司制企业整体产权和部分产权转让、有限责 任公司和非上市股份公司的股权转让,以及依法批准的其他产权,包括破产企 业转让等多种形式。

除此之外,人才、经营者市场,劳动力市场,信息市场等市场也都形成并发展 起来,构成市场体系中的重要组成部分。

3.2.2　各类市场发展不平衡及耦合性差

在渐进式改革的逐步深化过程中,各类市场的形成与发展的时点不同及条 件差异,造成其发育程度有较大差距。从上海目前的情况来看,市场发育情况归 纳起来大致有以下三种类型:

其一,发展已相对较成熟的市场,主要有商品市场、生产资料市场。这类市 场发育较早,经过一段时间的演化,已趋于相对成熟,并向高级化发展。商品市 场在规模迅速发展的基础上,其高级形态也初具规模。上海正在形成以国家级 市场为龙头,以区域性市场为骨干,高起点多层次的梯度商品市场体系。浦东陆 家嘴金融贸易区,正集中主要的商品期货市场,重点发展期货交易;黄浦江沿线、苏州河沿线、中山环路沿线,正在凭借便利的交通条件,改造和发展一批高起点的批发市场;浦东新区的食品总汇、国药大厦、服饰中心、商贸大厦都已开业,为已经发展的大市场提供了广阔的交易场地;大柏树的上海商务中心等正在形成先进的、多功能的面向全国的商务中心。

上海的生产资料市场也在向高级形态的期货市场发展,尽管其发展时间不长,但发展很快。粮油商品交易所、金融交易所等已与路透社联网,向全球发布即时交易行情,并接收国际重要期货市场行情向国内客户转报。金属交易所成交量居全国第一,是世界第三大金融交易所。上海的期货市场在投资规模、品种数量、成交量与成交额、辐射范围、参市人数等方面领先于全国。

其二,发展较快的市场,主要有金融市场和房地产市场。这类市场的迅速发展,主要得益其发育条件较好,充分享受了改革优势与政策优势。中央决策要把上海建成金融中心,对上海金融市场发展起了极大的促进作用。如在上海设立证券交易所,在上海建成外汇交易中心并联网运作,在上海建成全国银行间的拆借市场,在浦东率先试行外资银行经营人民币业务(获准9家,其中7家已正式开办)等。上海本身具有较大资金集聚的能力和条件等因素,使上海金融市场发展较快。除了国内大量金融机构到上海来落户开展业务外,目前上海已有营业性外资金融机构50家,加上各代表处,已有超过200家的外资金融机构落户上海。上海已是国内仅次于香港的外资金融机构最多的城市。金融业的巨变直接推动了上海经济的快速增长。据测算,1992年以来,上海金融业增加值以年均18%的速度增长,1996年达到347.8亿元,占第三产业的比重上升到28%。融资能力的大幅度提高给上海经济发展和城市建设提供了资金保障。据统计,1992—1996年间上海银行贷款余额新增1843.8亿元,有力地支持了企业的正常运转和发展,支持了城市建设。通过股票上市和发行债券,上海企业还获得了200多亿元的资金,促进了经济的发展。

另外,上海的房地产市场在土地批租、土地级差收益置换、产业布局调整等改革措施和相关政策推动下,也得到迅速发展。尽管目前房地产市场不太景气,但其市场容量的扩大是较快的。

其三,发展相对滞后的市场,主要有技术市场、经营者市场、产权市场等。这类市场由于起步较晚,且发育条件较差,目前市场容量有限,交易欠活跃,对经济的影响作用不显著。尽管这些自身的发展也不慢,但从其资源配置角度讲,则相对滞后,跟不上市场经济发展的要求。

由于各类市场发展不平衡,存在较大的落差,所以它们相互之间的耦合性较差,互动作用不是很明显,有时反而出现相互制掣的局面,从而在较大程度上削弱了市场配置资源的整体效益。

3.2.3　有形市场建设与无形市场发展不协调

上海在大市场建设中,有形市场的构建成绩显著,各类交易所相继成立并按现代化交易方式进行操作。如由国家科委和上海市人民政府组建的国内首家国家级高层次、多功能、综合性、现代化的常设技术市场——上海技术交易所,使传统的技术交易走向现代化交易。它拥有全国联网的计算机信息系统,电子告示牌、电子广播不断向客户告示各种信息;电子邮件系统迅速沟通全国范围内供需联系,使异地交易变得快捷。同时,为技术交易全过程提供全方位优质配套服务。

又如,上海产权交易所实行了正规的三级会员制(即一级会员,能进场交易,既可代理,又可自营;二级会员,能进场交易,只搞代理;三级会员,不能进场交易,能获取上市企业产权的信息资料),构建了一个广覆盖、强辐射、多层次的产权信息网络系统,建立了"申请登记、挂牌上市、查询洽谈、成交签约、结算交割、变更登记"的操作程序及规范运行的操作系统,并建立了产权交易管理机构,形成了分层分级和专职兼职相互结合的有效的监管系统。

但与此相并存的无形市场,却发展缓慢。大量更适应在无形市场上进行的交易,没有形成一定的规模。造成这一现象的原因,除了市场关系发育不够外,还有就是市场中介组织发展欠缺。虽然随着市场经济的发展以及政府对企业直接管理的弱化,市场中介组织正在上海崛起,各种中介组织诸如会计师事务所、律师事务所、资产评估中心、行业协会、职业介绍所、信息咨询机构以及各种经纪人队伍相继出现,并在市场经济活动中发挥了重要作用。如目前上海已建立了一支拥有百余人的技术经纪人队伍,1996 年的技术经纪人人数是 1995 年的2.18 倍,这些技术经纪人积极参与了市内外各种技术交易活动,1996 年签订合同数是 1995 年的 2.5 倍。再如,上海科华无形资产评估事务所,评估资产种类包括专利、特许权、商誉、商标、营销网络等,1996 年完成 40 项无形资产评估,价值总和约 18 亿元。但总体上讲,上海的市场中介组织发展还不够规模,在市场交易活动中所起的作用还是很有限的,这在一定程度上难以推进无形市场的发展。由于缺乏无形市场强有力的支撑,有形市场也显得没有"人气",有其表而缺其实,有其形而缺其神。

3.2.4 市场硬件超前化与软件配置滞后的矛盾

上海目前各类市场(主要是有形市场)的硬件建设都是相当现代化的,其交易场所和设施是一流水平的,所有的要素市场都将迁入浦东陆家嘴金融贸易区的大楼,而且还都配备了现代化的通信手段、信息网络及高级计算机系统,具有先进的交易方式与手段。

从市场建设的软件配置来讲,也有较大的发展。为规范市场运作,上海成立了各种专业市场管理委员会、证券管理委员会等,其主要职能是按照"分类指导、分级管理"的原则,负责实施对上海市场体系的整体管理和市政府授权的专门市场的直接管理工作,行使规划、审批、规范、协调、监管等主要职责。整个市场管理实行政府监督管理、行业性管理和市场自律管理相结合的体制。同时,也加强了法制建设,加快制定了保障市场体系运行的一系列法规、规章。几年来上海先后制定了"上海市反不正当竞争条例""上海市价格管理条例""上海市期货市场管理规定""上海市证券管理办公室职责""上海市产权交易管理暂行规定""上海市技术市场条例"等 20 多个有关市场监管的法规、规章。

但相对来讲,这些市场的软件配置仍相对滞后,市场立法跟不上市场快速发展的要求,规范化的市场游戏规则尚未建立健全,市场管理也难以适应市场变化的要求。因此,市场交易中的违约毁约、弄虚作假、违规操作等现象屡有发生。

3.3 政府定位与作用:政策制定及实施

在上海经济运行中,当地政府的管理及其政策制定与实施,是其运行机制的一个重要组成部分。上海在 90 年代牢牢把握住了宏观经济大背景变化的机遇,顺应了市场经济发展的客观趋势,同时结合上海的实际情况,制定实施了与建立社会主义市场经济体制和成为"一龙头,三中心"相适应的一整套政策措施,迅速实现了上海国民经济的良性发展态势。这里我们主要就近年来对上海经济运行起重大作用的政策制定与实施情况作一实证描述,为准确把握上海经济运行的特征和变化趋势提供一些政策面的参考和依据。

3.3.1 综合调控管理政策

在中国现行行政管理体制和财税体制下,地区经济发展具有相当的自主性和独立性,加强和改善地方经济调控体系也就成为现阶段市场经济发展的客观要求。因此,地方一级政府在其管辖行政区划内承担着某种程度上的调控管理职能。

近年来,上海坚持以市场配置为基础,突出国家宏观调控的战略性、协调性和指导性,结合上海地方经济的实际情况,正确运用和综合协调各种经济杠杆,大力加强经济综合调控力度,建立起适应特大型城市发展需要的经济调控机制。这种综合调控管理的目的,是为了贯彻落实中央宏观调控的基本精神及措施,弥补市场缺陷和不足,调整各方面关系,保证地方经济协调、稳定、健康发展。这种综合调控的运作及政策实施大致是由以下方面构成的:

一是提出调控预期指标,合理确定地方政府综合调控的目标体系。综合调控预期指标是在科学预测并广泛征求企业、社会、政府部门和专家决策咨询意见的基础上,由上海市计划委员会负责制定,主要反映在"上海市国民经济与社会发展五年计划"中,并需经上海市人大委员会审核通过。这一目标体系包括:经济增长率、第三产业占 GDP 比重、工业增长率和工业经济效益、全社会固定资产投资规模和结构、社会商品零售总额、进出口贸易总额以及物价上涨幅度等。

二是提出实现预期目标的政策措施。根据中长期发展规划和年度计划预期目标,制定包括总量和结构政策、投融资政策、科技进步政策、收入分配政策,以及经济、社会协调发展政策在内的可操作的政策体系,运用财税、信贷、价格等经济杠杆,调节供求矛盾,调节生产、流通、分配和消费的平衡,以保证近期经济健康运行。

三是有效实施综合调控,转换财政补贴机制的主要政策措施。在理顺价格的同时,改财政普遍补贴为特殊补贴,改财政公共价格性补贴为转制性补贴,改经营性亏损补贴为受政府委托的政策性亏损项目的代理业务补贴,改消耗性补贴为调控性补贴,加强对财政亏损补贴的监督管理。通过转换,财政亏损补贴中的纯消耗性补贴比重有所下降,转制性补贴的比重明显上升,使亏损补贴行业和企业进入良性发展轨道,为综合调控打下了良好基础。

四是在综合调控中充分发挥金融杠杆作用。在金融业务操作上,上海通过业务交叉、积极创新等手段,大力引进和运用各种国际通用的银团贷款、按揭贷款等金融产品、金融工具,形成了传统的存、放、汇业务和国际结算、证券买卖、资金拆借、融资租赁等新兴业务并举的综合性格局。在金融信贷管理上,强化经济体制转轨时期的信贷管理,颁布了贷款通则,实行贷款证制度和企业基本账户管理等办法。在资金平衡上,按照"分级平衡、积极平衡、动态平衡、内外平衡"的要求,对全社会资金的总量平衡和结构平衡实行及时有效的调控,确保城市基础设施建设、重大项目建设、国有企业改革以及其他各项改革的顺利进行。

五是综合调控实施。这是由计划、财政、金融等综合经济管理部门进行具体操作的。这些综合经济管理部门根据计划预期指标和宏观调控目标的要求,提出综合运用经济杠杆的方向和力度,切实发挥综合平衡、综合协调的作用。为了保证综合调控的有效实施,上海专门成立了综合经济工作委员会,归口领导全市计划、财税、金融、规划等综合经济管理部门党的工作,使新的经济调控体系在组织上有了保证。

六是综合调控目标的实现。为保证这一目标的实现,在政策实施过程中做到及时分析国内外经济形势和宏观经济环境的变化,确定经济调控的重点和力度;寻找已出现或将要出现的薄弱环节和热点问题,及时采取措施加以解决,确保经济持续、快速、健康发展;及时掌握全社会的资金流量和结构,以及重要物资的平衡情况,在服从国家宏观调控的前提下,进行地方经济的管理和调控。

3.3.2 长期发展政策

除了保证短期内上海经济运行总体发展的协调与稳定外,为保证中远期上海发展战略的实现,政府还积极制定与实施了发展政策。由于上海正处于产业结构急剧转换的发展阶段,产业结构调整在上海经济发展中占有特殊地位,所以这几年来上海一直把结构调整作为长期发展的一个重要组成部分。另外,按照中央提出的"以上海浦东开发开放为龙头,进一步开放长江沿岸城市,尽快把上海建设成为国际经济、金融、贸易中心之一,带动长江三角洲和整个长江流域地区的新飞跃"战略要求,对外开放与对内协作也成为上海长期发展的一项重要内容。

1. 产业发展政策

20世纪90年代初,上海根据自身经济发展的阶段特征和"一个龙头,三个中心"战略目标的客观要求,制定了一整套以产业发展政策为核心的政策体系。在具体操作上分为三大层次:一是按照国家产业政策要求,研究制定上海产业政策的实施细则,把国家产业政策地区化;二是按照国家和地区产业政策确定的产业发展序列,制定各次产业发展的中长期计划和产业结构调整计划;三是制定重点发展行业和重点调整行业的中长期计划。然后根据这些产业发展计划拟订相配套的经济政策,包括投资倾斜政策、优先贴息政策、外汇支持政策等,并落实到年度结构调整目标中去。具体表现在以下两方面:

（1）制定与实施"三二一"产业结构调整战略。上海制定了"优先发展第三产业，积极调整第二产业，稳定提高第一产业"的"三二一"产业发展方针，使上海产业结构实现了从适应性调整向战略性调整的转移。第三产业着重发展六大行业，即金融保险、商品流通、房地产、旅游、信息咨询和交通通信，以带动上海城市功能以生产功能为主向国际经济、金融和贸易"三个中心"功能转变，争取实现第三产业占 GDP 比重每年提高 1—2 个百分点的目标。

（2）在第三产业优先发展的同时，第二产业坚持"支柱产业更强，高新技术更大，传统工业更精"的发展原则，使第二产业的发展逐步从依靠传统工业支撑转向主要依靠支柱产业和高新技术产业共同支撑。按照有良好的市场前景、有较大的产业关联度、有较高的技术含量、有较快的增长速度和有较大的产业规模等标准，大力发展汽车、电子通信设备、电站成套设备及大型机电设备、石油化工及精细化工、钢铁和家用电器制造业等六大支柱产业。同时，制定与实施以现代通信、现代生物与医药、新材料为主的高新技术产业的培育政策，以及传统工业改造与振兴政策，着眼于存量盘活、技术改造、产品调整与产业转移，扶持一批传统优势产业成为上海都市型工业的重要组成部分。

（3）建立和完善适应结构调整要求的新的投融资机制。在固定资产投资规模、力度和结构的把握上，坚持"量力而行、突出重点、集中力量打歼灭战"的方针，围绕经济、社会发展的目标，把投资重点放在支柱产业、高新技术产业和城市基础设施上。在投资项目的选择上，强调提高技术含量、技术进步和内涵扩大再生产的路子，提高投入产出效率，坚持"保重大、保投产、保收益"项目。在资金筹措上，坚持积极、合理、有效地利用外资，不断开拓新的内资筹措渠道。重点是盘活存量资产，注重以增量调整带动和促进存量重组，逐步解决存量"大而全、小而全"的弊端。同时积极探索建立良性的融资机制，初步形成了建设财力、土地批租、证券市场、经营权转让等十个融资渠道。

（4）产业发展政策的目标及战略性调整措施由市委、市政府在广泛听取各方面意见及有关机构咨询的基础上作出决策，通过市计委、市经委、市农委、市科委、市商委等行政机构组织实施，通过投资政策、产业政策、财税政策等政策手段，对产业结构调整进行导向。为了加快工业结构的调整，在资金、税收、股份制改革和国内外市场融资等方面给予优先支持。

2. 对外开放与对内协作的发展政策

这一发展政策的重点是围绕浦东开发开放而展开的。按照国家关于浦东是中国 20 世纪 90 年代对外开放的重点、龙头和标志的战略定位，国家分阶段、有步骤地给予浦东一系列扩大对外开放、率先对外开放的先行先试政策,包括资金优惠政策、产业发展特殊政策及扩大开放功能性新政策,使上海浦东成为对外开放度和市场准入度最大的地区,成为名副其实的开放龙头。上海在充分运用国家赋予优惠政策的同时,又进一步提出了"东西联动,以东带西,以西促东"的开发开放战略。即一方面利用浦东的政策优势,为上海实现"一个龙头,三个中心"的目标提供新的发展空间,为上海进一步深化改革、扩大开放提供先行先试的舞台;另一方面又可依托整个上海的科技、教育、管理、人才等方面的综合优势,促进浦东高起点地开发开放,实现后来居上。

(1) 利用外资政策。上海近年来由市外资委牵头,制定了"积极、合理、有效"利用外资的总体方针政策,强调利用外资要"提高水平、提高质量、提高效益、提高优化产业结构总体水平",在利用外资上实现六大转变:一是在吸引外资政策上,从依靠区域性优惠(浦东新区、开发区)逐步向改善投资环境,实行国民待遇,建立国际通行规范性法律,提供优质服务方面转变;从依靠税收优惠逐步向不同产业优惠方面转变。二是在吸引外资要求上,从注重项目数量逐步向注重项目技术含金量、产品总体质量、市场前景、经济和社会效益方面转变;由粗放型、劳动密集型逐步向技术密集型、知识密集型、资金密集型方面转变。三是在投资规模上,从以中小型项目为主向以跨国公司大项目为龙头,大、中、小项目并举转变。四是在投资领域上,由工业性项目为主向第一、第二、第三产业同时并举转变。五是在投资形式上,从原来单一的合资、合作、独资形式逐步向直接利用和间接利用外资同步发展,以及股权、基金、兼并收购、产权置换、经营权转让等同步发展转变。六是在投资战略上,呈现由单向引进逐步向双向投资(引进外资、境外投资)发展的新趋势。通过政策的引导,把利用外资与上海产业结构调整、国有企业发展、城市基础设施建设、旧区改造、第三产业发展、都市型农业发展和扩大外贸出口等结合起来,促进了上海经济的发展。

(2) 对内协作政策。上海按照国家提出的关于加强国内区域经济合作、缩小地区差别的有关精神和建设以上海为龙头的长江三角洲及沿江地区经济带的要求,明确制定了"优势互补,互惠互利,联动发展,共同繁荣"的对内经济协作政策,提出了上海经济工作要实现"五个同时":一是商品流通要在注重自身"万商云集"的同时,积极促进长江沿岸城市和全国商贸的共同发展;二是产业结构调整要在注重内部战略性调整的同时,积极推动长江沿岸城市和中西部地区产业结构优化和升级;三是基础设施建设要在注重城市内部建设和改造的同时,加强枢纽功能的重大项目建设;四是资金融通要在注重吸纳的同时,增强向长江流域及全国各地的辐射;五是企业经营要在注重商品生产经营的同时,积极开展跨地区资产经营。

(3) 对外开放政策实施,主要由对外经济贸易委员会和外国投资工作委员会具体操作,包括拟订对外经济贸易和利用外资的长期规划、年度计划以及有关政策,审核项目、合同,协调和管理对外经济贸易机构、外贸企业和外商投资机构,其他有关机构配合操作。对内协作政策实施主要由市政府协作办公室总体协调,其他有关部门进行直接操作,以推进国内经济协作,吸引内资来沪投资,开拓国内市场,搞好对口支援。

3.3.3 改革政策

中国正处在一个大改革的时代,并且采取了渐进的方式,予以地方改革较大的自主性,因此地方政府根据本地实际情况出台各种改革措施,也就成为这一时期政策体系中的一项特殊内容。改革政策涉及的范围非常广泛,有些内容我们将在其他地方加以阐述,这里主要涉及企业改革与社会保障的内容。

1. 企业改革政策

上海是国有经济比较集中、国有企业比重较大的地区,企业改革的任务比较艰巨、难度较大。自 90 年代以来,上海根据党中央和国务院的要求,结合自己的实际,立足于整体搞活国有经济,明确提出了率先建立现代企业制度的政策思路,积极推进国有企业改革,探索建立与社会主义市场经济体制相适应的经济运行机制和企业经营机制。为此,上海成立了市现代企业制度试点工作领导小组专门负责,并会同市经委、市体改委、市法制办等有关职能部门,先后制定和实施了支持国有企业改革的 20 个配套政策和法规文件。如在补充企业资本金方面,制定实施了“试点企业全额返回所得税”“地方拨改贷转投资”“职工持股会试点”等暂行办法;在解决国有企业历史负担方面,制定实施了“破产企业职工安置”“破产企业历史性担保责任的处理”“再就业工程实施办法”等。通过政策的制定落实,推动了建立现代企业制度和企业组织结构调整工作的顺利进行。具体政策措施包括:

(1) 在建立现代企业制度基本框架方面,着重于形成的“五个机制”:一是形成企业优胜劣汰机制,重点抓好企业兼并破产;二是形成国有资产保值增值机制,重点抓好降低国有企业资产负债率,落实资产责任;三是形成能进能出职工就业机制,重点抓好再就业工程建设;四是形成覆盖全社会的社会保障机制,重点抓好社会保障体系建设;五是形成经营者竞争上岗机制,重点抓好企业干部制度改革,完善法人治理结构。

（2）在提高企业整体素质方面,抓住"五个加强":一是加强产品开发,加快产品更新换代;二是加强技术改造,增强企业发展后劲;三是加强市场开拓,扩大企业发展空间;四是加强内部管理,提高经济效益;五是加强职工队伍建设,增强企业凝聚力。"五个加强"的逐步落实,促使上海企业不断提高内在素质,增强了竞争力和凝聚力,从而推动了国有企业经济效益的提高。

（3）在"抓大"方面,与发展支柱产业、高新技术、重点行业和拳头产品相呼应,从三个层次构建企业集团。第一层次,在现有的 40 多家企业集团和众多中小企业的基础上,经过重组,组建 15 个年销售额在 50 亿元以上的大型企业集团;第二层次,组建 10 个左右年销售额逾 100 亿元,能进入中国百强行列的大集团;第三层次,形成 2—3 个年销售额逾 1000 亿元的特大型企业集团,争取跻身世界 500 强行列。采取的主要措施有:一是以支柱产业为龙头,联合其他技术、产品相关的专业化协作企业组建大集团;二是以系列名牌产品、成套工程项目企业为龙头,集结相关企业组建大集团;三是以自身经济实力雄厚的企业为龙头,通过"强强联合",联合其他相关企业组建大集团;四是以行业为龙头,结合政府机构改革和产业结构调整,组成以资产经营为主的控股式大集团;五是以收购兼并为手段,使优势企业迅速扩张发展成为大集团。另外,金融业也进一步加大对大中型企业的服务:一是落实了主办银行制度,对重点企业由有关银行和企业签订银企合作协议,保证企业的合理资金需要。二是加强结算服务,加速企业资金周转。对信用等级高的企业,银行扩大其商业票据结算。三是为大中型企业拓宽融资渠道,通过组织银团、发行股票、债券等方式,为企业经营发展筹资融资。

（4）在"放小"方面,主要采取五条途径搞活小企业:一是通过组建大集团带动小企业优化重组;二是对一般竞争行业的国有小企业,进行股份合作制改革;三是对于产品、技术落后,市场竞争力弱的国有小企业,采取兼并、收购、转让等方式进行存量资产优化重组;四是对一些资不抵债的企业进行破产;五是充分利用区县的综合调控能力,合理配置各种资源,将部分市属小企业划转到区县进行管理。1996 年,已有 231 家小企业实施下放试点。

2. 社会保障政策

与企业改革和市场培育相配套,上海近几年十分注重社会保障体系的建立,先后组建了上海市保险管理局和上海市医疗保险管理局,分别管理养老保险和医疗保险工作。并成立了上海市社会保障委员会,负责制定上海社会保障的大

政方针,对社会保障的重大问题进行决策,协调各社会保障部门之间的关系,控制社会保障的总体收费水平。具体的政策措施有:

(1) 在原有社会保障基础上进行深化和完善,主要是在养老保险和失业保险方面扩大其覆盖面,按照以效率为主,兼顾公平的原则,初步建立了覆盖全社会,社会统筹和个人账户相结合的养老保险运行机制;失业保险范围也扩大到各类非国有企业。在城镇职工医疗保险方面,实行医疗费用"总量控制,结构调整"的改革措施,分步实施医疗保险制度改革。

(2) 新的社会保障种类的建立,主要是公布了《上海市社会救助办法》,以城镇居民最低生活保障水平为基础,确定了职工最低工资标准和失业、下岗人员最低生活保障标准,完善市、区(县)、街道(乡镇)三级救助机构和市、区(县)、街道(乡镇)、居委会(村委会)四级救助服务网络,切实保障困难职工和社会帮困对象的基本生活。

(3) 过渡性的社会保障措施出台,主要是根据企业改革中一些行业的职工下岗比较集中,且人员较多的情况,实施"再就业工程"。随着以后劳动力市场流动正常化,就业与失业趋于稳定化,这种过渡性措施将完成其特定的历史使命。

3.3.4　城市建设政策

上海作为一个国际大都市,城市建设是地方政府一项重要工作。长期以来城市化进程滞后,带来了城市基础设施落后、城市布局混乱等问题,因此目前上海正处于城市布局大调整和基础设施建设高潮的特殊阶段,城市建设政策具有明显的倾斜性,而非一般的常规管理。

首先,在新的规划管理机制方面,根据中长期规划坚持相对集中与合理分散相结合、形态规划与经济社会发展规划相结合、历史与未来相结合的原则,上海建立了一套新的规划管理机制。做到从土地使用控制出发,以级差效益为动力,通过动态的积极平衡,实现经济社会发展计划与城市总体规划有机结合,并运用综合手段保证整个规划的分步实施。为此,市政府专门组建了规划委员会,形成规划决策中心。其主要职责是对全市重大规划方案做出决策,包括城市总体规划、浦东新区等重点区域综合规划,全市性的交通、市政等重大专项规划,市级经济技术开发区规划,以及制定规划管理方面的政策。

其次,在推进城市空间布局的调整优化方面,根据上海城市功能定位,大力推进城市空间布局的调整优化,将上海产业布局划分为以金融、贸易为主的中央商务区,以商业、服务及居住为主的中心商业区,以三产及城市型工业为主的中心城区,以若干制造业中心和现代都市型农业生产基地为主的郊县(区)等四个圈层。结合城市功能的划分和城市布局的调整,在市区范围实施"退二进三"的产业布局调整战略,采取政策优惠和政策鼓励措施,在将工业企业调整出去的同时,大力吸引、发展第三产业行业。上海规划对市区 106 平方公里范围内的工业企业,1/3 作迁移改造,1/3 作关停并转,1/3 继续发展城市型工业。

最后,房地产政策对城市布局调整和城市建设起着重要的支撑作用。上海在 1987 年颁布了《上海市土地使用权转让办法》,1988 年 8 月以国际招标的形式对虹桥经济技术开发区 26 号地块实行有偿出让,在土地使用制度改革中迈出了历史性的第一步。自此,上海的土地由静态使用变为动态使用,由资源配置转为资产配置,为生产要素合理流动和优化组合提供了保证。另外,从 1995 年起改变内资房地产项目过去都是实行划拨土地的政策,对商业、旅游、娱乐、金融、服务业、商品房等六类内资项目用地纳入土地使用权出让轨道,出让金按外资内销地块确定。浦东的大公司的成片出让土地,采用了财政"空转"投入、土地批租"实转"的办法,取得土地资本,再通过土地资本与银行融资、企业上市等相结合的办法,实现了土地滚动开发的良性循环。

上述房地产政策的实施,对于推动城市土地、房产资源的优化配置和有效使用,促进城市功能布局和产业结构的合理调整,改善城市基础设施和居民的居住条件等方面都起到相当大的作用。

3.4 小结

上海经济运行机制正处于转换过程之中,其制度化基础使主要经济主体的行为方式具有明显的双重性。作为经济运行组织架构的市场体系已初步形成,但各类市场的发育程度不同,相互之间的不平衡性使其耦合性较差,难以有效发挥资源合理配置的功能。居民、企业、政府三大部门的互动,表现出相互约束的不对称,其中企业部门的作用相对"软弱",受到居民部门的强硬制约和政府部门的较大干预。

在上海经济运行中,政策的推动作用是较大的。政府的政策涉及范围相当广泛,各项政策都具有很强的针对性,其中有一部分政策带有明显的过渡性。政府政策的制定,已开始注意寻求法律的依据,但由于立法步伐跟不上迅速变化的实际情况,使一部分政策制定仍具有相当的"人治"因素。各项政策的制定与实施,主要由政府及其职能部门具体操作,通过行政系统层层贯彻落实,较少借助于社会中介组织的力量。政策的实际效果,表现出较大的反差,有些相当明显,有些则作用不大。

4 投资推动的经济增长:主要源泉分析

除了上一章论述的增长作用机制因素外,上海经济增长方式转变的特殊规定性,还与其经济发展阶段水平紧密相关。从目前情况来看,中国总体上已进入了以重化工业化为主要内容的投资推动发展阶段。上海经济发展水平虽然在全国处于领先地位,但仍处于这一发展阶段之中,而且上海独特的城市经济发展要求,也使其经济增长的主要源泉依然来自投资推动。特别是 90 年代上海的投资规模、投资增长速度及投资需求,对其经济增长的拉动作用是十分巨大的。

4.1 投资推动的内在要求及条件

改革开放以来,特别是 20 世纪 90 年代后,上海大规模投资推动的经济增长,是其特定的经济发展阶段的客观要求,有其必然性,但同时改革开放的深化也为其提供了良好的环境条件。因此,这种投资推动的经济增长,既有一般的共性,更富有其特殊的方式和表现形式。

4.1.1 经济发展阶段内含的大规模投资要求

在全国范围内,上海经济发展水平是处于领先地位的。1978 年中国人均 GDP 约为 380 元,而上海的人均 GDP 已达到 2498 元。1993 年上海人均 GDP 突破 1 万元,1996 年再上 2 万元的新台阶,达到 2.2 万元。1997 年中国人均 GDP 为 6079 元,上海人均 GDP 达到 2.57 万元,按当年汇率计算,全市人均 GDP 已突破 3000 美元。改革开放 20 年,人均 GDP 翻了三番多,按可比价格计算,平均每年增长 8.4%。

根据国际经验,中国经济发展水平正处于工业化中期阶段,特别是 90 年代后开始出现轻加工业为主导向重化工业为主导的转变。这一阶段正是大规模投资推动的经济增长阶段。上海由于在全国经济发展水平中处于领先地位,所以对大规模投资推动更具有内在的冲动。通过分析上海使用的 GDP 构成可以发现,"六五"时期上海总消费比重(51.2%)大于总投资比重(48.8%),但在"七五"和"八五"时期,总投资比重分别达到54.1%和55.0%,均大于同期的总消费比重(45.9%和45.0%)(见表4.1)。

表 4.1　上海 GDP 使用额及其构成

年　份	本市使用的 GDP(亿元)		本市使用的 GDP 构成(%)	
	总消费	总投资	总消费	总投资
1978	59.06	47.96	55.2	44.8
1979	71.34	43.61	62.1	37.9
1980	81.24	66.52	55.0	45.0
1981—1985	556.22	529.57	51.2	48.8
1986—1990	1253.32	1478.27	45.9	54.1
1991—1995	3501.20	4270.94	45.0	55.0
1996	1252.33	1928.35	39.4	60.6
1997	1423.63	2012.76	41.4	58.6

资料来源:《上海统计年鉴》(1998)。

在上海总消费构成中,居民消费比重基本上保持在80%左右,而在居民消费构成中,非农业居民比重达到80%以上。经过 20 年的改革开放,上海居民收入水平迅速上升,绝大部分家庭已进入年收入 5000 元至 10000 元(不含)的温饱型和 10000 元至 30000 元(不含)的小康型行列,分别达 34%和 55%,年收入 30000 元至 100000 元(不含)的户数也要占 6%(见表 4.2)。与此收入水平相适应的消费需求大致分三种类型:第一类需求目前仍处于解决"生存问题",占 38%;第二类需求是小康型,在生活消费品方面满足数量后,目前主要向求质发展,占 55%;第三类属富裕型,占 7%。

表 4.2　上海居民收入差距

	年收入水平	占总户数(%)	户数量(万)
贫困型	5000 元以下	4	16.8
温饱型	5000 元至 10000 元(不含)	34	142.8
小康型	10000 元至 30000 元(不含)	55	231
富裕型	30000 元至 100000 元(不含)	6	25.2
富裕型	100000 元以上	1	4.2

因此,在上海经济发展过程中,消费需求结构正发生较大变化。据上海市商委为市长国际企业家咨询会议作的一份调查,过去十年里上海市民的消费结构发生了较大的变化:一是居民用于教育、娱乐、旅游、通信等方面的服务性消费支出增长较快,1990 年城市居民家庭人均医疗保健支出仅为 11.40 元,交通和通信支出为 51.00 元,娱乐、教育、文化服务支出为 231.12 元,1997 年人均支出分别增加为 197.09 元、379.19 元、784.04 元。二是恩格尔系数下降,1997 年市区居民恩格尔系数为 51.47,比 1987 年下降 2.99 个百分点。三是衣着消费比重下降。1997 年市区居民衣着消费比重为 8.09%,比 1987 年下降 6.17 个百分点,而市民在耐用消费品方面的支出大幅度上升。

总之,随着收入水平的提高,上海市民的消费需求正呈现五大特点:一是消费水平持续稳步提高,消费层次的特点更加明显;二是消费方式将由单纯物质型转向增加服务消费比重;三是消费质量将由数量和质量并重转向以提高质量为主;四是消费观念和消费心理将有较大更新,新的消费方式将被逐步接受,"绿色消费"成为基本需求;五是消费结构将走向多元化,增长知识、提高素质以及住、用、行、游、通信等消费比重将持续上升。在这种消费需求不断升级的情况下,供给结构的调整就成为势在必行的事情,伴随着产业结构调整的投资结构调整也就提出了大规模增量投资的内在要求。

从上海的特点来讲,经济发展阶段的内在大规模投资要求,更主要地体现在城市经济及城市化发展方面。上海作为一种城市经济,在工业化过程中要同时伴随城市化水平的提高。然而在传统计划体制下,通过行政性投资分配机制,使大量资金向工业投资倾斜,以迅速形成工业生产能力,而同时却挤占了城市基础设施及管理方面的投资,甚至侵蚀城市基础设施的折旧基金。上海在改革前 30 年所具有的较高的工业经济效益,不仅得益于大量的工业投入,而且也占了原先遗留下来的较完备的城市基础设施的便宜。然而,这种城市基础设施带来的效益却被转化为工业超高效益上缴,很少返回用于城市基础设施的更新改造和扩充。这样,上海在工业化过程中,其城市化本身却受到严重的制约。

我们知道,衡量城市化程度的指标通常有:一是城市人口增长速度;二是城市人口占总人口的比重;三是城市基础设施建设投入;四是人均占有城市基础设施的比重。对于上海来讲,城市化发展主要体现在城市基础设施建设投入和人均占有城市基础设施比重两方面。然而,长期以来上海城市建设缺乏投资,至 70 年代后期城市建设投资比重是逐步下降的(见表 4.3)。其结果,老城市的基础设施几乎没有较大的改造和扩充,新建城市的基础设施也赶不上城市人口增

长的需要。从总体看,城市基础设施的人均拥有量较低。在 80 年代,上海市区
道路人均占有率仅为 2.1 平方米/人,道路面积率为 8640 平方米/平方公里,缺
乏多平面的立体道路体系,也没有快速交通系统;城市供水系统也很落后,夏季
供水量不足,自来水的水质不好;民用煤气普及率仅为 54.2%,且煤气气源不足;
供电紧张,工业生产经常受停电影响,仅 1986—1989 年间就因拉限电而使工业
产值减少 158 亿元,居民生活用电也常常受到拉电和电压不足的困扰;电话普及
率只有 6.1%,国际电路仅 688 路;公共绿地人均占有率仅为 1 平方米;人均居住
面积仅为 6.4 平方米,市区尚有棚户危房 100 万平方米,还有 300 万平方米生活
环境差劣的老式里弄住宅。

表 4.3   全国及上海城市建设投资占基本建设投资比重   (%)

年　份	全　国	上　海
1949—1952		33.2
1953—1957	2.4	11.4
1958—1965	2.1	8.8
1966—1970		8.0
1971—1975	1.3	5.0
1977—1982	2.2	16.5

资料来源:上海社会科学院,《上海经济 1949—1982》,上海人民出版社 1983 年版。

因此,伴随着上海经济发展水平的提高,城市建设的任务日益紧迫地摆在人
们面前。特别是进入 90 年代,中央把上海放在改革开放的重要战略地位,上海
建设国际大都市就显得更为迫切。城市经济发展与城市建设的同步推进,客观
上要求大规模的投资,并以投资带动上海经济发展和城市化水平提高。

4.1.2　90 年代大规模投资浪潮兴起的背景及政策诱导

1. 90 年代投资浪潮兴起的背景

虽然上海早已进入以工业化为标志的投资推动发展阶段,但在整个 80 年
代,其投资增长并不显著,只有进入了 90 年代后,才掀起了大规模投资浪潮。上
海进入 90 年代后掀起的大规模投资浪潮,有其特定的历史背景和现实基础。从
宏观环境条件来看,主要有以下几方面:

(1) 在邓小平南方谈话精神指导下,中央作出了开发开放浦东的重大战略
决策,确定了上海建设"一个龙头,三个中心"的国际大都市的功能定位。这一功
能定位为上海经济发展勾画了基本框架,成为推动上海经济发展的巨大动力。

90年代初,上海结合浦东开发开放进一步调整了发展战略。按照国家关于浦东是中国20世纪90年代对外开放的重点、龙头和标志的战略定位,国家分阶段、有步骤地给予浦东一系列扩大对外开放、率先对外开放的先行先试政策,包括资金优惠政策、产业发展特殊政策及扩大开放功能性新政策,使上海浦东成为对外开放度和市场准入度最大的地区,成为名副其实的开放龙头。上海在充分运用国家赋予优惠政策的同时,又进一步提出了"东西联动,以东带西,以西促东"的开发开放战略。即一方面利用浦东的政策优势,为上海实现"一个龙头,三个中心"的目标提供新的发展空间,为上海进一步深化改革、扩大开放提供先行先试的舞台;另一方面又可依托整个上海的科技、教育、管理、人才等方面的综合优势,促进浦东高起点地开发开放,实现后来居上。

(2)体制改革向要素市场化方向的纵深推进,在全国改革大进程中把上海从改革"后卫"转向了"前锋"位置,使上海在要素市场化中的潜在优势得了充分发挥,从而使上海有可能抢占体制改革的制高点。同时,随着国家一系列投资相关政策的出台,良好的投资环境和上海日益发展的经济形势,激发了多元投资主体的投资热情,原有的国有经济单位"一统天下"的投资格局被打破,随之而逐步形成国有、集体、城乡私人、外商等多种经济类型共同投资、投资主体多元化的格局。统计显示,1950—1978年,全市完成固定资产投资中,国有经济投资占89.2%,集体经济投资占6.4%,城乡私人投资占4.4%。到1997年,国有经济投资比重下降为58.1%;集体经济投资比重上升为13%,外商(包括港澳台)投资比重达到18.6%,超过了集体和个人投资比重。投资主体多元化格局的形成,对调动各种有利因素,加快上海建设进程,推进固定资产投资增长速度起到了积极的作用。

(3)对外开放的深化,特别是跨国公司和世界级企业大集团的进入,使上海潜在的区位、历史、人文等优势得以充分发挥,使上海成为外商投资的首选地点之一。在中国改革开放初期,世界跨国公司出于投石问路,仅有少数几家在上海作探索性投资,如美国3M公司、德国的大众汽车等。进入90年代后,跨国公司来沪投资迅猛发展。世界最大100家工业跨国公司在沪投资的,1994年以前仅31家,1995年新增12家,1996年再增7家,截至1997年底累计达到55家。其中,美国、日本和西欧的大公司占其总数的92.7%。1995年以前,在沪投资的项目平均金额为2400万美元,1996年达5990万美元,而1997年由于美国GM公司和日本NEC公司特大项目的进入,项目平均总投资金额高达1.24亿美元。

(4)财政承包制的推行,使上海在完成上解中央财政任务后有了更大的活动余地。自 1994 年实行分税制财政管理体制以来,地方财政可供支配的财力逐年增加,上海财政可用财力从原来每年只有 70 亿—80 亿元,增加到 400 亿元。近几年来,上海地方财政支出水平始终保持高速增长态势。1986—1996 年间,上海地方财政支出年均增长 20％,而 1991—1996 年间年均达到 28.7％。在这期间,除了必要的科学、教育、文化、卫生及地方政府人员经费和办公经费外,对城市基础设施建设的投入也逐年增大,有效地补充了各项政府性重大项目资本金,解决了经济增长中的瓶颈制约,培育了新的经济增长点。建设性支出的比重从 80 年代的 20％提高到 90 年代后期的 30％以上。其中,基建拨款占建设性财政支出的比例年均达到 16.3％。

2.政策诱导

在上述的宏观环境条件下,上海根据自身经济发展的阶段特征和"一个龙头,三个中心"战略目标的客观要求,制定了一整套以产业发展政策为核心的政策体系(具体内容详见第 3.3.2 节),以诱导大规模投资推进的经济增长。

4.1.3　投资体制改革与投融资结构调整

1.投资体制改革

上海大规模投资推动的内在要求,长期以来受到传统体制的束缚,特别是投资体制的束缚,主要表现为投资来源单一,投资资金不足,投资管理混乱等问题。因此,为适应大规模投资推动的要求,抓住 90 年代以来出现的新机遇,必须深化投资体制改革,以推动投资规模的不断扩大。

在 20 世纪 80 年代初期,上海就开始对传统的基本建设拨款制度进行了改革,从对部分生产性基建项目实行"拨改贷",发展到对所有有偿还能力的企事业单位的固定资产投资实行贷款,这在当时对控制投资规模、提高投资效益起了积极作用。80 年代中后期,投资管理体制改革的步伐加快,改革领域进一步扩大。首先是建立了基本建设基金制,相继建立了工业技术基金、城市建设基金等 7 家基金会,对缓解上海建设资金筹措难的问题起到了一定作用;其次是建立严格的项目评估审议制度,成立了上海投资咨询公司,对 1000 万元以上的建设项目可行性研究报告进行评估论证,避免和减少项目决策失误;再次是建设项目前期工作制度,试行项目招投标制,改革建筑材料和设备分配供应制等一系列管理制度,同时制定了投资法规,使固定资产投资和建设活动逐步走向规范化和法制化。

进入 90 年代后,上海进一步加大了投资管理体制改革的力度,在投资决策上由集权转为分权,扩大区县、部门的投资决策权;在投资管理上抓住重大项目,放开一般项目,集中财力确保上海重大建设项目。

上海推行"两级政府、两级管理"的体制,极大地激发了各级地方政府的积极性。随着区、县政府财力的扩大,为进一步完善"两级政府,两级管理",向区、县政府进一步放宽投资审批权限。在原有项目审批放权的基础上,将区、县原有的生产性项目 1000 万元、非生产性项目 500 万元审批权限全部提高到 3000 万元,直接利用外资项目的审批权限也从 500 万美元提高到 1000 万美元。由此,调动了区、县旧城区改造的积极性,推动了上海固定资产投资总量的递增。整个"八五"时期,区、县完成投资 560.74 亿元,比"七五"时期增加 17 倍,占全市投资的比重达到 14%。

与此同时,为集中全市的财力、物力,确保一批对上海经济和社会发展具有重大影响作用的建设项目,建立了市级重大项目建设计划制度。从 90 年代以来,每年 40 个左右的重大项目被列入计划,在政策和规划中予以优先保证。从 1990 年到 1997 年,全市重大项目完成投资 1564.18 亿元,占同期全市完成投资的 19.2%。为了保证市级重大项目建设计划的有序滚动执行。从 1992 年起,还建立了重大项目备选库,挑选一批具有重大经济意义的项目或标志性项目,经过反复研究、筛选作为预备项目入库,一旦条件成熟就上报审批或对外接受外资合作开发。目前已经建成或正在建设的浦东张杨路商业街、地铁二号线、浦东国际机场、东海天然气开采、合流污水二期等重大项目基本上是第一批入库的备选项目。这一举措对上海重大骨干项目的科学决策、前期准备和建设速度都起到了积极的作用。

2. 投融资结构调整

为了解决长期以来上海投资来源主要靠企业自有资金、财政资金和银行贷款,因而投资力度有限的问题,90 年代以来上海加大了投融资结构调整的力度,积极拓展新的投资资金来源,新增 10 个方面的投融资渠道:

(1)土地批租及置换。上海的土地级差是很明显的,但在传统体制下土地资产的凝固化却使其无法得到充分利用,大量工厂企业分布在市中心地区,造成土地级差收益甚小。因此,在整个 80 年代,上海是"捧着金碗讨饭"。80 年代末,上海开始尝试发挥土地级差效益,走出一条利用土地批租吸引外资参与旧区改造的新路。自 1988 年虹桥经济技术开发区 26 号地块第一次实行国际招标出让土地使用权以来,至 1997 年底上海共出让各类内外销地块 1596 幅,土地出让总面积 11005.93 万平方米。在此期间,尤以"八五"时期土地批租最为活跃,共批出土地 1169 幅,占全部批租土地总量的 73.2%。

在土地级差收益的驱动下,相当数量的工业企业开始从市中心地区往市郊地区迁移,目前市中心城区的工业用地已置换了约 4 平方公里。而在市郊,工业用地出让面积占总出让面积的比重逐年地迅速上升,由 1992 年前不到 1% 上升至 1995 年的 62%,累计出让土地面积已逾 11 平方公里,加速了城郊农村工业化、城市化的推进。通过土地批租置换出一大块资金,为上海经济发展注入了新的活力。1992—1996 年全市共获得土地批租出让金 1000 亿元。

(2) 扩大内外资金融机构落户上海的总量。在金融热潮的推动下,上海已形成了以中央银行为核心,以国有商业银行为主体,其他商业银行和非银行金融机构以及外资金融机构并存的组织体系。1990 年以来,上海新增的内外资银行和非银行金融机构达 70 多家。其中国内商业银行及非银行金融机构来上海设立分支机构近 20 家,在上海落户的营业性外资金融机构由 4 家增加到 51 家,世界 30 多个国家和地区的金融机构在上海设立了 163 个代表处。截至 1997 年底,外资金融机构总资产已达 176.71 亿元;经中国人民银行总行批准,浦东的外资银行进行人民币业务试点的有 9 家。外资和内资银行数量的增加,相应带来了信贷资金,增加了上海资金的总供给。

(3) 鼓励外商直接投资的开放型增长格局。上海雄厚的经济基础、区位优势、人才与管理水平,以及独特的历史和文化背景,一直是吸引外商投资的重要条件,但在整个 80 年代并没有充分得到利用。随着浦东开发开放,上海这一优势得到充分发挥。1992 年以来,外商来沪直接投资出现新的高潮。1993 年上海协议利用外资规模超过前 12 年的总和。1994—1996 年连续三年协议利用外资规模每年超过 100 亿美元。1995 年上海实际利用外资总计 52.98 亿美元,比 1994 年的 39.89 亿美元增长 32.8%。1996 年实际利用外资金额为 75.1 亿美元,比上年增长 41.8%。1979—1997 年间,上海共吸收外商直接投资项目 17494 个,合同外资 290.82 亿美元,外商实际直接投资 210.43 亿美元。而且,外商投资越来越呈现大项目多的特点,投资领域从主要集中于工业、房地产业逐步向“二、三、一”产业全面展开,遍及金融保险、商业、农业综合开发、交通运输、宾馆餐厅、文化娱乐、信息咨询、中介服务等 30 多个领域。

“八五”期间,上海建设资金 1/3 来源于国外资金,大项目平均规模达 3500 万美元。若按 1990 年价计算,1 亿 GDP 所需实际利用外资已从 1985 年的 0.01 亿元人民币上升为 1994 年的 0.17 亿元,上升了 16 倍,即 1 亿元所创造的价值有 1/6 是外资产生的。在全市固定资产投资当年资金来源中吸收外资的比重,1995 年为 11.16％, 1996 年为 17.1％,1997 年外商、港澳台完成投资额为 367.5 亿元,占全市全社会投资比重为 18.6％,超过了集体和个人投资比重。

(4) 吸引中央和内地企业来沪投资。外地企业进驻上海是从 80 年代初期开始的,90 年代浦东开发后进入高潮。这些企业从初级的原材料投资串换发展到产品参与市场流通,进而发展成为以名牌产品为核心、资产为纽带的资产经营。1996 年到 1998 年,各地来沪投资企业总数约 3000 家,注册资金近 200 亿元。

目前,外地企业在沪设立的证券营业部有近 300 家,房地产企业 400 家,建筑施工企业 1000 多家。外地在沪企业的发展为上海开拓了新的税源,其上交的税金在上海一些区县已占到较大比重。吸引外省市资金到上海参与市场竞争、参与旧城改造,已成为上海扩大对内开放,提高本地企业竞争力的重要举措。

(5) 通过资产运作盘活城市基础设施存量。市政基础设施属于一种公共产品,通常是由政府来投资的。长期以来,这些城市基础设施的投资都被凝固化了,即使有些城市基础设施是属于有投资收益的,也是要经过很长的时间才能回收上来。由于这些城市基础设施投资规模很大,所以这种需要很长时间才能得到投资收益的办法,使政府难以有足够的流转资金来不断投入新的基础设施建设。在改革开放不断深化、生产经营逐步转向资产运作的背景下,借鉴国外的成熟经验,上海通过资产经营的形式,走出一条盘活市政基础设施存量来筹措城建的新路子。如把南浦、杨浦、徐浦三座大桥,打浦路、延安路等三条隧道,内环线、南北、延安路(西段、东段)三条高架线,沪宁、沪杭高速公路上海段等市政基础设施项目的专营权,有限期出让给海外公司一定比例的股份,共筹集资金达 20 亿美元。

(6) 增强金融市场的筹融资功能。中国证券市场的发展及上海证券交易所的建立,为上海通过证券市场筹融资开辟了新的渠道。为支持本市支柱产业、高新技术、名特优产品的发展,搞好已上市的股份公司,上海积极做好企业上市和上市公司的增资配股工作,同时鼓励大的控股公司和企业集团"买壳上市",并积极利用境外证券市场筹资。"八五"期间,上海企业通过证券市场先后发行了各类股票筹集资金 300 亿元,发行债券和融资券上百亿元。此外,上海的资金拆借市场已形成多种形式的跨省市、跨系统的融资网络体系。1990 年拆借金额仅 699 亿元,1995 年拆借资金总额达到 3492.79 亿元,年平均递增 37.96％。另外,上海外汇交易中心与全国 23 个大中城市联网,系统会员单位达 373 家,自 1994 年 4 月运作以来,外汇交易量累计 1062.9 亿美元。

（7）盘活国有企业资产存量。上海作为传统体制集中控制的地方,国有经济比重较大,存在庞大的国有企业资产存量规模。随着体制改革深化,上海在盘活国有企业资产存量方面下了很大功夫。一是通过组建股份制企业,吸纳各类资金近百亿元,盘活了原有资产,使一批国有老企业得以进行大规模技术改造和技术引进。二是通过资产重组,盘活原有资产。三是以增量投入带动存量资产的转移,使原有资产重估增值。如"八五"期间化学纤维制造业累计投资新增固定资产为 16.25 亿元,实际固定资产增加达 105.85%。1995 年以来,通过土地批租、房产联建、转让无形资产、调剂闲置设备和转让股权(设立职工持股会投资企业),共得净收益 32.2 亿元。

（8）进行海外筹融资。

（9）用活预算外资金和各类专项基金。

（10）增加地方财政投入。地方自筹资金能力增强,地方投资成为重要组成部分。1995 年上海地方投资总额达 971.29 亿元,比上年增长 82.6%;中央投资总额 139.94 亿元,增长幅度仅为 14.7%。1995 年国家预算内资金只有 28.33 亿元,占当年固定资产投资资金来源(不包含上年末结余资金)的 1.87%,而自筹资金达到 779 亿元,占当年固定资产投资资金来源的 51.54%,成为固定资产投资的最主要来源。1996 年和 1997 年,国家预算资金投入呈负增长,分别减少至 27.94 亿元和 25.64 亿元,而自筹资金却增大至 900.56 亿元和 871.14 亿元(见表 4.4)。

表 4.4　固定资产投资资金来源

	1995 年	1996 年	1997 年
当年资金来源小计	1512.78	1867.85	1889.27
国家预算内资金	28.33	27.94	25.64
国内贷款	278.12	358.97	423.41
债券	1.21	1.06	0.28
吸收外资	169.88	318.77	299.41
自筹资金	779.69	900.56	871.14
其他资金	255.54	260.54	269.38

资料来源:《上海统计年鉴》(1998)。

总之,上海投融资结构调整,开辟新的投资来源,为上海大规模投资推动增长提供了必要的条件。据有关统计,由于外来投资的大量流入,上海从 1994 年开始出现 GDP 的净流入,且呈逐年增长态势,1994 年为 53.58 亿元,1995 年为 173.96 亿元,1996 年为 278.48 亿元,1997 年为 76.18 亿元。在 1997 年填补上海

GDP 流出缺口中,外资约占 57%,内资(含中央投资和外省市投资)占 43%。GDP 的净流入,大大提高了上海的投资和消费能力,直接促使了上海 90 年代以来经济增长率持续高于全国平均水平 2 个百分点左右。据统计,通过以上这 10 个投融资渠道,上海每年可获得约 1500 亿资金用于投资(黄奇帆,1998)。

4.2   投资规模增长及其特点

在改革开放的推动下,特别是随着投融资渠道的多元化,上海投资规模出现飞跃性的增长,成为国民经济增长的主要推动力。这种投资增长在 90 年代不仅达到前所未有的规模,而且也形成了这一时期固有的特点。

4.2.1   投资增长的两个不同阶段

上海固定资产投资规模在改革前后的两个不同时期,形成了极其明显的反差。1953—1978 年的 25 年间,其投资总额才 295.63 亿元,年均增长率为 11.3%;而 1979—1997 年的近 20 年间,其投资总额猛增至 9437.84 亿元,年均增长率为 24.9%。

而在改革以来的这一时期里,又以 90 年代的投资增长更为显著。据统计,"六五"期间上海固定投资投资总额才 412.75 亿元,年平均增长率为 20.6%;"七五"期间固定资产投资规模达到 1020.36 亿元,年平均增长率为 18.7%。而在"八五"期间,上海全社会固定资产总投资额为 3994.67 亿元,是"七五"时期的近 3 倍,年均增长率高达 45.4%(见表 4.5)。其中 1993 年与 1994 年两年出现固定资产投资的波峰,投资总额先后以 82.97% 和 71.78% 的大幅度增长,成为 1958 年以后投资增速最快的年份。1994 年起在宏观调控作用下,过快的投资增

表 4.5   上海固定资产投资规模及其增长

时　　期	固定资产投资总额(亿元)	固定资产投资平均增长率(%)
"六五"时期	412.75	20.6
"七五"时期	1020.36	18.7
"八五"时期	3994.67	15.4
1953—1978 年	295.63	11.3
1953—1997 年	9733.47	15.5
1979—1997 年	9437.84	24.9

长势头得到抑制,1995 年全社会固定资产投资增长率为 42.6%,比 1994 年的 71.55%降低 29 个百分点。1996 年和 1997 年投资增长率继续分别下降至 21.9%和 1.3%。

在 1978 年,上海固定资产投资率(固定资产投资额与同期国内生产总值的比率)仅为 10.2%,1980 年上升至 14.6%,并逐年上升,至 1988 年达到 37.8%,为整个 80 年代的最高比率。随后几年固定资产投资率出现回落,降至 1991 年的 28.9%。1992 年开始回升,并以超常的速度增大,使上海进入了高投资率水平阶段。"八五"时期,平均投资率达到 40%,比"七五"时期高出 8 个百分点。1996 年,固定资产投资率更高达 67.3%,1997 年有较大回落,但仍处在 58.9%的高位(见表 4.6)。

表 4.6　固定资产投资率

年份	国内生产总值(亿元)	固定资产投资总额(亿元)	固定资产投资率(%)
1978	272.81	27.91	10.2
1980	311.89	45.43	14.6
1985	466.75	118.56	25.4
1988	648.30	245.27	37.8
1990	756.45	227.08	30.0
1991	893.77	258.30	28.9
1992	1114.32	357.38	32.1
1993	1511.61	653.91	43.3
1994	1971.92	1123.29	57.0
1995	2462.57	1601.79	65.0
1996	2902.20	1952.05	67.3
1997	3360.21	1977.59	58.9

资料来源:《上海统计年鉴》(1998)。

但近两年来,随着大规模补偿性投资高潮的消退,基础设施建设的投资增长趋缓,以及工业投资因缺乏资金和明确的投资方向而减弱,上海固定资产投资开始大幅度回落。1997 年同比增长仅 2.3%,1998 年上半年出现同比负增长。与此同时,固定资产投资率从 1997 年起也出现下滑态势。1998 年上半年固定资产投资率仅为 29.5%,比 1996 年下降 38 个百分点。

4.2.2　上海大规模投资推动的特点

自从改革开放以来,特别是 90 年代以来,上海大规模的投资推动呈现出一

系列鲜明的特点,把握住这些特点将有助于我们深入理解上海经济发展的内在逻辑。笔者把这些特点归结为以下几方面:

1. 产业结构高度化的投资推动

长期以来,上海的投资推动主要表现在第二产业的发展上,第二产业投资所占比重很高。在改革开放初期的1981年,上海国有经济和房地产开发企业在第三、第二、第一产业的投资比例为25.2∶72.7∶2.1。"七五"期间,第三产业投资比重有所上升,第二产业投资比重趋于下降,但仍占主导地位。1990年,三次产业的投资比例为35.8∶62.8∶1.4。

但进入90年代后,投资推动则主要表现在第三产业的发展上,第三产业投资强度持续加大。投资结构中三个产业的分配不断向第三产业倾斜,出现了三产投资加速增长,二产投资适度增长的产业投资格局。1991—1994年间,第二产业投资比重从56.2%下降到35.7%,年均下降6.83个百分点;而第三产业投资比重从41.6%上升到62.7%,年均上升7.03个百分点。1995年全市第三产业固定资产投资为1074.90亿元,比1994年增长了34.5%,增长幅度高于全市固定资产投资增幅6.3个百分点,其占全社会固定资产投资的比重为67%,比1993年的51.5%上升了近16个百分点。1996年和1997年,第三产业投资分别为1284.09亿元和1306.97亿元,其占固定资产投资总额的比重基本上保持在66%左右。而同期,第二产业投资分别为647.50亿元和663.65亿元,其占固定资产投资总额的比重进一步下降,维持在33%左右(见表4.7)。

表4.7 固定资产投资的第三次产业分布

年份	以固定资产投资总额为100		
	第一产业	第二产业	第三产业
1993	1.0	47.5	51.5
1994	1.6	35.7	62.7
1995	0.6	32.3	67.1
1996	1.0	33.2	65.8
1997	0.3	33.6	66.1

资料来源:《上海统计年鉴》(1998)。

据计算,上海三大产业投资结构变动对国民生总值的贡献,1952—1990年间一直是负值,90年代后才出现了正值(1990—1994年为0.0101)。这表明,三大产业投资结构的变动正趋于合理化。

2. 大规模城市化的投资推动

在改革之前,上海城市基础设施的投入是很小的,1978 年仅为 4.46 亿元。改革以来,随着城市化的推进,城市基础设施投资不断趋于增大,特别是进入 90 年代后,其规模急剧扩张。1980—1989 年间,上海城市基础设施投资累计才 190.18 亿元,1990—1995 年短短五年间就累计达到 872.83 亿元,而 1996 年和 1997 年两年时间累计则已达 791.63 亿元。1990—1997 年,全市城市基础设施投资总量达 1664.48 亿元,平均增长速度为 39%,高于同期全社会投资增长速度 4.5 个百分点,占改革开放以来城市基础设施投资总量的 89.2%。

从基础设施投资构成来看,1979—1997 年,市政建设投资 587.52 亿元,交通运输投资 338.25 亿元,电力建设投资 400.29 亿元,邮电通信投资 272.3 亿元,公用事业投资 267.86 亿元。

从城市基础设施投资增长率来看,表现出较明显的周期性波动。1980 年,城市基础设施投资增长率曾一度高达 50.9%,以后两年连续出现负增长;1984 年开始回升,1985 年达到第二个波峰(增长 79.5%),然后逐年下降,至 1989 年再次出现负增长;1990 年其增长率一跃上升为 30.8%,至 1993 年达到第三个波峰(增长 1.0 倍),以后又出现回落(见表 4.8)。但在此过程中,城市基础设施投资占全社会固定资产投资总额的比重趋于上升。1979—1990 年间,其比重平均为 16.1%;"八五"期间,其所占比重上升为 22.57% 左右,高出 80 年代 6.47 个百分点。

另外,1950—1978 年,全市用于住宅建设的投资仅 12.96 亿元。1979—1997 年,全市完成住宅建设投资 1869.82 亿元,平均每年增长 32.2%。1990—1997 年,全市完成住宅建设投资 1737.12 亿元,相当于前 11 年的 13.1 倍,平均每年增长 55.2%,比前 11 年提高了 28.7 个百分点。其中,"六五"期间上海住宅投资累计达 39.4 亿元;"七五"期间累计达 112.2 亿元;"八五"期间累计达 843 多亿元;1996 年和 1997 年两年累计达 866.9 亿元。

随着住宅投资的迅速增长,其占固定资产投资总额的比重也不断趋于扩大。1978—1990 年,上海住宅投资额占固定资产投资总额的比重平均为 10.79%;1991—1997 年,其平均比重上升到 20.66%。1997 年,上海房地产投资已占全社会投资总量的近 1/3。

住宅投资的迅速增长,带来了住宅竣工建筑面积的急剧扩大。1953—1978 年间上海住宅竣工建设面积累计才 1756.46 万平方米,年均增长率 6.5%,

表 4.8 城市基础设施投资增长

年份	城市基础设施投资额(亿元)	城市基础设施投资增长率(%)
1978	4.46	
1979	6.36	37.1
1980	9.60	50.9
1981	7.84	-18.3
1982	7.22	-7.9
1983	7.62	5.5
1984	9.77	28.2
1985	17.54	79.5
1986	24.78	41.3
1987	32.64	31.7
1988	37.08	13.6
1989	36.09	-2.7
1990	47.22	30.8
1991	61.38	30.0
1992	84.35	37.4
1993	167.94	1.0 倍
1994	238.16	38.0
1995	273.78	15.0
1996	378.78	38.4
1997	412.85	9.0

资料来源:《上海统计年鉴》(1998)。

而 1979—1997 年间累计达 11782 万平方米,年均增长率达 10.4%。其中,"六五"期间累计 2024.85 万平方米,年均增长 9.7%;"七五"期间累计 2245.02 万平方米,年均增长-2.8%;"八五"期间累计达 3798.14 万平方米,年均增长 20.1%。1995 年,上海的住宅竣工面积达 1268.9 万平方米,首次突破 1000 万平方米大关,1997 年再上台阶,全年竣工面积 1684.2 万平方米(见表 4.9)。

3. 工业投资结构变化率较大,且向基础工业倾斜

"八五"期间,上海工业固定资产总投资为 1478.01 亿元,投资总量呈逐年上升趋势,年均递增 29.40%,略高于全市工业总产值年均增长 26.63%(现价)的速度。然而,由于市政建设和商品房投资大幅度增长,全市全社会固定资产投资年

表 4.9   住宅投资和竣工建筑面积

年份	住宅投资额 （万元）	住宅投资额占固定 资产投资总额比重(%)	住宅竣工建筑 面积(万平方米)
1978	22744	9.4	199.61
1979	27269	8.4	215.99
1980	43407	10.6	304.32
1981	56106	12.3	297.57
1982	62055	9.9	394.60
1983	64253	9.7	405.89
1984	81986	10.6	438.24
1985	129468	13.0	488.55
1986	175572	14.3	490.95
1987	224626	14.5	486.24
1988	270265	13.5	474.88
1989	189379	10.1	371.01
1990	262557	13.6	421.94
1991	356695	16.2	477.69
1992	447051	15.7	543.48
1993	666984	10.2	616.50
1994	2890633	25.7	873.57
1995	4078202	28.2	1268.90
1996	4338524	24.5	1509.48
1997	4330490	24.1	1684.20

资料来源:《上海统计年鉴》(1998)。

均增幅达 47.8%,工业固定资产总投资占全市固定资产总投资的比重逐年大幅度下降(见表 4.10)。

"八五"期间,投资结构处于高变换时期。从主要工业行业(独立核算工业)的基本建设和更新改造投资结构看,"八五"期间的投资变动率达 34.28%,比

表 4.10   上海工业固定资产投资

	"七五" 时期	1991 年	1993 年	1994 年	1995 年	"八五" 时期
工业固定资产投资总额 (亿元)	588.31	135.52	297.55	381.68	490.69	1478.01
工业固定资产投资占全 市固定资产投资的比 重(%)	57.65	52.47	45.50	33.98	30.63	37.00

"七五"期间的投资变动率高 6.2 个百分点。"八五"期间,投资比重下降较大的行业有化学原料及化学制品制造业(－6.58)、纺织业(－4.58)、石油加工及炼焦业(－3.04);略有下降的行业有普通机制制造业、橡胶制品业、金属制造业、电气机械及器材制造业;投资比重上升较大的行业有黑色金属冶炼及压延加工业(6.16)、电力自来水煤气业(5.90)、交通运输设备制造业(4.02);其他行业微幅上升(见表 4.11)。

表 4.11　工业各主要行业投资比重及其变换率

	投资比重(%)			"七五"投资变换率	"八五"投资变换率	1986—1995 年投资变换率
	1986 年	1990 年	1995 年			
纺织业	4.59	5.62	1.04	1.03	－4.58	－3.55
印刷业	1.13	0.42	1.24	－0.71	0.82	0.11
石油加工及炼焦业	2.04	6.72	2.68	4.68	－3.04	1.64
化学原料及化学制品业	8.50	14.41	7.83	5.91	－6.58	－0.67
医药制造业	1.44	1.72	2.24	0.28	0.52	0.80
化学纤维制造业	1.49	0.82	2.53	－0.67	1.71	1.04
橡胶制品业	0.74	1.35	0.44	0.61	－0.91	－0.30
非金属矿物制品业	4.76	1.47	2.42	－3.29	0.95	－2.34
黑色金属冶炼及压延业	31.95	23.94	30.10	－8.01	6.16	－1.85
金属制品业	1.39	1.11	0.69	－0.28	－0.42	－0.70
普通机械制造业	3.60	4.61	3.33	1.01	－1.28	－0.27
专用设备制造业	4.89	3.42	3.47	－1.47	0.05	－1.42
交通运输设备制造业	3.29	3.73	7.75	0.44	4.02	4.46
电气机械及器材制造业	2.46	2.47	2.15	0.01	－0.32	－0.31
电子通信及设备制造业	2.93	3.65	4.21	0.72	0.56	1.28
电力自来水煤气和其他制造业	24.45	24.54	26.88	0.09	2.34	2.43
合　计	100	100	100	29.21	34.26	23.17

从投资变换率看,呈现出三大明显特征:一是变换率极高,表明产业结构调整力度较大;二是两个五年计划跨度(即十年)的变换率只有 23.17%,明显低于两个五年计划时期的 29.21% 和 34.26%,表明投资结构有回归现象;三是能源原材料等基础工业投资比重大幅度上升,其中电力和钢铁的投资比重上升了 12.06 个百分点,基础工业的瓶颈制约现象有所缓解。

4. 基本建设投资扩张居主导地位

在大规模投资推动中,基本建设投资始终居于主导地位,更新改造投资不

力。"六五"期间,基本建设投资额占固定资产投资总额的平均比重为54.8%,更
新改造投资占固定资产投资总额的平均比重只有23.66%,相差31个百分点;
"七五"期间,基本建设投资所占比重平均为49.16%,更新改造投资所占比重平
均为31.12%,仍相差18个百分点;"八五"期间,基本建设投资所占比重平均为
40%,更新改造投资所占比重平均为31.5%,两者相差8.5个百分点。1996年和
1997年,基本建设投资所占比重分别为33.4%和38.5%,更新改造投资所占比
重分别为21.3%和19.5%。

　　总之,固定资产投资中更新改造投资的增长速度和所占比重均呈降减趋势。
1992年以来,更新改造投资的增长速度均低于固定资产投资总额的增速,多数
年份低15—33个百分点,1997年及1998年上半年甚至出现负增长。与此相
应,更新改造投资占固定资产投资总额的比重逐年降低,由最高年份1992年的
36.9%直降到1998年上半年的20%左右(见表4.12)。固定资产更新改造投资
的比重不升反降。近几年虽然更新改造方面的投资规模逐年扩大,但增速渐缓。
"八五"期间更新改造投资占全社会固定资产投资总额的比重由1991年的
36.9%下降为1995年的26.4%,五年内减少了10.5个百分点。

表4.12　固定资产投资与更新改造投资

年　份	国内生产总值		固定资产投资		其中:更新改造投资		
	绝对值	增长率(%)	完成额	增长率(%)	完成额	增长率(%)	占投资总额比重(%)
1991	893.77	7.1	258.30	13.7	95.21	33.40	36.9
1992	1143.32	14.8	357.38	38.4	126.84	32.65	35.5
1993	1511.61	14.9	653.91	84.0	220.30	57.30	33.7
1994	1971.92	14.3	1123.29	71.8	304.01	38.00	27.1
1995	2464.57	14.1	1601.79	42.6	389.20	24.20	24.3
1996	2892.76	13.0	1952.05	21.9	415.73	6.82	21.3
1997	3360.21	12.7	1977.59	1.3	386.24	−7.09	19.5
1998上半年	1736.19	9.4	512.84	−8.1	104.51	−20.79	20.4

　　资料来源:《上海统计年鉴》(1998)。

　　从建成项目的用途中可以看到,"八五"期间,国有工业的投资方向主要以
扩大生产能力为主,共占总投资的74.09%,有一部分项目是以增加产品品种、
提高产品质量为主的,但投资额较低,分别占总投资的9.23%和3.88%(见
表4.13)。

表 4.13　1991—1995 年国有工业投资项目用途分类

	扩大生产	节约资源	增加品种	提高质量	三废治理	其他
投资项目数	298	16	141	57	60	52
投资额占总投资的比重(%)	74.09	0.11	9.23	3.88	7.43	3.93

当然,这也不能一概而论,有些方面的更新改造还是不错的,如工业支柱产业的技改效果就比较显著。另外,扩大生产能力的投资增长也为提高人均固定资产装备率、改造传统的产业体系、提高产业的资金密集度创造了条件。1978 年上海工业职工的人均固定资产装备率仅为 0.71 万元,到 1994 年已达到 2.93 万元,增长了 3.11 倍,其中 1992 年至 1994 年三年间就增长了近 50%。

5. 非技术物化主导型的投资推动

在大规模投资中技术被物化于物质资本之中,主要是以新设备、新工具、新器具的添置为前提的。但上海在"七五"期间国有经济单位基本建设投资中,用于建筑安装工程的投资所占比重为 52.54%,而用于购置设备、工具、器具的投资比重只有 34%。1991—1994 年间,用于建筑安装工程的投资比重进一步上升为 62%,而购置设备、工具、器具的投资比重则大幅度下降为 15.6%。1995—1997 年间,用于建筑安装投资所占比重为 54.57%,而购置设备、工具、器具的投资比重为 22.67%(见表 4.14)。因此,这种投资推动较少地直接带来技术进步。

表 4.14　固定资产投资构成

	建筑安装工程投资		设备、工具、器具购置		其他费用	
	总额(亿元)	比重(%)	总额(亿元)	比重(%)	总额(亿元)	比重(%)
1990	127.63	56.2	79.51	35.0	19.94	8.8
1995	916.34	57.2	355.47	22.2	329.98	20.6
1996	1043.24	53.4	473.59	24.3	435.22	22.3
1997	1050.66	53.1	424.90	21.5	502.03	25.4

资料来源:《上海统计年鉴》(1998)。

当然,这也并不排斥高新技术产业投资加快速度的事实。1995 年航天工业、计算机产业、电子通信产业的投资增幅都在 50% 以上。近年来外资也集中投向高新技术产业,例如国际著名跨国公司投资的工业企业中,技术、资金密集型的电子通信设备制造业居首位,其中投资总规模超过 1000 万美元的占半数以上。由于高新技术产业具有高附加值和高技术含量,投入产出比为 1:6,大大超过传统粗放型产业。上海高新技术产业占工业总产值的比重已由 1990 年的不到 3％提高到 1995 年的 10％左右,至"八五"期末上海科技进步对经济增长贡献率已达 30％。

4.3　投资推动型的经济增长

改革开放以来,这种大规模的投资推动,对上海经济发展的影响是巨大的,它不仅有力地支撑了这一时期的经济高速增长,而且也带来了上海经济运行的深刻变化。因此,我们要对这种投资推动的效应进行全面分析。

4.3.1　大规模投资对经济增长的贡献

我们知道,投资、消费和出口(净流出)是推动经济增长的主要动力。通过数学模型回归分析,1978—1997 年的 20 年中,上海每增加 1 元固定资产投资可增加 0.37 元的 GDP,每增加 1 元社会消费品零售总额可增加 1.42 元 GDP,每增加 1 美元净出口可增加 4.50 元 GDP。从对上海 GDP 增长的贡献度来看,这三大需求是动态变化的,尤其是进入 90 年代后,投资对上海经济增长的推动作用尤为明显,成为上海经济增长的主要拉动力之一。

改革开放之前,在上海使用的 GDP 构成中,消费需求居于绝对的主导地位。1953—1978 年间,总消费在上海使用的 GDP 中所占比率高达 63.7％,而总投资所占比重则为 36.3％。改革开放之后,随着大规模的投资推动,总投资在上海使用的 GDP 构成中所占比重迅速上升,并超过总消费所占比重,居于主导地位。据统计,1979—1997 年间,总投资在上海使用的 GDP 中所占比重达 55.9％,而总消费所占比重则下降到 44.1％。居民消费无疑是上海经济增长过程中活跃因素之一,并对 GDP 的增长有着重大的影响作用,但相比之下,居民消费对 GDP 的贡献度是稳中有降。

如果分阶段细分的话,我们可以看到,在 1978—1985 年间城乡居民消费增长还是较快的,仍对经济增长起着主导作用。"六五"期间,总消费达 556.22 亿元,占上海使用的 GDP 的比重为 51.2％,仍高于投资所占比重。但"七五"时期,在上海使用的 GDP 中,投资累计达到 1478.27 亿元,所占比重达到 54.1％,超过了消费所占比重,投资对经济增长的作用明显增大。进入 90 年代后,居民消费增长比 80 年代更为平稳。"八五"期间,全市社会消费品零售总额扣除价格因素年均增长 10％,低于经济增长率 2.5 个百分点。在此期间,总投资在上海使用的

GDP 中的比重更是上升到 55%。特别是自 1996 年起,居民消费占 GDP 的比重呈逐步下降之势,对 GDP 增长的拉动作用呈逐步减弱的态势。

虽然改革开放以来,特别是"八五"以来,上海的外贸呈现快速增长的良好走势,外贸进出口商品总值以年均 20.6% 的速度增长。到 1997 年,外贸进出口商品总额达 247.64 亿美元。但对 GDP 起作用的不是进出口商品总额,而是净出口(出口额一进口额)。从净流出来看,在 1997 年以前对上海 GDP 的贡献度为负数,只有在 1997 年一跃成为贡献度最大的因素,为 44.17%。故从一个较长期的动态过程来讲,净流出对 GDP 的贡献度是不大的。

因此,进入 90 年代后,上海固定资产投资已成为推动上海经济高速增长最重要的因素。"八五"期间上海全社会固定资产投资额为 3831.38 亿元,是"七五"期间的 1.5 倍,年均增长 46.95%,其中以 1993 年的增幅为最高,达 82.97%。1994 年起在宏观调控作用下,过快的投资增长势头得到抑制,1995 年全社会固定资产投资增长率为 28.2%,比 1994 年的 71.55% 降低 43 个百分点,为 1991 年以来的最低增长年份,但 1995 年的经济增长幅度仍保持在 14.1% 的较高水平,这表明固定资产投资对经济增长的支撑力度无相应减少,其资本效率有所提高,同时由于压缩了一些效益低、污染重、周期长的项目,上马项目的经济效益总体上好于前期。

"八五"期间,固定资产投资扣除价格因素年均增长 22%,高于经济增长率 9.5 个百分点。定量分析结果显示,"七五"期间上海每增加 1 元 GDP,全社会固定资产投资平均要增加 0.45 元,"八五"期间上升到 0.788 元,增幅为 75%。"七五"期间每增长 1% GDP,全社会固定资产投资平均要增长 2.17%,"八五"期间则回落到 1.8%。这说明"八五"期间投入产出率下降,投入转化为产出的平均数额减少,但从弹性增幅分析,投资拉动力度有所增强,拉动力度上升 17%。

采用模糊聚类回归等定量方法进行分析,结果表明,上海固定资产投资额与经济增长速度之间呈较强的正相关关系,相关系数达 0.9873,GDP 对固定资产的强化系数为 0.4861;固定资产投资增长对 GDP 增长的贡献率达 50%。1992—1996 年投资对 GDP 增长的贡献率分别为 66.92%、63.64%、89.32%、81.44%、85.79%。1997 年情况有较大变化,投资对 GDP 增长的贡献率大幅度下降为 18.43%。

另外,固定资产投资额与工业总产值之间也有较强的相关性。1989—1995 年间,工业基建、技改投资从 110.54 亿元增加到 387.02 亿元,年均增长 23.23%;工业总产值从 1373.48 亿元增加到 4703.63 亿元,年均增长 22.77%,两者的相关系数达 0.988045(见表 4.15)。设 F 为固定资产投资额,I 为工业总产

表 4.15　上海工业基建、技改投资与工业产值的关系(乡与乡以上企业)

	1989 年	1995 年	年均增长(%)
工业基建、技改投资额(亿元)	110.54	387.02	23.23
工业产值(亿元)	1373.48	4703.63	22.77
投资增长 1%产值增长(%)			0.98

值,则两者之间关系为:$I = 1438.091 + 2.591026F$。

因此固定资产的投入直接影响着工业总产值,用上述公式所得 1991—1994 年的预测值与实际值的最大误差仅为 8%。另一方面,固定资产投资项目的建成与交付使用更是对工业总产值有直接影响,两者之间的相关系数达到 0.997665。

设 N 为新增固定资产,仍设 I 为工业总产值,则有:$I = 499.4673 + 6.686669N$,当年新增固定资产 N 与次年的工业总产值 S 之间的关系为:$S = 792.7162 + 8.197957N$,但相关系数仅为 0.963956,低于同当年工业总产值的相关系数。这一方面是由于固定资产投资产生了较强的需求效应,整体上时滞不大;另一方面也说明近年来固定资产投资当年完成交付使用率较高,而且由于投资向见效快的第三产业倾斜,所以当年的投资效益较明显。

我们知道,经济增长速度具有重大的政治、经济和社会意义,投资对经济增长的重大推动,其正面效应是巨大的。

4.3.2　投资与增长质量改善:资本效率分析

上海大规模投资虽然有力地推动了经济增长,但对增长质量的改善不是很显著,这主要表现在投资的资本效率有所提高,但总体仍不够理想。"八五"期间固定资产投资的资本效率有所提高,同"七五"期间相比,投入产出率上升了 5.5 个百分点;但总体水平仍不够理想,每百元固定资产新增的国民收入仅 28.5 元,投资效果系数不及京、穗两地。

投资的资本效率不高,进而对增长质量改善作用不大,在一定程度上与这一时期大规模投资的特定内容及其特点有关。也就是,在 90 年代的大规模投资中,一方面存在着促进本效率提高的因素,另一方面也存在着制约资本效率提高的因素。

1. 促进资本效率提高的因素

(1)第三产业投资强度持续加大。由于投资结构中三次产业的分配不断向第三产业倾斜,出现了三产投资加速增长,二产投资适度增长的产业投资格局。据对中国 1978 年以来三次产业投入产出的测算,第三产业每 1 亿元投资,提供 GNP 增加值为 0.45 亿元,而第二产业则为 0.35 亿元,第三产业投入产出率比第二产业高 29%。因此,从总体上看,第三产业的高强度投入和加快发展,是有利于促进投资效率提高的。

(2) 工业支柱产业技改效果显著。尽管从整个投资结构来看,上海用于更新改造的投资比重趋小,但在上海工业六大支柱产业固定资产投资中,用于更新改造方面的投资却占一半以上,尤其是通信工业中,1994 年更新改造投资占了该产业总投资的 95.7%。如果按每万元科技开发投入新增产值来算,1994 年支柱产业为 11.2 万元,比其他产业的 8.6 万元高出 30%。支柱产业新产品资金投入、产值、利税三项之比为 1:11.2:2.5,而全市的平均水平为 1:9.8:1.7。因此,在整个工业产值中居主导地位的六大支柱产业的技改效果显著,在一定程度上保证了投资效率的提高。

(3) 高新技术产业投资加快速度。1995 年航天工业、计算机产业、电子通信产业的投资增幅都在 50% 以上。近年来外资也集中投向高新技术产业,例如国际著名跨国公司投资的工业企业中,技术、资金密集型的电子通信设备制造业居首位,其中投资总规模超过 1000 万美元的占半数以上。由于高新技术产业具有高附加值和高技术含量,投入产出比为 1:6,大大超过传统粗放型产业,所以对高新技术产业的投资力度加大是提高投资效率的一个重要因素。

(4) 地方投资、利用外资增幅较大。随着投资来源多元化,地方投资和引进外资的比重迅速增大,而由于地方投资和利用外资的利益机制作用比较明显,注重投资回报率,减少投资风险,在一定程度上为提高投资效率增加了动力。

2. 制约投资效率提高的因素

(1) 固定资产投资规模频繁出现异常波动。"八五"期间,固定资产投资规模经历了"膨胀—压缩—膨胀—再压缩"的波动过程,从而使投资规模几度失控,客观上分散了建设资金,扰乱了投资规划,使一些高收益或有利于国计民生的项目被耽搁,或远未达到预期的经济规模。另一方面,在投资规模恶性膨胀期间,所筹资金的边际成本在迅速增大,项目的边际收益随规模的扩大而减少。这些对资本效率的稳定提高,都带来了不利的影响。

(2) 固定资产更新改造投资的比重不升反降。上海国有企业中普遍存在重速度、轻效益、重基建、轻技改、急于上新项目、挤占更新改造资金的现象。在国有经济基本建设和更新改造投资的构成上,更新改造投资所占比重虽然在"八五"初期呈上升趋势,在1992年达到49.5%历史最高水平,但而后便呈下降态势,1995年仅占36.8%。国有重点企业的关键设备达到和接近国际和国内高水平的仅占15%左右。

(3)科技投资产生的实际效果尚不显著。虽然"八五"期间上海科技经费支出逐年递增,但1995年上海经费支出占地方财政的比例仅为1.36%,还低于1992年的1.7%和1993年的1.4%的水平。目前上海的高技术成果中试环节仍很薄弱,反映在缺乏足够的中试基地和中试资金。虽然上海自"七五"以来,每年约有科技成果2000项,其中20%属于国际先进,60%属于国内先进,但这些成果批量生产却只有10%,绝大部分尚未实现产业化。

4.3.3   投资推动的准集约型增长方式

根据上面的分析,我们认为,上海目前尚处在投资推动的发展阶段,大规模的投资对经济增长的主导作用明显。但上海近阶段的投资推动有其独特的内涵,区别于一般意义上的投资推动。

一般意义上的投资推动大都表现为:(1)主要是工业化的投资推动,大规模投资集中在大工业发展上;(2)大规模投资的主要驱动力,是追求由分工和专业化的发展提供的规模收益,以及由此带来的产品价格下降形成的强有力的竞争力;(3)大规模的投资使技术被不断物化于物质资本中,从而带动技术进步。

然而,上海近几年的投资推动的特点则表现为:大规模投资开始从工业化发展转向第三产业发展,特别是第三产业发展的"硬件"建设方面(包括城市基本设施和住宅建设);投资推动的效益开始从以工业产品的规模收益为主转向以产业结构转换收益为主(尽管此阶段结构转换收益尚未充分体现);投资推动带来的技术进步效应相对减弱,而带来的其他增长效应开始增强(如信息含量提高等效应),从成龙配套和专业细化的全面发展转向产品、技术升级的重点发展。

如果说,与"资源推动的发展阶段"相对应的是粗放型增长方式,与"创新推动的发展阶段"相对应的是集约型增长方式,那么与"投资推动的发展阶段"相对应的就是准集约型增长方式。因为投资推动不仅使资本深化(资本—劳动比率提高),进而使人均产量提高,而且也带来规模收益,以及将更多的新技术物化于资本物中带来技术进步。从这一意义上讲,是与典型的粗放型增长方式不同的。但由于资本—劳动比率的提高,规模收益的实现及技术进步,是以大量资本投资为前提的,所以又带有一定粗放型增长的色彩。

上海的投资推动虽然具有不同于一般意义上的投资推动的特殊性,但从总体上讲,仍属于一种准集约型增长方式。上海投资推动中对第三产业"硬件"的大规模投资,具有为今后发展打基础的性质,更会在一定时期内较大程度地降低投入产出率和影响总和要素生产率的提高。但从发展趋势来看,在今后一个时期内上海将从投资推动的发展阶段准备向创新推动的发展阶段过渡。因此上海经济增长方式转变区别于全国的不同之点,就在于不是从劳动力及初级资源推动的粗放型增长转向以投资推动为特征的准集约型增长,而是要从准集约型增长开始向以创新为特征的集约型增长转变。

处在投资推动发展阶段后期,并逐步向创新推动发展阶段转变的上海经济,其增长方式正处于一个从量变到质变的飞跃之中,特别是从"八五"时期以来表现出较为明显的转变轨迹。

在整个 80 年代,上海经济增长是先于全国周期性波动回落和滞后于全国周期性波动回升,从而其年均增长速度低于全国平均 2 个百分点。但在"八五"期间,上海经济增长则转变为先于全国经济周期的上升和滞后于全国经济周期的回落,其经济增长速度高于全国平均 4 个百分点。这一经济增长形态得以改善的关键,是"八五"期间上海出现了以往所没有的新的经济增长点。

与此同时,"八五"期间上海经济周期性波动得以明显改善:其一,经济周期性波动幅度较小,1991 年的增幅为 7.1%,之后四年稳定在 14% 左右。其二,经济周期性波动始终处于高位盘整态势。其三,经济周期性波动时间在逐步缩短。一般一个经济周期为五年,但从"八五"时期波动区间分析,经济速度一旦回落,数月后立即反弹。上海国民经济增长 GDP 周期性波动的实证分析表明,"八五"期末,上海 GDP 年度增幅与平均增幅的偏差均值已由"六五""七五"时期的 15% 左右下降到 4% 以下,离散度明显递减。

在保持一定的增长速度的同时,宏观经济效益也有同步提高。近几年,上海财政收入增长速度始终高于 GDP 增长速度,占 GDP 的比重也从 1993 年的 29.1% 提高到 1997 年的 31%,占全国财政总收入的 12.4%。上海 GDP 与财政收入的相关度高达 98.3%,说明财政收入的高速增长是与经济总量的快速增长密切联系在一起的。同时,全社会劳动生产率不断提高,从 1993 年的 19048 元/人提高到 1997 年的 42503 元/人。从总体上讲,国民经济实现了有速度有效益的增长。

但是,上海经济高位稳定增长在较大程度上是由大量资金投入来支撑的,而这一巨量投资又在很大程度上是由体制变革带来的一次性能量释放来支撑的,如证券融资、土地批租、引进外资等。这就可能使上海经济增长较容易受到外部制约因素的影响(如宏观紧缩与控制等),而且也会受到体制能量释放趋于衰减的影响。上海的土地资源将日益稀缺,土地批租毕竟有限。过度依靠土地、资金投入将难以维持经济增长的强劲势头。在宏观紧缩的情况下,金融深化、引进外资、房地产发展等均会受到较大程度的影响。因此总体上看,上海经济增长尚缺乏长期稳固的基础和支撑点。

另外,从总量变化趋势看,上海 GDP 增长的绝对值与能源消费总量增长的绝对值之间具有明显的相关性。即随着上海经济总量的不断增长,上海能源消费总量也基本呈逐年上升趋势。从 1978—1997 年的数据来看,上海 GDP 的总量逐年增大,能源消费除 1980 年和 1989 年各有－0.6％和－0.3％的负增长外,其余年份均呈逐年增长态势。1990—1997 年能源消费与 GDP 的弹性系数平均为 0.44。即上海 GDP 每增长 1％,能源消费总量相应增长 0.44％。因此,上海经济增长还要在相当程度上依靠能源消耗,具有较明显的粗放型增长色彩。

5 增长形态变化及新的增长格局形成

在改革开放的大背景下,以投资推动为基本特征的上海经济增长,其增长形态发生了显著的变化,周期性波动趋于平缓。而在这种增长形态变化的背后,则是新的增长格局的逐步形成,其中比较明显的就是产业结构高度化和经济开放化。

5.1 增长周期的实证分析

经济运行的动态化,主要表现为增长周期的波动性。改革开放以来,上海经济增长的周期性波动正发生着重大变化,呈现出以往所没有的独特运行轨迹。这种经济增长的周期性变化,除了与上海产业结构的独特性(全国最大的老工业基地)有关外,主要是与改革周期直接相关的。

5.1.1 上海经济增长的周期变化

统计资料表明,改革开放以来,上海经济增长呈现四个波动周期。这四个波动周期,在时间跨度上基本与全国经济波动相吻合,由此表明上海经济波动是受制于全国经济运行状态的。但在 80 年代的前三个周期中,上海经济波动的幅度要大于全国平均波动幅度,其增长形态比全国要差;在 90 年代的第四个周期中,上海的增长形态却明显好于全国。

第一个经济周期(1978—1981 年),历时四年。当时的一个特殊背景是,整个国民经济刚刚从崩溃边缘解脱出来,还处在十分柔弱的状态。由于对长期以来严重泛滥的"左"倾错误没能进行认真的清理,经济形势刚有一点好转,急于求成、盲目求快的高速度和高指标又冒了出来。1978 年的"洋跃进"使经济趋于膨胀,该年全国投资的绝对规模由 1977 年的 548.3 亿元猛增到 668.72 亿元,一年间即增长了 120.42 亿元,积累率猛增到 36.5%。在这种背景下,1978 年上海的固定资产投资总额增长率也高达 55.1%,当年的 GDP 增长率达到 15.8%,成为这一周期的高峰阶段。投资的急剧扩张超过工农业生产承受能力,使 1979 年、1980 年处于软弱的峰后持续增长阶段。上海 1979 年的 GDP 增长率即下降到 7.4%,增幅回落 8.4 个百分点。至 1981 年,经济增长进入谷底,其增长率为 5.6%。在这一周期中,经济波幅达到 10.2%。

第二个经济周期(1982—1986 年),历时五年。在农村经济改革的推动下,1982 年上海第一产业增长率高达 26.1%,由此带动了经济回升。1982 年和 1983 年属于回升阶段,GDP 增长率分别为 7.2% 和 7.8%。以后随着改革的重点由农村转入城市,工业生产进入高速增长时期,直接导致国民经济快速增长。1984 年为峰前增长阶段,GDP 增长率达 11.6%;1985 年为高峰阶段,GDP 增长率达 13.4%。与此同时,社会总供给与总需求也趋于严重失衡。1984 年全国社会总供需差额(总供给小于总需求)为 819 亿元,供需差率为 -11.4%。经济过度扩张再次引发基础产业和加工工业的结构性矛盾,能源、原材料、交通运输的供给趋于紧张。1984 年国内能源增长与国民生产总值增长之比为 0.63∶1;1985 年货运增长与国民生产总值增长之比为 0.3∶1。这种供求关系失衡也带来了物价上涨的巨大压力。在此大背景下,上海经济增长也受其制约,而且制约程度更为严重。1986 年,全国 GDP 增长率降至 8.1%,上海要降至 4.4%,达到这一周期的低谷阶段。在这一周期中,经济波幅达 9%。

第三个经济周期(1987—1990 年),历时四年。国民经济在 1986 年跌入“低谷”以后,便开始迅速回升,1987 年上海 GDP 增长率回升至 7.5%。而且,其增速不断加快,势头强劲,于 1988 年前三个季度达到顶峰。1988 年是这一周期的高峰阶段,GDP 增长率达 10.1%。但随着信贷规模急剧扩张,引起了消费和投资的“双膨胀”。1988 年全国全社会固定资产投资完成 4497 亿元,比上年增长 23.5%;社会消费品零售额 6535 亿元,比上年增长 27.8%。当年上海的固定资产投资增长率达到 31.7%;社会消费品零售额增长率达到 31.33%。在信贷、投资与消费膨胀推动下,出现了供求关系失衡,引起市场混乱,物价大幅度上扬,形成挤兑风和抢购风。其结果,宏观经济被迫于 1988 年第四季度开始进行总量紧缩。这次经济紧缩,导致了经济增长率急剧滑坡。1989 年为这一周期的低谷阶段,GDP 增长率仅 3%,1990 年为低谷持续期,GDP 增长率为 3.5%。在这一周期中,经济波幅达 7.1%。

第四个经济周期(1991 年—),延续至今。进入 90 年代后,经济增长形态发生新变化,至今尚难以确定经济周期的划分。1991 年还可以看出仍属于经济回升阶段,GDP 达到 7.1%。但 1992 年是中国经济发生转折性变化的一年,改革开放步伐明显加快,经济增长进入高速阶段。1992 年上海 GDP 增长率达14.8%,1993 年和 1994 年又持续发展,GDP 分别增长 14.9%和 14.3%。尽管受经济持续高增长及投资、货币一度过快增长的影响,以及价格改革的影响,1992 年以后市场价格涨幅逐步升高,1994 年居民消费价格比上年上涨 24.1%,从而导致 1994 年下半年起的宏观调控,但在此宏观调控中,通货膨胀得以有效抑制,通胀率迅速下降,而经济增长速度仍保持在 10%左右的高位水平上。上海的情况也是如此。1994 年为 14.3%,1995 年为 14.1%,1996 年为 13%,1997 年为 12.7%,1998 年预计达到 10%。

通过上述上海经济周期的实证描述,我们可以明显看到,改革开放以来上海经济增长的前三次波动周期基本相似,只不过有些时间跨度和波动幅度的微小差异而已,而 1991 年以来的第四个周期则与前三个周期有较大的质变性区别。

首先,前三个周期都有明显的波动性。第一个周期的波动幅度(高峰值与谷底值之差)达 10.2%,第二个周期的波动幅度达 9%,第三个周期的波动幅度达7.1%,而第四个周期的波动幅度至 1997 年只有 2.2%,即使计入 1998 年的 10%增长率,其波动幅度也只有 4.9%。

其次,前三次波动周期,均有一个较明显的增长谷底,分别为 5.6%、4.4%和 3.0%。而从第四次波动周期开始,上海经济增长无明显的谷底,尽管经济增幅逐年有所回落,但每一年的增长率均高于或接近以往几次经济波动的峰值,并无明显的谷底。

再则,在前三个增长周期中,高增长年份基本只能维持一年,最多两年,增长速度便大幅度回落,通常处于低中位增长的时间较长。在第一个周期中,15.8%的高增长(1978 年)维持了一年后,即进入 7%左右的中位增长。在第二个周期中,13.4%的高增长(1985 年)后,即进入 4.4%的低位增长和 7.5%的中位增长。在第三个周期中,10.1%的高增长(1988 年)后,即进入 3%、3.5%的低位增长和7.1%的中位增长。而在第四个增长周期中,持续四年达 14%,后两年也在 13%左右,较长时间处于高位增长之中。

最后,前三个增长周期的平均增长水平明显不如第四个周期那么高。第一个周期的平均增长率为 9.3%,第二个周期的平均增长率为 8.88%,第三个周期的平均增长率只有 6.02％,而第四个周期的平均增长率(截至 1997 年)高达12.98％。

如果把上海增长周期与全国增长周期进行比较,我们还可以得到一些更有价值的信息。从周期划分来讲,上海基本与全国相同,其波动态势有极高的同步性,即全国经济高增长时,上海也是高增长;全国经济处于低增长时,上海也是低增长。这说明上海经济增长受整个宏观经济影响较大。但在周期的波幅及扩张与收缩期等方面,上海经济增长与全国宏观经济运行还是有所差异的,主要表现在:

第一,在前两个周期中,上海经济波动幅度明显高于全国平均水平;而在后两个周期中,上海经济波动幅度要低于全国平均水平。在第一个周期中,全国经济波动幅度为 6.5％,上海要高于其 3.7 个百分点;在第二个周期中,全国平均波幅为 6.4％,上海要高于其 2.6 个百分点,比前一周期波幅差距已有明显缩小。在第三个周期中,全国波动幅度为 7.8％,上海则要低于其 0.7 个百分点。在第四个周期中,如果以 1998 年增长率(全国为 8％,上海为 10％)为最低点来计算,全国波动幅度为 6.2％,上海只有 4.9％,低于其 1.3 个百分点。

第二,在增长峰谷水平上,上海有两个周期是高于全国平均水平的,还有两个周期是低于全国平均水平的。在第一个周期中,上海的峰谷值(15.8％、5.6％)高于全国水平(11.7％、5.2％);但在第二、第三个周期中,上海的峰谷值(13.4％、4.4％和 10.1％、3.0％)均低于全国水平(15.2％、8.8％和 11.6％、3.8％);在第四个周期中,上海的峰谷值(14.9％、10％)明显高于全国水平(14.2％、8％)。

第三,在第二、第三个周期中,上海经济回升比全国晚,而经济收缩却比全国早。在这两个周期中,上海经济增长进入高峰阶段比全国均要滞后一年,1984 年、1987 年全国经济增长已进入高峰阶段,上海则是在 1985 年、1988 年进入高峰阶段。因此,从全国来讲,高峰阶段后都有一年时间的持续阶段,而上海在高峰阶段后直接进入低谷阶段。但在第四个周期中,上海的经济回升和进入高峰阶段及持续阶段基本上与全国相一致(见表5.1)。

可见,从全国范围来讲,上海 80 年代的经济增长质量是较低的,从而增长形态也较差,但进入 90 年代,特别是 1992 年后,上海国民经济增长已经摆脱了过去“一松就热,一热就涨,一涨就紧,一紧就冷”的恶性循环,经济增长质量明显提高,增长形态大为改善,抗波动能力明显增强。

表 5.1　改革以来全国和上海经济周期变动比较

周期长度	回升阶段	高峰阶段	持续阶段	低谷阶段	波幅
第一周期： 4 年		1978 (15.8%) (11.7%)	1979—1980 (7.4%—8.4%) (7.6%—7.8%)	1981 (5.6%) (5.2%)	10.2% 6.5%
第二周期： 5 年	1982—1984 (7.2%—11.6%) 1982—1983 (9.1%—10.9%)	1985 (13.4%) 1984 (15.2%)	1985 (13.5%)	1986 (4.4%) (8.8%)	9% 6.4%
第三周期： 4 年	1987 (7.5%) 1987 (11.6%)	1988 (10.1%) 1988 (11.3%)		1989 (3.0%) 1990 (3.8%)	7.1% 7.8%
第四周期：	1991 (7.1%) (9.2%)	1992—1993 (14.8%—14.9%) (14.2%—13.5%)	1994—1998 (14.3%—10%) (12.6%—8%)		

注：表中带下划线部分是全国数据。
资料来源：根据《中国统计年鉴》(1998)和《上海统计年鉴》(1998)的数据整理。

5.1.2　经济增长周期与三次产业增长周期的关联

从产业部门角度看，GDP 总量可转换为一、二、三次产业的产值结构，因此总体经济波动实际上是由产业部门增长波动的综合效应构成的。通过对产业部门增长波动与总体经济波动的比较研究，我们可以发现哪些产业部门增长波动在总体经济波动中起着主导作用，从而为总体经济波动找到某些结构性因素。

据统计，1979—1997 年，上海 GDP 由 286.43 亿元增加到 3360.21 亿元，其间年均增长 9.4%。其中，第一产业增加值由 11.39 亿元增加到 75.80 亿元，其间年均增长 2.2%；第二产业增加值由 221.21 亿元增加到 1754.39 亿元，其间年均增长 9.0%；第三产业增加值由 53.83 亿元增加到 1530.02 亿元，其间年均增长 11.7%。可见，在此期间，第三产业年均增长速度快于 GDP 增速 2.3 个百分点；第二产业年均增长速度接近 GDP 增速，差 0.4 个百分点；第一产业年均增长速度大大低于 GDP 增速。因此，从总体上讲，改革开放以来上海经济增长主要是由第三产业和第二产业支撑的(见表 5.2)。

表 5.2 上海三次产业产值增长及其变化

	GDP(亿元)			平均增长率(%)			
	1979	1992	1997	1979—1997	"六五"	"七五"	"八五"
国内生产总值	286.43	1114.32	3360.21	9.4	9.1	5.7	13.0
第一产业	11.39	34.16	75.80	2.2	4.3	1.2	1.4
第二产业	221.21	677.39	1754.39	9.0	8.2	5.0	13.9
第三产业	53.83	402.77	1530.02	11.7	12.3	8.0	12.5

资料来源:《上海统计年鉴》(1998)。

1. 每个增长周期中总量增长与三次产业增长的相关性

为了更清楚地反映总量增长与三次产业增长之间的关联程度,我们按上面划分的经济增长周期,来具体考察每个增长周期中总量增长与三次产业增长的相关性。

在第一个经济增长周期中,只有第二产业增长形态与总量增长基本一致,而第一、第三产业的增长形态完全与总量增长发生偏离。1978 年,第二产业增加值的增长为 16.6%,随后与国民经济增速一样趋于下降,1979 年下降为 8.6%,1980 年继续下降至 6%。与国民经济增长形态有所区别的是:1981 年 GDP 增速下降已到达谷底(5.6%),而第二产业增速继续下降(当年为 4.9%),到 1982 年才到达谷底(4.6%),不仅下降持续时间长,而且谷底深(比 GDP 增速低 1 个百分点)。在这一周期中,第二产业增长波动幅度达 11.7 个百分点,比 GDP 波幅高出 1.5 个百分点。第三产业增长形态的偏差,主要表现在:当 GDP 增速趋于下降时,它却出现强有力的反弹,即 1980 年达到 22.2%,不仅比上年增速高出 19.2 个百分点,而且比 1978 年的 10.6% 高出 11.6 个百分点。第一产业增长形态的偏差,主要表现为波幅过大。1978 年第一产业增速高达到 27%,比同期 GDP 增速高出 11.2 个百分点,但随后两年却急剧下降至 -0.7% 和 -0.5%。

在第二个经济增长周期中,第二、第三产业增长形态基本与总量增长相一致,而第一产业增长形态却与其完全偏离。第二产业经过 1983 年的增速的止跌回升,于 1985 年达到 325.63 亿元增加值,年增长率为 14.8%,高于同期 GDP 增长率 1.4 个百分点,是这一周期的高峰阶段。随后即有较大回落,1986 年只有 4%,增幅比上年回落 10.8 个百分点,进入谷底阶段,比同期 GDP 增长率低 0.4 个百分点。在这一个周期中,第二产业增长形态与整个经济周期有高度吻合性,只是波幅大了 1.8 个百分点。第三产业增长形态也与这一经济周期的 GDP 增长基本一致,但比 GDP 增长波动处于更高位置,其峰值(连续两年达 14.7%)比

GDP 增速峰值高 1.3 个百分点,而且其谷底值也比 GDP 增速谷底值高 1.6 个百分点。第一产业增长形态与经济增长周期的偏离,主要表现为:当 GDP 增速处于回升阶段时,其却从 1981 的 0.3% 猛升到 1982 年的 26.1%,然后于 1983 年下降至零增长,1984 年又反弹至 25.2%;而当 1985 年 GDP 增长达到高峰阶段时,其却进入了谷底(-22.2%)阶段。

在第三个经济增长周期中,第一、第二、第三产业增长形态都与总量增长基本相一致。第二产业增长于 1987 年出现回升,至 1988 年达到高峰,其增加值达到 433.05 亿元,年增长率为 9.4%,但 1989 年即下降为 1.6%,增幅比上年回落 7.8 个百分点,是这 20 年间增长率最低的一年。与 GDP 增长形态相比,第二产业增长的高峰值要低 0.5 个百分点,谷底值也要低 1.4 个百分点。第三产业增长形态比 GDP 增长处于更高的位置,其峰值要比 GDP 增速高 2.5 个百分点,谷底值也要比 GDP 增速高 2.3 个百分点。第一产业增长形态比 GDP 增长处于更低的位置,其峰值要比 GDP 增速低 5.5 个百分点,其谷底值也要比 GDP 增速低 2.7 个百分点。

在第四个经济增长周期中,第二产业增长形态基本与总量增长相一致,而第一、第三产业增长形态与其有些偏差。第二产业于 1990 年继续低幅增长(年增长率只有 2.8%)后,1991 年开始出现回升(达到 6.8%)。1992 年,第二产业增加值达 677.39 亿元,年增长率高达 17.2%,是十一届三中全会以来增长速度最快的一年。以后几年中,第二产业基本上是在高位增长中趋于微幅下降,1993 年增长 16.7%;1994 年增长 14.2%;1995 年增长 14.8%;1996 年增长 11.1%;1997 年增加值达 1754.39 亿元,年增长为 10.6%。第三产业在 1990 年和 1991 年的回升增长后,1992 年达到 12% 的增长率。与 GDP 和第二产业在高位增长中趋于微幅下降的态势不同,第三产业在以后几年中继续保持不断攀升的高增长势头,1996 年和 1997 年分别达到 17.8% 和 17.7%,比 1992 年的 12% 高出 5.8 个百分点。这不仅高于这一周期中第二产业增速峰值(17.2%),而且高于 GDP 增速峰值(14.9%)2.9 个百分点。第一产业增长形态完全与 GDP 增长形态背道而驰。当 1993 年 GDP 增长达到高峰时,第一产业却出现负增长(-2.7%),进入谷底,以后几年中基本保持 5% 左右的增长速度。

2. 三次产业部门的波动周期与国民经济波动的关联性及其程度

第二产业增长周期与 GDP 增长周期是完全一致的。在四个周期中,两者之间有三次同峰(1978、1985、1988 年),2 次同谷(1986、1990 年)。在第四个周期中,第二产业与 GDP 一样处于高位增长而微幅趋降,但第二产业增长的降幅要比 GDP 大些。

第三产业增长周期与 GDP 增长周期大体相同,个别有一些偏差,主要是在第一个周期中,第三产业增长呈现不规则波动,1978 年增长 10.6%,1979 年即下降为 3.0%,而 1980 年又强烈反弹为 22.2%,1981 年下降为 8.9%。但在以后两个周期中,第三产业增长形态基本上与 GDP 增长形态相一致,两者之间有两次同峰(1985、1988 年),两次同谷(1986、1990 年)。在第四个周期中,GDP 是高位增长中的微幅趋降,而第三产业则是高位增长中进一步趋升。1996 年和1997 年,GDP 增长分别降至 13% 和 12.7%,而第三产业增加值则分别上升到17.8% 和 17.7%。

第一产业增长周期与 GDP 增长周期完全不合。在改革开放 20 年中,上海第一产业增长波动具有很强的不规则性,特别在 1986 年以前,往往是大起大落,呈现频率快、振幅大的特点。除了 1978 年外,第一产业与 GDP 增长之间几乎没有一次同峰,也没有一次同谷。在此期间,第一产业出现了六次经济的绝对下降(1979 年的-0.7%、1980 年的-0.5%、1985 年的-22.2%、1986 年的-0.2%、1987 年的-2.7% 和 1993 年的-2.7%),波动呈现古典型;还有一次为零增长(1983 年)。

可见,改革开放以来,上海经济增长周期性波动的部门特征还是较明显的,主要是与第二、第三产业增长密切相关。第一产业的增长变动,对 GDP 增长周期几乎没有什么影响。

5.1.3　经济周期与改革周期

改革以来的上海经济增长周期,虽然形态上仍表现为波动性的扩张与收缩,但其运行轨迹的改变,说明其属性已发生变化,因此这种周期的成因也就不能用一般的经济周期理论来解释。对于改革以来的上海经济周期性波动,笔者更倾向于用改革周期假说来解释。也就是,这种经济周期是受改革周期影响和支配的,必须用改革方式的特性来说明经济周期的形成及变化。这样,我们就可以较全面和准确地界定这一特定历史时期经济周期波动的主导因素及周期类型。同时,这也更有助于我们深刻揭示体制变革中经济周期波动的特点。

众所周知,中国体制变革是沿着由浅入深、由表及里的路径逐渐推进的。在此过程中,阶段性的体制"突破—扩散(普及)—深入受阻—再突破"的操作方式,形成明显的改革周期性特征。这种体制变革方式是服务于经济发展,紧紧围绕经济建设这一中心而展开,并不是单纯的"为改革而改革",所以每次体制变革的阶段性突破,不管是在改革内容的确定上,还是在改革策略的制定上,总是以广大人民群众的利益诱导为前提的,以便通过改革释放出受压抑的经济潜能。

因此,当这一阶段性体制改革有了新的突破,并进一步扩散时,巨大的经济潜能便能得到最大限度的释放,从而掀起新的一轮经济建设高潮,使经济增长进入快速推进阶段。但这种阶段性体制变革是逐步到位的,在推进中时时受到旧体制的阻碍,往往会出现新旧体制交织在一起的局面,这就会造成经济潜能释放趋于衰减。在这种情况下,经济增长往往会受到阻碍,出现明显的回落和下降,从而需要寻求新的阶段性体制变革突破,以进一步释放经济潜能。在中国体制改革的 20 年中,正是这种改革周期主导了经济发展,使经济波动显示出与以往经济波动完全不同的周期性特征。上海经济增长周期,同样也是如此。

一是在稳定、趋缓的经济波动中实现了经济高速增长。新中国成立以来,经济运行经历了九次大的起伏波动,其中落差最大的是 1958—1962 年,达到 66 个百分点,各次波动的平均落差为 20.5 个百分点。改革以来,在实现经济高速增长的同时,经济增长的起伏波动日趋缓和,平均落差减少到 8.5 个百分点,已趋近于世界各国的经济波动平均幅度。上海经济的波动性总体上也是趋于平缓的,特别是进入 90 年代后,基本上是在稳定发展的基础上实现高速增长的。

二是经济波动期较稳定的增长型波动。改革前中国经济曾出现过三次古典波动,即国内生产总值绝对水平下降(1961—1962 年、1967—1968 年、1976 年)。改革后的四个经济周期中,国民收入和国内生产总值均未发生过绝对水平的下降,都属于增长型波动。而且,经济波动期限比较稳定,平均为 5 年左右,比过去有较大改善。但相对国外的波动期平均 8—9 年要短些,特别是前三个周期的经济波动还是比较频繁的。90 年代以来的波动期可能会达到国外平均水平。上海的增长周期也都属于增长型波动,而且 90 年代的增长周期呈现出高位平稳增长。

三是经济波动的基础趋于集约化。过去中国经济的周期性运动大多为产量、产值在原有技术水平和产业结构基础上的扩张或收缩,没有明显地伴随着技术水平的升级和产业结构的高度化转换。改革以后的经济高涨开始由依赖于简单的数量扩张,逐渐转换为依赖于追求效益及在新水平上的供给扩张。世界银行报告认为,1985—1994 年间,中国每年总和要素生产率的增长都超过 3%,以国际标准来衡量,这是罕见的。虽然这个数字稍微有些夸大,但生产率的高增长标志着中国的增长相对来说还是集约型的,这是由于更有效地使用了投入而不是单单增加投入。总的说来,中国自 1985 年以来产量的增长有 1/3 可以归功于它较高的效率(世界银行,1997)。上海经济增长几乎表现为每一轮波动上一个层次的特点,经济波动的基础大有改善。

四是周期波动的实质性内容主要表现为产业结构变动与经济阶段性跳跃增长双重因素的结合。改革以来新的经济高涨已不再是传统产业的总量增加,而是产业再造和短线产业的大规模拓展。与此同时,这种经济高涨还具有经济跳跃性增长,最大限度地调动和利用经济资源,以及新质生产力的不断扩张的特征。这种生产要素的大规模部门转移和非均衡的跳跃式增长,势必带来较大的经济波动,而且往往是资源、就业、物价、金融等综合性的波动。上海周期波动中的产业结构变动和经济阶段性跳跃增长,表现尤为突出(下面将作详细论述)。

五是经济周期波动中的市场制约因素增强。以往的经济波动在很大程度上直接受制于行政力量的干预,主要表现为由投资扩张带动的资源制约型波动。改革以来,市场机制作用与经济波动的关系日益加深,开始出现市场制约型波动形态。特别是 1986 年后,产出受需求制约的市场制约型波动日益明显。进入 90 年代后,以产品过剩和价格波动为特征的市场制约型波动已趋于主导地位。

当然,这种改革周期中的经济波动模式,也充分反映出中国体制变革阶段性推进所固有的不彻底性,特别是对企业和金融部门改革的不彻底性。正如世界银行报告中指出的,企业和强有力的地方政府利用软预算约束和往往低于通货膨胀率的银行贷款利率,通过增加地方投资、收入和就业的方式竭力获取增加信贷的好处,并指望把通货膨胀的一切代价转嫁给整个经济(世界银行,1996)。上海的情况也不例外,而且有可能在某些方面比其他地方更严重一些。

5.2   经济增长中的结构效应:产业发展高度化

在改革开放的推动下,上海经济增长形态的改善,除了增长机制转变及增长基础完善等因素外,还与产业结构调整及其高度化联系在一起。在前面关于经济增长波动与产业部门增长波动的关联分析中我们已经涉及这方面内容,但那里主要还是从总量的部门增长角度来分析的,这里我们着重分析总量增长与结构调整的关系,即经济增长中的结构效应(周振华,1991),以进一步揭示上海经济增长的实质性变化。

5.2.1　三次产业结构变化与经济增长

改革开放前,上海作为全国最大的综合性工业基地,主要发挥工业生产中心的作用,贸易服务功能薄弱,第三产业发展明显滞后,产业结构受到严重扭曲。1978 年,第二产业产值比重高达 77.4%,第三产业产值比重是极低的,只有18.6%。在这种产业格局下,上海经济增长主要依靠工业推动,城市经济的其他诸多功能均处于衰退状态之中。

1. 产业结构调整的三个阶段

改革开放之后,在市场力量导向和推动下,上海城市性质逐渐向多功能的经济中心城市转化,由此推动了产业结构的一系列调整,促进了结构的升级化。在此过程中,产业结构调整大致经历了三个阶段:

(1) 1978 年至“六五”计划后期,上海产业结构调整的主要特征是自然调整。十一届三中全会后,在以发展经济为中心的基本路线指导下,长期被扭曲的上海经济开始按经济发展固有的规律要求而自然地进行了结构调整。其主要表现是:长期受压制的第三产业出现快速增长势头,其增长速度明显高于同期 GDP 的增长速度,而第二产业的增长速度则低于同期 GDP 的增长速度(见表 5.3)。

表 5.3　1980—1985 年上海 GDP 和第二、第三产业增长速度

	1980	1981	1982	1983	1984	1985
国内生产总值增速(%)	8.4	5.6	7.2	7.8	11.6	13.4
第三产业增速(%)	22.2	8.9	13.4	9.8	14.7	14.7
第二产业增速(%)	6.0	4.9	4.6	7.6	10.0	14.8

资料来源:《上海统计年鉴》(1998)。

1980—1985 年间,第三产业年均增长达到 13.95%,比同期 GDP 年均增长9%高出近 5 个百分点。第二产业增长除了在 1985 年高于 GDP 增长外,在其余年份均低于 GDP 增长速度,年均增长只达 7.98%,低于 GDP 增速 1 个百分点,低于第三产业近 6 个百分点。由此,第二产业增加值在 GDP 中的比重由1979 年的 77.2%逐年下降,1985 年降至 69.8%,六年时间里下降了 7.4 个百分点,年均下降 1 个多百分点。同期,第三产业增加值在 GDP 中的比重由 18.8%上升到 26%,上升了 7.2 个百分点,年均上升 1 个多百分点。

(2)“七五”初期至“八五”初期,产业结构调整的主要特征是适应性调整。

其主要表现是,第二产业增长速度仍低于 GDP 增长速度,第三产业增长速度继续高于 GDP 增长速度。

1986—1991 年间,第三产业年均增长 8.05%,比同期 GDP 年均增长 5.93%高出 2.12 个百分点;第二产业年均增长 5.33%,比同期 GDP 年均增长低 0.6 个百分点,比第三产业年均增速低 2.72 个百分点(见表 5.4)。由此,第二产业增加值在 GDP 中的比重继续逐年下降,由 1986 年的 68.5%下降到 1991 年的 61.7%,降幅达 6.8 个百分点,平均每年下降 1.1 个百分点;第三产业增加值在 GDP 中的比重由 27.5%上升到 34.6%,升幅达 7.1 个百分点,平均每年上升近 1.2 个百分点。

表 5.4　1986—1991 年上海 GDP 和第二、第三产业增长速度

	1986	1987	1988	1989	1990	1991
GDP 增长(%)	4.4	7.5	10.1	3.0	3.5	7.1
第二产业增长(%)	4.0	7.4	9.4	1.6	2.8	6.8
第三产业增长(%)	6.0	8.9	12.6	7.1	5.3	8.4

资料来源:《上海统计年鉴》(1998)。

(3)“八五”开始后进入第三阶段,产业结构调整的主要特征是战略性调整。在这一阶段,上海实施了“大力发展第三产业”的“三、二、一方针,加快发展内外贸易、交通与通信、金融、咨询服务、科技,同时在工业领域大力发展六大支柱产业和高新技术产业,努力把上海建成一个集聚商品流、技术流、资金流、人才流、信息流的多功能的现代化中心城市。

在这一战略性调整阶段,第二产业和第三产业都出现持续高速发展的势头,均高于 GDP 的增长幅度。1992—1997 年间,第三产业年均增长 14.93%,比同期 GDP 年均增长 13.96%高出近 1 个百分点;第二产业年均增长 14.1%,稍高于 GDP 年均增长速度,但低于第三产业增速 0.77 个百分点。在此期间,第二产业增加值在 GDP 中的比重继续逐年下降,进一步由 1992 年的 60.8%下降至 1997 年的 52.2%,降幅达 8.6 个百分点,平均每年下降 1.43 个百分点,第三产业比重由 36.1%上升至 45.5%,升幅达 9.4 个百分点,平均每年上升 1.56 个百分点(见表 5.5)。

总之,自改革开放以来,上海第三产业增加值比重开始逐步趋于上升,并且基本上是呈直线上升态势。除了 1989 年其产值比重比上年下降 0.2 个百分点外,其余年份的比重都是上升的,没有出现什么大的反复。1997 年上海的第三

表 5.5　1992—1997 年上海 GDP 和第二、第三产业增长速度

	1992	1993	1994	1995	1996	1997
GDP 增长(%)	14.8	14.9	14.3	14.1	13.0	12.7
第二产业增长(%)	17.2	16.7	14.2	14.8	11.1	10.6
第三产业增长(%)	12.0	13.2	15.8	13.1	17.8	17.7

资料来源:《上海统计年鉴》(1998)。

产业增加值达到 1530 亿元,按可比价格计算,比 1978 年增长 7.2 倍,平均每年增长 11.7%,高于同期国内生产总值的年均增长速度。第三产业增加值占 GDP 的比重由 1978 年的 18.6% 提高到 1997 年的 45.5%,20 年内提高了 26.9 个百分点。从三次产业对经济总量增长的贡献程度来看,第三产业的贡献率从 1978 年的 13.2% 提高到 1997 年的 44%,20 年内提高了 30.8 个百分点。但在整个 80 年代,第三产业产值比重的上升速度较慢,只上升了 7.7 个百分点。进入 90 年代后,随着大规模推动,特别是投资持续向第三产业部门倾斜,使第三产业产值比重迅速上升。1990—1997 年的 GDP 中,第三产业产值比重上升13.6个百分点,几乎是 80 年代升幅的 1 倍。

与此形成鲜明对照的是,20 年来第二产业产值比重下降了 11.6 个百分点(见表 5.6)。尽管目前第二产业产值比重仍居主导地位,是上海经济增长的重要力量,但其贡献率在不断下滑,从 1992 年的 74% 降到 1997 年的 54%;同时第三产业贡献率从 1992 年的 26% 逐步提高到 1997 年的 45%。

在三次产业产值比重发生重大变化的同时,其就业结构也发生了明显变化。在整个 80 年代,第二产业从业人员比重是一直趋于上升的,从 1978 年的 44.1% 上升至 1990 年的 59.3%,达到改革开放以来的最高点。但进入 90 年代以后,长期以来的第二产业就业比重上升格局被打破,开始逐年趋于下降,1997 年降至 49.1%,从而使上海就业结构变动发生了一个重大转折。仅 1992—1994 年间,第二产业就业人员就减少了 24 万人。相反,1992—1994 年,第三产业就业人员在整个 80 年代的年均增长 3.28% 速度的基础上,在其余两大产业就业人员负增长的情况下,则是以年均 5.95% 的速度增长。第三产业从业人员比重在 80 年代上升了 8.5 个百分点,从 1978 年的 21.4% 上升至 1990 年的 29.6%,年均上升 0.65 个百分点;1991—1997 年间上升了 7.2 个百分点,年均上升 1 个多百分点。1997 年,第三产业从业人员比重已达到 38.2%(见表 5.6)。

表5.6　三次产业产值与就业构成百分比变化　　　　　　　　(%)

年份	第一产业		第二产业		第三产业	
	产值	就业	产值	就业	产值	就业
1978	4.0	34.5	77.4	44.1	18.6	21.4
1980	3.2	29.0	75.7	48.6	21.1	22.4
1985	4.2	16.4	69.8	57.5	26.0	26.1
1986	4.0	14.2	68.5	58.4	27.5	27.4
1987	4.0	13.0	66.8	58.8	29.2	28.2
1988	4.2	11.8	66.8	59.0	29.0	29.2
1989	4.3	11.3	66.9	59.1	28.8	29.6
1990	4.3	11.1	63.8	59.3	31.9	29.6
1991	3.7	10.4	61.7	59.0	34.6	30.6
1992	3.1	8.7	60.8	58.3	36.1	32.0
1993	2.5	9.5	59.6	57.9	37.9	32.6
1994	2.5	9.6	58.0	56.1	39.5	34.3
1995	2.5	9.8	57.3	54.5	40.2	35.7
1996	2.5	11.9	54.5	52.3	43.0	35.8
1997	2.3	12.7	52.2	49.1	45.5	38.2

资料来源:《上海统计年鉴》(1998)。

2. 产业结构高度化发展,给上海经济增长带来了新的活力

1978 年以来中国三次产业中,第三产业每 1 亿元投资,提供 GDP 增加值 0.45 亿元,而第二产业则为 0.35 亿元,且第三产业投资见效快,滞后期仅为一年左右。同时,在产业结构高度化过程中,上海部门比较劳动生产率变化基本上符合一般规律。在 80 年代,第二产业比较劳动生产率始终高于第三产业,但逐步趋于缩小,90 年代以后,第三产业比较劳动生产率开始高于第二产业。按照产业转移理论,比较劳动生产率低的部门的要素向比较劳动生产率高的部门转移。因此,第三产业的比较劳动生产率高于第二产业,就意味着生产要素将向第三产业转移。从三部门比较劳动生产率的差距来讲,总的来说,是趋于缩小的。1978 年三者之比为 1∶14.87∶7.16,1984 年三者之比为 1∶6.59∶4.56,1994 年三者之比为 1∶4∶4.48。

但在产业结构高度化发展中,三次产业间变动的非协调性问题也比较严重,主要表现在"八五"期间三次产业的就业结构变动滞后于其产值结构变动。1990—1994 年,产值结构变动值为 17.4,而就业结构变动值只有 11.6。进一步的结构分析可以发现,主要是第二产业的产值比重与就业比重的变化有较大的

差异,其产值比重下降了 6.8 个百分点,而就业比重则只下降了 4.1 个百分点。
这表明第二产业有相当一部分劳动力滞留其内,未能充分转移出来。在产值比
重下降远高于就业比重下降幅度的情况下,实际上意味着第二产业的人均产出
水平的下降。在此基础上发展第三产业,势必带有某种"泡沫经济"的色彩。另
外,第三产业对劳动力的吸纳程度也较低,其就业比重从 1978 年的 21.4% 上升
到 1994 年的 34.3%,年均上升只有 0.8%。

5.2.2　第三产业的内部结构变化与城市功能开发

与上海城市功能转变密切相关的第三产业发展,其内部结构发生了急剧变
化。改革开放之初,上海第三产业以运输、邮电通信和贸易餐饮业为主角。
1978 年,第三产业增加值为 50.76 亿元,其中交通运输、仓储、邮电通信业所占比
重为 23.71%,批发和零售贸易、餐饮业所占比重高达 45.60%,金融保险业所占
比重为 13.82%,房地产业所占比重仅 0.53%。

在整个 80 年代,第三产业内部结构变动表现为交通运输、仓储、邮电通信业
比重基本保持稳定,在 21%—25% 之间小幅变化,最低点在 1985—1987 年;批
发和零售贸易、餐饮业比重呈下降趋势,从 1979 年的 44.02% 下降至 1984 年的
38.91%,1985 年有一个反弹上升到 42.61%,以后逐年下降至 1989 年的
20.49%,共下降了 23.53 个百分点;金融保险业比重呈上升趋势,从 1979 年的
13.78% 上升到 1989 年的 31.62%,共上升了 17.84 个百分点,其间 1984 年、
1985 年有一个小幅调整,分别达 17.52% 和 16.88%,比 1983 年的 18.05% 低了
1 个百分点左右;房地产业比重呈微幅上升之势,从 1979 年的 0.61% 上升至
1989 年的 2.41%。

经过 80 年代的结构变化,第三产业内部形成了以交通运输、仓储、邮电通信
业,批发和零售贸易、餐饮业和金融保险业为主的三足鼎立之势。1990 年,三者
的比重分别为 25.89%、21.50% 和 29.47%,三者总和占第三产业的比重达到
76.86%。

进入 90 年代以后,第三产业内部结构变化发生新变化,逐步形成以金融保
险业为主的各行业共同发展的新格局。交通运输、仓储、邮电通信业比重继续较
大幅度直线下降,从 1991 年的 25.80% 下降至 1997 年的 14.89%,下降了近
11 个百分点。但其中邮电通信业适应城市发展需要,其比重是趋于上升的,
1990—1995 年间上升了 3.3 个百分点,1996—1997 年间继续上升 1 个百分点;
贸易、餐饮业比重变化呈现回升势头,从 1991 年 20.60% 上升至 1995 年的

27.19％,1996 年和 1997 年分别回落至 25.33％和 24.89％,但仍高于 1991 年
4 个百分点左右;金融保险业比重呈现上升变化,尽管在 1990—1995 年时间阶
段里下降了 4.7 个百分点,但 1996 年和 1997 年又先后迅速回升至 27.87％和
30.04％,因此仍比 1991 年的 26.91％上升了 3.13 个百分点;房地产业比重迅速
上升,从 1991 年的 3.94％上升至 1996 年的 10％和 1997 年的 9.64％(见表 5.7)。

表 5.7   上海第三产业内部主要部门产值及其构成

	1990		1995		1996		1997	
	产值 (亿元)	比重 (％)	产值 (亿元)	比重 (％)	产值 (亿元)	比重 (％)	产值 (亿元)	比重 (％)
第三产业	241.17	100	991.04	100	1248.12	100	1530.02	100
交通运输、仓储、邮电通信业	62.44	25.89	169.76	17.13	204.32	16.37	227.88	14.89
♯邮电通信业	3.73	1.55	48.98	4.94	74.12	5.94	90.10	5.89
商业、餐饮业	51.84	21.50	269.49	27.19	316.15	25.33	380.78	24.89
金融保险业	71.07	29.47	245.45	24.77	347.84	27.87	459.63	30.04
房地产业	3.75	1.56	91.29	9.21	124.26	10.00	147.51	9.64
社会服务业	14.80	6.14	83.01	8.38	96.06	7.70	120.06	7.85
科学研究和综合技术服务业	10.60	4.40	33.65	3.40	39.04	3.13	52.29	3.42
教育、文艺、广播电影电视业	12.73	5.38	44.80	4.52	56.16	4.50	64.70	4.23

注:这里并没有列出所有部门,所以表中各比重相加不等于 100。
资料来源:《上海统计年鉴》(1998)。

从第三产业内部的就业结构来看,三个不同的时间段(1978—1984 年,
1984—1990 年,1990—1994 年)的结构变动表现比较均衡,其变动值分别为
7.52、6.52 和 7.89。在此变动过程中,金融保险业、房地产业及社会服务业的就
业比重持续上升,尤其是房地产业及社会服务业就业比重从 1980 年 12.45％上
升至 1994 年的 16.27％,上升了 3.82 个百分点,尤其在 1990—1994 年间增幅突
然加大。

总之,经过 20 年的结构变化,运输、仓储、邮电通信业增加值占第三产业的
比重从 1978 年的 23.71％下降到 1997 年的 14.89％;贸易、餐饮业增加值比重从
45.60％下降到 24.89％;而金融保险业增加值比重从 13.82％上升到 30.04％,成
为第三产业各行业之首,比处于第二位的运输、仓储、邮电通信业和第三位的贸
易、餐饮业分别高出 15.15 个百分点和 5.15 个百分点;房地产业作为第三产业中

的后起之秀,增加值从 1978 年的 0.27 亿元(在第三产业各行业中居末位)增加到 1997 年的 147.51 亿元,仅次于金融业、贸易业、交通运输和邮电通信业居第四位,成为第三产业的重要组成部分。按可比价格计算,比 1978 年增长 18 倍,平均每年增长 16.8%,高于同期 GDP 年均增长率 7.4 个百分点,居第三产业各业之首。

第三产业内部结构经过如此急剧的变动,目前已形成金融保险业、贸易和餐饮业、运输仓储和邮电通信业、房地产业共同发展的格局,这四个行业在第三产业中所占比重达 79.46%。这种变动是与上海城市功能转变的方向相一致的,有助于上海发挥"三中心"的作用。但在这一急剧变动中,第三产业内部也存着畸变的不良倾向,主要表现在以下方面:

(1) 1990—1994 年,交通运输、仓储业的产值比重与就业比重均趋于下降,但前者的下降幅度要远远大于后者。按照一般的发展规律,交通运输、仓储业由于资本和技术对劳动的替代会造成其就业比重的下降,但在就业比重下降的同时,其产值比重更大幅度地下降,就不是简单的对劳动力的替代问题了,而是说明这一行业本身的萎缩。

(2) 房地产业和金融保险业的发展有较大的起伏波动。进入 90 年代后,房地产和社会服务业的产值比重与就业比重均处于上升,但前者上升幅度远大于后者,特别是房地产业产值比重突然增大,更属于不正常现象。金融保险业的产值比重在此期间是下降的,而其就业比重则是稳步上升的。通常房地产、金融保险业就业比重趋于上升,主要是其产值增长对劳动力就业的拉动超过了资本对劳动力的技术替代率,而金融保险业在产值增长放慢且比重趋于下降的情况下,其就业比重趋于上升,至少说明其发展中存在着粗放型的色彩。

(3) 科学研究和综合技术服务业的产值比重与就业比重均趋于下降,是一种极其反常的现象。1990 年,科学研究和综合技术服务业产值比重为 4.4%,到 1995 年其比重下降至 3.4%,1996 年和 1997 年分别为 3.13% 和 3.42%。这说明上海的技术创新社会化、产业化服务十分薄弱,距离确立技术中心地位的目标甚远。

5.2.3 工业结构的升级化

改革开放以来,虽然第二产业发展速度不是很快,其比重不断趋于下降,但在此变动过程中,总的趋向是工业升级化。

1. 新基础上的重化工业化趋向

改革开放之前,受全国产业政策导向的影响,上海作为全国最大的工业基地,工业经济发展明显偏重于重工业发展。1953—1978 年,上海轻工业增长了 4.4 倍,年均增长 6.1%,而同期重工业增长 20.6 倍,年均增长达 12.9%,比轻工业增长快了一倍多。这就导致了轻重工业发展比例失调,影响了工业长远发展的能力。

改革开放以后,上海工业经济基本上实现了轻重工业的协调发展。1978—1997 年,上海轻工业增长 5.4 倍,年均增长 10.3%;重工业增长 6.0 倍,年均增长 10.8%。当然,这是有一个发展过程的,而且在不同的发展阶段,轻重工业的发展速度是不同的。

1978—1991 年,在工业总产值中,轻工业产值比重一直居主导地位,其中 1981 年和 1982 年分别高达 58.1% 和 56.7%,但其变动趋势是逐步下降的,1983 年为 54.8%,1986 年为 51.8%,1991 年下降至 50.1%。从 1992 年起,重工业产值比重开始居主导地位,1994 年与 1990 年相比,重工业化程度提高了 0.3225。1992—1997 年,重工业产值比重平均达 55.2%(见表 5.8)。

表 5.8　上海轻工业与重工业产值构成

年份	以工业总产值为 100	
	轻工业	重工业
1978	51.8	48.2
1981	58.1	41.9
1985	52.9	47.1
1990	51.5	48.5
1991	50.1	49.9
1992	46.6	53.4
1993	42.1	57.9
1994	44.4	55.6
1995	45.5	54.5
1996	45.5	54.5
1997	44.7	55.3

资料来源:《上海统计年鉴》(1998)。

2. 工业六大支柱产业为上海国民经济快速发展提供强有力的支持

改革开放以来,上海工业发展逐步从主要依靠传统工业支撑转向主要依靠支柱产业和高新技术产业支撑。经过多年的努力发展,汽车、通信信息设备、电站成套调和及大型机电设备、石油化工及精细化工、钢铁和家用电器等成为上海工业的支柱产业,在工业经济中的主导地位进一步增强。六大支柱产业在全市工业总产值中的比重,由 1990 年的 31.4％提高到 1992 年的 38.8％,1995 年达到 45％以上,占全市工业企业利税总额的 57％。1997 年,六大支柱产业完成工业总产值达 2232.31 亿元,占全市工业总产值的比重达 52.3％,新增产值占全市工业新增产值的比重为 49％。其中,汽车工业比上年增长 12.89％;家电工业比上年增长 20.85％;通信信息设备制造业比上年增长 25.03％。六大支柱产业 1997 年完成利税总额 242.23 亿元,占全市利税总额的 55.8％。

3. 工业发展中的资本技术密集化倾向

在工业结构调整中,劳动密集型行业比重下降,资本技术密集型行业比重上升,特别是进入 90 年代后,这一变化趋势不断加强。1994 年与 1990 年相比,高加工化程度提高了 0.2492;技术集约化程度提高了 0.1572;高新技术产业增长势头强劲。集成电路与计算机、现代生物医药、新材料等高新技术产业正逐步形成规模,占全市工业总产值的比重由 1992 年的不足 5％提高到 1997 年的 15.1％。

在高加工化和技术集约化程度提高的基础上,上海工业劳动生产率大幅度提高。1978 年,上海全员劳动生产率为每人 2.2 万元,1985 年为每人 2.50 万元,1988 年为每人 2.81 万元,1992 年为每人 5.90 万元,1997 年已达到每人 13.46 万元(为便于比较,以上全员劳动生产率按 1980 年不变价折算),比 1978 年增长 5.1 倍。

总之,上海工业升级化调整,使上海工业结构高度化水平有较大的提高。1994 年与 1990 年相比,结构高度化指数从 1.7260 上升至 1.9696。在工业结构高度化的基础上,工业产出转化为有速度有效益的 GDP 总量比例增大,绝对值增多。

然而,这种工业升级化调整是初步的、不彻底的,与上海城市功能转变的要求相去甚远。(1)工业升级化调整缺乏新的核心技术的支撑,高新技术产业发展尚未形成气候,只有现代通信产业稍具规模,其他高新技术产业还只是刚刚起步。因此这种工业升级化调整更多的是在规模效应与市场营销开拓方面下功夫,包括六大支柱产业实际上也只是进口替代产品而已。这种升级化调整虽然也有一定的效果,但只是一种生命周期中进入“中年”阶段的改善性调整,而不是重新“焕发青春”的开拓性调整,所以其增长潜力是有限的。(2)工业企业的行业老化问题突出,与内地产业同构形成的低水平过度竞争严重,市场份额缩小,从而导致经济效益趋于下降。(3)传统工业的收缩十分困难,特别是劳动力转移严重滞后,其进展远落后于工业升级化调整的要求。

5.3 开放型的经济增长新格局

上海经济增长形态的改善,除了与产业结构高度化的结构效应有密切关系外,还与开放型的经济增长新格局形成有关。开放型的经济增长新格局,包括了对外开放与对内开放的双重含义。这两方面,上海都已开始动作,并取得了一定的成效。相对来说,对外开放的成效更为显著一些,对上海经济增长的影响更大些;但对内开放的意义十分重大,其影响十分深远。

5.3.1 外贸增长:依存度增大及结构调整

受传统体制闭关自守的影响,长期以来中国经济增长基本上是封闭型的。在 1978 年,全国进出口贸易总额仅为 206 亿美元,虽比新中国成立后国民经济刚刚恢复时的 1953 年的进出口总额(23.6 亿美元)增长了 9 倍,但在世界贸易中所占的份额却由 1953 年的 1.23% 下降到 1978 年的 0.75%,在世界贸易中的位次也由第 17 位下降到第 32 位。

上海的情况也基本相似,1978 年外贸进出口商品总额仅 30.26 亿美元,其中进口商品总额只有 1.33 亿美元,出口商品总额 28.93 亿美元。而在出口商品构成中,轻纺产品出口额为 16.36 亿美元,农副产品出口额为 9.02 亿美元,两者已占出口总额的 87.73%。出口商品的市场分布主要集中在亚洲(主要是香港地区)和欧洲(主要是英国和德国),分别占 47.11% 和 31.63%,出口非洲和美洲的商品金额只分别占 10.02% 和 7.74%。外贸进口商品也集中来自亚洲(主要是日本)和欧洲(主要是德国),分别占 56.39% 和 30.83%,来自美洲和大洋洲及太平洋岛屿的进口商品比重只分别占 5.26% 和 7.52%。这种外贸进出口状况,在上海经济运行中所起的作用不是很大。而且,外贸出口依存度也只有 18.2%,对上海经济增长的影响也是有限的。

为了扩大经济开放度,适应国际市场竞争的需要,自 1978 年起上海开始组建工业、科技、工贸联营、大型骨干企业以及企业联合体等以出口大类商品为主的外贸公司,以打破外贸专业公司垄断经营的局面,并探索工贸结合、工贸联营、发展横向出口贸易联系的新路子,推动对外贸易的发展。在此基础上,实行了外贸承包经营,自负盈亏,划小经营核算单位,实施多元化经营和上岗合同制、全员劳动合同制等。进入 90 年代后,进一步放开外贸经营,让更多的大企业直接走向国际市场,同时加快组建大型外贸企业集团,形成以大集团为主体的外贸出口体制。通过一系列的外贸体制创新,上海形成了由专业外贸公司、工贸公司、工业自营出口企业、外商投资企业、中央在沪企业、地方综合企业等"六路创汇大军",实现了全方位、多渠道、直接面向国际市场的外贸新格局。截至1997年底,上海已有各类外贸企业714家,其中各类外贸、工贸公司236家、工业自营企业225家、中央部委和外省市在浦东的外贸子公司97家,再加上万家"三资"企业和注册在浦东外高桥保税区的1000多家中外贸易公司,构成了上海大外贸战略的新格局。

在这种情况下,上海外贸进出口发展迅速崛起。1979—1997年,上海外贸进出口总额累计高达1752.69亿美元,年平均增长11.7%,比1979年前30年累计进出口总额增长了5倍。其中,累计出口额为1169.42亿美元,进口额为583.27亿美元,年平均分别增长8.9%和25.6%。当然,在此过程中,上海外贸进出口增长是非均匀的,有较大波动性。

上海外贸出口增长在80年代可分为两个不同的阶段。1981—1985年,外贸出口增长处于下滑局面。1980年外贸出口增长达到16.1%,以后两年连续负增长,分别为−10.8%和−5.3%,1983年增长1.2%,紧接着1984年和1985年又是两年负增长,分别为−1.7%和−6.3%。因此,"六五"期间上海外贸出口平均增长为−4.7%,而同期的全国外贸出口年均增长达到5.6%,上海要比全国平均水平低10个百分点。

1986—1990年,上海外贸出口增长呈倒V形轨迹。1986年外贸出口从负增长中走出来,达到6.6%,1987年高升至16.1%,升幅达近10个百分点,1988年回落5个多百分点,达到10.7%,以后两年持续下降,分别为9.3%和5.7%。这一期间,上海外贸出口平均增长达9.6%,比"六五"时期有了较大的增长,但与同期全国年均增长19%相比,仍低10个百分点。

进入90年代后,上海外贸出口迅猛增长。1991年外贸出口开始恢复性增长,当年增长率达8.0%,1992年和1993年进一步增长,分别为14.2%和12.6%,在此基础上,1994年猛增到23%。1995—1997年连续三年年出口额突破百亿美元,其中1997年达到147.24亿美元,比1978年增长了4.1倍,成为上海外贸出口历史上最高的年份。

改革开放以来,外贸出口商品总额相当于GDP的比重一直平稳趋于上升。1978年为18.2%,1979—1983年基本保持在20%左右,1984—1985年在23%—24%左右,1986—1989年上升至27%左右。进入90年代后,除了个别年

份(1993 年为 28.1%)外,其余年份均在 32%以上,1994 年和 1995 年分别达到
39.6%和 39.1%,1996 年和 1997 年有所回落,分别为 37.9%和 35.9%。

　　改革开放以来,上海外贸进口增长更为迅速。1978—1997 年累计进口额为
583.27 亿美元,年平均增长 25.6%,比出口年均增长高出 16.7 个百分点。在此
期间,特别是在 80 年代,进口增长波动较大,1984 年出口额 8.13 亿美元,比上年
增长 65.24%;1985 年出口额达 16.31 亿美元,比上年增长 1 倍;1988 年出口额
达 26.40 亿美元,比上年增长 43.79%;1993 年出口额达 54.50 亿美元,比上年增
长 70.21%,而在 1990 年和 1992 年也曾出现负增长(分别为－25.07%和
－6.24%)。

　　由于进口贸易的迅速发展,其规模不断增大,使上海外贸进出口比例也发生
很大变化。新中国成立初期,上海进出口比例为 1∶7,最高年份为 1969 年曾达
1∶54,1978 年为 1∶22,而 1997 年进出口比例则演变为 1∶1.5。尽管出口增
长迅速,但由于改革开放之初上海进口规模远小于出口规模,如 1980 年,在进出
口总额 45.06 亿美元的规模下,进出口差额达 40.26 亿美元,所以上海进出口差
额始终呈顺差之势,而不像全国在 80 年代大多数年份呈逆差状态(见表 5.9)。

表 5.9　上海进出口商品总额和增长率

年份	进口商品		出口商品		进出口差额(亿美元)	
	总额(亿美元)	增长(%)	总额(亿美元)	增长(%)	上海	全国
1980	2.40	18.23	42.66	16.08	40.26	－19.0
1985	16.31	100.61	33.61	－6.30	17.30	－149.0
1988	26.40	43.79	46.05	10.70	19.65	－77.5
1990	21.10	－25.07	53.21	5.74	32.11	87.4
1991	23.04	9.19	57.4	7.9	34.36	80.5
1992	32.02	－6.24	65.55	14.2	33.53	43.5
1993	54.50	70.21	73.82	12.6	19.32	－122.2
1994	67.90	24.59	90.77	23.0	22.87	54.0
1995	74.48	9.69	115.77	27.5	41.29	167.0
1996	90.25	21.17	132.38	14.3	42.13	122.2
1997	100.40	11.25	147.24	11.2	46.84	403.4

　　资料来源:《上海统计年鉴》(1998);《中国统计年鉴》(1998)。

　　在外贸迅速增长的同时,上海的进出口商品结构也发生了根本性变化。出
口商品结构从原先的以农副产品为主、工业品为辅转变为以工业品为主、农副产

品为辅的结构。新中国成立初期,上海出口商品的农、轻、重比例为 71∶28∶1,1978 年其比例为 31∶57∶12。改革开放后,为适应开放型增长的需要,外贸出口商品结构得以较大调整,主要是作为初级产品、低附加值的农副产品出口在外贸出口总额迅速增大的情况下,其绝对额却不断趋于下降;而作为高附加值的重工产品出口额迅速增加,特别是进入 90 年代后其增速远高于外贸出口总额的增长率;轻纺产品出口额逐步增大,其增长基本与外贸出口总额增长保持同步。

农副产品出口绝对额在 1980 年达到最高点,为 11.28 亿美元,以后逐步下降,1985 年降至 7.67 亿美元,1997 年进一步降至 4.05 亿美元。在此过程中,农副产品出口额所占比重一路下滑,从 1978 年的 31.17% 降至 1984 年的 25.75% 和 1988 年的 16.33%,1993 年其比重已降至 10.11%,1994—1997 年基本保持在 3% 左右。

轻纺产品出口增长基本与整个外贸出口增长同步,随着外贸出口总额增大而增大。轻纺产品出口额从 1978 年的 16.36 亿美元增加到 1988 年的 28.50 亿美元,进入 90 年代后更是迅速增大,至 1997 年达到 88.24 亿美元。在此过程中,轻纺产品出口额所占比重基本保持平稳。1978 年,其比重为 56.55%,1984 年为 57.68%,1988 年为 61.88%,1993 年曾达到最高点(73.39%),以后趋于下降,1995 年为 65.38%,1997 年为 59.92%。

重工产品出口原先是最少的,在 1978 年只有 3.55 亿美元出口额,以后逐年增大,但在 80 年代其增长较慢,其中 1981 年、1982 年、1984 年、1986 年都是负增长。1988 年,重工产品出口额达到 10.03 亿美元,以后增长较快,特别是 1994 年以后迅猛增长,其增速远高于同期外贸出口商品总额的增速。1994 年重工产品出口额达 22.78 亿美元,比上年增长 87.18%,比当年外贸出口总额增速(23%)高出 64 个百分点;1995 年达到 35.74 亿美元,增长 56.89%,比外贸出口总额增速(27.5%)高 29 个百分点;1996 年达到 43.09 亿美元,增长 20.56%,比当年外贸出口总额增速(14.3%)高 6 个百分点;1997 年达到 54.95 亿美元,增长 27.52%,比当年外贸出口总额增速(11.2%)高 16 个百分点。在此过程中,重工产品出口额所占比重逐步上升。1978 年,其比重为 12.27%,1984 年上升至 16.61%,1988 年进一步上升至 21.78%,进入 90 年代后其比重变动有一个起伏,1991 年曾迅速上升至 30.88%,以后几年趋于回落,1993 年一度降至 16.48%,回到 1984 年的水平,但马上出现回升,1995 年恢复至 30.87%,1996 年上升至 32.55%,1997 年进一步上升至 37.32%,达到其比重变动的最高点。

　　因此,经过 20 年的变动,1997 年上海外贸出口商品的农、轻、重构成已演变为 3∶60∶37,在工业品出口中,轻纺产品仍占主导地位,但重工产品的年出口增长势头很猛(见表 5.10)。1997 年各类机电产品出口额高达 49.93 亿美元,占全年出口总额的 33.9%,比 1978 年增长了 13.1 倍,其中出口大、增幅快的商品主要有船舶、航空设备、各类机械、成套设备和各类家用电器等。

表 5.10　上海外贸出口商品构成

年份	轻纺产品		重工产品		农副产品	
	总额 (亿美元)	比重 (%)	总额 (亿美元)	比重 (%)	总额 (亿美元)	比重 (%)
1978	16.36	56.6	3.55	12.2	9.02	31.2
1984	20.96	57.7	5.96	16.6	9.24	25.7
1988	28.50	61.9	10.03	21.8	7.52	16.3
1990	33.89	63.7	12.68	23.8	6.62	12.5
1991	34.88	60.8	17.73	30.9	4.79	8.3
1992	40.74	62.1	16.96	25.9	7.89	12.0
1993	54.18	73.4	12.17	16.5	7.47	10.1
1994	64.78	71.4	22.78	25.1	3.21	3.5
1995	75.70	65.4	35.74	30.9	4.33	3.7
1996	84.96	64.2	43.09	32.5	4.33	3.3
1997	88.24	59.9	54.95	37.3	4.05	2.8

　　与此同时,进口商品结构也发生较大变化。1978 年进口商品总额中,生产资料占 60.15%,生活资料占 39.85%;到 1990 年,生产资料比重上升至 96.11%,生活资料比重降至 3.89%。1996 年,在进口商品结构中,以机械及设备、光电产品、五金矿产品、纺织丝绸为主导进口产品,其占全部进口商品额的比重为 61.9%;其次为化工产品、运输工具等,其占全部进口商品额的比重为 16.8%,其余 11 类进口产品的比重才占 21.3%(见表 5.11)。

　　改革开放以来,上海面对出口市场发展变化与激烈竞争,提出实施外贸市场多元化战略,即在继续巩固和扩大西方发达国家和港澳地区市场的同时,重点发展与扩大发展中国家和原苏东国家的贸易,推行全球化的对外贸易。截至 1997 年,上海已与世界 207 个国家与地区建立了贸易关系,其中亚洲 41 个、非洲 55 个、欧洲 50 个、拉丁美洲 39 个、北美洲 4 个、大洋洲 18 个。1997 年,上海出口额最多的前十位贸易伙伴依次为:日本、美国、中国香港、韩国、德国、新加坡、中国台湾、英国、澳大利亚、荷兰。

表 5.11　1995—1996 年上海外贸进口商品结构

	1995		1996	
	进口额(万美元)	比重(%)	进口额(万美元)	比重(%)
全部	747915	100	902542	100
粮油食品	18808	2.5	14843	1.6
土产畜产	18899	2.5	29763	3.3
纺织丝绸	82758	11.1	124420	13.8
服装	101	0	2764	0.3
工艺品	4448	0.6	2517	0.3
轻工业品	20779	2.8	22229	2.5
五金矿产品	112876	15.1	120674	13.4
煤炭及制品	2019	0.3	3590	0.4
石油及制品	10880	1.5	23992	2.7
化工产品	80178	10.7	84184	9.3
医药品	9150	1.2	11776	1.3
运输工具	64133	8.6	67412	7.5
机械及设备	143072	19.1	192950	21.4
光电产品	108483	14.5	120161	13.3
家电设备	13704	1.8	29403	3.3
工农具	3952	0.5	2410	0.3
出版物	0		5	
其他	50648	6.8	44392	4.9

资料来源:《上海对外经济贸易年鉴》(1997)。

5.3.2　引进外资和技贸发展:经济增长的重要支撑点

在推进外贸体制改革的同时,上海积极推行全方位的对外开放政策,坚持"积极、合理、有效"利用外资的原则,大胆吸收和利用外资,使上海利用外资在数量、规模和质量上都得到了迅速提高。截至 1997 年底,累计直接吸收外资合同金额为 290.82 亿美元,实际金额为 210.43 亿美元;累计间接吸收外资合同金额为 380.31 亿美元,实际金额为 127.56 亿美元;总计吸收外资合同金额为 671.13亿美元,实际金额为 337.99 亿美元。

上海在吸引外商直接投资方面,特别注意充分发挥其自身经济地位、科技与人才、区位优势等特点,把主要目标放在吸引国际著名跨国公司来沪落户上。近年来,一些跨国公司在上海纷纷设立投资公司,并将地区总部移师上海。1997 年底,世界排名前 100 位工业性跨国公司中已有 55 家来沪投资,投资项目 129 个,总投资为 67.7 亿美元。这不仅使投资数量保持持续增长,而且投资质量明显提高。截至 1997 年底,上海共批准 1000 万美元以上大项目 1466 个,合同外资达 195.33 亿美元,占全部外商直接投资金额的 67.2%。外商投资项目的平均规模由 80 年代的 159 万美元增加到 1997 年的 295 万美元。

此外,在吸引外资方面,上海根据实际情况,不断拓宽其投资领域,从原先以工业、房地产业项目为主,发展到农业、金融、商业零售、外贸、交通、能源、公用事业、文教卫生、咨询、信息服务等众多领域。特别是进入 90 年代后,为了保持上海经济持续、稳定、快速发展的需要,积极发展第三产业,上海先后推出了一系列优惠政策鼓励外商来沪投资第三产业,从而第三产业已逐步成为外商投资的热点领域。截至 1997 年底,上海共批准第三产业项目 5156 项,吸收合同外资 141.38 亿美元,占全部外商直接投资合同金额的 48.6%。除房地产业、金融、运输、文教卫生、文化娱乐等第三产业有新的发展外,服务业利用外资也得到进一步扩大。1997 年,全国首批 3 家中外合资外贸公司在浦东挂牌开业,使上海第三产业利用外资领域有了新的拓展。

还有,在吸引和利用外资方面,充分利用浦东开发开放的发展机遇和特殊政策,使浦东成为外商投资的热土。截至 1997 年底,浦东新区累计批准外商投资企业项目 4918 项,吸引合同外资 76 亿美元,其中 1997 年吸引合同外资 18.09 亿美元,与 1990 年的 1500 万美元相比,年均增长 98.30%。至 1997 年底,累计已有 68 家国际著名跨国公司在浦东投资了 111 个项目,并有 15 家跨国公司在浦东新区设立了地区总部。

大量外资的引进和外商投资企业的发展,强有力地促进了上海地方经济的发展和综合实力的提高。外商投资企业的发展,对上海经济发展的推动作用也越来越明显。1997 年,全市外商投资企业实现销售收入 2240.45 亿元,比 1990 年增长 19.2 倍,年均增长 53.6%;工业总产值达 2118.87 亿元,比 1990 年增长 27.4 倍,年均增长 61.3%,占全市工业总产值的比重由 1990 年的 4.5%提高到 1997 年的 37.5%;利税总额达 213.02 亿元,比 1990 年增长 13.3 倍,年均增长 46.2%。特别是跨国公司所投资的企业,普遍具有技术层次高、高新技术产业化程度高、知识含量高的特征,其产品长期保持世界先进水平,所以对扩大上海工业产品的技术含量和国际市场的竞争能力产生了强劲的推动作用。

　　另外,外商来沪投资迅猛增加,大批外商投资企业相继投产开业,其商品出口额也随之大幅度增长,占全市对外贸易出口的比重也快速上升。1997 年,外商投资企业外贸出口达 52 亿美元,比 1990 年增长 16.4 倍,年均增长 50.4%,占全市外贸出口比重由 1990 年的 5.6% 上升至 1997 年的 35.3%(见表 5.12)。在此过程中,外商投资企业外贸迅速发展,也促进了上海外贸方式的转变。尽管目前上海贸易方式仍保持着以一般贸易为主导的格局,但加工贸易出口额所占比重已有较大提高。1985 年,上海海关出口商品总额为 49.08 亿美元,其中一般贸易为 47.04 亿美元,占 95.84%,补偿贸易为 0.11 亿美元,占 0.23%,加工贸易只有 1.87 亿美元,占 3.63%。而到 1997 年,上海一般贸易出口额所占比重已下降至 53.49%,加工贸易出口额所占比重上升为 45.84%。

表 5.12　1991—1997 年上海外商投资企业出口情况

	1991	1992	1993	1994	1995	1996	1997
全市外贸出口额(亿美元)	57.4	65.55	73.82	90.77	115.77	132.38	147.24
比上年增长(%)	7.9	14.2	12.6	23.0	27.5	14.3	11.2
其中:外商投资企业出口额(亿美元)	4.97	10.43	16.16	20.6	26.46	40.05	52.0
占全市出口比重(%)	8.7	15.9	21.9	22.7	22.9	30.3	35.3
比上年增长(%)	66.2	110	54.9	27.5	28.4	51.4	29.8

　　资料来源:《上海统计年鉴》(1998)。

　　伴随着大量引进外资,技术贸易也发展起来,并对上海经济发展起着日益重大的作用。进入 90 年代后,上海技术贸易发展很快,技术引进和技术出口都呈现出快速增长势头。1996 年,上海技术引进和设备进口共签订合同 1798 个,比上年增长 19.7%,成交金额 14.42 亿美元,比上年增长 162.2%。引进技术和进口设备来自 34 个国家(地区),成交金额较大的有德国、日本、美国、中国香港等。引进的技术和设备主要分布在纺织、轻工、机电、冶金、仪表、汽车等行业。1996 年技术软件引进合同也有显著增加,按国家规定报市经贸委审批的技术引进合同 58 个,比上年增长 45%。

　　1996 年上海技术出口取得新的进展,全年共成交合同 323 项,合同总金额为 5.37 亿美元,平均每个项目的合同金额为 166 万美元。与上年同期相比,成交合同数增加了一倍,为 101.8%,合同总金额也增加了一倍多,达 120%。成交的项目有电站控制设备及配套设备、港口机械、船舶及船用调和、数控机床、化工成套、纺织机械、特种冶金设备等,几乎涉及上海各工业领域。其中交运类项目所占比重为最高,达 50.7％,主要是船舶及港口机械(见表 5.13)。此外,高新技术产品的出口也占有一定的比例,达到了 7％,如集成电路芯片、光纤传输设备、各种晶体材料、电光调制器等。上海的技术装备不仅出口到广大的发展中国家,如伊朗、印度尼西亚、巴基斯坦、菲律宾、泰国、缅甸等国,还出口到加拿大、美国、日本、法国等发达国家。如 1996 年,上海技术出口合同金额中所占比重最高的前四位贸易伙伴,分别是加拿大(28.5％)、中国香港(21.6％)、法国(13.0％)、日本(7.8％)。新加坡和美国分居第七、八位,其比重分别为 3.2％和 2.8％。这说明上海的技术是多层次的,既能适应广大发展中国家和地区的需要,也具备一定的竞争能力向发达国家和地区出口。

表 5.13　1996 年上海技术出口

	合同金额(万美元)	占总成交额的比例(％)
交运	27230.71	50.7
机械	5911.28	10.8
其他	5105.62	9.5
高科技	3658.92	6.8
机电	2742.96	5.1
轻工	2545.74	4.7
化工	2214.50	4.1
交通	1888.50	3.5
建材	1166.00	2.2
仪电	573.22	1.1
纺织	392.67	0.7
能源	268.86	0.5
仪表	145.42	0.3
冶金	8.00	0.0
总计	53752.40	100

资料来源:《上海对外经济贸易年鉴》(1997)。

　　总之,在对外开放过程中,上海逐步形成了以进出口贸易和利用外资为基础,外贸、外技、外服、外经、外资等"五个外"协调、互补发展的大外经贸经营格局,从而对上海经济增长起到了重要的支撑作用。

5.3.3　对内开放与区域经济发展

　　除了对外开放、走向国际市场、融入世界经济一体化进程外,上海经济增长也越来越依赖于对内开放与区域经济的发展。因为在市场经济条件下,上海经

济发展必须突破地域空间的限制,借助于自身的潜在优势对外扩大辐射,更何况
上海经济正处于从工业加工基地转向"一个龙头,三个中心"的建设,必须实行对
外产业转移,以腾出结构调整的必要空间。为此,上海经济发展正逐步融入长江
三角洲乃至长江流域的区域经济发展之中,在对内开放与区域经济发展中重新
确立"龙头"的地位。在此过程中,一方面,上海加大对国内市外的投资力度,实
行以资产为纽带的品牌、技术、管理、人才等全方位的输出,推动市内产业向外转
移;另一方面,积极创造条件,吸引国内企业来沪注册,吸引全国的生产要素流入
上海。

在整个 80 年代,上海企业的市外投资规模还较小,只是个别现象。但进入
90 年代后,随着国内统一市场的逐步形成和市场竞争的加剧,上海对国内市外
的投资步伐逐渐加大。截至 1996 年 5 月底,上海到外省市控股、参股、联营企业
(项目)达 3261 个,在市外投资达 91.34 亿元(不包括在市外进行补偿贸易性的
投资)。1992—1995 年,上海在国内市外投资的企业(项目)每年平均以 20%的
速度增长(见表 5.14),合作企业(项目)遍布全国。1995 年,在这些合作企业中,
全资企业占 14.8%,控股企业占 13%,参股企业占 15.3%,联营企业占 55.8%,
与 1994 年末相比,全资及控股企业比重增加了 5 个百分点。

表 5.14   1992—1995 年上海对国内市外投资项目数

	1992	1993	1994	1995	年平均增长(%)
项目数(个)	327	355	448	536	20

资料来源:《上海经济年鉴》(1997)。

依据区域经济发展的规律性,上海对外(国内)投资主要集中在长江沿江地
区。其中,在市外投资额最大的省为浙江省,计 31.64 亿元,占上海在国内市外
投资总额的 1/3;在市外投资合作(项目)最多的省为江苏省,计 1224 个,占总数
的 2/5。1995 年,在 3261 个企业(项目)中,上海与长江沿江 7 省的经济合作项
目共 2230 个,上海投资 67.02 亿元,占上海在国内市外投资总额的 70%以上,这
些合作项目的工业产值达 175.04 亿元,营业收入为 347.89 亿元。但近几年,上
海对中西部地区的投资增长很快。1995 年,上海在西部 11 个省区的投资企业
(项目)295 个,投资近 8 亿元,项目数和投资额比上年末分别增长 43.9%
(205 个)和 170.7%(2.92 亿元),当年工业产值达 21.67 亿元,营业收入为
100 亿元。

由于上海长期以来工业经济基础雄厚,而在上海产业结构调整中又是以工

业产业向外转移为主,所以上海对外(国内)投资是以工业性投资为主角的。1995 年,上海在市外投资的工业性企业(项目)达 1797 个,其投资额为 54.87 亿元,均占全部对外投资企业(项目)数和投资额的 60％左右。当年的工业总产值达 231.75 亿元,营业收入为 299.69 亿元。但近几年来,上海对外(国内)的商业投资也有较大的增长。1995 年,上海在市外投资的商业企业(项目)630 个,其投资额为 13.21 亿元,分别占市外投资企业(项目)数和投资总额的 19.3％和14.4％;与 1994 年末相比,企业(项目)数增长 36.0％,投资额增长 18.5％。1995 年,商业营业收入为 190.12 亿元,其中有 1/3 集中在江浙两省。1996 年,全市商业系统在各地拓展项目 369 项目,其中上海方投资 15.91 亿元,营业面积78.93 万平方米,市外商业网点的覆盖率明显提高。

在对外(国内)投资过程中,上海企业往往发挥其产品品牌在国内外的知名度,走资产为纽带的合作道路,在输出资金的同时,往往伴随着向外输出品牌、技术、管理以及输送和培养人才等。当然,在实际操作中,输出的重点是有所区别的。如锦江集团国际管理公司主要是输出经济管理,经过十多年的努力,其经营管理的地域已遍及北京、哈尔滨、唐山、济南、南昌、昆明等十多个城市。1996年,经营管理的饭店已达 34 家,客房总数达 8000 多间,公寓、办公楼等物业项目8 家,建筑面积达 19 万平方米,其中国内经济合作项目包括饭店 23 家、物业项目 4 家。在其管理输出过程中,也伴随着投资等活动。

在上海企业走向内地的同时,随着上海对内开放步伐的加大,以及上海国际大都市框架的逐步形成,外地企业也纷纷进驻上海。特别是进入 90 年代后,外地企业进驻上海的数量迅速增大,目前在沪企业中 70％以上是 1990 年以后兴办的。截至 1998 年 8 月底,外地在沪企业总数达到 1.5 万家,注册资金突破300 亿元。这些外省市来沪的企业(项目)呈现出以下的基本特点:一是这些企业一般以全资方式(占 84.08％)参与上海各种经济活动,控股和参股的方式较少。二是这些外省市在沪企业的产业分布,以第三产业为主,其企业(项目)数比重为 87.99％,投资额比重为 84.83％;从事第二产业活动的企业(项目)数比重为12％,投资额比重为 15.17％;从事第一产业的企业(项目)数比重为 0.01％,投资额所占比重接近 0。而在第三产业中,则以交通运输、建筑装饰业、房地产业、批发零售业、软件开发咨询业居多。三是外省市在沪企业中,不乏规模大、效益好、上缴税金多的企业,不少外地在沪企业成了上海区县的税源大户。

外省市企业,特别是大集团和大公司来沪,对上海经济发展的推动作用正日益显示出来。1998 年,中央和内地在沪企业(1990 年以后进入上海)的国内生产总值占全市 GDP 的 5.1％,比上年增加 0.6 个百分点;对上海 GDP 的增长,这些企业拉动 0.9 个百分点,在全市 GDP 增长中,约占 10％的份额。此外,在上缴税金和吸纳当地劳动力就业方面,这些企业也正起着重要作用。上海市协作办于 1996 年所作的快速普查资料显示,1995 年,中央和内地在沪企业上缴税金 67.02 亿元,吸纳上海户籍劳动力 24.84 万人。

总之,上海与外地的经济交流和协作,正成为上海开放型经济增长的一个重要组成部分。虽然目前这种国内经济协作规模还不是很大,对上海经济增长的影响力度也不是很大,但其意义是十分重大的,其影响也是十分深远的。

6 实现增长方式转变:背景及战略定位

从上面的实证分析中我们可以看到,"八五"期间上海经济增长方式正发生着重大转变,出现了 80 年代所没有的一系列新变化与新特点,其总体趋向是良好的。但是,在这一增长方式转变中尚存在一些问题,距离上海经济发展战略目标的要求甚远。更何况,当前各种迹象表明,处于世纪之交的中国经济发展正面临着产业空洞化的挑战,并将日益成为影响中国经济健康发展的主要矛盾。产业空洞化是新产业发展不能弥补旧产业衰退而形成经济萎缩的现象。各国在其发展过程中都不同程度地遇到过这一问题,但中国当前的产业空洞化又有其自身特点。这种经济发展环境的重大变化,对上海经济运行有重大的影响,构成了上海尽快实现经济增长方式根本性转变的深层背景,并成为上海转变增长方式的战略定位的重要依据。

6.1 世纪之交来自产业空洞化的挑战

目前大家都已形成一种共识,即当前中国宏观经济运行的供求环境已发生了根本性变化,"买方市场"的特征比较鲜明,产品生产能力过剩的现象比较突出,不仅消费品市场总体呈现供大于求形势,而且投资品的"买方市场"特征也日益明显,建材和设备供给能力很大,甚至连基础设施和基础工业的供给能力也较大,生产能力有相当程度的"放空"。深入分析表明,这种供求环境的变化不是一般意义上的生产过剩,其实质是一种产业空洞化的表现。面对来自产业空洞化的挑战,唯一的出路就是调整经济结构与转变经济增长方式。

6.1.1 中国目前产业空洞化的成因

目前中国市场供大于求态势的形成机理,与 90 年代初出现的"市场疲软"已不能同日而语。其中一个很重要的变化因素是,随着各项改革力度的加大,原来以政府扩张需求为主的机制被市场需求自我调节机制所替代。目前各投资主体在投资方面的责任意识明显增强。企业在当期生产的组织上,也更加重视市场需求的变化。银行更加重视贷款的回收和效益,在贷款的发放上更加谨慎。因此,政府的总量调控政策虽然仍有重要作用,但对需求变化的影响程度开始降低。

在这种制度变量发生重大变化的条件下,市场出现的"过剩"现象就不能用宏观紧缩政策效应来解释了,而要探究其市场调节的需求变化机制。通常,用有支付能力的购买力不足来解释经济"过剩"的市场调节机制问题。尽管近年来居民收入增长趋缓,但从居民储蓄总额增长势头来看,潜在的支付能力还是巨大的。因此,主要不是支付能力问题,而是购买意向不足。另外一个明显的迹象,就是近年来企业存款增长较快。这一定程度上反映了企业投资没有方向,从而缺乏投资动机。因此,在这种市场供过于求、生产能力相对过剩状态的背后,实质上是有相当一部分产业将处于衰退状态,个别产业甚至将趋于衰亡,而新兴产业发展又没能及时跟进从而填补衰退产业退出的空缺。正是这种产业"空缺"的作祟,才造成了"消费没热点,投资没方向"的迷茫,最终将导致经济增长趋于减缓。

国际上把这种"因经营资源规模的转移而发生的行业性或地区空白现象"称为产业空洞化,英语中的相应词汇是"deindustrialization",即是指特定产业的崩溃和衰亡。因此,产业空洞化也被看作是"特定地区为基础的特定产业的衰退,新产业的发展不能弥补旧产业衰退而形成地区经济的极度萎缩"(高野邦彦,1987)。国内理论界过去一直把产业空洞理解为国民经济过度服务化或超工业化,从而使资本等生产要素的投入与流动日趋不合理,造成经济结构的严重失衡,使制造业逐渐丧失国际竞争力,同时也使国内物质生产的地位和作用减弱,并导致物质生产下降形成危机。这种对产业空洞化的定义是比较狭义的,我们这里用"正名"了的产业空洞化的含义观察目前中国的经济运行状态。

特别值得指出的是,1997 年下半年发生的东南亚金融危机在某种程度上加速了中国产业空洞化的形成。因为中国产业发展水平及其结构状态,基本上与东南亚国家和地区属于同一层次,在国际市场上处于强竞争状态。所以东南亚金融危机对中国经济发展的影响,将是十分深刻且长远的,不仅仅表现为近阶段中国对该地区的出口受阻,更主要的是同一层次的产业竞争将使中国一些产业提早进入衰退期。

从理论上讲,产业空洞化实质上就是产业结构弹性问题(周振华,1992),即产品供给结构对需求结构变化的反应程度问题。在需求结构发生变化时,产品供给结构若不能及时作出反应并随之变动,就会出现产业"空洞"问题。供给结构对需求结构变化所作出的反应,从表面上看,是产品供给品种增多、产品供给重点调整、产品供给规模扩大,但实质上却是供给结构内部生产关联的调整与变动,即结构关联规模深化、聚合质量提高和技术矩阵水平转换。因此,影响产业空洞化的因素将是十分复杂的,与产业分工、组织协调、技术创新等都有密切关系。

如果我们暂时撇开其他因素,仅从最一般意义上来考察产业空洞化问题,那么经济发展阶段转变将是导致产业空洞化的一个基本原因。在一般周期性的需求变动中,通常是以中间需求要素投入结构的调整(即存货调整方式)来对此作出反应的。但在经济发展阶段转变的重要时刻,由于所发生的不是一般周期性需求的变化,而是需求层次提升的重大结构变化,因此以中间要素投入结构调整对此作出反应就具有较大的局限性,即它不可能对需求结构变动作出持续的反应。在这种情况下,只有整个产业生产能力构成(包括中间要素投入结构、产业固定资产结构和技术结构)对此作出反应,才能够适应需求结构变化的要求。但这种包括产业固定资产结构和技术结构在内的潜在产业生产能力构成的变动,是相当困难的,既有资产专用性带来的转移困难,也有人力资源学习过程的难度,还有技术创新基础积累的问题。总之,这种整个产业生产能力供给结构的反应通常比较迟缓,容易引起产业空洞化。

中国经济发展水平正处于人民生活由温饱向小康的过渡阶段。按当前汇率计算,1996 年中国人均 GDP 约为 750 美元。国外经验表明,在人均 GDP 为 400—1000 美元的时候,是结构变化最活跃、结构升级最关键的时期。在这一时期,随着需求结构的变化,低附加值产品的潜在市场具有逐渐缩小的趋势,高附加值产品的潜在市场则具有逐渐扩大的趋势。在这一结构转换过程中,通常都会出现技术、人才储备不足或技术创新力度不足的问题,难以使高附加值产品的供给及时跟上以支撑生产结构升级换代和市场结构调整。而低附加值产品市场不断走向疲软,出现销售偏淡,进而导致这类产品的生产加工企业开工不足,就会造成社会经济增长明显乏力,国家综合国力相对下降。

　　除经济发展阶段转变这一基本因素外,中国经济系统的非均衡态更是直接导致产业空洞化的一个重要因素。因为在经济系统非均衡状态下,即使撇开供给因素不谈,需求结构的变动会发生较大的偏差,从而成为导致产业空洞化的重要根源之一。

　　首先,中国经济发展阶段的转变是建立在严重的二元结构基础之上的。尽管改革开放以后中国城市化进程明显加快,但城市化水平仍是偏低的。而中国城市人均 GDP 水平约是农村人均水平的 3 倍。90 年代以来,尽管农村居民的总体消费水平处于不断提高之中,但城乡居民之间的消费差距日益扩大。以农村居民的消费水平为 1,则 1990 年城镇居民的消费水平为 3,1994 年则提高到 3.6。这与日本和亚洲"四小龙"在高速增长起步阶段,城市人口已占 50%—60%,城乡居民收入差距在 1 倍左右的情况极不相同。随着城乡居民收入及消费水平差距的不断扩大,农村消费品市场与城镇消费品市场的层级不断拉大,以至拉大到两个市场"断裂"的程度,巨大的潜在农村市场无法吸纳在城镇市场上已趋于饱和的产品,由此造成这种特殊的产业空洞化现象。

　　其次,与此相关的在区域分布上的一个突出表现,就是区域经济发展不平衡造成地区市场的"断裂"。改革开放以来,各地区的经济增长速度是逐渐拉开了距离的,总体来说东部地区的经济增长快于中西部地区。1995 年住户调查数据表明,东部农村居民的消费水平基本达到或接近小康生活标准,中部温饱有余,西部农村居民则仍处于温饱线上。因此,在地区之间居民的需求结构差异度也较大,从而使某些非必需的耐用消费品在经济发达地区市场上已饱和,而在经济欠发达地区市场上却缺乏有效需求,这就使新兴耐用消费品的地区性扩散及消费的地区间梯度转移难以实现。

　　再则,在中国经济发展阶段转变中,居民收入非正规化机制对需求结构变动也产生异化作用。决定消费需求变动的一个重要变量是居民收入,而居民收入可按其性质划分为持久收入与暂时收入等不同类型,其对消费需求的影响程度是不同的。在改革开放中,特别在近阶段,我们可以看到中国居民收入中暂时收入部分较大,且变动极不稳定。按照弗里德曼的持久收入假说,这部分暂时收入将更多用于储蓄,而不是用于消费。显然,这将对消费与储蓄形成较大影响,使收入水平与需求结构变动的函数关系发生变异。因此即使我们撇开消费对象是否合适等因素,在居民收入中暂时收入占较大比重的情况下,偏重于储蓄增加势必压制正常消费,影响消费需求提升。事实上,90 年代以来,国内总消费量占GDP 的比率确实呈连年下降态势(表 6.1)。这不能不说与收入非正规化有很大

表 6.1　1990—1996 年全国总消费量占 GDP 的比率

	1990 年	1991 年	1992 年	1993 年	1994 年	1995 年	1996 年
比率(%)	62.0	61.8	61.7	58.5	57.8	58.1	57.6

的关系。

最后,伴随着中国经济发展阶段转变的体制改革尚未真正到位,供给系统的反应远不相适应。与传统体制下的供给系统相比,目前国内供给系统不能说是完全刚性的,已发生了重大变化,开始对需求变动作出反应,特别是 90 年代以后随着要素市场化的推进,变得具有弹性了。但这种供给系统的弹性是有严重缺陷的,主要表现为:

其一,扩张反应过度敏感,收缩反应麻木呆滞。面对市场需求变化产生的新的消费热点,在政府强有力的组织下,企业可迅速调动起各种生产要素而形成新的生产能力。由于这种扩张反应过度敏感,因而这种新的生产能力及供给水平往往会远远超前于市场需求变化的即期要求,结果形成大量超前性的生产能力过剩。而且在此扩张过程中,往往形成地区产业趋同现象。据测算,中国中部与东部发达地区工业结构的相似率为 93.5%,西部与中部的工业结构相似率达 97.9%。与此同时,面对市场需求变化产生的原有消费品种及数量的萎缩,供给系统的收缩反应却过于呆滞。尽管一些产业和行业市场需求锐减,且市场前景暗淡,但其生产规模及生产能力却没有主动加以削减。例如纺织行业,只有通过中央采取强制性的削减措施,才使其生产能力得以收缩。

其二,低水平反应强烈,高水平反应不足。从层次来看,目前国内供给系统对需求变动的反应,表现比较强烈的大都是低附加值、低技术含量的产业,而高附加值、高技术含量产业的反应能力则严重不足。这不仅表现在高新技术产业资产比重偏低,并呈下降趋势,而且也表现在整体生产装备的技术水平偏低。第三次工业普查资料显示,与 1985 年相比,中国工业企业生产技术和装备水平有了很大提高,但总体状况仍不容乐观。据对国有企业为主的大中型企业 1180 种主要专业生产设备技术的普查,1995 年达到国际水平的仅占 26.1%,而国内一般水平及落后水平的分别占 33.4% 和 12.8%,重点行业、关键设备的水平甚至还低于平均水平(个别行业例外)。

其三,短期反应迟缓,长期反应失调。所谓短期反应是指面对需求结构变动,只随之发生中间要素投入结构的调整。在目前条件下,这种短期反应是有的,但其反应程度比较迟缓,主要受制于劳动要素投入结构的刚性。所谓长期反应是指面对需求结构变动，不仅中间要素投入结构发生变化，而且产业固定资产结构和技术结构也随之发生变化。从目前情况来看，这种长期反应处于严重失调状态，特别是其中的技术结构难以随之升级提高。

总之，目前国内产业空洞化是众多因素聚合在一起产生的综合性现象，是在发展阶段转换的大背景下各种累积的或新产生的矛盾冲突激化的产物。而在导致中国目前产业空洞化的诸多因素中，制度因素具有决定性的作用，从某种程度上可以讲，这是一种制度性的产业空洞化。

6.1.2　产业空洞化对上海经济的冲击

中国目前的产业空洞化造成市场空间的畸形收缩，从而导致供给充裕的产品在狭窄的市场空间中展开了激烈竞争。这对上海经济，特别是沪产工业品形成了强大冲击。因为随着国内统一市场的逐步形成与国际市场开放力度的增大，上海的经济发展与国内外市场的融合程度越来越高，国内外需求对上海经济增长的影响越来越大。在产业空洞化的大背景下，有效需求不足的经济制约势必对上海经济运行产生巨大压力。

暂时撇开国外产品的影响因素，仅就国内产品而言，外省市产品对沪产工业品的冲击可以分为两个不同的阶段：第一阶段是 80 年代中后期，以广东轻工业产品为代表，国内其他企业的产销量急剧增长，不仅在全国范围内挤占了相当比例的沪产工业品原有市场份额，而且在上海市场也占有一席之地。第二阶段是 90 年代中后期，各省市新的代表性知名品牌在全国范围内进一步挤占上海同类产品的市场份额，并在上海本地市场上占有相当规模的销售量。

这两次冲击尽管都表现为对沪产工业品市场份额的挤占，但深入分析表明，其发生的背景及性质是不同的。由于在整个 80 年代中国经济总体仍呈现许多市场短缺特征，投资需求和消费需求都很强劲，推动经济高速增长的势头不减，因此上海工业品在市场份额有所萎缩的情况下，其产销规模并没有缩小，绝大部分产品的销售量仍呈增长态势。但到了 90 年代中后期，中国经济运行出现了产业空洞化倾向，长期困扰经济发展的经济短缺转变为经济过剩，工业品市场大面积出现"疲软"现象。在此情形下，接踵而至的是新一轮的以品牌竞争为主的市场争夺。除了日益增多的国际著名品牌进入外，"长虹""海尔""春兰"等国内新的品牌也不断涌现，而上海在这一轮市场竞争中并没有形成强大的品牌优势。涉及 34 个大中城市、60 大类商品、16461 个国产和进口品牌的"1998 年全国主要城市居民消费品调查"资料显示，在品牌市场占有率居前三位的 166 种品牌中,上海品牌只有 10 个,而且大都只是香烟(红双喜、中华)、洗涤剂(白猫、奥妙)、保健品(昂立一号)、衬衫(开开)、花露水(六神)等之类,大宗产品只有桑塔纳轿车,家电品牌竟然无一能在市场占有率前三位中榜上有名。事实上,自 1995 年以来占市场占有率前三位的品牌,除洗衣机"金鱼""水仙"被逐出外,一直只有上述几种。这使上海工业品(尤其是传统的名优产品)受到强大冲击,不仅市场份额进一步下降,而且不少企业的销售量及生产规模趋于萎缩,经营出现亏损,甚至陷入停产的困境。

　　当然,在此过程中,有一部分是属于上海产业结构调整中主动淘汰的产品,但更多的是那些既不属于产业结构调整中应逐步淘汰的产品,又具有较大市场需求容量的传统产品,其销售规模与市场份额双双出现下滑。这不仅是上海企业市场地位下降的标志,而且也是上海产品竞争力缺乏基础支撑的表现。如果说 80 年代外地产品挤占沪产工业品市场份额在更大程度上具有填补经济短缺中需求空缺的性质,那么 90 年代外地产品挤占沪产工业品市场份额则是直接危及上海工业企业的生存发展。有关统计表明,1985—1997 年间上海很多工业产品生产数量在全国的比重普遍下降,如洗衣机从 12.8% 降至 9.9%,手表从 14.5% 急剧下滑至 1.1%,照相机从 29.9% 降至 9.3%,录音机从 16.4% 降至 1.3%,化学纤维从 23.75% 降至 9.3%。即使是新兴耐用消费品,上海产品的市场份额也在不断缩小。1997 年,上海家用电冰箱生产数量从最高峰年产 128 万台(1995 年)跌至 30 万台,占全国的比重从 1985 年的 14.2% 降至 1997 年的 3.1%;电视机从 500 万台(1994 年)降至 181 万台,其中彩色电视机从 132 万台降至 70 万台,比重从 1985 年的 16.5% 跌至 2.7%。1997 年上海工业产品数量占全国比重的排序依次为:缝纫机为 46.1%,发电设备为 32.1%,民用钢质船舶为 25.7%,自行车为 25.2%,汽车为 14.7%,钢为 14.2%,成品钢材为 13.4%,乙烯为 12.7%,金属切削机床为 12.5%,合成洗涤剂为 12%,塑料为 10.4%。可见,上海产品生产数量在全国所占比重较高的仍大部分是传统产业的产品。

　　对于上述情况,我们可以从两方面进行分析。从历史角度来看,上海作为全国最大的工业基地之一,具有门类齐全的众多传统产业,而这些传统产业在产业空洞化大背景下基本都呈现衰退之势,难以有较大的作为。与此不同,那些在改革开放中崛起的沿海经济,尽管原先没有雄厚的工业基础,但发展起来的大都是新兴产业部门,如深圳及珠江三角洲地区很少有传统产业的历史遗产。因此,与这些地区相比,上海原先的产业优势就转变为了劣势。在同样的产业空洞化背景下,上海产业受到的冲击就相对较大。

从现实的角度来看,虽然中国对外开放呈现地区梯度推进的态势,但同时也表现为局部区域的平面开放格局,至少在局部范围内(如沿海地区),其引进外资及先进技术与设备的频率是大体同步的。因此尽管上海原有的产业基础好于其他地区,在吸引外商直接投资方面有一定的优势,但这种优势的吸引力是有限的,甚至不及其他地区的政策及体制环境优势对外资的吸引力。从实际结果来看,在对外开放过程中,上海的产业层次及技术水平不是与周边及沿海地区呈扩大之势,而是趋于逐步缩小,甚至在某些方面已落后于其他地区。因此,在地区竞争关系中,上海产品的竞争力不是相对增强了,而是有相对弱化之势。

上面的分析仅限于国内竞争范围,如果引入国际竞争因素,摆在我们面前的将是更为严峻的事实。进入90年代以来,随着中国经济与国际经济一体化的步伐明显加快,国内市场与国际市场由"分割"为主转向以"接轨"为主,国内市场正逐步演变为国际竞争的舞台,使国内市场的竞争环境发生了深刻变化。

一是参与市场竞争的外资发生了显著变化。80年代进入中国内地的外资以港澳台小资本为主,资本流入的目的主要是利用中国内地低廉的劳动力和优惠政策从事两头在外的"三来一补"加工贸易,与国内企业在市场上以互补关系为主,对国内市场的影响较小。90年代进入中国的外资主要以发达国家跨国公司为主,其进入中国的目的是看中中国巨大的市场潜力,与国内企业在市场上以互相竞争关系为主,其独资企业或控股企业的产品和进口产品对国内市场的影响越来越大。

二是竞争形式和激烈程度发生了深刻变化。80年代以国内企业之间的竞争为主,兼有港澳台小资本参加竞争,基本上属于低级的、局部的完全竞争形式。竞争各方各具优势,实力相当,在供不应求的市场环境下,其竞争性质并非达到你死我活的地步,而是竞争各方都能获得一定的利润,其差异只不过是利润大小问题。90年代跨国公司的大资本则以直接投资和倾销产品的方式进入国内市场,借其资本、技术和经营的绝对优势,展开了强占市场的强大攻势,使竞争一下子进入垄断竞争的"白热化"阶段。

三是竞争领域和手段发生了巨大变化。80年代主要是以劳动密集型产品竞争为主,涉及的行业有限。而90年代则过渡为以资本、技术密集型产品竞争为主,扩展到除国家垄断的个别行业外的全面竞争,竞争领域明显扩大。与此同时,竞争手段也发生了根本性变化。80年代的竞争主要采取"相互杀价""仿制""回扣"等低级手段。进入90年代后,跨国公司将其垄断竞争手段引入国内,主要依靠资本实力和品牌优势参与竞争,用"所有权优势"来控制市场和技术,甚至不惜以短期内亏损来获取最大的市场占有率,而后获得长期的垄断性利润。

总之,在中国经济日益国际化的过程中,国内市场的竞争已基本完成了由低级形态向高级形态的转化,进入资本实力竞争和技术创新竞争的阶段。在这一新的阶段,市场竞争模式也开始发生变化,逐步转向垄断竞争的大格局。中国工业企业的数量,1994年比1991年净增近200万家,但1995年后开始下降并趋于稳定(维持在700万—800万家之间),而同期工业总产值(扣除价格因素)增长了1.7倍。这在一定程度上表明,随着市场供求总格局的变化,市场竞争逐步转向以垄断竞争为主的模式。这种垄断竞争模式在重加工业和高新技术产业中出现较早,在日用消费品领域,尤其在家用电器、日用化工行业,垄断竞争模式的雏形也已经显现。例如,在80年代末全国摩托车生产企业有70多家,到了90年代中期主要生产厂商已不足十家。彩电、洗衣机、冰箱等生产企业的数量也都由80年代末的几十家减少到90年代中期的十来家。而且随着企业改制的深入,企业收购兼并以及企业集团化经营,将使普遍性的竞争转变为行业内少数垄断厂商的竞争。这种情况正迅速延伸到其他轻工行业,从而使垄断竞争的程度将进一步提高。

总之,在国内产业空洞化形成及国内外竞争日益加剧的情况下,上海产品的生产成本上升较快,品种改良速度较慢,传统品牌逐渐丧失生命力;相反,许多国内同行逐步形成低成本、多品种的优势,新的品牌富有生机,从而使上海经济运行承受着巨大的压力。尽管上海在一些新兴产品,如个人电脑、录像机、通信设备,以及传统优势产品,如人造板、照相机、空调等产品发展上有较大的进步,1998年包括轿车、发电设备、电梯、集成电路、通信设备、光纤和光缆、玻壳和彩管等在内的十七八项产品的全国市场占有率已超过20%。其中,上海桑塔纳轿车实现产销23.5万辆,国内市场占有率为48%,居第一位;电站成套设备市场占有率为48%,居首位;程控交换机国内市场占有率居首位;玻壳和彩管市场占有率在25%。但在产业空洞化的大背景下,这些产品的数量及影响(品牌等)还是较小的,难以具备强有力的抗衡性。

6.2 治理产业空洞化与上海行动选择

面临产业空洞化的挑战,中国政府采取的扩大内需政策措施,不仅仅是一般的总量扩张政策,其中也掺杂着治理产业空洞化的特殊"药方"。通常来讲,产业空洞化的治理是"表"与"本"并重的。在此过程中,对各地来讲,也许存在着一定的选择空间。上海如何结合自身实际情况进行正确的选择,将对今后经济发展具有重大影响。

6.2.1　产业空洞化的治理政策

产业空洞化并不是中国特有的经济现象。尽管产业空洞化形成的根源与机理因具体环境条件不同而有所差异,从而不同国家的产业空洞化,乃至一个国家在不同时期的产业空洞化可能具有各自的特点。例如,英国的产业空洞化根源是早期对殖民地的掠夺及资本的国内投资与输出的严重失衡,而战后殖民主义经济的崩溃则是其直接引发原因。法西斯德国的产业空洞化则是战争经济的畸形化造成的,战争经济引起其经济系统非均衡态,进而导致产业空洞化。而90年代日本产业的空洞化是在高速增长时期形成的重、厚、长、大型资金密集型产业结构,向高度合理化的轻、薄、短、小型技术知识密集型产业结构转换过程中出现的,也是日本在工业化进入成熟阶段后向后工业化社会过渡的必然结果。但产业空洞化特指在一个地区的特定产业的衰退时,新产业的发展不能弥补旧产业衰退而形成的地区经济的极度萎缩,其定义是具有普遍性的。因此,各国在治理产业空洞化时确立的基本理念及方式是基本相同的,当然其具体政策措施具有针对性,形成不同的特点及差异。

从别国的成功经验来看,面对产业空洞化,不能采取消极应对态度,而要设法积极治理,减轻产业空洞化对经济增长的制约,缩短产业空洞化的痛苦期。一般来讲,对付产业空洞化所应确立的基本理念是:(1)产业的"洞而不空"。对于那些因结构性失衡引起的产业结构中出现的暂时空洞,可通过人、财、物及信息与物质资源的合理配置与有效组合,遏制经济的长期衰退。(2)产业的"空洞而不蔓延化"。随着经济的发展,一些传统产业必定会出现衰退,但只要有合理的产业结构和新兴产业取代补充,以及综合国力具有不断创新和开发新产业的能力,就可以避免产业空洞化的蔓延。(3)产业的"空洞化而不持久化"。当一些传统产业规模已开始急剧收缩,而新兴产业又一时发展不起来,产业空洞化已成现实时,只要设法使这些规模收缩的传统产业的技术能级得以提高,以新型材料、新技术含量和新工艺的产品取代旧产品,并实行生产能力跨地区、跨部门、跨行业的重组,就可以改善产业空洞化的程度,削弱产业空洞化对经济增长的影响力。

根据上述基本理念,各国在治理产业空洞化的实际操作中通常采取的方式主要有：

其一，长期调整与短期调整的结合。解决产业空洞化问题，通常是一种长期调整，要制定长期调整政策，从根本上消除形成产业空洞化的因素，如发展阶段转型的过渡、二元经济结构调整、供给系统改善等。但为了遏制当前经济衰退，也要采取短期调整政策，刺激有效需求，盘活产品存量，激活沉淀资金，释放生产能量。当然，短期调整要尽量服从长期调整的要求，不能为长期调整设置障碍。

其二，产业结构补衡与地区产业布局变革的结合。解决产业结构失衡带来的产业空洞化问题，通常采取产业结构补衡办法，即集中力量发展新兴产业以填补衰退产业的空缺，实现产业结构高度化。但如果不与地区产业布局变革结合起来，只注重于在经济发达地区发展新兴产业，会使沿海发达地区与内陆欠发达地区的差距进一步明显增大，并加剧地区产业布局的空洞。因此，产业结构补衡要与地区产业布局的调整有机结合起来，以生产发展而形成产业布局形态的变化，使产业布局形态从人口密集的单一沿海加工优势型产业布局，向人口相对稀少的资源优势型产业布局、边贸型产业布局、高速公路与铁路沿线型产业布局及海外扩散型产业布局等多种形式转变。

其三，投资结构的高（高科技、高知识的新兴产业）与低（低资本与技术构成的中小产业）的结合。解决产业空洞化的基本出路，在于加快新兴产业发展，实现产业结构转换，其中投资结构势必会随着产业结构的调整而出现重化工业化、高技术化、信息化和服务化等方向的发展趋势。投资的主流将更多地倾向于资本技术密集型投资，既有风险但又前景诱人的研究开发型投资，高技术化、软性化的信息投资，乃至于海外直接投资方面。与此同时，在调整中也要从资金方面积极帮助低资本和低技术构成的中小企业的技术改造和工艺技术现代化，支持新兴经营业务的发展，使投资结构尽量与未来产业结构和就业结构保持一致。

其四，对内调整与对外调整的结合。在国内经济日益融入世界经济一体化的过程中，解决产业空洞化问题必须改革和调整失衡的国内外市场结构体制，实行国内外市场并重的策略。今后一段时间内，加大对外开放力度，拓展海外市场，仍然是努力的方向。同时，也要注意扩大国内需求，使产业结构更适应内需的要求向小康化方向发展。

因此，产业空洞化的治理，实际上是从两方面同时展开的：一方面是短期性的需求扩张，以缓解产业空洞化对经济增长的制约；另一方面是根本性的治理，主要是制度改善及增长方式转变。

6.2.2 上海在治理产业空洞化中的行动选择

从全国范围来讲,治理产业空洞化的政策措施是"治表"与"治本"并重。也就是,扩大需求(特别是内需)的政策更侧重于缓解产业空洞化对经济增长的制约,而经济结构调整则是根治产业空洞化的唯一途径。从中国现阶段产业空洞化形成的特殊因素及机理来看,通过扩大内需来缓解产业空洞化对经济增长的制约,其潜在空间还是存在的,但不会很大;而根治产业空洞化的结构调整,不是短期内可明显见效的,需要有一个过程。在此过程中,各地经济发展又一次面临新的行动选择。

从给定的约束条件来看,目前存在着两种可能的选择:一是偏重于利用中央扩大内需的政策效应,注重于"出清"存货及减轻原有生产能力过剩的压力,促进其经济增长;二是充分利用治理产业空洞化的政策空间及调整机会,偏重于结构性调整,另辟蹊径,通过技术创新来发展新兴产业和提升传统产业的技术能级,进一步提升企业的市场竞争力及其持续性,在新的制高点上促进经济增长。从理论上讲,这两种选择都是有效的,并具有一定的关联性。在现实中,这两种行动选择也是难以截然分清的。但在实际操作中,其行动的偏好及倾向性仍会有所差别的。问题不在于其选择偏好性本身,关键是其行动选择是否符合当地的实际情况。也就是,对于某些地区来讲,前一种选择也许更适合其实际情况,因而是有效的;对于另一些地区来讲,后一种选择也许更适合其实际情况,因而也是有效的。但如果行动选择的偏好与实际情况明显错位,其选择将是无效的,或相对低效的。

对于上海来讲,充分利用中央扩大内需的政策效应,"出清"存货及减轻原有生产能力过剩的压力,是十分必要的。这不仅关系到上海即期增长速度问题,而且也是进行经济结构调整的必要前提条件。因为在原有生产能力过剩压力很大的情况下,会带来效益大幅度下降、失业与下岗增多、资金周转不灵等一系列问题,这对于结构调整是十分不利的。但问题在于,如果我们把行动重点放在这上面,是否适合上海的实际情况。

我们知道,产品具有即期的适应性及有能力把握新的市场机会,是体现企业短期企业力的前提条件。产品适应性主要且首先表现为需求的适应性,同时也包括在流通分销过程和载体条件的适应性等方面。当产品具备较好的适应性,企业能抓住市场机会时,企业的短期市场竞争力就得到保证。而具有良好适应性的产品能否形成大的市场,市场机会能否转化为经营成果,则与企业的营销能力密切相关。近年来各种迹象表明,上海企业的营销能力较弱,市场开拓方面是一个薄弱环节。因此,在治理产业空洞化过程中,通过改进营销方式等,上海产品还是有可能夺回一席之地的。

但问题在于,这种策略行为的机会成本是很大的。因为内需政策启动所能扩展的市场容量是有限的,难以全面缓解全国性的生产能力过剩,整个市场在相当时间内仍将处于过度竞争的状态。而近年来,上海工业结构与各省市工业结构日益趋同化,工业生产行业和产品出口结构上的撞车现象日趋严重。在这种情况下,上海"长线"产品的市场拓展,无非是从其他地区的同类产品市场上重新争夺市场份额,这种提高市场占有率的投入成本将会大幅度递增。更何况,近年来上海工业品的成本优势越来越弱,其劳动力成本、土地级差收益等远高于其他地区,因此其投入成本的递增更加厉害。事实上,上海目前工业投资中的重化工业化倾向,以及继续大规模地发展原材料工业,其代价是很大的。上海原材料工业比重与国外一些大城市以"城市型"工业为主体的工业结构相比已属过高,其生产规模严重超过上海基础设施、自然条件及城市环境容量的负荷,违背了作为全国和世界经济中心城市工业发展的一般规律的要求。而且从时间因素来看,在此旨在出清存货及减轻原有生产能力过剩压力的市场拓展中,还将丧失构筑产业新高地的时机,导致今后经济长远发展缺乏后劲,即再一次丧失结构调整的机会。

事实上,上海经过90年代的经济高速增长,在未来的"十五"计划期间将进入以重大结构调整为特征的平稳增长期。这种调整是上海建立"一个龙头,三个中心"战略目标所要求的,而且具有全国性经济发展的战略意义。从目前来看,这种战略性的调整主要表现为以下四个方面:(1)城市发展将由大规模的城市基础设施建设为主,转变为注重城市管理、以城市综合功能开发为主。90年代以来,上海不断加大基础设施建设的投资规模,形成了一大批新的城市基础设施。这些基础设施建设极大地改变了上海的城市面貌和环境,也为城市经济和社会持续发展奠定了坚实的基础。在今后一个阶段,这种大规模城市基础设施建设将告一个段落,城市建设将转入以城市管理和城市综合功能开发为主的新阶段。(2)经济发展格局将由第二产业为主推动经济增长,转变为由二、三产业共同推动经济增长,并通过信息、金融和高科技产业的高速发展,带动产业结构的升级化与高度化。(3)经济增长的动力结构将由以大规模土地批租和大规模吸引外资为主要动力,转变为以生产集约化、产品高附加值化、关键性技术领先化为主要动力。与此同时,政府投资推动将逐步淡化,而民间投资推动将逐步强化。

(4)引进外资将由重在吸引国外资金扩大生产与建设规模,转变为重在引进技术培育自我创新能力。

从这些战略性调整的要求来看,上海在产业空洞化治理过程中更应注重构筑产业新高地,以新兴产业的发展来弥补传统产业衰退的"空缺",通过城市功能开发来提升其竞争力。事实上,从全国范围来讲,上海比其他地区更有条件作出这种行动选择。如果说其他地区因缺乏相应支撑条件只能更多依靠中央扩大内需的政策效应来求得发展,那么,上海更有条件在全国范围内的根治产业空洞化中扮演一个重要角色。

6.3 上海增长方式转变的战略定位

一旦上海在产业空洞化治理中选择了结构调整和构筑产业新高地为其工作重点,就势必涉及其增长方式向集约型的根本性转变。前几章的分析表明,上海在转变经济增长方式上已迈出了可喜的步伐,尽管对于正在转变中的上海经济增长方式目前尚难以准确定性,但我们给予的基本评价是:

其一,上海正处在投资推动的后期阶段,准备向以创新推动发展阶段过渡,"三、二、一"的产业结构调整及城市功能深度开发将成为上海近阶段经济增长方式转变的主要内容。在这一结构调整及城市功能深度开发中产生的新的经济增长点,以及结构转换收益与城市功能开发收益是上海近期经济增长集约化发展的基本标志。尽管目前上海第三产业发展及城市功能开发受制于体制约束和宏观调控政策的影响而表现出不稳定性和较大的波动,但它却是上海经济增长方式向集约化转变的基本定势。

其二,上海近期以城市基础设施和住宅建设为主的大规模投资,虽然在一定程度上降低了即期的综合要素生产率水平,具有粗放型增长的色彩,但这种大规模投资是为大都市经济增长方式转变及其功能开发奠定物质基础的。从动态过程看,这种大规模投资实质上是转向集约型增长方式的前奏曲,更何况它还带有一定程度的还历史欠账的成分,因此它是上海经济增长方式转变必须付出的代价。当然,不可否认,在这类投资建设中也仍然存在投资浪费、效益低下等粗放型问题。

因此,上海的经济增长已经摆脱了严重依赖自然资源和低廉劳动力的粗放型形态,进入了以投资推动的准集约型形态。但目前上海经济运行仍受到较多的传统体制束缚,特别是国有企业改革进展缓慢,改革成效不甚显著。因此,这种准集约型增长虽然不同于粗放型增长,但仍在众多方面表现出粗放型增长的痕迹。这可以从以下几方面反映出来:

第一,上海的经济高增长仍然主要依靠高投入(特别是资金高投入)来支撑,不仅第二产业的增长是如此,而且第二产业的发展也是靠大量的投入来实现的。"八五"期间,全社会资本要素投入增长对 GDP 增长的贡献率在 57% 左右,处于主要地位,劳动要素投入增长对 GDP 增长的贡献率约 5%,两者加起来达到 63% 左右,而综合要素生产率增长对 DGP 增长的贡献率才 37% 左右。

第二,上海经济高增长对物耗有着强烈的依赖性。从总量变化趋势看,上海 GDP 增长的绝对值与能源消费总量增长的绝对值之间具有明显的相关性,即随着上海经济总量的不断增长,上海能源消费总量也基本呈上升趋势。从 1978—1997 年的数据来看,上海 GDP 总量逐年扩大,能源消费除 1980 年和 1989 年各有 -0.6% 和 -0.3% 的负增长外,其余年份均呈逐年增长态势。1990—1997 年能源消费与 GDP 的弹性系数平均为 0.44,即上海 GDP 每增长 1 个百分点,能源消费总量相应增长 0.44%。从更大范围的物耗角度来讲,经济高增长对其依赖度也较高。据计算,1990—1994 年,物耗对经济增长的弹性分别为 1.5、1.22、0.98、1.17、1.04。也就是,经济增长速度每加快 1 个百分点,就将物耗平均推高 1.18 个百分点。1990 年每亿元 GDP 需 2 亿元的物耗,1994 年已上升到 2.05 亿元。

第三,要素产出效益水平下降。在生产要素不断投入带来经济总量扩张的同时,上海在投资、资产和劳动报酬投入所产生的效益水平方面呈不同程度的降低。表 6.2 显示,"六五"到"八五"时期中,上海每增加 1 元的投资额所增长的 GDP 由平均 5.29 元下降为 1.99 元;每增加 1 元的社会总资产所增长的 GDP,由平均 2.34 元下降到 1.54 元;每 1 元劳动者报酬创造的 GDP,由 3.83 元减少为 2.81 元。

表 6.2　上海要素产出效益水平

年　份	国民经济投资系数	总资产报酬率	劳动者报酬率
1981—1985	5.29	2.34	3.83
1986—1990	3.07	1.86	3.23
1991—1995	1.99	1.54	2.81

资料来源:《创新:上海经济增长方式转变的必由之路》,上海人民出版社 1998 年版。

第四,上海工业企业的行业老化问题突出,国有企业经济效益趋于下降。据1995年上半年全国13省市主要经济指标统计,上海工业企业利润总额负增长18.9%,利税合计负增长17.3%,居13省市倒数第一位。上海第二产业对GDP的贡献率由1996年的57.7%降至1997年的55.4%,1998年上半年又呈进一步下降的态势。1997年全市独立核算工业企业完成利润193.83亿元,比上年下降11.4%,亏损企业亏损额为90.67亿元,比上年增长68.3%,亏损面达31.7%;工业资金利税率为8.18%,比上年下降1.15个百分点,比"八五"期间平均值低5.37个百分点。

如果与发达国家或新兴工业国进行比较和分析,那么上海增长方式的粗放型特征表现更为明显。例如,上海高新技术产业占制造业的比重在15%左右,而发达国家的比重一般在50%以上;上海创造百万美元GDP占用劳动力为265人(1995年),与日本(16人)相差16倍,与美国(19人)相差14倍;上海生产1万美元GDP的综合能耗为15.1吨(1995年)标准煤,比发达国家1986年的水平高出2—6倍,总物耗率为68.2%,比发达国家1986年的水平高出6—14个百分点;1995年上海社会劳动生产率折合美元为人均3700美元,仅相当于日本的5.7%、德国的6.7%、美国的7%(见表6.3),等等。

表 6.3　上海经济增长要素的国际比较

指　　标	上海	国　　外
1. 科技进步对于经济增长贡献率(%)	38	美国 69.8,加拿大 64.7,日本 58.7,英国 52.0
2. 第三产业增加值比重(%)	40.1	美国 69,日本 61.1,新加坡 65,韩国 46.9(均为 1991 年)
3. 高新技术产业占制造业比重(%)	9.3	发达国家一般在 50%以上
4. 总物耗率(%)	68.2	美国 54,日本 61.1,德国 51.9,新加坡 61.1(均为 1986 年)
5. 万元 GDP 综合能耗(吨标准煤/万美元)	15.1	美国 5.43,日本 2.25,德国 3.85,新加坡 6.19,韩国 6.95(均为 1986 年)
6. 百万元 GDP 占用劳动力人数(人/百万美元)	265	美国 19,日本 16,德国 18,新加坡 30(均为 1993 年)
7. 总增加值率(%)	31.8	美国 46,日本 38.4,德国 48.1,新加坡 38.9,韩国 35.8(均为 1986 年)
8. 社会劳动生产率(美元/人)	3700	美国 53167,日本 64978,德国 54820,新加坡 34723,韩国 17112(均为 1993 年)

注:上海数据均为 1995 年。

资料来源:转引自《创新:上海经济增长方式转变的必由之路》,上海人民出版社 1998 年版。

　　因此,为了实现上海建设"一个龙头,三个中心"的战略目标,必须以结构大转换为基本内容,通过体制变革来促进经济增长方式转变,不断培育新的增长点。事实上,从各方面条件来看,上海也确实具备了在全国率先转变经济增长方式的可能性。上海在中国历史上的特殊经济地位和环境条件,特别是浦东开发开放以来,持续的高速增长及大规模投资建设,更使其在全国具有独特的地位。近年来,上海人均 GDP 超过 3000 美元,为经济增长方式转变奠定了坚实的经济基础。再加上上海的科技实力、专业人才、管理水平等总体上在全国处于领先地位,为进一步提高全要素生产率的贡献率创造了良好的条件。

　　从今后长远发展来看,我们认为,上海作为一种大都市经济,并处于向创新推动发展阶段的过渡之中,其经济增长方式转变的战略重点,不应该是工业化与城市化的传统经济发展组合,而是在国民经济和社会信息化的基础上构筑产业新高地。国民经济和社会信息化是上海实现"一个龙头,三个中心"战略目标的基础,是增强上海对外经济辐射能力的前提,是使上海成熟实业重新焕发活力和转变成为一种新型实业的主要途径。

　　一是上海经济增长方式转变,从城市功能角度讲,就是从"商品加工中心"转向"信息处理中心"。上海的区位优势并不在生产加工方面,而在于要素的聚集和流动。在上海经济增长方式转变中,我们不能继续将注意力集中在工业化的规模效益上。按照我们的判断,上海工业化的规模效益尽管还有潜力,但在上海目前技术含量和发展等级的工业化水平上搞规模效益,所付出的机会成本极高。一是面临着工业资源的竞争,上海在此方面不具有自然禀赋的优势;二是面临着生产成本的竞争,上海的劳动力成本高于其他地区;三是面临着工业品市场份额的分割,上海为争取市场份额所付出的代价将是巨大的。因此上海要确立在全国经济中的重要地位,增强对外经济辐射能力,必须利用其区位优势,转变城市功能,逐步成为信息处理中心。事实上,在现代经济中,经济信息化具有最强大的辐射力。

　　二是上海经济增长方式转变,从产业结构角度讲,就是进一步实现以现代信息业为主导的产业结构高度化。信息业是产业高度化的标志。以微电子为基础的信息业的蓬勃发展,其产品质量指标按数量级提高,而成本却按数量级降低。因此信息业作为知识密集型的新兴产业,以其独特的优势,首先为城市发展注入活力,成为城市发展的推动力。上海以信息业为主导的产业结构高度化发展,不只是建立在上海第二产业发展基础上的,还应以全国经济发展为基础。因而,上海信息产业发展的立足点,不能仅限于本市范围,而要以长江三角洲、长江流域乃至全国经济为背景，为全国的经济活动服务。另外，信息产业也不只是第三产业发展问题。信息产业是由信息技术产业和信息服务产业两部分构成的，横跨于二产与三产两大产业部门。因此实现以信息产业为主导的产业结构高度化，并不是以第三产业的发展抑制第二产业的发展，而是这两次产业的协调发展。

三是上海经济增长方式转变，从工业发展角度讲，就是寻找新的核心技术，即信息技术，使所有的工商企业都必须信息化。上海不断挖掘原有工业基地的潜力，固然是实现其经济增长方式转变的一个重要支撑点。同时，我们也要注重于上海综合加工和精细组装的优势，发展城市型工业。但不管是原有的工业行业还是新兴的城市型工业，都必须融入新的核心技术，实现信息化。现代经济表明，任何产品的价值都会由于加进去智能和信息内容及服务而增加，甚至连大多数成熟产品通过增加信息的特色和功能也能变成现代化产品。因此在信息化的基础上取得企业的提升和产品的改进，将成为使上海成熟的工业行业和企业重新焕发活力和转变成为新型实业的主要途径。

若我们将今后相当长一段时间内把上海经济增长方式转变的战略重点定位于国民经济和社会信息化，那么上海加快经济增长方式转变的工作将围绕这一战略重点而展开，其基本要点有：

第一，将现代信息业发展列为上海新的支柱产业加以培育。目前上海信息业尚处于第一阶段后期，传统信息业还占主导地位，即以传统的产业为基础，并以传统的手段来发展信息业，如科技情报、气象预报、广播电视、电报等。上海要尽快推动信息业发展进入第二阶段，即信息业基本上与工业的调整发展和农业的相对下降相联系，在各部门的信息设备制造和使用上体现了信息技术的成就，电子计算机、微电子元器件、通信设备和数据化的情报资料开始占据主导地位。在此基础上，进一步使信息业中反映现代高新技术进步的技术资本密集型行业成为主导地位。

第二，加大信息基础设施建设的力度。上海要成为多用途的、信息通信网络中的核心城市，只有具备更先进的信息基础设施才将享有关键性的竞争优势。因此，上海今后基础设施建设要从以交通运输、公用设施、公用事业为主体的城市基础设施建设转向以信息设施为主体的城市基础设施建设，投资要大幅度向信息基础设施建设倾斜。

第三，发展"城市型"工业。在以国民经济和社会信息化为战略重点的增长方式转变中，上海工业发展的方向，首先是要打破内部自行协作配套的框框，突出重点发展；其次是在实行工业信息化改造的基础上，逐步压缩"资本密集型"的

"重型"工业,大力发展"技术知识密集型"的"轻型"工业,走新兴工业与高级服务业密切结合的道路。也就是说,要发展"城市型"工业。"城市型"工业主要是发展污染少、占地少、运量少、技术能级高、附加值高的"轻薄短小型"工业,以出版印刷、电气机械、精密机械、食品饮料、成衣服装等行业为代表。随着上海经济发展进一步成熟化,"城市型"工业结构将以新产品的试制、开发、研究作为重点,在市区重点发展知识密集型的"高精尖"工业,并将批量生产工厂改造成为新产品研究开发型工厂。

第四,以经济信息化的要求调整城市工业布局。国际经验表明,经济信息化的城市,其市中心地区往往是信息集约中心,工业用地比重是很小的。上海在城市布局上要按照经济信息化的要求加以调整,形成中心商务区—功能混合区—低级住宅区—高级住宅区的空间分布模式。

通过上述以国民经济和社会信息化为战略重点的增长方式转变,结合技术创新扩散与群集的产业新高地构筑,以及物质资本与人力资本的积累,最终促使上海经济增长运行质量得到提高,实现有市场、有销路的经济增长,低物耗、高产出的经济增长,进入"高速公路"路径的经济增长,以及与社会、环境协调的可持续的经济增长。

7 全面构建上海产业新高地

根据上海经济增长方式转变的战略定位,转变重点在于城市功能开发及构筑产业新高地,其核心是创新推动。因为构建产业新高地的实质内容就是提升产业竞争力,而产业竞争力的形成及其持续需要有一系列支撑基础。在转变上海经济增长方式过程中,从构建产业新高地角度切入,将有助于从根本上解决上海经济发展中的一系列困扰,尽快在长江流域乃至全国确立"一个龙头,三个中心"的地位。

7.1 产业新高地的基本模型

构建产业新高地,既是一个实践中具体操作的问题,又是一个值得深入探讨的理论问题。因为一个地区建立产业新高地,是涉及诸多因素的系统工程。从产业自身来讲,具有结构升级的基本含义;从区域关联来讲,具有产业区位能级调整的丰富内涵;从市场角度来讲,具有产业运作机制效率提高的含义。因此,建立产业新高地,不单纯是一个产品、技术问题,也不仅仅是产业结构升级问题,而是包括创新源泉、产业竞争力及地区产业关联等内容在内的综合体,并在一定程度上涉及全面经济结构调整的基本方面。为了比较准确地把握建立产业新高地的基本含义及实质内容,为政策层面的实际操作提供科学依据,我们首先来分析产业新高地的基本模型。

7.1.1 产业竞争力及其支撑框架

在市场经济条件下,对产业新高地的通俗理解,就是由市场能级落差形成的经济制高点。这种市场能级落差是一个地区的产业水平相对于周边地区产业水平而言的,即产业相对高度。当一个地区的产业水平具有相对高度时,势必带动生产要素的两种反向流动:一是其产品、技术、品牌、管理等要素由内向外大量流出,其落差越大,流量越多;二是人才、资金、资本等要素由外向内大量集聚,其落差越大,集聚力越强。而在此过程中,信息流是双向的,但其落差越大,其容量及频率越快。因此,一个地区的产业相对高度总是与其扩散效应联系在一起的,即作用半径问题。一般来讲,产业相对高度与其作用半径范围成正向关系。

　　建立产业新高地的核心内容,主要是提升产业竞争力。这种产业竞争力可从三方面来测定,一是贡献力,即通过产业经济系统的运转对国内(甚至国际)社会做出贡献的能力,由六项要素构成:产出能力,盈利水平,科技实力,财政实力,开放度,融资能力。二是生存力,即应付各类危机时的生存能力,由七项要素构成:地理,人口,资源,经济实力,防御能力,市民精神,同盟友好关系。三是影响力,即本地产业对周边地区及其他地区的产生作用与影响的力量,由四项要素构成:战略物资和技术,经济实力,对外投资实力,对外协调能力(见图 7.1)。

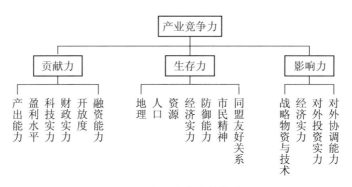

图 7.1　产业竞争力的构成

　　目前在研究上海建立产业新高地问题时,人们通常过多地把注意力放在产出水平方面,从而把建立产业新高地具体"落实"到产品上,如开发多少新产品等,或把注意力放在产品的市场占有份额方面,从而把建立产业新高地具体"落实"到市场开拓和营销上。从因果关系来讲,新产品数量、市场份额占有率等只是一种结果指标,或衡量产业新高地相对高度的表象指标,而不是一种先行指标,或衡量产业新高地相对高度的基础性指标。产业高地作为市场能级落差的产物,其形成是要有基础的,是由众多要件组合而成的。因此,我们更需关注的是建立产业新高度的支撑框架及其状况。

从洛桑国际管理学院(IMD)以及世界经济论坛(WEF)关于竞争力的研究来看,造成产业竞争力高低的原因绝非只是劳动与自然资源的因素,而是认为诸如法规制度、科技、开放度、环境品质等都可能是构成竞争力提升的要素。因此,以提升产业竞争力为核心的产业新高地,必须有以下几方面的基本支撑框架:一是产业发展战略及政策;二是产业技术水平(包括创新能力、拥有的技术种类及先进程度等);三是产业环境(包括法制法规、竞争程度、合作秩序等);四是产业基础及潜力(包括产业基本装备及水平、R&D 投入与产出、人力资源等)。除此之外,建立产业新高地还需要具备若干配套条件,如区域经济一体化程度、交通运输网络、国民经济信息化水平,以及文化等非经济因素。

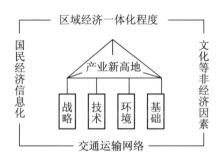

图 7.2　产业新高地构建示意图

7.2　产业高地的基本支撑力:实证分析及判断

按照上述研究框架来进行实证分析,可以看到,至少在目前情况下,上海建立产业新高地的基本支撑力方面尚未欠缺,个别方面甚至是严重不足的。

7.2.1　产业发展战略及政策分析

从上海建设"一个龙头,三个中心"的国际大都市的功能定位出发,确定"三、二、一"产业发展顺序,是完全正确的。但在具体实施及政策安排中,还要进一步考虑产业间相对发展速度及节奏协调问题,对主导产业发展要有一个切合实际的功能定位。这里我们着重分析三产与二产之间的关系,以及三产发展中上海金融中心建设的功能定位问题。

从理论上讲,第三产业的高度发展,是以第二产业的成熟发展为基础的。

在市场经济条件较完善的情况下,上海第三产业的高度发展完全可以突破其本地区第二产业发展水平的限制,而借助于周边地区乃至更大范围内第二产业发展规模的基础。但在目前尚不具备区域经济一体化、跨区域的全国性辐射等条件下,上海第三产业的发展"被迫"限制在只能以上海自身第二产业高度发达为基础。因此在过去的产业发展战略及政策实施中,上海第三产业倾斜性的快速发展客观上挤占了第二产业发展的空间,主要是在资金、人才等方面。

实证分析表明,进入 90 年代后上海固定资产投资规模迅速增大,固定资产投资总额占 GDP 的比重迅速上升。但在此过程中,第三产业的投入呈大幅度上升趋势,而工业领域的投入增长及其比重均处于下降状态。在"八五"期间,全市全社会固定资产投资年均增幅达 47.8%,而工业固定资产投资年均增幅仅为 29.71%,低于全社会固定资产投资年均增幅 18 个百分点。从变化轨迹来看,工业固定资产投资占全市固定资产投资的比重是逐年大幅度下降的,1990 年为 59.56%,1991 年为 52.47%,1992 年为 48.34%,1993 年为 45.5%,1994 年为 33.98%,1995 年下降为 30.63%,共下降了 28.93 个百分点。在"八五"期间,工业固定资产投资占全市固定资产总投资的平均比重为 37%,比"七五"期间的平均比重要低 20 多个百分点。与此相反,第三产业占全市固定资产投资比重,1993 年为 51.5%,1996 年进一步上升为 65.78%。而在固定资产投资中,更新改造投资的增长更加缓慢。其结果,造成更新改造投资占全市固定资产投资的比重不断趋于下降,从 1990 年的 31.6%,下降至 1996 年的 21.3%和 1997 年的 19.4%,在 1998 年的头 5 个月进一步降至 18%。而在一般发达国家,更新改造投资比重要高达 50%左右。1997 年,上海更新改造投资只有 389.32 亿元,比上年增长 6.4%。

因此,在"八五"期间上海工业基建、技改投资的年均增长率低于全国平均水平 1.47 个百分点,工业产值增长率也低于全国平均水平 2.15 个百分点,工业投资每增长 1%的产值增长率低于全国平均水平 0.12 个百分点。这与广东、江苏、福建、河南、浙江、山东、安徽的工业高投资增长率与高产值增长率并存,且后者快于前者的情况形成明显反差。即使河北、广西等省的工业投资增长率和产值增长率,以及投资增长 1%的产值增长率,也都要高于上海(见表 7.1)。

对工业投入的大幅度减少,特别是对工业集约发展的投入大幅度减少,导致工业发展滞缓,且对经济增长的推动作用渐趋弱化。在近两年,这一后果已越来越明显地反映出来。而在既定的体制框架下,上海三产发展又无法以跨区域的

表 7.1 "八五"期间全国部分省市基建、技改投资与工业产值的关系(乡与乡以上企业)

	工业投资年均增长(%)	工业产值年均增长(%)	投资增长1%产值增长(%)		工业投资年均增长(%)	工业产值年均增长(%)	投资增长1%产值增长(%)
山西	13.12	19.23	1.47	安徽	26.34	26.50	1.01
江苏	25.26	29.66	1.17	河北	24.38	24.19	0.99
广东	29.68	34.68	1.17	广西	26.71	26.39	0.99
陕西	16.76	18.89	1.13	上海	23.23	22.77	0.98
四川	20.71	22.96	1.11	江西	20.54	19.76	0.96
山东	24.14	26.75	1.11	湖南	22.83	19.37	0.85
全国	24.70	24.92	1.10	天津	28.30	23.19	0.82
黑龙江	16.49	17.80	1.08	北京	27.60	19.26	0.70
福建	28.38	29.67	1.04	云南	35.96	25.10	0.70
河南	25.68	26.64	1.04	内蒙古	28.65	19.78	0.69
浙江	27.64	28.62	1.04	吉林	29.17	18.54	0.61
辽宁	18.08	18.54	1.03	湖北	38.54	22.92	0.59

资料来源:《中国统计年鉴》(1998)。

第二产业发展为基础,因此第三产业发展的"收益"难以持续补偿第二产业发展空间受挤占的损失,最终形成了第二产业滞缓发展与第三产业"架空"发展的"双困"局面。

另外从上海第三产业发展来讲,以金融保险业为重点的战略决策也是正确的,但在具体操作中对建设金融中心的功能定位尚不清楚,特别是金融保险业发展受制因素较多,如中央的金融管制、现有金融体制及金融机构总部分布等。如果我们把上海定位于建设国内金融中心,那么就势必依赖于政府的刚性启动作用。也就是,在机构设置、功能设置、制度供给等方面,政府都将起主导作用。如果没有政府的决策倾斜和政策倾斜,这个金融中心的形成是不可想象的。与此同时,建立金融中心要受到许多条件的制约。例如,利率的高度市场化是与资本市场的充分发育相伴而生的。也就是,只有当股票市场、中长期债券市场和中长期资本市场充分发育后,利率体系和利率的形成机制才可能发育成熟。同样,资本市场的发育也受到很多条件制约,如国有企业改革、通胀或通胀预期、投资体系改革等,不可能独行其善。难以想象,当企业的状况和市场环境还很不理想的时候,资本市场却能单独蓬勃发展起来。而且,根据国外的经验,一国资本市场的发育程度又与国外资本的进出条件密切相关。显然,进出条件的放宽依赖于国力的强盛和货币条件的改善。只有在一国货币成为硬货币及汇率市场化的条件下，外国资本的进出条件才可能是宽松的。因此上海要重建金融中心，即使是国内金融中心，在许多方面并不具备相应的条件，特别是许多非可控性的客观条件。

7.2.2　产业技术水平分析

产业技术水平，特别是核心技术水平，是构建产业新高地的重要支撑力量。然而，从目前上海产业技术水平来看，处于并不理想的状态。具体表现为：

其一，高技术产业（产品）的相对产出规模较小。1997 年上海高新技术产业完成产值占全市工业总产值的比重为 15.1％。固然这一相对产出水平与发达国家（如美国 35％）是不能相提并论的，但即使与国内其他地区相比也并不占有显著优势。例如，深圳的高新技术产业保持着快速增长势头，其相对产出规模也很大。1998 年 1—8 月份，深圳高新技术产品产值为 399 亿元，比上年同期增长 35％，占工业总产值的比重已高达 38.8％。1997 年北京高新技术产品销售收入 360 亿元，占整个工业销售收入的 21.1％；其增加值达 124.7 亿元，占全市工业增加值的 23.7％。在产品出口方面，上海高科技产品出口额占外贸出口产品总额的比重仅为 7.45％，而广东省要高达 52％，远高于上海 44 个百分点。

其二，高技术产业（产品）的总体水平欠高。从横向比较来看，尽管上海高新技术企业数量与广东差不多，1996 年上海有 496 家高新技术企业，广东有 500 多家，但两者的实际技术水平与层次则是有差别的。上海这些高新技术企业的人均产值为 23.5 万元，而广东高新技术企业的人均劳动生产率达到 40 万元。这种总体技术水平欠高的差距，还可以通过单位产品（企业）销售额的大小反映出来。1997 年上海高新技术企业的高新技术产品有 2969 项，共实现销售收入 416 亿元，平均每项产品的销售收入为 1400 万元；其中销售收入超过 1 亿元的仅 61 项产品，占所有高新技术产品的 2.05％。这 61 项产品实现销售收入 222 亿元，平均每项产品的销售收入 3.6 亿元。1997 年上海 587 家高新技术企业共完成销售收入 572 亿元，平均每家企业的销售收入只有 9700 万元。这不仅与国际先进水平相比有很大差距，而且与北京等相比也有不小差距。

其三，装备水平及新度系数趋低。从上海主要工业装备来看，处于国内领先水平的仅占 28.51％；处于国内一般水平的则要占到 68.5％，若再加上处于国内落后水平的比重，则要高达 71.49％。这种技术装备落后还表现在工艺陈旧、装备老化、传统设备居多，像那些自动化、柔性化、机器人、计算机辅助制造

(CAM)、计算机集成制造系统(CIMS)等国际上相当普遍的技术装备在上海还较少。据统计,1997 年上海工业的设备新度系数仅为 0.668,比 1990 年的 0.70 下降了 0.032。而广东的工业设备新度系数达 0.78,江苏达 0.73,都要高于上海。

其四,支柱产业的科技含量不高。1997 年已占全市工业总产值 52.3% 的汽车等六大支柱产业,基本上属于传统工业范畴,总体科技含量不高。因此,当其先发性效应下降时,其增长势头便趋降,对经济的驱动能力开始回落。1997 年,六大支柱产业完成工业总产值比上年增长 13.45%,但与 1994—1996 年相比,其增幅明显下降,分别回落 6.19、5.04 和 5.15 个百分点。与全市乡及乡以上独立核算工业企业生产发展态势相比,六大支柱产业从以前高于全市工业增幅转变为 1997 年的低于全市工业增幅 1.03 个百分点(见表 7.2)。与此同时,上海支柱产业在全国所占比重趋于下降,从"六五"初期 13.4% 跌到"八五"期末的 9.9%。在上海的支柱产业中,只有两个产业是上升的,一是钢铁(由 14.2% 上升至14.5%),另一个是汽车(由 3.7% 上升至 8.4%)。另外,近几年来六大支柱产业产值继续增长,但所创利税却下降。1997 年六大支柱产业产值达 2232.31 亿元,比上年增长 13.5%,其利税总额为 242.23 亿元,比 1996 年的 244.8 亿元少了2.57 亿元。从 1997 年实现利润情况看,六大支柱产业利润总额下降 5.07%。随着市场制约因素加大,预计 1998 年减利因素在六大支柱产业中的影响有所增大。

表 7.2   上海工业六大支柱产业增长与全市工业增长的比较

年　份	全市乡及乡以上独立 核算工业增长速度(%)	六大支柱产业 增长速度(%)	六大支柱产业增幅与 全市工业增幅比较
1994	18.80	19.64	+0.84
1995	18.64	18.49	−0.15
1996	15.07	18.60	+3.35
1997	14.48	13.45	−1.03

资料来源:《上海统计年鉴》(1998)。

其五,高新技术产业发展相对迟缓。在上海确定发展的电子信息、现代生物与医药和新材料三大高新技术产业中,严格意义上的高新技术也仅仅是其中一部分,如 100 多亿元的现代生物与医药产业产值中,真正体现现代生物技术的产值只有十来个亿。现代通信产业领域,近 40 个合资企业引进的技术只是生产和制造方面的相关技术,而不是核心技术;现代生物与医药领域,近 30 个合资企业的生产技术与品种并非先进,没有使上海生物医药生产技术状况有较明显的改善。而且,这两个领域的合资企业至今尚未建立相称的自行开发能力,也尚未投入和投资相称的开发资金,创新能力极其薄弱。即使是真正含义上的高新技术,上海也并不占据优势。例如,上海"909"工程引进的集成电路生产线,落后于北京四通公司与日本公司合作已生产出来的 0.3 微米大规模集成电路的水平。深圳华为公司利用自己开发的芯片大规模集成电路生产出 SDH-DB155/622 同步光纤传输设备。在现代生物与医药领域,当今世界上畅销的促红细胞生成素、G-集落细胞刺激因子和 GM-集落细胞刺激因子,已在山东、江苏、浙江、福建获准试生产,它们的发展都超过了上海。

7.2.3 产业制度环境分析

进入 90 年代后,上海体制变革的步伐明显加快,改变了 80 年代那种相对滞后的局面。但上海在国内举足轻重的特殊经济地位,使其受中央管制(有形或无形)程度仍较大,再加上自身遗留下来的深层难题较多,制度创新难以有较大的突破与超前,体制变革表现得相对"稳妥",不如广东、山东、浙江、江苏等地区活跃,整个制度环境也没有表现出比其他地区更具有活力、更富有效率的特征。

在体制转换过程中,制度环境改善主要表现在市场化的发展程度上。从目前情况来看,上海的市场化发展广度已达到相当的规模,其覆盖面越来越大,各类市场呈扩大化态势,特别是有形市场的构架日趋完备。但上海的市场化发展仍缺乏应有的深度,市场网络的密集度不高,市场交易类型及品种数量较少,市场交易的复杂程度不够,交易方式的能级较低,无形市场交易发展缓慢。

在体制转换的大背景下,上海的制度环境是比较正规化的,交易的规范化程度也较高。但与此同时,制度创新的诱导力也不够强,改革选择集缺乏相应弹性,基层组织诱致性的自主创新空间不大,经济活力相对不足。

还有,上海的经济运行机制虽有较大的改善,但总体上仍属于政府主导型模式,表现为"强政府,弱企业""大国有,小民营"的基本格局。在上海工业的 34 个行业中,国有资本"普照"32 个行业,平均占有比例为 42.9%,其中 9 个行业高于平均比例,4 个行业在 80% 以上。在国有企业中,缺乏以外部竞争性协作为基础的专业化配套体系。集团内包罗了大量小企业,搞业内配套,生产成本高,质量难以保证,产品在市场上明显缺乏竞争力。同时,由于大量资金被分散用于配套企业的铺垫资金,无法集中使用到扩大生产规模和产品开发上去。与其他地区相比,上海缺乏民营经济、中小企业迅速成长与发展的适宜土壤与气候的问题比较突出,资源配置的有效性未能充分体现出来。尽管近几年来上海民营科技企

业发展迅猛,但仍面临资金匮乏、信息不灵、难以招聘到优秀技术人才和各方面
干预过多等困难,以及受到客观上技术、市场不确定性等因素的影响。1996 年,
民营科技企业新成立 939 家,同时 824 家"关门",实际上新增仅 115 家。而且绝
大多数民营科技企业规模还不大,其中资产规模超过亿元的只有 30 家,年销售
额超亿元的只有 25 家。

与建立产业新高地直接相关的科技创新体制,也表现出严重的不适应性。
长期以来计划经济下隶属关系不一和所有制不同在中央部属与地方所属高校、
研究所、企业之间形成的条块分割依然存在,政府有关部委在高科技研究开发与
产业化管理方面的机构设置与职能分工上的交叉重叠、政出多门现象时有出现。
在科技创新中,政府与企业的定位也不清晰,尚未形成合理分工的创新体系。
"八五"期间,全市独立核算工业企业累计科技开发费投入 157.85 亿元,相当于
固定资产投资的 10% 左右。而在工业先进国家,两者比例一般为 1∶1。全市技
术开发费占产品销售收入的比重平均为 1.12%,且由 1991 年的 1.15% 下降至
1995 年的 1.05%。在技术引进中,用于软技术引进的资金比重仅为 2.36%,用
于对引进技术消化吸收的费用极低,其中大中型工业企业用于消化吸收的经费
比重仅占引进技术费用的 4.5%。1995 年全国引进设备等硬件支出占技术引进
总支出的比重高达 90%,而软件引进仅占 10%,比全国平均水平还要低。

当然,我们正处于体制转换时期,上述这些深层次制度问题将随着体制改革
的深化而逐步得到解决。但根据目前上海体制变革的进展态势,与其他地区相
比,在制度环境方面上海并不具有特别的优势。

7.2.4 产业基础及发展潜力分析

产业发展及升级是一个过程,产业新高地不能凭空建造,需要有相应的发展
基础及潜力。从目前上海产业发展基础及潜力来看,并不具有绝对优势,特别在
工业领域及高新技术产业发展方面。

一般来讲,上市公司是企业组织中的佼佼者,是产业发展中的一支重要中坚
力量。在一定程度上,一个地区的上市公司状况集中反映了该地区的产业水平。
而近年来上海不少上市公司放弃自身技术优势和市场优势,盲目开展多元经营,
对主管行业投入乏力。据统计分析,"八五"期间市属工业类上市公司的技改投
资中,用于非生产性的投资比重为 20%,高于全市工业 10 个百分点;从投资方向
来看,用于扩大生产能力、增加新品种和提高产品质量的投资分别只占32.05%、
12.99% 和 2.6%,技术改造和产品开发乏力,大大影响企业主营业务的持续增

长。年报反映,上海国有工业类上市公司主营业务利润占总利润比重平均为46.38%。与此相比,国内优秀上市公司主营业务利润占总利润比重在90%以上,一般上市公司也在70%以上。

作为一个地区产业基础重要构成部分的新兴产业,其发展水平反映了产业发展潜力的大小。而在电子信息、生物与医药和新材料等新兴产业发展方面,上海并不占据很大优势。上海信息产业增加值的绝对量并不比深圳和北京低,但上海信息产业增加值占 GDP 的比重明显低于北京、深圳等地。在电子信息产品的市场占有额方面,上海除了通信设备外并不具有竞争力。而深圳的信息产品如通信设备、计算机终端设备和光纤材料,在国内外市场已占有一定的份额。据统计,深圳计算机板卡和计算机硬盘驱动器年产量分别占全国产量的 70% 和90%;计算机软盘片年产量 3.5 亿元,占全国产量的 10%;程控交换机车产量250 万线,约占全国产量的 25%;电话机年产量 3000 万台,占全国产量的 50%,光纤年产量 6000 公里,产量居全国第二。另外,1996 年北京联想公司计算机产量已达到 20 万台,成为国内市场占有率前三名中唯一中国品牌,而上海全市当年计算机产量才 6 万余台。1998 年上半年电子百强企业共生产微型计算机99.1 万台,销售 97.1 万台,分别占电子工业计算机总产销量的 84.3% 和 95%,而联想、宏图、长城、北大方正前五家产量合计 80.8 万台,占"百强"企业微机产量的 81.5%。可以想象,上海企业在这方面的竞争力是何等微弱。在国内生物医药领域,上海也不占据优势地位。1996 年上海医药(集团)总公司实现产值100 亿元,居全国第三或第四位;利润 2.3 亿元,利润率为 2.3%,低于全国平均水平。在全国医药企业 50 强排名中,上海的 6 家企业分别排在第 17、19、26、29、32 和 41 位。

按照现代经济理论,科学、技术不可能成为长期比较优势之源,因为它们被迅速地传播、被迅速地更新。因此,持续不断地产生新技术、训练补充新的技术力量才是真正的高技术产业长期比较优势的主要源泉。虽然 90 年代以来上海逐步加大 R&D 的投入力度,但在 1990—1997 年的八年里 R&D 投入占 GDP 的比重始终仍在 1.3%—1.6% 之间徘徊(1997 年达 1.5%),低于发达国家 1.9%—2% 的一般水平。另据统计,1996 年科技三项费用占工农业总产值比重,全国平均为 0.12%,上海仅为 0.02%,处于全国倒数第一;科技三项费用占财政支出比重,全国平均为 0.85%,东部沿海 12 个省市中有三分之一的省份科技三项费用占当地财政支出的比重超过了 1%,而上海仅为 0.09%,也是处于全国倒数第一。1997 年,上海科技三项费用支出达 0.51 亿元,比上年增长 64.1%,其占财政

支出的比重才上升至 0.12%。与此同时,上海的科技成果及三种专利申请趋于
下降。1990 年,全市科技成果达 2092 项,到 1996 年竟下降近一半,只有
1094 项,1997 年达 1193 项,比上年略有提高,但离 1990 年的水平还有很大差
距。其中达到国际先进水平或国际领先水平的有 442 项,占 37%;达到国内先
进水平或国内领先的有 719 项,占 60.3%。1985 年上海申请专利数居全国第
二,而到 1995 年退居第十二位。另外,1997 年全市三种专利申请量只达
3119 件,比上年增长 1.1%。因此,从对全国 28 个省市(除西藏、海南、台湾、港
澳外)的研究开发实力的评估测试看,1993 年上海仅名列第三,且与第一名的北
京相差近 5 个百分点。

国际经验表明,人才资源是产业发展的重要源泉之一。从国内来讲,上海拥
有的人才资源是相对雄厚的,但仍存在科技人才总量不足,应用创造型人才、复
合型人才更为稀缺的问题,难以满足建立产业新高地的要求。从总体来看,目前
上海人口的平均受教育年限为 10 年左右,在国内还算较高,但与国外相比就显
出很大差距。例如美国人口的平均受教育年限达 18 年,欧洲普遍为 12—16 年。
在目前上海在业人员中,大专及大专以上文化程度的人数仅占 11.1%,高中、中
专人数占 27.1%,初中及初中以下的占 61.4%,而且不少是"文革"时期毕业的初
中生,实际文化程度要更低些。据统计,上海每万人口拥有大学生 1990 年为
94 人,1996 年为 113 人,1997 年为 118 人,其增长速度不是很快。

在人才结构中,高素质人才相对匮乏。1998 年上海的人才(即中专以上,初
级职称以上的人员)资源总量约为 154 万人(比上年的 147 万人净增 7 万人),其
中高层次人才(具有高级职称)所占比重还不到 10%,其占总人口的比重仅
0.48%。而在美国高级人才占总人口的比重为 1.48%,日本为 5.96%,新加坡为
1.56%,韩国为 2.24%。即使与沿海开发地区相比,上海专业人才素质结构也有
一定的差距。据深圳市人事局综合计划处提供的信息,其专业人才中高级职务
所占比例比上海高 0.63 个百分点,中级职务所占比重比上海高 3.15 个百分点;
硕士以上学历所占比例比上海高 3.87 个百分点,大学本科、专科所占比例比上
海高 17.35 个百分点,35 岁以下所占比例比上海高 21.8 个百分点。

而且,上海人才资源专业结构出现"过剩"与"短缺"并存。按现行的 30 个专
业技术职务序列统计,1997 年全市国有事业企业单位各类技术人员按专业分
类,主要集中在工程(26.43%)、卫生(11.44%)、教学(22.45%)、经济(14.64%)、
会计(10.41%)等五类,占专业技术人员总量的 85.37%。而农业、科研、翻译、律
师、公证等 20 多个专业序列的人员比例极低。高级专业技术人员按专业分类,

主要集中在工程(38.01％)、科研(9.51％)、卫生(8.34％)、教学(29.33％)四个专业序列,占高级专业技术人员总量的85.19％。而经济、会计、统计等其他专业序列的高级人员所占比例极低。两个"集中"和两个"极低"突出反映了上海人才资源的"传统性"专业结构,说明上海人才资源的相对优势主要表现在"传统"专业领域。

还有,这些专业人员的分布不尽合理。攻关骨干中约有95％分布在研究所和高校。而且近年来青年科研骨干大量流失,使承担国家攻关项目的骨干队伍的平均年龄高达50岁上下,分布在52—62岁年龄段的人数占50％以上,35—50岁年龄段的人数不到20％。与此同时,高新技术产业和支柱产业的人才总体上短缺。据调查,1997年,上海经认定的高新技术企业587家,从业人员20.43万人,其中大专以上学历仅占27.51％,处于全国同业平均水平。根据"九五"计划确定的第二产业六大支柱产业和第三产业六大支柱产业人才资源现状与人才需求分析,由于生产经营规模的扩大和布点而需要的基础性人才已基本到位,人才总量增长处于平稳阶段,但高层次人才依然短缺。如"汽车制造"产业缺少高层次的设计、开发人才,"金融保险"产业缺少分析决策、营销、证券期货交易等方面的高级人才,等等。

最后,上海人才资源产业分布的结构性矛盾也较突出。经过多年的调整,上海作为全国最大的工业基地,第二产业人才拥有量占绝对比重的格局已得以改变。1997年底,第一产业专业人才占总量的比例为1.97％,第二产业占29.52％,第三产业占68.51％。第二产业人才拥有量下降过快,制造业人才拥有量占人才总量的23.5％,电力煤气及供水业人才比重为1.73％,建筑业人才比重为3.41％。而第三产业人才所占比重已大幅度超过了"九五"人才发展规划确定的指标(59.4％)。但在第三产业内部,各行业的人才分布也不合理。全市教育文化艺术及广播电影电视业人才拥有量占人才总量的27.51％,卫生体育社会福利事业占10.18％,仅这两个行业人才拥有量占全市人才总量的1/3强(37.69％),占第三产业人才总量的55.02％。

7.2.5　对外通道:配套条件分析

上海建立产业新高地的重要配套条件之一,就是对外通道是否畅通。由于自身努力不够,或由于整个大背景因素的影响,因此从目前及今后一段时间来看,上海的对外通道并不很畅通。

首先,市场通道的阻隔现象较严重。上海建立产业新高地需要有良好的市场通道,以促进各类要素大规模的内外流动,形成产业新高地的势能效应。这种市场通道大致可分成两大类,一是国外市场的通道,二是国内市场的通道。

随着浦东的开发开放,上海的国外市场通道正逐步打通,并有较大的拓展。近几年来,国外机构(特别是金融机构)大量进入上海,且其分布的产业领域日益扩大。与此同时,上海的海外投资也有较大发展,内外经济联系日益紧密。但自1997年下半年开始的东南亚金融风暴引发的全球金融、经济动荡,暴露了整个国际货币体系与世界经济一体化进程的内在矛盾,将导致世界各国经济政策的战略性调整。已有各种迹象表明,在尚未形成国际货币体系新"游戏规则"的情况下,这种政策调整将使各国更趋于"关闭"国门,以免受国际游资的冲击。在这种大背景下,人民币在资本项目下的自由兑换步伐将明显放慢。因此,在今后相当长一段时间内,上海的国外市场通道仍将维持原有的基本态势,不可能有较大幅度的拓展。

事实上,根据目前上海经济发展水平及实力基础,建立产业新高地所能达到的相对高度是十分有限的,其势能效应主要表现在内地半径上。例如,上海本身的信息港建设将产生近700亿元的市场需求,而整个长江三角洲是今后几年国内对信息、生物工程和新材料等高科技产品需求最大的市场。因此,内陆市场的通道是否顺畅,对上海来说显得更为重要。

但从严格意义上讲,目前全国统一市场并未真正形成,国内市场的通道存在严重的阻隔。例如,一些优势企业需要进行跨地区、跨部门、跨行业的兼并与改组,目前尚存在许多制约因素,首要的则是当前金融体制的不适应性,也就是银行机构设置和银行业务领域限定上的条块结构及其相应的资金分配体制。

即使是历史上与上海有着天然联系的长江三角洲及长江经济带,其经济联系通道也不通畅,从而影响着上海产业新高地发挥其势能效应。长江经济带目前划分为七省二市,再加上武汉、南京两个计划单列市,地方行政主体单位就有11个,由此形成了以块块为主的行政管理体制。此外,尚有长航公司等中央直属单位的"条条"体制。由于行政区划的分割,在地方利益驱动下,地区间产业结构雷同,生产布局重复,竞争过度。虽然沿江各省市间和中心城市之间已有省、市长联席会议等协调性组织,但相互间呈松散状态,且缺乏权威性。近年来尽管沿江各省市间的经济联系比过去大为加强,但是长江流域经济一体化进程缓慢,经济区域集团化步履维艰。尤其是基础设施建设缺乏统筹规划,产业布局和区域布局也不合理。

其次,物流通道尚有缺陷。从物流角度讲,上海城市基础设施及"三港"建

设,是构建产业新高地的重要配套条件之一。目前,航空港和信息港建设都已没
有什么大问题,只是时间进度快慢而已,主要是深水港建设进展缓慢,难以满足
国际航运中心的要求。尽管上海港近年来有较大的发展,1998年吞吐量完成
1.6亿吨,其中外贸吞吐量3500万吨,完成集装箱305万TEU,进入世界港口前
十位,但受其原有港口条件限制进一步发展的余地不是很大。除了原有张华滨、
军工路和宝山的三个集装箱码头外,上海外高桥集装箱码头是由原来的干散货
码头改建而来,直接面对长江,尽管第一、第二期增建泊位和堆场的工程可增加
120万TEU的吞吐量,但至多只能形成容纳第三、第四代集装箱的深水港湾。
虽然目前国家已确定实施长江航道疏浚项目,在长江口建设现代化的专业化装
卸设施,旨在把上海发展成为世界排名前列的大港,但疏浚主航道并不能使上海
达到国际深水港的标准(在中国码头吃水超过9米就是深水港,这与国际14米
的标准不同)。长江口泥沙问题使第五代集装箱船无法直接进入上海港。第五
代集装箱船要想进上海港只有先减载,然后候潮进港,但几乎没有哪家船公司愿
意这么做。而以港口运输,特别是集装箱运输为主的大规模物流系统的建立,对
上海经济扩散能力的影响是十分巨大的。因此,如果不尽快另辟新址,将港口外
移,建立新的深水枢纽港,而仍然在原有框架内进行改良性的港口建设,那么尽
管上海拥有170公里腹地,具有交通便利、信息集聚度高等优势,但受自然条件
的限制,在国际航运中上海未来仍然将是一个喂给港。

7.3　构建产业新高地所要解决的问题

从上面分析中可以看到,上海建立产业新高地还缺少不少条件,特别是自身
的基础条件薄弱。"冰冻三尺,非一日之寒",上海建立产业新高地缺乏自身的基
础条件,是长期发展累积的结果。因此,面对建立产业新高地的历史重任,我们
必须对以往的发展过程进行深刻反思,修正我们的发展思路,进行必要的战略性
调整。

7.3.1　三产与二产发展的相互协调

上海"三二一"产业发展顺序,是一个长期性的战略目标。在近阶段内,三产
发展以进一步完善化与内涵化为主,积极有效地加快商贸、信息、运输、房地产、
旅游、社区服务等其他具有上海优势、反映上海水平的服务业发展,增强上海对

内对外的综合服务功能,全方位扩大上海第三产业服务全国、参与国际竞争的业务领域和辐射半径。在此过程中,要动态地调整第三产业内部行业结构,特别是对金融中心建设予以重新定位,采取切实可行的措施培育上海金融实力。

尽管在建设金融中心过程中,上海尚不具备存量方面优势,但上海在增量方面还是有一定优势的。如外资金融的进入,以上海为重心和中心,上海的外资金融在全国已经占有绝对优势地位。又如,在新兴的证券市场发展中,上海占有明显的中心地位。因此,上海金融实力的培育,可以先从新兴市场着手,以新带老,以增量调整带动存量调整,以非银行金融带动银行金融,以外资金融带动本国金融。

在三产发展的促进下,上海第二产业要协调发展,其中制造业重振雄风是建立产业新高地的一项重要内容。但这不是在原有基础及框架内"复制"传统工业发展模式,而是要寻找制造业重振雄风的突破口。为此,上海工业发展要打破原有门类齐全、自我配套的格局,也要突破六大支柱产业的框架束缚,将重点放在重大技术装备业的突破性发展上。

重大技术装备是指技术难度大、成套性强、需跨行业配套制造的资本品。重大技术装备业发展水平反映一个地区在科技、工艺设计、材料、加工制造等方面的综合配套能力。在中国,重大技术装备生产是一个薄弱环节,具有巨大的潜在发展空间。据第三次工业普查,1995年底,3200多种主要工业生产设备中,国产设备占52.4%,进口设备占47.6%。与1985年相比,进口设备的比重增加29.4个百分点。90年代以来,进口的纺织、电子和印刷设备超出同期国产设备的好几倍,有些高达上千倍,几乎全部是进口设备。1990—1996年,中国每年进口的机械设备占当年固定资产投资中设备购置费的2/3左右,1995年更高达72%(见表7.3)。一些支柱产业和基础产业对进口设备的依赖程度越来越高,石油化工装备的80%、轿车工业装备的70%要靠进口,数控机床、纺织机械、大型工程机械、胶印设备等高新技术机械设备市场的70%以上被进口产品占领,机械行业的设备进口额从1990年的163.6亿美元上升到1995年的430.7亿美元,年平均增长21.4%。

另外,装备出口,特别是大型成套装备出口是出口结构升级的重要步骤。据有关部门对成套设备、电子器件、计算机零件、汽车及其零配件、通信设备、飞机和船舶等七大类产品的测试结果,成套设备的附加值率高达73%,在七类产品中技术含量和附加值最高。在80年代初,日本的机械及运输装备出口额就占全部出口商品的56%,新加坡和韩国分别为26%和28%。到1993年,日本已达到

表 7.3　固定资产设备投资对进口设备的依赖程度

	1990	1991	1992	1993	1994	1995	1996
固定资产投资总额(亿元)	4449.3	5508.8	7855.0	12457.9	17042.9	20019.3	23660.0
用于设备购置金额(亿元)	1148.4	1435.2	2063.9	3144.4	4154.2	4262.5	4940.8
同年机械设备进口额*(亿元)	737.1	950.6	1297.5	2063.5	2848.0	3080.6	3348.4
设备进口占设备投资(%)	64.2	66.2	62.9	65.6	68.5	72.3	67.8

注：* 包括动力机械及设备、特种机械、金工机械、通用机械和电力设备,按每年的平均官方汇率由美元折成人民币。

资料来源:《中国统计年鉴》和《海关统计》相应年份。

68%,新加坡超过 50%,韩国和马来西亚分别是 43% 和 41%。中国在 1982 年为 6%,1993 年为 16%,1996 年达 23.3%,还不及韩国和新加坡 80 年代初的水平,而且低于马来西亚 90 年代初的水平。

上海原有工业基础较好,综合配套能力较强,比其他地区更具有适合发展重大技术装备产业的条件,在全国范围内有比较优势。尽管深圳等地在电子产品等方面可以通过技术、设备引进实现跨越式发展,但在重大技术装备产业发展方面,其基础在短期内是难以培育出来的。而且,重大技术装备业发展具有带动性强、社会效益大的特点,即以关联度大、市场前景好、技术先进的重大技术装备为龙头,开展工艺技术和制造技术的研究开发、创新,将带动一大批相关技术的研制开发和相关行业的发展。

当然,发展重大技术装备业要把握其产业特点,确定不同于一般工业发展的新思路。因为重大技术装备属于资本品类,大部分重大技术装备制造业属于国际性产业。国际性产业的主要特征:一是一国的市场不能使生产达到经济规模。有些产品由于技术含量高、研究开发费用过大,通常需要全球的市场收入来补偿开发投入。还有一些成套设备的价值很高,但一国的需求量不大或不稳定,只有联合世界的市场才能达到经济规模,实现相对稳定的需求。二是需要企业在世界范围内合作才能形成竞争优势。一方面由于大规模购买零部件增强了买方的价格谈判地位,形成潜在的成本优势,因此购买大批量专业化的零配件往往比自己制造的成本低。另一方面由于各国的要素成本不同,技术水平不同,在全球的制造系统中进行合作,有利于寻求技术水平、产品质量和价格具有比较优势的合作伙伴。

重大技术装备的技术经济特性决定了其市场特点。首先,大型成套设备制造以国际市场为目标;其次,由于技术水平要求高、资金密集,因而市场进入门槛较高;再则,国际市场分割比较明显,已形成世界范围内的垄断竞争格局。发展中国家的技术开发能力较落后,不容易在短期内实现生成性技术开发,因此其装备产业的竞争战略通常是:瞄准国际市场,从国内市场起步,通过引进技术,实行进行替代和出口导向相结合;抓住国际上发达国家某些产品生产转移的机会,抢占国际市场出现的空缺;既参与国际竞争,也参与国际分工,在掌握主体关键技术的同时,根据比较优势的原则来确定自制和采购的比例。

在具体操作中,对重大技术装备的设计、制造、工程项目和采购的总承包以本市企业为主,不排除与外地、外国企业联合承包,使用外国设计、国际分包和国际采购。鼓励以技贸结合,许可证协议制造,中外合作研究、设计、制造及合资经营等多种形式,开展重大技术装备的研制。同时,由于装备制造业不仅包括设备制造部门,还涉及材料、电子和机械零配件等配套行业,因此必须打破条块分割的管理体制,改变制造企业与用户企业相脱离,用户企业掌握生产工艺技术,制造企业掌握设备制造技术,用户管成套,制造企业管制造的局面。

重大技术装备业发展可分阶段推进:第一阶段的目标以进口替代为主,谋求国内机械装备的更新和结构优化,主要是基本机械、基础件和为出口配套的零件。第二阶段的目标以国内市场为主,主要方向是基础件、专用机械和电子仪表类。第三阶段的目标重点是增强机构产品的出口竞争力。产品结构选择的特点是:先基础件、通用机械,后专用机械及其零配件,并把提高加工业的装备能力放在首位;整机与关键部件同步开发;特定机械多是大规模加工业和运输业的装备,即需求量大的单机。

7.3.2 营造充满活力的产业环境

上海建立产业新高地,必须营造充满活力的产业环境。首先,要清除各种制度性障碍,政府有步骤地适度退出,降低产业保护程度,改善控股集团公司的运作方式,破除系统内非竞争的配套体系,实行开放式、竞争性的市场选择的分工协作。其次,要正确运用产业政策,多采取"窗口"指导方式,尽可能减少产业倾斜优惠政策,政策措施要兼顾激励与约束两方面,必要的产业保护也要有法定期限制约。再则,要健全公司法人治理结构,营造有利于经营者发现、发展、发达的环境条件,给予经营者权益法律保障。最后,要建立有法制保障的市场运作秩序,拆除各种人为的行业进入门槛,打破地方保护,强化竞争机制。

针对目前上海的实际情况,充满活力的产业环境营造特别要注重改变对大企业、企业集团相对有利而对中小企业发展相对不利的格局,把重点放在塑造有利于中小企业发展的环境条件上,使中小企业也成为上海整个经济的重要骨干力量,并通过中小企业灵活应变的经营,促进上海经济不断发展。

上海建立产业新高地,尤其是发展重大技术装备业,固然需要以大企业组织为中坚力量,但其广泛的社会基础则是大量的中小企业组织。在建立产业新高地的过程中,势必会出现两种情况:一是传统产业升级导致大量一般劳动力的释放;二是高新技术产业发展导致高风险、高收益的经营方式。解决前者的途径,就是发展无环境污染、耗能少、运量少,并能吸纳较多劳动力的都市型产业。都市型产业的主要特征在于其生产组织形态,即以分散化的小企业组织为主体,走股份合作制、集体、私营、个体等混合型经济形式的道路,包括商办、社区办及家庭办等多种形式,在城市中心区以楼宇、街坊、家庭为生产场所进行发展。解决后者的途径,主要是大力培育民营科技企业,以其组织载体实现产学研一体化,加快科技成果产业化步伐。实践证明,民营科技企业是有活力的,适应科技产业化的特殊要求。

因此从建立产业新高地的要求来看,上海中小企业的发展是向两极展开的:一极是大量吸纳劳动就业、依托于都市型产业的各种所有制类型的中小企业发展;另一极是以高风险、高收益的投资为主进军高新技术产业的民营科技企业发展。

7.3.3 完善开放型、多层次、多元融合式的研究开发体系

国际经验表明,多层次的技术差异来源于研究开发和技术训练中的规模经济和范围经济,而总体上影响技术发展的是制度及其特征,不是某些产业。这类制度及特征包括市场规模、开放程度、教育制度的性质、政府的规模和作用等。因此,完善研究开发体系必须贯穿制度条件改善这一红线。

首先,上海产业技术研究开发体系必须是开放型的,在吸收国外先进技术的基础上实行自主创新。因此,今后仍要把引进外国技术放在重要地位,但在引进外国技术时要坚持重软轻硬,瞄准头脑产业。明确引进技术的目的,并非为了单纯使用硬件(如设备、工具、实验手段等),而是为研究革新和创新赶超,提高自己在国际市场上的竞争力,促进产品大量出口。要像日本那样,在引进技术软件上多多益善,这些软件包括专利使用权、图纸设计、技术诀窍、纯技术引进不带硬

件。日本从 1951 年起引进外国技术,用了近五年时间,花费约 60 亿美元,把欧美用了 30 多年、花费约 2000 亿美元的科研成果的大部分弄到手,再花 500 亿美元加以研究、消化、开发,把别人的东西完全吸收转化,从而赶上世界潮流。为此,要把引进技术的重点放在生产技术、实用技术方面,并注重技术研究成果工业化。

其次,根据不同情况塑造多层次的研究开发体系。(1)对于通用性强的共性实用技术的研究开发,由政府重点支持和组织相关企业共同进行,参与研究开发的企业享有共同利益;对于独创性的产品技术的研究开发,主要由单个企业组织。(2)对于按产业链实行的上下游企业纵向联合研究开发,可通过长期协议形式形成一个共同确定价格、共享利益的利益联合体;对于开发共性技术和共同标准时进行合作的互相竞争企业的横向联合开发,可根据协议分享开发成果。在共同开发的基础上,再进行产品的差别性技术开发,形成先合作后竞争的格局。(3)对于低风险的、面向当前经济的研究开发,以企业投入为主;对于中期的、中低风险的研究开发,由政府与企业共同投入;对于长期的、高风险的研究开发,以政府投入为主。上海近几年的科技投入模式尚有缺陷,如上海工业发展需要一批中、长期研究开发项目,政府拨款下降是不正常的;在多元化科技投入体系还未形成之际,银行对技术开发贷款两年内下降近 20 个百分点,也不正常(见表 7.4)。

表 7.4　1994—1996 年上海大中型企业技术开发费用总额及来源

年　份	总额 (千元)	其　　　　中					
		企业自筹 (千元)	比重 (%)	政府拨款 (千元)	比重 (%)	银行贷款 (千元)	比重 (%)
1994	3339089	2294686	68.72	67933	2.03	976470	29.25
1995	3474508	3101043	89.25	82125	2.35	291340	8.40
1996	5687702	5045361	88.87	77360	1.36	564981	9.94

具体支援上,有如下主要形式。(1)财务支援:主要是通过研发补助、融资与风险性资本提供来支援科技活动的发展,包括主导性新产品开发辅导办法、鼓励民间事业开发工业新产品办法、传统性工业技术升级条例、中小企业发展条例等多项办法。建立高科技创业基金、科技成果推广基金、专利实施基金、风险投资基金和高科技产业发展融资担保资金。(2)人力支援:如提供训练、人才培育与产学研结合。(3)技术支援:如提供技术辅导、设立相关的研究机构、加强国家实验室或研究机构的功能、协助技术引进与转移、提供咨询,如产业技术咨询服务

(ITIS,见图7.3)。(4)需求支援:通过提供委托研究、采购民间开发的产品等来鼓励创新活动。(5)环境支援:通过提供减免税等各项奖励措施,以及采取知识产权保护、对不公平竞争等行为制定规范等,来营造一个良好的科技发展环境。

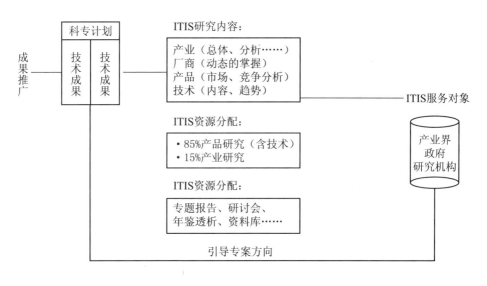

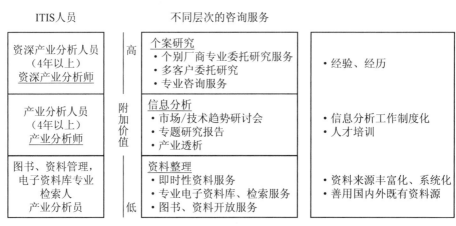

图7.3　产业技术咨询服务(ITIS)

因此政府要尽可能地增大研发经费的投入,每年编列科技专案经费,委托科研机构和高校从事包容性、关键性技术的开发并转移民间,同时让各类企业参与执行科技专案计划。政府有关部门应积极推行产业技术辅导措施,如传统性工业升级方案,鼓励企业开发工业新产品办法,主导性新产品开发辅导办法,策略性技术推广与辅导计划等。同时,政府要采取各种措施激励企业投入研发活动,通过协助企业降低投资研究开发的风险,帮助培育高级专业科技人才及定期提供市场信息及技术上的协助等,使企业朝着跨领域、大型化、高风险、大资源化的技术方向发展。

7.3.4 开拓新的国内经济合作

90 年代上海经济发展在很大程度上依赖于外向型经济的发展,但这种依赖是低层次的输入型的依赖,不具有产业新高地的含义。上海今后的发展,还要靠输出型的内向型经济。靠外向型经济来支撑上海的产业新高地,通过产业新高地实现输出型的内向经济依赖。因此,内向型经济和外向型经济并举,将成为上海发展最重要的两个依托。从这一意义上讲,国内经济合作对于上海将具有举足轻重的战略意义,而构建产业新高地则是实现国内经济合作的基础性条件。

上海的国内经济合作,在空间上可分为三个不同范围的合作层面,即长江三角洲地区、长江经济带和国内其他地区。对于不同范围的合作层面,有不同的目标。

其一,上海与长江三角洲地区的经济合作,重点在推进长江三角洲地区经济一体化进程,共同培育由各具功能、分工合理、协作关系紧密、经济融合程度较高的大、中、小城市有机结合的城市圈,实现以特大城市(上海、南京、杭州)为中心的区域现代化,增强这一地区作为全国经济增长极的功能和作用。

具体目标是:增强区域内特大型经济中心城市综合功能,成为区域发展要素配置中心、产业扩散中心、技术创新中心;培育一批能够成为全国行业龙头的骨干大企业(集团实现产业结构调整的联动,形成布局合理、协作关系紧密的生产体系;增强技术创新能力,共同培育高新技术产业带;联合进行交通设施建设,形成一体化交通网络;联手进行环境整治,实现区域可持续发展。

其二,与长江经济带中西部省市的经济合作,重点在促进经济带内部要素流动和经济循环,提升产业层次,开发内陆城市和农村市场,带动经济带的共同发展。

具体目标是,加快基础设施建设,参与和推动沿江交通体系建设;共同培育分布合理的产业密集群;扩大企业层次上的联合,形成一批在国内外有竞争力的合作企业群体;加快建设商贸走廊,共同向国内外拓展。增强上海要素市场对经济带的辐射,实现经济带内各级、各类要素市场的联动。

其三,与国内其他地区的经济合作,在重点推进与对口省区合作的前提下,贯彻自主自愿、优势组合的原则,以项目带动为主,逐步扩大合作范围,提高合作层次。

7.3.5 大力发展国际服务贸易

上海构筑产业新高地还要面向世界,融入世界经济一体化进程,其中一个重要方面就是抓住历史机遇,确立国际服务贸易在上海今后国民经济体系中的地位和作用,牢牢把握国际服务贸易发展的主动权。

在当前市场竞争中,上海的个别工业行业已逐渐丧失优势。发展国际服务贸易是上海新的增长点之一,有利于推动国民经济的持续增长。80年代以来,香港地区曾成功地实现了从制造业向服务业的转变,保持了经济繁荣。上海要抓住产业结构调整的机会,重视发展那些从第二产业中分离出来的服务业,如产品设计、投资咨询、商品流通、仓储运输、广告策划等,尤其要大力发展智力密集型服务业,不断提高其外向度,就有可能形成上海 GDP 增长的新高地。

同时,上海在进一步拓展对外贸易时,国际服务贸易也有利于其结构优化。长期以来,上海以发展货物贸易为主,现在在劳动密集型商品出口方面,上海与兄弟省市相比,已无竞争优势可言。今后上海货物贸易的增长将越来越受到成本的严重制约。相反,上海人力资源丰富、人才素质相对较高,发展服务贸易的潜力较大。因此,大力发展服务贸易,不仅能扬长避短,而且能优化上海的贸易结构,形成上海的商品和服务都能出口创汇的新局面。

从建设上海“一个龙头,三个中心”的战略目标而言,发展国际服务贸易也是其中一个重要组成部分。中国香港、新加坡之所以能确立区域级国际经济中心的地位,拥有发达的服务业是其重要原因之一。1995年,香港地区服务贸易出口361亿美元,进口212亿美元,顺差149亿美元。同期,新加坡服务贸易出口293亿美元,进口165亿美元,顺差128亿美元。上海与香港、新加坡同为城市型经济体,但在发展服务贸易方面差距很大。因此,大力发展国际服务贸易,将有助于加快完善上海作为一个国际性城市的综合服务功能。

中国加入 WTO 是迟早的事情,但其中谈判的核心就是服务业的开放。目前中国第三产业的开放度低于第二产业,各类服务业缺少优势企业,对外竞争能力不强。中国一旦进入 WTO,就必须履行承诺,逐步开放服务业。上海抓紧时间发展国际服务贸易,以此迎接中国加入 WTO 的挑战,争取在未来的服务贸易市场上占有更多的份额。

8 培育新的经济增长点:国民经济信息化

上海在转变经济增长方式,构建产业新高地的过程中,一个重要的契入点就是培育新的经济增长点,即国民经济和社会信息化。当前一场正在全面改变世界面貌的、前景极其辉煌的信息技术革命,随着以微电子、计算机、软件、通信技术为代表的信息收集、加工、处理、传输等技术的发展,将人类带入一个崭新的信息化时代。在此背景下,信息化已成为现代国际性大都市的主要标志。迈向21世纪的上海,要建成国际经济、金融、贸易中心的国际性城市,必须加快国民经济信息化步伐,促进信息产业超前、超常规发展,向国内外提供先进的信息设备,高效的信息网络,全面的信息服务,使信息成为上海最有效的资源,使信息产业成为上海新一轮经济增长的催化剂和倍增器。

8.1 国民经济信息化:上海未来的增长点

上海90年代的经济大发展,在很大程度上依靠要素市场化过程中的土地、资金资源的开发和利用。但随着国内外环境条件的变化,以及这些要素资源开发的"非再生性",其对上海经济增长的支撑作用逐渐趋于衰退。然而,上海还有一个巨大的潜在资源(即信息资源)尚未充分开发和利用。随着国民经济信息化的推进,信息资源将逐步替代土地等其他资源而成为支撑上海经济增长的重要因素。因此,上海新的经济增长点就在于推进国民经济和社会信息化。

8.1.1 上海建设"三个中心"与信息化的内在逻辑及实际表现

上海"三个中心"的建设,从根本上说就是要转变上海原有的单一城市功能,增强上海作为中心城市的辐射能力和扩散效应。换言之,就是要增强上海的经济竞争力。在世界信息革命时代,信息化则是经济竞争的制高点,因此上海"三个中心"的建设与信息化进程是相辅相成的。

上海作为一个地区的经济、金融、贸易中心,本身就意味着更大的信息化程度。因为国民经济和社会信息化不是凭空产生与发展的,而要有所依托。这是信息化的依附性问题。国外研究表明,信息化指数与人均收入和城市化指数是高度相关的,在这两种情况下的回归线呈略微上倾的曲线。这表明随着人均收入和都市化程度的提高,信息化的速度加快了。日本学者 Umesao 把信息、通信、文化和教育等与信息有关的消费占全部家庭开支中的比重,定义为与恩格尔系数相对应的信息系数。随着社会富裕程度的提高,信息系数不断趋于增加而恩格尔系数趋于降低。也就是,随着社会富裕程度的提高,社会就越信息化。为此,日本学者 Sunaki 建议把信息系数超过 50% 的社会定义为信息社会。

另外,信息具有不平衡流动的特殊属性。1975 年,日本邮电省计算了日本47 个县的信息生产或发送与消费总量。研究结果发现,日本信息供应总量的47% 是在东京生产或发送的,东京人均信息的供应量比全国平均数高 8 倍,人均消费量高 1.6 倍。另一项研究表明,在日本只有东京和大阪向全国范围提供信息,其他市县只是信息流动的区域中心。多数市县所接收的信息 80% 来自东京。而决定"信息的不平衡流动"的主要因素,是经济(如贸易)和政治关系。与政治和经济因素相比,地理、文化和历史因素(如距离、文化的接近、共同的语言和宗教)的重要性则稍差。

可见,随着工业时代向信息时代的转变,当今国际经济、金融、贸易中心赖以形成的支撑性基础也发生了变化,从过去的商流和物流为主的基础性支撑转向以信息流为主的基础性支撑。因此,上海要建立国际经济、金融、贸易中心,从城市功能上讲,就是从"商品加工中心"转向"信息处理中心"。通过城市经济的信息化,提高城市服务功能,增强对外辐射能力。

从"三个中心"之间的关系来看,尽管它们各自传输、处理的是完全不同的介质,要说共同点也只是介质的货币形态是相同的,但从根本上联系这"三个中心"的,则是信息。无论"三个中心"的功能有多大的不同,其信息是共同的,是介于这"三个中心"之间而无所不在的。因此,从信息角度讲,"三个中心"也就是经济信息生产、集中、处理与传送的中心。

按照信息的流动看,上海"三个中心"及其他城市功能,同全国和世界的关系可以分为三种信息流动过程:一是"三个中心"之间的信息流动;二是"三个中心"与上海其他的城市功能(如交通枢纽、技术开发中心等)之间的信息流动;三是上海同国内国际之间的信息流动。

"三个中心"之间的信息流动，可以使原先相对独立的三种城市功能由信息而合为一体，使产品运作、金融运作与市场运作合而为一。从现代经济运行的规律看，产品、金融与市场的结合代表着经济运行规律变化的新趋势，它们的合一不是简单的信息叠加，而是信息的重组、处理与再加工，是信息的增值。所以，"三个中心"的信息纵向流动，将使上海的现代城市功能得以强化，提高运行效率，增大运行规模，创造整合优势。

上海的整体城市功能，应该以"三个中心"作为核心。反映在信息上，如果没有明确的"三个中心"，信息流动的组织目标就不明确，信息流动的趋利性质也得不到强化，不利于提高信息的流动效率，不利于信息的增值。因此，"三个中心"必须作为上海信息流动的核心。而且，"三个中心"有强大的其他城市功能的依托而具备坚实的发展基础，其他城市功能也会因为"三个中心"的确立而得以强化。

有了整合的以"三个中心"为核心的信息中心框架，也就有了对外信息流动的基础。整合后的"三个中心"，比任何一个中心的信息辐射范围更大，辐射能力更强，也就具备了国内其他城市根本无法替代的信息中心位置。这一位置的确立，将使上海在国际信息交流中成为全国最重要的交流中心，使上海能够因此接受更多的信息来源，可以成为增值的源泉。

从以上的分析可以看出，信息产业与信息化将对"三个中心"的功能从信息上重新定义，使其具备以信息为依托的核心地位。这可能是信息化对"三个中心"最主要的贡献。另外，信息产业的发展也为建立"三个中心"提供了必要的硬件、软件和服务保障，如金融电子化、贸易电子化、城市经济网络等，以及遍布全市各企业甚至各户的城市基础网络等，这些设施是"三个中心"赖以存在的物质基础。可以相信，随着技术水平的不断更新，"三个中心"的信息功能会不断得到强化，运行效率也会大大提高。

与此同时，上海"三个中心"的建设，势必涉及产业结构调整。但这种产业结构调整非同于一般，具有结构高度信息化要求的特点。因此，对于上海"三个中心"建设中的产业结构调整，采用传统的三次产业分类法，仅仅提出发展第三产业的"三、二、一"产业次序的战略性调整，是远远不够的。我们更倾向于采用日本经济企划厅最近提出的面向21世纪产业结构的新分类方法，来指导上海"三个中心"建设中的产业结构调整。

日本将采取的新的三次产业的分类，是把原来的第一、第二产业合并为物质生产部门,而将原来的第三产业分为网络部门和知识服务生产部门。按此分类,物质部门是从事商品、货物生产的部门,由农林水产业、矿业、制造业和建筑业组成。网络部门是对人、财、物、信息提供流通和中介功能而构成的以网络为特点的产业部门,包括运输、通信、商业、金融、保险、不动产、电力、煤气和自来水等产业。知识服务生产部门是以生产知识、服务为主的产业部门,包括各种咨询业、文化、教育、卫生部门,以及政府、公共部门等。显然,在这一新的三次产业分类中,突出了知识产业中的经济咨询和信息服务的功能。

按照这一新的分类,上海"三个中心"建设中的产业结构调整的目标和方向就更加明确和具体化了,实质上就是要大力发展网络部门和知识服务部门。因此在上海未来的产业结构中,制造业中的新兴产业,网络部门中的信息、通信和金融产业,以及知识服务产业中软件、咨询和信息服务业,将在21世纪的上海社会经济发展中起龙头作用。另外,从产业发展的趋势来看,网络部门在其规模达到一定程度后,主要在质的方面发生较大的变化,量的方面可能出现缓慢增长的态势,从而在整个GDP中所占的比重可能有一定程度的下降。而知识服务产业将一枝独秀,其产出继续保持较高的增长势头,从而在GDP中所占的比重也会大幅度提高。知识服务产业的高速发展,不仅将成为上海经济发展新的增长点,而且还将反过来激发金融、保险、运输和商业等部门的活力。因此,上海"三个中心"建设中的产业结构调整,不是一般高度化问题,而是要求伴随着高度信息化的发展。

这种产业结构调整的高度信息化,要求大力推广和运用信息技术,促使网络部门和知识服务部门的同步发展。以上海的贸易、商业领域为例,上海的商贸规模很大,物流量巨大,但目前的物流组织仍然处于传统状态,信息化水平很低。而据估计,如果物流采用信息技术,其成本将要下降20%—30%,效率也将大大提高。因此,在传统的物流中引入信息化物流技术,不仅可以扩大上海物流的规模和影响,而且可以大大降低对资源的占有,如土地、劳动力、资金,使上海的物流中心地位更为稳固。具体如建立信息化的物流配送中心、物流转运中心等,可以减少不必要的重复运输,提高效率。

8.1.2　上海实现"两个根本性转变"与国民经济信息化

上海目前正面临着增长方式和经济体制"两个根本性转变"。这两个转变过程,与国民经济信息化的进程是息息相关的。可以说,信息化为实现这两个转变提供了最好的机遇。

1. 国民经济信息化的生产组织方式转变与上海经济体制改革

经济运行方式的转变是一个长远而又艰巨的过程，可以说，从传统计划体制向市场经济体制转轨是一次巨大的飞跃。而我们在实现这一转变的同时，由于信息化的迅速扩展，经典的市场化的运行体制正在发生一次革命性的变化。因此，我们需要完成的经济体制变革也就因此而包含了两层内容，一是市场化，再一个是信息化。

信息不但是市场经济活动的媒介，信息传播也是维护市场秩序的主要内容。信息机制是市场经济的基础机制。市场经济活动需要一系列中间媒介，这些媒介所起的主要作用是信息传递。信息化会给市场运行规则带来一系列的改变。从生产组织方式看，传统的集中规模经济将因为网络化而由空间上的集中转变为信息上的集中，企业的组织方式，也正在由金字塔型向网络型转变，企业的生产决策也由滞后反应型向超前预期型转变。从更大更广的意义上讲，这种转变比信息产业本身的发展更为重要，它是一种新的经济运行理念，一种新的规律，它将以信息产业发展所提供的物质基础，大大提高市场运行效率，降低成本，将是一次类似于工业革命大机器生产、规模经济的革命。

因此在世界经济正在发生根本性变化的情况下实现经济运行体制的转变，要进行两次飞跃，而两次飞跃的同时进行，可以避免分别进行所造成的对社会经济的不利影响，降低改革的成本。因此，在进行运行机制，包括所有制结构的调整中，不能忽视信息化的作用，尽可能使我们的改革一步到位。

2. 国民经济信息化的技术构成变化与上海经济增长方式的转变

经济增长方式从粗放型向集约型的转变，其实质是一个竞争力问题。在信息驱动日益明显的今天，上海作为一个国际性城市的竞争力，将依赖于其在全球获取和交换信息的能力。在将来，信息化比工业化能更好地反映一个国家或地区的发达程度。因此，上海经济增长方式转变的核心问题，是要改变整个发展模式，即从工业化向信息化的转变。

信息化的一个重要内容，就是信息产业化，即信息产业发展。信息产业作为一个国民经济的新兴产业，具有产业技术含量高的特点。根据上海统计局的一份研究报告，信息产业的资金投入比例要高于全市的平均水平。1997 年末，信息产业占用固定资产原值 364.83 亿元，占全市经营性固定资产原值比重为 5.3%，与信息产业增加值比重基本相等，但大于从业人数的比重。因此，1997 年信息产业人均装备系数为 12.87 万人，高于全市 8.03 万元的平均水平 50% 以上。1997 年信息产业平均每百元固定资产原值创造增加值为 52.55 万元，基本与全市平均水平 52.92 万元相等。

同时,信息产业也是一个劳动力投入少、产出效益高的产业。1997 年,上海信息产业的从业人员达到 26.96 万人,平均每个从业人员创造增加值 6.67 万元,而全市平均水平为 4.25 万元,信息产业要高于全市平均水平达 5.9％。与其他生产领域相比,信息产业平均每个从业人员创造的增加值是占有绝对优势的。1997 年,上海第一产业平均每个从业人员创造增加值 0.94 万元,第二产业为 4.4 万元,第三产业为 4.93 万元,均大大低于信息产业的劳动生产率水平。1997 年,信息产业创造的利税总额 99.52 亿元,占全市利税总额的比重为 5.5％,平均每个从业人员创造的利税总额 3.78 万元,高于全市平均水平 67％。

另外,由信息产业生产特性所决定,该产业中间消耗占总产出的比重较低。1997 年,上海信息产业中间消耗 373.71 亿元,占全市中间消耗的比重 4.8％。在信息产业总产出中,增加值和中间消耗的比例为 32∶68,而全市 GDP 与中间消耗的比例为 30∶70。在信息产业增加值的组成结构中,劳动者报酬、利税、固定资产折旧的要素比例结构为 17∶56∶27;而在全市 GDP 内部,其要素比例结构为 34∶54∶12。其中,利税比例差异不明显,而劳动者报酬比例差异明显,信息产业低于全市平均水平 17 个百分点,固定资产折旧则相反,信息产业高于全市平均水平 15 个百分点。

因此,现代信息产业的崛起和发展,及对经济增长产生越来越大的贡献率,本身就是上海经济增长方式向集约化转变的一项重要内容。更何况,信息产业还可以带动相关产业的发展,形成新的以信息产业为中心的产业链。

从工业发展角度看,经济增长方式转变的重要内容就是寻找新的核心技术,以提高技术能级。在当代新技术革命的条件下,新的核心技术就是信息技术。现代经济表明,任何产品的价值都会因为由于加进智能和信息内容及服务而增加,甚至连大多数的成熟产品通过增加信息的特色和功能也能实现产品现代化。制成品现在具有越来越多的信息含量,而工资量却越来越少。因此,在信息化的基础上取得企业的提升和产品的改进,将成为上海成熟工业行业和企业重新焕发活力,转变成为新型产业的主要途径。

8.1.3　上海传统工业的信息化改造

上海经济发展正面临着重大转折:传统工业在衰退,但还具有很大规模;新兴的信息技术工业在快速发展,但尚未取代传统工业的主导地位。因此,上海经济发展面临着传统工业大规模改造的任务。而这一"脱胎换骨"的改造,就是传统工业的信息化改造。反过来讲,国民经济和社会信息化的最终目的,就是要推动经济发展和社会进步。如果信息化不能真正落实到信息对国民经济和社会发展的推动,信息产业不能满足社会生活对信息的需求,那么这样的信息化就徒有其名。因此,信息化不仅仅是信息产业自身发展问题,信息产业不能孤立地自我发展;信息产业必须在为传统产业、国民经济、社会生活等服务的过程中发展壮大自己。这样,传统产业和国民经济提高了竞争力,国民提高了素质,信息产业因而有了更高层次、更大范围的需求,其基本传导机制如图 8.1 所示。

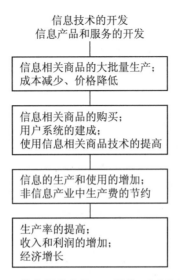

信息技术的开发
信息产品和服务的开发

信息相关商品的大批量生产;
成本减少、价格降低

信息相关商品的购买;
用户系统的建成;
使用信息相关商品技术的提高

信息的生产和使用的增加;
非信息产业中生产费的节约

生产率的提高;
收入和利润的增加;
经济增长

图 8.1 信息相关商品——开发、生产和使用

我们目前还处于工业化阶段,工业化是信息化的历史起点,是信息化发展的基础。然而,信息化反过来对工业化有极大的促进作用:一是协同作用,信息经济越发展,越能使工业发展有新机会和新途径;二是补充作用,信息经济越发展,越能弥补工业发展中的缺陷,如高消耗、低效益和高污染等问题;三是替代作用,用信息资源替代更大一部分的物质资源和能量资源;四是加速作用,信息化程度越高,社会经济活动和社会财富的积累速度越快。具体来讲,主要有以下几方面:

一是信息技术介入传统产业。上海传统产业由于生产成本的上升和经营体制的约束,目前竞争能力已经明显下降,正在失去市场份额。上海传统产业领域中的主要行业(纺织、轻工、仪电等),自 80 年代后开始走下坡路,目前这一趋势明显加剧。虽然伴随着经济周期的波动,时有暂时或局部的辉煌出现,但均未能改变其衰退之大势。因为这些传统产业的内部产业技术已接近极限,再没有什么重大新技术出现。而那些高新技术产业的开发,要求有与之技术水平相适应的产业配套,所以也往往不能增加对传统产业的需求。在这种情况下,上海传统产业改造的唯一出路,就是通过信息技术的介入,使这些失去竞争力的产品真正更新换代,依靠新的技术优势占领市场,从而使某一些传统产业获得新生。

信息技术的广泛渗透性特征和发展高度,为传统工业的技术改造准备了技术条件,具体讲:(1)这种改造就生产手段而言,是要达到机器的智能化、自动化,从而使机器辅助、延长或部分取代人的信息功能。(2)就改造生产手段的技术方式而言,是将物质生产过程视为一种信息的获取、存储、处理、传输、控制的信息流动过程,从而在人机、机机以及机器与劳动对象之间,以数字化作为共通的语言桥梁,建立起自动化系统。(3)由于生产手段的根本性变化,适宜于这种高效、快速物质生产过程的组织形式因此产生。这种组织形式要适宜于信息流动,而不只是物体的置放、位移。

二是企业信息化。传统产业改造的基础,是企业信息化。企业信息化,包括产品设计、生产过程、决策管理、市场营销信息化。信息植入企业之中,使传统产业提高生产效率,降低成本,获取信息,把握市场。企业信息化目前以 CAD/CAM、财务管理、行政管理(OA)等为主。随着网络技术的发展,企业内部的信息网将建立在 Intranet 基础上,结合 MRP II 等技术,使企业的各个部门都纳入企业信息系统中,并以决策管理为中心,形成信息企业的框架,这将大大提高企业的生产效率,并提高传统产业的生存与竞争能力。具体讲,有以下几方面:(1)减轻企业活动的地域、空间的限制;(2)促进企业内部信息交换,为生产、管理、消费等决策过程提供最佳信息;(3)通过改进监控系统,使生产过程计算机化,并使生产过程与消费过程一体化而增加要素利用效率;(4)通过区域管理系统网络化与集中化而增加存货管理效率。

三是信息产业的产业关联作用。信息产业的迅速扩张而产生的对硬件、人才、服务、信息市场的强大需求,可以让不景气的传统产业找到新的发展机会,如为陷入困境的彩电工业带来一线希望。与此同时,信息化也有助于显示需求。但这里需要强调的是,对这种关联的认识,不能仅限于上海本地范围之内,而应以上海作为长江经济带的龙头、中国经济的中心、世界经济中重要的增长极去认识。换句话说,上海的传统产业不仅可以将上海的信息业作为服务对象,而且应该将服务范围向全国、向世界延伸。

同时,这种关联作用是广泛的,涉及各种产业,其中上海只可能在其中某些产业,甚至几个产品上取得优势,绝大多数还得由其他地区分担,上海仅仅是国际分工体系中的一环。因此,必须突出重点,集中资源,全力以赴地在某些部分进行突破,这同信息产业的发展规律是一样的。

信息产业的发展还会衍生出许多以前从未有过的产业或产品,这些产业或产品虽然是信息产业发展的产物,但它仍然立足于传统产业之上,由传统产业来进行开发与生产,如 NTV、WebTV、CableModem 等。因此,传统产业作为信息产业的介入对象,因为植入新的内容而获得发展潜力。这种由信息产业发展衍生出来的产品,既需要强大的科技实力,也需要传统产业的基础,而这正是上海所具有的优势。

8.2 上海信息产业与国民经济信息化的发展

自从中央提出浦东开发开放,尽快把上海建成国际经济、金融、贸易中心之一的战略方针后,上海对推动国民经济信息化及信息产业发展有了较大突破的实质性启动,起步相对较早,率先提出了上海信息港工程,并成立了信息港办公室负责具体实施,极大地促进了上海信息化和信息产业发展。但上海信息化和信息产业发展水平仍较低,总体上处于初级阶段,其速度和规模以及发展势头与兄弟地区相比,尚存在较大差距。

8.2.1 信息产业发展现状分析

国外在信息产业范围的划分上,把信息产业称为"三 C"产业,即电脑(computer)、通信(communication)、信息内容(content)的总称。按照这个产业范围,中国把信息产业又界定为信息设备制造业、软件和系统集成业、信息服务业等三大类。按此统计口径,近几年来上海信息产业增长势头迅猛,其增加值 1994 年为 90.28 亿元,1995 年为 124.51 亿元,比上年增长 37.9%;1996 年达到 223.53 亿元,比上年增长 79.5%,其增长速度远远超过 GDP 的增长幅度。上海信息产业增加值占 GDP 的比重,也由 1994 年的 4.2% 上升到 1996 年的 7.7%(见表 8.1)。

表 8.1 上海信息产业增加值及占 GDP 比重

	1994 年	1995 年	1996 年
GDP(亿元)	2158.43	2462.77	2877.76
信息产业增加值(亿元)	90.28	124.51	223.53
信息产业增加值占 GDP 比重(%)	4.2	5.1	7.7

　　上海信息产业迅速增长的趋势,也可以从以下几个重要行业的发展中得到充分反映。

　　(1) 通信设备制造产业。"八五"期间,通信设备制造业已连续五年保持高速增长态势,年均产值增长 78.1%,利税增长 76.8%。1996 年,通信设备制造业总产值为 152 亿元;1997 年为 180 亿元,产销率一直保持在 99% 以上。日前,已逐步形成有线、无线、终端和配套元器件等四大领域的产业布局。

　　(2) 计算机产业。目前全市已有生产、销售单位 7000 多家,其中生产制造企业 300 多家,形成了各种微机、打印机、外部设备等产品系列。1994 年,计算机产业总产值为 21 亿元;1995 年达 40 亿元,增长 90%;1996 年达 61.5 亿元(其中软件产值为 10.1 亿元),增长 53.7%;1997 年为 100 亿元(其中软件产值为 15 亿元),增长 62.6%,继续呈现高速增长的态势。

　　(3) 邮电业务。近几年,上海邮电业务发展迅速,1994 年为 39.2 亿元;1995 年上升为 55.7 亿元,增长 42%;1996 年达 76.2 亿元,增长 36%。

　　(4) 信息服务业。到"八五"期末,全市信息咨询服务企业总数已达 7700 多家,从业人员 13.64 万人。以上海热线、上海科技网、上海信息网为代表的提供网络服务的厂商(ISP)已达 20 多家,提供信息内容服务的厂商(ICP)以及"电脑屋"等新型的信息服务企业不断涌现。1996 年,信息咨询服务业营业额总和为 20.05 亿元,同比增长 33.7%。

　　虽然,近几年上海信息产业发展迅速,但在全国并不居于领先地位。从地区角度来看,以广州、深圳、珠海、惠州、东莞等地的电子信息骨干企业为依托,珠江三角洲信息产业的发展最为引人注目。目前亚洲最大的仿真机生产商、全国最大片式电子元件基地、全国最大的微型计算机生产基地、全国最大的电话机生产基地等均在珠江三角洲,使该地区成为亚洲最大的信息产业群落。1996 年珠江三角洲地区以电子信息为主的高新技术产业产值达 520 亿元,其中程控交换机生产能力达 1000 万门,居全国之首。此外,微型计算机、磁盘、光纤、商业收款机等电脑产品继续在全国独占鳌头。以光纤、数字微波为主要手段的数字传输网、移动电话网、分组交换网和数字数据网日臻完善。目前珠江三角洲拥有以微机为主的各类计算机超过 10 万台,有近百个计算机网络投入运行,使全员劳动生产率平均达到 40 万元以上,利税率在 25% 以上。相比之下,以上海为龙头的长江三角洲的信息产业发展,就大为逊色。

　　从城市角度来看,深圳、北京、上海的信息产业发展是走在全国前面的,但比较这三个城市的信息产业发展可以看出以下五方面特点:

一是信息产业对经济增长的贡献方面。上海信息产业增加值的绝对量并不比深圳和北京低，如 1995 年上海信息产业增加值为 124.51 亿元，深圳为 107 亿元，但由于上海 GDP 总量较大，所以上海信息产业增加值占 GDP 的比重明显低于北京、深圳。1996 年上海信息产业增加值占 GDP 比重还没有超过 10％（只有 7.7％），而北京信息产业增加值占 GDP 的比重 1994 年就已达到 41.8％，其中一级信息部门（包括信息设备制造业和出售信息服务业）的增加值占 GDP 的 34％；信息业就业人数占社会劳动者总数的比重为 43.9％。深圳的信息产业增加值占上海 GDP 的比重 1995 年达到 13.7％；1996 年，深圳信息制造业总产值占工业总产值的比重高达 53％，其中计算机设备类产值为 238 亿元，通信设备类产值为 90 亿元，电子元器件产值 83 亿元。1996 年深圳计算机软盘片年产量已占世界产量的 10％。

二是信息设备制造方面。上海的通信设备制造在全国处于领先地位，集成电路生产水平有待于新项目的引进开发而进一步提高，其他领域则相对显得落后。尤其是计算机产业上，上海处于明显劣势。北京已形成以联想、四通、方正等企业为龙头的计算机产业规模群。深圳则以长城集团为代表，其"金长城"电脑已与联想计算机形成了国内微机行业的第一阵容。深圳计算机及相关工业企业已有 1500 多家（其中深科技是目前世界三大磁头生产企业之一），1996 年计算机行业产值达 125 亿元。连湖南计算机厂也都成为目前国内最大的计算机终端开发和生产厂商。上海远远落后了，直到 1997 年下半年，红壹佰多媒体电脑才在上海市内有了较大名声，东海电脑还没有大的起色。

三是电子计算机的市场流通方面。目前全国兼容机包括进口品牌机的最大流转中心在广州、深圳和北京。一个在南面，一个在北边。中部地区的电子计算机整机、零部件和外围设备的流转中心在武汉，西部有成都。上海在电子计算机市场流通方面没有发挥什么大的作用，远落后于其他城市。上海在东部，却根本没有成为华东地区电子计算机市场中心，只是在本地市场上"吃饭"。

四是计算机软件开发方面。国内知名的软件开发商是东大阿派、北大方正、四通利方、新天地等企业。东大阿派作为国内最大的软件生产企业之一，全方位拓展软件开发基地和销售服务网络建设，先后开发 SEAS3.0、CAMPUS5.0、CARIS6.0 等一系列产品，同时推出了大型数据库管理 openBASE、工厂设计系统等产品。深圳长城公司大力开拓系统集成领域，多次承揽国家级大型信息管理重点工程项目。上海在这方面主要是做了一些出口贸易，在通用软件方面也排不上号甚至可以说是空白，只有一个上海朗道电脑科技发展公司出版的朗道词典(3.1 版本的光盘有声词典一度较为领先)在国内还有点小名声,但进入 1997 年已经被其他双向有声并支持 WIN95 和 Internet 即时汉化的电子词典远远超越。郑州还出了个"即时通汉化专家"软件,其即时汉化功能远超上海"朗道词典"。在近期几个著名的汉字平台和编辑软件中,如 RICHWIN、中文之星、北大方正排版系统、UCDOS、CXDOS、天汇、213、CCED、WPS 等,没有一个是上海的。

五是信息服务业的发展方面。上海在电信服务业上稍具优势;但在信息咨询服务上不如北京、深圳发达;在新兴的网络信息服务上,三地的发展速度都很快。深圳已建成计算机信息网络 100 个,数据库近 200 个。从信息服务业就业规模来看,上海不如北京、深圳大,深圳从事信息咨询服务业的企业近 1800 家。

8.2.2　上海信息化水平及发展阶段评估

国民经济信息化是指使用现代信息科学技术,实现各种信息的快速传递和充分利用,并在信息产业、信息技术研究、信息消费水平等方面达到先进水平,从而提高各项工作的效率和管理水平,促进社会生产力的发展和人民生活质量的提高。早在 80 年代初,上海就开始以组织、推广计算机应用为主要内容的信息应用系统建设。当时任上海市市长的江泽民同志亲自担任市经济信息管理领导小组组长,主持审议了上海市经济信息系统总体规划。1994 年市委、市府提出,花 15 年左右时间,在 2010 年率先建成地区性"信息高速公路",使上海成为经济、社会信息化的国际大都市。1996 年 5 月,上海成立了市信息港领导小组及其办公室,市政府下发了《关于把上海建成国际信息港的实施意见》,信息港建设正式启动。1998 年 6 月,为形成合力向信息化建设的深度和广度发展,调整了信息化管理体制,成立市国民经济和社会信息化领导小组及其办公室。

经过多年的努力,以"一个平台""五项骨干工程"和"一批信息应用系统"为标志的上海信息化建设正呈现良好发展态势。上海信息网络构架初步建成,规模越来越大,覆盖面也越来越广,而且与国际互联网联结,为上海信息化建设提供了坚实的网络基础。

在信息传送平台建设方面,1997 年底邮电、广电等单位光缆铺设总长度已达 8824 公里(皮长),电话交换机总容量达到 532 万门,移动电话交换机容量 120 万门,住宅电话普及率达到每百户 61 部,有线电话和移动电话都基本消灭了待装户。目前上海有线电视用户高达 230 万户,居世界各大城市的首位,有线电视网的双向改造取得了初步成果。上海还建立了全国最大的本地高速数字数据网、分组交换网。高速、宽带的异步传输模式(ATM)交换网已试验成功。上海率先在全国运用 ATM 建成了城域网,科技试验网正式开通运行,实现了数据高速传输和网上点播电视、电视会议、远程医疗等功能。

在信息应用系统建设方面,上海信息交互网、社区网、社会保障网、国际经贸电子数据网、金卡与收款系统网等五项骨干工程初步完成。其中上海信息交互网的开通,成为中国第一个与因特网互联互通的区域性交互网,截至 1997 年底,上网人次已达 500 多万,累计信息流量 7.324 万兆,上网的信息资源栏目累计达145 个,为全市各种信息资源网与国内外信息网络互联互通及中文信息上网提供了条件。上海社会保障网已完成市级主系统和 20 个区、县子系统的局域网。上海国际经贸电子数据交换网(EDI)完成了市级数据交换中心和三个分中心的联通,促进了电子商务的发展。上海社区服务网建设扩大了试点,把电话亭改建成电脑亭,为市民提供联网信息服务和社区服务。上海金卡工程率先通过国家级验收,完成了工商银行、交通银行、浦东发展银行、邮政"绿卡"、商业增值网等13 家单位的联网,实现了全市通存通汇,使电子金融有了新的发展。另外,市、区、县的办公自动化系统、经济和城市管理信息系统、要素市场信息系统、社会公共信息服务系统等都取得了不同程度的进展。

1997 年上海个人电脑产量达 30 万台,数字程控交换机达 480 万线,光纤产量达 95400 公里,光缆产量达 9025 公里,上海"金卡"(IC 卡)年产量已超过1000 万张,占国内 IC 卡生产总量的一半以上,创全国之最。

由于国民经济信息化是一个世界性的进程,因此我们对上海信息产业发展和信息化水平的评定必须参照国际衡量标准,以准确评估我们达到信息化水平及所处的发展阶段。目前国际上较权威的对信息化程度的衡量体系大多由三部分组成:(1)社会基础结构,包括公民受教育程度及社会自由程度等一系列指标;(2)信息基础结构,包括各类电信及广播电视服务的普及率等一系列指标;(3)计算机基础结构,包括家庭、机构的单机及互联网的普及率等指标。

由此可见,信息化程度的高低,取决于信息消费的高低,即信息使用的普及率是衡量地区信息化的首要标准,而不是像许多人认为的信息设备制造业增加值占 GDP 的比重。从实际情况来看,也是如此。欧美信息产业发达地区的信息服务收入为信息设备制造收入的二倍左右。按照上述标准对各国(地区)进行信息化测评,全球各经济体的信息化程度由高到低大致分为四类,其典型国家(地区)有:第一类(个人信息能力达到很高的水平):美国、芬兰;第二类(对信息技术进行目的明确而有效的长期投资):日本、新加坡、中国香港、法国、英国等;第三

类(处于高速发展中,机遇超过障碍,但过去存在的问题仍有影响):中国台湾、韩
国、俄罗斯、意大利等;第四类(不平衡地激增,在历史情况与发展潜力之间振
荡):巴西、泰国、埃及、印度、中国等。

可见,中国信息化程度总体上是较低的。但从上海情况来看,其信息化水平
在国内还是处于领先地位的,所以单独放进去进行测评可以获得一些有价值的
信息。当然,上述这套测评体系,特别是按此标准进行的分类是从一个国家(地
区)信息化程度角度设定的,所以测评的分类并不完全适合对一个国家内的一个
城市的情况。但我们可从参照测评的结果,从中来评估上海信息化程度。

信息化指数是国际上通用的衡量信息化程度的一个重要指标。从这一信息
化指数的基本情况来看,上海的邮电业务量增长迅速,从 1995 年的 55.7 亿元上
升到 1996 年的 76.2 亿元,增长 36%;电话主线普及率由 1995 年的 17.12%上升
到 1996 年的 23.2%,增长 35.5%;移动电话普及率由 1995 年的 1.39%提高到
1996 年的 2.78%,增长 100%;计算机交互网络利用率 1996 年近 0.1%;PC 机
普及率 1996 年近 20%;有线电视覆盖率 1996 年达 40%(见表 8.2)。

表 8.2   上海 1995—1996 年基本信息化指数

	1995 年	1996 年
邮电业务总量	55.7 亿元	76.2 亿元
电话主线普及率	17.12%	23.2%
移动电话普及率	1.39%	2.78%
计算机交互网络利用率	—	近 0.1%
PC 机普及率	—	近 20%
有线电视覆盖率	—	40%

资料来源:根据《上海统计年鉴》等材料。

把上海的信息化数据纳入这一测评体系中,与美国(一类)、日本、新加坡、中
国香港(二类)、韩国(三类)来进行若干指标的比较,我们可以看到:其一,在"社
会基础结构"项中,除了一些政治倾向严重的指标(如社会自由程度)难以测评
外,上海在这一项中已达到第二类水平。其二,在"信息基础结构"项的某些主要
指标上,上海已接近或超过第三类水平,甚至接近第二类水平,如有线电视覆盖
率(见表 8.3)。可以说,上海的电信基础基本已达到中等发达经济体的信息化水
平,但与国际先进水平相比仍有差距。其三,在"计算机基础结构"项中,上海的
计算机单机普及已跨入第一类水平,上海 PC 机普及率约为 20%,其中居民个人
为 7%。但与 Internet 有关的数据却远远落后于其他三类水平,入网注册人数

为 3000 人，其普及率约 0.1％。显然，上海的计算机信息服务还处于萌芽状态，计算机使用是浅层次的，信息资源商用化步伐缓慢，信息服务市场机制远未健全（见表 8.4）。

表 8.3　信息基础结构主要指标的国际比较

	中国香港地区	新加坡	美 国	日 本	韩 国	上 海
电话主线普及率	约 53％	约 49％	约 63％	约 43％	约 41％	近期目标约 40％
移动电话普及率	约 13％	约 10％	约 13％	约 8％	约 4％	约 4％
有线电视普及率	约 3％	约 4％	约 60％	约 30％	约 22％	约 40％

注：上海是 1996 年的数据，而其他的则是 1995 年的数据。

表 8.4　计算机基础结构主要指标的国际比较

	中国香港地区	新加坡	美 国	日 本	韩 国	上 海
PC 普及率	约 12％	约 17％	约 19％	约 15％	约 12％	约 20％
Internet 普及率	约 4.9％	约 3％	约 3.8％	约 0.7％	约 0.7％	约 0.1％

注：上海是 1996 年的数据，而其他的则是 1995 年的数据。

按照联合国对经济体的划分标准，上海人均 GDP 达到 3000 美元左右，已接近中等收入国家和地区的平均水平。但通过上面的测评，我们可以看到，尽管上海在信息化的某些方面已达到较高水平，但就社会信息化总体水平而言，上海还显得较为滞后，与高收入国家和地区及其一些经济中心相比，差距更大。与信息化强国相比，上海电信业的就业人数接近中等信息化国家水平，计算机产业就业人数偏低。另外，传统信息产业就业人数较多，现代信息产业就业人数较少。

由于世界信息化进程的迅速推进，所以对社会信息化发展阶段的划分也在更新变化，其划分标准不断提高。按照目前通行的划分标准，信息社会的发展可分为四个阶段：一是电子邮件（Email）阶段，即个人之间通过国际网络传递信息；二是国际互联网（Internet）阶段，个人、企业和机构将自己的信息上网，供全球 Internet 使用者享用；三是商业对商业（Business to Business）阶段，企业通过 Internet 与其他企业进行电子商业贸易；四是虚拟电子商城阶段，通过网络建立一个贸易商城，人们可以在其中自由地交易。

按照这一标准，目前美国及其他发达国家已达到第三个阶段，有相当数量的企业参与到电子商业中来。按此发展阶段的划分，上海目前信息化发展尚处在第一及第二个阶段，上网的人数尚不多，除了少数大企业及大机构有运用

Internet 进行商业贸易的行为外,大多数人尚停留在发 Email 阶段。

即使在国内范围内,上海信息化发展虽然处于领先的地位,但与其他一些信息化发展领先的地区和城市(如北京、深圳等)相比,仍有丧失其优势的危险。我们可以作以下比较:

首先,信息化的设备装备。近年来,在信息化设备装备方面,北京、上海、深圳三地都有了较大发展,其差距不是很大。从结构上分析,上海在通信设备装备上处于深圳和北京之间。北京的电话主线普及率 1995 年为 14.06%,1996 年上升到 18.16%;移动电话普及率 1995 年为 1.4%,1996 年上升为 2.31%。每百户电话用户 1995 年为 14.3 户,1996 年为 15.65 户。深圳 1996 年长途交换机总容量已达 3.7 万终端,全市电话交换机总容量为 126 万,全市电话用户 76 万户,移动电话用户达 190 万户(1995 年深圳市人口为 345.12 万人)。但在个人电脑(PC)装备率上,上海不如京深两地。

其次,信息化的软环境。深圳信息化的立法工作比其他地区超前,早已先后制定一系列有关的法规和条例,包括《深圳经济特区信息化建设条例》《深圳经济特区信息工程管理规定》《深圳市信息网络运行管理规定》《深圳市信息市场管理规定》《深圳市信息资源管理规定》《深圳市 IC 卡应用管理暂行规定》等。上海在信息化软环境改善上,特别是在有关立法方面,尚有较大差距。

再则,从动态发展比较来看,北京、深圳及其他地区的信息化势头十分迅猛。深圳早在 1995 年就已成为国家信息中心、电子工业部、邮电部、广电部、中科院、科委的信息试点城市,对信息化工程规划得非常出色,且有明确的指标,实行"两步走"的战略。"九五"期间启动和建设一批重点工程,使信息化建设取得阶段性成果和明显成效,其计划目标是:信息产业增加值达到 350 亿元,平均年增长率为 26.7%,其增加值约占当年 GDP 的 24%。信息产业总产值达到 730 亿元,占当年工业总产值的 48%。信息服务业(包括信息咨询服务业、邮电服务业、计算机应用服务业)增加值达 100 亿元,年均增长 30%。信息通信终端普及率达每百人 60 部,其中多媒体终端达每百人 30 部。

北京信息化建设工程虽然起步较晚,于 1997 年才开始实施"首都信息化工程",但它凭借自身独特的优势,将在 10—15 年内建成全国最大的信息处理、加工中心和信息咨询服务中心。在"九五"期间,主要是建好六个骨干信息网络,即北京信息交互网络、北京国际商贸信息网络、北京社区信息服务网络、北京社会保障信息网络、首都公众信息服务网络、北京服务信息网络。

天津也制定了到 2000 年建成北方信息枢纽、国家重要信息装备制造基地的发展目标,目前重点启动的九个项目,如税收征管系统、科研教育信息网、商贸易自动化系统、经济信息系统等已取得阶段性成果。

8.2.3 存在的问题及原因

通过参照国际信息化衡量标准和不同地区信息化程度的比较研究,我们对上海信息产业发展现状的基本判断和评价是:起步较早,步伐不快;个别领先,总体滞后;优势尚存,机遇丧失。下面我们具体分析上海信息产业发展中存在的主要问题。

第一,信息作为社会资源和生产要素的地位尚未得到普遍认同。尽管市领导早已认识到信息化的重要性,把信息港建设提到重要议事日程上来,但并没有引起各部门、各系统对此重要性的共识,公众对信息的认知程度也较低,信息商品化的社会环境尚未形成。信息产业的跳跃发展与人们观念认识的缓慢转变之间存在矛盾。

第二,信息产品制造缺乏高新技术支撑导致竞争力下降。在信息产品制造方面,只有通信设备制造业发展较好,成为上海的支柱产业之一,而广播电视和计算机产品制造在技术、规模、效益等方面都落后于国内领先水平。其根本原因,在于缺乏高新信息技术的支撑,关键信息设备进口比例过高,总体国产化程度低,自我发展能力不足,从而在国内外信息产品竞争的冲击下上海信息产品被迅速挤出市场。

第三,信息服务总体水平欠高,与一流硬件装备不相符合。上海的公众通信网和广播电视网在规模上已达到国际大都市先进水平,信息装备堪称一流。同时,在银行、证券业和部分大型企业,计算机应用程度较高。但总体来说,信息资源行业分割较严重;信息采集、加工以及中介机构发展滞后,新业务开发能力较弱;信息服务业规模偏小,与国际大都市地位不相称;信息应用水平较低,在社会经济运行中渗透程度不够,公众普及程度和依存度较低。另外,信息服务业发展缺乏统一规划和协调,处于无序状态;信息服务市场则处于萌芽状态,有待进一步引导和培育。

第四,信息产业的软环境建设落后于网络应用建设。上海在网络建设方面取得较快的进展,但在信息产业的软环境建设上则严重滞后。信息化方面的立法以及标准化、规范化的步伐缓慢,不仅不利于统一和规范市场的运作,也导致不少应用系统不能互联互通,在信息安全、保密和知识产权方面,也有不少有待完善的地方。在信息人才培养方面,公众计算机知识普及率较高,但培训与实际应用脱节,对信息高新技术领域中核心技术掌握不够,高层次专业人才存在较大缺口。

8.3　全面推进国民经济和社会信息化

根据上海迈向21世纪的社会经济发展的要求,上海信息产业和国民经济信息化必须有一个超常规的飞跃发展。这就需要我们深刻认识国民经济和社会信息化的发展趋势及潜在需求,客观地分析上海推进国民经济和社会信息化的有利因素和不利条件,制定切实可行的发展思路及政策措施。

8.3.1　发展趋势及其潜在需求

1. 信息化发展趋势

目前信息正步物资、能源的后尘,成为世界发展的三大资源之一,它已经成为一种不可缺少的生产要素,可以部分地替代物资、能源和资本的消耗,成为一种取之不尽、用之不竭的战略性资源。因此,当前正在呈现世界信息化发展的大趋势,特别是随着世界经济一体化的进程,世界经济关系信息化程度也越来越高,主要表现为:(1)国际贸易关系的信息化。有关信息技术、信息产品以及信息服务的国际贸易比重日益增大,同时国际贸易方式与支付手段也日益电子化、信息化,使国际贸易关系趋于信息化。(2)国际金融关系信息化。资金流动与生产的脱节和与信息联系的加强,以及资金流动方式的电子化和金融机构经营的国际化。(3)跨国投资的信息化。

因此,各国都在抓住机遇,实施信息化战略,构筑信息基础设施,开发信息市场及新型交互业务,积极推进国民经济信息化,抢点经济竞争的制高点。例如美国要创立"一个包括通信网、计算机数据库和消费电子的无缝网络",日本要"建立21世纪的知识创造性社会",韩国要"建立一个包括高度发达的信息、通信和多媒体工业的信息社会",加拿大要"建设世界上质量最高、成本最低的信息网络"等。一些国家和地区不仅制定了信息化的宏伟蓝图,而且已付诸行动,如新加坡在1997年亚洲电信会议上推出"新加坡一号"通信计划。"新加坡一号"是全球首见的全国性多媒体网络,旨在使新加坡成为亚洲第一个科技中心。"新加坡一号"试验阶段将有400多户家庭参与,到1998年底前,新加坡所有80万户家庭可望联上"新加坡一号",届时工作场所、家里和学校都可收发声音、资料、图像、文字和影像等包罗万象的多媒体讯息。"新加坡一号"采用高速、高容量的宽频技术，可让使用者利用更丰富的互动资讯，传输速度更快、更可靠。

当前世界信息化的发展态势，一方面是世界信息化发展不平衡，另一方面是信息化发展的同步性。根据洛桑经济管理学院对 1996 年世界各国竞争力评价的排名，中国计算机使用量占全球使用量的 1.12％，排名第 12 位（共 46 个国家）；计算机总能力占全球 MIPS（每秒百万条指令）总量的 1.01％，居第 12 位；每千人拥有计算机数为 2 台，排名第 44 位；每千人拥有计算机能力为 62MIPS，排在第 43 位；新信息技术满足企业需要的程度得分为 3.83 分（满分为 10 分），排名第 44 位。这说明，中国在反映信息化和信息产业的评价指标上与其他国家特别是发达国家相比有较大差距。

但不管信息化程度差异如何，信息化是世界各国的共同发展趋势。各国都对信息技术产业和产业信息化的重要意义具有共识，采取相同的战略措施，并展开激烈的竞争。不仅新兴工业化国家和地区的信息化在迅速崛起，而且即使像印度、巴西等发展中国家都在积极行动。

党的十四届五中全会以来，国民经济信息化已被摆在了重要的位置，国家提出要把加快国民经济信息化进程，作为使整个经济由粗放经营转向集约经营的主要任务，提高整个国民经济的素质。按照国家信息产业长远发展规划，到 2010 年，要基本形成现代化的通信体系，并使电信的规模容量、技术层次和服务水平进入世界先进行列。同时，主要信息技术产品的开发、生产水平也将达到世界先进水平，形成一批在国际市场上有较强竞争力的大公司，使电子信息产业经过集成电路、新型元器件、计算机及其软件、通信设备与产品这四大重点的大力发展而成为带动经济增长和结构升级的支柱产业。

2. 信息化发展的潜在市场需求

事实上，从国际和国内的实际情况来看，中国信息产业和国民经济信息化发展的潜在市场需求是巨大的，其发展空间很大。我们这里主要考察计算机产业、通信服务业及信息网络的潜在市场需求。

第一，计算机产业潜在市场需求。近年来，中国计算机产业一直保持较高的增长水平，在过去的七年中计算机产业的年增长率在 30％以上，1996 年实现行业总产值 298 亿元，预计到 20 世纪末市场容量将达 1 万亿元。其主要因素是：(1)金融、商业电子化将有效刺激对计算机及相关产品的市场需求。统计资料表明，1996 年国内对工作站、服务器网络、数据库等产品的需求有大幅度增长，打印机、显示器、商业收款机、ATM、POS 系统需求明显上升，各种软件需求增加日益明显,1995 年软件的销售额已达到 100 亿元,其中以金融、商贸、教育、邮电和科研系统的需求增长最为强劲。(2)计算机产品进入家庭产生了电脑消费上的极大需求。随着多媒体技术的发展,计算机作为一种消费品找到了进入家庭的突破口,刺激了人们对 PC 及其相关产品的需求。1992 年国内微机销售量约为 25 万台,而 1996 年微机销售量达到 210 万台,五年中增长了近十倍。一些沿海城市,家用电脑每百户拥有量已超过 5 台,预计 1997 年家用电脑的需求将会有 50% 的增长。各种新的家庭教育、家政管理、学校教学等计算机软件市场需求也将随之提高。

因此,计算机产业的潜在需求是巨大的,特别是电脑的普及速度将很快。据摩根·士丹利公司的调查,4000 万台收音机的普及用了 28 年时间,4000 万台电视机的普及用了 8 年时间,而 4000 万台电脑的普及仅仅用了 2—3 年的时间。从中国近几年情况来看,也是如此。尽管总体上计算机产业是一个高成长部门,其各类产品(除大中小型机、工作站的增长率较一般外)都有很高的增长率,但从内部结构变动来看,微机产品和信息服务销售额比重是上升的,而其他产品的比重有所下降(详见表 8.5)。

表 8.5　1995、1996 年中国计算机市场产品分类销售情况及对比

分　类	1995 年销售额(亿元)	1995 年所占比重(%)	1996 年销售额(亿元)	增长率(%)	1996 年所占比重(%)
大中小型机、工作站	46.7	9.27	52.4	12.21	7.24
微机	130.0	25.79	204.0	56.92	28.18
软件	67.0	13.29	95.0	41.79	13.13
终端及外设	76.5	15.18	106.8	39.61	14.76
配件与消耗材料	49.8	9.88	68.9	38.35	9.52
信息服务业	104.0	20.63	153.0	47.12	21.14
应用产品	30.0	5.59	43.7	45.67	6.04
总计	504.0	100	723.8	43.61	100

第二,通信服务业潜在市场需求。随着国民经济信息化进程的加快,国际国内通信服务市场将急剧扩大。据国际海事卫星组织的最新调查,1997 年全球卫星通信服务市场将以 25%—30% 的速度增长,而经济发展最快的亚洲地区的增长速度将高达 50%。中国邮电业务量将以年均 25% 以上的增长速度发展。

与这种市场需求相对应,通信服务业的投资需求也将进一步增大。邮电通信业将集中建设高质量、高效益的骨干工程,充分发挥公用通信网和专用通信网

的能力,形成全国统一的综合通信体系。"九五"期间,邮电通信业将积极采用高技术和设备,长途光缆线路每年将增加 5 公里,长途自动交换机每年将增加 120 万路端,对现有微波干线将进行数字化改造,建设和完善以程控交换机为主的城乡电话网,加快移动通信网建设,扩建和完善卫星通信网,发展数据通信网,并调整网络结构和布局,加强基础网、业务网和支撑网的建设,进一步扩大覆盖面,提高网络的技术水平和运行效益,从而将使数据通信业务和各类信息服务业得到大力开发。

第三,信息网络的潜在市场需求。目前,全世界大约有 4000 万人连接到 Internet 上,这个数字还不包括在公司的网络环境中(例如 Intranet)使用 Internet 的人;同时,这个数字每年都在以 55%—80%的速度增加。

中国国际互联网络建设与市场的发展速度也呈指数级超高速增长。现已开通的中国金桥信息网(ChinaGBN)、中国教育科研网(CERnet),中国科技信息网(CSTnet)、中国经济信息网(CEInet)等重要资源网。目前中国互联网用户已超过 10 万,而这个数目正在以 100%的年增长速度迅速发展。而且,随着翻译软件的发展对语言障碍的克服,以及以本土信息资源为核心的信息服务体系的建立,上网用户将越来越多。

在这样一种信息化的世界性发展潮流中,面对其发展的巨大空间,上海要顺势而上,把握住发展机遇。与此同时,也要清醒地认识自身的条件,充分发挥有利条件,克服不利因素。上海发展信息产业和推进信息化,是有较多有利条件的。上海国际大都市建设和城市经济迅速发展,以及周边经济区域的发展与扩大,是上海推进信息化比其他省市更具有独特优势的地方。尽管目前其他省市都在积极规划和推进信息化,但其信息化的依托条件都赶不上上海。其主要表现为:(1)大工业基础雄厚,电子及相关产业门类齐全;(2)拥有强大的科技开发能力和人才优势;(3)具有大规模的通信网络及国际、国内通信枢纽地位;(4)拥有大量的社会信息资源;(5)独特的区位优势和内外交流优势。

即使从信息化本身的条件来看,上海也是优势凸显。上海不仅是沿海信息港口的重要基地,也是东部信息走廊的枢纽,还是沿海信息通道的进出口。在国家规划建设的"八纵八横"长途光缆干线通信网络中,上海占了"二纵三横",即纵向干线有上海经南京、合肥、济南、天津、沈阳、长春至哈尔滨,途经上海的牡丹江至广州干线;横向干线有上海经南京、合肥、信阳、南阳至西安,上海经南京、武汉至重庆,上海经南平、广州、北海至昆明。另外,上海是国际光缆进出口接口之一。显然,这对于上海的信息化发展而言是非常有利的基础条件,但这种有利因素的发挥,要依托于上海国际大都市基本构架的确立及其功能开发,城市经济发展及人均收入水平的提高。否则,其作用将大大削弱。上海推进国民经济和社会信息化,必须充分利用这种有利的依托条件。

当然,在上海信息产业发展和国民经济信息化过程中也存在着不利的因素,主要是:(1)没能利用好先发性优势,已丧失了某些发展的先机,特别是在计算机产业发展上处于被动地位。(2)来自国外的竞争压力越来越大,随着中国进入WTO,国内市场进一步向国外供应商开放,信息产业将受到巨大冲击,上海可能会首当其冲。(3)国内竞争趋于白热化,国产计算机在配置升级战、价格战、促销战和广告宣传战等方面的竞争激烈程度已远远超过国产品牌与进口品牌间及进口品牌间的竞争。其结果是,在确实扩大了产品销售的同时,也将众多国产名牌压缩在一个相对狭小的市场空间,这对上海信息产品的进入形成了较高的壁垒。(4)信息高新技术的引进及自我研制能力较薄弱,缺乏发展后劲,特别在信息技术不断创新与发展的情况下,更是跟不上先进技术的发展。

总之,上海推进国民经济和社会信息化,必须着眼于世界信息化进程的发展趋势,要有高屋建瓴、整体把握、富有前瞻性和预见性的视野;必须从国家信息产业发展规划的要求出发,要有自身发展重点的选择以及所要达到水平的标准;必须根据信息化潜在市场需求,要有抢占信息产业发展制高点的超前性;必须把握我们自身的有利与不利条件,要有扬长避短、寻求机遇的现实性。

8.3.2 围绕建立"三个中心"而展开的信息化进程:基本思路探索

尽管上海"三个中心"建设要求以信息化为基础性支撑,但信息化进程仍要以"三个中心"为核心而展开。

首先,以"三个中心"为核心的信息化,使原先全社会的信息化有了一个明确的中心。城市信息化可以有多种方式,有以提高城市生活质量、休闲娱乐为目标的,有以城市生产功能为目标的,等等。从上海的实际情况看,目前由于正处于经济发展的关键时期,关系到上海经济转型与产业结构调整,关系到未来城市功能定位,更关系到上海未来经济发展的前景。因此,信息化的建设必须首先为经济发展更上一层楼做出贡献。这一目标的确立不仅有利于"三个中心"的发展,而且也为上海信息化塑造了明确的目标。

其次,"三个中心"使上海的信息化提高了组织效率。信息化可以有多重目标,这种目标决定了信息组织的方式,而组织方式的不同所产生的功能也不同。"三个中心"为核心的信息组织,将大大加强上海信息化的经济功能,突出显示它作为经济信息中心的功能。

围绕建立"三个中心"而展开的国民经济和社会信息化，我们倾向于：以体制改革为推动力，形成信息大联合的协同发展格局；以信息技术创新为核心，带动全社会的产业信息化改造；以信息网络建设为龙头，形成包括信息装备与产品制造业、软件制造业、系统集成业和信息服务业在内的信息产业群；以国际分工与合作为契机，振兴电子工业发展；以知识、人才密集型的信息服务发展为先导，综合集成技术因素和产业因素促进整个信息产业的发展，走出一条有上海特色的起点高、风险小、效益大的捷径。

1. 打破信息化的体制束缚，形成大联合的局面

信息化是一个全社会的系统工程，具有极强的各部门、各层次、各方面协同发展的要求。然而，我们在信息化建设过程中却面临"体制合并难""互联互通难""应用推广难"的问题，严重阻碍着信息化的推进和信息产业的发展。因此，推进信息化必须与制度创新结合起来，形成新的运作机制。

从狭义角度讲，国民经济和社会信息化需要与之相适应的制度创新及运行机制。信息化过程是对原有以工业化为主塑造的产业与组织结构的重大调整。不管是信息技术产业化和信息产业自身发展，还是信息技术对原有产业部门的扩散与改造，都要求打破原有的社会分工体系，包括产业分类、行业管理、组织类型等。这就要求打破原有部门分割、行业壁垒、各自为政的局面，实行制度创新，构建有利于国民经济和社会信息化的运行机制和管理体制。从管理组织架构来看，成立国民经济和社会信息化领导小组，就是一种相应的组织制度创新。但问题是，这种新型组织机构在实际操作中是否能真正体现制度创新，而不是简单的"翻牌"；能否真正适应国民经济和社会信息化的要求，而不是原有体制的"复制"。

从广义角度讲，信息化应包括处理信息问题。世界银行发展报告把知识分为两种类型，即技术（专利）知识和特性知识。有关特性的知识，如产品质量、工人的努力程度、公司的资信度，所有这些对市场的有效性至关重要。由特性产生的不完全知识困难称为信息问题。减少信息问题的机制，如产品标准、培训证书、资信报告，在发展中国家相当缺乏与薄弱。显然，这种解决信息问题，主要靠制度创新，形成有效运作的制度机构。发达国家比发展中国家具有更广泛和更有效的制度与机构来处置信息问题：(1)帮助提供证实质量的信息。政府通过披露降低市场交易成本的信息，尤其是产品、服务或有关机构质量信息，使市场运行顺畅。政府建立公共标准、通过公开证书获取程序，加强私营标准，建立自我披露机制（拍卖机制、社会保障中的自我定标）。(2)监督和贯彻实施。强制履约

与激励机制。(3)确保双向信息流通。

因此,我们不能把国民经济和社会信息化简单理解为经济与社会问题,把它仅仅作为项目来抓,而要贯彻一系列体制改革及运行机制构造,以体制改革来推动国民经济和社会信息化。也就是,必须提高全体市民尤其是各级领导干部的信息观念和信息知识水平,对信息化形成共识,打破部门界限,实行互联互通,资源共享,尽快形成大联合的局面。这种联合既符合信息化支柱产业的特点,又符合节约机制、优势机制的原则。

为了保证形成大联合的局面,要尽快建立与信息化建设相适应的管理体制。对此问题,指导思想要明确,政府领导要坚决,部门协调要有力。我们建议,要强化信息港办公室的综合协调功能,充分发挥其在统筹规划、宏观布局、指导实施、协调运作方面的作用。

各部门都要抓好教育培训工作,尽快开发信息,并推广运用,发挥效益。教育培训实际上也是培育市场,培训搞好了,上网的人越多,效益就越高。

2. 协调信息业内部的平衡发展,以信息网络与数据库建设为龙头

在国民经济和社会信息化进程中,各个阶段的发展内容及关键技术突破有所侧重,但国民经济和社会信息化作为一个系统工程,其发挥效益的整体性与互补性要求各方面平衡发展与有机配套。因此,推进国民经济和社会信息化不是单纯地抓几项工程或投资项目,而是要重点项目与配套工程并举,使重点项目建成后能尽快发挥最大的效益,在每一个推进阶段中都能及时出效益。如果在某一阶段集中投放了大量重点项目,而配套工程上不去,那么这些耗资巨大的重点项目建成后,会因缺乏配套条件而不能发挥其应有的效益。从目前我们信息化发展内部构成情况来看,基础结构瓶颈是比较严重的。

信息化的本质是信息资源的全方位应用,它包含两个要素,信息网络和以信息数据库为核心的应用集成。其中,信息网络是基础,它为信息服务提供了基本平台。有资料表明,中国现在大约有 60 万 Internet 用户。有 2000 多个单位注册域名建立了网站。主干网由四大互联网组成,大城市间主干网速率仅达 2 Mbps。用户上网速率大约为 28 Mbps/33.6 Kbps,实际联网速率在 1 Kbps 上下。主要是主干网道只有 2 Mbps 的带宽,理论上只能容纳大约 70 个 33.6 Kbps 的用户同时使用。瀛海威在上海是最大的 ISP 之一,但其带宽只有 64 Kbps,理论上讲只够两个 33.6 Kbps 用户的带宽,却拥有成千上万的用户。

与此相比,美国和加拿大共有 4000 多万 Internet 用户,占总人口的 20% 多。目前,Internet 网站的数量约有 2000 万个。主干网的速率为 622 M,有 9 个大节

点。每个节点下挂几个一级 ISP,每个一级 ISP 下,又挂几个二级 ISP,直至最终用户。用户的速率一般是 56 Kbps 或 33.6 Kbps/28.8 Kbps。现在有些地方已开始使用 Cable Modem,速度达 500 Kbps。

互联网络的平民化使得计算机更加大众化,促进计算机制造业的快速发展,并使 ISP、On-Line、Email 等信息服务业以空前的速度发展起来。信息服务业在发展数据库、网络、CAD、CAM、电子表格及其他应用软件平台方面仍将具有极大的市场潜力;系统集成将成为重要的软件产业层次;应用软件市场将进一步扩大。上海应在网络建设上领先一步,尽快形成覆盖全市并与国内外互连的高速、大容量的信息传送和社会应用、服务的网络,并以此来带动整个信息产业群的形成与发展。

随着使用 Internet 的人数不断增加,新的巨大的商机也与之俱来。发达国家中有些企业、机构利用 Internet、Intranet 和局域网来解决各种问题,降低生产成本,增加价值,并创造新的商业机会,包括从销售到市场运作及信息管理。这种商业行为在过去的一年里蓬勃发展,形成了一个新兴产业——电子商业。据美国统计,1996 年全美在网上的商业交易额为 5 亿美元,加上广告及硬件设施,总共在电子商业上花费逾 20 亿美元。国际数据公司(IDC)预计,到 2000 年全球通过网络进行的电子贸易额将达到大约 1000 亿美元。电子贸易逐步超越或取代传统贸易手段已成趋势。洛克希德·马丁公司和波音公司将有关的 Dakstar 飞机的开发小组连接到 Internet 后,开发周期由原来计划的数年减少到 11 个月。因此,以网络建设为龙头来带动信息化发展是极具潜力的。

信息化对网络的基本要求是网网互通,网络对用户是全程透明的。信息网络必须做到"全程全网,互联互通",还必须具有完善的管理体制和技术手段,包括导航系统、防护系统和资费结算系统。值得注意的是,信息网络的建设与管理是相辅相成的,缺乏管理的网络建设将造成混乱的局面和严重的后果。当然,如何管理是值得进一步探讨的。因为对 Internet 的管制是"一把双刃剑"。例如,东南亚国家政府普遍担忧,因为管制而削弱本国在快速发展的信息产业中的竞争力。但对 Internet 也不能放任自流。尤其在地方性的网络建设过程中,加强对各个信息服务商的管理和对一些公开信区、讨论区、"聊天室"、新闻区(NEWS)、软件交流区和 BBS 站、电子公告牌等可以公开且广泛传播信息的网点的管理和控制,是十分必要的。特别对那些可以即时自由讨论且保存内容的公开信区,要加强管理。属于哪个网络服务商开设的讨论区或信息交流区,哪个网络服务商就有责任对讨论的内容进行监督和管理,对不健康的内容和违反法规的言论等信息,有责任加以及时清除。

　　3."以软促硬""以服务带制造"的策略

　　在当今世界信息化过程中,网络化、数字化、智能化的信息服务业,已成为整个社会的支柱产业,构成信息社会和信息产业的基础。然而,目前中国信息资源开发利用的基本状况是"五多五少",即:原始信息多,加工整理少;孤立分散的多,交流共享的少;常规方式的多,电子方式的少;为政府宏观服务的多,为企业微观服务的少;静态的信息多,动态的信息少。国内上千个信息库能保持动态更新和有效利用的只有10%左右,其他均是"死库"。与信息化的硬件投入相比,中国通信线路的总量将很快超过日本而居世界第二位,这与信息服务业的落后形成强烈反差。目前中国信息业正出现"有路无车,有车无货"的局面,信息产业的发展面临着高投入、低产出的失衡危险。

　　因此,很好地贯彻国家信息化体系(MIS)的精神,在六个要素中把信息资源要素放在核心位置,把信息资源开发利用作为我们的首要任务。在中国经济信息系统建设过程中,一条重要的经验是:软件建设远比硬件建设重要得多。因为电脑是软件和硬件的集合体,同样的机器在不同素质的人手中,其发挥的性能是完全不同的。电子计算机系统的运行效率,更取决于对系统的管理和维护能力。从国际上来看,计算机软件产业的发展也是极快的。据权威机构的最新调查,美国电脑软件业近年来增长迅速,已跃居全美第三大产业,1996年美国软件业的营业收入高达1028亿美元,对美国经济将有举足轻重的影响。从国内来看,计算机软件产业的市场潜在需求更为巨大。1996年,中国的软件产业及市场出现供给和需求均大幅度增长的可喜局面。一批从事网络集成、软件开发与信息服务的计算机企业在中国各地崛起,并逐步走向成熟。国内软件市场渐趋活跃,集团购买力在计算机管理方面的投入明显加大,从而使近两年的软件销售迈上了一个新台阶。1996年1—6月份,联邦软件销售系统的软件销售比上年同期增长了36.2%。

　　据预测,2000年前后社会对语音、图文、数据交换的需求是很大的,国民经济信息化进程将呈加快趋势。软件市场及计算机集成系统市场潜力巨大。中国目前"百业待用",对计算机的应用需求是迫切的,然而这种高速度、大规模、高水平的应用需求与大部分用户应用水平有待进一步提高的状况构成了矛盾。这使得对系统集成的需求日益迫切。据统计,1995年中国计算机用户在系统集成方面的投资增长了200%。伴随国民经济建设的加快以及巨大的计算机个人消费市场的成熟,中国软件市场将取得重大发展。据预测,至2000年国内软件业产值将达到 100 亿元以上,每年以不低于 25% 的速度增长。

目前上海的软件业还十分薄弱,基本上还未形成规模,更没有形成产业。软件开发多停留在为外商企业开发软件的水平上,没有形成自组织型的开发体系。从软件开发人员的素质看,上海在国内处于很高的水平,而且还具备大量吸引外来智力的条件,但由于体制方面的限制,上海没有形成一种有组织的商业型软件开发机构,白白丧失上海的软件市场。但时不我待,在国内的某些领域,如东大阿派的工程应用软件,已具备了与世界级大公司竞争的实力。而以微软为代表的国外软件公司已经大踏步地进入了中国市场。目前,微软的 DOS 和 Windows 操作系统已经占据了国内绝大部分市场,以 OFFICE 为代表的应用软件也为越来越多的中国用户所熟悉和掌握。伴随着中国不断加强对知识产权的保护,国外软件厂商的进一步涌入,中国软件厂商将面临更为严峻的压力和挑战。因此,上海在软件产业发展上必须加快步伐,在市场竞争的基础上择优发展一批大的软件公司,建设国家级的软件产业基地,面向国内外市场生产经营,同时鼓励发展小的软件公司,分工细化,富有特长,广为分布,积极为大企业配套。

另外,上海的信息服务业(主要是指网络增值服务、提供信息服务、信息咨询服务、信息资源外包服务等)还处于起步阶段,提供的服务水平较低,这不仅影响到信息行业的发展,也影响到国民经济信息化的能力,影响到信息运用的水平。从发展趋势看,信息服务业在信息产业中的比重将不断上升,而且传统的信息服务业将与现代信息服务业进一步"合二为一"。信息产业内部结构中,硬件制造业、软件开发业、信息服务业三者所处地位的排序正在发生根本变化。美国现在是信息服务业第一,利润率最高,约为 15%—20%;软件业第二,利润率为 10%;硬件制造业第三,利润率最低,约为 5%。

资料显示,信息产业生产部门的中间消耗占总产出的比重很大,达到 80% 以上,而销售和服务部门中间消耗比重极低,不到 40%。也就是说,信息产业总产出中增加值含量较大的主要拉动力是依靠销售和信息服务业。再从各生产环节的要素指标分析,服务部门的利税总额、劳动者报酬总额、固定资产折旧占总产出的比重分别为 37.3%、8.3% 和 25.5%,大大高于生产环节的比重,说明信息服务业的经济效益之好是信息产品生产部门不能相比的。从劳动生产率来看,信息服务业也要优于其生产与销售部门,尽管生产部门的人均总产出达到 31.02 万元,大大高于销售和服务部门,但信息服务业的人均增加值达到 12.64 万元,高于信息产品制造业 1 倍多和销售部门近 7 倍(见表 8.6)。

表 8.6　1997 年上海信息产业各部门的效益情况

	合　　计	生产部门	销售部门	服务部门
总产出(亿元)	551.62	411.73	15.73	124.16
中间消耗	373.71	331.73	6.06	35.92
增加值	177.91	80.00	9.76	88.24
利税总额	99.52	47.69	5.49	46.34
劳动者报酬	30.68	17.54	2.85	10.29
固定资产折旧	47.71	14.77	1.33	31.61
占总产出的比重(%)				
中间消耗	67.7	80.6	38.5	28.9
增加值	32.3	19.4	61.5	71.1
利税总额	18.1	11.6	34.9	37.3
劳动者报酬	5.6	4.3	18.1	8.3
固定资产折旧	8.6	3.5	8.5	25.5

资料来源:《上海统计年鉴》(1998)。

　　作为全国经济中心的上海,其信息流动、处理量非常之大,信息服务业的前景良好,而且具备为全国服务的能力。同时,信息服务业需要的投入量不大,经营风险也较小,本地化特征强烈,不易产生过于激烈的竞争。因此,可以将其作为信息产业中重点培育与发展的对象,促进其服务方式网络化,服务内容综合化,服务区域国际化。其中,要特别加强信息加工处理的专业化建设,建立覆盖全国的专业性电子信息服务网,开发电子信息增值服务产品,开拓信息服务内容,培植网络服务用户。

　　数据库薄弱的基础使信息服务业"难为无米之炊",其落后主要体现在两方面:一是数据库的数量少,而且多数是从国外引进的,自建的数据库较少。美国有供联机检索的数据库 4000 多个,日本向社会开放服务的数据库也有 3000 多个。二是现有的数据库独立运作,缺乏网络联系,而且数据库的利用率仅为30%。上海要采用"以软促硬"的手段来实现信息产业高度化,就必须选择数据库建设作为突破口,重点建设社会上急需和实效性强的商业、金融、经济、法律法规、科技文献等数据库和一批专业数据库,并以在信息服务网络上运行的数据库建设为主要发展方向,不断提高数据库的商业化程度,形成结构合理、费用低廉、标准规范、功能先进的数据库群。以后在数据库的基础上建设更高级的系统,如管理信息系统、多媒体系统等。

4. 积极参与国际分工，选择好发展的突破口

上海作为中国最有条件率先融入世界经济一体化进程的桥头堡，首先要在世界经济关系信息化方面与国际接轨。这就要求我们在推进国民经济和社会信息化的过程中，必须紧跟世界信息化步伐。其主要内容有：(1)跟踪研究世界最新的信息基础技术，及时引进国外先进信息技术，发展和推广信息应用技术；(2)在信息基础设施建设上尽可能与国际通行标准接轨；(3)密切注视世界信息化拓展方向及领域，结合国内与上海的实际情况确定信息化发展重点；(4)与国外信息化展开广泛交流，逐步融入世界信息化进程中去。

信息产业中的设备制造业是信息业和信息化的基础，无论信息产业结构如何变化，它都会快速发展。不过，这种发展仅仅是指全球而言，具体每个地区能在哪一些领域产生突破，都取决于该地区能否在国际信息产业分工体系中找到一个适合于自己的位置。计算机产业可以说是目前全球化最彻底的产业。从技术上看，全世界所有的厂商都按相同的规范标准或约定生产产品，走兼容化道路。从生产上看，国际分工和协作极其明确。从使用上看，全世界所有的计算机用户都采用相同的操作方式和习惯约定。因此，任何一个国家或地区都不可能游离于全球化而独立发展。上海也必须加入这一分工体系中，通过优势比较，找到最适合于发展的产品。

另外，中央政府正大力扶持计算机产业，计划努力扶植1—2个计算机制造企业，使其在五年内微机的年产量和销售量达到200万台；扶植2—3个企业，使其年产量和销售量达到50万台。上海势必要进入这行列之中，在较短时间内形成若干个有较大规模的计算机制造企业。但这里的关键是，如何在准确把握计算机产业技术特点和组织结构特点的基础上，选择好发展的突破口。

计算机产业的技术特点是密集化、升级快，特别是作为其上游产品(电子芯片)基础的微电子技术更为快速发展。著名的摩尔定律是：集成电路上可容纳的晶体管数目每隔18个月左右就会增长一倍，性能也提升一倍。因此，计算机产业发展就逐渐成为一种"树形"的组织结构。在产业的上游(即树的根部)，是极少数垄断型的大型企业。这些企业垄断着全球计算机产业上游产品的生产。在产业下游，是枝繁叶茂的无数大中小企业。这种组织结构与汽车产业正好相反。汽车产业的上游产品(零配件)生产是分散化的；越往产业下游，市场的垄断性越强。计算机产业在技术特点上的差异，带来了组织结构上的差异。

我们要选择计算机产业上游产品(主要指以微电子技术为基础的电子芯片)作为发展的突破口，是极其困难的，甚至是不现实的。因为上游产品的技术

水平要求非常高,研究开发费用和生产设备投资巨大,被少数几家公司所垄断,一般的公司很难进入。在这方面,我们只有开展与外资合作,发展成为像"909"那样的集成电路生产基地,并集中科研开发力量,缩小集成电路技术水平与世界的差距,以期能在此基础上开发独特的产品,如工业用、家庭等各方面使用的多功能电路,在国内乃至国际市场占有优势。

对于计算机产业发展的突破口,我们倾向于选择在其下游产品(主要指利用各种电子芯片生产面向应用的产品)上。下游产品一般直接面对实际应用,而在应用中所要解决的现实问题是千变万化的,这也就决定了其产品的多样性,技术和市场分工的细化性;同时,利用上游产品解决实际问题,起点较高,技术难度小,资金要求也不大,便于产业进入。下游企业的生存基础不是主要依靠技术上的优势,而是在于及时发现和抓住消费市场上不断变化的需求。

8.3.3　政府推动国民经济和社会信息化的系统集成方式

在推进国民经济和社会信息化的过程中,政府的作用是重大的,但政府作用不仅仅体现在对信息化重点工程及项目的投入上,更不是体现在政府直接参与信息产业建设上,而是要以系统集成方式、比较稳定的和协调一致的方式推进信息化。借鉴国外的成功经验,政府的主要工作有三方面,即信息化的促进、信息产业结构升级和信息化社会基础的形成,具体内容如表8.7所示。

表 8.7　政府推动信息化的系统集成方式

信息化的促进	·国家信息系统的扩展 ·地区信息水平的提高 ·终端的扩散 ·新信息通信服务的发展和扩散 ·对中小型企业信息化的支持
信息产业结构升级	·信息通信产业的提高 ·信息产业的培育 ·信息技术的研究与开发
信息化基础的形成	·信息化的扩散 ·信息技术的标准化 ·信息技术专家的培训 ·教育水平提高和人才培养 ·有关信息化法律的制定与调整

　　可见,政府在推进信息化进程中,更多的是提供基础设施、法律与法规等公共产品,以及营造有利于信息化发展的氛围。在信息化过程中,大部分信息基础设施建设都是由政府所发动和实施的。但除了信息基础设施的硬件建设外,政府更要注意软件建设,如教育、文化等。因为国民经济和社会信息化发展的重要特点是知识产业的兴起和独立发展,以及物质产业的信息化,技术密集型、知识密集型产业取代劳动与资金密集型产业居主导地位。国民经济和社会信息化与知识经济是紧密相关的。知识差距的形成,在很大程度上与信息化程度有关。而知识为基础的使用信息能力,则是信息化发展的重要条件。在信息社会中,重要的是个人、公司和国家使用信息的能力。这种能力很可能取决于年龄和受教育程度而不是财富(国际电信联盟,1995)。

　　因此,上海在推进国民经济和社会信息化过程中,要注重其社会基础的构造,特别是教育与文化。教育既是知识经济的一个重要组成部分,也是国民经济和社会信息化的社会基础之一。教育包括基础教育和继续教育。信息化发展既需要与之相适应的基础教育水平,也需要随着产业结构的调整不断进行的继续教育。另外,信息高速公路将引致"电脑空间文化"的产生,影响人类文化、教育以及精神生活的各个方面。"电脑空间文化"即人们常说的"信息文化",通常指在信息高速公路的环境下,原有文化的"电脑化"和"信息化",进而形成一种崭新而独特的文化形态。

　　尽管国际经验表明,这种政府驱动的战略在推进信息化方面取得了巨大的成就,但也存在许多弱点。信息产业垄断引致缺乏创新技术和改进质量的积极

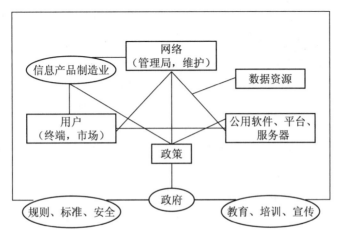

图 8.2

性,容易引起管理无效性等问题。同时,由于不同的利益集团的存在,政策制定更为复杂,更难协调。因此,在推进信息化的过程中,要按照"联合建设,利益推动"的原则,全面引进竞争机制,发展多元投资主体,强化联合协作。至于信息相关商品的开发、生产和使用,则是生产者与消费者的事情,政府不宜过多干预。

从上海的实际情况来看,在目前阶段,政府推动国民经济和社会信息化宜采取的主要措施有以下方面:

1. 加大信息开发,有效配置信息资源,实现信息资源共享

长期以来,大量信息资源是由政府部门以行政指令的方式来支配的。地方信息封锁、行业信息垄断,导致信息资源重复配置,信息资源不足与闲置并存,共享程度低。而且,在信息服务机构(包括政府信息机构和信息企业)中,政府信息机构约占总数的20%,却掌握着80%的信息资源,其用户70%来自上级机构,20%来自本系统的企业,仅10%是其他行业和部门的企业。为打破这种信息资源"条块分割"的配置方式,必须进行一系列利益关系调整,探索适应市场经济要求的新的信息资源配置方式。

(1) 合理划分政府部门信息服务机构职能,一部分机构继续从事公益性信息服务,由政府保障工作经费,应主动向社会各类信息机构、各种信息用户无偿或有偿提供手中拥有的大量信息资源(有关国家安全和商业秘密等信息除外);大部分机构创造条件,逐步转变运营机制,面向社会市场需求提供信息服务,根据情况,实行自收自支和企业化经营管理。推动政企分开,实行政府机关与信息服务企业彻底脱钩。坚决制止有关行业主管部门利用行政手段和公共网络垄断、分割信息资源和信息服务,为各类信息服务业企业创造平等竞争的环境。政府主管部门应探索信息产业的市场运行机制,充分利用各种经济手段乃至法律手段来引导各个部门实现信息资源共享。

(2) 开发信息服务的市场需求,重点是开发企业对信息服务的正常需求。同时在装备、网络、服务等方面创造条件,开发居民生活、消费和投资对信息服务的潜在需求。

(3) 强化信息深加工。首先,收集到的信息要再加工,包括去伪存真、去粗取精及系统化、逻辑化;其次,用模型或其他方法进行深入分析;再次,及时更新、维护,使已有信息从静态发展到动态。

2. 推行信息基础设施建设市场化,寻求合理的混合网络的体系结构

信息基础设施建设的投资是巨大的,不能单靠政府来承担,而应像其他城市基础设施建设一样实行市场化,吸引各种资本融入。政府应考虑清除非政府投

资和国外投资中的障碍，允许其参与信息基础设施建设并从中获利。

在具体操作上，有两种可供选择的方式：一是发起式募集，成立专业性的股份有限公司，争取上市募集社会资金；二是出售信息基础设施的运营权（包括设施的使用和运营执照的拍卖），将其收入用于信息基础设施的投资。

在信息基础设施建设中，还有一个混合网络体系结构的最优方案选择问题，即如何实现电视、电话、数据通信"三网合一"。目前电信网与有线电视网比较发达，但前者提供的交互业务是窄带传输；而后者尽管是宽带传输，但却是单向传送的。在形成混合网络体系上，有各种可供选择的方案，如采用所谓不对称数字用户线（ADSL）技术，在现有电话网上提供宽带业务（视像）等。但我们认为，比较合理的选择是：充分利用有线电视网的线路，实行"三网合一"。目前，深圳这一攻关试验已取得成功，用有线电视一条线，就既能看电视又能打电话（包括可视电话），还可以联网进行数据通信。

3. 正确引导组建信息集团，寻求规模经济收益

从世界范围来看，信息产业的市场集中度要比汽车、钢铁等行业市场的集中度低得多，但仍然有一个规模经济问题。美国的 DIALOG 和兰德公司以及日本的野村研究所都是信息产业规模经济的典范。目前上海信息企业数量较多，但其规模偏小。上海信息产业应走"信息事业单位企业化，信息企业单位集团化"的道路。在具体运作中，可以根据各个信息机构所拥有的信息资源、信息技术和信息市场情况，引导其组建各种类型的企业集团。（1）资源—技术型、资源—市场型、技术—市场型、资源—技术—市场型的信息企业集团。（2）以教育、科研、生产联合为主体，组建科技开发型的信息企业集团。（3）以信息中心、科研机构、信息企业为核心，构建生产经营型的信息企业集团。为支持信息企业走分工协作、联合发展的道路，扶持一批信息企业逐步形成大企业或企业集团，在资金融通、对外经济合作、发行债券和股票上市等方面，给予一定政策支持，特别要推出更多信息领域的上市公司。

4. 加强信息市场管理，健全信息市场体系

为了防止信息市场竞争不平等、信息市场混乱、信息产品假冒伪劣、信息服务漫天要价、信息资源垄断封锁、信息机构名不符实、信息犯罪日趋增加等问题的出现，应建立统一的信息市场和管理部门，以加强对信息市场的管理，制定统一的信息市场发展规划和管理条例，规范信息市场主体的行为，维护市场交易秩序，建立公平的市场竞争环境，完善信息市场的运行机制。（1）加强信息立法，重点解决信息市场立法，确立明确的、统一的信息资源管理和发展政策。（2）研究

制定有关软件、数据库、网络、系统及其服务的技术标准,推动信息服务技术标准化进程,促进企业贯彻执行统一标准,为信息资源联机运行和上网服务提供技术保障。(3)制定信息行业的服务标准,加强信息服务业的质量监督和市场检查,推行服务单位承诺制、服务消费投诉制,持续开展新闻察访活动。(4)对信息资源和服务方式进行合理分类,涉及国家机密的少数信息,由政府部门内部运转;依托政府权威收集的公益性信息,及时向社会公开披露,无偿共享;商业化信息由信息服务企业及机构收集、加工、处理和提供,按市场原则依法合理定价,实行有偿服务。(5)健全信息服务业和信息市场管理机构和职能。加强信息服务业各主管部门的业务协调,在各行业内部及行业之间健全行业协会的协调和自律机制。创造条件明确信息服务业和市场管理机构和职能,由综合部门或组建综合性协调组织进行有效的综合行业管理。(6)积极开展国际竞争与合作,开拓国内与国际两种信息市场。

上海发展信息产业的一个重要措施和途径,就是引进和利用外资。印度引进外资的第二个浪潮就是围绕信息处理中心展开的,现有五个软件技术园区,软件出口方兴未艾,1990 年其出口额为 11400 万美元,1994 年达到 35100 万美元,每年增长 25%,占技术出口的 40% 以上。这一做法非常值得上海借鉴。

利用外资可以解决我们在信息资源开发利用上的资金和技术难题,建设一批骨干信息系统和网络工程,同时也可使我们与国际市场接轨,用国际标准、规范去开发利用国际信息资源。目前外国人对我们的信息资源市场非常感兴趣,我们要利用这一有利条件,积极探索与国外信息机构合作的各种方式。

目前我们只停留于项目合作阶段。一般是外国人拿钱,中国人出力,开发利用的大多为中国境内信息资源。事实上,国际信息资源开发利用是双向的,从国外引进,同时也要把中国的信息资源推出去,出口创汇,走相互流通、互惠互利的发展道路。我们应该进一步发展"搞合资"或"用外资"的方式,按照国家外资政策合理引进外商直接投资信息服务业,按国际惯例适当保护民族信息服务业,以合法途径出口信息。这不仅能推动信息资源业发展,而且可以杜绝因混乱造成的泄密,对保护国内信息资源有利。

9 增长方式转变的微观基础重塑

增长方式转变不仅是宏观层面的产业结构调整、培育新的增长点等问题,而且涉及经济增长的微观基础是否与此相适应。相对于宏观层面的大幅度调整力度,上海微观基础的重塑较为滞后,难以适应增长方式转变的要求。增长方式转变的微观基础重塑,包括所有制结构调整、产业组织合理化和企业组织完善等内容。从上海的实际情况来讲,尽快推进国有经济战略性改组和大力发展中小企业,是增长方式转变的微观基础重塑的重要内容。

9.1 国有经济的战略性改组

顺应社会主义市场经济发展的要求,上海过去那种单一所有制结构得到较大的调整,国有企业改革不断向前推进,但与上海建设"一个龙头,三个中心"国际大都市的要求相比,尚有较大的差距,也难以适应增长方式转变的需要。因此,按照党的十五大报告的精神,结合上海产业结构的调整,实行国有经济的战略性改组,是实现经济增长方式转变的必要步骤。

9.1.1 上海所有制结构调整:地区比较

在传统体制下,上海具有单一所有制结构的典型特征,公有经济成分居绝对地位。1978 年全市实际 GDP 达 272.81 亿元,其中公有经济实现增加值 270.10 亿元,非公有经济实现增加值 2.71 亿元,两者比重分别为 99% 和 1%。在改革开放进程中,上海国有经济在国民经济中的分布及地位作用发生着重大的变化,其主流是顺应改革开放和市场经济发展趋势的。1997 年全市实现 GDP3360.21 亿元,其中公有经济实现增加值 2590.82 亿元,占 77.1%,非公有经济实现增加值

769.39 亿元,占 22.9%,比 1978 年上升了 21.9 个百分点。在公有经济中,国有经济占 56.9%(其中 11.7% 为混合所有制经济中的国有成分),集体经济占 20.2%(其中 8.3% 为混合所有制经济中的集体成分)。

近 20 年来,全市 GDP 总量增加 11.3 倍(按当年现价计算,下同),其中公有经济增加 8.6 倍,而非公有经济增加 282 倍。在此过程中,公有经济比重下降,非公有经济比重上升,其变化度达到 21.9 个百分点。特别是进入 90 年代后,这一变动更为剧烈,远超过 80 年代的变化度。在 1978—1992 年的 14 年间,非公有经济在全市 GDP 中的份额仅提高了 7.3 个百分点,而在 1992—1997 年的 5 年时间里,其比重就提高了 14.6 个百分点。

经过一系列的改革、改造和改组,上海的国有企业已初步形成与市场经济相适应的组织体制和组织形式,在全市具有独立法人资格的 17.27 万家企业中,已实现各种形式改制的 3.09 万家。除了占主导地位的国有独资企业和多元投资主体的公司制企业之外,全市国有和集体企业改制为中外合资企业的有 1.7 万家,改制为股份有限公司的有 141 家(包括上市公司 112 家),改制为有限责任公司的有 4123 家,职工劳动联合和资本联合的股份合作制企业已有 1.4 万余家。

在企业改制的同时,企业经营方式更趋于多样化,出现了个人或集体承包、租赁、托管、兼并、收购等多种经营方式。私人与国有、集体企业共同设立的混合制企业已达 1700 多户;中外合资、合作私营企业 240 多家;开展对外加工和进出口贸易的企业 2500 多家。1978 年以来,按可比价格计算,全市 GDP 增长 4.6 倍,人均 GDP 由 1978 年的 2489 元上升到 1997 年的 25750 元。据测算,近 20 年来,全市 GDP 增长 4.6 倍中,72.4% 由公有经济所拉动,其中 50.5% 来自国有经济单位,21.9% 来自集体经济单位,27.6% 来自非公有经济单位。

但这种纵向比较还不足以全面反映上海所有制结构调整及国有企业改革进程的快慢,也难以获取某些特征性的信息。为了对上海国有经济总体状况有一个基本判断,我们从工业、商业和投资三方面来进行分析,并与其他地区进行比较,以揭示出上海所有制结构调整及国有经济发展变化的基本特征。

1. 上海国有经济投资比重状况

从全国范围来看,在全社会的固定资产投资结构中,国有经济一直占有主导地位。尽管近十余年来,其投资比重有所下降,但至今国有经济的投资额仍超过 50%,而集体经济、个体经济和其他经济的投资额合占另外的 50%。1996 年,在全国固定资产投资构成中,国有经济占 52.5%,集体经济占 15.9%,个体经济占

14%,其他经济占 17.6%。同期,在上海固定资产投资构成中,国有经济占
52.1%,集体经济占 12%,个体经济占 3.8%,其他经济占 21.1%。1997 年,上
海国有经济投资所占比重上升为 57.5%,集体经济所占比重略有下降
(10.15%)。

与其他省市相比(1996 年数据),上海国有经济在固定资产投资中所占比重
居于中位,高于浙江(32.8%)、江苏(35.5%)、福建(41.4%)、河北(42.9%)、山东
(44.6%)等省,低于其他许多省市。上海其他经济类型在固定资产投资构成中
所占比重,仅次于海南(45.3%)而居于第二位,其他许多省区市此比重均在
10%—20%。上海个体经济的投资比重在全国是很低的,仅高于西藏(为零)、北
京(2.6%)而居倒数第三位(见表 9.1)。

2. 上海国有工业产出比重状况

从工业产出的增长率观察,1981—1996 年的 16 年间,全国工业的平均年增
长速度为 15.4%,而同期国有工业的年均增长速度仅为 7.7%,低于平均增长速
度 7.7 个百分点。统计分析显示,1981—1996 年间的工业增长中,国有工业企业
的贡献率为 31.5%,集体工业企业的贡献率为 37.4%,而私营、个体企业和外资
企业的贡献率分别为 13.6%和 17.5%。在此过程中,国有工业的产出比重不断
趋于下降。1990—1996 年的 6 年间,各省市的国有工业比重都出现了幅度较大
的下降。从全国看,国有工业占全部工业的比重从 50%以上,下降至不到 30%。
从各省区市国有工业比重的分布看,1990 年 2/3 的省区市(20 个省区市)国有工
业比重超过 60%,到 1996 年,则一半以上的省区市(17 个省区市)国有工业比重
不到 40%。

过去,国家工业布局的重点地区国有工业高于沿海其他省市,上海、辽宁就
是比较典型的省市。而上海与辽宁在所有制结构调整方面走的是两条路子:辽
宁的调整类似于江苏与浙江,国有工业的比重主要让位于集体与个体工业,其中
尤以私营与个体工业增长为迅速;而上海的国有工业比重主要让位于三资企业
与股份制企业,私营与个体工业在 6 年间的比重没有提高。

1996 年,在全国工业产出构成中,国有工业所占比重为 28.5%,集体工业为
39.4%,个体工业为 15.5%,其他工业为 16.7%。同期,在上海工业产出构成中,
国有工业所占比重为 33.1%,集体工业为 24.9%,个体工业为 0.1%,其他工业为
41.8%。1997 年,上海国有工业所占比重进一步下降为 30.1%,集体工业所占比
重也进一步下降为 18%,而其他工业(含个体工业)所占比重上升为 51.9%,其
中三资企业所占比重为 38.9%。

表 9.1   1996 年全国 30 个省区市不同所有制经济固定资产投资构成

	投资总额 （亿元）	不同所有制经济所占比重（%）			
		国有经济	集体经济	个体经济	其他经济
全　国	22974	52.5	15.9	14.0	17.6
北　京	890	60.9	6.4	2.6	30.1
天　津	439	58.8	15.2	4.9	21.1
河　北	1183	42.9	30.4	15.0	11.7
山　西	312	74.5	5.9	14.0	5.6
内蒙古	262	75.5	4.0	17.5	3.0
辽　宁	882	61.8	11.7	7.9	18.6
吉　林	363	77.7	6.9	7.2	8.2
黑龙江	569	75.2	5.7	10.5	8.6
上　海	1997	52.1	12.0	3.8	32.1
江　苏	1963	35.5	29.3	15.3	20.1
浙　江	1611	32.8	25.1	24.7	17.4
安　徽	610	48.4	21.3	21.3	9.0
福　建	780	41.4	10.8	17.3	30.5
江　西	317	55.7	4.8	31.1	8.2
山　东	1529	44.6	30.4	13.3	11.7
河　南	1039	48.0	17.9	20.9	13.2
湖　北	935	59.7	9.9	12.8	17.6
湖　南	684	51.9	11.6	30.0	6.5
广　东	2363	46.2	14.4	11.8	27.6
广　西	476	50.0	12.9	26.6	10.5
海　南	181	45.5	3.0	6.2	45.3
四　川	1113	52.1	16.3	17.7	13.9
贵　州	194	68.0	7.6	17.0	7.4
云　南	456	61.3	10.4	16.1	12.2
西　藏	29	95.9	…	…	4.1
陕　西	344	65.0	6.4	20.8	7.8
甘　肃	207	69.8	6.1	11.2	12.9
青　海	78	82.9	6.6	5.9	4.6
宁　夏	72	76.7	5.5	10.4	7.4
新　疆	389	80.4	5.7	9.2	4.7

资料来源:《中国统计年鉴》(1997)。

可见,从工业产出来讲,上海国有经济并不占主导地位,而是以其他经济成分为主,其中三资企业占了很大份额。因此,从全国范围来讲,上海是被列为"其他经济成分为主的地区",与广东(42.4%)、福建(33.3%)、海南(39.1%)、天津(33.1%)属于一类,与那些"国有经济占绝对优势地区""国有经济为主地区"和"集体经济为主地区"相区别。但广东、福建、天津与上海有所不同的是,其国有工业产出比重较低,分别为14.7%、14%和24.6%(见表9.2)。

3. 上海国有商业产出比重状况

从全国范围来看,在商业领域,国有商业与集体商业所占比重总体上是趋下降的。国有商业在消费品零售额中所占比重从1980年的51.4%下降至1996年的27.2%;集体商业所占比重从44.6%下降至18.4%;而城乡个体商业和其他经济类型商业所占比重分别从0.7%和3.2%升至32%和22.4%。

1996年,全国消费品零售总额中,国有商业所占比重为27.2%,集体商业为18.4%,个体商业为32%,其他商业为22.4%。同年,上海国有商业所占比重为39.1%,集体商业为30.2%,个体商业为5.8%,其他商业为25%。

与其他省市相比,除宁夏(39.6%)和新疆(40.6%)外,上海国有商业所占比重是名列前茅的;上海集体商业所占比重仅次于江苏(31.2%)而居第二位;但上海个体商业所占比重在全国则是最低的,与倒数第二位的天津(15.2%)和倒数第三位的江苏(20.4%)都有很大差距,绝大部分省区市的个体商业比重都在30%—40%之间(见表9.3)。

从上面的比较分析中,我们可以看到,在体制变革的大背景下,传统的单一所有制结构正在向多元经济所有制结构转变,在此转变过程中,上海国有经济的动态调整(增量调整,主要表现为投资)基本上与全国同步,处于中位水平,但由于上海国有经济资产存量较大,所以在工业产出和商业产出上仍占较大比重,远高于全国平均水平。另外,在所有制结构调整中,上海主要采取国有经济与外资嫁接和实行股份制的方式,特别在工业领域其他类型产出比重远高于全国平均水平;但上海个体经济发展相当薄弱,不管是在工业还是商业领域,个体经济产出比重均很低,并远远低于全国平均水平。这表明,上海所有制结构的调整具有明显的非均衡性。

表 9.2　1996 年全国 30 个省区市不同所有制工业企业产出构成

	工业总产值（亿元）	不同所有制企业所占比重（%）			
		国有工业	集体工业	个体工业	其他工业
全　国	99595	28.5	39.4	15.5	16.7
北　京	1853	47.9	25.5	1.4	25.2
天　津	2386	24.6	41.4	0.9	33.1
河　北	5045	26.6	44.1	21.1	8.2
山　西	2055	36.5	37.0	23.4	3.1
内蒙古	939	48.2	21.6	22.5	7.8
辽　宁	5602	34.8	32.3	22.1	10.8
吉　林	1538	56.6	20.7	12.1	10.6
黑龙江	2374	58.4	24.9	9.3	7.4
上　海	5067	33.1	24.9	0.1	41.8
江　苏	11556	19.4	59.4	6.5	14.7
浙　江	8821	10.7	45.3	32.4	11.6
安　徽	3618	26.4	50.1	16.4	7.2
福　建	3211	14.0	37.3	15.4	33.3
江　西	1336	46.7	32.1	13.9	7.3
山　东	9127	26.6	49.0	12.7	11.7
河　南	5275	29.6	41.4	21.5	7.5
湖　北	4836	29.5	41.8	20.2	8.5
湖　南	3281	29.3	34.5	31.9	4.3
广　东	10531	14.7	33.7	9.2	42.4
广　西	1734	33.4	29.6	26.8	10.2
海　南	216	33.0	12.9	15.0	39.1
四　川	4169	37.7	31.1	19.2	11.0
贵　州	629	59.8	18.1	14.9	7.3
云　南	1291	62.1	23.3	9.3	5.3
西　藏	10	67.2	20.5	5.5	6.9
陕　西	1239	54.2	26.5	10.6	8.7
甘　肃	837	58.1	25.4	11.6	4.8
青　海	139	76.7	15.7	5.2	2.4
宁　夏	202	62.4	13.2	7.8	16.5
新　疆	680	76.2	13.7	5.2	4.8

资料来源:《中国统计年鉴》(1997)。

表 9.3　1996 年全国 30 个省区市不同所有制商业企业产出构成

	消费品零售总额(亿元)	不同所有制商业企业所占比重(%)			
		国有商业	集体商业	个体商业	其他商业
全　国	24774	27.2	18.4	32.0	22.4
北　京	924	34.1	23.5	26.2	16.2
天　津	470	24.6	21.2	15.2	38.9
河　北	1022	28.8	15.7	41.3	14.2
山　西	450	33.3	17.7	32.3	16.7
内蒙古	331	33.5	17.9	30.5	18.1
辽　宁	1289	19.8	13.2	40.8	26.1
吉　林	556	20.0	8.8	42.9	28.3
黑龙江	782	28.8	12.1	42.3	16.8
上　海	1161	39.1	30.2	5.8	25.0
江　苏	1933	26.5	31.2	20.4	21.9
浙　江	1599	15.9	13.5	44.0	26.6
安　徽	727	29.8	22.0	27.1	21.1
福　建	833	16.5	16.1	50.9	16.4
江　西	490	28.9	14.5	33.6	23.0
山　东	1692	24.8	22.8	33.0	19.4
河　南	1119	29.9	18.5	35.1	24.4
湖　北	1146	25.2	16.4	30.9	27.5
湖　南	947	21.6	12.7	43.0	22.7
广　东	2578	23.7	16.8	35.1	24.4
广　西	611	22.9	14.2	41.5	21.4
海　南	122	22.9	6.0	42.2	28.9
四　川	1515	24.0	20.0	28.0	28.0
贵　州	234	28.1	10.3	41.4	20.1
云　南	414	35.5	18.1	25.4	20.9
西　藏	27	29.4	2.6	55.1	12.8
陕　西	432	32.9	19.5	22.7	24.9
甘　肃	260	32.5	15.3	37.6	14.5
青　海	63	32.5	15.3	37.6	14.5
宁　夏	66	39.6	12.8	24.7	23.0
新　疆	295	40.6	6.5	32.3	20.5

资料来源:《中国统计年鉴》(1997)。

9.1.2　上海国有经济的结构性分布及组织体系

在体制改革过程中,除了所有制结构调整外,还有一个重要的内容,就是国有经济的结构性调整及组织体系改变。这与增长方式转变的微观基础重塑,也有十分密切的关系。因此,我们进一步考察上海国有经济的结构性分布情况。

1. 国有经济的产业与行业分布状况

三次产业的分布状况。从国有企业户数在三次产业结构中的分布来看,上海国有经济主要集中在第三产业部门,其企业户数比重为 61.5%;第二产业的比重为 36.9%;第一产业只有 1.6%。从国有资产在三次产业结构中的分布来看,上海国有经济主要集中在第三产业部门和第二产业部门,分别为 53.3% 和 45.6%,在第一产业部门只占 1.1%。

制造业内部的分布状况。1996 年,上海制造业国有独立核算企业 3236 户,分布在:轻加工业 1063 户,占 32.85%;石化加工业 461 户,占 14.25%;金属及机械加工行业 1691 户,占 52.26%;电煤水气生产供应行业 20 户,占 0.26%。国家资本金的行业分布为:轻加工业占 3.54%,石化加工业占 4.81%,金属及机械加工行业占 79.7%,电煤水气生产供应行业占 11.94%(见表 9.4)。从总体上看,在制造业内部,上海国有经济主要集中在金属及机械加工行业。

表 9.4　上海国有独立核算工业的资产在不同行业的分布(1996 年)

	企业个数	企业资产		国家资本金		企业平均数	
		行业总计(亿元)	行业比重(%)	行业总计(亿元)	行业比重(%)	资产(亿元)	国家资本金(亿元)
总计	3236	3203.78		596.74			
采掘业	1						
制造业	3235	3203.72		596.74		0.99	0.18
其中							
轻加工业	1063	437.29	21.14	21.14	3.54	0.41	0.02
石化加工业	461	375.65	28.72	28.72	4.81	0.81	0.06
金属及机械加工	1691	1949.60	60.87	475.59	79.7	1.15	0.0006
电煤水气生产供应	20	441.08	13.77	71.28	11.94	22.1	3.6

资料来源:根据《上海经济年鉴》(1997)计算。

2. 国有经济的企业组织类型分布状况

从国有企业户数角度来看,以小型国有企业数量居多。在上海国有企业总户数中,特大型国有企业数所占比重为 0.2%,大型国有企业为 4.1%,中型国有企业占 16.1%,小型国有企业占 67.6%。从国有企业的资产角度来看,国有资产主要分布在大中型国有企业中。在上海国有企业资产总额中,特大型国有企业所占比重为 15.0%,大型国有企业为 36.9%,中型国有企业为 23.2%,小型国有企业为 13.0%。

在工业领域,国有经济的企业组织类型分布的特征更为明显。从工业国有企业户数角度来看,以小型国有企业数量居多,占 79.91%;中型国有企业户数占 11.681%;大型国有企业户数仅占 8.4%。从工业国有企业的资产角度来看,国有资产主要分布在大型国有企业中,占 91.87%,中型企业为 4.2%,小型企业为 4.0%(见表 9.5)。

表 9.5   上海国有独立核算工业企业规模状况(1996 年)

	企业个数	企业资产(亿元)		国家资本金(亿元)		销售收入(亿元)	
		总计	企业平均	总计	企业平均	总计	企业平均
总计	3236	3203.78	0.99	596.24	0.18	1627.97	0.5
中央工业	133	1486.87	11.18	492.08	3.7	561.26	4.2
地方工业	2731	1678.67	0.61	100.05	0.04	1035.75	4.2
(县属)	372	38.25	0.1	4.6	0.01	30.95	0.08
大型企业	272	2602.47	9.57	547.77	2.01	1253.42	4.5
中型企业	378	337.39	0.89	25.08	0.07	203.19	0.54
小型企业	2586	263.92	0.1	23.88	0.01	171.36	0.07

资料来源:根据《上海统计年鉴》(1997 年)计算。

3. 国有经济对其他经济类型的渗透状况

国有经济对其他经济类型的渗透,主要表现在对股份制企业和合资企业的控股与参股上。1996 年,在全市股份制企业的资本金中,国家资本金所占比重为 46.4%;在全市三资企业中,国家资本金所占比重为 10.6%。

目前工业企业全部资本金中,国家资本金占 42.94%。这些国家资本金中,大约有 77.88% 进入国有企业,另外 22.12%(即 169.51 亿元)进入股份制企业和合资企业,控制了 834.66 亿元的社会资本,其比例为 17:83,即每 100 元国有资本带动与控制 490 元社会资本。

从以上分析中我们可看到,占国有企业户数总数比重 20.4% 的大中型国有企业,其占用国有资产比重为 75.1%。这些国有大中型企业在整个国有经济乃至整个社会经济中处于举足轻重的地位。1996 年,这些国有大中型工业企业的产值占全市国有工业总产值的比重高达 89.49％,其利税占全市国有工业企业全部利税的比重为 94.72％。同时,这些在全市大中型工业企业总户数中占 49.09％ 的国有大中型工业企业,其工业产值占全市大中型企业总产值的 48.29％,其利税占全市大中型企业总利税的 44.36％。

上海国有经济的组织体系是以资产为纽带,由国有资产授权经营公司为龙头,通过对下属企业层层投资的方式构成的。在此组织体系中,国有资产授权经营公司起着重要的作用。截至 1997 年底,全市共有 39 户国有资产授权经营公司。这些控股集团(公司)作为体制改革的产物,以其特殊企业法人的地位,对授权范围内的国有资产行使出资者所有权,主要以控股方式从事资产经营活动,在经济结构调整和资产重组中已取得初步成效。

目前上海控股集团(公司)的现状大致可分为三种类型:第一种类型是已进入正常运作、良性循环的轨道,主要表现为资产质量明显提高,资产规模迅速扩张,竞争能力大幅度增强,内部管理体制健全等;第二种类型是正处于调整与完善阶段,主要表现为内部组织架构整合,资产存量调整,市场适应性增强等;第三种类型是趋于相对萎缩状态,主要表现为经济效益差,资产"缩水"严重,规模趋于缩小等。

从总体上看,第一、第二种类型居多数,第三种类型只是少数现象。但控股集团(公司)在运行中尚存在若干问题,并与当初组建时的设想有一定的差距,难以适应当前国内外经济环境变化的要求,其主要问题表现为:(1)大多数控股集团(公司)是由原行政主管局改制而来,原有的行政职能并没有全部转移出去,从而使其在操作中仍带有一定的行政性色彩。(2)控股集团(公司)的功能定位在实际操作中尚不很明确,资产营运缺乏经验,组织及人员配置结构与之不相适应。(3)由于控股集团(公司)大多实行封闭性的资产运作(即在本管辖范围内的资产运作),在狭小范围内拓展多元化经营,往往在整体上造成国有资本在低水平上的重复投资。从整体上看,控股集团(公司)的竞争边界模糊,未形成集中竞争优势。(4)控股集团(公司)的结构调整力度有限,国有资本配置结构不合理。(5)控股集团(公司)内部缺乏利益共同体的基础,内部交易成本较大。

当然,控股集团(公司)作为一种新生事物,有一个成长和发展过程,需要经过一段时间的适应和磨合,逐步健全起来。

9.1.3　适应增长方式转变要求的国有经济战略性改组

1. 国有经济存在的问题

随着市场经济体制的建立和逐步完善,以及增长方式向集约型的转变,上海国有经济总量过大、实现形式单一及结构性矛盾等问题都日益明显地反映出来。

首先,国有经济战线仍显过长,难以适应市场经济发展的要求。据不完全统计,目前上海国有经济、集体经济和其他经济成分的资产结构比例约为7:2:1。在1997年的GDP构成中,公有经济实现增加值占77%,非公有经济占23%。这表明,上海国有经济的战线仍显过长,特别是在商业零售领域,上海国有经济成分所占比重明显偏高。与此相对应,上海个体经济的发展严重不足,在工业、商业产出和投资等方面都居全国倒数几位。从理论上讲,国有经济的数量(比重)多少还不是主要的,问题在于这些庞大的国有经济是建立在产出水平趋于下降基础之上的。从产出构成的变化来看,近几年上海国有企业的产出比重趋于缓慢下降,其变动基本轨迹表现为主要让位于三资企业和股份制企业。这在工业产出和投资领域表现特别明显。

其次,国有资本配置结构不合理,难以在整个经济中发挥主导作用。在国有经济产出低下、比重不断下降的情况下,国有经济的分布(经营)范围并没有得到相应的调整,仍然面面俱到,而不能保证其在重点领域和行业的比重上升。据1996年全市独立核算工业企业的统计资料,在工业的34个行业中,国有资本遍及32个行业,平均占有比例为42.9%。其中9个行业高于平均比例(5个行业在80%以上),16个行业在17%以下。而在一些国民经济关键领域、重要行业和主导产业中,国有资本的集聚度偏低。截至1996年底,以能源、邮电、交通为代表的基础产业占用国有资本仅占全市国有资本的7.9%;六大支柱产业占用国有资本仅占全市国有资本的18%;两者相加也只有26%。另外大约有70%的国有资本仍配置在对国民经济影响弱、效益低、竞争激烈的行业。因此,出现了该控(制)不控、该强不强的局面,国有资本未能实现优化配置,从而也没有充分发挥国有经济的主导作用。

第三,国有资产的企业组织形态不合理。这主要突出表现为国有资产分布面相当广,小型国有企业数量太多,造成内部竞争无序,外部竞争无力。据统计,1996年上海独立核算国有工业小型企业达2586家,企业资产平均为0.1亿元,其中国家资本金平均每户为0.01亿元。在一个行业中,往往国有资产整体居于垄断地位,而内部众多小型国有企业之间又处于过度竞争状态。这样,既未形成规模经济,又未形成集中竞争优势。

第四,国有资产总体质量不高。这主要表现为低水平的重复投资,以及资产流动性较差,使国有资产大量沉淀在技术装备水平较低、因缺乏产品销路而闲置的固定资产上。同时,由于产品不适销对路而库存积压,大量国有资产沉淀为非意愿性存货投资。因此,国有资产收益率下降,资产风险增大,流失、浪费等损失较为严重。

第五,国有资产分割严重。这主要突出表现为国有资产条块分割、工贸分割、内外贸分割痕迹明显,壁垒坚固,"围墙"森严,从而导致国有经济发展未能按照合理的"产品链""产业链""产权链"进行组织协调,而是硬性划分为条块管理,使产权难以跨地区、跨部门、跨行业流动,存量资产无法在较大的空间内实现优化配置。

2. 国有经济战略性改组

显然,目前上海国有经济的状况是难以适应增长方式转变要求的。因此,要对国有经济实行战略性改组,改善其整体素质,提高其运行效益,增强其竞争能力,发挥其主导作用。当然,国有经济战略性改组不能沿袭传统的行政办法,也不能盲目行事,而要遵循以下基本原则:(1)以结构调整为依据,合理布局国有经济在一、二、三产的比重,合理调整各产业内的行业资产比重,使国有资本向"有所为"的领域适度集中,特别是向支柱产业、高新技术产业等领域集聚,提高其在新兴产业及新的增长点方面的竞争能力和扩张能力,发挥其在上海产业结构调整中的重大作用。(2)以现代垄断竞争市场结构为基础,调整国有经济的产业组织形态,主动收缩战线,适度退出竞争性行业,突出重点,占据关键领域,发挥其规模经济效益。(3)以市场为导向,促使国有资产向有市场、有技术、有名牌的优势企业集聚,提高国有资产的运营效益;并以优势企业为核心,组建企业集团,提高国有企业的竞争能力和扩张能力。(4)以资本市场为依托,通过资本重组和产权交易市场化方式,进行国有资本跨行业、跨部门、跨地区、跨所有制的重组,在更大范围内实现国有资产优化配置。(5)以利益驱动为前提,完善国有资产管理体制,进行控股集团(公司)内部规范化、科学化的整合,在进一步理顺利益关系的基础上,建立起一整套适应市场经济要求的管理制度,降低内部交易成本,提高综合竞争力。

根据上述的基本原则,从目前情况来看,上海国有经济战略性改组的主攻方向主要在以下四方面:

第一,优化国有资本的配置结构。首先要明确国有经济产业布局的方向,调整行业分布。农业、基础设施、基础工业是国有经济发挥作用的主战场,国有经济应首先保证这些部门发展的资金需求,使之超前,至少同步于国民经济的发展;支柱产业和高技术产业是保证国有经济发挥主导作用的物质和技术基础,应是国有经济重点支持的行业。

因此,国有经济的行业分布应占据国民经济重要的关键性领域:(1)资源型行业,如采油、采煤、有色金属、采盐等;(2)公共事业,如公用煤气、供水、电力等;(3)集约规模型行业,如石油加工、化纤、交通设备、化工、黑色金属冶炼及压延加工、有色金属冶炼及压延加工等;(4)关系国家和社会安全,需要国家垄断经营的行业,如军工、造币、烟草行业等。其他竞争性行业(开业费较低的产业),应鼓励非国有经济充分竞争。

为此,在优化国有资本配置结构中,要提高四个集聚度:一是提高国有资本在关系国民经济命脉与涉及国家主权和安全领域中的集聚度;二是提高国有资本在基础产业和基础设施领域的集聚度;二是提高国有资本在支柱产业中的集聚度;四是提高国有资本在关系社会稳定的公益性行业中的集聚度。具体讲,就是要加大国有资本在电子信息、现代生物与医药、新材料等高新技术产业的投入;保证国有资本在石化、钢铁冶金、电站设备、汽车制造等支柱产业的投入;维持国有资本在金融保险、公益性行业的投入;培育外贸、大型批发等流通领域为主业的特大型国有集团公司的建立等。

第二,主动实行国有经济战线收缩。按照国有经济的本质特性,以及产业结构调整的要求,主动退出一些行业,实行国有经济战线收缩。例如在食品加工业的 15.01 亿元资本金中,国家资本金占有 38%,可考虑适当退出。一般来讲,都市型工业(食品加工、服装制品、印刷业及复制、文教体育用品、家具制造业等)应鼓励非国有经济发展,特别是个体经济的发展。通过加快国有企业改革步伐,有意识地将效益较好,但不符合上海国有资本调整方向的存量资产尽早兑现,特别要鼓励国内外资本对这些国有企业的参股、控股。在此过程中,一方面要以增量投入带动存量调整,实现国有资本的行业集聚、转移或退出;另一方面要有计划、有步骤地将数量众多的国有中小企业改制成非国有企业或混合型经济。

第三,提高国有资产质量。通过加快国有资产产权流动与重组,实现国有资产的优化组合,使国有资本向优势行业和优势企业集聚,提高国有资本的利用效益。同时,通过增资减债、处置不良资产等方式优化资本结构,提高国有经济整体素质,提升国有经济对国民经济增长的贡献程度。

第四,强化国有经济的渗透力。通过拆除围墙,打破国有经济的条块分割,扩大国有资产的行业渗透和地区渗透。改变国有经济单一形式,促进国有经济实现形式的多样化,提高国有资本与社会资本的融合度。根据上海建设国际大都市经济的特点及自身的条件(如人才结构特点等),上海国有经济特别要加大与外资、内资的嫁接力度。通过发挥国有经济的独特优势,增强国有经济对社会经济活动的控制力。

上海国有经济的战略性改组,要充分发挥行政手段和市场手段在资源配置中的各自特长,利用行政手段低成本、高效率等优点,打破"围墙",促进国有资本迅速集聚,调整国有资本的行业分布;利用市场手段的价格发现和优化配置等特点,促进产权流动和重组,实现国有资本与其他社会资本的融合。

首先,政府推动。在国有经济战略性改组中,政府的推动是必不可少的,但政府的推动有一个"度",其主要作用表现在以下几方面:

一是政府以产业结构调整要求和优胜劣汰原则为依据,帮助打破部门壁垒,促使更多的国有资本向具有优势的控股集团(公司)集中,并给它们提供兼并、收购的优惠政策,让其以优质资产来吸纳更多的社会资本与改造劣质资产,并得到迅速扩张。在这一过程中,政府不搞包办代替,而要让这些具有扩张性优势的控股集团(公司)有高度的市场选择权,由它们来决定兼并、收购对象,选择扩张的途径与方式。

二是政府要促进市场条件的完善,以满足国有经济多元化经营的需要,特别重要的是提供市场融资和产权交易渠道,使控股集团(公司)能更好地从事资产经营。另外,就是要促进市场法规的健全,使按照"游戏规则"办事成为国有经济运作的共同准则。还有,进一步理顺控股集团(公司)的人事管理体制,淡化行政级别,尽快实行产权代表和监管代表由国资委管理机构统一委派,经营者市场化的人事管理制度。

三是政府要从全局出发合理安排退出来(变现)的国有资产,除公益性投资外,把国有资产从经营性投资转为控制宏观经济运行的筹码,如支付下岗人员基本生活费和转岗培训的费用,建立劳动力蓄水池;用作鼓励非公有经济发展的启动基金(无息贷款和贴息贷款等);用于扶持高风险的民营科技企业和小企业发展,等等。为了把从竞争性领域退出来的国有资产用于对整个经济运行的调控,需要建立相应的转移通道,不能把退出来的国有资产仍全部留在控股集团(公司)手里,而要适当集中起来由政府有关部门进行操作。

其次,市场配置作用。在国有经济战略性改组中,政府的推动是建立在市场基础性配置基础上的,因此关键还是要发挥市场的配置作用。其中,主要是建立完善、统一、高效的资本市场,以产权交易市场为依托,促进资本在全社会范围内、通过市场行为合理流动,达到资本组合和产权定价的市场化,减少盲目和不合理的企业兼并行为,使劣势和破产企业的价值得到体现,促进全社会经济结构的合理化。同时,吸引广泛的社会资本进入投资领域,使国有经济能与之融合,并对其实行导控。

为此,要以投融资体制改革为依托,通过多元投资方式,促进以股份制为主的混合所有制经济发展。在这一过程中,主要是把信贷投向与所有制结构调整结合起来。因为长期以来信贷资金主要投向了国有企业。至 1997 年 6 月末,国有企业得到上海全社会金融机构的信贷资金支持的比重为 53.33%,集体经济得到的支持比重为 22.36%,三资企业为 6.75%,民营及私营企业得到的贷款只有 0.15%。从所有制结构变化的趋势看,政府必须从法律与法规的角度对非国有经济的投资进行保护,鼓励银行及其他金融机构向非国有企业贷款,否则,中国已经出现的多元化所有制格局将得不到健康发展。

最后,官商互导机制。尽管基础产业和基础设施是国有经济宜进入的领域和部门,但也不是单一地由国有经济所占据,而要引入竞争机制,打破政府独家建设、经营、管理的局面,形成官商互导运作模式。凡是能够对外商开放的都要对外商开放,能够卖给外商或个人经营的就卖给外商或个人经营。例如,像自来水、煤气、天然气、电厂等基础设施和基础产业都可以让外商、个人参股,也可以出售、租赁或承包给他们经营。

9.2　大力发展充满活力的中小企业

在增长方式转变的微观基础重塑中,除了实行国有经济战略性改组外,还有一个重要方面就是大力发展充满活力的中小企业。随着上海城市功能的转换,不仅需要一大批知识型、科技型的中小企业,而且也需要一大批与都市型产业相配套的中小企业。中小企业的改革和发展不仅将成为一个重大的热点问题,而且也将成为上海经济增长的一支重要生力军。

9.2.1　中小企业发展战略定位及基本特征

从增长方式转变的内涵来讲,上海建设"一个龙头,三个中心"的国际大都市,其实质是城市功能的转变,即从单一功能的工业加工基地转向多元功能的都市经济。都市是人口、土地、建筑以及经济活动等要素在空间上高度集中的区域。都市经济实质上是产业的空间相对集聚并受城市环境条件约束的规模经济。

都市经济一般具有三大特征:一是劳动力的相对集中。都市的发展一般都伴随人口的集中。这一方面为都市经济发展提供了充足的劳动力资源,另一方面也带来了都市就业的压力。二是企业空间布局的高密度化,即企业设置相对集中,相互接近,产业上成片布局,形成企业群体,借此充分发挥立体工业的空间配置与集聚优势,互为依托,相互促进,以尽可能节约土地资源,共享公共设施,形成都市特有的"楼宇型产业"。这在世界发达工业化国家的一些国际化大都市如东京、纽约、巴黎、伦敦、首尔、伯尔尼、新加坡等处处可见,如楼宇型印刷业、钟表业、时装业、模具业及玩具业、信息加工业等。三是产业的高附加值和技术知识的高密集度。由于城市土地、劳力和公共设施的成本费用较高,所以这些产业基本上生产属于深加工的最终产品,技术含量或劳动含量较高。哪怕就是玩具业,也通常是一些高智能性、高工艺性的高档玩具制作业。

这种城市产业发展的特殊要求,除了要有若干城市主导型大企业之外,也需要有一大批适应城市聚集经济本身发展要求的中小企业群。大企业和中小企业相辅相成,推动都市经济的发展。

首先,都市经济的集约化发展,新的巨型企业的形成,使大企业将更多地把资金和技术集中于最主要的生产经营流程,更注重大批量的生产要害部件和关键业务,从事整体组装业务,而需要大批小企业配合其生产经营小批量的零部件和协作加工,以提高巨型企业整体的劳动生产率水平、降低成本、提高盈利。大小企业有机配合,才能将都市经济推上新的高度。

其次,都市的中心城市的服务功能,特别是相对发达的第三产业,具有极大的灵活性和多样性,必然要求有一批小而精的企业相配合,才能使都市功能得到良好发挥。

再则,伴随着城市产业结构高度化,产业能级的提升和大规模的产业转移,把大批的劳动者从传统的产业部门排挤出来,而中小企业往往成为这些流离劳动力的最好承接者。

最后,都市经济和社会的发展,又常常孕育了新的产业和技术的诞生。但是,这些新兴产业和技术进步时往往盈利低,投资风险大,经营不稳定,大企业不宜直接经营。小企业则规模小,易转产,而成为都市新兴产业发展的培养地。

都市产业也可称城市产业,一般认为是指位于都市市区范围内,占地少、规模小、污染小、能耗低、物耗低、附加值高的劳动密集和技术密集相结合的产业。而中小企业本身具有的特征是最适宜于拓展都市产业的:一是中小企业一般投资小、占地小、规模小,适宜在城市的密集空间生存。二是中小企业内部层次少,信息传递快,直接面向市场,能对市场需求作出快速反应,适应城市服务性功能发展需要。三是由于企业规模小,企业的设置易于按市场需要流动,易开易关,较为灵活,对环境和社会要求的依赖程度较低。企业内部的装备、机构设置等也能按需要可繁可简、可紧密可松散,灵活度较大,适宜在都市中大产业企业激烈竞争的间隙中生存。四是中小企业管理层次少,人员精干,一人兼数职,精于筹划,以低投入寻求高产出,以最小的风险来获取最大的效益,能适应都市经济高集聚环境的要求。

因此,在上海经济增长方式转变过程中,随着向多元功能的都市经济转变,以及产业向资本、技术知识密集型方向的转变,广大中小企业将扮演十分重要的角色。

一是主导产业、支柱产业的专业化配套及服务性产业。现代化大工业特别是支柱产业的生产特征,要求形成有序、高效、规模化的专业化分工与社会化协作生产加工体系,即以某个主导产业和主导产品为龙头,依靠一大批中小企业为其提供一次和二次零部件的生产加工配套服务,形成围绕主体厂的加工服务产业群,从而可以使主体企业集中力量搞技术开发与关键部件的生产,开拓市场,有利于缩短产品的开发周期,减少投资,分散风险。

目前上海已有相当一批中小企业通过自身努力和政策扶持,跟上了上海工业调整的步伐,被纳入了上海支柱产业配套服务协作生产体系。现在的问题是能否通过政府的政策引导和技术扶持,形成更广泛更有序的大中小企业多层分包专业化协作生产体系,来加快支柱产业的规模化生产,特别是汽车、成套设备制造等,形成支柱产业联合带动一批中小企业共同发展的新格局。

二是依托中心城市的集散功能和区位优势生成出来的一系列新产业或具有发展潜力的新增长点。上海作为一个特大型的国际化开放大都市,必然要面对大量而分散的"区域外需求"所带来的为商品、人才、物资流通服务的各种加工服务业,如印刷业、包装业、产品工艺设计特别是时装设计、模具制造业等。同时,特有的"区位比较优势",以及资源禀赋约束与维护城市生态环境等级要求,也会带来产生新产业的需求。例如目前已经形成消费热点的旅游业和环保产业,以及与金融业发展相关的信息加工咨询、传输服务业等。

三是直接为城市居民生活服务的最终消费品制造业和服务业。这类产业的主要特征是,随着城市居民收入水平的不断提高而增大需求,提高产品档次,而且能容纳相当数量的劳动力,属劳动密集型与技术密集型或智力密集型相结合的产业,其中既有传统日用产品推陈出新形成的新型产业化,如时装、灯具、中医药、保健用品的产业化,也有适应新的生活需求而形成的居室装潢材料制造业、物业管理业等。

1. 中小企业战略定位

在上海经济发展过程中,中小企业的发展具有不同于其他地区的特殊性。因为它的发展必须与上海国际大都市的建设联系起来,必须与上海城市功能转型结合起来,必须与上海经济增长方式转变融合起来。从这种意义上讲,上海中小企业发展有着特殊的战略定位。

(1)上海经济社会发展的一个重要增长极。上海中小企业的发展,不仅仅是在城市经济中发挥拾遗补阙的补充作用,而是与大型企业处于同等重要的地位,应成为上海实现经济社会远景目标的一个重要支撑点。

(2)上海实现产业结构高度化的一种催化剂。上海中小企业的发展,不仅仅是在城市产业结构合理化中发挥调节作用,而且在城市产业更新升级中扮演重要的串联角色,为上海实现产业结构高度化构建良好的产业组织基础。

(3)上海都市经济集约化发展必不可少的基石。上海中小企业的发展,不仅仅是在经济增长中扩大一块份额,而且在增强中心城市的经济功能和开拓都市型产业中发挥着不可替代的作用,应成为上海都市经济的组织载体。

(4)上海经济外向辐射的一支重要推动力量。上海中小企业的发展,不仅仅在本地经济运行中起着润滑剂和添加剂的作用,而且在上海经济向内地和国外辐射中起促进作用,成为发挥上海中心城市经济功能的一支重要生力军。

2. 基本发展特征

从上述战略定位出发,上海中小企业发展不是一般的常规发展,而是必须具备以下基本发展特征:

(1)与上海经济总量增长与社会发展相适应的企业数量规模及产出水平。上海中小企业的数量规模必须迅速扩张,有较广的产业覆盖面,并能吸纳大量的从业人员。同时,还要保持较高的产出水平,能在经济总量中占有相当的比重。

(2)与上海中心城市功能与产业结构调整相匹配的产业分布和企业素质。上海中小企业的产业分布必须符合大都市发展的要求,并具有充分发挥城市服务功能的较高素质。

(3)与上海大企业协同发展和市场充分竞争相对应的生产体制与经营体制。上海中小企业的产业组织要进行调整和重组,在与大企业的分工协作的市场化关系中形成高度专业化生产,而在与同类企业的充分竞争中提高生产效率。

(4)与上海国民经济信息化和高新技术发展趋势相一致的企业创新和发展类型。上海中小企业发展要改善其类型结构,使更多的企业进入新型产业部门,特别是信息服务业和高科技领域,在其中发挥自身特有的优势。近年来,上海高科技小企业发展相当快,目前已有 7902 家,产值 206 亿元,利润 20 亿元。据分析,科技型小企业的投入在小企业中仅占一成,得到的利润却占四成。今后,信息服务和科技型小企业应成为上海中小企业发展的主导企业。

9.2.2　上海中小企业经济运行基本状况描述

改革开放以来,伴随着上海国民经济的发展,中小企业也得到相应的发展。这一发展不仅是企业数量规模的扩大,更为重要的是企业经济性质及行为方式的根本性改变,以及在国民经济中的地位的重新确定。

从总量分析来看,上海中小企业的数量规模得以迅速扩展壮大(特别是小企业),其所占比重正在接近国际平均水平。据 1995 年统计资料,上海独立核算工业小企业从 1985 年的 7947 个增加至 14124 个,占工业企业户数比重为 91.7%,从业职工达 161 万人;中型企业从 1985 年的 398 个增至 802 个,从业职工 53.48 万人。国内商贸小企业(包括批发零售)20513 户,占商业企业总数的 91%,60.1 万人从业。餐饮业 26461 个,16.5 万人从业。至 1997 年,其情况变化也不大,例如独立核算工业小企业增加至 22034 个,占工业企业户数比重为 93.73%,从业职工达 184 万人;中型企业增至 877 个,从业职工 40.32 万人。

仅上述三个行业统计,上海小企业就有 61098 户,从业人员达 237.6 万人。如果加上个体工商户 15.56 万户,其中从业人员 21.13 万人,那么上海的小企业约达 21.67 万户,占全市企业总数 22.28 万户的 97.25%,从业人员达 258.73 万人,占全市从业人员总的 56.24%。如果进行国际比较的话,中小企业数占全部企业总数的比重,美国为 99%、日本为 99.5%,意大利为 99.2%;小企业从业人员占全部从业人员的比重,美国为 70%,日本为 79%,意大利为 76%。可见,上海中小企业的这些数量指标正在与国际接轨。

随着中小企业数量规模的增大,其产值和销售额也有较大幅度的提高。以上海独立核算工业企业为例,1995 年与 1985 年相比,中小企业工业产值(按不变价)从 531.15 亿元增加到 1513.8 亿元,工业销售额(按当年价)从 513.3 亿元增至 1607.1 亿元。1997 年,中小企业产品销售收入达 2526 亿元(当年价),利税总额达 157.21 亿元。

更为重要的是,在改革开放过程中,中小企业的经济类型发生了重大的变化。在原有国有部门的中小企业深化改革的同时,作为新体制因素的非国有部门的中小企业蓬勃兴起,极大地改善了中小企业类型结构,充分发挥了中小企在市场经济中的特殊功能。在上海,非国有部门的中小企业发展主要集中在乡镇企业和三资企业上。

据1995年统计,全市共有乡镇企业17121家,其中99.8%是中小型企业(中型企业125家,小型企业16960家);职工合计1403313人,其中中小企业人员比重为98.55%(中型企业56849人,小型企业1325031人)。全市乡镇企业工业总产值(按1990年不变价)合计为1130.1亿元,其中中小企业产值比重为95.7%;工业销售额(按当年价格)合计为1164.99亿元,其中中小企业销售额比重为95.7%。另据统计,1995年上海共有三资企业2925家,其中大部分也是中小企业,约占95.5%;其职工人数合计为46982人,其中中小企业所占比重为76.7%;其工业总产值(按1990年不变价)合计为1134.73亿元,其中中小企业所占比重达44.6%;其工业销售额(按当年价格)合计为1128.74亿元,其中中小企业所占比重为45.4%。

1. 中小企业发展中存在的问题

在改革开放中,中小企业在上海工业化及城市经济中的应有地位得到了初步确认,中小企业在经济发展中的固有能量得到了较大的释放,中小企业发展对上海城市功能转换和经济社会发展的影响越来越直接和重大。在改革开放中发展起来的上海中小企业,总体上讲,是与市场经济发展趋势相融合的。它们积极面向市场,主动参与市场竞争,在激烈的市场竞争中寻求自身的地位,提高自身的生存能力、成长能力和发展能力。但在此过程中,中小企业也存在不少问题。

(1) 不同类型的企业发展不平衡。近年来上海中小企业发展迅速,在国民经济中的地位和作用不断提高。但是,中小企业的发展极不平衡,表现为两个层次的明显反差,即非国有部门中小企业与国有部门中小企业的业绩形成明显反差,国有部门中的非市属中小企业与市属中小企业的业绩形成明显反差。

以工业企业为例,三资企业和乡镇企业的业绩和发展势头,远远超过国有部门的中小企业,这是有目共睹的。即使是区、县的集体企业也逐步适应市场环境,走上了较为良好的发展道路。这集中反映为近年来区、县经济的迅速壮大。1996年上海平均GDP增长率超过14%以上的有14个区县,其中利润总额在亿元以上的区县也相当多。与此相反,国有中小企业发展步履艰难,尤其是市属国有小企业更是困难重重。1995年1110户市属国有企业,亏损额高达4亿元;31个工业行业中有16个行业整体亏损,相关行业的企业约占市属小企业总数的1/3。全部市属小企业资产负债率高达81.72%,最高的行业达97.18%;固定资产的新度系数平均只有65.55%,最低的行业仅37.36%。这种发展的不平衡性严重损害了上海中小企业发展的整体性和协调性,大大降低了中小企业的总体质量及在国民经济中的地位。

(2) 处于产业结构低度化与高度化的转化之中。上海中小企业的产业分布,以第二、第三产业为主,90 年代以后向第三产业领域扩张。从劳动力构成看,中小企业集中在第二产业,并开始向第三产业转移,1990—1995 年间劳动力转移了 2.15 个百分点。从企业数构成看,中小企业集中在第三产业,而且在第三产业有不断扩张的趋势,1990—1995 年间转移了 5.24 个百分点。这既反映了产业结构演变的一般规律,即配第—克拉克定理,同时,也符合上海产业结构调整的方向。但与发达国家中小企业产业分布状况相比,上海中小企业具有产业低度化的特征。例如与日本中小企业的产业分布(见表 9.6、表 9.7)相比较,我们可以看出,在劳动力产业分布构成上,日本配置于第三产业的中小企业劳动力比上海高出 27.56 个百分点;在企业数产业分布构成上,日本配置于第三产业的中小企业比上海高出 7.56 个百分点。

表 9.6　上海中小企业的产业分布

	1990 年	1995 年
第二产业:劳动力	69.96％	67.81％
企业数	35.91％	30.67％
第三产业:劳动力	30.04％	32.19％
企业数	64.09％	69.33％

资料来源:第三产业的企业数、劳动力数是抽样统计的结果。第二产业的数据来源于《上海统计年鉴》(1991)(1996)。

表 9.7　日本中小企业的产业分布

	1957 年	1975 年	1981 年
第二产业:劳动力	42.72％	44.56％	40.16％
企业数	26.39％	23.78％	23.11％
第三产业:劳动力	57.28％	57.44％	55.84％
企业数	73.61％	76.22％	76.89％

资料来源:小宫隆太郎:《日本的产业政策》,国际文化出版公司。

上海中小企业具有产业低度化特征的另一个方面,表现为工业内部的浅加工度化。工业内部的浅加工度化,主要表现在工业增加值率(工业增加值率为工业增加值除以工业总产值)和工业全员劳动生产率(工业增加值除以全部职工平均人数)两个指标上,表 9.8 是上海工业 1990—1995 年工业增加值率和工业全员劳动生产率的企业规模结构比较。一方面,与大企业比较来看,在 1990 年,大、中小企业的工业增加值率相差无几,但到 1995 年,工业增加值率差距明显扩大,小型企业比大型企业低 5.33 个百分点。同样,1990 年大企业与小企业的工业全员劳动生产率相差 10898 元/人,到 1995 年扩大到 100183 元/人,五年间扩大了 10 倍左右。即使是进行小企业自身的纵向比较,1990—1995 年间其工业增加值率不仅没有上升,反而下降(见表 9.8)。

表 9.8　上海不同类型工业企业附加值比较(1990—1995 年)

	工业增加值率(%)			工业全员劳动生产率(元/人)		
	1990	1994	1995	1990	1994	1995
大型企业	24.97	30.32	29.10	17594	56722	120036
中型企业	23.69	27.74	27.19	11963	24440	25443
小型企业	24.25	24.88	23.77	6696	16596	19853

资料来源:根据历年《上海统计年鉴》有关数据计算。

(3) 处于低水平的初级形态发展阶段。上海相当数量的中小企业并没有达到紧紧依托于社会网络和借助于社会力量实现自身发展的水平,而是封闭性地靠自身力量在发展。大部分中小企业对市场等经济信息的收集,其主要方式是自行调研,极少利用社会网络、购买信息、大众传媒等方式。显然这种自行收集信息的方式,无论从信息量还是收集信息的技术方面来讲,都存在不少问题。而且,大多数中小企业的主要营销手段,是自设营业部进行产品销售。

还有一个比较突出的表现,就是上海中小企业的资金运用十分单调。在抽样调查的企业中,72.5%的企业的融资渠道是银行,融资渠道占第二位的是内部集资,其比例仅为 8.7%。至于使用商业票据、公司债券等其他融资手段的企业微乎其微。与融资相对应,中小企业在对待企业闲散资金时,主要投向也是银行,闲散资金存银行的企业所占比例竟高达 90.3%。

(4) 大调整中的发展无序状态。在整个体制变革与上海经济大调整的背景下,上海中小企业发展表现为一定程度的无序状态,这主要表现在与都市经济和工业(大企业)的不协调的关系上。在过去相当长一段时间内,上海的中小企业(特别在工业领域)是围绕着这一"加工业基地"定位的,并具有重生产轻服务、重大产品轻小配件、重整机生产轻协作配套的倾向。在上海经济从"基地型"向"都市型"的转化过程中,这就显得难以适应了,形成产业功能的空缺。有相当部分的中小企业仍滞留在传统加工领域中而无法及时转移。

统计资料显示,目前陷入困境的大都是从事传统加工业的中小企业,而与都市经济相关产业中的企业大多人均创利水平较高,市场销售也较好。在对市属国有工业从事行业的排序中,人均销售和利润前十位的是医药制造业、食品加工业、交通运输设备制造业、塑料制品业、印刷业记录媒介的复制业、金属制品业、家具制造业、化学原料及化学制品制造业(主要是化妆品)、黑色金属冶炼及压延加工业、电力蒸汽热水的生产和供应业等。但中小企业在这些行业中的发展并不充分。

上海中小企业发展处于无序状态的另一个主要表现是,中小企业与大企业(主要是工业)的关联断裂,走上自我循环的道路。目前对大企业依赖度较高的,主要是国有中小企业和集体,有相当一部分中小企业并没有与大企业形成密切的配套协作关系。更令人惊讶的是,目前对大企业依赖度较高的中小企业,主要是从事交通、运输业、房地产业、建筑业等,而不是在制造业部门。进一步的分析表明,在对大企业有依赖关系的中小企业中,依赖度的强弱依次为市场依赖、资金依赖、原材料依赖、行政依赖和技术依赖。这反映了中小企业发展并不是处于以大企业为轴心的配套协作产业链的有序状态中,同时也不处于对大企业的技术依托链的有序状态中。

2. 调整中小企业发展战略

目前上海中小企业的发展,与上海整个经济社会的发展是不相适应的,与上海今后发展的远景目标的要求更有较大的差距。事实上,中小企业的滞后发展已严重影响到大企业的健康发展,乃至整个上海经济社会的快速发展。因此,调整中小企业发展战略,加快中小企业发展,已日益成为当务之急。

(1) 中小企业的产出规模偏低,已与上海经济快速发展不相适应。进入90年代后,上海按照中央提出的开发浦东、振兴上海,带动长江流域乃至全国经济发展的要求,加快了中心城市功能的开发和建设,传统的综合门类齐全的工业"基地型"产业向建成国际大都市的产业结构方向转换。在这种产业大变动中,有相当一部分中小企业跟不上历史的步伐。根据"上海市国民经济和社会发展'九五'计划与2010年远景目标纲要",预计到2000年全市GDP将超过4500亿元,估计全市工商的销售额接近16000亿—17000亿元。如果参照国际上发达国家的大型企业与中小企业的产出比(约50%以上),上海中小企业到那时的产出(或销售额)应超过8000亿元。而目前上海独立核算的工业小企业年销售额不到2000亿元,商业批零企业销售不到400亿元,加上全部餐饮业收入,总计小企业的销售额不超过2500亿元,大约是全市销售总额的近30%。如果中小企业的产出水平按年均20%的速度增长,三年后也不过是达到4000亿左右。相比之下,据上海特大型企业(即目前销售额已超过30亿元和净资产超过10亿元的企业)的统计,1996年的销售额达3200多亿元,估计到2000年可达8000亿元以上。因此,中小企业只有加快发展,才能适应上海经济快速发展的要求。

(2) 中小企业发展规模偏小,已不能适应产业结构高度化变动提出的大量吸纳劳动力的要求。上海的经济发展已达到人均3000美元的水平,正进入投资推动发展阶段的后期。在这一时期,产业结构高度化趋于以资本技术密集型产业为主导。这种资本技术密集型产业极大地提高了人均资本装备率和劳动生产率,大大降低了对劳动力的吸纳能力。不仅新投项目吸纳劳动力大幅度下低,而且原有产业通过技术更新与改造也将释放出大量过剩劳动力。这就需要劳动密集型的中小企业来承担吸纳城市劳动力的重任。然而,目前中小企业发展规模偏小,难以起到大量吸纳劳动力的作用。这就使上海产业结构高度化的调整和资本技术密集型产业的发展,受到严重的阻碍。

(3) 中小企业发展的耦合性较差,已不能适应上海建立以大型企业为轴心的配套协作产业链的要求。上海城市功能的定位,要求其建立一批有雄厚经济实力和强有力竞争力的大型骨干企业,以其优质名牌产品和健全的销售网络立足于国内市场和参与国际市场竞争。这就需要形成以大型企业为核心、充分竞争的中小企业配套协作的产业链。而我们目前的中小企业发展的耦合性较差,要么是非充分竞争的系统内配套协作(主要是国有中小企业),要么是游离于大企业配套协作的自我循环运作。这就使上海大型骨干企业的形成缺少了强有力的分工协作的社会基础,从而极大地影响其提高竞争能力。

(4) 中小企业发展层次较低,已不能适应上海建立国际大都市的要求。根据规划,到2010年,上海将基本建成国际经济、金融、贸易中心之一,浦东将基本建成具有世界一流水平的外向型、多功能、现代化新区,全市三、二、一次产业结构比例将达到60:39:1。在此发展过程中,对上海中小企业提出了更高的要求,其产业分布应向第三产业倾斜,其功能定位应向都市经济靠拢,其类型结构应向科技型企业和出口型企业转换。然而,目前上海中小企业发展尚停留在较低层次,产业分布主要集中在第二产业,都市型的直接消费类生产及服务等产业进入不多,科技型和出口型企业偏少。

因此,上海中小企业发展必须有一个新的飞跃,上一个新的台阶,塑一个新的形象,进一个新的境界。上海中小企业发展是上海经济社会发展的一个有机组成部分,是上海实现迈向21世纪的战略目标的不可缺少的一个环节。但上海中小企业的发展,要以上海经济增长方式转变为背景,以上海经济社会发展的总体战略目标及发展规划为依据,遵循都市经济的中小企业发展的客观规律性。对于中小企业发展来讲,以下几方面的立足点是十分重要的。

(1)上海在国内经济与国际经济联结中的特殊地位。随着中国社会主义市场经济的发展,我们必然迎来全方位开放格局。上海在此过程中将全面参与国际分工和国际经济循环,成为国内市场与国际市场的接轨点,国内经济循环与国际经济循环的融合点,从而成为全球经济一体化网络中的重要空间节点。在这样一个不同于其他地区的外部环境中,上海中小企业发展有着崭新的、较为广阔的活动空间,同时这将对上海中小企业发展提出新的、更高的要求。

(2)上海进入由投资推动发展阶段向创新推动发展阶段过渡期的产业结构形态新变化。随着经济高速增长和人均收入水平的提高,上海势必将率先进入由投资推动发展阶段向创新推动发展阶段的过渡期。在此过程中,上海产业结构形态将出现新变化:一方面是具有巨大扩散效应的资本技术密集型产业的高度发展;另一方面是以都市经济为核心的系列产业的蓬勃发展。在这样一种产业结构形态的新变化中,上海中小企业的发展将寻求新的功能定位和产业分布,尤其是寻求如何更好地与都市型产业发展相配合的道路。

(3)上海建立现代企业制度实施的“抓大放小”战略。随着企业改革的不断深化,从整体上搞活国有经济,“抓大放小”已成为上海建立现代企业制度的重要步骤。在此过程中,上海中小企业发展将面临一次极好的机会。一些经济实力雄厚的大型企业的崛起,奠定了以其为轴心的配套协作产业链和产业技术链的基础,将为中小企业进入充分竞争的高度专一化的生产提供良好的条件。而在“放小”过程中,不仅会放活原有中小企业,而且还会带动一大批新的中小企业的兴起。

(4)上海具有得天独厚的良好发展环境。随着城市基础设施、现代大市场体系和人文环境的大规模开发和建设,上海将发展成为具有世界一流水平的现代化城市格局,形成由主城辅城二级市中心城镇组成的“多心、多层、组团式”城市空间布局,并与长江三角洲地区各城市共同构成全国最大的城市群。同时将形成现代化国际城市基础设施的构架,建成以浦东国际机场为主体的国际航空港,以上海港为中心、以集装箱运输为基础的巨型组合港,以多媒体技术为标志的国际信息港,以轨道交通和高等级道路为骨干的综合性、立体化、网络型的城市交通体系。并逐步建立符合国际惯例的市场经济运行机制,建成能沟通国内外资金流、商品流、技术流、人才流和信息流的现代大市场体系,发挥上海市场配

置国内外资源的中心作用。另外,还将形成以人的全面发展为中心的社会发展
体系和人与自然高度和谐的生态环境,实现经济效益、社会效益和环境效益在可
持续发展基础上的协调统一。在这样一种良好的发展环境中,上海中小企业将
更多地享有外部经济性,享有自身发展的各种便利,从而也更有利于其自身潜力
的发挥。

9.2.3　中小企业发展的战略重点及政策措施

上海中小企业发展的战略定位及基本特征,要求其有一个全面的发展与提
高。虽然中小企业在市场经济中可依据自身的特点和优势搏击风浪,发展壮大,
但在中小企业发展过程中,政府的指导与推动作用始终是必不可少的。政府要
加强对中小企业的指导,为中小企业健康发展提供良好的政策条件和外部环境。

1. 逐步建立中小企业管理新体制

实践证明,传统的管理体制已不适宜中小企业的生存和发展,我们必须构建
适应市场经济要求的中小企业管理新体制。鉴于中小企业在国民经济中的特殊
地位和作用,以及中小企业在组织体制、经营方式上的特殊性,国外不少国家都
专门设置了中小企业管理机构,实施有关中小企业政策。美国于 1953 年 7 月
30 日成立小企业管理局,并于 1958 年 10 月通过一项小企业法,明确规定小企
业管理局为永久性联邦机构。德国也在经济部下设了 200 多人的中小企业局,
且在各州也设有类似的管理机构,专门负责对中小型企业的管理。

我们可以借鉴国外的成功经验,改变目前"条块"管理方式及机构设置,成立
面向全社会的中小企业管理机构,专司中小企业的管理,并形成管理小企业的新
体制。这一管理机构的职能,主要是通过政策和法律手段,营造自由竞争的市场
环境,使小企业平等参与竞争,并通过政府投资政策、产业政策等手段,扶持中小
企业健康发展。

2. 实施有利于中小企业发展的金融政策

目前上海中小企业正在加快完成产业结构调整,转换经营机制,增强企业竞
争力,提高生产经营社会化程度,与大企业相辅相成,成为上海经济发展的动力
和社会稳定的基础,这急需相关的金融政策予以扶持。我们应加快制定和实施
中小企业金融政策,发挥金融对中小企业发展的促进作用。其具体内容,有以下
几方面:

第一,建立适合中小企业发展的资金筹措机制。由于中小企业金融问题的
特殊性,应由政府部门牵头,银行根据中小企业的现状和经营特点,积极开展中

小企业金融业务,逐步建立适合中小企业发展的资金筹措机制。政府部门在中小企业金融中积极发挥政策指导和协调作用,为中小企业提供条件较优惠的贷款,为商业银行对中小企业的贷款提供使用担保或保险。

第二,调整对中小企业的信贷政策,更好为中小企业发展服务。由于受传统按所有制性质、按企业规模进行划分的信贷政策的影响,存在着小企业的银行信贷比重过低、私营个体经济的信贷比重过低、固定资产(项目)信贷比重过低的情况,极不利于中小企业发展。在专业银行加快商业化的改革中,银行实行资产负债管理和信用等级管理,将有助于改变这种状况。应该讲,中小企业融资上的障碍是体制造成的。国家专业银行主要业务是市属企业,这些市属企业中有大中型企业,也有众多的系统内的小企业,这些小企业资金的信贷主要通过上级公司向银行获取。中小企业贷款有其特点,而这些国有中小企业由于系统归口不同而不能同等向中小企业的专业银行取得信贷服务。因此打破这种金融体系上的条块分割,可以迫使各类银行提高对中小企业的服务质量和提高对中小企业金融业务的开放度。

第三,积极开辟中小企业融资新渠道。资本市场的发展给中小企业扩大直接融资比重和渠道提供了可能性。中小企业尽管目前涉足证券市场为数很少,但只要能找到一种可以帮助中小企业进入证券市场、资本市场的中介,中小企业也可以成功地利用资本市场融筹资金。美国中小企业通过中小企业投资公司,将其股票在柜台交易市场上市。设立投资基金也是一种途径。目前全国有70多家投资基金,总规模达70多亿元,其中已有25只基金在沪深两地证交所上市。上海的中小企业基础较好,其中一批出类拔萃的企业可以率先试行通过资本市场扩大融资。在市属国有小企业下放到区县后,这项工作可先从区里着手,以区为单位,在有条件的区里设立实业投资基金,选择经营业绩好、发展稳定、具有长期投资价值、需要扶植的若干企业,通过设立的实业投资基金包装上市。投资基金实现委托管理。这是帮助中小企业扩大融资的有效途径。

第四,建立中小企业发展基金制度,为"小巨人"企业发展提供帮助。一是设立科技创业投资基金,专用以支持一些产品发展与盈利前景较好,而创业起步时需要一定资金投入的"小巨人"企业。科技创业投资基金可由区政府出资和通过集资的办法设立,为本区"小巨人"企业建立担保基金,采取存贷比例管理。二是建立信用辅助制度,由市政府全额出资成立中小企业信用保险公司,对各区创业投资基金给中小企业的担保提供保险,并可对投资基金提供贷款,实际上是一种再保险业务。由于"小巨人"企业是风险型企业,所以实行信用辅助制度可以分散各区创业投资基金的风险,并提高资金的使用效率。

3. 全面规划中小企业发展方向及蓝图

按照上海作为"一个龙头,三个中心"的战略地位,上海中小企业可以按以下四个方向发展:

一是为城市居民服务,主要集中在自然形成的生活小区范围内,可形成一系列以家政服务为主的商贸业,小型服务业,以及日常易损用品的修理修配业。这样一些产业发展,既方便居民生活,又为企业发展留有足够的活动空间。

二是为区域经济服务,主要以现有的行政区划为基础,形成各有特色的产业群。如黄浦区,可以商贸旅游为主,发展一批相应的小企业;南市区可以上海古文化为依托,发展一批都市观光服务的特色小企业,包括老城隍庙的小吃、品茶等;闸北区则可充分利用新客站的区位优势,发展旅游小商品制造和销售业;徐汇区则针对居民文化层次较高、市级文化展示机构较多的特点,发展一些高科技文化软件企业等。总之各行政区之间要形成合理的产业类别配置,充分发挥各自优势,不要产业雷同,共挤一条独木桥。

三是为都市功能服务,主要集中在上海城区的繁华地段,形成一些能体现上海城市集聚与发散功能的具有特色的服务性小企业,衬托和体现上海的繁荣。如特色餐饮、摄影、婚纱化妆、时装、信息咨询、电脑软件等等。

四是为大企业配套服务,主要分布在内环线以外城乡交替处和郊县地区,利用级差地租较低和劳动力相对低廉的优势,进行专业化配套。

4. 积极探索在小企业中的所有制新形式

中小企业面广量大,无论在市场跨度还是经营方式、经营内容上都具有多样性。作为生产关系存在形式的小企业的所有制关系和企业组织形式关系,必须适应小企业生产经营活动多样性的特点。目前上海大多数国有中小企业与生产力发展的多层次性及生产经营活动方式的多样性不相适应。因此,首先要对中小企业的所有制形式和企业组织方式进行更深入的改革。这将是上海的生产力能否进一步解放,上海经济能否进一步快速发展的重要问题。各级政府都需要为此而作出不懈的努力。从初步调查看,对许多主要发挥个体劳动能力的经济活动,应以发展私营、民营企业为主;对市场变化大,经营规模小,地域局限强的,可搞成合伙制;对于地区经济的骨干企业,可形成以集体经济为主的小型股份有限公司或股份合作制企业;对于容易形成专业品牌并对地区经济有支撑作用的企业,可采取以国有控股为主的企业形式。

5.规范和发展社会中介机构,为小企业拓展业务服务

政府应大力推动社会服务体系的发展和完善,改变中介机构的部门分割以及沦为政府部门附属物的状况,规范社会中介服务机构运作行为以提高其资信度。另外,可建立和完善中小企业协会,开展行业性管理,及时将政策、市场、技术、融资渠道等方面的信息传递给中小企业。为中小企业提供发展指导,成为连接企业、政府和研究机构的桥梁,成为小企业发展的综合性服务机构。

6.制定和实施有利于中小企业发展的财税政策

国际经验表明,财税政策是扶持中小企业发展的一个重要手段和措施。例如德国的减免税收政策是政府资助中小企业、引导中小企业的一种强有力的手段。在日本,对中小型企业有多种税收优惠。一般来说,企业收入的绝大部分用于支付工资的小企业享有这种优惠。美国自1983年开始实施"小企业革新计划",就从财政方面支持小企业的技术开发和向小企业提供出口信贷。因此,我们应该根据实际情况,量力而行地制定有利于中小企业发展的财税政策。

10 迈向 21 世纪的上海经济增长前景

在世纪之交的环境变化中,上海经济运行轨迹也将有所改变,形成一系列新的经济特征。上海将进一步推进经济增长方式向集约型的转变,进行结构大调整。这将带来一系列的矛盾与冲突,其中一些棘手的问题将越来越显性化,成为上海未来经济增长的重大障碍。因此,我们要很好地解决这些问题,保证上海经济持续高速发展。

10.1 世纪之交的环境变化及上海自身演化趋势

10.1.1 国内经济环境条件的变化趋向

世纪之交的中国经济发展正处于重大的转折关头,呈现出一系列新情况和新变化。这些新情况和新变化,在今后相当一个时期内具有稳定性的特征,对上海经济运行构成既定的外部经济环境条件。

第一,经济体制改革的深化将有突破性进展。根据中共十五大的精神,经济体制改革要有新的突破,着力于解决体制转变中的深层次矛盾和关键问题,特别是在所有制结构调整方面要有实质性的进展。这无疑将极大地促进中国经济体制改革的深化,带来一系列深层次问题的新的突破。可以预见,在十五大精神鼓舞下,各地在所有制结构调整和国有企业改革方面将有实质性进展,各种公有制实现形式都将出现,从而使产权结构将发生新的变化,即国有企业的比重下降,非国有企业包括三资企业和民营企业的比例将迅速上升;国有全资公司的比重大幅度缩小,股权多元化的控股公司与参股公司的比例将迅速增大。这一切都将使企业与政府的关系得到改善,使企业从政府机构的附属物转变为独立的市场主体,并使政府在理顺作为投资者和管理者双重职能的同时,从直接管理转变为对市场的间接调控。由此,市场力量及其对资源的基础性配置功能都将大大增强。

第二,国内买方市场格局逐步形成。尽管目前国内买方市场是建立在结构扭曲基础上的,但市场供求的总量关系已明显表现出产品滞销、库存增加、设备利用率不足、生产能力过剩,以致引发大量的企业兼并和破产等基本特征。与此同时,争夺市场成为企业发展的重要前提。抢占市场的方式由一般的营销手段竞争向资产经营的营销战略竞争转变;商品的价格竞争向技术和质量方面的竞争转变。大企业对市场的影响力逐渐增强,出现了集团化垄断竞争的局面。

第三,全国各地加快产业结构调整,新一轮产业竞争将更加激烈。党的十五大以后,全国各地都把推进经济结构调整作为经济工作的一项重要任务,抓紧研究制定实施方案,突出产业结构、企业组织结构和所有制结构调整。如广东提出以发展高新技术产业为龙头,通过重点培育和发展电子信息、生物医药、光机电一体化、新材料等高新技术,逐步把珠江三角洲经济区建成全省高新技术产业密集区。天津提出加快发展第三产业,增强城市的辐射、服务功能,把天津建成中国北方的金融中心,同时重点发展以汽车、电子、化工、冶金等为代表的支柱产业和高新技术产业。可以预见,随着全国各地新一轮产业结构的调整,在上海具有优势的产业领域也将形成激烈的竞争。

第四,区域经济一体化趋势已初露端倪。全国统一市场的形成,不仅需要市场力量的壮大并取决于各地市场的发育程度及均衡状态,而且更需要政治体制和行政管理体制改革有新的突破,消除行政条块的障碍。尽管在短期内政治体制和行政管理体制改革与经济体制改革还难以紧密协调,但随着市场配置资源作用的进一步加强,地区之间竞争基础上的合作关系将日益加强,从而逐步淡化行政区划的壁垒,促进区域经济向一体化方向协调发展。

第五,将形成新的社会构造及行为方式规范。随着综合性体制改革的深化,土地、房产、劳动力及部分国有资产的货币化与资本化过程将加快,人力资本投资(包括教育、娱乐、医疗、保健等)的非社会性比重也将日益增大,社会保障的显性化趋势也将越来越明显。这些都将对整个社会带来一系列新的变化,形成新的社会构造及行为方式规范。

10.1.2 上海未来经济特征的新变化

尽管一个地区的经济运行及发展有其内生性,即路径依赖问题,但外部环境条件的变化对其仍有重大影响,或是调整其演化速度,或是改变其演变路径。因此,在国内经济社会环境发生重大变化的情况下,上海自身经济运行轨迹也将有所改变,形成一系列新的经济特征。根据目前的变化趋势,可预测上海自身经济特征将有如下变化:

其一,经济发展水平跃上新的平台。90 年代以来,特别是 1992 年以后,上海国民经济发展连续五年保持了两位数的增长速度。据统计,1998 年上海实现 GDP 达 3688.2 亿元,上海按人均计算的 GDP 已达到 3000 多美元,进入国际上公认的中等发达水平。这就意味着上海的经济发展已跃上一个新的平台。在这一新的平台上,上海经济发展已不能再沿袭粗放型增长方式,也不能再片面强调短期经济发展效果,而要实现可持续发展。这种新的发展模式,要求我们采取集约型增长方式;在继续重视经济发展的同时,更要关注经济与社会、文化的协调发展。

其二,长江经济带"龙头"地位的确立。在今后一段时间里,上海在建设国际经济、金融和贸易中心,成为长江经济带经济发展"龙头"方面将迈出实质性步伐。从国际因素来讲,世界经济区域化、集团化及全球经济一体化的趋势日益明显,各国各地区之间经济发展的相互依赖进一步增大,而国际竞争也更加趋于激烈。在此大背景下,必然促进上海凭借独特的区位优势和雄厚的经济基础,充分发挥中心城市的功能和作用,加快确立在长江经济带的龙头地位,与周边地区一起构建具有强大经济实力、广阔市场和具有比较优势的国际竞争能力的区域经济板块。同时,随着上海航空港、深水港、信息港的建设和沪宁、沪杭高速公路、高速铁路的建成通车,上海作为国际经济、金融和贸易中心的基础和实力将进一步增强。在这种情况下,上海的城市功能将被赋予新的定位,即上海要为长江三角洲、长江流域乃至全国的改革开放和经济发展服务。这就要求上海经济运行中的"游戏规则",最大限度地与国际惯例接轨,同时也要求上海必须超越 1300 万人口、6430 平方公里的行政管辖视野,考虑其城市功能的定位和经济运行方式的调整。

其三,结构调整进入一个新的阶段。随着人类社会向信息化社会的推进,世界新科技革命条件下的新兴产业将推动世界经济进入新的一轮繁荣周期。上海作为全国工业化发展水平较高的地区,其产业结构的调整势必要跟上世界潮流。同时在全国工业化发展水平不断提高和各地区引进技术项目产出高潮期到来的情况下,国内市场供需结构也正在发生新的变化,这势必也促进上海产业结构调整尽快进入一个新的阶段。可以预见,在这一新阶段里上海的产业结构将发生急剧转变。预计到 2010 年,第三产业在国民生产总值中的比重将上升到 60%

以上;第二产业中,能源、资源消耗系数高、附加价值低的行业将逐渐向长江流域的中西部地区转移,而技术密集型的高附加值产业的比重将进一步提高;第一产业将高度集约化。

其四,上海经济发展的资源约束将逐渐弱化,而市场约束将日益趋强。随着国内统一市场逐步形成,以及对外开放程度的扩大,长期以来能源、原材料等资源约束对上海经济发展的影响将趋小。而且经过近十来年的投资建设,特别是随着宝钢三期和 60 万吨乙烯等重大项目的建设投产,上海原材料工业已基本适应加工工业的发展需要,电力供需矛盾也已得到缓解。但在今后上海经济发展中,市场约束的影响将越来越大,特别是近年来上海产品在国内市场的占有率逐步下降,部分产品严重积压,已对上海经济正常运行形成较大的制约。因此,尽快增强上海产品的市场竞争力,提高上海工业生产能力和经济效益,将成为上海经济发展的首要任务。

其五,筹融资仍是经济发展的关键手段。上海“八五”期间的经济快速增长,在很大程度上依赖于大量外资进入。但由于周边国家和地区对外资的吸引力上升,上海的相对成本比较优势弱化,国内企业过分追求控股地位及中方配套资金不足等因素影响,上海对外吸引资金的能力趋于下降。同时,由于市场交易成本过高、上市公司质量不高、业绩不好、对资本市场发展的政策支持力度不够等因素,又使得上海资本市场的发展不尽如人意。加上信贷额度划块管理、银行存差余额不断增加、土地批租接近饱和、楼市阶段性供给能力过剩等因素,社会游资不够通畅,经济发展的筹融资能力受到影响。然而,随着经济快速发展和人民生活水平的不断提高,内资积聚也在不断增加。到 1998 年末,全市城乡居民储蓄存款余额达到 2372.94 亿元,人均 18149 元。因此,要缓解上海经济发展资金紧缺的矛盾,关键在于切实解决储蓄转化为投资的机制问题。

其六,技术创新将成为上海经济发展的主旋律。上海产业发展开始进入资金技术密集型阶段。由于各地区间传统产业的技术梯度缩小,产业扩散型增强,上海传统的劳动密集型产业走向衰弱,大量的劳动力从生产过程中流离出来,社会就业压力加大。与此同时,由于专业化协作分工的发展和国际经济技术交流更加频繁,高风险、高收益的高科技产业发展进入全盛时期,技术进步和资金的积聚成为企业发展的主要推动力。今后的问题是,面对国内外市场的激烈竞争,上海能否以技术创新带动产业升级,以产品档次提高促进市场开拓,将成为上海经济持续稳定增长的关键。

10.1.3 上海经济运行机制演变的可能趋势

在外部经济环境条件变化的动态约束下,为适应上海未来经济运行的新特征要求,上海的经济运行机制也将发生重大演化。在今后一个时期内,促进上海经济运行机制演变的推动力是十分强大的,但由于上海面临的所有制结构调整、国有企业改革等深层次矛盾比其他地区要更大一些,各方面的制约条件也将构成上海经济运行机制演变的可能性空间。这一可能性空间内在规定了各经济主体行为方式及相互间互动关系的调整方向与范围。

从上海经济运行机制演变的趋势来看,上海的经济运行机制将不再是完全政府主导型的经济,但也还不能形成企业主导型的经济。政府的积极干预将延续下去,经济转轨时期的许多矛盾(如资产重组、资金协调等)仍然要依靠政府的力量予以解决,但政府的干预方式与范围将有所调整。企业在改制、改造、重组中将蜕变为新型的组织体系,其在经济生活中的地位与作用将日益强化,并形成大企业主导经济。因此,政府与企业关系处于变化的临界点上,表现在经济运行机制上,是处于由政府主导型模式向政府和企业共同作用模式的过渡之中,或称为"半官方、半市场主导模式"。

首先,政府积极干预方式仍将延续下去,但其干预方式与范围将有所调整。在今后一个时期,由于上海正处在结构急剧转换阶段,而市场的发育程度和市场机制尚不足以替代政府退出后所留下的空缺,以及市场固有的缺陷难以承担起结构急剧转换的重任,政府对于经济活动的干预依然是强有力的,政府将继续在资源的配置和使用、企业的生产经营活动方面起重要的甚至是决定性的作用。

但与以往的做法不同,政府的干预方式与范围将有所调整,即积极介入与有限退出。政府积极介入的领域,包括城市的规划和基础建设等投资环境的改造,产业政策和产业布局的调整,企业公平税负政策的制定和调整,经济可持续发展战略的制定等;政府有限退出的领域,包括价格决定,资源的配置和使用,企业生产经营活动的控制和管理,以及应当由市场决定和影响的经济活动。

与此同时,政府的政策重心也必将发生逐步的转移,其主要表现为两个方面:(1)在经济政策的制定和实施中,将着眼点从资产存量的调整、资产增量的使用(项目审批)、企业内部生产经营活动(年度计划指标)等,逐渐转移到产业的规划和布局的调整、企业的国民待遇和公平税负、国民收入的再分配等方面。(2)在经济发展与社会发展政策的平衡中,在继续关注经济发展的同时也开始重视社会发展问题,并从与社会协调发展的角度考虑经济发展问题,政策的重心逐步从 GDP 的增长速度和生产总额转向劳动者的就业、可持续发展的环境保护，以及以提高人的生活质量为宗旨的城市公共政策。

其次，企业的独立性及地位作用将日益强化，形成大企业主导经济。今后一个时期里，随着上海在长江流域龙头地位的确立，在大力推进股份制等公有制多种实现形式的条件下，企业的重组将以区域内外两个市场为空间展开，并以国内资本市场为重点，通过多种有效方式和手段，扩大市场引导企业重组活动。在资产、组织和业务"三位一体"的重组活动中，将形成真正具有资源优化配置功能和规模竞争能力的企业组织体系。

另外，上海以"抓大放小"为基本原则进行的国有企业改革，将使企业资产向拥有知名企业家、知名品牌的知名企业集聚，从而形成若干家或者数十家大型集团企业。同时，产权体系的变革，股份制等成为公有制的实现形式，使得大企业由国有经济一统天下的格局迅速被混合经济（股份制等）所取代，从而在运行机制上也迅速向市场经济模式转变。这类大企业无论是在产权关系方面还是在运行机制方面都与原有政府直接管理下的企业不同，即在政企分开条件下，它们将不再依赖或完全依赖政府，而主要是在市场中求得生存和发展，逐渐成为市场经济的主体。这些大企业具有强大的经济实力和影响力，能够替代政府在传统体制下所担负的功能，从而演化成大企业主导经济。

再次，市场体系的发展将趋于完善，逐步形成宏观调控下的市场竞争。上海在率先建立并运作社会主义市场经济体制的过程中，市场体系的发展与完善和市场化运作将是一种不可逆转的趋势，这既包括经济运行的循环过程要在市场中实现，也包括政府将更多地通过市场来引导企业和调控经济活动。这种以市场作为中介的经济运行方式，在发展过程中又会以法制化的形式加以巩固和完善，并在体现中国特色、上海特点的同时，以符合国际惯例的原则，与国际上其他市场经济运行体系接轨，进而在比较、汲取、调整中完善和提高。

随着市场体系的不断完善，一个宏观调控下的市场竞争机制将逐步形成。与传统的政府实现的调控机制不同，这种以竞争为基础的宏观调控的市场实现过程，政府的职能主要在于选择、制定、颁布和监督政策的实施，而不在于具体推行和实施政策；市场实现过程的主要手段是市场，而不是行政命令。这样的市场具有区域、全国和国际市场的共同特征，从而是全国和国际市场的组成部分。在宏观调控的市场竞争机制作用下，企业的微观经济活动将在一定的自由空间展开运作并取得效益。

最后，社会中介组织将有较大发展，并在经济活动中扮演重要角色。在建立和完善新型"政府—市场—企业"三维关系过程中,以协调和服务为主要功能的中介经济组织的发展及作用的加强也成为一种必然趋势。这些中介组织既包括在经济运行过程中起裁定作用的会计师事务所、律师事务所等;也包括为企业的发展起参谋作用的投资咨询和管理服务机构;还包括弥补市场功能不足,局部替代政府作用的半官方的行业协会等。随着中介组织的发展及其作用的加强,经济运行的规范化,以及市场的自由度的逐步提高,上海在社会主义市场经济模式下的新的经济运行机制也会逐步建立和完善起来。

10.2　上海未来经济增长所要解决的突出问题

　　上海经济增长方式向集约型的转变,与此相伴随的结构大调整,都将带来一系列的矛盾与冲突,其中一些棘手的问题将越来越显性化,成为上海未来经济增长的重大障碍。如果我们不能很好地解决这些问题,就难以保证上海经济持续高速发展。

10.2.1　结构调整与充分就业

　　上海经济增长与就业之间的关系具有特殊性,一方面经济增长与就业之间是正相关关系,GDP 的增长会带来就业岗位的增加。据统计,1996 年和 1997 年两年上海 GDP 总量增长了近 900 亿元,经济增长对缓解上海再就业压力起到了十分积极的作用,上海下岗待工人员分流率约为 50%—60%,每年分流人数为23 万—30 万人,但分流人员中约有 20%不是进入就业领域(待退休等),所以两年来实际再就业人数估计在 45 万人左右。按现在的经济规模测算,每增加GDP 1 个百分点,约可消化 2 万名下岗人员。另一方面,随着经济的发展,结构转换加速,资本的有机构成趋势上升,对劳动力的吸纳力有所减弱。"八五"期间,随着经济结构调整加快,下岗人员也剧增。据统计,1991—1997 年间,全市累计下岗职工 140 万人次。因此,这两方面的影响是同时存在、交互作用的。

　　从今后的发展趋势来看,中国已进入微利的平稳增长时期,近几年甚至有处于下行通道的势头。受大环境影响,上海经济增长速度也将趋缓,不可能再出现像 90 年代那样连续几年 14%的增长速度。这种增长速度趋缓,不仅增大下岗待工人员的数量,而且也减弱了对就业的吸纳能力。再加上上海目前又面临着特殊的就业环境,总量性失业和结构性失业并存进而产生的"共振"效应,放大了

就业的难度。具体讲,上海就业环境有以下特点:

一是通过经济发展来扩大就业的潜力较小,主要原因与上海产业结构特点有关。第一产业吸纳劳动力的能力虽较强,但其占全市 GDP 的比重太小,以后也不会有大的发展;第二产业正在向资金技术密集型转化,就业弹性小于零,即第二产业的发展非但不提供就业岗位,而且还排斥劳动力;第三产业将进一步发展壮大,有较强的就业吸纳能力,但上海第三产业未来发展更多地将向知识密集型的金融保险、科技服务、信息咨询等行业集中,对劳动就业的要求较高。

二是外部进入与内部消化并存。随着上海"一个龙头、三个中心"地位的确立,上海的开放度将更大,从而将有大量外来人员进入。其中一部分是中国城市化进程中的农村劳动力转移,大量外来农民工进入上海寻职;另一部分是为了上海建立产业新高地从外地吸纳进来的各种人才。这些外来人员的大量进入,势必造成上海就业的紧张局面。另外,由于历史上造成的上海企业冗员严重,新增的就业岗位更多地用来消化内部隐性失业,对外的新增岗位就相对减少。

三是就业的刚性很大。通过定量分析发现,上海第二、第三产业当年增加值对就业的影响度仅为 1%—2%,而前一年就业人数的影响度高达 90% 左右。所以决定各次产业当年就业人数的主要是该产业前一年的就业人数,而不是当年该产业的发展情况。

四是结构性失业较严重。上海今后的发展,主要是依托新型产业的崛起,不少传统产业部门都将逐步转移和淘汰。然而由于人力资源的缺陷,尽管新型产业部门急需大量人才进入,但大批从传统产业部门转移出来的劳动力却无法进入新型产业部门就业。

由此可见,在上海今后的经济发展中,就业的压力将越来越重。如果这一问题解决不好,那么大量失业(包括外来农民工找不到工作滞留在沪)和下岗待工人员的存在,不仅对上海经济增长有直接影响,而且也会带来一系列社会和政治问题,恶化上海经济发展的环境,对经济增长带来较大的干扰。因此,解决上海就业问题,除了要保持一定的经济增长速度外,更重要的是要通过大力发展服务业、城市型工业和非公有经济吸纳劳动力,同时利用不断壮大的经济实力搞好社会保障和社会福利。

10.2.2　资源环境与社会发展的矛盾

从经济发展阶段水平来看,1997 年上海开始进入按世界银行指标统计的上中等发达地区行列。在这一重大转折关头,上海经济发展已迫切需要从关注增长数量(速度)转向关注增长质量以及关注其与社会、环境之间的协调。可持续发展是继农业革命、工业革命以来人类文明的第三次革命(生态革命),在全球实施这一文明转折的背景下,可持续发展必将成为 21 世纪国际性大都市的基本特征和先决条件。上海经济转向可持续发展,既是对国际发展大趋势的呼应,也是上海建设国际大都市的必然。

实施可持续发展是一场重大的社会变革,它意味着要从无节制的盲目发展转向有节制的理性发展,从唯经济增长的发展转向经济、社会、生态复合体的发展。尽管存在有利于推进上海可持续发展的种种因素,但上海的发展也面临着严峻挑战。上海可持续发展的一个基本条件,是本地区的各种资源数量与质量可能支撑起上海都市系统基本生存与发展的需要。上海是一个自然资源较缺乏的地区,随着上海国民经济继续快速增长,城市的生态环境也将遇到日益增大的压力。因此,改进上海的资源承载功能是一件大事,解决资源环境与社会发展的矛盾是上海能否在 21 世纪建成国际经济中心城市之一面临的艰巨任务。

国际上通常认为,人类活动的生态环境影响(impact)主要取决于人口数量(population)、消费增长(affluence)和技术能力(technology,指消耗单位资源所产生的环境损失的技术水平)的相互作用。从人口方面讲,1998 年底上海全市户籍人口已达 1307.5 万人,常住人口达到 1464 万人。据预测,到 2000 年上海的实际居住人口将达到 1650 万人,2010 年将达到 1750 万人。这一人口数量的增长,无疑需要有相应的资源环境容量来支撑。从消费增长方面讲,90 年代以来,上海国民经济进入快速发展期,"八五"期间全市 GDP 年均递增 6.9%。据预测,到 2000 年上海的人均 GDP 将达到 5000 美元,2010 年有可能达到 15000 美元。在生活消费水平提高的同时,能源等消费也将随之有较大增长,这些都会带来相应的社会影响。从技术方面讲,当前上海的生产工艺仍具有明显的高消耗、高排放的特征。上海的能源利用率仅为 38%—40%,与发达国家相比仍有相当差距。

从上述决定关系中我们可以看到,在未来十多年中上海的人口数量增长和消费增长将是较大的,其可调整的余地相对较小,剩下的只有在技术能力方面加以改善,其调整的空间相对大一些。因此,随着经济水平和科技能力的逐步提高,上海的可持续发展要在资源环境可以承受的范围内进一步提高经济增长质量,立足于加强能力建设,通过体制能力、科技水平、思想意识的提高,循序渐进地提高上海大都市的环境建设质量,从根本上保证经济、社会、环境的长期协调发展,从而健康、持久地促进经济社会发展。

10.2.3 城市空间布局与功能再开发

上海作为一种城市经济类型,其增长方式转变与城市形态改变及功能拓展是紧密联系在一起的。近几年来,随着上海经济快速增长,城市基础设施建设快速推进,城市空间规模迅速增大,城市功能趋于多元化,城市的体系进一步完善和形成。但城市空间布局的无序性及功能再开发的相对滞后,将与城市经济的发展和转型不相适应,从而成为经济增长方式转变的制约因素。

在上海城市规模迅速扩大过程中,市区空间扩展呈现"摊大饼式"的布局特点,即城市成块地向四面铺展的蔓延式扩展。这种城市区域扩展所带来的种种弊端,随着社会的发展、城市空间的扩展将日益显现。例如,成块扩大市区而引起的人口和交通拥挤的压力增大;市区的空地及绿地存留的空间狭窄;城市的蔓延式扩展造成基础设施投资分散,城市建设效率下降等。上海在城市规划、产业布局、基础设施等方面,都与国际化大都市的城市环境容纳功能有较大差距。纵观当今国际大都市的空间扩展形态,有两种十分典型的发展趋势:一是城市由同心圆环状向外扩展模式转变为沿轴向发展(axial development)或称为发展走廊(corridor of development);二是由单中心发展模式转向多中心发展模式。无论是华盛顿的"放射型走廊"模式,还是莫斯科的"多中心"模式,都堪称现代城市空间布局的典范。这两种模式的优越性在于:(1)便于依托现代交通手段,助长城市扩展轴,从而缓解因成块扩大市区而引起的人口和交通拥挤的压力;(2)放射式和多中心的轴向发展可以避免城市成块地向四面铺展的蔓延式扩展,有利于城市形成开放式的空间结构,并且在伸展轴之间或多中心之间能留出农田、森林与绿地;(3)轴向伸展可集中投资力量,提高城市建设效率。因此,改善上海城市发展的地理空间结构,形成合理的城市扩展轴,将是促进上海进一步发展成为国际大都市的一项重要任务。

此外,随着城市空间规模及城市形态的变化,还有一个城市功能整合和再开发的发展深化问题。近年来,上海在城市形态开发上下了很大功夫,城市面貌发生了巨大变化,越来越具备国际大都市形象的雏形。但在城市功能整合和再开发方面尚为欠缺,没能使其在功能内涵上变得更加丰富和充实。事实上,城市化的功能内涵拓展要远比其空间形态变化更为重要。

对于上海这样具有悠久历史的城市,旧城改造无疑是城市发展的一个重要组成部分。进入 90 年代以来,上海加快了旧城改造的步伐,力争使旧城换新貌。通过旧城改造,确实可以使城市生态环境得以改善,使空间形态得以改观,但如果旧城改造不能与城市功能开发紧密结合起来,就难以给城市带来新的发展活力,难以使城市土地资源得到充分、合理和有效的使用。

　　我们知道,产业功能是城市最基本的功能。城市产业功能的再开发,其关键就是产业升级。只有调整老化的产业结构,才能使新的城市功能逐步开发起来。尽管90年代以来上海城市功能开发已取得较大成效,特别是金融保险、商贸等第三产业发展使上海的服务功能逐步强化,但与经济增长方式转变的要求相比,上海在从传统的工业经济到知识经济,从高材耗、高能耗的重型工业到高技术、高知识含量的轻型工业,从实物型产品到知识服务型产品等方面的功能开发程度远远不够,尚需要进一步创造功能特色。

　　上海作为长江三角洲乃至整个长江流域的"龙头",其增长方式转变不能仅局限于本市区域,而要从区域经济的角度来考虑问题。也就是,上海不仅要成为广泛集聚社会经济能量的核域,而且还要向经济腹地和周边其他城市辐射能量。这就有一个城市辐射力再开发的问题,即以经济腹地和周边其他城市为场域深化城市功能开发。城市辐射力再开发就是要增大城市物业和资源、产业和市场、基础设施和社会服务、机构和部门的辐射半径和辐射能力。如果这一问题解决不好,上海今后长期经济发展将是扭曲的,没有后劲的。

10.2.4　科技竞争力与民营科技企业发展

　　上海未来的经济发展将是全方位的,既是"三个中心"建设的齐头并进(在进展及实现目标的时间序列上可能有先后),也是第二产业与第三产业相互促进的共同支撑。但在这种全方位发展过程中,其综合竞争力的核心仍然是科技竞争力问题。如果上海科技竞争力不能迅速提高,将大大削弱综合竞争力水平,也将难以支撑全方位的经济发展。

　　仅就国内而言,上海拥有的科技资源还是比较雄厚的,有90多万名科技人才,39所大学、246个科研机构、11个国家级工程研究中心、48个大企业集团,以及大批科研开发成果和项目。雄厚的科技资源,自然是形成科技竞争力的重要基础条件之一。从这一方面来讲,上海提升科技竞争力具有一定的潜力,至少比其他地区拥有一定的优势。但问题在于,科技资源只是形成科技竞争力诸多重要因素中的一个基本因素,它本身并不等同于科技竞争力。如果没有其他因素和条件的配合,这些科技资源是无法有效转化为科技竞争力的。事实上,因种种体制因素的约束,上海这些科技资源并没能在高科技产业发展中起到应有的作用,甚至导致有的科研成果流到外地开花结果,如黑色微晶玻璃在安徽投产,光功能镜片在安徽、江苏投产等。更何况,与国际相比较,上海拥有的科技资源并不算十分雄厚,相反是比较薄弱的。从上海今后经济发展的要求来看,这些科技资源还是相对不足的。

目前发展高新技术产业已引起各方面的重视。按照规划,到 2000 年,上海高科技产业总产值要达到 1700 亿元(不变价),占全市工业总产值的比重为 20%。其中,重点发展的信息电子、现代生物与医药、新材料三个产业,到 2000 年,其总产值要达 1200 亿元(信息产业产值 600 亿元,现代生物与医药产值 300 亿元,新材料产值 300 亿元),占全市工业总产值的 15%。应该讲,高新技术产业的发展是一个地区科技竞争力提升的一种外在表现。但对高新技术产业发展也要作具体分析,不能笼而统之地将其完全与科技竞争力水平画等号。即使上海高新技术产业的发展能达到预期的目标,产值比重有较大幅度的上升,也不能完全表明我们的科技竞争力水平已达到较高的程度。因为目前在这些高新技术产业中,我们真正掌握的关键技术、核心技术和前沿技术并不多,技术创新能力并不强,主要还是依靠外国的技术。例如,在现代生物与医药领域,上海具有知识产权的一类新药极少,化学合成药几乎全部仿制,传统中成药缺少现代制剂,基因工程药物的研究开发基本上都跟在国外后面,节拍至少慢一至两拍。而在计算机与微电子领域,关键生产技术基本上沿用或依照国外的。

可见,提升科技竞争力,关键在于增强技术创新能力,特别是要掌握关键技术、核心技术和前沿技术。上海今后经济发展和增长方式转变,必须依靠强大的技术创新能力。上海在未来的技术结构调整中已将重点放在信息技术、现代生物技术、新材料技术、先进制造技术和绿色技术五大领域,涉及 94 项重点技术(其中共性技术 33 项,关键技术 44 项,前沿技术 17 项),这是完全正确的。问题是,如何采取切实可行的措施进一步加以贯彻实施。因为这些关键技术、核心技术和前沿技术的掌握和自主发展是有相当难度的,完全不同于一般技术引进的消化吸收。

因此,上海提升科技竞争力,进而提高综合竞争力,尚需深化体制改革,完善运行机制,建立新的科技发展体系。从科技体制角度讲,就是要促进科技与企业、市场的结合,促进产学研一体化,创建科技新体系,加快科技优势转化为经济优势的步伐。同时,切实制定与实施促进高科技产业发展的政策措施,特别是要建立高科技产业化基金。这方面任务很艰巨,因为 1998—2000 年上海高科技特大型项目共 23 项,投资总额达 1191 亿元,其中信息、现代生物与医药、新材料行业的高科技产业化项目 9 项,投资总额 734 亿元。另外,要建立高科技开发风险基金,主要用于市重点高科技开发项目以及产业化项目银行贷款贴息。从产业组织角度讲,一个重要环节就是加大发展民营科技企业的力度,使民营科技企业不仅成为各区县经济新的增长点,而且要成为上海发展高新技术的一支重要力量。

目前民营科技企业正成为上海发展高新技术产业的生力军。全市民营科技企业长期职工从 1994 年的 12.97 万人增加到 1997 年的 16.07 万人;民营科技企业的技工贸销售额从 1994 年的 126.77 亿元快速上升到 1997 年的 227.96 亿元;用于开发研究的费用从 1994 年的 8.6 亿元上升至 1997 年的 17.78 亿元,占销售额的比重达 6.4%(见表 10.1)。1997 年民营科技企业全年共申请专利 479 项,获专利权 314 项,实施专利 552 项,与上年相比有大幅度增加,增长幅度分别为116.7%、92.6%和 201.6%。据不完全统计,1997 年上海民营科技企业共有产品 2006 项,其产值为 83.98 亿元,销售收入为 73.80 亿元,创汇 4.45 亿美元。在这些产品中,属于国际领先的有 99 项,占总数的 4.9%,属于国际 90 年代水平的有 265 项,占总数的 13.2%,二者占了总数的 18.1%(见表 10.2)。

表 10.1　上海民营科技企业主要经济指标

	1994 年	1995 年	1996 年	1997 年	1997 年增长率
长期职工(万人)	12.97	13.16	13.61	16.07	18.1%
资产总额(亿元)	136.87	167.14	281.21	353.67	25.7%
负债总额(亿元)			155.57	186.80	20%
研究开发费(亿元)	8.60	16.71	21.28	17.78	−16.4%
技工贸销售额(亿元)	126.77	176.99	209.73	277.96	32.5%
利润总额(亿元)	10.56	11.72	15.04	19.81	31.7%
上交税收总额(亿元)	4.55	5.44	5.31	8.43	33.6%
创汇(亿美元)	1.70	2.64	4.79	5.15	7.5%

表 10.2　1997 年上海民营科技企业产品技术水平情况

	产品数(项)	产值(千元)	销售额(千元)	创汇额(千美元)
合计	2006	8398981	7380356	445487
国际领先	99	4513005	3910609	404725
国际 90 年代水平	265	1688636	1494638	33020
国内领先	821	1028707	955475	5315
国内先进	697	844649	764100	1853
省内先进	124	323984	255534	574

但目前民营科技企业发展面临资金匮乏、信息不灵、难以招聘到优秀技术人才和各方面干预过多等困难,加之客观上技术、市场不确定性等原因,举步维艰。1996 年,民营科技企业新成立 939 家,同时 824 家"关门",实际上新增仅 115 家。1997 年末,全市民营科技企业共有专职科技人员 93600 人,比上年新增 9093 人,专职科技人员占职工总数的 58.2%,比上年略有下降。全年用于开发研究的费用为 17.78 亿元,比上年下降 16.4%,占销售额的比重由上年的 10.1% 下降到 6.4%。而且绝大多数民营科技企业规模还不大,其中资产规模超过亿元的只有 30 家,年销售额超亿元的只有 25 家。因此,能否从体制、政策、环境等方面创造条件促使民营科技企业向规模化、集团化、外向化发展,使其从主要靠自身积累逐步转向资产运作,与不同所有制企业进行资产嫁接,扩大资产规模,实现迅速发展,是上海提升科技竞争力的关键环节之一。

10.3　上海产业发展战略目标及其方针内涵调整

根据今后国内外经济环境条件的变化,以及上海经济发展面临的新的挑战,上海产业发展战略有必要进行重新定位。而且,为实现"十五"时期与 2015 年产业发展战略目标,产业发展方针的内涵也需要进行适当调整。

10.3.1　产业发展战略目标:提升产业竞争力

世纪之交上海正处在由投资推动发展阶段向创新推动发展阶段转变的过渡时期中,产业结构也正处在工业比重出现下降而服务业比重持续上升的结构变迁关节点上。此时点上,服务业在上海经济发展中的地位已越来越重要,但其基础还不稳固,缺乏具有较强抗波动能力的中坚部门和具有竞争力的服务产品,缺乏强有力的服务辐射能力。而工业增加值占 GDP 的比重却有下降趋势,尽管某些工业行业仍具一定的竞争力优势,但也面临着强大的国际国内竞争与外在环境挑战,如工业用地的级差收益相对下降、劳动生产成本增加等冲击。因此,在这一产业发展阶段交替过程中,往往会呈现出产业主导地位轮流交替的不确定性、工业与服务业的竞争力均不很强、经济运行的产业支撑不稳定等基本特征。

在这种情况下,如果采取放任自流的产业发展战略定位,让工业部门自行收缩和服务业自然成长,将延长投资推动发展阶段向创新推动发展阶段转变的过渡进程,并使这一过渡期的经济成长率明显下降。如果采取加速推进的产业发展战略定位,通过加大发展第三产业的力度,使其迅速替代工业原先的主导地位,则将带来产业结构虚高度化,使经济运行的不稳定性增大,经济变得更加脆弱。

因此,为了确保上海在"十五"时期与2015年能持续维持一定水准以上的经济成长及提高国民福利,别无选择的产业发展战略定位是提升产业竞争力,并且是同步提升服务业与工业的竞争力。因为在短期间内服务业竞争力尚弱的情况下,服务业的发展可能仍无法弥补工业发展可能趋缓带来的经济成长下降,所以如何提升工业的竞争力也就成为非常重要的问题。同时提升服务业与工业的竞争力,不仅能够使服务业新形成的竞争优势与工业原有竞争优势实行互补,形成二、三产业共同推动经济发展的基本格局,维持近期一定水准以上的经济成长及提高国民福利,而且能够使服务业与工业在更高层次上实现产业融合与渗透,形成二、三产业发展互为基础、相互促进的良性循环机制。

据此,笔者认为,"十五"期间与2015年上海产业发展战略目标应拟定为:提升综合产业竞争力,"三、二、一"产业齐头并进,增进各产业之间的融合与渗透,促进产业全面持续发展,保证上海经济发展由投资推动向创新推动的顺利过渡。

10.3.2 "三、二、一"产业发展方针内涵的调整与完善

"八五"期间,上海从当时实际情况出发提出"大力发展第三产业,积极调整第二产业,稳定提高第一产业"的产业发展方针,并在实践中取得了较明显的成效。根据国际和国内经济形势的变化,按照"十五"时期与2015年上海产业发展战略目标的要求,"三、二、一"产业发展方针内涵要有所调整,强调"内涵扩大第三产业,优化升级第二产业,转型发展第一产业。"

根据这一方针内涵的调整,三次产业各自的发展原则为:第三产业以加强"商业现代化"与"服务现代化"为发展原则;第二产业以加强研究开发、重视环境保护、促进产业升级和提升品牌形象等为发展原则;第一产业以"科技导向""经济导向""环境导向"和"出口导向"等为发展原则。

1. 内涵扩大第三产业:重在知识密集型服务培育

上海第三产业经过"八五"和"九五"时期的"大力发展",其产值比重迅速上升,并有进一步上升和在GDP中居主导地位的势头。在"十五"时期与2015年,上海第三产业规模的进一步扩大,将是不可逆转的大趋势。问题在于,上海第三产业发展的整体素质并不很高;内部结构不平衡;服务半径还比较小,基本局限

于上海本地;竞争力不强,尤其是面对全球服务贸易竞争更处下风。因此,第三产业的外延扩展是与 21 世纪全球经济竞争不相适应的,也是与上海建立"一个龙头,三个中心"的目标不相适应的。

从世界经济发展来看,在世界贸易构成中已出现了制造业产品向知识密集型服务产品转移的趋向。1985—1992 年,OECD 的服务出口增长快于商品出口增长,前者年均增长率为 13.6%,后者为 11.1%。1992 年,服务出口合计达到 7590 亿美元,几乎占商品出口的 30%。其中,特别是具有较大知识密集型成分的其他非公共服务业(其中包括商务、金融、研究、咨询和其他种类的服务)增长迅速,年均增长率为 16.9%,1992 年合计达到 3050 亿美元,是所有产品和服务贸易中增长最快的。如果这一增长率及其他增长率可持续到 2002 年,那时 OECD 的非公共服务业出口额将达到约 14500 亿美元,占 OECD 整个服务业出口额的一半左右(见表 10.3)。服务贸易迅速增长,无疑是未来国际经济环境的一个普遍性特征。

表 10.3 1985—2002 年 OECD 产品和服务出口

	美元(10 亿)		年平均增长率(%)	美元(10 亿)
	1985	1992	1985—1992	2002
总出口构成				
产品	1248	2606	11.1	7466
服务	309	759	13.6	2852
旅游、交通和公共服务业	207	454	11.9	1398
其他非公共服务业	102	305	16.9	1454
出口总额	1557	3365	11.7	10318
服务出口占产品出口比例	24.8%	29.2%		

注:1992—2002 年的增长率是根据 1985—1992 年增长率类推的。
资料来源:OECD,《服务:国际贸易统计》。

这种趋势性的变化是有其深刻基础的,具体表现为:(1)信息时代的三场革命,即数字化、光导纤维使用、网络电脑和入网的低成本,为世界性的网络经济奠定了技术基础。(2)采用低成本、高宽带的通信设备,利用数字化技术来收集、存储和使用信息,加上先进的软件系统,为许多服务活动跨越地区和国界创造出可能性。(3)与此同时,公共部门和企业将越来越有能力把服务活动细分成具体的项目,且可从外部购买部分或全部服务内容,为服务活动的贸易化提供了商业合理性。因此,当今国际经济、金融、贸易中心赖以形成的支撑性基础发生了重大变化,从过去的商流和物流为主的基础性支撑转向以知识流、信息流为主的基础性支撑。

在"十五"期间与2015年,上海要建设国际性的经济、金融、贸易中心,必须从长远发展角度注重以网络经济为基础的知识密集型服务业的发展,提高服务活动的竞争力及其扩散能力,最终通过强有力的全球化的服务活动来奠定其独特的地位。这就要求上海第三产业的发展不能继续维持一般的外延扩大,而要转向内涵扩大,特别是促进商业贸易现代化和服务现代化。在此过程中,除了普遍提升金融保险、商贸、运输、房地产、旅游、社区服务等服务业知识密集度外,还要重点培育金融分析、资产理财等"符号分析服务"、高新技术服务等高度知识密集型的服务业,以增强上海对内对外的综合服务功能,全方位扩大上海第三产业服务全国、参与国际竞争的业务领域和辐射半径。

2. 优化升级第二产业:实行三大产业模块合理互动

经过"八五"时期与"九五"时期的"积极调整",上海第二产业已基本打破门类齐全、自我配套的结构体系,汽车、通信等工业六大支柱产业迅速崛起,集成电路与计算机、现代生物与医药等高新技术产业成长壮大。但问题是,传统产业改造与转型没有真正到位,难以为高新技术产业发展和支柱产业升级所必需的产业劳动力转移提供强有力的容纳空间;高新技术产业发展没能将其技术广泛辐射到各领域,并引发支柱产业的升级;支柱产业的成本利润率低下难以为高新技术产业发展和传统产业改造与转型提供雄厚的资金实力。因此,在"十五"时期与2015年,上海第二产业的主要任务是优化升级,处理好高附加值的技术密集产业、资本密集性重化产业、劳动密集型传统产业三大模块之间的关系,形成一个良好的互动关系。

目前上海理论界和经济界比较通行的做法,是把对工业部门划分为"高新技术产业""支柱产业"和"都市型产业"。这种划分作为产业实际现状描述是可以的,但不是很科学的分类方法,特别是对产业发展的指导容易产生混乱。高新技术产业是从高新技术产业化角度设定的,即以某一种高新技术(如信息技术、生物与医药技术、新材料技术)为代表的产业部门;支柱产业是从支撑GDP较大份额角度设定的,即增加值在GDP中所占较大比重的产业部门;都市型产业是从产业功能角度设定的,即以服务都市经济为主的产业部门。如果把这三种从不同角度分类的产业部门放在一起,有许多事情是讲不清楚的。

因此,我们倾向于从要素密集程度来进行规范的产业部门分类,即高附加值的技术密集产业、资本密集性重化产业和劳动密集型传统产业。高附加值的技术密集产业,除了我们现在所讲的高新技术产业外,通常还包括机械设备、电力及电子机械器材、运输工具、精密器械等。资本密集性重化产业,主要是化学原料、化学制品、石油及煤制品、橡胶制品、金属基本工业、金属制品等。劳动密集型传统产业,主要是指食品、饮料及烟草、纺织、成衣及服装品、皮革毛皮及其制品、非金属家具、造纸制品、印刷业、杂项工业等。

"十五"时期和 2015 年上海第二产业优化升级的基本原则是:(1)发挥地区比较优势,特别是动态比较优势;(2)从参与国内外产业分工的基本格局出发;(3)有助于保持和支撑地区经济大局的稳定发展;(4)兼顾经济、社会和政治的稳定。按照这些原则,从形成三大产业模块合理互动关系来讲,各产业模块的优化升级内容主要是:

(1)高附加值的技术密集产业模块优化,除了将一部分有明显产品或服务载体高新技术培育成有一定规模的高新技术产业外,还要通过关键零部件与产品的开发,以及技术引进,来带动制造业的成长,以维系经济持续成长之原动力。这不仅是发挥上海动态比较优势、参与国内外产业分工的需要,而且从长远来讲也有助于增强上海经济发展后劲。

(2)资本密集性重化产业模块优化,主要在于发展定位,应规划成支援性的内需产业,以满足国内市场与下游外销产业为主,同时加大产品科技含量,降低能耗和成本,提高成本利润率,即重在质量振兴。这不仅是支撑上海经济大局的需要,而且也是促进其他产业发展的基础。

(3)劳动密集型传统产业模块优化,除了继续淘汰和转移不适合在上海继续生存和发展的产业部门外,要按照都市经济的要求实行转型,其生产逐步走向精致化,以提高传统工业品的附加值,应生产少量多样的高品质商品,以满足多元化的社会需求。这不仅是产业结构升级的需要,而且也是都市经济特有的一个重要组成部分。

在这三大产业模块各自优化升级的基础上,它们之间还有处理好合理互动的问题。高附加值的技术密集产业发展,要促进高新技术在大部分产业领域中的全面渗透,提高各产业的服务和产品的科技含量;资本密集性重化产业发展,要为下游产业提供价廉物美的中间产品;劳动密集型传统产业发展,要为技术与资本密集型产业发展的劳动力转移提供足够的吸纳容量。

3. 转型发展第一产业:突出全方位功能完善

"八五"与"九五"期间,在稳定提高第一产业方针指导下,以产加销一体化为标志的上海农业产业化的发展步伐明显加快,已形成一批具有一定规模的农副产品加工龙头企业,建成若干农副产品生产基地,并初步形成了以国家级市场为龙头、区域性市场为骨干、地方性市场为基础的农副产品流通体系。但上海农业要融入都市经济大系统,除了发挥保障城市农、畜、水产品供应的经济功能外,还需进一步完善都市经济所需要的其他功能。

因此,"十五"时期与2015年上海农业发展主要是转型,即实现由城郊型农业向都市型农业的转变。其主要内容就是,在农业集约化、规模化、现代化经营继续快速推进的基础上,加大生态环境功能、观光休闲功能、科技示范功能、出口创汇功能等的发展培育力度,促进上海农业初步具备现代都市型农业的基本特征。

10.3.3 推进上海产业发展的主攻方向与重点

根据"十五"时期与2015年上海产业发展战略目标定位,以及"三、二、一"产业发展方针内涵调整,我们认为,推进上海产业发展的主攻方向与重点,可归纳为"整合、融合、耦合、配合、组合"五个方面。

1. 产业调整的跨地区整合:进入区域经济一体化进程

为了实现"十五"时期与2015年上海产业发展战略目标,上海产业调整的任务是很艰巨的。然而,上海产业大调整是无法在本市范围内封闭性实施的,必须实行跨地区的整合。但产业调整的跨地区整合,不是像过去那样仅单方面考虑所需转移出去的产业,也不是单纯把传统性产业向外转移,而是要进入区域经济一体化进程实行整合。这就要求我们既考虑自身需要调整或转移出去的产业,同时也要考虑区域经济一体化的产业布局;既要有传统性产业的向外转移,同时也包括现代化产业的配套生产向外转移。这种进入区域经济一体化进程的跨地区产业整合,是一个带有根本性的战略转变。

上海产业调整的跨地区整合,应该是全方位的,具体讲有以下几方面:(1)现代大工业的区域性配套。如宝钢和金山石化的配套性生产可分别向江苏与浙江两翼拓展,上海汽车工业的配套生产也可以是长江三角洲的区域性布局。(2)公司总部与生产基地的区域性分布。这是一个双向的整合,即本市企业的生产功能向外转移(保留公司总部的功能),外地公司的总部则移师上海,从而上海应逐步形成公司总部(包括国外公司和内地大企业)的集中地,而大部分生产基地则分布在外地。(3)传统产业的区域性调整。这一整合以都市经济为核心展开,上海的非都市型传统产业向外转移,周边地区的都市型产业适当向上海集聚。(4)服务业的区域化辐射。以网络经济为基础的全球化的服务活动已将生产的全球化进程带入了一个新阶段。在 21 世纪,服务活动在国际贸易中的竞争力将如同目前贸易中的商品竞争力一样重要。世界银行宣称:"服务业的国际化很可能会是下一阶段经济全球化的主旋律"。上海建设"一个龙头,三个中心"的国际化大都市的宏伟目标,需要各方面条件的配合才能实现,但最终确立其地位还得取决于能否形成以网络经济为基础的区域化和全球化的知识密集型服务能力。因此,对于上海来讲,服务业的区域化辐射不仅是产业调整跨地区整合的重要内容之一,而且也是带动以上各类整合的重要因素。

2. 产业关联的渗透融合:制造业与服务业形成一条龙

上海提升产业竞争力,特别是提升工业竞争力,其中一个重要方面是建立和培育研发制造中心。如果说工业加工基地的产业关联主要是投入产出的前向、后向关联,并以生产成本的低下获取竞争优势,那么研发制造中心则是一个资源汇总中心,从事包括设计、生产、零部件调度等活动,所以它必须创造足够的市场或产业规模,或研发领先,才能产生竞争优势。这就要求突破原先狭窄的投入产出矩阵中的产业关联,与服务业实现渗透融合,形成一条龙服务体系。

事实上,随着信息和通信技术的进一步发展,知识大量转化为信息,制造业等许多行业与服务业组合在一起已很难区分各自的独立领域。在美国,高新技术服务业和制造业形成一条龙,组成附加值网络,把零部件组合以取得整体效益的提高,其中比较典型的如电脑、家具、房屋装修、机械工具、食品、教育、旅游、投资等行业,都已采用了组合的方法,组成一条龙服务。因此在现代科学技术条件下,提高产业竞争力,特别是同时提高制造业和服务业的竞争力,已不能孤立地聚焦在某一产业门类之内,机械地"分而治之",而要促进服务与产品的组合,提高整体效益。

上海原先有较好的制造业基础,现在服务业又有了长足的进展,因此只要把服务业与之有机组合起来,就能充分发挥其效能,大大提高产业竞争力。

3. 产业竞争力的一体化耦合:通过提高服务竞争力来促进产品竞争力提高

尽管上海是一个特大城市,本身就具有较强大的服务功能,但我们过去比较注重产品竞争力的提高,往往在产品质量与款式、成本、价格等方面下功夫,对提高服务竞争力问题比较忽视。在"十五"时期与 2015 年,上海城市功能的战略定位决定了其提高服务竞争力是至关重要的事情,至少是与提高产品竞争力同样重要。更有特殊意义的是,随着上海劳动力、土地使用等生产成本的增大,制造业产品竞争力的提高将日益依赖于与之相配套的各种服务水准。相对而言,上海在提高服务竞争力方面的潜力是很大的,远超过其提高产品竞争力方面的潜力。因此,通过提高服务竞争力来促进产业竞争力提高,实现产业竞争力的一体化耦合,是上海所要开辟的产业发展新路径。

事实上,通过提高服务竞争力来促进产品竞争力提高,也已成为一种新的发展趋势。从世界范围看,知识型产品提供新型服务,产品紧密结合服务的情况,已逐步形成三个阶段的纵深服务:第一阶段,企业采用信息技术来改进现有的服务过程,提高服务收益;第二阶段,使服务的质量大为提高并向纵深发展和推广;第三阶段,形成服务的新产品,并发展到其他领域。

因此,上海要把提高服务竞争力放到重要议事日程上来,设法通过提高服务竞争力来促进产品竞争力提高。具体来讲,一是要提高服务活动的质量,首先是要提高在国内市场的服务质量;二是强化服务的传送能力,其传送过程包含先进的通信系统和通常的人际交往,其中涉及与客户建立长期的关系;三是加强服务中的文化融合,以满足用户的特殊需求的能力;四是控制与降低服务的成本;五是创造服务机会多样化。此外,通过服务业内部结构调整,加大知识密集型服务业的比重,也有助于上海从整体上提高服务竞争力。

4. 产业科技发展的协调配合:加大服务部门的 R&D 力度

为了贯彻同步提升制造业与服务业竞争力的产业发展战略,走出一条通过提高服务竞争力来促进产品竞争力提高的新路子,产业科技发展必须协调配合。我们过去往往强调提高制造业产品的竞争力,把产业科技发展局限于制造业的狭隘范围,忽视了服务部门的 R&D,没能使服务竞争力得以迅速提高。而发达国家的成功经验表明,世界性的服务竞争将越来越激烈,提高服务竞争力也将越来越重要。提高服务竞争力不仅是为了抢占世界市场新的竞争制高点,而且也是促进产品竞争力提高的重要保证。

近几年来,世界范围内已呈现出 R&D 活动逐渐向服务部门转移,服务部门 R&D 支出增长快于制造业部门的趋势。工商企业在服务部门的 R&D 支出不断增长,不少发达国家的年增长率都在两位数,其在工商 R&D 总支出中所占比重趋于上升。1984—1992 年,澳大利亚服务部门 R&D 增长年均达 25%,增加了 6 倍;至 1992 年,其在工商 R&D 总额中所占比例达到 27.3%(见表 10.4)。在亚洲国家中,新加坡服务部门的工商 R&D 份额可与澳大利亚相比。

因此,我们要改变过去那种产业科技发展的狭隘做法,在继续推进制造业科技发展的同时,加大服务业科技发展力度,使两大产业领域的科技发展协调配合,相互促进,较快地提升产业科技含量。

表 10.4　1976—1992 年部分国家工商企业在服务部门的 R&D 情况

国　　家	水平			在工商 R&D 总额中所占比例(%)		
	1984	1992	年增长率(%)	1976	1984	1992
	(百万美元)		(1984—1992)			
澳大利亚	93	564	25.3	10.3	14.7	27.3
加拿大	503	1461	14.3	14.3	21.5	33.3
丹　麦	90	267	15.3	17.0	22.1	27.6
法　国	477	1478	15.2	5.7	5.6	9.3
德　国	531	714	3.8	3.4	3.8	3.0
意大利	368	1118	14.9	14.1	10.3	14.4
日　本	874	1955	10.9	4.5	3.8	3.9
瑞　典	197	340	7.0	11.2	10.6	11.5
英　国	375	1330	17.2	7.9	4.4	10.6
美　国	4390	10918	10.5	3.1	6.6	na

资料来源:OECD 的 ANBERD 数据库。

5. 产业研发的优化组合:高技术专业化突破

从长远来看,上海产业唯有朝向高附加值的技术密集产业发展,才能继续维持经济的发展,而技术研发是发展技术密集产业的原动力,因此推动产业技术发展是产业发展的重要工作。但面对以劳动与资本密集企业为主体且自主独立研发能力薄弱的产业环境,为了使上海产业界能成功转型朝向技术密集产业发展,由政府协助发展产业技术,以建立具有技术密集产业发展的基础已是政府的施政重点。但在这一过程中,存在着全面出击,"摊子"铺得太大,以及过分依赖引进,忽视自主创新能力提高等问题。也就是,对于当今世界科技发展中各前沿技术都想涉猎,都要发展,而这又主要是依赖技术引进,以填补其差距。当然,这不仅仅是上海的问题,也是全国普遍存在的共性问题。

尽管近几年来中国制造业出口结构中先进技术的比例增加,但比较其他东亚和东盟发展中国家和地区的增长模式,可以看到这里面存在着一个明显的差别。中国这些高技术的出口,既不是通过大量的创新活动,也不是由本国企业对外国技术强有力的引进和模仿,而是通过吸引大规模的外国直接投资及其所带来的前沿技术。韩国和中国台湾虽然也以外国技术和外国直接投资为基础开始发展出口产业,但通过有效和成功的努力却增强了自主创新能力,并在高技术方面有较高的专业化程度,主要集中在计算机、电子和通信业方面,大大超过了过去的领先者美国。自 1970 年以来,其以知识密集度为基础的出口增长的 80%

来源于这类产品。

事实上,在当今知识经济发展格局中,发展中国家和地区的知识差距之大,绝不可能在高技术发展上全面出击。对于后起发展中国家和地区来讲,采取高技术发展的专业化,是一种成功的策略。因此上海高技术发展要借鉴韩国、中国台湾的经验,作适当的策略性调整:一方面,在引进外部技术时,要加强吸收与消化,增强自主创新能力;另一方面,把有限的科研资源与力量集中在某些个别高技术方面,争取对外来技术有所改进与新的突破,形成自己独有的强项。只有这样,上海高技术发展才能在较短时间内取得较大的成效。

因此围绕"十五"时期与 2015 年上海产业发展战略目标及其重点方向,产业政策的基本构架要作相应调整,即从过去特别注重生产面,转而考虑经济面、社会面与国际面的配合发展。这种政策构架转变是符合上海产业发展需要的。因为在 21 世纪的全球经济自由化与国际化日益深化的背景下,生产要素的跨国流动及其组合配置将越来越频繁,国际资金和人才的进出将更为方便,政府对这方面的管制将越来越困难。而人才与资金是提升产业竞争力的基本要件,如何留住及人才与资金已成为产业政策的重要课题。因此,产业政策不仅只是一些优惠措施的组合,而是提供一个高效率、高品质与高科技的投资、工作与良好生活环境的整套办法。

10.4 建立在社会全面进步基础上的经济增长

展望上海经济发展的前景,不仅仅在于经济增长本身,而是在更大范围和更深层次上的社会全面进步,即经济、社会、人口、资源、环境等系统的协调发展。迈向 21 世纪的上海经济增长,必须是建立在全面发展基础上的经济增长。这就要求我们处理好经济增长与社会事业发展的关系,即以更多的市场化和产业化方式来推进上海教育、卫生、文化、体育等社会事业的蓬勃发展,并反过来以社会全面进步来促进经济增长。

10.4.1 环境保护和治理

上海未来经济增长必须实行环境保护和治理,使其建立在良好生态环境的基础上。这不仅是可持续发展的客观要求,而且也是建设国际性大都市的需要。树立一个充满经济活力、美丽整洁、环境清新的大都市形象,是上海未来经济增长不可缺少的重要组成部分。

尽管早在 80 年代初上海就已开始着手进行环境保护和治理,至 1997 年已完成企事业污染治理项目 2.87 万项,工业废水排放达标率为 86.6%,比 1981 年的 62.4%上升了 24 个百分点;工业废气处理率 89.2%,比 1981 年的 68.1%上升近 26 个百分点;工业固体废渣综合利用率达 90.9%,也比 1981 年的 51.6%增加了 39 个百分点。目前上海还开始治理社会活动造成的大气、噪声等污染,尤其是对汽车、助动车尾气的排放治理,加强大气环境的监测。同时,随着城市改造的启动,1997 年城市绿化速度达到了历史最高水平,新增绿地 270 公顷,使当年的市区绿化覆盖率达 17.8%,比 1978 年上升了近 10 个百分点;市区人均公共绿地面积达 2.3 平方米,比 1978 年的 0.47 平方米增加了近 4 倍。但这些都只是初步的,或者是最基本的工作,还不足以根本改变上海环境污染的局面,与人们期待的美丽整洁、环境清新的都市形象,以及国际大都市环境条件相比尚有较大差距。因此,上海在现代化的城市环境管理和污染防治以及生态保护方面还有许多事情要做,主要有以下方面:

第一,改变传统工业的生产方式,建立有上海大都市特点的节约资源、减少排放、体现高附加值的生产体系。一般来讲,特大城市较之中小城市具有更明显的轻型化趋向,即产业结构和资源结构同步轻型化。顺应这种产业轻型化趋向,上海应该大力发展物耗低、排放少、效益高的产业和产品;按照生态学的原理和规律在上海城市空间进行产业体系的合理布局;推行清洁生产,减轻产业特别是重化工业对资源环境的压力。产业的轻型化必将减少城市的生产空间,增大城市的生活空间,同时也将减少物耗与能耗,提高产品附加值,改善环境质量。

第二,改善能源结构,开发利用新能源。目前在上海一次能源消费中,煤炭消费量的比重高达 72.1%,而煤炭全部由外地调入(其中有少量进口)。这种以煤为主的能源结构要尽快改变,除了尽可能地发展核能,增加市外来电和增加石油、天然气等外,还要推进用煤大户的设备改造更新,降低煤耗需求,完善能源价格,限制高能耗低附加值工业的盲目发展,使煤炭消费比重有较大幅度的下降。与此同时,要积极推进可再生能源和新能源的生产与运用,如建设高水平的大中型沼气工程,为农村提供优质燃料,保护农村生态环境,在新能源开发方面,推进建设风力发电示范场,加快太阳能新能源的开发利用。

第三,增加环保资金投入,尽快与国际环保标准接轨。发达国家的环保资金投入一般占 GNP 的 1.5%左右,如美国 70 年代为 1.6%左右。上海从 1982 年至 1992 年,其环保资金投入平均占 GNP 的 1%。因此,还应增大环保资金投入的力度,把环保产业发展起来。上海目前的生态环境并不乐观,要在10—15年时间内建成生态城市,严格的环保标准是必要的。今后十年中,ISO(国际标准组织)将陆续公布20多项有关环境管理体系的标准,这将是通行国际的企业环境管理标准。在"绿色消费"带领下,欧美许多国家已陆续采用ISO14000系列环保标准,也开始要求进出口商品符合环保规范,这将成为国际贸易的通行条件之一。上海必须在企业环境管理标准方面积极尝试,尽快与ISO14000系列环保标准接轨。

第四,坚持开源与节流并重的方针,合理开发利用上海的水、土地、海洋等自然资源。这些年来由于没有节制地取水、浪费水和污染造成严重的水质恶化,上海已变成了一个缺水城市。这就需要我们认真考虑建立工业有偿用水制度,实行工业用水配额,超过部分实行加倍收费。同时,要求新建筑和老建筑改造时配备节水装置,推广水资源的循环利用系统,提高工业用水的循环使用率,全方位开展节水运行。这样,就可以改变目前大部分地下水被用作工业冷却水和工业补充水资源的现象,节约饮用水资源,保证优质生活饮用水的持续供应。在农业方面,改变传统大水漫灌和明渠输水的方式,普及和改进暗管输水,提高喷灌面积,发展节水灌溉技术。城镇生活方面,推广生活节水设备等。土地资源是上海最为宝贵的自然资源之一。仅农业用地而言,1991—1996年耕地面积就共减少了63万亩,平均每年减少13万亩。为此,必须严格把好建设用地的审批关,强化土地执法监督,对乱占、破坏耕地的行为追究经济、行政与法律责任。

第五,实行综合治理,优化生态系统。这里包括科学规划上海跨世纪的人口规模、人口结构和提高人口素质;改善消费方式,提倡适度消费和清洁消费,减少资源消耗和污染排放;为防止水资源污染,实行排污许可、排污收费制度,推动企业安装污水处理装置,堵截工业污水直接排入公共水体;加强对城市大气污染、水污染和固体废物排放的预防和治理,使其与上海的经济社会发展相适应;加强中心城区的绿化建设,形成点线面环相结合的城市绿化系统;等等。

10.4.2　迎接知识经济来临与构筑教育新高地

在21世纪,世界性的知识经济将迅速发展。尽管我们的经济发展有其自身的阶段性特征,但也不能游离于世界性知识经济进程之外。上海在经济增长方式转变中,由于其城市经济的特点,集约化发展将更趋向于知识经济形态。也就是,上海将由制造业加工基地逐步转变为信息处理中心,集约型经济增长将在更多方面表现为以信息和知识的生产、分配及使用为主要内容。从各方面条件来讲,在未来的发展中,上海比其他地方更有可能率先接近与进入知识经济形态。

在知识经济即将来临的今天,无论对个人,还是对国家来说,教育是创造、适应和拓展知识的关键,从而教育也就越来越成为经济增长的重要支撑力。不管是哪一层次的教育和哪种类型的教育,在吸收知识方面都发挥着重要的作用。而且,教育还具有超出吸收知识本身的溢出效应,带来社会文明和进步。因此,上海在迎接知识经济来临之际,要把构筑教育新高地放到重要议事日程上来,加快教育改革步伐,推进教育产业化,使上海教育事业发展有一个根本性的飞跃。

改革开放以来,上海教育事业已有较大发展。1979—1997 年,累计本专科毕业 51 万人,其中本科毕业占 61%;1997 年,全市拥有在校研究生 18460 人,成人教育在校学生 36.46 万人。并且,逐步形成了政府办学为主,社会各方面参与的多元办学体制。1997 年,上海已有民办小学 20 所,在校学生 1.70 万人,民办中学 78 所,在校学生 2.66 万人。但目前,上海教育事业领域仍存在许多与经济发展要求不相适应的地方。

随着经济增长方式转变,以及工业经济向知识经济转变,客观上对人才需求的素质大大提高。但据统计分析,1998—2000 年上海可供人才资源总量为 31 万。按学历层次,博士、硕士 2 万人,占 6.5%;本科生 8.6 万人(其中成人高校 1.1 万人),占 27.7%;大专生 8.6 万(其中成人高校毕业 5.9 万人),占 27.7%;中专生 11.8 万人(其中成人中专毕业 4.9 万人),占 38.1%,表现出总量发展层次结构与未来经济发展不适应。另外,各层次学历教育对人才培养的目标是不同的,而目前培养目标定位不准,造成资源浪费。例如,一方面是中专生就业难,另一方面中专毕业生仍占可供量的绝大比重。从上海院校的专业设置分析来看,部分专业的重合性大,院校的专业特色逐渐消失,其中专业有社会需求便一哄而上,供不应求很快转为供大于求。与此同时,学科调整缓慢,难以适应未来经济发展的要求。据预测,到 2000 年上海高新技术产业发展需要净各类人才 1.2 万,而 1998—2000 年内计算机与微电子类、生物与医药类、材料类专业普通高校上海生源本专科毕业生总计才 7620 名。今后大有发展的环保产业,后备人才更是严重不足。

事实上,上海教育发展不仅要满足本地经济发展的需要,而且还要向全国各地培养和输送各种专业人才,成为全国的教育高地。因此,上海的教育改革还须进一步深化,其中一个重要方面就是推进教育产业化,动员社会各方面力量办学,使教育更贴近市场,使教学内容与教学方式更符合教育本身的规律性,培养出各种适应现实经济发展要求的专业人才。

10.4.3　上海未来的都市文化经济发展

上海作为国际性大都市,其经济发展必须与文化、卫生、体育等社会事业发展有较好的同步性。文化、卫生、体育等社会事业的蓬勃发展,不仅为上海经济发展营造了一种良好的社会氛围,而且其产业化发展也构成了上海经济发展的一个重要组成部分。根据对上海消费结构的分析,居民对教育、医疗、文化、娱乐的支出呈明显增长态势,1997 年绝对数比 1995 年增长近 70%,占全部消费支出的比重从 1995 年的 9.86% 提高到 1997 年的 14.39%。这表明社会事业产业化具有广阔的市场发展空间,对上海经济的影响是不容低估的。因此,必须十分重视社会事业产业化,促进经济和各项社会事业的共同发展。

目前上海的文化、体育事业建设都已初具规模,有了良好的基础。1997 年,上海的文化事业机构达 519 个,其中图书馆 32 个,博物馆和纪念馆 12 个,群艺馆和文化馆 47 个,分别比 1978 年增长 39.1%、100%、95.8%。各种报纸已有87 种,总印数达 193431 万份;出版社达 34 家,全年出书 9928 种,图书总印张数为 180008 万印张。近期内,还组建了报业集团、出版集团等。在体育设施方面,新建了八万人体育场、上海国际标准射击场、上海国际网球中心、上海水上运动场等 37 个体育场馆。到 1997 年底共有使用的各类公共体育场院馆 98 个,其中体育场 28 个,体育馆 21 个。通过新建、扩建和改建,上海的各类体育场馆都拥有先进的技术和设备,成功地完成了多次国际国内重大比赛,特别是东亚运动会、残疾人运动会、第八届全国运动会等大型运动会。与此同时,依据“企业主办,政府支持,社会关心”的原则,先后组建了“海上世界乒乓球俱乐部”“申华足球俱乐部”等各体育运动俱乐部,以及成立“东亚体育开发公司”等,逐步走出了体育产业化的路子。

今后上海文化、体育事业发展要在“软件”建设方面下功夫,进而把其“硬件”的潜力最大限度地发挥出来,与经济发展有机结合起来,迈出文化、体育事业产业化的新步伐。这就要求我们大力推进具有大都市特色的文化、体育事业的发展,加强国内外文化、体育交流。除了继续举办有重大影响的上海国际电视节、国际电影节、国际广播音乐节等大型的国际文化交流活动和体育赛事外,还要举办更多的国内外各类艺术、文物的展览、艺术表演及体育交流等活动,并把这些文化、体育活动与旅游、招商等经济活动有机结合起来,逐步形成一种崭新的具有上海特色的都市文化经济。

　　同样,上海卫生事业的改革也要有较大的突破,推动私人诊所等民营卫生事业的发展,将诊治、预防、保健有机结合起来走产业化道路,以适应上海经济快速发展、城市人口规模急剧增大的要求,满足日益增长的社会需求。

下　编
竞争优势、现代服务与科技创新

　　此编根据笔者在 2000 年代(特别是前半时期)完成的一系列上海市重大课题研究报告,笔者在《现代服务业发展研究》(上海社会科学院出版社 2005 年版)一书中撰写的有关章节,以及发表的学术论文和所作的学术报告等改编而成。

上海在新世纪进入新的经济发展阶段后,从动力源的角度讲,面临着一个从比较优势向竞争优势的重大转变。在新一轮经济发展中,原先的比较优势趋于削弱,唯有靠新的竞争优势来加以支撑。然而,与更多具有自然禀赋的比较优势相比,竞争优势是靠技术进步、人力资本、专业化及制度安排等创造和培育出来的。而且,作为城市或大都市竞争力,与基于资本和财富累积的比较优势相比,竞争优势更多基于流量经济的发展;与更多体现为城市对各类要素强有力吸纳与集聚的比较优势相比,竞争优势更多体现为城市综合服务功能的扩张和提升。

　　上海在新的发展阶段,将着力于建设"四个中心"和现代化国际大都市。从这一战略目标出发,竞争优势的培育与拥有,主要集中在两个方面:一是现代服务业发展;二是促进科技自主创新。现代服务业作为上海"四个中心"和现代化国际大都市的核心产业,是面向全球市场的新产业综合体,支撑着"四个中心"和现代化国际大都市全球资源配置功能的发挥,因而具有更高产业能级的高端生产要素配置。推进现代服务业发展,促进服务创新,是上海培育竞争优势的一个重要基点。上海作为国际大都市建设的战略目标定位,在科技自主创新方面,不仅具有较好的基础条件,能更多地集聚科技创新资源,更好地支撑和支持科技自主创新,而且具有较大的潜力和发展空间。上海如果在科技自主创新方面迈出更大步伐,取得实质性的进展,进而成为国家创新体系和全球创新网络中的主要节点,就能占据新的制高点,取得新的竞争优势。因此,实施科教兴市战略,构建全社会创新体系,提升自主创新能力,促进科技自主创新,是上海培育竞争优势的一个新增长点。

　　更为重要的是,现代服务业发展与促进科技自主创新是相辅相成、互为促进的。与传统服务业不同,现代服务业伴随着大量服务创新,特别是 IT 技术广泛运用带来的新业态、新商业模式等创新。科技自主创新通过时空压缩、智能化等,将大大改变传统的服务特有属性,带来新的服务方式,使制造"服务化"(即产品附加值中,由服务带来的份额增加)和服务"制造化"(即大批量的个性化生产),从而促进现代服务业发展。反过来,现代服务业发展将为科技自主创新提供更多、更好的配套服务,如科技咨询、实验设备及材料配送、中试评估与检测、科技成果鉴定、专利申请、成果转化、风险投资、技术交易等服务,从而更加便利地开展科技自主创新活动,提升科技自主创新能力。因此,着力于现代服务业发展与促进科技自主创新来培育竞争优势,并不存在资源争夺,也不会顾此失彼,反而可以互补共进,形成良性循环。

$\mathit{11}$　新一轮发展与竞争优势[*]

上海进入经济发展新阶段,将翻开新的历史篇章,形成新一轮发展。但在新一轮经济发展中,尚存在一系列遗留下来的问题和新发生的问题。在经济全球化与信息化日益加速以及国内外竞争日益激烈的情况下,如何减少对传统比较优势的依赖,培育和增强新的竞争优势,以应对面临的困难与挑战,对于上海在未来一段时期保持经济的全面、协调、可持续发展具有重要意义。

11.1　新一轮发展依赖于竞争优势

11.1.1　国际经验

上海进入人均 GDP 5000 美元的新发展阶段后,将开启新一轮经济发展,向人均 GDP 8000 美元过渡。国际经验表明,这一发展水平的跨越十分重要,关系到未来经济发展基本态势。按市场汇率计算,主要发达国家一般在 20 世纪70 年代达到人均 GDP 5000 美元,并用了 4—5 年左右的时间将人均 GDP 迅速提升到 8000 美元,如表 11.1 所示。由于这一时期美元汇率发生了大幅波动,因此像日本、英国、德国等国家仅用了两年的时间就完成从 5000 美元到 8000 美元的跨越。从中国香港和新加坡的发展轨迹来看,这两个全球瞩目的新兴市场经济体完成这一阶段用了 6—7 年的时间。

为什么这些国家和地区能在较短时间内顺利完成从人均 GDP 5000 美元到8000 美元的过渡?这里固然有众多因素在起作用,但其中一个重要原因是基础

*　本章根据笔者主持的 2004 年上海市发展改革委重点课题"上海市新阶段经济发展与 2005 年加快发展措施"的成果报告改编而成。

表 11.1　若干经济体从人均 GDP 5000 美元向 8000 美元过渡的时间跨度

	美 国	日 本	法 国	英 国	德 国	中国香港	新加坡	上 海
5000 美元	1970 年	1976 年	1973 年	1978 年	1974 年	1980 年	1980 年	2002 年
8000 美元	1976 年	1978 年	1977 年	1980 年	1978 年	1988 年	1988 年	2008 年（目标）

资料来源:根据有关数据编制。

性的动力变化,即从投资驱动转向创新驱动。按照迈克尔・波特的划分,发展阶段依次为"初级要素驱动""投资驱动""创新驱动"和"财富驱动"四个阶段。进入人均 GDP 5000 美元的经济发展新阶段,意味着开始转向以创新驱动为主的经济发展,必须寻找和构建基于竞争优势的新动力基础。这在很大程度上要求将过去的比较优势转化为竞争优势。上述这些国家和地区正是凭借了竞争优势在较短时间内完成了这一过渡阶段。

与比较优势不同,这种竞争优势不是自然禀赋的,而是通过技术进步、人力资本、专业化及制度安排等创造和培育出来的。这种竞争优势一般可以分成两类:效率型竞争优势和差异型竞争优势。前者主要表现为技术进步,降低成本;结构调整,有效配置;提升专业化程度,提高生产率;加快流转,节省时间等;后者主要表现为技术、业态、专业功能、商业模式等独创性,资源要素的独占性,提供独特而优异的价值,进而提高获利能力。上述这些国家和地区依靠这种竞争优势来保证经济持续快速增长。

11.1.2　上海新一轮发展的必然要求

从上海新一轮经济发展的历史方位来判断,必须改变过去主要依赖于传统比较优势的局面,培育与发展竞争优势。这是上海新一轮经济发展的核心问题之一。只有这样,才能为上海快速、持续、健康的经济增长奠定坚实的基础。

上海 20 世纪 90 年代的经济迅速增长,经济总量急剧扩张,本质上是改革开放带来的体制性能量释放的结果。这种能量释放的基础主要是比较优势,如土地级差优势、区位优势、浦东政策优势、产业基础优势等。这些比较优势有相当部分是过去长期沉积被继承下来的,有些是改革中被赋予的特殊优惠政策,因此具有相当明显的优势特征。正是凭借这些比较优势的充分发挥,上海吸引了大量外资与内资,调动了各种资源并加以市场化的配置,从而保证了十多年 GDP 两位数增速,引发了产业结构的升级、城市功能的转型与强化。但经过十多年的能量释放,有些比较优势已趋于能量衰减,如有相当部分高的级差收益的土地已被置换;有些比较优势已经减弱,如随着周边地区产业发展及交通条件的改善,上海产业基础优势以及区位优势的特征大不如原先那样显著;有些比较优势已不复存在,如浦东特殊优惠政策等。

更主要的,上海在新一轮经济发展中,既存在过去遗留下来、积重难返的老问题,也面临着形势变化带来的新问题。这将对上海新一轮经济发展形成严重的制约。

一是现行投融资体制与城市大规模建设和发展不相适应。尽管目前社会资金比较充裕,并看好上海经济和社会发展的前景,但投融资体制改革的某些政策还不到位,法制不健全,影响了社会资金的大量投入。为了启动社会资金,让社会资金参与到上海经济、城市、社会发展的各个领域,使资金来源从以政府投入为主转向以社会投入为主,必须取消限制社会资金的各种不合理规定和管理办法,放宽社会资金投资领域,扩大社会资金的市场准入,并制定鼓励社会资金投资的政策。同时,政府财政资金的投入也要加大改革力度,要完全按照市场机制运行,通过贴息、补助、前期投入等多种形式,发挥杠杆作用和放大效应,引导社会资金投入。另外,还要积极探索并建立产业投资基金,使各种社会资金都能为上海的发展服务。

二是科技创新自主开发能力不足与国际上高新技术产业迅速发展趋势不相适应。尽管从国内来讲,上海科技经费投入和 R&D 经费投入一直是比较大的,1996 年占全国总量的比重分别为 11.9% 和 10.1%,1998 年分别为 10.99% 和 10.11%,但科技产出水平并不高,1998 年上海 1035 项科技成果占全国总量的 4.57%,2334 项专利批准量占全国总量的 4.24%。从动态变动情况来看,上海科技成果数量自 1991 年达到 2588 项高峰值后便一路下滑,1996 年只有 1094 项,1997 年和 1998 年稍微上升,分别为 1193 项和 1305 项,仍低于 1984 年 1585 项的水平。从国内来比较,尽管上海高新技术企业数量居多,远超过深圳,其总产值也高于深圳,但在大型企业数量、人均产值和人均利润方面均落后于深圳。深圳超亿元的企业占总数的比例约为 40%,而上海只有 8% 左右;超 10 亿元的企业数是上海的 2 倍,人均产值约为上海的 3 倍(见表 11.2)。而且,上海高新技术产业发展主要依赖于合资合作和技术引进,主要的核心技术还掌握在国外企业手中,总体技术普遍落后国外一代、二代。由于科技创新自主开发能力不足,高新技术成果转化为生产力的能力不强,高新技术产业发展缺乏核心技术和自主知识产权技术的支撑和带动,难以适应国际上高新技术产业迅速发展的步

表 11.2　上海、深圳高新技术企业比较（1997 年）

	企业数量（家）	总产值（亿元）	占工业总产值比重（%）	人均产值（万元）	人均利润（万元）	超亿元企业数（家）	超 10 亿元企业数（家）
上海	587	853	15.1	25.8	4.2	42	7
深圳	113	474	35.0	79.63	10.06	72	12

资料来源：根据相关统计数据编制。

伐。因此，提升科技创新自主开发能力是上海今后一项重要任务。

　　三是人才集聚程度与上海建成国际经济中心城市不相适应。十年多来，世界经济竞争越来越集中在知识和人才方面，争夺人才的激烈程度丝毫不亚于争夺市场。但过去上海在发展中往往重资本、轻智力，在项目开发上不重视无形资本的投入，知识不能充分资本化和货币化，缺乏有效的政策措施和激励机制，因而抑制了科技人员开发创新的积极性，造成原有人才流失严重，有用人才难以吸纳，人才在上海的集聚程度并不理想，不如深圳和北京。今后上海的发展，人才将是最强大的资本。因此，需要进一步深化改革人事制度、教育制度和分配制度，营造充分发挥人才积极性、创造性的体制环境和社会氛围，以集聚一大批熟悉现代市场经济运作、通晓世界市场风云的各类专业人才，拥有一大批有战略眼光的企业家和有创新精神的科技人员，以及成千上万有知识、有技能的劳动者。

　　四是区域经济一体化进程与上海发展战略定位不相适应。根据国家战略的要求，上海要建成"一个龙头，三个中心"，带动长江三角洲乃至长江流域的经济发展。上海今后的发展，也必须依托并融入长江三角洲地区的发展。但由于现行行政体制的阻隔，区域经济一体化进程比较缓慢，这将严重影响上海今后发展。这一问题的解决，将取决于行政体制、税收制度等方面的改革，取决于国内统一市场的形成与发展，取决于民间投资跨地区的发展。从上海来讲，则要主动融入区域经济一体化进程，提高城市综合服务能力，为周边地区及内陆地区发展提供良好的服务，扩大城市辐射能力，带动周边地区及内陆地区的经济发展。

　　五是政府管理体制及效率与城市快速发展不相适应。尽管经过 20 多年改革开放，已有许多传统体制的破除，但传统计划体制下形成的管理方式仍然根深蒂固，时常出现政府不该管的去管的"越位"和政府该管而不管的"缺位"现象。这对上海发展形成很大的束缚。例如，上海高新技术产业发展基本上是围绕项目、由政府直接推动的。由于政府资金有限，加上管理方式和手段跟不上，难以适应高新技术产业发展高投入的要求，也难以有效地使高风险得以分散化，从而导致高新技术产业发展的投入严重不足,抑制了高新技术产业的快速发展。因此,政府职能转变的任务仍相当繁重。现在一些政府官员也已经意识到,中国加入 WTO 以后,首先面临严峻挑战的是政府现有的经济管理机制。为此,已开始明确提出,要把政府该管的事,认真管好;不该管、管不了、管不好的事,坚决不管。同时,增强政府制定政策的统一性和透明度,政府的行政决策以政府公报形式向全社会公布,接受社会监督。

因此,上海新一轮发展已不能继续依赖正趋于逐步退化的比较优势,而要建立竞争优势,依靠竞争优势取胜。不管是从上海自身纵向发展过程还是从横向比较来看,全面增强竞争优势是上海新一轮发展的必然要求。

11.2 竞争优势的体现

上海在新一轮发展中,培育与发展竞争优势主要体现在全面增强企业核心竞争力、国有经济主导竞争力、区域经济整体竞争力和城市综合竞争力。

11.2.1 竞争力的本质内涵及其关系

在经济全球化与信息化的背景下,随着全球网络经济的形成,产业价值链正发生着重大的变化,产品、产业分工的界限日益模糊化,更多地形成生产环节中的分工和产业交叉融合的新型分工模式。从一个地区或城市来讲,这种新型分工模式实际上意味着要素分工。也就是,一个地区或城市拥有什么样的主要要素,决定了其在产业价值链中的分工位置。因此,全面增强四个竞争力,从其内容上讲,已从传统意义的产品、产业分工基础上的竞争转变为拥有生产要素的分工基础上的竞争。

与上海构建竞争优势的战略重点相适应,在要素竞争中主要是培育与拥有高能级的生产要素。这种高能级生产要素,通常比较稀缺,需要通过大量而持续的投资创造出来,而且具有较强的专业性和独特性,如先进技术、高级研究力量、高等教育人力和高级技工、先进的基础设施、专业知识等。在当今知识经济逐步兴起的背景下,这种高能级要素的重要性日益增强,不仅在生产要素配置中成为最主要的、起主导作用的要素,而且也是生产体系中最为稀缺的资源。同样,这种高能级生产要素对创造竞争优势有举足轻重的影响力。正如迈克尔·波特指出的,真正重要的竞争优势必须借由高级、专业型、具有创造和提升动力的生产要素才能达成。

因此,全面增强四个竞争力,要围绕培育与拥有高能级生产要素来建立竞争优势。我们要从这一角度来理解全面增强四个竞争力的本质含义。企业核心竞争力具有独特的、难以替代与模仿等基本特征,在其背后起支撑作用的实际上就是知识(包括技术)要素。从这一意义上讲,企业核心竞争力的本质内涵是知识竞争力。国有经济主导竞争力不仅体现在通过其优质资产带动与支配社会资金上,更重要的是创造产业集聚、产业簇群,在其背后蕴含的是产业组织要素。从这一意义上讲,国有经济主导竞争力的本质内涵是产业组织竞争力。区域经济整体竞争力意味着一个地区或城市要有更多的创业机会、更低的商务成本,在其背后起主导作用的是制度因素。在现代经济增长中,制度是生产函数中的一个重要内生变量,也是一种高能级的生产要素。因此,区域经济整体竞争力的本质内涵是制度竞争力。城市综合竞争力不仅包含经济因素,也包括文化、社会、环境等因素,其中要有相当众多的高能级要素来支撑。从这一角度讲,城市综合竞争力的本质内涵则是社会全要素竞争力。

我们在揭示全面增强四个竞争力本质内涵,强调培育与拥有高能级生产要素的同时,也不能忽视或否定初级、一般性生产要素的重要性。因为高级生产要素必须以初级生产要素为基础,专业性生产要素是由一般性生产要素发展出来的。这些生产要素能够提供最基本的优势,从而也构成全面增强四个竞争力的重要组成部分。但必须看到,如果要想经由生产要素建立起产业强大而持久的竞争优势,必须发展高能级生产要素。这类生产要素的可获得性与精致程度是决定竞争优势的质量,以及竞争优势能否进一步升级的关键因素,从而是决定其竞争命运的主要因素。

在全面增强四个竞争力中,最关键的是企业核心竞争力。一个地区或城市的生产率最终是由企业的生产率决定的。除非企业有竞争力,否则便不可能有产业竞争力和城市综合竞争力。然而,企业的竞争能力,特别是企业核心竞争力的形成,又是与一个地区或城市的商业环境的质量密不可分的。因为更为高级的企业战略,对人的技能、信息、基础设施、供应商、研究机构及企业的竞争方式提出了更高的要求。同时,竞争方式的升级也要依靠产业组织基础及商业环境的变化。这就需要国有经济主导竞争力、区域经济整体竞争力和城市综合竞争力的有机配合。国有经济主导竞争力的提升,将有助于把单独的企业转变成一系列产业群,并且提升产业群的竞争力。区域经济整体竞争力和城市综合竞争力的提升,则有助于提高商业环境与社会环境的质量,从而为形成与提高企业核心竞争力提供良好的外部条件。

11.2.2　全面增强四个竞争力的基本思路

全面增强四个竞争力,发展高能级生产要素,培育差异型竞争优势,要顺应全球竞争趋势,根据上海的实际情况,积极探索其战略定位、创造机制、有效途径及环境条件。

1. 在新型工业化道路上领先一步,形成独特的竞争优势

由于一个地区或城市的人力与资源都有一定的限制,所以不可能在所有的领域和产业都建立起竞争优势,合理的选择是把资源应用在最有生产力的领域。而且,当一个地区或城市的经济升级时,也必须放弃一些不具竞争力的产业与市场。这就要求我们在全面增强四个竞争力时,要有一个恰当的战略定位,即在哪些方面重点培育和发展竞争优势。

在这一问题上,过去我们常常感到迷茫,并有较大的争议。对于上海现阶段经济发展来讲,制造业与服务业似乎都很重要,缺一不可,这就陷入了两难选择的困境:是发展制造业的竞争优势,还是发展服务业的竞争优势。事实上,要打破这种传统的产业分类束缚,按照国际产业发展中制造业与服务业日益融合的趋势,走新型工业化道路。

走新型工业化道路,不应单纯依靠技术上的"文化传统",将知识经济中的创造力再度机械化,使知识经济衍生的工作方式与工业经济完全相同;也不能继续停留在单纯供应商的角色上,更应该注重质量和技术环节、品牌效应和客户服务、研究与开发投资等,并进行公司转型,从过去的制造商变为服务商。这样,能够比较好地处理制造业发展与现代服务业发展的关系,不仅强调两者都要大力发展,而且更主要的是找到了制造业与服务业的结合点——产业融合,形成新的经济增长点,培育新的产业部门,开辟新的市场。

根据上海的特点,更适宜发展集制造与服务于一身的承包公司,设法生产客户的全部系列产品(主要做装配总成),并提供全套服务,如从策划库房管理到交货,再到售后服务等。其产品研发与营销(包括品牌、销售网络)由跨国公司承担,组件生产则外包给由周边地区的企业。这既可以在长江三角洲的区域合作与发展中发挥新的重要的作用,减少来自外部的摩擦,同时也能率先与发达国家经济接轨,吸引高级、专业性生产要素流入。

2. 形成富有活力的高能级生产要素的创造机制,为竞争优势奠定基础

正如前面指出的,全面增强四个竞争力的本质内涵是培育与发展高能级生

产要素。然而,与一般生产要素不同,高能级的生产要素通常是创造出来的。因此,如果想从要素竞争中建立起相应的优势,拥有什么现存的资源并不重要,重要的是有没有一套能持续提升生产要素的机制,特别是高能级生产要素的创造机制。

一个富有活力的高能级生产要素的创造机制,主要是解决两方面的问题:一是如何从国内外吸引与集聚高能级的生产要素;二是如何培育与发展高能级生产要素。

目前,我们不仅要抓住蓝领工作全球化的第一波浪潮,接受产品制造业的国际转移,更要关注和抓住白领工作全球化的第二波浪潮,接受服务工作的国际转移。据国外专家预测,真正大规模的白领工作全球化将发生在 2010 年左右。那时全球白领服务工作已实现了标准化。因此,上海要在这方面做好充分的准备,如提供便宜而快速的电信联系、积极的投资政策、足够的专业人才储备,以及推行双语教育等,以吸引全球高能级生产要素集聚上海。

另外,高能级生产要素的培育与发展,需要有大量的投资,而且是要求更明确、通常风险也更高的资本投入。在此过程中,政府只是起发动机的作用,主要依靠企业自行投资。因此,企业要有这种投资意识与战略思考,能够积极开展研究与开发活动,实施知识管理,进行系统培训,培育自主创新能力。

3. 通过竞争的途径来增强四个竞争力,实现竞争优势升级

全面增强四个竞争力的有效途径,只能是竞争,而不能一味依赖充裕的资源和舒适的环境来发展竞争优势。因此,要正视所处的劣势,而不是消极回避,并要在化劣势为优势上下功夫。例如,商务成本居高是不利的因素,是看得见的瓶颈,也是明显的威胁,更是为了提高竞争地位亟待克服的问题。

为此,政府制定政策的基础,必须着眼于提升产业竞争优势,而不是强调维护已有优势,因为这反而会对产业发展与进步过程形成阻碍。另外,在竞争优势的创造过程中,政府要充当推动者和挑战者的角色,消除各种惰性,促进企业参与竞争。过分强调政府与企业彼此充分合作,由政府来全力帮助企业解忧或允许企业回避必须面对的问题,只会导致企业不求变革的危险倾向。

4. 在开放环境中全面增强四个竞争力,培育真正的竞争能力

一个开放的环境,可以加大竞争压力。周边地区、国内及国际的竞争态势给我们带来压力是好事,可促使企业在竞争劣势中进行创新,转化为竞争优势。例如,在开放环境下,产业链的分工与配套,是市场选择的结果,而不可能像过去那样按照所有制来组织。这就将促使上海的国有企业打破原来的产业上下游关

系,进入到开放性的包容全国乃至全球的产业链中去。

在开放的环境中,也能更好地吸收来自外部的竞争资源。对于上海国际大都市的繁荣来讲,必须拥有的两项重要资产,即世界级的供应商和客户。这种竞争资源只能通过开放环境中的竞争,才能争取得到。

事实上,只有在开放的环境中,我们才能寻找到较好的竞争定位。例如,对于企业在价值链中的定位问题,很重要的一点就是把它放在什么样的范围和空间来看待。仅仅放在上海一个区域里来考虑它,这种竞争定位是有问题的。因此,必须打破封闭的产业环境及在本地价值链中定位的局限,在全国乃至全球价值链中寻求产业发展定位,主动参与国内外竞争。

更为重要的是,只有在开放的环境中,通过更加严酷的自然选择与实际磨炼,才能真正形成独特的产业竞争力,才能形成能够支撑高薪与高价位国际市场的竞争力。

11.3　培育竞争优势的主要措施

现阶段,上海在新一轮经济发展中大力培育和增强四个竞争力,要积极推进产业结构转换与能级提升,努力发展以现代服务业为主的服务业,进一步完善劳动力市场不断促进就业;不断完善宏观调控的方式与方法,加强市场化体系建设,适时进行政府转型提高政府服务经济的能力与水平,大力推进新型产业、现代化基础设施、社会事业和城市创新"四个体系"建设,不断提升城市国际化、市场化、信息化与法治化水平;紧紧抓住全国新型工业化进程及全球经济化与信息化机遇,不断完善经济发展中存在的薄弱环节,充分挖掘自身内在潜力,并掌握各种可以加快发展的良好机遇,努力审时度势,进一步促进经济全面、协调、快速、可持续发展。

11.3.1　进一步加以完善的主要措施

在经济发展中,努力实现就业结构与产业结构的协调;进一步加强完善政府服务经济的行为;进一步完善市场体系,更加充分发挥市场对资源配置的基础作用;进一步完善宏观调控的方式与手段,有效化解可能蕴含的风险;妥善调整投资结构;提升居民收入水平,实现消费结构升级。

第一,产业结构与就业结构的协调互动。为促进就业结构与产业结构的协调,有必要在经济发展的过程中贯彻树立科学发展观,统筹兼顾,协调一致,努力实现就业结构、产业结构与经济发展的良性循环,既充分发挥就业结构与产业结构对经济发展的促进作用,实现经济的全面、协调、可持续发展,也在经济发展的过程中不断促进就业结构与产业结构的优化。

在就业结构与产业结构各自协调优化的基础上,制定相应的政策促进就业结构与产业结构的相互协调与促进。在制定产业政策时,将努力促进就业放在更为重要的地位,努力通过产业结构的优化不断扩大就业,并进一步推进通过教育与培训等提升人力资本水平,通过劳动力人力资本水平的提高努力优化产业结构促进经济发展,在经济发展的过程中不断促进就业结构与产业结构的优化升级。

第二,积极实施政府转型,提升政府服务经济的能力与水平。政府在经济发展中发挥着重要作用,上海市政府在促进上海经济发展中发挥了不可或缺的重要作用。但当经济发展到一定阶段后,有必要适时进行从管理到服务的真正转型,在大力培育市场体系与加强宏观调控管理的基础上,积极为经济服务。同时,也有必要大力提升公务员的职业操守、专业水平、知识结构与综合素质,树立高效廉洁的政府队伍。并根据经济不断变化,适时制定促进经济良性健康运转的相关政策措施。同时,防止政府对经济行为的不当干预,切实减少设租与寻租行为。通过政府的积极转型,切实提升政府服务经济的能力与水平,为经济的全面、协调、可持续发展奠定基础。

第三,进一步培育市场体系,切实发挥市场配置资源的基础作用。健全完善的市场体系既是社会主义市场经济体制的基础,也是发挥市场配置资源基础作用的必备前提。在已有市场体系的基础上,上海有必要进一步加大培育市场的力度,尤其是努力健全完善金融市场与劳动力市场,充分发挥金融市场对经济的良性促进并有效防范与化解可能的金融风险,通过劳动力市场的进一步完善努力促进就业。

第四,进一步加强与提高宏观调控的能力。在社会主义市场经济体制下,努力加强完善宏观调控能力是维持经济良性健康运行的必备前提条件。在政府转型与完善市场体系的同时,上海也有必要进一步加强与提高宏观调控的能力,防范经济运行中可能出现的金融与房地产等风险。为此有必要构建完善经济运行监测预警机制,针对可能出现的问题未雨绸缪,确保经济的可持续发展。

第五,适时调整投资结构。逐步降低投资在推动经济发展中的比重,以防止可能由投资引起的波动而引起经济的大起大落。为促进经济的良性发展,上海在 2005 年也有必要适时调整投资的方向与力度,针对产业融合过程中的弱项加强对服务业尤其是现代服务业的投资,既充分促进产业结构优化,同时也促进就业问题的解决。并有必要加强对教育的投资,为贯彻科教兴市战略与人才强市战略奠定基础。此外,进一步改善基础设施,为经济的进一步发展奠定基础。

第六,努力提升居民收入水平,促进消费结构升级。让居民真正获得经济发展的实惠,是促进经济良性发展的需要。有必要采取措施积极促进居民收入水平的提高,提升居民收入在 GDP 中的比重,并通过完善的收入分配措施防止收入分配差距的进一步扩大。在居民收入水平提高的基础上,完善消费政策与消费信贷,积极促进消费水平提高与消费结构升级,不断充分发挥消费对经济增长的积极推动作用。

11.3.2 基于挖掘潜力、借助外力与审时造势的主要措施

改革开放以来上海经济得到了长足的发展,但同时也有必要进一步努力挖掘自身潜力,提升效率,挖掘内功,积极改善管理,提升整体素质,发展教育。尤其是充分发挥挖掘上海现有的科技与人才优势,既可推动上海自身的经济发展,也可发挥带动科技进一步发展与人才进一步集聚的良性循环。同时,积极调整现有消费政策,改善并加强服务供给,积极拉动居民消费需求,促进消费结构尽快升级。放宽市场准入限制,鼓励民间资本的进入。进一步制定相应优惠政策与调整措施,鼓励创业取得大的发展。通过努力促进就业,发挥劳动力在促进经济发展中的重要作用,不但不断促进就业,也提升居民收入水平。

当前在世界全球化加速与信息化的过程中,中国正面临日益加快的新型工业化进程,在此过程中上海一方面可以充分利用难得的融入世界产业分工与中国发展的大潮中的良好机遇,进一步促进自身发展,同时也可以借助此机遇充分发挥世界科技转移中心与管理水平提升中心的作用。上海由于其重要的经济作用与地位,将接纳越来越多的世界大企业总部,在此过程中科技也将逐渐向上海集中,使上海成为世界先进科技水平进入中国的桥头堡。所以上海不但可先一步获取科技进步的优势,同时也可在向国内其他地域转移的过程中扩大经济影响力,在进一步参与国际分工、国内分工及经济发展中更好地促进自身的发展,不断提高城市综合竞争力。

上海在经济发展中,既有必要充分利用现有的条件,也有必要充分审时造势,积极创造有利条件不断努力促进经济的快速发展。有必要充分利用经济全球化加速的有利条件,世界科学技术不断进步的外在影响,尤其是充分利用上海

即将举办世博会,与香港达成 CEPA 协议,以及加入 WTO 效应既将显现等积极有利因素,积极创造有利条件,不断促进上海经济的快速发展。

为此,上海有必要做好良好的储备,包括从人才、基础设施与软硬件等方面良好的基础设施,防止因人才等重要要素不足而造成的缺憾。同时,有必要进一步完善市场设施,充分创造良好的市场环境,为各种资本与组织的进入奠定良好的基础。

12 城市综合竞争力*

在当今时代,增强城市综合竞争力已不再主要依赖于比较优势,而是依靠竞争优势。竞争优势的获取和增强,关键在于创新力。从这一意义上讲,创新城市作为一种具体化的创新力,与增强城市综合竞争力是一脉相承的。对于上海未来发展来讲,不是依靠一般意义上的资本或要素积累方式,也不是单纯扩大城市规模和增大经济实力,而是在城市发展模式转换、功能更新、产业体系重塑、空间结构调整、社会机体改造、生态环境改善等基础上,迅速提升城市能级水平,提高国际竞争力。

12.1 基本内涵

何为城市竞争力?这是我们研究城市竞争力首先碰到并必须予以回答的问题。从研究的角度讲,也许应该在一系列研究之后方能得出一个较为明确的答案。但从叙述的角度讲,则要求一开始就有一个基本的交代。因此,我们首先对这一研究对象的基本内涵作出界定。

12.1.1 不同定义及其评价

在现实生活中,城市竞争不仅由其主体、对象、过程、结果等要素构成,而且是一个从各个方面展开的多维度、多层次的复合结构,涉及经济、政治、社会、环境、文化等丰富内容。从这一角度讲,对于城市竞争力问题,可以从不同的角度

---

  * 本章根据笔者主持的 2000 年上海市哲学社会科学基金"十五"重点项目"城市综合竞争力研究"的成果报告改编而成。

进行研究,并给出相应的概念性解释。但为了揭示和反映城市竞争力的本质及其特有属性,我们必须对城市竞争力的基本内涵作出较为合理和科学的界定。

当人们把城市竞争力作一个研究对象时,势必要对其有所说明并对其内容进行界定。所以大凡对此问题展开研究者,都会给城市竞争力有所定义。从目前已有的相关文献看,对城市竞争力基本内涵的理解与认识,并没有取得较大的共识,各自所下的定义有较大的差异,对定义的表述更是各不相同。目前比较流行的定义,归纳起来,大致有以下几种类型。

第一种类型侧重从"产出能力"的角度,来界定和描述城市竞争力的基本内涵。在国外学者中,如 Gordon 和 Cheshire(1998)提出,城市竞争力是一个城市在其边界之内能够比其他城市创造更多的收入和就业。Douglas Webster 也认为,城市竞争力是指一个城市能够生产和销售比其他城市更好的产品。非交易性的劳务也是竞争力的一个重要组成部分(倪鹏飞,2003:219)。卡尔·彼得(Peter Karl Kresl)教授认为,城市竞争力是城市创造财富、提高收入的能力。

在国内学者中,倪鹏飞(2003:49—50)对城市竞争力所下的定义比较有代表性。他认为,城市竞争力主要是指一个城市在竞争和发展过程中与其他城市相比较所具有的多快好省地创造财富和价值收益的能力。城市价值收益的获得及获得的多少决定于城市创造价值的能力,决定于城市的竞争力。由于在此定义中用"价值收益"来概括"产出"的内容,所以比 Gordon 和 Cheshire(1998)及 Douglas Webster 等人所讲的"收入、就业、产品"等产出能力来得更为宽泛,可包容更多的方面。与此相类似。于涛方等人认为,城市竞争力是一个城市为满足区域、国家或者国际市场的需要生产商品、创造财富和提供服务的能力,以及提高纯收入、改善生活质量、促进社会可持续发展的能力。它综合反映了城市的生产能力、生活质量、社会全面进步及其对外影响(于涛方、顾朝林、涂英时,2001)。这一表述从其精神实质来讲,也是从产出能力的角度来界定城市竞争力基本内涵的,只不过更为准确地把倪鹏飞定义中的"创造财富和价值收益"的内容进一步具体化了。

第二种类型侧重从"要素能力"的角度,来界定和描述城市竞争力的基本内涵。例如《中国城市发展报告(2001—2002)》认为,城市竞争力是指城市在国际化和市场化舞台上,在生产力要素的综合表达上,在提升生产力水平的动力培育上,在发展模式选择与制度创新上所表现出的比较优势和综合潜力。①这一表述

---

① 中国市长协会、《中国城市发展报告》编辑委员会编著:《中国城市发展报告》(2001—2002),西苑出版社 2003 年版,第 257 页。

强调了城市竞争要素的强弱是城市竞争力的核心问题,而其竞争要素的强弱取决于比较优势和综合潜力。

与此相近似。刘春敏(2002)认为,城市竞争力主要是指一个城市在竞争和发展过程中与其他城市相比较所具有的吸引、争夺、拥有、控制和转化资源,争夺、占领和控制市场,以创造价值,为其居民提供福利的能力。城市价值是由城市企业或经济人创造的,其集合化优势就是城市竞争力。尽管这一表述也提到了创造价值及为其居民提供福利的能力,但更为注重的则是"集合化的优势"。

第三种类型侧重从"过程能力",来界定和描述城市竞争力的基本内涵。例如,姜杰、张喜民、王在勇(2003)认为,城市竞争力就是一个城市创造环境和区位优势,聚集和优化配置更多的稀缺资源,为所在地区或国家创造更多的经济价值和社会文化价值的能力。这一定义强调了通过创造相应条件,促进要素集聚并加以有效利用与配置的过程能力。

徐康宁(2002:208)对此作了更完整的表述,把城市竞争力定义为:城市通过提供自然的、经济的、文化的和制度的环境,聚集、吸收和利用各种促进经济和社会发展的文明要素的能力,并最终表现为比其他城市具有更强、更为持续的发展能力和发展趋势。

应该说,上述这些定义及其表述,在不同程度上都揭示和反映了城市竞争力的基本内容。但这些定义及其表述似乎更注重于从竞争力本身出发,而不是从城市本身的基本属性及其功能特征来挖掘城市竞争力的基本内涵。因此,这些定义及其表述往往难以揭示和反映城市竞争力内涵的内在独特性,反而在表述上显得与其他类型竞争力(如国家竞争力、地区竞争力、产业竞争力和企业竞争等)有更多的相似或类似。

例如,目前人们比较认同"世界经济论坛"对国家竞争力所下的定义,即"一国能获得经济持续高速增长的能力"。迈克尔·波特(2022:6)曾指出,在国家层面上,竞争力的唯一意义就是"生产力"。因为国家的基本目标是为其人民提供高水准的生活,实现这一目标的能力则取决于运用劳动与资本等国家资源所得的生产力。而 Gordon 和 Cheshire(1998)等研究者从"产出能力"出发对城市竞争力的阐述,实际上强调的就是"一个城市持续创造财富的能力"。但问题在于,在城市层面上,"生产力"是否可谓其竞争力的唯一意义所在呢? 这是值得质疑的。

又如,对于产业竞争力的传统解释,就是用生产要素比较优势来加以说明的,即每个国家比较自己与其他国家在生产要素上的差异后,选择发展条件最佳的产业。迈克尔·波特(2002:17)则用新的国家产业竞争优势理论来阐述,即产业竞争优势的创造与持续应该说是一个本土化过程。竞争的成功更源自各个国家的经济结构、价值、文化、政治体制以及历史的差异。与此相对照,《中国城市发展报告》从竞争要素的比较优势和综合潜力的角度对城市竞争力的表述,显得与产业竞争力的阐述有较大的类似。

再如,企业竞争力主要体现为其市场经营的能力。尽管企业竞争更多地表现为产品、质量、价格等方面的竞争,但实质上是争夺资源及其市场份额的竞争。而刘春敏(2002)对城市竞争力内涵的表达,实际上就是强调"一个城市实现有效经营的能力"。事实上,这种观点在 20 世纪 80 年代是具有相当普遍性的。许多人认为,纽约、伦敦和东京的金融中心彼此相互竞争,并通过提供联结的 24 小时覆盖市场服务而加剧这种竞争。但 Sassen(2001:172)通过对这些城市的金融服务市场多重特征分析,得出的结论是:这些城市可能更多是系统联系而不是竞争。因此对于城市来讲,"市场争夺"是否可谓其竞争力的本质体现,也是值得商榷的。

我们知道,有关国家竞争力、地区竞争力、产业竞争力和企业竞争力等方面的研究,较之城市竞争力来讲,起步更早,也已比较深入和成熟。因此,当人们从竞争力本身出发来寻求对城市竞争力基本内涵的界定时,往往会自觉或不自觉地把这些竞争力概念作为参照物。不可否认,这对于我们理解和定义城市竞争力会有所启发。但如果简单地加以转换或从中派生(或引申)出城市竞争力的自身内涵,那么这实际上就是在竞争力的一般意义上附加或注入所谓城市的特有内容。徐康宁(2002:208)曾一针见血地指出,那种从国家竞争力或企业竞争力概念引申而论的城市竞争力概念的阐述,往往不能真正把握和界定城市竞争力的内涵,因为这些阐述并没有把城市作为竞争的主体,而是通过对企业或国家主体的借代来完成这种转换关系。

同样,我们也并不否认城市竞争力与国家竞争力、产业竞争力、企业竞争力之间存在着相互影响、相互制约的关系。但城市的功能及其目标,毕竟不同于国家,也不同于产业、企业。因此,从国家竞争力或企业竞争力概念引申出城市竞争力概念的阐述,往往会抹杀掉城市竞争力的特质,而难以给予正确评价。正如Kresl(1995)指出的,对城市竞争力与国家竞争力加以区别是评价城市竞争力的关键。

相比之下,徐康宁(2002)等对城市竞争力的定义,更侧重于从城市经济的本质性功能出发,强调了城市对各种要素高度集聚的特征以及所带来的社会财富的增长。但其定义的表述,也不够完整。主要问题在于,它仅仅强调了城市集聚、吸收和利用各种要素的能力。而这种能力导致的结果,只是表现为城市人口增多、实力增强、规模扩大等。这样无形中就把竞争力置于城市总量与质量的基础之上。

总之,在界定城市综合竞争力基本内涵时,既要吸取与借鉴关于竞争力概念的一般理论概括,以及有关国家竞争力、产业竞争力等方面的研究成果,更要针对城市功能的特性来研究城市竞争力问题。

12.1.2　内涵新探讨:流动性的增值能力

笔者认为,对城市竞争力基本内涵的界定,要立足于两个基本点:一是确定以城市为竞争主体的前提,充分反映城市经济的本质及其基本特征;二是从城市动态发展的过程出发,充分揭示城市经济的现代本质特性。

我们知道,城市化总是意味着去寻求对于时间和空间的压缩能力。从古代到现代,人的活动半径(空间压缩能力)与人的速度增加(时间压缩能力),有着连续的和梯度式的提高。城市化的过程体现了人类获取物质、能量、信息的高度集聚特征,社会财富的增长随着对于时空压缩能力的提高而提高。城市的形成与发展,使其成为人类历史长河中时空压缩能力增长的典型代表。[1]

在城市这一节点上,高度的时空压缩带来的高能量以及能量转换,势必提出与外界连通性的问题。时空压缩越大,其与外界的连通性越强。这种城市与外界的连通性,是通过各种有形与无形要素的双向交互流动来实现的。既有各种要素的流入,也有各种要素的流出,而且两者是交互作用的。这也就是我们通常所说的城市集聚与扩散功能。城市经济的集聚就是充分利用、吸纳城市本身、周边地区及国内外的各种资源要素和积极因素,增强城市经济实力和发展潜力;而扩散就是利用城市经济在各方面的优势,把这种优势有系统地渗入周边地区及更大区域,从而带动和这些地区的发展,并在这过程中进一步增强以城市为中心的区域经济的整体实力。事实上,城市经济的集聚,必然带来对外能量的扩散。如果仅仅为集聚而集聚,没有扩散,这种集聚是无法持续的。只有通过流动与扩散,才能进一步增强集聚能力。

当然,这些要素在城市这一节点上的双向交互流动,势必会带来更有效率的

---

[1]　中国市长协会、《中国城市发展报告》编辑委员会编著:《中国城市发展报告(2001—2002)》,西苑出版社 2003 年版,第 13 页。

配置及价值提升。否则,这种流动性是没有意义的。而这种要素更有效率的配置及价值提升,恰恰是城市所固有的"能量转换"的作用。正是由于这种"能量转换",才对各种要素的流入与流出形成某种"引力与斥力"。如果没有这种"能量转换"的价值提升,各种要素就不会在城市这一节点上流动。从这一意义上讲,各种要素的集聚与扩散,本身就已内含着流动中的"能量转换"。

由此我们认为,城市经济的本质及其基本特征集中反映在城市集聚与扩散功能上。而中心城市的其他功能,诸如生产功能、管理功能、服务功能以及创新功能等均从属于这一基本功能或由这一功能所派生(徐长乐,2003)。

另外,我们还要考虑城市发展的动态性。因为在城市发展的不同阶段,不仅其集聚与扩散的程度与范围不同,而且两者之间的对称度也不尽相同。这对城市竞争的性质及其方式都有相当大的影响。正如 Leo Van den Berg 和 Erik Braun(1999)指出的,一个城市的竞争很大程度上取决于城市的发展阶段。

在城市化阶段,由于城镇的形成要靠大量要素空间集聚,其集聚的功能比较明显,而扩散则相对有限。另外,这些正在形成与发展起来的城镇尚是功能相对独立的单元,其集聚与扩散的范围有限,与其他的城镇联系相对较弱,因此城市之间的互补等功能及其竞争也相对较弱。

在城市的郊区化阶段,主要表现为城区向郊区的扩散,但其结果,则是城市体量增大和规模扩大。从另一种意义上讲,这意味着城市在更大范围内的集聚。因此,这就形成了一定范围扩散与更大范围集聚的局面。在这种情况下,城市竞争发生较大的变化。对于大城市而言,城市在很大程度上与其郊区的竞争比较激烈。

在城市的逆城市化阶段,城市能量的高度集聚形成强有力的扩散,从而使集聚与扩散的程度大大加深,其范围不断扩大。这在很大程度上拓展了城市的竞争范围。大城市不仅仅与其周边郊区竞争,而且与其他距离很远的城市发生竞争(Berg and Braun, 1999),即城市的广域竞争。

在信息时代的城市发展阶段,城市在空间利用方面取得更大的区域适应性,在布局选择、规模构造以及产业选择方面提供更大的灵活性,城市的集散更为广泛与深入,软性的生活质量、环境、文化服务水平和对知识的获取等成为新时期区位的重要因素。与此同时,信息网络革命也将使城市具有与外界更广泛的连通性,凸显城市价值流的功能与价值取向。在这种情况下,城市竞争越来越具有全球化竞争的性质。

可见,在城市发展的不同阶段,其本质属性总是以某种特定的方式和形式表现出来,而且竞争的影响因素也因之而异,并使每一个城市发展阶段的竞争性质不同。特别是新的城市革命,势必赋予城市发展新的内涵。从这一意义上讲,城市竞争力是一个动态的概念,其内涵在本质上是随着社会经济的发展及其要求而不断发展、修正、完善的过程。

从以上分析中我们可以看到,在当今时代的城市发展中,网络化的连通性越来越成为其本质特性。一个城市的成功,日益取决于它与其他城市之间的联系。Storper(1997:222)提出"城市生态群"的概念,重点强调没有一个城市可以在孤立状态下单独地成功。Coopers 和 Lybrand 在"展望 21 世纪伦敦"的研究中,也强调了增强"全球联系和联络"的重要性(HMSO, 1991:196)。例如,国际城市的成功繁荣是由于这些城市处于对所有全球经济有影响的交汇处,包括人力、物品、资金和思想等。

因此在强调城市间联系的情况下,城市竞争力应被视为一种体系化的现象。也就是,城市竞争力是依靠世界城市体系的互通性。这里暗含着一个重要思想,即每一个城市都面对着一个具有规范的外部世界,处于一个网络之中。城市其实是众多联系在一起的体系(Thrift, 1997:143)。由此可以引申出,一个城市具有竞争力的地方,并不是它们在内向破裂的稳定系统中的固定位置,而是城市之间流进与流出、流动速度的快慢、集中与辐射的程度。为此,笔者倾向于把城市竞争力视为"一个城市流动性不断扩展中的持续增值能力"。

12.2　城市竞争力模型

12.2.1　城市竞争力要素构成:不同模型的比较

城市竞争力是一种综合能力,由各个方面的因素共同发生作用。从这一角度讲,我们可以找出很多对其产生影响的相关要素。但问题在于,在众多相关要素影响城市竞争力的过程中,其作用程度是不同的,有主次之分。因此,城市竞争力模型的建构,不是罗列各种相关要素,而是要选取出决定城市竞争力的关键性要素。从已有文献看,对城市竞争力要素构成的论述比较多,形成了不同的理论模型。如果按照其建构模型的不同特点,可归纳为以下几种比较具有代表性的表述。

1. 平面式的城市竞争力要素构成

一些学者在归纳城市竞争力要素构成时,通过对各种要素的扫描与选取,建构了一种平面式的结构体系。当然,在选取出来的城市竞争力诸要素中,并不是对其进行简单的平行排列,仍然强调了不同要素在其构成中的地位及权重,指出了其中某些对城市竞争力更具有决定性意义的要素。

在这类研究中,由于对影响城市竞争力的各种要素进行扫描与选取时所涉及的范围有大有小,更主要的是划分类型的角度与标准不同,所以他们归纳和提出的城市竞争力要素构成仍有所差异。例如,国内学者沈立人(2002)是从一个相当广泛的领域,通过经济、政治、文化的大分类对影响城市竞争力的要素进行扫描与选取,提出城市竞争力是由经济竞争力、政治竞争力和文化竞争力所构成。其中,经济竞争力是城市综合竞争力的基础,包括经济实力与科技能力;政治竞争力,包括民主和法制建设,政府职能转换与精干、高效、廉洁,政局稳定和治安良好;文化竞争力是城市竞争力的必要支撑,表示一个地区和城市的文明程度,并以人的现代化为归宿,分为思想道德和科教文两个方面。

而 Webster 和 Muller(2000)则侧重于从一个城市能够生产和销售比其他城市更好的产品(包括非交易性的劳务)的角度,把决定城市竞争力的要素划分为四个方面,即经济结构、区域性禀赋、人力资源和制度环境。其中,经济结构相关的因素包括经济构成、生产力、产出和增加值、可持续发展程度、引资(国外资金、国内资金)等;区域禀赋指的是与特定场所密不可分的不可交易的因素,如区位、基础设施、自然资源条件、城市环境宜人程度、生活和业务费用,以及城市区域的形象;人力资源包括劳动力的技术熟练程度,劳动力供给情况,以及城市和区域的劳动力成本等;制度环境指的是企业文化、管治和政策体系,包括激励政策结构及网络行为。值得指出的是,尽管 Douglas Webster 进一步区分经济活动要素(主要是经济结构要素)和场所特质要素(后三个要素),但总体上是把这四个要素置于同一平面上考察的(见图 12.1)。当然,他认为在这些要素中,人力资源和制度环境是决定和解释城市竞争力的最为重要的因素。人力资源决定城市活动价值链程度,制度环境则起着"协同"作用。

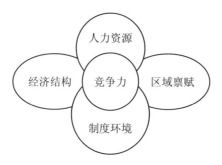

图 12.1 Douglas Webster 城市竞争力模型

资料来源:Webster and Muller,2000.

　　Sotarauta 和 Linnamaa(1998)不再把注意力放在企业和就业等单个方面，而是把城市作为一个整体来看待，有意识地发展城市的核心竞争优势。其中，特别重视了网络及其管理的作用。他认为，城市的各类功能和活动以网络的方式来组织，而不是以纯粹的科层方式和市场方式来完成。在此过程中，城市之间既有激烈的竞争又有紧密的合作。城市的发展模式越来越建立在合作与网络的基础之上，网络管理越来越成为城市竞争力的一个要素。因此，在他归纳的 6 个城市竞争力要素中，强调了制度和政策网络、网络中的成员（见图 12.2）。

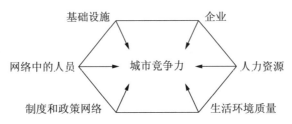

图 12.2　Linnamaa 的城市竞争力要素

资料来源：Sotarautaand Linnamaa，1998.

2. 复式型的竞争力要素构成

　　另一些学者在考察城市竞争力要素构成时，首先对影响城市竞争力的诸要素从某种角度进行属性上的区分，并按照其不同属性对选取出来的要素进行分类，建构了一种复式型的结构体系。

　　美国的 Peter Karl Kresl(1995)教授在区分城市竞争力表现（显性要素）与城市竞争力决定（决定要素）的基础上，[①]进一步从影响城市竞争力的作用方式上区分了决定要素的不同属性，将其分解为两大类——经济的部分和战略的部分，并以此构建了城市竞争力模型，即城市竞争力＝ f（经济决定因子＋战略决定因子）。其中，经济决定因子包括生产要素、基础设施、区位、经济结构、城市适宜度，而战略决定因子则包括政府效率、城市战略、公共部门与私人部门合作，以及制度弹性等。他认为，战略决定因子的作用不是直接显露出来的，而是通过与当地大学、研究中心相关的部门的积累表现出来。文化活动和环境宜人程度对

---

　　① Peter Karl Kresl 认为，城市竞争力没有直接被测量分析的性质，人们只能通过它投下的影子来估计它的质和量。根据这一思想，他从构造了一套变量（指标）来表示城市竞争力：城市竞争力＝（Δ 制造业增加值、Δ 商品零售额、Δ 商业服务收入）。这些都是显性要素，与其决定要素相区别。由于 Peter Karl Kresl 主要从决定要素角度来论述城市竞争力的，所以我们没有将其归为下一种类型。

于城市竞争力的重要性也日益得到广泛的重视,并被作为影响城市竞争力的核心部分来看待。

国内学者倪鹏飞(2003:50—51)提出的城市竞争力"弓弦模型",也属于此种类型。但与 Kresl 教授的划分角度不同,他是从要素本身属性及其表现方式的不同而把城市竞争力的复杂子系统概括成两类:硬竞争力系统和软竞争力系统。这两部分构成系统,互动增进,形成复合力量,并主要通过产业或企业竞争和增长的绩效表现出来,即城市竞争力=f(硬竞争力,软竞争力)。其中,硬力由一些具体的分力构成,即硬竞争力=人才竞争力+资本竞争力+科技竞争力+结构竞争力+基础设施竞争力+区位竞争力+环境竞争力;软力也由一些具体分力构成,即软竞争力=文化竞争力+制度竞争力+政府管理竞争力+企业竞争力+开放竞争力。他形象地把硬力比作弓,软力比作弦,而把城市产业比作箭,其相互作用形成城市竞争力。弓弦质量越好,搭配越恰当,所形成的力越大,产业箭也就射得越远,获得的价值越大。反之,任何一部分有问题都会影响到城市价值的获取。因此,城市竞争力是各分力的耦合。各分力系统及系统内诸要素通过直接和间接两种途径创造城市价值,贡献于城市综合竞争力。各分力系统及系统内诸要素对城市价值体系的不同构成部分贡献不同,因而也就对城市竞争力有不同的贡献,其关系也是非线性的。

3. 线性投入产出式的城市竞争力要素构成

还有个别学者在研究城市竞争力要素构成时,综合考虑了经济活动要素与场所特质要素,同时又从动态过程把城市竞争资本和潜在竞争结果两者结合起来分析,建构了线性投入产出式的结构体系。

Deast 和 Giordano(2001)把城市竞争力视为竞争资本与竞争结果的统一。其中,城市竞争资本由经济环境、制度环境、物质环境和社会环境等构成;竞争结果则在企业层面与场所层面体现出来。尽管竞争资本是获得其竞争结果的前提条件,而竞争结果是竞争资本实际运用的体现,两者之间有一个转化过程,但两者之间是互动、互为影响的,从而形成一种持续能力(见图 12.3)。

英国的 Begg(1999)通过一个复杂的"迷宫"说明了城市绩效的"投入"(自上而下的部门趋势和宏观影响、公司特质、贸易环境、创新与学习能力)和"产出"(就业率和生产所决定的生活水平与生活质量)的关系。与 Kresl 仅仅区分了城市竞争力的显性要素和决定要素,并以后者作为决定城市竞争力要素不同,Begg(1999)是将城市竞争力的显性要素和决定要素的分析结合起来,认为两者共同决定城市绩效,即城市竞争力(见图 12.4)。

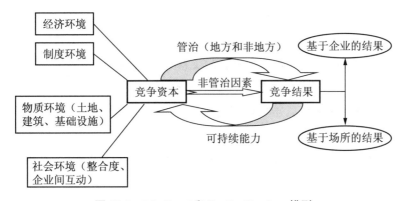

图 12.3　Iain Deast 和 Benito Giordano 模型

资料来源：Iain Deas，Benito Giordano，2001.

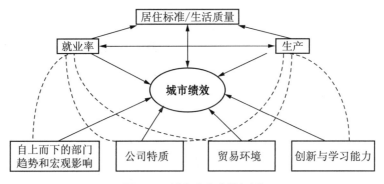

图 12.4　城市竞争力"迷宫"

资料来源：Begg，1999.

　　上述这些城市竞争力的模型建构，提出了许多有学术价值的创意。这不仅表现在所选取出来的诸多关键性要素中要进一步确定其权重大小（即关键中的核心要素），更主要的是在区分要素属性及作用方式的基础上提出了决定城市竞争力要素的复合框架，或过程框架。这就使其对于城市竞争力的决定具有了更强的解释力。

　　但从上述这些城市竞争力模型建构中，我们也可以看到，学者们在诸多影响城市竞争力的要素中选取出关键性要素，不管其是否意识到，实际上已隐含着某种取舍框架或标准，而这在很大程度上与前面论述的对城市竞争力基本内涵的理解及界定有关。当研究者对城市竞争力基本内涵作出不同的理解及界定时，事实上就已经确定了从什么角度，或在什么范围内选取出决定城市竞争力的关键性要素。另外，我们在前面论述中指出，城市竞争是随着城市发展阶段的演化而变化的。显然,在不同的城市发展阶段,决定城市竞争力的关键性要素也可能发生变化。不仅如此,外部环境条件的变化,也会引起决定城市竞争力的关键性要素的更替。[①]因此,决定城市竞争力的关键性要素是动态变化的,从而对决定城市竞争力的关键性要素的选取,与时间横截面或阶段性的确定有关。

尽管上述这些城市竞争力模型的建构不同程度地考虑到动态的因素,特别是 Linnamaa 明确指出了网络管理的重要性,倪鹏飞提出了开放竞争力等。但大多数研究者均立足于工业经济时代的城市功能,注重于从"产出能力"或"要素能力"的角度来界定城市竞争力基本内涵,所以在其选取决定城市竞争力的关键性要素时,都比较侧重于城市竞争资本和竞争结果方面的要素选择。例如,Douglas Webster 选取的经济结构、区域性禀赋、人力资源和制度环境等关键性要素,强调的是活动要素与场所要素的能力。Linnamaa 选取的基础设施、企业、网络中的人员、人力资源、制度和政策网络、生活质量环境等关键性要素,也是立足于要素能力之上的。Peter Karl Kresl 和倪鹏飞虽然在选取关键性要素的角度及构造上不同,但总体上都是从要素能力的基点出发的。Deast 和 Giordano 以及 Begg 则是在要素能力与产出能力的结合上,来选取决定城市竞争力的关键性要素的。因此,在上述这些研究中多少缺了一点从"流动能力"的角度来选取关键性要素的分量。也许在其选取的关键性要素中,也列入了个别的流动要素,但其整体的模型建构并不是围绕"流动能力"展开的。克鲁格曼曾指出,Peter Karl Kresl 建立的多变量评价体系没有充分吸收国际贸易理论的成果;与直觉判断相反,为了城市的繁荣,最佳的选择是让城市积极参与国际分工。这一批评,从某一个侧面指出了这些城市竞争力模型所存在的欠缺。

12.2.2 基于流动力与协同力的城市竞争力模型

我们前面把城市竞争力的基本内涵界定为:在流动(集聚与扩散)中的增值能力。从这一角度出发,我们主要围绕"流动能力"展开对决定城市竞争力要素的扫描与选取。

从城市的集聚与扩散功能来讲,主要是各种可交易性的有形与无形的要素

---

① 例如,经济全球化既给城市发展带来了机遇,同时也给城市发展带来了威胁,而城市应对这种冲击所能利用的资源是有限的。这就使制度环境与社会经济状况(如税收、产业政策、经济结构、人力资源等)对城市竞争力的影响变得越来越重要。又如,中央与地方的行政分权赋予城市更多的管辖事务,也可能使决定城市竞争力的关键性要素发生转化,即区域性的要素(无论是制度性的还是技术性的要素)在影响一个城市的竞争力时变得更加重要。

及商品流动,包括产品流动、资金流动、技术流动、人力流动、信息与知识流动等。这些要素的流动,首先直接表现为流量规模及其范围功能。但这种流量规模及其范围功能的大小,总是与经济总量、质量联系在一起的。一个城市的总量规模及运行质量,在很大程度上规定与制约了其流量规模及范围功能。不存在脱离总量与质量的所谓流量,流量本身就已内含了一定的总量与质量。同样,城市作为高度时空压缩的节点,其总量规模与运行质量也离不开与外部连通性的流量。因此,总量、质量、流量是内在统一的,共同构成流动力,即流动力=f(总量+质量+流量)。

然而,这种体现城市集聚与扩散能力的流动力,在较大程度上是显性要素,表现为城市竞争结果。在此,我们借鉴 Deast 和 Giordano(2001)把城市竞争力视为竞争资本与竞争结果的统一的建模方法,寻找显性要素背后的决定要素。但与其不同的是,我们强调竞争过程,而不是竞争资本。我们认为,在竞争资本、竞争过程和竞争结果三者中间,竞争过程是最重要的。在大致类似的竞争资本"投入"下,如果其竞争过程不同,竞争结果是完全不同的。Deast 和 Giordano 等人的城市竞争力模型,在其"投入"与"产出"的"迷宫"中,把竞争过程作为"黑箱"处理,恰恰是忽视了最重要的环节。我们认为,对城市竞争力的研究最终要聚焦在城市竞争过程上。因此,要把城市竞争力视为竞争过程与竞争结果的统一。

如果说竞争资本主要体现为各种要素的"投入",各种软硬要素是其基本元素,那么我们所强调的城市竞争过程则主要表现为各行为主体利用各种要素发生的关系,各行为主体是其基本元素。在竞争过程中所发生的,主要是行为主体之间的协同力。所谓协同力是指各行为主体通过特定文化、经济、社会和政治关系的组合使其紧密联系在一起,并相互作用而产生大于个体能力之和的能力。

Beaverstock、Doel、Hubbard 和 Taylor(2002)曾提出一个城市体系协同效应的理论模型(见图 12.5)。一个城市体系是由企业、行业组织、市民和政府四个主要组成部分构成的。这四个组成部分在两种团体中分为四种关系。一个是功能上的团体 A,连接企业与相对应的行业组织。每一类企业都在不同的专业领域里运营,因此每一个行业正式或非正式的资质、习惯、规则及传统都对其各个企业行为产生影响。另一个是领域方面的团体 B,连接着市民与政府。政府的政策会给市民带来影响。以上两个团体通过特定文化、经济、社会和政治关系的组合使构成城市体系的四个主要部分紧密联系在一起。在其模型中,各行为主体被认为是通过某种关系而相互作用的。其中,联系 I 是一种拉力,形成企业和市民之间的互动互利关系;联系 II 代表着政府与行业组织之间的相互作用。城

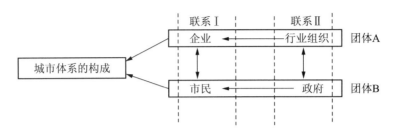

图 12.5　城市体系协同效应的理论模型

资料来源:Beaverstock,Doel,Hubbard and Taylor,2002.

市竞争力其实是企业联系(与之对应的行业组织)和市民联系(与之对应的政府组织)在特定文化、经济和政治关系的交汇处有创造性地结合而产生的。

这个协作效应的模型是主要描述城市内部各主要行为主体的紧密联系及相互作用关系,即内部协同力。但在城市的集聚与扩散过程中,还有一个与外部协同的问题。也就是,城市作一个实体与国家、区域经济联合体(包括其他城市)乃至跨国企业、国际性组织等其他实体之间的联系及相互作用关系(见图 12.6)。在目前的经济全球化和信息化条件下,各实体之间的联系日益网络化,外部协同力在更大程度上是指建立外部网络或与这种网络发生链接的能力。因此,我们把这种协同力细分为城市内部的协同,以及与外部的协同,即协同力=f(内部协同力+外部协同力)。

在我们这一模型(见图 12.7)中,决定城市竞争力的关键性要素主要是两大类:流动力与协同力。由于流动力反映了客体的能力,而协同力反映了主体能力,所以两者在作用于城市竞争力的关系上有所不同。协同力的作用不是直接显露出来的,而是通过总量扩大、质量提高和流量加速表现出来的。因此在其结构安排上,我们借鉴 Peter Karl Kresl 等人的复合型结构体系,即城市竞争力=f(流动力+协同力)。

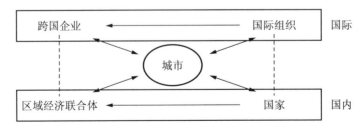

图 12.6　城市的内外协同力

资料来源:作者绘制。

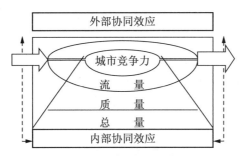

图 12.7　城市竞争力模型

资料来源:作者绘制。

12.3　城市竞争力比较

上海提高城市综合竞争力固然十分必要。然而,首先要对自身的竞争力水平有一个基本评估。其中,一种较好方法就是进行比较分析。通过城市间竞争力的比较分析,能够揭示出目前城市综合竞争力的状况、水平及特点,勾勒出促进城市综合竞争力提高的主要因素,以及支撑城市综合竞争力的主要框架结构。同时,通过以大量实际数据为依据的比较分析,能够及时发现各城市在综合竞争力方面的优势和缺陷,有助于发挥其更大优势,修正与弥补缺陷,增强综合竞争力;也有助于各城市间互相取长补短,相互学习,共同提高。

12.3.1　城市竞争力评价指标体系

城市综合竞争力的比较分析,当然要求全面,有较大的覆盖面。但由于城市综合竞争力比较的关键,是城市经济的集聚和扩散功能的比较。因此我们采用 Adansonian 的一种方法分类(Sokal and Sneath,1963)。这种方法有两个主要指导原则:首先,要尽量使用既有效又有可比性的数据;其次,均衡各种数据。这样就能形成相对简单和透明的分类。

在以上关于城市综合竞争力的理论框架下,我们主要从集聚和扩散功能比较上入手,并设计总量、质量和流量三个一级指标来基本涵盖城市综合竞争力的丰富内容,以及包容各具体分类指标。总量指标主要突出体现一个城市的经济实力、实际产出能力及发展状况,其是城市经济持续发展和综合竞争力的基础,也是城市经济发挥集聚和扩散功能的基础。质量指标深刻反映城市经济的发展质量和社会经济的"健康"状况,并且是决定城市综合竞争力强弱及集聚和扩散功能的主要因素。流量指标体现出城市经济集聚和扩散功能的发挥程度,通过指标比较可具体反映各城市在 GDP 流量规模、资本、技术、人力资源、对外开放、资源利用等方面的集聚和扩散能力。根据中国城市目前的实际发展状况,通过专家法等技术手段,我们对三个一级指标赋予不同的权重。具体为:总量指标占 30%,质量指标和流量指标各占 35%。尽管质量和流量指标更能在本质上反映城市综合竞争力的能量和发展趋势,但我们考虑到现阶段国内城市发展的实际情况,其总量在很大程度上还是决定城市综合竞争力优势的重要因素,故给予相应的权重。在以上三个一级指标下,我们进一步分列了 14 个二级指标和 79 个三级指标(见附表)。其中,二级和三级指标在今后研究深化的基础上可以不断进行充实、调整和完善。与此同时,这类指标也可以用来进行城市综合竞争力方面的专项比较分析。

1. 总量指标

(1) 经济实力:通过对国内生产总值、人均国内生产总值、社会商品零售总额、固定资产投资总额等指标的分析比较,反映该城市目前所达到的发展状况和实际水平。

(2) 金融实力:通过居民储蓄存款、银行贷款余额、保险金额等指标,反映金融市场的发展程度及资金融通实力。金融实力是城市综合竞争力的有力利器,缺乏这一手段,城市的聚集和扩散功能将无法发挥,特别是城市的扩散功能,它是以资金、技术和产品为主要手段的。

(3) 科技实力:以研究和发展投入金额、专利申请数、拥有科技人员数等指标,评价该城市在科技进步、技术创新方面的能力和基础。

(4) 政府实力:由于数据收集因素,目前只设置了财政收入和财政支出指标,反映政府对社会经济发展的一种主动性促进能量。

2. 质量指标

(1) 发展水平:主要通过对 GDP、人均 GDP、固定资产投资总额的十年平均增长率的比较,从动态角度考察该城市的长期发展水平及能力。

(2) 产业结构:主要通过对三次产业比重的比较,评价产业结构的高级化程度。

(3) 经济效益:通过对综合生产率、投资效果系数的比较,评价该城市的经济效率水平。这是质量指标比较中的核心项目,也是决定城市集聚和扩散功能的主要因素。

（4）城市服务设施：通过对城市公共服务设施及基础设施的比较，反映城市的现代化程度。

（5）社会环境：从人均居住面积、人均公共绿地面积、空气质量等指标，比较各城市的环境状况。

3. 流量指标

（1）GDP流量：由于数据收集问题，目前无法进行这方面的比较。

（2）人口流量：原主要比较人力资源的流量状况，如吸引科技人员数等，由于数据收集困难，现仅进行旅游方面的流量状况比较，但也在一定程度上反映了城市的吸引力和集聚能力。

（3）资金流量：由于各城市情况不一，一些指标如外汇交易量、股票交易量等无法比较，因此目前主要对吸引外资及变动状况进行比较，反映城市在这方面的集聚能力。

（4）实物流量：通过对货物运输、客运、集装箱运输能力的比较，评价城市在这方面的集散能力。

（5）信息流量：原设计了举办大型国内外展览会、举办国际性重要会议等指标，由于数据缺乏，现仅作较狭义的信息流量方面的比较，但也在一定程度上反映了城市的信息产品的生产和信息化水平。

12.3.2 比较样本选择

从上海建设现代化国际大都市的目标来讲，似乎更应该与国外的国际大都市进行对比，而不是在国内城市中进行比较。也许有人甚至认为，上海在国内总是居于领先地位，没什么好比较的，其意义不大。当然，由于目前国内外城市的统计口径和指标极不一致，城市的统计资料也不完备，进行国际比较在数据采集与技术处理上有很大的困难，这是国际上所有研究世界城市的学者共同面临的目前暂时无法解决的难题。因此，进行比较全面的国际比较，事实上并不具有可操作性。但更为主要的，我们是基于这样的考虑：一方面，上海目前与纽约、伦敦、东京等国际大都市相比，其差距相当大，相差了好几个能级水平，比较其竞争力水平不具有现实的可比性。当然，将这些国际大都市作为一种参照系，成为努力的方向是完全可以的。另一方面，尽管在国内的城市竞争力中，上海总体上排位处在前列，但与近靠其后的城市之间是否拉开了距离，处于遥遥领先的地位，而且在各分类指标上是否也都具有较强的竞争优势，其竞争力的增长是否具有可持续性等，这些都是值得比较研究的。因此，我们感到，选择国内城市进行比较研究更具有现实可行性和实际意义。

对于进行比较研究的城市选择,我们有这么几个标准:(1)从城市社会发展水平和经济实力的角度考虑,选择一些其经济实力和社会发展水平在国内领先的城市;(2)从地域角度考虑,由于中国明显的地区发展差别,因此不同地区选择一些有代表性的、具有明显区域特征的城市,以便通过比较能够得出有益的启示;(3)从改革开放和发展角度而言,选择一些相对超前或滞后的城市,通过比较也能发现差距所在。根据上述标准,我们选择如下十个城市进行比较研究,它们是:北京、上海、广州、深圳(代表中国的特大型城市及社会发展水平和经济实力领先城市),天津、武汉、苏州、哈尔滨(代表具有社会发展较高水平和具有较强经济实力的不同区域的城市),重庆、西安(代表具有明显西部特色的大城市)。

12.3.3 1999—2002 年城市综合竞争力的总体排序

按照城市综合竞争力比较指标体系,通过对十个城市社会经济发展各项指标数据的模型处理和比较,我们得到了 1999—2002 年各城市综合竞争力的总体排序。从表 12.1 中可以看到,由于上海在总量方面,经济基础扎实,总体实力表现强劲;在质量方面,效益水平较高;在流量方面,资金融通领先,集散功能不断增强,且整体发展较协调,各项指标比较均衡,所以城市综合竞争力连续几年居

表 12.1 1999—2002 年十城市综合竞争力总值及排序

	1999		2000		2001		2002	
	总值	排序	总值	排序	总值	排序	总值	排序
上　海	159.9	1	183	1	207	1	240	1
北　京	143.9	2	180	2	205	2	233	2
深　圳	135.3	3	155	3	164	3	179	3
广　州	117.2	4	132	4	152	4	172	4
天　津	80.8	5	85.9	5	94	6	103	6
苏　州	75.1	6	86.3	6	95	5	113	5
重　庆	55.8	8	81	7	86	7	96	7
武　汉	70.2	7	79	8	83	8	90	8
西　安	55.8	9	67	9	69	9	75	9
哈尔滨	42.4	10	59	10	64	10	65	10

注:各城市竞争力总值以 1995 年上海数据为基准(100)。
资料来源:作者编制。

于首位。然而,城市综合竞争力并不十分突出,仅以微弱优势领先于北京。1999 年,上海比北京综合竞争力领先 16 分,2000 年上海的领先优势就已经缩小到只有 4.1 分了,2001 年进一步缩小到 2 分,2002 年才拉大到 7 分。

但在城市综合竞争力分项指标比较中,可以看出,上海并不是都居于首位。从总量分项指标的分值及排序(表 12.2)来看,北京连续几年居于首位。只有到 2002 年,上海才超过北京。虽然上海和北京的综合竞争力总量指标分值增长最快,但广州、深圳等城市增长速度也已经赶上来了,与上海和北京的差距已没有 2001 年那么大了。从质量分项指标的分值及排序(表 12.3)来看,深圳一直能领先于上海和北京。上海虽居第二,但与北京相差无几。从流量分项指标的分值及排序(表 12.4)来看,上海虽然居于首位,但 2000 年曾一度被深圳超过。而且,北京的增长势头迅猛。1999 年北京与上海的分值相差达 46,但 2000 年分值相差一下子缩小至 7,并在后两年一直保持 9—7 的差距。

我们把 1995 年的上海设定为指标体系考察的基准点,也计算了上海由 1995 年到 2000 年的综合竞争力各项指标,对上海综合竞争力发展态势进行了分析。上海城市综合竞争力三项一级指标中,总量指标表现最好。从 1995 年以来,伴随着上海经济的高速增长,总量指标的增长速率稳步提高,是带动上海综合竞争力增加的最重要动力。流量指标增长也很快,但相对来讲,不是很稳定。质量指标增长相对滞后,目前有相对趋缓的倾向(见图 12.8)。

表 12.2　1999—2002 年十城市综合竞争力总量指标分值及排序

	1999		2000		2001		2002	
	总量分值	排序	总量分值	排序	总量分值	排序	总量分值	排序
北　京	188.6	1	230	1	283	1	334	2
上　海	184.8	2	227	2	277	2	345	1
广　州	117.9	3	135	3	152	3	183	3
深　圳	101.3	4	118	4	138	4	159	4
天　津	71.4	5	80	5	97	5	117	5
苏　州	58.4	6	64	7	76	6	91	6
武　汉	56.9	7	66	6	73	7	88	7
重　庆	50.7	8	60	8	60.5	8	70	8
西　安	44.6	9	50	9	56.7	9	66	9
哈尔滨	32.5	10	40	10	51	10	51	10

注:各城市竞争力总量指标分值以 1995 年上海数据为基准(100)。
资料来源:作者编制。

表 12.3　1999—2002 年十城市综合竞争力质量分项指标分值及排序

	1999		2000		2001		2002	
	质量分值	排序	质量分值	排序	质量分值	排序	质量分值	排序
深　圳	133.7	1	139	1	140	1	142	1
上　海	123.7	2	131	2	135.7	2	141	2
北　京	121.1	3	129	3	135.6	3	140	3
广　州	115.0	4	115	4	120	4	124	4
天　津	102.9	5	103	5	107	5	108	6
西　安	99.3	6	98	8	96.7	8	100	8
武　汉	99.1	7	100	7	101	7	102	7
苏　州	92.4	8	102	6	106	6	111	5
哈尔滨	75.8	9	81	9	84	9	87	9
重　庆	72.5	10	76	10	79	10	82	10

注:各城市竞争力质量指标分值以 1995 年上海数据为基准(100)。
资料来源:作者编制。

表 12.4　1999—2002 年城市综合竞争力流量分项指标分值及排序

	1999		2000		2001		2002	
	流量分值	排序	流量分值	排序	流量分值	排序	流量分值	排序
上　海	174.8	1	196	2	218.9	1	248	1
深　圳	166.1	2	202	1	210	2	233	3
北　京	128.4	3	189	3	209.3	3	241	2
广　州	118.8	4	147	4	183	4	210	4
苏　州	72.2	5	90	6	100	6	133	5
天　津	66.8	6	74	7	78	7	85	7
武　汉	52.6	7	69	8	74	8	78	8
重　庆	43.3	8	104	5	116.5	5	128	6
西　安	30.5	9	51	10	51.3	10	58	10
哈尔滨	17.5	10	54	9	55	9	56	9

注:各城市竞争力流量指标分值以 1995 年上海数据为基准(100)。
资料来源:作者编制。

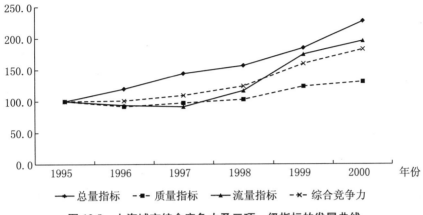

图12.8   上海城市综合竞争力及三项一级指标的发展曲线

综合来看,上海城市综合竞争力在各项指标上的发展是协调的。在考察的时间区间内,三项指标基本保持了同步增长,促进了上海城市综合竞争力的稳定有序提高。这也从一个侧面反映了上海目前的城市发展是处在一个良性的、可持续的上升通道内。我们应该保持这个良好的发展势头,有机协调城市综合竞争力各项指标的增长,保证上海的城市发展一直运行在这个良性的上升通道,把上海建设成国际化的大都市。

12.3.4   结论

(1)继续增强总量实力,夯实城市功能的基础。总量实力是上海综合竞争力优势的重要因素,也是上海发挥集聚和扩散功能的支点。因此,必须牢牢遵循发展这一硬道理,力保上海经济发展有一个长期的较快增长速度,进一步提升上海经济在国内外的影响力和综合竞争力。提高城市综合竞争力,"发展"依然是上海在新世纪的主题,"经济"始终是上海发展目标的中心。

(2)加快提高质量水平,建立以高级生产要素为基础的竞争优势。质量是上海综合竞争力不断提高的关键因素,也是上海经济发展过程中目前所存在的主要不足。具体分析,上海在硬质量方面还是不错的,如综合生产率水平。但上海在软质量方面,如科技创新能力、科技人员数量、社会环境等尚有缺陷。

(3)进一步扩大流量规模,构建新的城市流动空间。流量规模实际上反映了城市的集聚和扩散功能。近年来,上海流量增长十分显著,特别是在吸引国内外资金方面和物流服务方面。上海必须进一步提高流量规模,主要在提高实物流量、吸引国内外资金流量、吸引科技成果和科技人员流量、吸引国内外旅游流量方面进行努力。

（4）加强上海社会经济的整体协调发展。从城市综合竞争力的提高来说，关键在于综合性，即取决于总量、质量和流量方面，取决于社会经济各产业、部门之间的协调融合。各单项指标的突进，对城市综合竞争力的提高作用不大，是事倍功半的效用。因此必须进一步强化社会经济整体的协调、协作，整体发展，提高综合竞争力。

（5）要有全球化和区域化发展的战略布局。在放眼全国乃至全世界的基础上因地制宜地制定本城市的发展策略。提高竞争力，城市要考虑全球、全国的竞争格局和发展动向，要了解决定城市竞争力的关键要素及竞争力机制。全球化思考有助于找准并塑造城市竞争力的战略优势。同时，上海还要了解自身的综合竞争力及其各分力要素的状况，以利采取符合实际的、有针对性的政策、策略和措施。

（6）坚持可持续发展的路线。经济与社会的可持续发展是当今世界的潮流，也是我们对子孙后代的责任。因此上海在发展经济中，要保护性利用不可再生要素，积极培育可再生要素。任何城市在全球和区域分工体系中都有自己的比较优势，要发挥其比较优势，创造城市价值，同时要不失时机地积累资金、技术、人才等资源，不断地提升比较优势和创造竞争优势。在利用比较优势时，对不可再生要素要采取保护性利用的对策。要大力培育可再生要素，尤其要着力塑造那些决定性影响竞争力的核心和高质的科技、人才、管理等要素。要不断地变不可再生要素的劣势为可再生要素的优势。任何单单利用现有不可再生要素的做法都将面临坐吃山空的危险。只有坚持可持续发展的路线，才能保证上海的城市竞争力长期持续提升。

附表　城市综合竞争力指标体系

A1	总量		
	B1	经济实力	
		C1	GDP
		C2	GDP 占本国比重
		C3	人均 GDP
		C4	固定资产投资总额
		C5	国内投资率
		C6	个人消费占 GDP 比重
		C7	社会商品零售总额

B2	金融实力	
	C8	年末居民储蓄存款余额
	C9	年末银行贷款余额
	C10	保险保费总额
	C11	外资金融机构入驻数
	C12	本市上市公司市值总额
B3	科技实力	
	C13	研究与发展投入总额
	C14	每十万人专利申请数
	C15	每万人拥有科技人员数
	C16	技术市场成交合同金额
	C17	人均教育事业费支出
	C18	每万人在校大学生数
B4	政府实力	
	C19	财政收入总额
	C20	财政支出总额
A2 质量		
B5	发展水平	
	C21	当年 GDP 增长率
	C22	DGP 十年平均增长率
	C23	人均 DGP 十年平均增长率
	C24	固定资产投资总额十年平均增长率
	C25	研究与发展投入总额占 GDP 比重
	C26	科技成果数量
	C27	从业人员平均年收入
	C28	单位 GDP 劳动者报酬
B6	产业结构	
	C29	第三产业增加值占 GDP 比重
	C30	第三产业对 GDP 贡献率
	C31	第二产业对 GDP 贡献率
	C32	社会服务业增加值占 GDP 比重
	C33	金融业增加值占 GDP 比重
	C34	高新技术产业产值占工业总产值比重
	C35	交运仓储邮电通信业占 GDP 比重
	C36	批零贸易餐饮占 GDP 比重

续表

B7	经济效益	
	C37	综合生产率
	C38	综合生产率变化率
	C39	投资效果系数
	C40	每万元 GDP 能耗
	C41	每百元从业人员报酬创造的 GDP
B8	城市服务设施	
	C42	公路网密度
	C43	人均道路面积(平方米)
	C44	供电总量
	C45	供水能力
	C46	通信光纤长度
	C47	每千人医护人员数
	C48	每万人拥有医院床位数
B9	社会环境	
	C49	平均预期寿命
	C50	失业率
	C51	人均居住面积
	C52	人均公共绿地面积
	C53	每平方公里二氧化硫排放量
	C54	工业废水排放达标率
	C55	城市环境噪声达标率
A3 流量		
B10	GDP 流量	
	C56	GDP 流量规模
	C57	GDP 流量规模与 GDP 总量之比
B11	人口流量	
	C58	外省市旅游者人数
	C59	国际旅游收入
	C60	境外旅游者人数
B12	资金流量	
	C61	股票市场交易额
	C62	国外对本地直接投资总额
	C63	国外对本地直接投资增长率

续表

	B13	实物流量
	C64	年货物运输量
	C65	年客运量
	C66	年集装箱运输量
	C67	仓储容量
	C68	进出口总额
	C69	进出口总额占 GDP 比重
	C70	转口贸易额占进出口贸易额比重
	B14	信息流量
	C71	每百万人互联网户主数
	C72	每百人拥有计算机数
	C73	住宅电话普及率
	C74	移动电话普及率
	C75	图书出版量(万册)
	C76	杂志出版量(万册)
	C77	报纸出版量(万份)
	C78	人均邮电业务总量(元)

资料来源:作者编制。

13 基于知识经济的竞争优势 *

按照 OECD 提出的概念，知识经济就是"以知识为基础的经济"，直接依据知识和信息的生产、分配与使用。从世界范围来看，知识经济的形态已在一些发达国家逐渐显现。据估计，OECD 主要成员国 GDP 的 50％以上现在已是以知识为基础的。可见，知识经济并不单纯是一个新概念、新名词，也不仅仅是一种未来经济发展的理念，而是有其深刻现实基础的，即建立在工业经济高度发展基础之上，以世界经济一体化为背景，通过信息化、网络化的机制，以知识驱动为基本特征的一种经济形态。上海在新一轮发展中培育竞争优势，必须以知识经济为基础，大力发展知识经济，增强城市综合竞争力。

13.1 从知识经济新视角来审视上海经济发展

随着知识在现实经济中的重要性的迅速增长，人们对知识重要性的认识也在进一步深化。知识经济这一概念的提出，表明人们对知识和技术在经济增长中的作用有了更充分的认识。因此，我们更需要做的事情，不是简单地拿发达国家业已形成的知识经济形态作为参照系与自己相对比，从中寻找出差距，而是要从知识经济所提供的新视角来重新审视上海经济发展轨迹及其战略方针。

13.1.1 深度知识运用：缓解资源稀缺性困扰的唯一选择

经济学常识告诉我们，当我们要把资源转化为所需要的东西时，就面临一个

---

　　* 本章根据笔者主持的 1998 年上海市软科学重点课题"知识经济的现实意义研究——上海经济知识化发展道路探索"的成果报告改编而成。

资源稀缺性问题。上海作为一个城市经济,其独特的城市空间构造使其不可能具备丰富的自然资源。即使能从外部获得充足供应的能源、原材料、资金等资源,城市空间的有限性(也是一种自然资源稀缺性的表现)也将使其数量庞大的资源配置难以有效展开。因此,长期以来上海面临着资源稀缺(特别是自然资源、原材料和能源等)的困扰。

特别是 90 年代以来,上海经济发展进入了快速增长轨道。这既是体制变革带来的增长潜力的充分释放,但同时也是大规模投资推动的结果。在压抑已久的增长潜力突然得以释放时,就需要把更多的资源转化为产品与劳务,从而使资源稀缺性的约束变得更为突出,如在大规模投资后,资金的紧缺度明显增大等。与此同时,在投资推动的高速增长中,"报酬递减"效应也开始显现。如土地级差收益逐步消耗殆尽,生态环境恶化等。这也就说明,如果我们继续按照原有增长方式运行的话,增长动力将趋减,增长速度将趋缓,增长效益将趋降。因此,迈向21 世纪的上海经济发展面临着严峻的挑战,即如何在快速增长中缓解资源稀缺性的困扰。

对于这一现实问题,在传统经济理论体系中难以找到答案,而要用知识经济的新思维来进行探索。传统的财富观是以国民经济创造的社会资产总量(先是有形的非金融资产,后加进无形的金融资产)作为主要的指标,来衡量一个国家和地区的经济实力和财富。后来,从可持续发展的角度强调了自然资源的重要性,又把自然资本纳入国家经济实力和财富的范畴。但随着知识经济的来临,人力资源和社会资本两大要素开始纳入进来以全面衡量经济实力和财富。因为人力资源和社会资本是信息和知识生成与运用的承担者。它们成为国家经济实力和财富的衡量尺度,就从统计核算的角度对自然资源日益稀缺的条件下经济社会何以持续发展的问题作出了解答。

事实上,我们可以清楚地看到,90 年代以来世界第三次新技术革命开始进入了大规模应用阶段,特别是新型计算机及软件的开发、电脑、通信卫星等科技成果的广泛应用,以及电子信息技术与其他技术的相互渗透和融合,产生了诸如机械电子、航空电子、生物电子等新型的产业结构。在此过程中,更为广泛和深入的知识运用,已使经济活动日益呈现非物质化趋势:(1)产品设计技术的变革使产品趋于轻型化,即产出增长、资源和能源消耗减少与产品重量减轻三者同步化。(2)生产投入中的软件比重上升,使生产更加灵活、更富效率,经济活动节奏加快,产品更新换代迅速。(3)数控机床、工业机器人、程序式传输设备和检验监测仪器组成了利用信息系统指挥的一体化生产体系,克服了传统的生产过程和分割状态。(4)生产过程的同质性增强,某一部门的生产技术可应用于许多附属的子部门。这种经济活动的非物质化趋势,不仅表明了知识和技术在经济增长中更为广泛和深入的运用,使人力资源和社会资本成为全面衡量经济实力和财富的尺度,而且也指明了经济持续快速增长中缓解资源稀缺性困扰的有效途径,成为自然资源日益稀缺条件下经济社会持续发展的重要保证。

因此在上海经济发展过程中,如果要有效地运用这些资源使我们的努力和投资取得更高的收益,就必须在现有资源利用中更广泛和深入地运用知识。对于发达国家来讲,知识与资源之间的平衡较之过去已有了很大的转变,相对于土地、工具、劳动而言,知识已成为决定生活水平的最重要因素。在上海经济发展中,增大以知识为基础的经济成分(比重),逐步转向经济活动的非物质化,是今后的基本方向。

另外,在现有资源利用中更广泛和深入地运用知识,将明显改变稀缺资源的竞争配置中发生的不稳定性,呈现报酬递增率的明显规则性的作用和驱动。对于"报酬递增率"规律,美国经济学家布赖恩·阿瑟(Brian Arthur, 1994)用高科技(以知识为基础的投入)运作效用来解释其可能性和存在性。他认为,高科技几乎可以被确定为"凝结的知识",它的边际成本几乎为零。这意味着每生产一个拷贝(copy),就是使生产成本更低一些,而且还不止这个,每生产一个拷贝,也是一个学习的机会。简而言之,整个生产体系是受报酬递增率规律支配的。

可见,作为城市经济,知识的凝聚和积累显得更为重要。城市经济得以发展的资源依赖,主要不是自然资源,而是知识资源。自然资源只是城市经济得以生存的必要条件,但城市经济的发展则是由知识资源来推动的。上海今后经济发展,主要是依赖于知识资源,依赖于知识的深度运用。

13.1.2　知识高地:建立产业新高地的基础支撑

针对经济发展的客观要求,上海提出建立产业新高地,无疑是正确的战略决策。但问题是,如果我们仍然按照传统思维方式,就会把注意力集中在诸如产品开发、市场拓展、产业结构升级等浅层内容上。从知识经济的新视角来看,建立产业新高地的基础支撑是知识高地。

建立产业新高地,需要有制度(机制)、物质资本与人力资本、技术等条件配合,但从一个更高的层次来讲,制度、物质资本与人力资本、技术都不过是知识载体而已。广义的知识可分成四类:(1)物化于资本品中的知识,随着资本品的折旧而消失,随新的资本品而更新。(2)蕴涵于劳动者的知识,随着劳动者的死亡而消失,通过教育与模仿部分地转移到下一代身上。其特征是可以随个人的流动而流动。(3)蕴涵于制度的知识,随制度的延续而积累,随制度的更迭而改变。其特征是存在于一个特定地组织起来的人群中。(4)可以见诸文字的知识,这包括所有前三类知识的"溢出"(汪丁丁,1995)。前三类知识属于专门知识,因其知识本身的"技术特征"(例如大部分劳动经验和技巧,管理上的"直觉"等)和"经济特征",其中大量是无法交流的,而第四类知识通常表现为一般性知识,是可以广泛交流的。在前三类知识中,第一类知识与第二类知识是互补的;第二类知识与第三类知识也是互补的(即蕴涵于制度的知识往往要求有蕴涵于人的知识去支持)。

现实经济运行表明,不管商业周期如何,在此之外还有一个基本过程,即知识累积及各类创新的进程。正是这一进程使生活水平得到长期提高。经济增长从长远来看像一条向上的趋势线,商业周期则像微小的波纹围绕着经济增长线起伏波动。经济增长最终将达到多高,是由经济增长线的斜率来决定的,而不是由小小的波动来决定的。经济增长线的斜率,是由知识积累及创新的速率决定的。因此,知识积累及其传播与应用于实践是各国(地区)长期经济增长的最终支撑点,也是建立产业新高地的基础。如果没有知识高地的支撑,产品高地、市场高地、机制高地和人才高地等都犹如建立在沙滩上的东西。

可能会有相当一部分人认为,我们尚处在工业化阶段,离知识经济还很遥远,目前建立产业新高地似乎与知识高地联系不十分紧密,建立知识高地似乎有点"远水解不了近渴"的味道。这里我们要区分两个不同的概念,即经济形态与生产的方式。从经济增长的途径来看,主要有以下几方面:一是开发未被开垦的土地;二是积累有形资本,如道路、工厂、电话网络系统等;三是扩大劳动力并加强对他们的教育和培训。以某种增长途径为主导的经济运行体系,表现为一种经济形态,如农业经济、工业经济和知识经济等。但在任何一种社会经济形态中,这三条增长途径都是同时存在,并交互发挥作用促进经济增长的。因此,作为一种以知识为基础的生产的方式与手段,则是存在于各个经济形态之中的。这样,我们可以看到,作为一种经济形态,知识经济确实离我们尚为遥远,我们必须走过工业经济时代,然后才能进入知识经济时代。但作为一种生产的方式与手段,知识作为蕴含在人(又称人力资本)和技术中的重要成分,向来是经济发展的核心,不要说在知识经济时代,即使在农业经济和工业经济时代也是如此。从这一角度讲,我们在工业化阶段建立产业新高地,同样要以知识高地作为基础支撑。

上海建立产业新高地,无非是要形成一种经济(产业)相对能势落差,增强经济的集聚效应以及对外辐射力或扩散能力。当然,这种经济(产业)的相对能势落差,有可能是由特殊政策等因素造成的(如开放特区等),但这仅仅是一定历史时期的特殊产物。在国民待遇的平等环境条件下,这种经济相对能势落差,主要是由知识差距所导致的。上海建立产业新高地,实际上就是要与周边地区形成一种知识级差。如果没有这种知识级差,就难以形成要素集聚的能力,也不可能有辐射与扩散效应。

上海建立产业新高地,其中一个重要内容就是发展高新技术产业。现代高新技术产业,如信息、生物与医药、新材料、新能源、宇航空间和海洋等产业,都是知识型产业。这种知识产业是经济增长方式转变了的高级生产过程和组织形式,其特点是以高新技术装备起来的劳动手段和掌握着高新技术的生产人员相结合,设计、开发和制造新型的知识密集型产品。尽管目前各地都把发展高新技术产业作为其战略目标,但从客观现实性来讲,并不是所有地方都有条件可实现其目标的。因为高新技术产业发展,光有资金不行,更需要有雄厚的知识基础。上海虽然相比其他地方有较好的知识基础,但要发展高新技术产业,还必须打下雄厚的知识基础。除此之外,建立产业新高地还包括对传统产业的改造。用什么来改造传统产业?无非就是通过知识运用来改造传统产业,促进产业知识化,促进产业向规模化、集约化方向发展,降低人、财、物的消耗,改变产业的投入产出比率,提高产业的生产能力和活动效益。据对信息技术应用资料的分析,企业运用电子技术进行技术改造,投入产出比可达1∶4.2,个别的甚至达到1∶100。全国铁路运输系统采用计算机管理后,运力提高15%,每年可增加运量10.5亿吨,年事故率下降60.9%。

同样,上海产品的市场拓展也必须依靠知识密集型产品与服务。因为随着消费大众对一般日用产品需求的基本满足,消费者的需求层次上升,开始转向追求知识产品,形成容量越来越大的知识产品消费市场,对产业的发展具有强大的拉力效应,而且这个市场离饱和程度尚远。在这种情况下,上海工业产品的开发必须更多地转向知识密集型产品,并通过知识密集型的服务来促进产品的市场开拓。在此过程中,上海产业结构调整是以科技结构优化为基础保证的,产业结构的发展变化是以科技变化为催化剂的。由于科技不断更新,趋于成熟,其结构也在不断优化,特别是科技产业化大大加快,因而带动产业的调整和优化。这种增大知识容量的产业结构调整,才有利于国民经济整体素质和效益的提高,避免那种单纯改变三次产业产值比重的结构虚高度化。

13.1.3 知识密集型服务:国际大都市的立命之本

上海建设"一个龙头,三个中心"的国际化大都市的宏伟目标,需要各方面条件的配合才能得以实现。但"一个龙头,三个中心"地位的真正确立,还得取决于最终能否形成以网络经济为基础的全球化的知识密集型服务能力。

优越的地理位置及历史上曾有的地位,固然是上海确立"一个龙头,三个中心"的一个重要的条件,但这种条件不是唯一的决定因素,更主要它是动态变化的,特别在当前信息革命的新环境下,地理位置等自然条件所起作用的权重将发生重大变化。在工业经济时代,工业产品的竞争力及其扩散能力,是经济中心地位得以确立的重要基础。但在越来越以知识为基础的世界经济发展趋势中,单凭工业产品的制高点及其扩散力是难以构筑起"一个龙头,三个中心"的重要地位的,更需要从新的视角来考虑服务活动的竞争力及其扩散能力。因为以网络经济为基础的全球化的服务活动已将生产的全球化进程带入了一个新阶段。

信息时代的三场革命,即数字化、光导纤维使用、网络电脑和入网的低成本,为世界性的网络经济奠定了技术基础。采用低成本、高宽带的通信设备,利用数字化技术来收集、存储和使用信息,加上先进的软件系统,为许多服务活动跨越地区和国界创造出可能性。与此同时,公共部门和公司将越来越有能力把服务活动细分成具体的项目,且可从外部购买部分或全部服务内容,为服务活动的贸易化提供了商业合理性。因此在世界贸易构成中,已出现了制造业产品向知识密集型服务产品转移的趋向。

随着工业时代向信息时代的转变,当今国际经济、金融、贸易中心赖以形成的支撑性基础也发生了变化,从过去的商流和物流为主的基础性支撑转向以知识流、信息流为主的基础性支撑。因此,上海要建立国际的经济、金融、贸易中心,从城市功能上讲,就是从"商品加工中心"转向"信息处理中心"。通过城市经济的信息化,提高城市服务功能,增强对外辐射能力。

事实上,作为一个地区的经济、金融、贸易中心,上海本身就凝聚着更大的信息化程度。因为国民经济和社会信息化不是凭空产生与发展的,而要有所依托。这是信息化的依附性问题。国外研究表明,信息化指数与人均收入和城市化指数是高度相关的。另外,信息具有不平衡流动的特殊属性。而决定"信息的不平衡流动"的主要因素,是经济(如贸易)和政治关系。与政治和经济因素相比,地理、文化和历史因素(如距离、文化的接近、共同的语言和宗教)的重要性则稍差。

因此,上海比其他地方更有条件增强以网络经济基础的城市服务功能。上海建设"一个龙头,三个中心"的国际化大都市,除了目前继续提高工业产品竞争力及扩散能力外,更要从长远发展角度注重以网络经济为基础的知识密集型服务业的发展,最终通过强有力的全球化的服务活动奠定其独特的地位。

13.1.4 融入世界经济一体化:面临知识经济的挑战

随着世界经济一体化进程的加快,越来越多的国家融入这一进程中去,包括中国也是如此。上海建设国际大都市的战略目标,意味着上海应该比其他地方更早地融入世界经济一体化进程。然而在世界经济格局中,发达国家经济居于主导地位,其知识经济形态的发展势必直接影响世界经济基本走势。从经济形态角度讲,目前知识经济只是在一些发达国家才显现出来,我们与这种经济形态还有较远的距离。但这些国家显现的知识经济,其影响力已远远超出了国界,与我们融入世界经济一体化有着密切关系。

发达国家的知识经济形态的显现,使世界经济转向知识密集度更高而资源密集度降低的产业发展模式。当前世界商品贸易虽然仍增长很快,但其本质是向知识密集型产品转移,这类商品贸易比总体商品贸易的增长要快得多。在1985—1992年间,世界高技术产品出口与其他几种不同技术层次的产品出口相比,增长最快,年均增长率达15.6%,而其他技术层次的产品出口增长只有11%。甚至在1993年的经济衰退中,其他技术层次的产品出口都有所下降,但高技术产品出口仍保持了5.4%的增长率(见表13.1)。从较长时期来看,这种反差对比更显著。1980—1993年,高技术出口增长11.4%,比中低和低技术产品出口增长之和5%的速率翻一番。这种变化也被反映在世界总出口(同样也适应于进口)结构指数上,它从1980年的0.75上升到1.03。与此同时,随着更多国家进入世界市场,传统基础工业的竞争加剧,其产品严重过剩,从而限制了这些工业产品价格的长期上涨。因此在世界商品贸易中,向更大化的知识密集度转变是一个主要和持续的特征。

在世界经济向知识密集度更高的产业发展模式转变中,贸易、金融和信息的全球化在原则上应该使国家间知识差距缩小更容易,但是工业国加速的变化步伐,在许多情况下实际上意味着这种差距的扩大。世界市场上以八大类高技术为核心、50种宏观技术为保证的知识经济产品市场约为3万亿美元,已占整个世界产品和服务贸易市场的30%。而这个市场的80%份额为七国集团所占有(美国约7000亿美元、德国5000亿美元、日本4000亿美元)。中国出口占世界

表 13.1 1985—2002 年的世界制造业出口(按科学技术密集度分类)

技术水平	美元(十亿)			年平均增长率(%)			预计水平** 2002 (10 亿美元)
	1985	1992	1993	1985—1992	1992—1993	1985—1993	
高	183.2	505.2	532.4	15.6	5.4	14.3	1768
中高	406.0	876.9	865.1	11.6	—1.3	9.9	2026
中低	395.5	751.0	729.2	9.6	—2.9	8.0	1451
低	424.2	911.7	871.1	11.6	—4.4	9.4	1958
制造业整体*	1414.6	3053.9	3007.1	11.6	—1.5	9.9	7220
制造业整体 (不包括高技术)	1231.4	2548.7	2474.7	11.0	—2.9	9.1	5452
高技术产业 占整体比例	12.9%	6.5%	17.7%				

注:* 包括技术分类所未涵盖的次要项目。
　　** 仅根据 1985—1993 年的年均增长率推出 1993—2002 年数值。
资料来源:IEDB 数据库中的联合国贸易统计。

出口市场的份额约为 2%,占高技术产品的市场份额仅为 0.01%。如果这种知识差距扩大,世界会进一步分化,资本及其他资源不断流向那些有强劲知识基础的国家,加剧不平等。因此,上海经济发展要顺利融入世界经济一体化的进程,缩小与发达国家(地区)的差距,就必须适应世界产业发展模式转变的要求,适应世界商品贸易格局的新变化,调整其生产结构和出口产品结构,向更大化的知识密集度转变。

13.2 知识经济融入上海经济发展的战略性调整

从上海现阶段经济发展水平来看,无疑还处在工业经济时代,必须继续完成工业化的历史使命。因此,制造业在上海经济中的地位仍然十分重要,轻易放弃制造业发展是错误的。但由于外部环境的变化(世界性知识经济兴起),这一发展阶段中的工业化进程已不能简单重蹈发达国家当年走过的老路,而要把知识经济与工业经济有机嫁接起来。为此,我们应该实行把知识经济融入上海经济发展的若干战略性调整。

13.2.1 充分发挥制造业 R&D 的放大效应

国际经验表明,制造业的 R&D 是提升工业经济知识化程度的重要途径之一,是知识经济与工业经济有机嫁接的一个重要联结点。为此,发达国家和新兴工业国家对 R&D 都给予极大重视。在 80 年代中后期,OECD 国家 R&D 支出占 GDP 的比重一直稳定在 2.3% 左右。欧共体 R&D 支出占 GDP 的比例一直稳定在 2% 左右。亚洲不少国家和地区的 R&D 支出占 GDP 的比重增长迅速,尤其是韩国、中国台湾和新加坡。韩国的 R&D 支出占 GDP 的比重从 1981 年的 0.6% 上升到 1993 年的 2.4%,增加了 4 倍。同期中国台湾地区的 R&D 支出占 GDP 的比重增加了 1 倍;新加坡的 R&D 支出占 GDP 的比重从 1981 年的 0.3% 增长到 1992 年的 1.2%,增加了 3 倍。在此期间,中国 R&D 支出占 GDP 的比重比较平稳,处在 0.7% 的水平(见表 13.2)。

表 13.2 部分国家和地区 R&D 支出占 GDP 的比例   (%)

	1981	1985	1987	1988	1989	1990	1991	1992	1993
美国	2.4	2.9	2.8	2.8	2.8	2.8	2.8	2.8	2.7
日本	2.1	2.6	2.6	2.7	2.8	2.9	2.9	2.8	2.7
德国	2.4	2.7	2.9	2.9	2.9	2.8	2.6	2.5	2.5
法国	2.0	2.3	2.3	2.3	2.3	2.4	2.4	2.4	2.4
英国	2.4	2.3	2.2	2.2	2.2	2.2	2.2	2.2	2.2
意大利	0.9	1.1	1.2	1.2	1.2	1.3	1.3	1.3	1.3
加拿大	1.2	1.4	1.5	1.4	1.4	1.4	1.5	1.5	1.5
瑞典	2.3	2.9	3.0	2.9	2.8		2.9		3.1
OECD	2.0	2.3	2.3	2.3	2.3	2.4	2.3	2.3	
韩国	0.6	1.4	1.7	1.8	1.9	1.9	1.9	2.1	2.4
中国台湾	0.9	1.0	1.1	1.3	1.4	1.7	1.7	1.8	
印度	0.6	0.8	0.9	0.8	0.9	0.9	0.8	0.8	
新加坡	0.3	0.7	0.9	0.9	0.9	0.9	1.0	1.2	1.1
澳大利亚	1.0	1.1	1.3	1.3	1.5		1.4		1.6
中国			0.7	0.6		0.7	0.7	0.7	0.7

资料来源:澳大利亚国家科学基金会(1993)。

然而,目前上海科技投入体制难以保证必要的科技投入水平。在上海全社会科技投入有较大增长的 1996 年,在 114.22 亿元的投入中,政府系统的投入约为 5.5 亿元(包括地方财政投入科技三项经费和科学事业费约 4.5 亿元,高科技产业化经费 1 亿元),大中型企业科技投入达到 47.88 亿元,比 1990 年的 10.72 亿元有明显提高,比 1995 年的 42.24 亿元和 1994 年的 47.05 亿元有所提高,但科技投入占销售额收入的比重(1.5%),却比 1994 年的 1.8% 和 1995 年的 1.7% 要下降 0.2—0.3 个百分点。而且,全社会的研究与开发的投入才约 40.3 亿元,仅占全社会科技投入的 35% 和国内生产总值的 1.4%,明显低于西方经济发达国家及韩国等新兴工业国家和地区的水平。

必须正视的一个现实是,近几年上海在固定资产投资中,更新改造投资增长缓慢,用于装备和工器具的投资比重不断下降。1993—1996 年,上海大中型工业企业技术改造经费支出约 279 亿元,技术引进经费支出约 100 亿元,扣除中央工业一块,地方大中型企业四年技术改造经费支出约 170 亿元,技术引进经费支出约 69 亿元。而同期上海 16—30 层以上楼房竣工 564 幢,用于住宅建设的投资却达 1278 亿元。这几年来,更新改造投资占全市固定资产投资的比重不断趋于下降。从 1990 年的 31.6%,下降至 1996 年的 21.3% 和 1997 年的 19.4%,1998 年头 5 个月进一步降至 18%。而一般发达国家更新改造投资比重达 50% 左右。1997 年,上海更新改造投资只有 389.32 亿元,比上年增长 -6.4%。

据统计,在"八五"期间用于扩大生产规模的投资比重达 42.41%,比"七五"期间提高了 6.37 个百分点,而用于提高产品质量和增加产品品种的投资比重却分别下降了 5.87 和 1.53 个百分点。同时,技术改造中用于装备和工器具的投资比重,比"七五"期间下降了 21.07 个百分点。1997 年,上海国有经济单位投资总额为 749.51 亿元,比上年增长 15.1%,其中用于设备购置投资为 142.48 亿元,比上年增长 -14.9%,在投资构成中的比重只占 19%(见表 13.3)。另外,国有企业技术改造投资的先进水平也是降低的。1000 万以上的投资,设备达到 90 年代水平的只占 35%,产品技术达到 90 年代水平的只占 25%。

表 13.3　1997 年上海国有经济单位投资额及其构成

	1997 年投资额(亿元)	比 1996 年增长(%)	1997 年投资构成(%)
总投资	749.51	15.1	
建筑安装	402.32	22.0	53.68
设备购置	142.48	-14.9	19.01
其他费用	204.71	32.7	27.31

资料来源:《上海统计手册》(1998)。

与此同时,用于技术开发与软技术引进的投资比重趋于缩小。"八五"期间,全市独立核算工业企业累计科技开发费投入 157.85 亿元,相当于固定资产投资的10％左右(工业先进国家两者比例一般为1∶1);技术开发费占产品销售收入的比重平均为1.12％,且由1991年的1.15％下降至1995年的1.05％。在技术引进中,用于软技术引进的资金比重仅为2.36％(1995年全国平均水平为10％);大中型工业企业用于消化吸收的经费比重,仅占引进技术费用的4.5％。而且,近四年来老企业技改合资项目明显减少,各市属工业控股公司的合资项目数从1994年的375项,锐减到1997年的58项,几乎每年减少100项左右。

全社会的研究与开发的投入不足和技术更新改造投入增长滞后,直接导致了上海技术装备水平的低下。技术装备水平通常是衡量一个地区产业技术水平的重要指标之一。从上海主要工业装备来看,处于国内领先水平的仅占28.51％,处于国内一般水平的则要占到68.5％,若再加上处国内落后水平的比重则要高达71.49％。这种技术装备落后还表现在工艺陈旧、装备老化、传统设备居多,像那些自动化、柔性化、机器人、计算机辅助制造(CAM)、计算机集成制造系统(CIMS)等国际上相当普遍的技术装备在上海还较少。据统计,1997年上海工业的设备新度系数仅为0.668,比1990年的0.70下降了0.032。而广东的工业设备新度系数达0.78,江苏达0.73,都要高于上海。

因此,把知识经济融入上海经济发展的一个重要切入点,就是增大制造业R&D的投入。在现代技术以全球化为本质特征的情况下,任何组织中技术创新的一个主要方面将是技术转移,也就是对其他组织和国家所开发的技术进行转移、接受和应用。世界上许多关于R&D对经济增长影响的研究都发现,R&D投资具有极高的社会回报率。广义地说,一个共同的发现是投资回报率大致为100％,即一项R&D投资对社会的连续年度回报率等于一次性投资的回报率。对此的一个解释是,R&D包含了技术转移的主要过程,从而为要解决的问题提供了一个更广泛的知识基础。从很大程度上说,现代经济中R&D高回报率很大程度上体现了它在技术转移中所起的主要作用。为此,政府要充分认识到R&D投资带来的技术扩散效应和加强社会知识基础的效应,自觉加大R&D投资力度,并创造条件激励企业增大R&D投入。

13.2.2　推进国民经济信息化

国民经济和社会信息化与知识经济是紧密相关的。知识差距的形成,在很大程度上与信息化程度有关。而知识为基础的使用信息的能力,则是信息化发展的重要条件。在国民经济信息化过程中,用现代信息技术改造整个经济系统,其中包括对传统产业的改造,是知识经济与工业经济相互融合的有效途径。因为信息技术作为第三次世界新技术革命的核心技术,不仅带来新型的信息产业的发展,而且它以其强有力的辐射力和渗透力,对原有生产力格局乃至社会生活产生重大影响。上海加快国民经济信息化进程,将有助于提升工业经济的知识密集程度。

尽管我们目前还处于工业化阶段,但信息化发展将对工业化产生极大的促进作用:一是协同作用,信息经济越发展,越能使工业发展有新机会和新途径;二是补充作用,信息经济越发展,越能弥补工业发展中的缺陷,如高消耗、低效益和高污染等问题;三是替代作用,用信息资源替代更大一部分的物质资源和能量资源;四是加速作用,信息化程度越高,社会经济活动和社会财富的积累速度越快。

信息化对传统产业的促进,在供给(生产)方面表现为:(1)削弱企业活动的地域、空间的限制;(2)促进企业内部信息交换,为生产、管理、消费等决策过程提供最佳信息;(3)通过改进监控系统,使生产过程计算机化以及使生产过程与消费过程一体化而增加要素利用效率;(4)通过使区域管理系统网络化与集中化而增加存货管理效率。例如美国 80 年代的库存与销售的比例是 17%,通过运用信息技术进行存货管理,现在仅为 8%。信息化对传统产业的促进,在需求方面表现为:(1)通过消费的外部性产生需求,且扩大市场需求的有效规模;(2)有助于显示需求,减少信息不对称性,促进消费需求,从而拉动产业发展。

因此,上海在推进国民经济信息化进程中,特别要注重实行产品信息化、企业信息化和产业信息化,使知识经济在更大程度上与工业经济融合起来。

首先,在产品开发中注入更多信息含量。在市场需求引导下,工业产品的开发要把越来越多的制造信息录制、物化在产品之中,使产品中的信息含量逐渐增高,一直到其在产品中占据主导地位。

其次,在企业生产、经营和管理过程中,运用信息技术构造企业信息系统,如计算机集成制造系统(CIMS)和管理信息系统(MIS)、决策支持系统(DSS),通过信息的充分沟通、交流与共享把企业活动的各个方面组成一个有机的整体,以推进企业自动化和管理科学化。在生产手段方面,达到机器的智能化、自动化,从而使机器辅助、延长或部分取代人的信息功能。在技术方式方面,以信息(从市场信息到产品出厂所有信息)为中心,使用先进的计算机网络技术,有效地综合信息管理、计算机辅助工程、生产过程控制与管理、物料贮运等系统,从而在人机、机机以及机器与劳动对象之间以数字化为共通的语言桥梁,建立起计算机控制的,各个生产、管理环节之间密切协调配合的自动化系统,把原来局部优化目标转为整体优化目标。在管理方面,主要关注的对象是信息、知识、人才,而不是原料、设备、劳动力。在管理操作中,采用管理信息系统和办公自动化。在组织形式方面,要适宜于信息流动,而不只是物体的置放、位移。

最后,在产业发展中以信息技术改造原有产业,使其成为生产自动化、机器智能化和办公自动化的新型产业,以及构造以信息带动其他要素流动的产业关联。不仅实现各产业部门的信息化,如工业信息化、农业信息化、商业流通信息化等,而且不断增大部门间投入产出关系中的信息量,使信息日益成为产业矩阵中的主要关联要素。

上海推进信息化过程,必须对原有以工业化为主塑造的产业与组织结构进行重大调整。不管是信息技术产业化和信息产业自身发展,还是信息技术对原有产业部门的扩散与改造,都要求打破原有的社会分工体系,包括产业分类、行业管理、组织类型等。因此,我们要根据信息化发展的要求,打破原有部门分割、行业壁垒、各自为政的局面,实行制度创新,构建有利于国民经济和社会信息化的运行机制和管理体制。

13.2.3　通过提高服务水平来增强产品竞争力

发达国家的成功经验表明,世界性的服务竞争将越来越激烈,提高服务竞争力也将越来越重要。它不仅会成为世界市场新的竞争制高点,而且也是促进产品竞争力提高的重要保证。值得引起我们重视的是,近几年,世界范围内呈现服务部门 R&D 支出增长快于制造业部门的趋势,R&D 活动逐渐向服务部门转移,工商企业在服务部门的 R&D 支出呈不断增长趋势,不少发达国家的年增长率都在两位数,其在工商 R&D 总支出中所占比重趋于上升。在 1984—1992 年间,澳大利亚服务部门 R&D 增长年均达 25%,增加了 6 倍;至 1992 年,其在工商 R&D 总额中所占比例达到 27.3%。在亚洲国家中,新加坡服务部门的工商 R&D 份额可与澳大利亚相比。

而且,通过提高服务竞争力来促进产品竞争力提高,也已成为一种新的发展趋势。从世界范围看,知识型产品提供新型服务,产品紧密结合服务的情况,已逐步形成三个阶段的纵深服务:第一阶段,企业采用信息技术来改进现有的服务过程,提高服务收益;第二阶段,使服务的质量大为提高并向纵深发展和推广;第三阶段,形成服务的新产品,并发展到其他领域。

尽管上海是一个特大城市,本身就具有较低大的服务功能,但我们过去比较注重产品竞争力的提高,往往在产品质量与款式、成本、价格等方面下功夫,对提高服务竞争力问题比较忽视。事实上,上海的城市服务功能决定了其提高服务竞争力是至关重大的事情,至少是与提高产品竞争力同样重要,而上海在提高服务竞争力方面的潜力又很大,远超过其提高产品竞争力方面的潜力。

因此,上海要把提高服务竞争力放到重要议事日程上来,设法通过提高服务竞争力来促进产品竞争力提高。具体来讲,一是要提高服务活动的质量,首先是要提高在国内市场的服务质量;二是强化服务的传送能力,其传送过程包含先进的通信系统和通常的人际交往,其中涉及与客户建立长期的关系;三是加强服务中的文化融合,以满足用户的特殊需求的能力;四是控制与降低服务的成本;五是创造服务机会多样化。此外,通过服务业内部结构调整,加大知识密集型服务业的比重,也有助于上海从整体上提高服务竞争力。

首先,促进服务与产品的组合,提高整体效益。随着信息和通信技术的进一步发展,知识大量转化为信息,制造业等许多行业和服务业组合在一起很难区分各自的独立领域。在美国,高新技术服务业和制造业形成一条龙,组成附加值网络,把零部件组合以取得整体效益提高的办法,也引起注意。如在电脑、家具、房屋装修、机械工具、食品、教育、旅游、投资等行业,都已采用了组合的方法,组成一条龙服务。上海原先就有较好的大工业加工基础,只要把服务业与之有机组合起来,就能充分发挥其效能,同时也能提高服务的竞争力。

其次,发展高度知识密集型的服务业,如像美国的"符号分析服务"。所谓符号分析服务(signbolic-analytic services)包括所有解决问题、识别问题和战略经纪活动,如提供咨询、发表论文、介绍简况、做交易等,工作形式是定期发表报告、计划、设计、草案、备忘录、规划图、广播稿及预测等。符号分析服务人员的大部分时间花在使问题概念化、找出解决方案,以及计划的实施等方面。在美国从事符号分析服务的人员占全美工人的比重从 1950 年的 8% 提高到 90 年代初的20%。目前符号分析服务业的发展方兴未艾,这类服务在美国经济生活中将发挥更重要的作用。不少美国专家认为,符号分析服务的发展在 20 世纪末和21 世纪初将引人瞩目。上海在这方面也要尽快发展起来,特别在金融分析、资产理财等服务方面,可以率先发展起来,抢占全国服务市场的制高点。

最后,创造条件,逐步培育高新技术服务。美国的高新技术服务在 1997 年已达 7000 亿美元的营业额,约相当于当年美国高新技术产业销售额(约 15000 亿美元)的一半。据 IBM 公司透露,1997 年它的技术服务营业额猛增 28%,达到193 亿美元,而它的软件和硬件销售仅增长 4%。当然,这种高新技术服务通常是建立在高新技术发明创造和运用基础上的,我们这方面的基础较薄弱,所能掌握的高新技术不多,但在引进先进技术中通过自主创新也可以逐步培育和发展这方面的服务。

13.2.4　高技术发展的专业化策略

把知识经济融入上海经济发展的一项重要内容,就是推动高技术发展。上海也正在朝这一方向努力,尽快发展高技术。但在这一过程中,存在着全面出击,"摊子"铺得太大,以及过分依赖引进,忽视自主创新能力提高等问题。也就是,对于当今世界科技发展中各前沿技术都想涉猎,都要发展,而这又主要是依赖技术引进,以填补其差距。当然,这不单是上海的问题,也是全国普遍存在的共性问题。

近年来东亚和东盟发展中国家增长模式的一个共同特征是制造业出口结构中先进技术的比例上升。中国也是如此。据统计,中国制造业出口的结构指数从 1980 年到 1993 年翻了一番(见表 13.4)。但深入分析可以发现,这里面存在着一个明显的差别。中国这些高技术的出口,既不是通过大量的创新活动,也不是由本国企业对外国技术强有力的引进和模仿,而是通过吸引大规模的外国直接投资及其所带来的前沿技术。而韩国和中国台湾虽然也以外国技术和外国直接投资为基础开始发展出口产业,但通过有效和成功的努力却增强了自主创新能力,并在高技术方面有较高的专业化程度,主要集中在计算机、电子和通信业方面,大大超过了过去的领先者美国。自 1970 年以来,其以知识密集度为基础

表 13.4　制造业贸易的结构指数

	出　　口			进　　口		
	1980	1986	1993	1980	1986	1993
欧共体	0.76	0.86	0.96	0.74	0.87	1.00
美　国	1.29	1.57	1.52	0.81	1.00	1.15
加拿大	0.62	0.77	0.86	0.96	1.02	1.05
日　本	3.96	1.22	1.30	0.70	0.86	0.89
韩　国	0.63	0.87	1.07	0.95	1.11	1.11
中国台湾	0.63	0.87	1.07	0.95	1.11	1.11
东　盟	0.65	0.97	1.39	0.91	1.12	1.33
中　国	0.28	0.33	0.58	0.68	0.79	0.98
澳大利亚	0.40	0.39	0.57	0.82	1.06	1.09
新西兰	0.15	0.18	0.21	0.71	1.12	1.07
全世界	0.75	0.90	1.02	0.75	0.89	1.03

资料来源:CSES 基于联合国贸易数据(经 IEDB 处理)进行的估算。

的出口增长的 80% 来源于这类产品。对于后起发展中国家和地区来讲,采取高技术发展的专业化,是一种成功的策略。

事实上,在当今知识经济发展格局中,发展中国家的知识差距之大,绝不可能在高技术发展上全面出击,唯有采取专业化发展策略。因此借鉴韩国、中国台湾的经验,上海高技术发展策略要作适当调整:一方面,在引进外部技术时,要加强吸收与消化,增强自主创新能力;另一方面,把有限的科研资源与力量集中在某些个别高技术方面,争取对外来技术有所改进与新突破,形成自己独有的强项。只有这样,上海高技术发展才能在较短时间内取得较大的成效。

13.3　缩小知识差距

为了实现上述战略性调整,把知识经济融合进上海经济发展中去,集中到一点就是要缩小知识差距(knowledge gaps)。东亚国家的经验表明,知识的差距可以在较短时间内填补,也许比填补物质资本的差距还要快。因为发展中国家存在着可获取别人积累的知识、智力资源价格低等有利条件。而且,资本差距与知识差距之间存在着巨大的互补性。因此,对于我们来说,经济快速增长的机会还是很大的,只要我们尽快地填补知识差距,并带动资本差距的缩小,就极有可能赶上工业国家。然而,消除知识差距并非易事。因为发达国家在不断推进和扩大知识前沿,所以对于我们来讲,其追赶的目标是移动性的。另外,更深层的问题是,比知识差距还要大的是创造知识能力的差距。发展中国家与发达国家在知识创造方法上的差距,比其他在收入方面的差距更大。

因此,我们要把缩小知识差距作为上海经济发展战略的核心,采取以下途径来填补知识差距:(1)获取和利用全球知识,创造出本土知识;(2)人力资本投资,增强吸收和利用知识的能力;(3)投资技术,加快知识运用步伐,促进知识的获取和吸收。这种对获取、吸收和运用知识的有效政策,是实现缩小知识差距战略的重要组成部分。

13.3.1　寻求获取知识的途径及政策支持

获取知识,是我们填补知识差距的首要前提,其中包括挖掘和采用世界其他地方可获得的知识(如通过开放贸易制度、吸引外国投资和许可证等方式),以及通过研究与开发在本地创造的知识,以构筑本土知识架构。对于我们发展中国家来讲,从国外获取知识是扩大自己知识基础的最佳途径。因为全球80％的R&D以及相似份额的科技成果均来自比较发达的国家。但知识获得也不能忽视本土的知识创造,要把从国外吸收的知识和国内生产的知识结合起来。为了建立自己的知识基础,探索所有可获取知识的手段:

(1)通过贸易发现较好的生产商品与服务的方式,加以认真的学习与汲取,改善自身的贸易结构,增加知识密集型产品。(2)通过同国外直接投资者的合作,直接从中获取先进技术和管理方法。(3)通过技术许可证获得新的合适的技术知识。国际许可证交易和全球专利费用发展较快,从1976年的70亿美元增加到1995年的600亿美元。技术许可是获取某些新的适宜技术的有效方法。因此在发展中国家获取知识的努力中,技术许可起着越来越大的作用。另外,国内企业也可以通过协议获得专利技术之内包含的基础设计原理来实现运用许可促进技术进步。韩国许多公司都是采取这一办法来获取所需知识的。(4)通过建立法律制度实行知识产权保护,以刺激国内创新并获得全球知识。(5)吸引国外工作与从事研究的人回国。(6)提高国内研究与开发能力,使其面向市场。一项有关技术制度和政策的研究收集了中国、印度、日本、韩国、墨西哥等国的2750多家公司的资料。研究发现,拥有较多自身技术资源的公司能利用更多的外部技术资源。并发现,最重要的外部技术来源是长期客户,其次是供应商。这些客户和供应商多数来自国外。与此相似,拥有自己的研究开发能力的公司更可能得到在产品和工艺创新方面有优势的客户的技术帮助。(7)到先进国家去直接“参与”知识产业的发展,在那里直接吸收与开发先进技术,然后把它逐一反馈回来。以色列建立了36个发展基金,扶持风险企业,并投资于美国硅谷。在美国硅谷利用犹太人网络,从事风险投资、参与高技术研究与开发(主要是半导体制造装置及计算机周边设备等硬件的开发,同时也参与软件开发),然后反馈以色列“第二硅谷”。中国台湾每年约有30—40家企业投资于美国硅谷(主要参与美国硅谷中半导体装置、计算机周边设备的研究与开发),一方面掌握最新技术动态,另一方面通过收买硅谷中的风险企业获得高科技和人才。

上述获取知识的途径,上海基本上都已采用,并取得了成效,但总体上有些不平衡。通过贸易与引进外商直接投资方面,上海做得比较突出。通过技术许可证获得新的合适技术知识方面,上海实施得还不是很普遍。吸引国外工作与从事研究的人员回国方面,上海已出台了一系列政策,正在加大其工作力度。而在通过实行知识产权保护以刺激自主创新并获得全球知识方面,上海还是比较薄弱的。通过提高自身研究与开发能力来更多利用外部技术资源方面,上海也有较大差距。到国外直接设立研究机构以获取最新技术知识方面,上海才刚刚起步。因此,上海还要继续加大这方面的工作力度,并不断拓展新的获取知识的有效途径。

除了积极开拓获取知识的有效途径外,为了保证更多的人对知识的获取,还应当充分利用新的信息和通信技术的有利条件。现在计算机与电子通信的融合正在彻底破除人们储存和传播知识的原有局限,使庞大的信息能在转瞬之间传遍世界各个角落,而且其成本日益低廉。这一新技术大大促进了知识的获取和吸收,为发展中国家加强教育制度、改善政策形成和执行,以及为企业和穷人拥有更广泛的机会提供了史无前例的机遇。越来越多的发展中国家利用这些机遇阔步迈向新技术,跳过了中间阶段。上海在此过程中,要通过增进竞争、民营部门介入和适当的政府调控,来促进新的信息和通信技术普及运用的快速发展,为整个社会更快捷、更便利、更低成本地获取知识奠定物质与技术基础。

尽管从总体上讲我们面临着更多的获取外部知识的有利因素,但同时也存在着一些不利因素和困难,如日益显现的"技术国家主义",即一些国家会趋向于强化管理知识的获取途径,日益加强的知识产权保护,以及掌握在发达国家手中的世界标准对发展中国家获取技术和技术发展的影响等。显然,这对我们获取外界知识是有一定影响的。但更大的障碍还在于我们自身基础条件的约束,如经济发展阶段及工业化进程、国民素质及教育水平、创新能力、体制因素等。因此,在所有这些获取知识的努力中,必须进一步深化体制改革,形成一个开放的竞争性的市场,鼓励厂商不断寻求最先进的技术,在人才培训方面进行投资,并且改进工艺设计。与此同时,尽可能减少倾斜性的优惠政策激励。实践证明,没有任何措施比不断进行资助造成的结果更糟糕。

13.3.2　夯实吸收知识的基础及形成配套条件

吸收知识是获取知识与运用知识的中间环节,其核心是提高吸收知识的能力。在提高吸收知识的能力方面,教育是一个重要环节。无论对个人,还是对国家来说,教育是创造、适应和拓展知识的关键。而且,不管是哪一层次的教育、哪种类型的教育,在吸收知识方面都发挥着重要的作用。此外,教育还具有超出吸收知识本身的溢出效应,带来社会文明和进步。因此,上海在迎接知识经济来临之际,要把构筑教育新高地放到重要议事日程上来,加快教育改革步伐,推进教育产业化,使上海教育事业发展有一个根本性的飞跃。

通常,以科学发现和发明为形式的知识创新,需要有雄厚的资金实力、高级的人才资本和高人一筹的商业头脑,而这些因素在发展中国家往往是不具备的。对于大多数发展中国家来讲,更多的是作为先进技术的模仿者。即便如此,也需要有一支具有相当高技术水平的劳动力队伍。尤其是在技术处于不断变化的情况下,更需要有一支高素质的劳动力队伍。与国内其他地方相比,上海具有更强的知识创新的能力,但从世界范围来讲,上海还只能以技术模仿为主。这就要求上海仍然需要保持一支具有相当高技术水平的劳动力队伍,以更快地吸收国外先进技术。基本教育是建立一支健康、有技术和灵活的劳动力队伍的基础,超越基础教育的终身教育则能使其继续借鉴、采用和应用新知识。因此,上海仍须花大力气发展教育培训,以促使公众接受多种技能的训练,特别是掌握学习的能力。近年来随着原有熟练劳动力的退休,大量知识程度较低的外来劳动力进入上海,再加上大幅度的产业结构调整,对劳动力的基本教育及终身教育已显得日益重要和十分迫切。

与此同时,根据经济发展水平及产业结构高度化发展的要求,上海还须大力发展高等教育,特别是对科技和工程人员的高等教育。1986 年联合国教科文组织(UNESCO)在一份研究报告中展示一组统计数字,表明不同文化程度的人,其提高劳动生产率的能力是不同的。平均统计结果为:小学文化程度的劳动者可以使生产率提高 43％,中学为 108％,大学为 300％。这充分表明了劳动生产率的提高与劳动者的素质、文化程度有明显的相关关系。尽管改革开放以来,上海高等教育已有较大发展,1979—1997 年累计本专科毕业 51 万人,其中本科毕业占 61％,1997 年全市拥有在校研究生 18460 人,成人教育在校学生 36.46 万人,但仍表现出总量发展层次结构与未来经济发展不适应。据统计,1998—2000 年上海可供人才资源总量为 31 万,但其中博士、硕士 2 万人,才占 6.5％;本科生 8.6 万人(其中成人高校 1.1 万人),占 27.7％;大专生 8.6 万人(其中成人高校毕业 5.9 万人),占 27.7％;中专生 11.8 万人(其中成人中专毕业 4.9 万人),占 38.1％。这与增长方式转变客观上对人才需求素质提出的更高要求不相适应。与此同时,人才专业结构也难以适应未来经济发展的要求。据预测,到 2000 年上海高新技术产业发展需要净各类人才 1.2 万,而 1998—2000 年内计算机与微电子类、生物与医药类、材料类专业普通高校上海生源本专科毕业生总计才 7620 名。至于今后大有发展的环保产业,后备人才更是严重不足。

事实上,上海教育发展不仅要满足本地经济发展的需要,而且还要向全国各地培养和输送各种专业人才,成为全国的教育高地。因此,上海的教育改革还须进一步深化,其中一个重要方面就是推进教育产业化,动员社会各方面力量办学,为民间投资教育提供广泛的激励机制,以克服政府资源的局限。在这方面,国外有大量成功的经验,例如韩国为民间投资注入三级教育(大专以上)提供广泛的激励机制,因此到 1995 年有一半以上大学年龄者进入了大专院校,其中80% 进入私立学校。与之相辅助的措施有:改善公共教育质量,尝试以新的方法提供公共教育,如分散教育权力,通过委托代理方法把权力交给对教育最了解、最拥有有关教育信息的人手里;增加学校自治权;转向由需求方资助;增加有关学校机构的信息;强化民办的、非政府的和公立学校之间的竞争;采用新的学习方法,提高教育质量,培养出各种适应现实经济发展要求的专业人才等。

在吸收知识方面,教育固然是其基础,教育改革是促进提高吸收知识能力的重要方面,但教育及其制度完善并不是唯一的因素。如果没有其他方面的补充投入和条件配套,即使最好的教育制度也不能导致经济增长。一些国家已经发现,它们存在失业的工程师是因为它们没能提供其他必要的条件来激励企业部门的发展来利用这些宝贵的技术人员。另外,也有实际事例证明,如果教育不能与创新和知识的开放结合起来,就无法实现经济发展。像经合组织以及东亚国家一样,原苏联的人民也受过很高的教育,将近 100% 的人有阅读能力。对于一个受过教育的民众来说,如果通过外国的直接投资及其他途径,就能获得与使用其他国家最新的生产管理创新的信息。但苏联严格限制外国的投资、合作和创新技术,其劳动力不接受和转化世界上到处都可获得的新信息,结果它的经济发展缓慢。因此,在提高吸收知识的能力及促进经济增长的过程中,还需要创造一系列保证条件,如一个健康的投资环境、一个稳定的宏观经济,以及较少的国家垄断等。

13.3.3 构筑运用知识的系统集成体系

运用知识是获取与吸收知识的归宿,也是缩小知识差距的最终体现。运用知识的能力,是一个国家和地区动态竞争比较优势的关键。在当今世界经济一体化过程中,先进技术一出来便会很快被模仿与革新,静态的技术比较优势日益弱化,唯有运用知识和技术创新的能力才是动态竞争比较优势的所在。因此,上海在实施新的经济发展战略时,必须把提高运用知识的能力放到重要的位置,通过以下几种途径来提高自身运用知识的能力:

(1)通过有关知识方面的投资来提高运用知识的能力,即通过对包含在物质资本中的知识的投资,以及对人力及制度的投资来提高吸收与运用知识的能力。
(2)通过寻找适宜技术以开发出挑选、吸收和应用进口技术的技术能力。只有这样,才能利用全球广大的知识库的好处。即使在制造业,别国的知识也得在适合本国的情况下才能被采用,如气候因素、消费者偏好、辅助投入的获得等。同样,教育、医疗服务和农业发展都需要具备那些无法从国外借鉴的本土知识。也就是,在运用知识过程中,将当地知识与全球的经验财富相融合。(3)完善知识积累与转化的载体。知识运用不是凭空的,需要有一定的载体。企业将知识运用于生产过程中,政府机构运用知识来系统阐述、监督和评估政策,人们运用知识从事经济贸易和社会交流。知识的积累和转化如果不与网络、传统团体和专业组织结合起来,是不可能被设定价值的。因此,知识运用必须与完善其载体结合起来。

上述方面综合起来讲,就是我们必须构筑运用知识的系统集成体系,即创新体系的重塑。过去我们通常把创新过程视为线性或技术推动的(即把创新归于由研究而揭示的技术机会的产物,而市场只是被动地接受技术变革的一个承载工具);或视为市场推动的(即考虑了在应用 R&D 时市场作为创新思维来源的重要作用);或视为技术推动与市场推动两者耦合的(即高度重视了企业的营销和研究活动之间、企业的运作与相关的公共研究部门之间的反馈作用,强调了在企业和国家层次上创新的 R&D 阶段和营销阶段的集成)。现在看来,我们要重新认识知识运用的创新过程。

因为,在现代经济日益变成了网络体系,并由变化速率和学习速率的加速度所推动的情况下,创新是在企业和其他机构既合作又竞争的一个复杂网络里运作,涉及各类的企业以及与供应商和客户的密切联系。企业将采用集成系统的方式从联盟的企业那里及自身的资源来获取信息,并创造一种创新产品的连续流动。这种创新过程的图像是:单个的企业通过集成工作组的方式把 R&D 和商业化的各方面都联系起来,与此同时,企业也寻求与其他组织的合作性联系。这种创新方式在日本、美国和欧洲的大企业表现得最明显,它们的研究工作小组不仅包括专业研究人员、生产工程师、销售人员,同时还依靠遍布全球的与客户、供应商、技术企业的各种联盟关系。因此,创新和技术进步是人们在各种知识生产、分配和应用中通过相互关系的协调而产生的复杂结果。创新的成果在很大程度上取决于这些行为主体如何处理好他们作为共同体系的成分的相互关系。创新中的行为主体之间的相互联系已成为改善技术成果的关键。

为此,我们要根据知识网络化的要求,重新塑造系统集成和网络性的创新体系。但从实际情况来看,我们创新资源的结构性分布极不合理,大量的 R&D 经费与科研人员集中在研究机构(见表13.5),研究机构、高校与企业部门之间的脱

表 13.5 世界一些国家 R&D 经费与人员构成

	数据来源年份		企业(%)		研究机构(%)		高等学校(%)		其他(%)	
	经费	人员	经费	人员	经费	人员	经费	人员	经费	人员
美　国	1995	1993	71.10	79.40	10.00	6.20	15.40	13.30	3.50	1.10
日　本	1994	1994	66.10	61.60	9.00	5.90	20.20	30.00	4.70	2.50
德　国	1995	1993	66.10	61.80	15.00	15.00	18.90	23.20	—	—
法　国	1994	1993	61.60	52.30	21.10	21.60	15.90	23.80	1.40	2.30
英　国	1994	1993	65.20	58.80	13.80	11.80	17.50	23.70	3.50	6.40
意大利	1995	1993	57.00	43.60	22.10	23.30	20.90	33.10	—	—
加拿大	1995	1991	59.10	47.30	15.40	16.40	24.30	34.70	1.20	1.60
澳大利亚	1992	1992	44.70	29.10	27.40	24.40	26.60	45.00	1.30	1.50
丹　麦	1993	1993	58.30	58.30	17.80	17.90	22.80	22.60	1.10	1.20
瑞　典	1993	1993	70.50	62.50	4.20	5.90	24.50	31.70	0.84	—
韩　国	1994	1994	72.80	50.40	19.50	13.20	7.70	36.40	—	—
新加坡	1994	1994	62.70	62.80	15.30	21.90	22.00	15.30	—	—
中　国	1995	1995	31.90	39.09	44.00	30.96	13.70	20.91	10.4	9.04

资料来源:《世界科技发展述评》(1996),《中国科学技术指标》(1996)。

节现象较严重。另外,像许多发展中国家一样,公共的 R&D 研究资金在各个项目上的分配是随机的,而且研究经费预算的不稳定性削弱了这些项目的连续性,造成了低效率。这就需要我们实行生产和扩散知识的新制度及制度改革,进行创新资源的结构性分布调整,在企业内、企业间、企业与其他机构间形成新的组织形式,以使所有部门公司和个人能有效获取、采纳和利用知识。同时,加强其研究能力,设定明确的研究先后次序,建立更好的分配体系以在平等基础上分配公共研究资金。

13.3.4 政府在实施国家知识战略中的功能定位

为了缩小知识差距,使知识的获取、吸收与运用更见成效,政府实施国家知识战略有着重大的作用。良好的制度和政策,能促进知识的转化并提高更有效运用的可能性。此外,知识与制度、政策之间存在着互相促进的关系:受到拥护的政府政策促进了生产和知识的传播,而知识对政策安排的取舍,能够制定出更受欢迎的政策。

国际经验表明,为了加强知识的国内创造,政府在支持有潜力的生产性研究方面具有独特作用。问题是政府在实施国家知识战略中如何正确实行其功能定位。应该讲,政府对缩小知识差距的支持作用是复杂的、多样的,主要有以下几方面：

第一，为创造、传播和使用知识制定明确的政策。特别是那些有利于促进知识在全球的流动开放的政策，以及通过经济激励机制促进知识的创造，刺激在生产中使用更先进的知识和技术。同时，要研究探索"知识生产"投资的新机制，多方面开辟投资渠道。

第二，直接干预知识的生产。基于知识的特殊性，政府除了要向企业部门创造和传播知识提供适当的激励外，特别是在知识与技术的市场供应不足的情况下，政府部门要直接创造和传播知识，如直接资助、公共采购等。

第三，改善教育和培训体系，提高教育和数量和质量，使教育逐步成为一个特殊的产业，特别是实现终生教育和发展教育培训，以促使公众接受多种技能的训练，特别是掌握学习的能力。

第四，建立知识基础结构，如通过协调网络和技术来增强知识的扩散能力；扶持科学系统基础设施建设以促进知识的生产等。

第五，提供一个有益的环境，包括促进信息交流、实现知识共享等，特别是要提供有利于国家创新体系有效运作的制度环境。知识的市场性受到两种特征的制约，有别于一般的传统商品。首先，当一个人使用某种知识时，不能阻止其他人也使用它，即非竞争性。知识是共享的。其次，当一种知识已在社会中存在时，该知识创造者就很难阻止别人使用它，即知识具有非排他性。知识的这种有别于其他商品的特殊属性使人们可以免费使用它，这就在很大程度上减少了创新者从创造知识中所获得的收益。对于知识提供者来讲，不能适当获得相应的回报，是一个严重的障碍。因此政府要建立制度，通过采用专利、版权及其他个人产权的方式，来激励知识创造者的积极性，使知识创造者能支付创造知识的费用并获取一个合理的收益。在知识经济中，知识已成为企业和个人的重要资产，因而保护知识产权的需求也增加了。与此同时，鼓励知识创新的努力必须与传播知识的需求保持平衡，特别在那些社会收益超过个人收益的情况下。

14 基于流量经济的城市竞争力[*]

在经济全球化与信息化的背景下,城市的"地方空间"日益转化为"流动空间",为城市经济的本质属性——经济流动性的具体体现提供了新的舞台,从而催生了城市流量经济这一新的城市经济发展模式。基于经济流量的城市发展凸显了当今城市竞争力的核心,是提升城市竞争力的重要发展模式。因此,上海增强城市竞争力的关键是拓展与外部的联系,形成大规模的经济流量,提高"流动性的增值能力"。

14.1 现代城市的流量经济

建立在城市连通性基础上的经济流动性,是其历来所具有的本质属性。在城市的"地方空间"日益转化为"流动空间"的情况下,城市的经济流动性得以新的发展,逐步形成基于网络体系的以大规模资源要素流动及其在流动中得以配置为特征的流量经济新模式。

14.1.1 城市经济的本质:流动性

从城市经济的产生过程来看,其本质上就是流动经济或流通经济,是"城"与"市"的有机结合。"城"作为集聚的产物,只是形式,流动或流通所形成的"市"才是内容。城市只有建立在繁荣的商业交换活动(或要素流动)基础上,才真正摆脱城郭的外形而具有市场交换的实质内容。从这一意义上讲,正是商业革命促

---

*　本章根据笔者主持的 1998 年上海市委政策研究室课题"流量经济研究"的总报告,以及周振华、韩汉君《流量经济及其理论体系》(《上海经济研究》2000 年第 1 期)一文改编而成。

进了真正意义上的城市兴起与发展。

纵观城市发展的历史过程,具有流动性的贸易活动(或要素流动)在城市经济中的地位有增无减。从古代城市凭借交通便利等条件,通过各种产品集散以巩固其地区的中心地位;到近代城市凭借区位、环境等条件,通过各种要素流动来建立其工商经济中心的地位;再到当代城市凭借技术、网络等条件,通过知识、信息等高密度交流来形成世界城市体系。在这当中,无不贯穿着经济流动性这一主线,而且伴随着流动范围的急剧扩大及其程度的不断深化。

因此在通常的城市定义中,为城市以外地区提供货物和服务的经济活动被称为"基本职能"或"基本活动",而为城市本身提供货物和服务的经济活动被称为"非基本职能"或"非基本活动"。沃纳·赫希(Werner Z. Hirsch)曾精辟论述了城市对外和对内功能的形成过程,分别将二者称为"非中心地方功能"和"中心地方功能"。他认为,与生产有关的力量和与需求有关的力量发生作用并激发城市经济产生时,某些非中心地方功能就会增长,即地方性的为较大市场服务的工业、商业和交通运输业的基础活动就会增长(沃纳·赫希,1990:31)。由于城市经济的发展总是与其功能,特别是非中心地方功能的增长联系在一起的,所在在此过程中势必导致经济流动性不断趋于增大。

当然,城市经济发展过程中会有大量要素的凝结或固化,如大量的固定资产、基础设施、相对稳定的人力资本等,从而形成庞大的城市经济存量。但这些经济存量主要是构成了作用于城市经济流动性的物质基础,其本身并不能直接体现出城市的基本功能。因此,城市经济的基本特征就是经济流动性中的资源配置活动。也就是,通过建立有效的运行平台、提供合适的运作环境,有意识地组织诸要素的全面流动,即要素向城市集聚、在城市中重组整合并运作、再向周边地区辐射,以实现诸要素的价值增值和规模扩大。显然,在此过程中也就实现了城市经济规模的扩大,推动了城市经济的发展。为此,中国城市化的基本战略性目标框架中也提出,要在国家经济运行的网络中,把城市真正建设成为物质流、能量流、信息流、货币流、人才流的"五流"节点。①

14.1.2 基于流动空间的城市流量经济

前面分析已经指出,城市经济的本质是经济流动性。然而,这种经济流动性

---

① 中国市长协会、《中国城市发展报告》编辑委员会编著:《中国城市发展报告(2001—2002)》,西苑出版社 2003 年版,第 48 页。

长期以来是在具有历史根源的、共同经验的空间组织,即地方空间(space of places)中实现的。在以往城市发展中,这种地方空间是社会支配性权力与功能的空间展现。①曼纽尔·卡斯特(2000)认为,地方乃是一个其形式、功能与意义都自我包容于物理临近性之界线内的地域(locale)。建立在地方空间基础上的经济流动性通常是在一个有着相对固定边界的具体地域或场所上展开的,或以此为基点而进行流动(集聚与扩散)的。因此,建立在地方空间基础上的城市,更具有有形的生产或交易地点或场所的特性。

　　然而,在经济全球化和信息化进程中,一种新都市形式开始引入,即信息化城市。由于新社会的特性,即以知识为基础,围绕着网络而组织,以及部分由流动所构成,因此信息化城市并非是一种形式,而是一种过程。在这个过程中,对地方之间互动性(interactivity)的强调,打破了行为的空间模式,成为流动的交换网络。也就是,城市空间日益在功能方面超越物理上的邻近性而彼此关联。

　　例如,城市的新工业空间将围绕信息流动而组成。这些流动依据周期和企业的不同,同时汇聚和分散了其地域性的组成部分。当信息技术制造业的逻辑从信息技术设施的生产者下渗到整个制造业领域里这些设施的使用者时,新空间逻辑也随之扩张,创造了全球产业网络的多重性,而其中的相互交错与排他性改变了工业区位的观念,从工厂基地(factory sites)转变为制造业的流动(manu-facturing flows)。曼纽尔·卡斯特(2000)将这种新型城市空间界定为"流动空间"(space of flows)。他认为,在信息化进程中,我们的社会是环绕着流动而建构起来的。流动不仅是社会组织里的一个要素而已,流动是支配了我们经济、政治与象征生活之过程的表现。果真如此,那么我们社会里的支配性过程的物质支持应该是支撑这种流动,并且使这些流动在同时性的时间中接合,在物质上成为可能的各种要素的整体。流动空间乃是通过流动而运作的共享时间之社会实践的物质组织。城市流动空间的特征是,跨越了广大领域而建立起功能性连接,却在物理性的地域上有明显的不连续性。

　　因此,在经济全球化与信息化的背景下,城市的空间逻辑发生了转化,即从地方空间转化为流动空间。流动空间已经成为我们社会支配性权力与功能的空

――――――――――

　　①　对于城市空间,我们不能仅从物理学意义上加以理解。在物理学里,空间无法脱离物质的形态而予以界定。但城市更是一个社会,所以还要参照社会实践来定义城市空间。卡斯特认为,空间是一个物质产物,相关于其他物质产物——包括人类——而牵涉于"历史地"决定的社会关系之中,而这些社会关系赋予空间以形式、功能和社会意义。因此,空间是社会的表现。空间的形式与过程是由整体社会结构的动态所塑造的。

间展现。而且,这是一个全球"流动空间"。亚里士多德曾说过,人们聚集到城市是为了生存,住在城市之后是为了过美好的生活。在过去的 2500 年左右,城市确实充分发挥了这一作用。但在 21 世纪的头十年,城市生活即将改变。在更多时候,城市将不是人们过美好生活的地方,而是追求美好生活的人所途经的火车站。发展规划教授哈里斯说,"如今,城市是人口、信息、金融和货物流动的交汇点",并指出,一旦有了一个国际交通中转站,这些城区就会成为国际中心,有各种各样的活动,这些活动多数时候是以知识行业为基础的。①

当然,这种流动空间并非完全否定了地方或场所的存在。因为流动空间是建立在电子网络基础之上的,而这个网络连接了特定的地方,后者具有完整界定的社会、文化、实质环境与功能特性。然而在这种网络里,没有任何地方是自在自存的,因为位置是由网络中的流动交换界定的。因此,流动空间的样貌是:地方并未消失,但是地方的逻辑与意义已被吸纳进网络。也就是,由于我们社会的功能与权力是在流动空间里组织,其逻辑的结构性支配根本地改变了地方的意义与形态。尽管每个时期里高级中心的真实区位所在对世界财富与权力的分配非常重要,但从新系统之空间逻辑的角度来看,重要的是网络的变通能力。

随着城市空间逻辑的变化,城市经济的基础被改变了,其经济流动性被置于流动空间之中。由于流动空间的特征是跨越了广大领域而建立起功能性连接,却在物理性的地域上有明显的不连续性,所以这不仅大大拓展了城市经济流量的规模,更主要的是根本上改变了经济流动的方式,即可以超越物理性地域的连续性而进行流动。因此,我们把建立在流动空间基础上的一种网络经济模式称为现代城市流量经济,以区别于建立在地方空间基础上的传统经济流动性。

14.2　城市流量经济基本模型

城市流量经济是一种新的城市发展模式的理论概括,需要进行深入的探讨与研究。在此,我们构建了一个初步的理论模型,以揭示城市流量经济的基本内涵与特征,勾勒出城市流量经济的基本结构体系及其运作机制,大致描述城市流量经济的演进过程。

---

① 卡拉·鲍尔:《让城市动起来》,美国《新闻周刊》2002 年 9 月 23 日。

14.2.1　定义及其特征

前面我们已经指出,城市流量经济是建立在流动空间基础上的一种新型发展模式。因此,不能把它等同于通常所讲的流通领域的经济活动,也不能简单地理解为传统意义上集聚与扩散所表现的城市经济流动性。作为一种新型的城市发展模式,流量经济无论在内涵还是在外延上都比流通活动或作为城市特征的经济流动性要深刻而广泛得多。

我们认为,城市流量经济①的概念主要是指一个城市在流动空间基础上与外部建立广泛联系,以自身为网络体系的重要节点吸引和组织实物、资金、人才、技术、信息等资源要素循环不断地流动,通过网络体系的协作效应获取流动性的附加价值,促进城市能级提升和可持续发展的一种新型发展模式。

按照这一定义,城市流量经济的主要特征从理论上可归结为以下几点。

(1)流动空间基础上的流动性。前面我们讲过,经济流动性是城市经济的本质属性。在城市流量经济中,这仍然是一个不可或缺的基本要素,但已不再是传统意义上的要素。传统意义上的经济流动性是建立在地方空间基础上的,以城市为物质载体吸纳各种资源要素向区内集聚,在当地进行配置来促进和带动相关产业的发展,并将形成和扩大的经济能量(包括生产的产品与服务以及各种要素)向周边地区乃至更远的地区辐射。在流动空间基础上,城市只是网络体系中的一个节点,或者讲是一个具有广泛外部联系的节点。通过这一节点,流动中的各种资源要素被重组、整合、提升,从而能够被配置到最为经济的时间与空间中去。显然,这种经济流动性已具有新的含义。它不是一个点上的集聚与扩散,而是网络中的流动;不是在城市产业配置中的资源要素流动,而是在城市流动中的资源要素配置。因此,唯有流动空间基础上的经济流动性,才构成城市流量经济的基本特征。

(2)流动规模化。由于流动空间的特征是跨越了广大领域而建立起功能性连接,可以超越物理性地域的连续性而进行流动,不必完全依赖于邻近地区经济发展水平,从而大大拓展了城市经济流量的规模。但更为重要的,城市流量经济是以推动和促进各种资源要素在流动中增值为主导性的经济模式。尽管在此流动过程中,也会有一些资源要素在这一节点上沉淀下来,被配置在当地产业中,

---

① 值得提及的是,这里的"流量经济"与经济学中的"流量"概念是两码事,但流量经济确实也借用了"流量"概念的一般意义,以形象地表达上述全新的经济发展模式。

但大多数资源要素只是通过这一节点而在更大范围内得以合理配置和利用。显然，与那种依附于为城市产业配置与发展而发生的经济流动性相比，它比以往任何时候都具有更大的流动规模，更高的流动频率和更大的流动范围。因此，通过大规模资源要素流动实现城市经济能量倍增，是流量经济作为一种城市经济发展模式的又一重要特征。

（3）高度开放性。城市作为网络体系中的一个重要节点，并承载大规模的经济流量，必须具有高度的系统开放性。而且，与一般经济系统为其自身能量转换而"对外交流"不同，城市流量经济以推动和促进各种资源要素流动为己任，从而要求有更大的系统开放性和更广泛的联系渠道和流动通道。因此，保持城市系统的高度开放性，促进各种资源要素在更大的时间与空间范围内的流动，是流量经济发展的必然要求。

（4）协同与协作性。为了保证大规模经济流量顺利通过城市这一节点而得到更有效率的配置与利用，城市内部运作系统必须协同化，而与外部必须有良好的协作性，两者缺一不可。如果城市内部运作系统缺乏协同性，出现流动通道的"梗阻"，资源要素在这一节点中就得不到有效重组、整合与提升，从而大大影响经济流量。如果与外部缺乏良好的协作性，资源要素流动的来源与去处就会成问题，从而在根本上造成经济流量的萎缩与枯竭。因此，强调内部运作系统协同化和外部关系协作性是流量经济发展的内在需要。

（5）电子网络化。以城市流动空间为基础的网络体系，与传统城市网络体系不同，它是建立在电子网络化基础之上的。正是通过现代信息技术的运用以及信息基础设施（如互联网），使资源要素流动突破了物理性的时空界限，使大规模的、即时性的流动得以实现。电子网络化已成为城市流量经济重要物质基础和主要技术手段。因此，电子网络化是城市流量经济固有的特征之一。

总之，基于流量经济的城市发展是一种新型的城市经济模式。它不仅沿承和浸透着城市经济的本质属性，而且是在经济全球化与信息化背景下与时俱进的新发展。在流量经济的发展模式中，城市作为网络体系中的重要节点，既是一台"搅拌器"，即各种资源要素通过城市的流动完成更高效率的重新组合；又是一台"放大器"，即重新组合后的各种资源要素通过城市的放大作用实现经济能量的倍增。

在此要特别强调的是，尽管城市流量经济本身也可视为一种特殊的空间结构，但在流动空间基础上形成的城市流量经济模式具有特定的内涵及其特征属性，所以不能简单运用诸如增长极理论、点轴开发理论、核心—边缘理论、圈层结构理论等传统区域空间结构理论来加以解释。这些空间结构理论均是立足于物理性的地域空间来研究区域经济系统中各系统、各要素之间的空间组织关系的,包括诸要素在空间中的相互位置、相互关联、相互作用、集聚程度和集聚规模,以及地区的相对平衡关系等,主要回答诸要素如何在空间中生成、运动和发展,如何结合成生产力的空间整体。城市流量经济新模式本身就是对其理论立足点的根本性的颠覆,需要用新的空间结构理论来加以阐述。当然,这些空间结构理论中关于资源要素流动的作用机理及其效应等,仍然可用来描述城市流量经济的基本运作状况。

14.2.2 城市流量经济的结构体系

城市流量经济涉及各个方面,但其主要的构件是流量经济的对象、载体、主体、运行平台和发展环境等。这些基本构件的有机组合,形成城市流量经济的结构体系。

1. 流量经济的客体对象

在城市流量经济体系中,主要的要素流是物流、资金流、人才流、技术流和信息流这五大流。

2. 流量经济的载体

在流量经济模式中,资源要素的流动是通过网络实现的。这种网络关系包括城市与不同国家和地区之间的网络关系、城市与城市外地区的网络关系、城市网络关系、产业网络关系、企业网络关系、企业与客户的网络关系、个人网络关系等。

3. 流量经济的活动主体

资源要素的流动是通过组织机构和个人群体的活动行为来完成的。社会中的任何组织机构和个人群体的活动行为都在产生或促成某种程度的资源要素流动。[①]因此从一般意义上讲,所有参与社会经济活动的组织机构和个人群体都是流量经济的主体,构成流量经济的一般主体基础。然而,从城市流量经济的特定内涵及其要求来讲,在其中发挥重要的独特作用的,主要是那些能够带来或促进大规模经济流量的机构和组织。这些机构和组织是流量经济必不可少的具有特

---

① 从完整的意义上讲,社会中任何组织和个人群体的活动行为,包括市场活动行为和非市场活动行为,都会产生不同程度的资源要素流动,但在市场经济条件下,非市场活动行为产生的资源要素流动是极小部分,尤其对于流量经济来讲,完全可以忽略不计。因此,文中所提及的活动行为均指市场活动行为。

定性的主体,大致可分为三类:

(1)大型企业集团,包括生产型企业集团和投资公司。生产型企业集团的生产经营有较大的规模,要求大量的资源要素投入,并有大规模的产出。其生产经营活动本身就产生了一定的经济流量,特别是原材料、中间产品及产品等物流,也包括相应的资金流、信息流、技术流等。特别是外向型的大型企业集团,与外部有广泛的供求关系,能带来较大的经济流量。但从城市流量经济的角度讲,这类企业在其中所起的作用,主要不是其生产制造过程,而是在其生产链的两端,即上端的研究与开发和下端的营销活动。也就是,生产链"微笑曲线"中附加值较高的两端。这类企业的研究与开发和营销活动都将进入网络体系,与外部发生广泛的联系,并形成高密度的信息流、技术流、人才流和资金流。大型投资公司开展多方面的投资活动,与外部也有较广泛的联系,其筹资、融资、投资以及参与经营管理等均可产生较大的经济流量,特别是资金流量。

(2)公司总部,主要指国内大型企业集团总部、国内金融机构总部或业务执行总部,以及跨国公司的地区总部等。就国内机构而言,企业集团总部进驻以后,一般都会把企业的管理、技术和营销等功能部门带来,这样就会有资金、人才、技术、信息和部分实物的流入;由于企业的生产加工基地大多会选择在区外其他比较适宜的地方,这样就会自然产生要素向外扩散辐射的流动;再加上企业集团规模比较大,相对应的资源要素流动规模也比较大,这对推动所在城市发展流量经济就会产生比较明显的效果。就国外机构而言,如果把地区总部或投资机构设在某一中心城市,那么这一中心城市就会成为这些国外组织或机构向这一地区甚至是更大区域范围进行投资的基地。这样大量的投资于这一地区的资源要素会先行进入这一中心城市,然后再流向其他地区。其中有一部分资源要素还会在中心城市进行重组和整合,在产生更大的经济能量之后向外辐射。特别是这些大的组织和机构在全球建有投资和销售网络,它们的进入对要素流动空间的拓展和推动流量经济向国际范围发展具有积极的作用。

(3)服务类组织机构,包括金融机构,会计师事务所、律师事务所、资产评估事务所、企业咨询机构等市场中介机构,以及行业协会等。在现实经济生活中,这类为要素交易和流动提供配套服务的组织机构都有其广泛的网络关系,并主要依赖于网络关系开展业务,从而对促进资源要素流动有着重大的影响,是城市经济流量中不可缺少的组织机构。这类服务性组织机构对流量经济发展的推动作用主要体现在两方面:一是其本身业务就可以带动资源要素的流动,如金融服务机构的业务带来大量的资金、信息流动等。二是它在规范的市场运行中,通过直接为企业和居民提供市场中介服务,创造市场机会,提高市场效率,间接促进资源要素流动。这类服务企业对推动资源要素流动和提高整个市场体系的运作效率具有非常重要的作用。

4. 流量经济的运行平台

这主要是指各种资源要素通过城市这一节点进行流动并实行有效配置所必需的软硬设施和场所。它是流量经济运行和发展最重要的支撑。按照不同功能,运作平台可以分为三大类:

(1)基础性运作平台。这主要是指资源要素赖以流动的基础设施及硬件设施,如道路交通设施、港口码头、机场、信息通信设施,以及适宜的办公居住场所等。这是资源要素在空间和时间上移动的必要通道。大规模的经济流量要求这些基础设施齐全配套、便利高效和安全。

(2)操作平台。这主要是指达成资源要素产权让渡,从而发生转移与流动的交易平台,包括商品市场、资本市场、期货市场、技术市场、人才市场等。这是要素所有权在不同所有者之间进行交易所必需的软硬设施条件。大规模的经济流量要求有高度发达的市场交易系统,包括完整的市场体系和运作高效的市场机构。

(3)服务平台。这主要是指为资源要素产权转让以及发生实际位移提供相关服务的运作系统,包括金融服务、运输服务、商业服务、鉴证类服务、中介性服务、技术性服务、政策服务、信息服务等。这是促进资源要素快速流动的润滑剂。大规模的经济流量要求这一服务平台能够提供多样化、高质量、复合型、连续性的服务。

这三类运作平台是一个有机的整体,缺一不可。由于资源要素的流动首先在于其产权让渡,所以提供交易活动的操作平台是核心。基础性运作平台和服务平台则为资源要素实际流动提供了必要的条件(见图 14.1)。

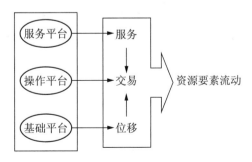

图 14.1 流量经济的运作平台

5.流量经济的发展环境

这主要是指推动和促进资源要素流动所需要的社会、政治、经济、文化等方面的条件。在经济全球化趋势的影响下,还应包括国内市场环境与国际市场环境的衔接。

(1)政策体制,包括建立起比较完善的市场经济体制和相应的法律法规体系,尤其是在一些共同规则和通行惯例方面与国际市场相衔接,消除资源要素在国际上流动的体制障碍。

(2)政府管理,包括政府管制、公共管理、经济调控等方面。行政管理部门办事效率较高,经济调控方式及其手段工具比较完善,政府的政策与规章有较强的透明度等,都将使资源要素流动获得良好的环境和条件。

(3)市场环境,包括各种明确的市场规则和行为标准,良好的社会信用基础,讲究信誉和商誉,公平、公开、公正的交易环境等。良好的市场环境增强了市场主体行为的确定性,减少了交易费用,提高了信息对称性和经济绩效,有助于促进交易活动和资源要素流动。

(4)社会文化,包括历史文化、传统习俗、建筑风格、城市风貌、文明程度、社会氛围等方面。具有深厚的文化底蕴,且有较大包容性和多样化的城市文化,以及崇尚创新和宽容失败的城市精神,都十分有助于资源要素的流动。

以上城市流量经济的若干基本要件形成一种结构体系(见图14.2)。在这一结构体系中,众多组织机构在一定的环境条件下,凭借其运作平台的支撑,通过网络关系展开各种活动,以促进资源要素的流动,并形成大规模的经济流量。

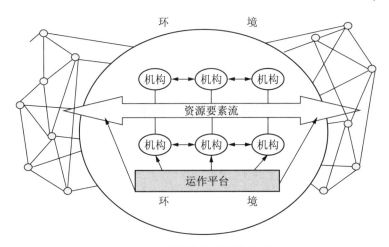

图 14.2　流量经济的结构体系

14.2.3 城市流量经济的运行机制

1. 流量经济的动力机制

我们知道,任何物体的流动,是因为存在不同水平的势能差。因此不管是从资源要素向城市集聚与扩散的流动,还是从资源要素通过城市这一节点的流动来讲,其势能差总是一个先决的前提条件。所谓经济流动的势能差,就是指要素利用的成本与收益比较的差别。一般而言,资源要素总是由净收益低的地区流向净收益高的地区。

过去通常是用区位条件等比较优势来解释这一势能差。也就是,城市具有比其他地区相对较高的势能,主要是因为其所处的区位条件具有比较优势,更有利于资源要素的组合与配置,产生较高的效率。以后,又进一步发展成为用竞争优势来阐述这一流动的势能差。由于城市本身的积累及其能力的培育,包括经济结构调整、产业结构高度化、企业组织发展、知识与人才积聚、文化积淀等,逐步形成规模经济、集聚效应等竞争优势,从而使资源要素在城市中的配置和利用更为有效。

在流量经济中,这些比较优势和竞争优势仍然在起作用,但更为突出和重要的,则是城市的网络优势。网络外部性的存在,使网络价值随着网络扩大时节点增多而呈指数增长。网络越大,其潜在价值越高。显然,广泛的对外联系及其网络关系,为资源要素配置与利用提供了更为广阔的空间和更多的机会,从而形成了促进资源要素通过城市这一节点流动的势能差。

因此,在流量经济中,比较优势、竞争优势和网络优势共同成为构筑城市具有较高势能差的基础。但值得提出的是,不同空间上存在的势能差,只是导致城市聚集的必要条件,而不是充分条件。因为仅有这种势能差,并不足以使不同空间发生相互关系和相互作用。在具体的社会经济环境中,不同的空间生产力系统,只有在存在利益关系的前提下,才可能发生相互作用,从而导致要素的实际流动。在空间势能差的基础上,流量经济的利益驱动主要表现在以下几方面。

(1)比较利益驱动。城市的比较优势、竞争优势和网络优势都将促进交易活动的规模化、多样化和多层次化,从而大大提高交易活动的成功几率,并降低交易成本,增大交易的净收益。对这种比较利益的追求,使得大量资源要素在城市的流动,以获取相对较高的交易净收益。

(2)互补利益驱动。城市的比较优势、竞争优势和网络优势为资源要素的配置提供了更大的可能性空间(包括城市与城市之外的范围)以及更多的选择机会,从而使不同资源要素之间能够找到较为合理的组合,实现"物有所值,物尽其用";使不同资源要素配置之间能够找到较为合理的配合(配套),呈现出规模经济、产业集群、价值链延伸等互补效应。对这种互补利益的追求,使得大量资源要素通过城市的流动以获取协同的附加价值。

(3)互动利益驱动。城市的比较优势、竞争优势和网络优势有助于增强资源要素配置之间的正反馈效应,从而使资源要素配置之间能够形成一个良性的相互带动与相互促进的机制,产生大量正的经济外部性。对这种互动利益的追求,使得大量资源要素通过城市的流动以获取连续增值的追加利益。

总之,这里说的利益是指包括比较利益在内的一组利益序列,即"比较利益—互补利益—互动利益"共同构成的利益关系链,它们成为引致城市流量经济过程的社会动力结构。这些利益驱动促进了资源要素在流动中的重组、整合和有效利用,带来了比其他地区更大的市场吸引力并带动辐射性的流动,成为城市流量经济的内在动力。

2. 流量经济的传递机制

要素流动需要经过许多中间环节和程序,而这些中间环节和程序不可能由要素所有者一方或交易双方来承担,必须借助于一整套服务体系,这一整套服务体系就构成了要素流动的传递机制。一方面,要素传递过程需要有中间机构。发达的要素交易和相应的要素流动都不会是双方直接进行的,必须通过一系列中间机构来完成,特别是对于有些交易环节和交易手续,在法律上明确规定必须由中介机构来承担。另一方面,完成要素传递也需要有中间机构。主动地促进和推动要素流动,比单纯地完成要素流动要重要得多。在有些情况下,要素流动可能会遇到技术上的、制度上的或者是经济上的障碍,如果传递机制不发达或者传递效率不高,流动往往就无法完成;在另一些情况下,由于市场体系不发达,某些要素交易不能被发现或者无法完成,也会造成流动无法实现。上述这些情况,都需要有中间机构来推动和促进。

14.2.4　城市流量经济的动态发展

城市流量经济是一个动态发展的过程,是由低级形态向高级形态的不断演化。在此过程中,流动范围、流动控制与影响力和主导流共同构成了流量经济动态发展的主要标识。也就是,流动范围越大,流动控制与影响力越强,主导流越高端,流量经济越具有高级形态。然而,这三个方面是紧密联系在一起,相互影响和制约的。

从流动范围来讲,大致可以划分为四个层次。最低层次是周边地区的流动范围,其流动半径有限,流量规模也不会太大;其次,是国内区域的流动范围,其流动的节点增多,流动线路拉长,流量规模也随之大幅度增长;再则,是周边国家的流动范围,其流动突破了国家界限,具有国际化性质,流动网络向外延伸与扩展,流量规模急剧扩大,特别是国际流量规模逐步扩大直至超过国内的流量规模;最后,是全球性的流动范围,其流动网络覆盖全球,与世界上任何地区都可进行交流,开始具有全球流量规模。

这种流动范围的大小,是与其流动控制与影响力联系在一起的。流动控制与影响力越大,其流动范围越大;反之亦然。反过来,从其流动范围的大小,也可以看出或推断出流动控制与影响力的强弱。流动控制与影响力主要是指由流动要素的素质质量层次、流动效率水平及其辐射能力等方面决定的流动能力。一般而言,流动要素的知识含量、技术层次和其他素质水平越高,流动中的要素以及要素组合的运作效率越高、辐射力越大,其流动控制与影响力就越强。从这个角度分析,流动控制与影响力可以划分为三个台阶。一是初能级台阶。城市作为要素集聚与扩散的流动中心的地位已经确立,流量经济主体、流量经济平台、流量经济环境初步建立,要素流动的运作效率及其在流动中的配置效率明显高于周边地区,并具备了一定的辐射带动能力,因而资源要素流动的控制与影响力开始显现。二是中能级台阶。在一定规模的经济流量基础上,随着流量经济主体的成熟、流量经济平台的完善、流量经济环境的优化,其流动控制与影响力已波及国外,无论是要素的吸引还是能量的辐射都开始走向国际化。三是高能级台阶。城市流量经济体系建设已相当完善,高效率的运作及优越的环境条件吸引着全世界大量的高层次资源要素在此集聚并进行着高效率的配置,资源要素的辐射力到达世界任何国家和地区,其流动控制与影响力波及全球。

流动范围和流动控制与影响力,与城市流量经济主导流的演进是结合在一起的。在城市流量经济体系中,主要的要素流是物流、资金流、人才流、技术流和信息流等五大流。从现实情况分析,这些要素流总是相互交织在一起,其中任何一种要素的流动都会带动其他一种或多种要素的流动。但在不同的时期,总是分别存在某一起主导作用的要素流,即主导流。这种主导流意味着,或者是其流动规模,或者是其流动的关联性,或者是其流动的能量在诸多要素流中居于核心地位。从历史经验来看,这种要素主导流的演进变化大致可以划分为三个不同时期。

(1)物流主导时期。在这一时期,大规模的物流带动了相应的信息流和资金流,但对其他要素流的带动作用相对较小。在某些特殊情况下,也存在资金流率先进入并带动物流、人才流等其他要素流进入的特殊现象,但这种特殊现象只能是暂时性的。这种大规模的物流主要依托于城市发达的交通枢纽,如铁路、公路、航运、空运等。因此,物流作为主导流,较多地受制于物理网络的特有属性,其经济流量的规模比较小,层次也比较低。

(2)资金流主导时期。在这一时期,资金的流动规模迅速膨胀,并由被动转向主动,不仅带动物流和其他要素流,而且对人才流、技术流、信息流的带动力要远远超过物流的带动作用。这种大规模的资金流主要依托发达的金融体系、结算手段以及信息技术服务平台。因此,资金流作为主导流,较少受到物理网络的局限,从而使流量经济的规模迅速扩大,而且层次也大大提高。

(3)人才流主导时期。当技术和知识在经济社会发展中越来越起着关键性的作用,谁掌握人才资源谁便掌握各方面发展的主动权时,其他要素便会围绕人才要素而转动,会伴随人才要素的流动而流动。正如卡拉·鲍尔所说的,在工业时代,能够获得原材料是城市繁荣的基础,如今这种趋势正在改变。为了吸引有头脑和有资本的人士拉动经济增长,一座城市必须用生活方式和文化方式吸引他们。[1]尽管仅就人才流的规模来讲并不会很大,但其带动的整个经济流量是巨大的,特别是带动了大规模的资金流和信息流。人才流主导的经济流量主要依托于信息网络,其流动相当便捷,从而使流量经济规模达到很高的水平。目前城市之间争夺知识与人才的较量已经展开。例如,新加坡正在开展一项计划——十年内吸引十所世界著名学府在新加坡开设分校、开办学位课程,进行研究与开发合作,建成由世界级学府组成的"学府群",借此吸引本地区最优秀的大学生前来报考,提高本地区的知识水平,网罗各国杰出人才,走出一条城市创新发展的新路。

综合上述流动范围、流动控制与影响力和主导流,我们可以看到,它们之间存在着对应关系,并构成城市流量经济动态发展的主要阶段(见图14.3)。在流量经济的初级阶段,通常以物流为主导带动其他要素流,流动范围有限,经济流量规模较小,流动的控制与影响力仅限于周边地区和国内,流量经济的能级较低。在流量经济的成熟阶段,通常以资金流为主导带动其他要素流,其流动范围大大扩展,突破了国家边界,经济流量规模迅速扩大,流动控制与影响力波及国外,特别是周边国家和地区,流量经济的能级得以大大提升。在流量经济的发达

---

① 卡拉·鲍尔:《让城市动起来》,美国《新闻周刊》2002年9月23日。

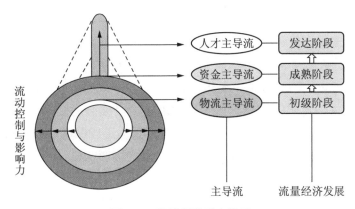

图 14.3 流量经济动态发展

阶段,通常以人才流为主导带动其他要素流,其流动范围是全球性的,经济流量规模非常庞大,流动控制与影响力渗透到世界各地,流量经济能级达到相当高的水平。

14.3 流量经济与城市竞争力

原先对城市竞争力的主流解释,是建立在传统工业经济时代城市发展基础上的,强调城市积累、内部因素及其作用。而适应经济全球化与信息化要求的城市流量经济模式,为城市竞争力注入了新内容和强大的力量,凸显了新形势下城市竞争力的核心。因此,我们要对传统城市竞争力的主流解释提出批判性的意见,阐述城市流量经济模式对提升城市竞争力的重要性。

14.3.1 城市竞争力主流解释的批判

在以往的城市竞争力研究中,由于把城市视为建立在地方空间基础上由大量投资堆积或要素凝固化而形成的生产和生活高度集中的物质空间体,从而主要考虑了要素条件、企业战略、结构和竞争对手、需求条件,以及相关、支柱产业等之间的系统、地方、网络互动关系,由此认为城市竞争力源自地方区域的生产簇群,如硅谷、波士顿的 128 公路等等。这些关于场所(当地地点、区域或者国家)之间的竞争的研究都是在迈克尔·波特的竞争力钻石模型的基础上进行的。

因此,对城市竞争力的解释存在一种较普遍的现象,即忽视决定城市竞争力的外部联系因素,而强调城市的内部因素及其作用。国外许多文献都认为,城市竞争力概念是在一个城市内部特征的功能上形成的。一些人认为,城市竞争力是依靠地方禀赋优势(如土地、银行、有效率的企业)从而使其比别的城市更能吸引外来投资。在一些示例中,城市"比较优势"被认为是地方经济增长战略的结果(比如,Hillier, 2000: Savitch and Kantor, 1995: Senbenberger, 1993)。一些人把城市竞争力归结为是企业界领袖推进发展战略的结果(如 Savitch and Kantor, 1995)。也有一些人认为采用政府干预的手段塑造一个城市的国际城市(如 Yeung, 2000)。还有的以是否依赖海外投资商(Daniels, 1986)或生产部门的积累(Thrift and Leyshon, 1994)来决定一个国际性大都市。

其中,Kresl 的城市竞争理论是这类观点的一个极端代表。他认为,外部原因必须从城市竞争的任何解释中被区分开来。他坚持一个城市的竞争力是与其全球化能力不一样的。因为全球化强调的是互相联系,而城市竞争力只是城市的问题。从这一观点出发,一个城市可以十分具有竞争力而不与别的城市交流联系,就好像一个城市可以处于城市体系中而却不具备任何竞争力一样。为此 Kresl(1995)主张,一个城市在没有提高其国际城市地位的同时,可能戏剧性地增强其竞争力,甚至其国际竞争力。根据 Kresl 的观点,可以通过测量城市的经济与战略要素来进行城市竞争力的比较,而城市的经济与战略要素都是城市内部问题。

更多的学者注意到了外部联系因素和内部因素对城市竞争力的影响,但认为起决定性作用的是内部因素。例如,一些学者(Douglas Webster, Larissa Muller, 2000)在分析城市竞争力中,区分了两类不同的要素:一类是"活动"要素;另一类是"场所"要素(见表 14.1)。他们认为,城市竞争力由城市活动(如金融、旅游、计算机制造、非正式部门角色、科技、创新等)和场所两者共同决定。城市活动是城市在现实世界中竞争的表现、过程和结果;而场所具有不可交易性(non-tradable),其中的人力资源、区域禀赋、制度环境等都决定了城市活动的选址和定点、扩展或者压缩等。尽管他们也强调了活动要素是决定城市竞争力的重要因素之一,但更注重场所的决定作用。在他们看来,场所要素决定活动要素发挥作用的空间和方式。

当然,也有少数学者对上述这些城市竞争力解释持不同意见。Hubbard 和 Hall(1998, 16)对 Kresl 的观点提出了批评,认为这是一种把竞争与合作分割开来的目光短浅的研究。一些学者认为,竞争力和经济增长是以区域的贸易和出口为基础的,是由区域外的可贸易条件决定的(EU Enterprise DG, 2000),而这日益以生产和过程的创新为基础。他们认为,"簇群"只是竞争力结果的外在表

表 14.1 城市竞争力"活动"和"场所"决定要素

经济活动要素 （activity factors）	科技实力 实物资本的存量及其增长 产业结构、产业簇群 生产力产出和增加值 引资情况（国内、国外资金） 开放情况
场所特质要素 （place factors）	区域禀赋：区位、基础设施、自然资源条件、城市环境宜人程度以及城市区域形象（区域竞争力） 人力资源：数量和质量 企业文化、管治和政策体系（税收、司法等、引资政策）

资料来源：Webster and Muller，2000.

现，而不是竞争力的源泉。按照这个观点，有竞争力的城市是那些全球经济体系中的"门户"或者"节点"城市，如伦敦、巴黎、纽约及东京等。

还有一些学者（Cox, 1997；Cox and Mair, 1988；Cox and Wood, 1997）更为明确地提出，城市竞争力明显来自外部影响。他们认为，强调"通过当地社会关系的价值流"要包括存在于各地的代理商、社会机构之间的合作（Cox and Mair, 1988）。Harvey（1985）则通过"区域阶层联盟"的框架试图来确定其在资本循环中的各自利益，以便认识全球"流动空间"的存在。尽管这些观点尚缺乏关于城市之间关系的经验主义证据，但却已意识到互相联系才是城市竞争力的核心。

总之，城市竞争力的主流解释忽视了城市经济的本质在于市场流动性这一基本出发点，过分强调了内部经济与战略因素、禀赋比较优势等对城市竞争力的决定作用。如果说在工业经济时代的城市发展模式中，以大量的要素向城市集聚并沉淀下来促成城市规模与容量急剧扩大为特征，从而使人们更集中于对城市内部因素的关注尚有一些"合理性"的话，那么在当今经济全球化与信息化促动城市经济主要依赖于相互联系及流动的情况下，这种把内部因素作为对城市竞争力的主要解释就完全显得苍白无力了。

14.3.2 流量经济凸显城市竞争力的核心

在以流动空间为基础的城市经济发展中，我们社会中的主要支配性过程都接合在网络里，而这些网络连接了不同的地方，并且在生产财富、处理信息以及制造权力的层级里分配每个地方特定角色与权力。因此,一个城市能否进入这个网络,进入到什么程度,以及在这个网络中处于什么样的位置,都是十分重要的问题。这最终决定了每个城市的命运。

一个城市进入这个网络,意味着其对外具有广泛的经济联系,并通过这个网络有大量的经济流动。如果不具备这些基本条件,该城市就难以融入这一网络中获得协作效应,甚至会被边缘化。显然,这将极大地限制其经济发展,严重削弱其竞争力。

然而,当一个城市进入这个网络,并且有较深程度的进入,与外部建立起广泛的经济联系,具有大规模的经济流量,则为其提供了更大范围、更有效率的资源配置的可能性空间,增大了可利用资源(包括信息、知识等)的来源与渠道,从而有助于提升其调动与配置资源的能力,促进经济增长和城市发展。从这一意义上讲,城市的经济增长越来越取决于这一城市与其他(国际)城市交流与联系的数量与质量。

在这个网络体系中,城市所处的位置很大程度上取决于经济流量规模及其范围。经济流量的规模越大,流动的范围越广,其所处的位置越高;反之亦然。反过来讲,城市在新信息网络里的位置越低,转变及脱离工业化阶段也就越困难,而其城市结构也就越传统。而在网络体系里所处位置越高,现代服务业在城市中的角色就越重要,城市空间的再结构也就越剧烈。从这一意义上讲,一个城市变成一个国际性的大都市不是因为这个城市的性质,不是由于城市的功能,也不是其在城市体系中扮演的角色,而是因为它已经融入了维持国际城市网络的主要构成部分的协作效应中。正是这种协作效应增强了其城市竞争力,使其具有比其他城市更大的竞争优势。这就是为什么在国际经济循环的大系统中,处于世界城市格局第一、第二层次的国际城市比其他中心城市在国际舞台上发挥更为重要的作用,在开拓国际市场参与国际分工,在扩大化国际影响带动本国其他城市发展等许多方面都有其发展的明显优势的主要原因。为此,许多国家的中心城市纷纷提出了国际化发展的战略目标,通过重塑重要城市的国际城市功能,实施国际化战略来提升城市在未来世界城市格局中的位置,完成对城市未来发展建设的整体设计。

事实上,对于同样处于世界城市格局第一、第二层次的国际城市而言,虽然都是全球或区域性国际金融贸易中心、国际控制和决策中心、国际文化和信息交流中心,在世界经济政治中具有较大的控制力与影响力,但其经济流量的差异也直接影响城市竞争力的强弱。在人们的感觉中,日本东京与美国纽约、英国伦敦等相比总显得竞争力相对较低,其重要原因就是东京的经济流量相对较弱。例如,成田机场作为东京的国际机场,开业 20 多年后始终只有一条跑道(最近刚添了一条 2180 米的跑道),况且不是全天候的。而且,成田机场所收取的飞机落地费也很高。以波音 747 机型为例,2001 年在成田机场每次降落须支付 95 万日元,而同年香港机场仅为 41 万日元,纽约为 54 万日元,巴黎是 33 万日元,法兰克福只有 17 万日元,首尔也不过 31 万日元(均按当年平均汇率折算)。因此,成田机场 1998 年的起降次数仅为 12.76 万架次,而纽约的肯尼迪机场为 36.22 万架次,伦敦的希斯罗机场是 45.14 万架次,巴黎的戴高乐机场则达到 79.10 万架次,新加坡的樟宜机场也有 17.74 万架次。另有数据表明,截至 2000 年,居住在东京的外国人仅为 26 万,约占东京人口的 2.2%。而纽约早在 1990 年就达到了28.4%。东京在 1998 年接待了 250 万外国游客,而纽约和巴黎分别为 660 万和1200 万,连新加坡也远远超过东京,达到 696 万(均为 1999 年)。从城市人口与年接待外国游客人数之比来看,东京的差距是很明显的。巴黎几乎是 1∶5,而东京仅为 1∶0.2。1999 年,东京举办了 63 次国际会议,而纽约、新加坡、伦敦和巴黎分别为 88 次、140 次、160 次和 247 次。显然,这些经济流量上的差异直接影响城市在世界经济政治中的控制力和影响力,决定城市竞争力水平。

即使不像国际性大都市那样具有全面(综合)的经济流量,城市只要某些个别方面的流量做得特别大,具备了网络里优越节点的特性,也同样可以成为中心节点,具有核心竞争力。在某些情况下,最不可能的地方变成了中心节点。例如,明尼苏达州的罗彻斯特(Rochester)、巴黎郊区的维勒瑞夫(Villejuif)成为先进医疗与卫生研究的世界网络中彼此有紧密互动的中心节点,就是因为马耀诊所(Mayo Clinic)在罗彻斯特,法国政府主要的癌症治疗中心在维勒瑞夫。由于偶然的历史原因,围绕这两个奇特的地域性场所,接合而形成了知识生产与先进医疗的复合体。一旦建立,它们便吸引了世界各地的研究人员、医生和患者,从而成为世界医疗网络里的节点。

14.4 发展流量经济的对策思路

上海推进流量经济的发展,要从现实基础和相对优势出发,把突破口放在现代物流中心的建设方面,以大容量、高流速的现代物流促进和带动资金流、信息流、技术流、人才流的集散和扩散;以周边地区流动为起步,向国内和全球不同层次集散各类资源要素;以外流带动内流分层次推动流量经济的发展;以引进国内外大型组织机构为重点,特别是把重点放在引进大型跨国物流产业集团上,形成支撑现阶段上海流量经济发展的主导力量;以基础设施建设、要素市场完善和中介服务体系健全为重点,加快构筑起上海发展流量经济的运行平台;以完善体制为基础,营造有利于流量经济发展的体制政策环境,加快培育和完善"交易成本低、流动效率高"的良性发展机制,促进上海流量经济在规模和能级上实现新跨越。

14.4.1 现阶段上海流量经济发展模式选择

按照前面的分析和参照国际经验,流量经济发展有其比较明晰的阶段性,在不同的发展阶段有着不同的主导性经济流量。上海目前处于工业化后期向后工业化时期的转变,其周边地区(长三角地区)则处于大规模工业化阶段,世界制造业中心向该地区的转移更是促进了制造业的快速发展。在此背景下,上海流量经济的发展模式宜选择以商品和实物流为主导比较妥当。

现阶段上海选择以物流为主导的发展模式,主要是根据发展流量经济的特点和条件,适应国内外形势的发展要求。尽管上海已经有较大的经济流量,但从各方面条件来讲,其流量经济的发展才刚刚起步,特别是现代服务业的发展尚不充分和成熟,还不足以支撑更高能级的流量经济,必须经历一个以物流为主导的发展阶段。同时,中国的金融市场尚未完全开放,资金的流动和进出还受到相当大的限制,以资金流作为主导模式的条件和环境目前还不具备。因此,现阶段上海选择以物流为主导的发展模式,这是由上海目前的基础条件和体制环境决定的,也符合流量经济发展的阶段性特征。这不仅有上海及周边地区大规模商品和实物流动的需求相支撑,而且也能够充分利用上海的区位优势,有利于发挥上海国际航运中心、亚洲地区航空枢纽等交通枢纽的作用。

例如,长江三角洲区域内的交通流量走向,已由原来封闭的以省会城市为中心,调整为强化与上海联系,注重城市间的联系。2002年,上海对外日均交通量为20万车次,2003年已达到27万车次。根据对今后的需求增长趋势的分析,初步预测2010年,上海的公路出入交通量将约为65万车次。而原先规划的高速公路6处对外通道、34根车道的出入量,已无法满足远期交通增长的需求。调整后的上海高速公路,将有10个通道、60根车道。如果加上国道在内的干线通道达到20个对外通道、108根车道;再加上其他公路的出入口,至2007年,上海所有公路出入口有35个通道、138根车道接轨长三角。

当然,上海现阶段发展流量经济的条件和环境,与其他国际大城市当时发展所面临的情况相比,已经发生了很大的变化。特别是在现代经济发展中,各种经济流量相互渗透、相互覆盖,日益呈现出经济流量融合的趋势。这为确立以现代物流为重点,资金流、信息流融合发展的混合型新模式提供了可能性。上海可通过现代物流的快速发展,带动资金流、信息流的培育;通过金融市场发展和信息资源开发,推动物流提高层次、扩大规模,从而形成"多流"并进、相互推动的发展格局。在此过程中,上海经济发展将呈现出以下几方面的重大变化。

首先,在以物流为主导的流量经济发展过程中,核心要素会发生显著的动态性变化,一方面物流作为近期的主导性经济流量,其规模、质量和层次将不断提高和优化;另一方面物流在与资金流、信息流等的融合中能量不断提高,对其他资源要素流动的带动作用明显增强。同时,资金流、信息流等在物流的带动下加快培育和发展,在整个流量经济中的地位和作用不断提高。

其次,在上海流量经济发展过程中,随着资源要素集聚、辐射作用的发挥和增强,要素流动的速度进一步加快,规模进一步扩大,能级进一步提高,资源配置中心的地位开始形成,区域性中心的优势逐步确立。在这一阶段,上海将逐步建设成与现代物流密切相关的国内最重要的博览展示和商业信息中心,中国内外贸的"订单中心"和"发货中心",国内外商业资本运作的管理控制中心。

再则,伴随现代物流产业的充分发展,与物流业发展相关和配套的信息服务、专业服务、航运服务等具有比较竞争优势的产业部门加快发展,第三产业的知识化、信息化和网络化程度大为增强,将形成与物流发展相适应的服务业态和产业结构。在这一阶段,上海将逐步成为国内主要服务贸易企业和中介机构总部的所在地,成为外资金融、贸易、交通等企业向内地扩散业务的重要基地,服务贸易将逐渐发展成为新的支柱产业。

最后,在上海流量经济发展中,各种市场组织加速发展,商品和要素流量共同发展,中心城市配置国内外资源的能力显著提高,生产组织和管理服务功能进一步完善。在这一阶段,上海将逐步成为长江流域最重要的商品物资集散地和沿海、沿江地区的旅游购物中心,成为国内贵金属交易中心和农产品期货交易及价格发现中心,成为全国最主要的短期资金交易、长期资本市场和离岸金融业务中心。

总之,随着各项基础条件的成熟和整体环境的改善,特别是中国加入 WTO之后对外开放度进一步扩大,金融贸易方面的体制创新力度不断加大,上海流量经济发展的主导模式经过若干年后也会适时转向以资金流为主导的模式。

14.4.2 发展思路

1. 推进上海流量经济发展的基本原则

上海推进以物流为主导的流量经济发展,要不断完善城市的基础设施,基本形成联结国内外的高速有效的水、陆、空交通运输网络,健全各类要素市场体系,优化城市综合发展环境,增强城市综合服务功能,吸引大批国际著名的跨国公司、世界级中介机构、国内顶尖大企业进驻上海,进一步提升上海在国内外资源要素配置中的中心地位,从而把上海建设成为国际性的信息枢纽之一、亚太地区的航空枢纽之一、区域性的国际航运中心之一和地区性的国际金融中心之一。为此,要贯彻以下基本原则。

(1)"留、流"并举。经过前十年的发展,上海在吸引各类资源要素在当地集聚(即"留")上有了很大的进展,今后要加快实现由单向的"留"为主向双向的"留、流"并举转变。在继续做好"留"的同时,通过功能性开发、市场化运作和高效能服务,进一步强化资源要素的辐射能力,特别是要增强区内各类机构和组织的对内投资功能,努力做好"流"这篇文章。

(2)一流为主、"多流"并进。在上海发展流量经济的过程中,要适应国际经济发展的最新趋势和上海发展的实际情况,摆脱传统的发展模式,创新发展思路,既坚持以物流为主导,又努力发展资金流、信息流、人才流,从而形成"一流为主、多流并进"混合发展的新格局。

(3)内外结合、以外促内。从上海发展流量经济的体制政策环境来看,要形成流量经济的内在的自发的动力机制,关键是要增大与周边省市的势能差。现实的比较可行的办法,就是扩大对外开放度,通过体制创新率先与国际惯例相衔接,努力形成体制上的优势,扩大资源要素的流动空间;扩大对内开放度,通过加强与兄弟省市的经济技术合作与交流,密切国内市场与国际市场的联系,成为连接国内外两个市场的窗口和桥梁,巩固和拓展上海经济发展的腹地。

(4)远近结合、分阶段推进。上海的流量经济发展,需要经过一个规模逐步扩大、能级逐步提高、主导流逐步演进的过程。从现在来看,上海的流量经济还只是刚刚起步,面临的任务十分繁重,必须分清轻重缓急,明确有限目标,突出工作重点,分层分步推进。近期目标是要按照"突出重点"的要求,努力成为带动长江流域发展的"龙头",促进全国发展的综合性服务基地。中远期目标是要建成国际经济、金融、贸易和航运中心,成为带动全国发展的"引擎"。

2.近期应着力推进的工作

加快上海现代物流基础设施建设。重点抓住洋山深水港、浦东国际航空通道、长江水上通道、沿海铁路通道、高等级公路网络、区内轨道交通体系和互联网商用信息数据交换中心等骨干工程,加快构筑现代化、立体化、网络化的交通通信系统。同时,尽快实现与周边省市及长江流域重大基础设施的资源共享,推进沿江、沿海地区基础设施的互连互通,以带动长江三角洲的滨海地区和杭嘉湖地区的城市化和经济一体化进程。

加大国内外大企业集团总部和专业性经济组织向上海汇聚的力度,使上海成为亚太地区集聚国际大型企业集团、世界著名中介机构地区总部数量最多的地区之一。一是继续引进跨国公司中国总部和国内工商企业集团总部;二是重视引进贸促会、商会、行业协会等非政府、非营利性组织;三是大力引进国际性采购中心和批发分销集团,以及能有效促进和带动资源要素流动的国内外各类大企业、大集团、大机构。

强化区域性物流分拨和中转业务。积极培育仓储、加工、运输、信息、服务相互融合的现代物流产业。以保税区和出口加工区为核心,加快物流组织体系改革。加强与世界著名物流集团的合资合作,促进国内物流企业向集团化、集约化、国际化方向发展,形成具有协同运作机制的,由第三方物流服务商、多式联运服务商、货运代理、配送服务商、承运人企业等构成的企业网络群体。鼓励物流企业进行纵向和横向整合,形成高覆盖率的服务网络和经营网络。通过建设信贷、保险、商检、运输、仓储、销售等"一条龙"服务体系,大力发展离岸贸易、转口贸易,进一步做大口岸贸易,使浦东成为国内外商品的交汇地。

增强商务中介功能。积极引进专业化的商业信息服务公司,特别是创办中外合资与合作性质的律师事务所,允许境外注册会计师开办独资性质的会计师事务所,鼓励创办各类合伙制和民营性质的市场中介组织。同时,落实中介服务公司和从业人员无限连带经济责任制度,建立全社会的信用评级制度等。依托城域宽带信息网络的建设,加快组建电子信息中心和经贸信息网络,进一步完善商业信息服务体系;加快经济信息资源的深度开发,强化经贸活动的中介服务功能,使上海成为全国性的商务信息发生源和传递中心。

进一步完善贸易体制与机制。深化服务贸易体制改革,采用联合、兼并、重组等形式积极利用外资,优先发展航运货代、信息咨询、商务会展、中介服务、金融租赁、物流分销和文化娱乐等服务领域。建立外贸信息反馈和沟通渠道、完善国际贸易法律管理及仲裁制度、增强行政管理的透明度、加强贸易法规的协调与统一。加快推进管理和机制创新,加速国内服务体系的改造和建设,不断提高物流业的整体配套和全程服务能力。

发挥金融市场对物流的导向和组合功能。完善金融市场体系,扩大金融业对外开放,深化金融创新,大力发展再保险、贴现、担保、基金管理、租赁、理财顾问等非银行金融机构,加快建设贵金属、三板等新兴金融市场体系,努力拓展离岸金融、按揭融资等金融新形式,逐步建立起一个覆盖全国、功能完善、品种齐全、高效快捷的金融交易系统,充分发挥金融资本对要素流动的导向和中介功效。

建立和完善适宜各类要素有序、高效流动的政策环境、体制环境、经济环境、生态环境和社会文化环境。确立廉洁、高效、智能化的政府形象;完善与国际通行惯例相衔接的政策体系;形成公平、公正、公开的市场环境;基本建成环境优美、生态平衡的现代化城区;形成高档次、多样化、开放型的国际文化、资讯、博览交流中心框架;建成开放式终身教育体系,市民外语水平显著提高。

15 城市综合服务功能 *

从城市经济角度讲,不论是基于知识经济的竞争优势还是基于流量经济的城市竞争力,都集中体现在城市综合服务功能增强上。这种城市综合服务功能增强,既来自创新活动,也来自现代服务。本章主要从现代服务的角度考察城市综合服务功能。因为现代城市,特别是国际大都市更具备了现代服务业发展的环境条件,并由此形成了以现代服务业为主导的服务经济,从而增强了城市综合服务功能。

15.1 现代服务业在城市发展中的作用

现代服务业在城市发展中所发挥的作用,特别明显,并有集中的体现。我们从现代城市发展的不同角度来分析现代服务业所发挥的重要作用。

15.1.1 现代城市基本职能:依托于现代服务业

从城市的基本活动来讲,维持城市正常运转和满足城市居民基本生活需要只是一种非基本职能,其基本职能是对外辐射的服务功能,包括区域性与跨区性的服务功能。

区域性服务功能是城市职能体系的支柱,是城市中心地位的基石,其服务范围为城市的周边腹地,由多种服务功能组合构成,主要是城市作为特定区域的中心为其腹地所提供的各种物质、精神方面的综合服务活动。这一功能主要体现

---

  * 本章根据笔者主持的 1999 年上海市决策咨询重点课题"增强上海城市综合服务功能研究"的成果报告改编而成。

在综合性工业部门与腹地之间的垂直和水平联系,区域性交通枢纽和区域商品批发中心对腹地交通组织和商品流通的作用,企业总部和行政管理机构对腹地工业的组织管理和行政决策作用,城市为腹地提供的科技、教育、金融、信息、咨询等服务功能等方面。

跨区性服务功能是城市间经济互补发展的重要前提,是城市与外围区域之间经济联系的主要手段。其服务范围是全国性甚至世界性的,这类服务功能组合较少,但是功能影响尺度较广,主要表现为超越腹地尺度的专业化工业服务功能、专业化商贸服务功能、专业化交通运输功能、专业化旅游功能等。这一功能的培育和建设是以城市及腹地区域的优势为基础的,以专业化部门为支撑的,着眼于城市及区域之间的社会经济分工,是形成合理的城市体系的根本所在。

因此,只有通过现代服务业才能完全实现现代城市的基本职能。大都市的集散功能、生产功能、管理功能、服务功能和创新功能主要是通过服务业,特别是现代服务业来实现的。城市服务业比重越高,现代服务业越发达,就越具有区域性和跨区性的城市服务功能。

15.1.2 现代城市基本特征:由现代服务业体现

由于城市是现代化的中心,必然成为现代产业和现代市场的空间载体。因此,城市服务功能在很大程度上体现为城市产业功能的发展方向与强弱。两者之间有着天然的互动关系。现代城市发展与现代服务业之间存在着某些必然的联系,城市化加剧了生产者与消费者之间的分离,从而强化了生产者与生产者之间、生产者与消费者之间的中介服务组织的作用。现代城市具有三大基本特征,即系统化、网络化和现代化。而这些现代城市的特征,则是通过现代服务业才得以充分体现的。

首先,现代城市经济是一个复杂巨大的系统,各子系统之间通过大量密集的要素、产品和信息相互联结,并产生能量转换。合理的系统结构及其相互关联,必然会产生巨大的经济效益。而服务促进了要素、产品和信息的流动,从而成为各系统之间关系的重要"润滑剂"。从这一意义上讲,现代服务业是连接、融合城市经济各个子系统的基础产业。落后的城市服务业势必会严重影响其他经济活动的质量和效率。

其次,现代城市发展的一个主要表现,是人们的生活方式、行为方式、价值观念、文化素质等全面改变和提升的过程,而这一过程的实现则是服务业在城市各方面、各领域的全面渗透。因此城市的现代化,从某种意义上讲,要求通过城市服务业的社会化、专业化和现代化来体现。

再则,在当今时代的城市发展中,网络化的连通性越来越成为其本质特性。一般而言,城市的经济实力与其所联结的地区的生产力有直接的关系。一个城市所联结的空间区域的生产力越高,其经济实力就越大。①目前在全球城市体系中位居顶端的全球城市如伦敦、纽约、东京等都位于经济高度发达的国家,而经济发展水平较低的非洲城市在全球城市体系中的地位也很低。这充分说明一个国家或地区能否出现较高等级位置的城市,不仅仅取决于城市本身,更重要的是取决于城市所在国家或所联结的区域生产力和经济发展水平。一个城市的成功,日益取决于它与其他城市之间的联系。Storper(1997)提出“城市生态群”的概念,重点强调没有一个城市可以在孤立状态下单独地成功。Coopers 和 Lybrand 在“展望 21 世纪伦敦”的研究中,也强调了增强“全球联系和联络”的重要性(HMSO, 1991)。因此现代城市具有明显的网络化特征,是资源要素空间聚集及其集中配置的重要节点。各种资源要素(资金、人才、技术、信息等)通过这一节点进行流动并得到有效配置,呈现大规模的经济流量。在此过程中,现代服务业成为城市这一节点组织资源要素流动,承担大规模经济流量的重要产业基础。

15.1.3　现代城市经济增长:基于现代服务业支撑

经济社会总量是构成现代城市能级的基础条件之一,其中城市人口规模是其总量的一个重要组成部分。区域的城市人口规模主要受到供给与需求两方面的约束。其需求函数可以简要表达为 $D = F(I, E, \cdots)$,主要影响因子是农村剩余劳动力、农村人口的进城意愿等;供给函数可表达为 $S = G(A, P, L, U, \cdots)$,主要影响因子是城市产业支撑的城市功能和提供的就业岗位、城市设施等。城市人口的集聚水平取决于供给与需求的均衡点。如果城市化供给不足,而其需求强烈,则造成“过度城市化”,形成许多发展中国家城市过度膨胀,“城市病”问题突出。因此,要使城市人口规模扩大而又能避免大量失业,就必须发展相应的产业,使之有能力提供更多的就业岗位。服务业具有劳动密集、智力密集的特点,可以大大提高就业容量。对特大城市和大城市来说,服务业发展尤为重要,只有服务业的发展可以有效支撑城市巨大的就业需求。

---

①　Friedman John, 1997, "World City Futures: The Role of Urban and Regional Policies in the Asia-Pacific Region", Hong Kong Institute of Asia-Pacific Studies, The Chinese University Of Hong Kong.

　　因此从国际经验看,驱动现代城市经济发展的产业部门,主要是现代服务业。经合组织国家(OECD)服务业占 GDP 的比重从 1960 年的 52.6% 增长到 1995 年的 68.2%,服务业占就业的比重从 43.1% 增长到 64.4%。在整个 80 年代,经合组织国家净增的 6500 万个就业岗位中,95% 是由服务业提供的。特别需要指出的是,许多工业经济时代作为制造中心的城市发生着历史性的转变。例如德国鲁尔工业区曾是世界上著名的煤炭和钢铁工业基地,从 60 年代开始到 1996 年,其煤炭工业就业人数已减至 7 万人,钢铁业失去了 4 万个工作岗位,造船业的就业人数减少 2/3。目前,鲁尔区的劳动力中仅有 8% 在煤矿和钢铁业工作,63% 在服务业工作。埃森市集聚了许多公司的总部,成为一个企业管理中心;多特蒙德市已经变成了保险业和技术基地;杜伊斯堡成为一个货物集散和微电子业中心,整个鲁尔区已经从重工业区转变成为一个服务业高度发达的地区。

　　对于处于世界城市体系结构层级顶端的全球城市,其经济增长更是依靠高度专业化的服务和金融产品的生产。例如,纽约和伦敦的经济有着惊人的相似之处。这些共同点表现在各自经济的转型和驱动经济发展的产业上,这些产业包括金融业,与金融、企业和政府相联系的高级商务和专业职能行业,文化艺术和娱乐业,以及通信和传媒行业等。此外,纽约和伦敦也是全球主要的商务和旅游目的地,旅游产业的发展也为其各自带来了巨大的经济收益。1971—1989年,伦敦制造业失去了 70 万个岗位,交通业失去了 4 万个岗位,而金融保险和其他商务服务则获得了 46 万个岗位。1984—1987 年,伦敦中心区生产者服务部门在总就业中的比重从 31% 上升到 37%,到 1989 年达到 40%,而其他行业就业人数则出现相对或绝对下降的趋势。纽约市制造业就业比重从 1950 年的 29% 下降到 1987 年的 10.5%,生产者服务业却从 25.8% 上升到 46.1%。其中,法律服务、商务服务、银行业增长最快。1977—1985 年,纽约市的法律咨询服务就业人数增长了 62%,商务服务就业人数增长了 42%,银行业就业人数增长了 23%。1983—1988 年,东京事务所和银行用地面积从 112.9 万平方米扩大到 281.6 万平方米,增长了近 1.5 倍。[①]

15.1.4　现代城市影响与控制力:借助于现代服务业

　　在全球化的背景下,现代服务性公司正利用其全球网络,向其任何可能的客

---

　　① 数据来自俞文华:《战后纽约、伦敦和东京的社会经济结构演变及其动因》,《城市问题》1999 年第 2 期。

户提供服务。尽管这类服务性公司的位置(区位)选择具有集中化倾向,但为了能够在全球范围内提供服务,其仍然在全球遍设子公司、分部,从而形成全球性的网络。其下各种子公司、分部构成的"公司塔",正是网络中的节点。与城市相关的信息、知识、思想、人员、指令,正是通过这些节点流动的。因此,大城市的影响与控制力是与"先进服务,生产中心,全球网络市场相联系的"。也就是,一个城市在世界城市体系中所产生的影响与控制力,是通过生产和消费高级、先进的服务并促进该城市发展,从而在全球网络中发生联系而得以实现的。

因此,作为一个具有影响与控制力的国际大都市,其状态的一个关键指标应该是:该城市是否有能力为公司或者市场的全球运营提供服务、管理和融资。不同生产服务领域的公司是否有全球网络的辅助设施,考察中的城市是否有明显的生产服务出口,该城市中是否有外国公司的总部,该城市是否有为跨界运营提供融资的机构,是否有全球化的市场,它是否是全球产权市场的一部分。

尽管上海作为亚太地区的国际大都市和商务中心,其吸引力和重要性日益增加。根据香港华南早报的报道,台湾公司的 CEO 们都认为,台北在争夺跨国公司的人才资源,特别是 IT 精英(比如,软件工程师)等方面,已经输给了上海。香港的一些会计人才,特别是处于管理层的人才,他们要么是迁入,要么是到上海来工作,尽管他们会遇到内地同类人才的激烈竞争,但是他们看中了这边较高的需求和具有竞争性的薪水。因为拥有现实和预期的优势,上海和香港与新加坡相比,成为亚洲具有吸引力的新商务中心。但在世界城市体系中,上海城市的影响与控制力并不是很强,这在很大程度上与现代服务业发展较弱有关。

15.2　城市综合服务功能分析

城市综合服务功能是通过现代服务业的经济流动性及其经济流量来实现的,从而是现代服务业发展的集中体现。城市综合服务功能的能级水平,与其服务功能性质、结构、规模及其活动特征相关联,并且是动态变化的。随着现代服务业发展,城市服务功能的能级水平必然上升,其影响范围不断扩大,空间层次位置不断提高。在以流动空间为基础的城市网络体系中,城市所处的位置越高,其竞争力越强。因此,我们要深入研究城市综合服务功能的基本属性及其度量,并参照国际若干大都市的实际情况作一理论分析。

15.2.1　服务功能组分及空间范围

任何城市的服务功能都由若干功能要素或功能组分所构成,这些功能要素之间配比和组合关系支配着城市服务功能体系的发展和变化。这是城市综合服务功能的内容构成属性,表明城市综合服务活动的主要领域。

从服务功能要素的角度来讲,城市服务功能可以划分为五个功能域,即金融服务功能域、管理服务功能域、贸易服务功能域、制造业技术服务功能域和旅游服务功能域。这五个功能域的重要性排列次序应该是:(1)金融业和管理服务业排在第一层次。因为它们是现代国际经济中心城市的最具代表性的特征,同时它们也是在经济系统中最具支配力的产业,因而是核心产业。(2)贸易服务和制造业技术服务排在第二层次。因为它们是现代产业经济的基础构成和中间的环节,是一种工商实业,它们可以成为城市发展的稳定而有效的加速器。只有在这两种服务功能较发达的基础上,金融业和管理服务业才能脱颖而出。(3)旅游服务业排在第三层次。这主要是因为它本身有一定的局限性和脆弱性,比如对气候、季节、政治和经济的依赖性大,重复旅游的可能性小,以及产业之间的关联度低。

从城市服务功能组分的内容构成属性来讲,可分为"一般服务功能"和"特殊服务功能"。前者是指集聚于城市中的生产、流通、分配、文化、教育、社会、政治等项活动中为每个城市都必备的那一部分服务功能;后者是指那些不可能为每个城市都必备的服务功能。

根据城市服务功能组分数量的多少、功能影响的特征,可以将城市服务功能结构划分为四种类型:单一服务、专业化服务、多样化服务、综合性服务。一个城市的服务功能结构支配着城市服务功能的发展能力和方向,也影响着城市与区域的关系。

城市服务功能组分的配置关系,具体表现为:(1)功能组分的多项性(信息服务、生产技术服务、物流服务、商流服务、教育培训服务,文化服务等);(2)多项性之间的协调性(多功能、高质量的协调合作等);(3)协调中的动态性。

这种服务功能组分的配置关系(即内容构成)是城市服务功能体系中的基本属性,并决定了服务功能的空间范围等其他特征。从城市综合服务功能的尺度特征和区域范围的角度来看,城市综合服务功能可分成四个层次:

(1)市区性功能是城市为自身居民生活、生产服务的职能及为城市生态协调提供的基础设施的有机统一,其服务范围为城市实体地域,服务功能组分大多用于维持城市的正常运转和满足城市居民的基本生活需要。市区性功能的物质形态表现为生产性基础设施、生活性基础设施和生态性基础设施。这些设施是否健全和协调,不仅直接影响市区性功能的发挥,而且也将在很大程度上影响着其他层次职能的正常发挥,制约着城市对区域的组织带动作用和效果。

(2) 区域性功能是城市职能体系的支柱,是城市中心地位的基石,一般具有较强的综合性。其服务范围为城市的腹地区域,由多种服务功能组分构成,主要是城市作为特定区域的中心为其腹地所提供的各种物质、精神方面的综合服务活动。这一功能主要体现在综合性工业部门与腹地之间的垂直和水平联系,区域性交通枢纽和区域商品批发中心对腹地交通组织和商品流通的作用,企业总部和行政管理机构对腹地工业的组织管理和行政决策作用,城市为腹地提供的科技、教育、金融、信息、咨询等服务功能等方面。

(3) 跨区性功能是城市与城市之间经济互补发展的重要前提,是城市与外围区域之间经济联系的主要手段。其服务范围是全国性的,这类服务功能组分较少,但是功能影响尺度较广,主要表现为超越腹地尺度的专业化工业服务功能、专业化商贸服务功能、专业化交通运输功能、专业化旅游功能等。这一功能的培育和建设是以城市及腹地区域的优势为基础的,以专业化部门为支撑的,着眼于城市及区域之间的社会经济分工,是形成合理的城市体系的根本所在。

(4) 全球性功能是城市融入世界经济一体化进程,发挥全球资源配置综合服务作用的功能。这一服务功能除了以生产者专业服务部门为支撑外,还需要面向全球市场,服务于全球市场。它在连接国内与世界两个界面中起着重要作用,具有服务于外向型经济的明显特点。一方面可以在吸引资金技术、出口商品、交流文化信息等方面为国内城市和地区架起对外联系的桥梁;另一方面也可以利用汇聚在此的资本、技术、人才、信息优势,在世界经济竞争中占据有利地位。这一服务功能的增强与充分体现,往往是与大都市带内部的分工与合作相联系,并以此为基础。

然而,这种区域性、跨区性和全球性的城市服务功能,是由其服务功能组分的配置关系决定的。因此,城市综合服务功能具有内容构成和空间范围两个重要属性,其中服务功能组分的配置关系(即内容构成)是基本属性。一个城市的服务功能性质、结构、规模及其活动特征,决定了该城市服务辐射能力及区域范围。

15.2.2　测量向度

城市综合服务功能的强弱,是城市综合竞争力的基本准则与标志。具有强大而完善,高效而和谐的城市综合服务功能,表明城市综合竞争力的极大提升。为了衡量城市服务功能在某个时段的功能状态及其整体意义上的优化程度,我们可以从城市综合服务功能的潜在能量、层次水平、规模与强度、协调程度,以及效益和效率水平等层面来度量,并相应设计有关的指标体系。

(1) 城市服务功能潜在能量。城市服务功能不是凭空产生的,而是以一个城市所具有的生产、流通、消费、贸易中心作用及创造物质和增殖价值的能力为基础的。这种能力决定着城市服务在整个区域社会经济网络中的地位、角色及影响力,是城市综合服务功能得以发挥的物质基础之一。这种城市服务功能潜在能量可由城市经济活动的"规模"或"总量"指标来综合反映,例如 GDP 及人均GDP、全社会固定资产投资总额及其增长率、财政总收入和总支出规模及其增长率、居民储蓄额、城镇居民人均可支配收入和农民人均纯收入等。

(2) 城市服务功能的基础条件。城市服务功能要借助于相应的硬件与软件才能得到发挥。这种服务功能的硬件主要是城市基础设施和娱乐设施,软件方面包括人力资源、科技发展水平、文化教育程度、法律环境和管理水平等。这种城市服务功能基础条件可由交通运输能力、信息处理与传递能力、公用事业设施水平、环境保护及环境卫生和绿化程度、教育发展规模、总体受教育程度、专业技术人员数、科研经费投入和技术开发能力等指标来反映。

(3) 城市服务功能的强度。城市服务功能的大小,集中表现为城市对内对外社会经济联系的强度,及其作为区域经济、信息、交通、人口中心的中心性强度。这可以通过城市服务系统的运行效率来体现,选择单位时间内城市系统内部以及内外之间的能量、物质、信息、人口、资本交流的流量指标来反映。例如,融资量、长途电话业务量(或邮电业务总量)、国际和省(城)际贸易量、物流中转量、客运总量、图书和杂志出版量、报纸发行量等指标。

(4) 城市服务功能层级。城市服务功能层级主要表明不同层次城市服务的基本构成及其中居主导地位的服务功能。这可以用消费服务与生产服务的构成,劳动密集型服务、资本密集型服务和知识信息密集型服务的构成,服务的专业化程度,服务的水平,主要服务对象等指标来反映。

(5) 城市服务功能的协调程度。城市服务功能的协调,集中表现在系统整体运作的效果上。这很难用单个指标的组合来反映,往往要通过问卷调查等方式来获取有关方面的信息。

15.2.3　若干国际大都市例证

从国际上看,最有竞争力的城市都具备很强大的综合服务功能,表现出与众不同的特征:

(1) 它们是企业的全球或地区总部以及相关金融服务集中的管理中心。纽约、伦敦、东京三个国际大都市不仅集中了相当数量的银行、金融机构,特别是外国银行和从事金融交易的公司,而且也是世界最大跨国公司总部最为集中之地,发挥着全球经济管理、经营中心的作用。

其中,纽约享有全美"银行之都"的称号,至今其一举一动仍在左右着世界的金融、证券和外汇市场。纽约历来又是美国和国际大公司总部的集中地,全美500 家最大的公司,约有 30%的总部设在纽约,同时吸引了与之相关的各种专业管理机构和服务部门,形成了一个控制国内、影响世界的服务和管理的中心。日本 30%以上的银行总部、50%销售额超过 100 亿日元的大公司总部设在东京。此外,外国在日本的企业则有 2/3 在东京设有办事机构,总数达 2000 多家,其中包括 100 多家银行和数十家新闻机构,其辐射范围已超过国界而成为世界级的金融中心。甚至与纽约、东京相比层次略低一筹的韩国的首尔,也具有较强的金融、商业和旅游的综合服务功能,几乎所有的韩国的大公司总部都设在首尔。

(2) 它们是发达的为企业生产服务的所在地,即具有完善的、高质量的生产服务功能。金融业和管理经营中枢向纽约、伦敦和东京集结的过程本身就是以满足国际化为目的的生产服务业迅速发展的过程,生产服务业的就业比重不断趋于上升。例如,纽约地区生产服务业的就业比重从 1950 年的 25.8%上升到1987 年的 46.1%。在纽约、伦敦、东京,生产者服务业的就业比例,与全国性的数据相比,要高出至少 1/3,经常是两倍。1985 年东京的银行、金融和保险业的就业占 4.2%,日本全国为 3%。1997 年纽约为 8.8%,美国全国为 3.4%。

日本信息服务业的 65.2%、工程技术业的 91.5%、设计业的 57.4%集聚在东京,形成强大的信息、技术服务功能。伦敦集中了英国所有生产者服务就业的31%。大多数广告公司、法律事务所、管理咨询公司或会计师事务所集中在伦敦中心商业区,有一部分分散在伦敦外围。伦敦是英国最大五家广告代理公司的集中地。还有许多世界一流的广告公司以及欧洲最大四家广告集团中的两家都集中在伦敦。

(3) 能够提供优良的基础设施和城市娱乐设施,这包括大批现代的智能化办公大楼、航空港、电信港以及各种社会和文化设施等。例如,伦敦拥有世界级的历史遗产、艺术、文化、娱乐与传媒,高素质的通信设施,并享有更出色的教育和医疗。仅机场就有 5 个,其进出的旅客人数自 1994 年起增加了 35%,达到10840 万,与过去十年相比增长了 60%。在东京都范围内约有 30 万余家大小商店,商品销售额占全日本的 29.7%,批发销售额占全国的 35.3%,均占全国首位,其服务范围延伸至全国。东京的文化教育在全国具有核心地位,共有各类学校近千所,并拥有占全日本 1/3 的国家级的文化机构。

　　从中我们可以看到,国际大都市在世界城市体系中之所以具有竞争优势,主要是来自它们在银行、金融、保险、咨询、工程、广告、会计等领域提供的优质服务及所发挥的作用。因此,这些国际大都市具有较大的功能规模和功能强度,其空间层次主要是跨区性的服务范围。

15.3　上海城市综合服务功能评估

15.3.1　服务功能潜在能量较大

　　对我们来讲,把城市综合服务功能摆到提高城市综合竞争力的中心地位,具有很强的针对性和现实意义。因为我们大多数城市是在传统计划体制下形成和发展起来的,带有很深的计划体制留下的烙印。在传统计划体制下,城市的职能被大大扭曲了,其基本经济活动是为本身提供货物和服务,用于维持城市的正常运转和满足城市居民的基本生活需要,而不是为城市外地区提供生产和服务。城市与外部的联系,主要是实物产品的联系,并是通过计划调拨机制实现的。在这种情况下,城市更多地表现为"生活型"和"生产型"的职能,其集聚与扩散程度是十分低下的,对外综合服务功能丧失殆尽。

　　改革开放以来,随着市场经济的发展,中国城市功能也开始发生转换,对外经济联系日益扩大与紧密,集聚与扩散的程度不断提高,朝着中心城市的方向发展。在此过程中,上海城市功能的变化十分明显,从"工业加工基地"向经济中心、贸易中心、金融中心和航运中心的方向发展。从全国范围来看,上海城市综合服务功能的潜在能量是较大的。因为上海经济发展的规模或总量较大,在全国处于领先地位。人均 GDP 已达 3000 美元以上。1997 年,上海全社会固定资产投资总额达到 1977.59 亿元,远高于北京(961.3 亿元)和天津(498.66 亿元);地方财政预算内收入达 3523000 万元,在全国 35 个省会城市和计划单列市中遥

遥领先,比居第二位的北京(2099056 万元)多出 1423944 万元;城镇居民平均每
人全年家庭可支配收入达 8438.89 元,实际收入达 8475.50 元,仅次于广东,比全
国平均水平分别高出 3278.57 元和 3286.96 元;居民消费水平达 8699 元,远高于
2936 元的全国平均水平,也大大高于北京(4557 元)和天津(4699 元)的消费水
平;城乡居民年底储蓄余额达 27295700 万元,在全国 35 个省会城市和计划单列
市中一枝独秀,比第二位和第三位的北京与广州分别高出 7543079 万元和
11429704 万元,比其他城市要高出更多。

15.3.2　尚未发挥到应有高度

由于上海长期以来作为全国工业生产基地,城市加工功能较强,城市服务功
能相对较弱,而且目前城市功能又处于调整之中,各类服务功能发展处于不平衡
状态,相互之间的整合有一个过程,因此从上海城市综合服务功能的实际发挥程
度来看,并没有达到应有的高度,表现出以下的特点:

(1) 服务业规模迅速扩大,但尚未达到足够充分的规模边界。近年来,上海
第三产业迅速发展,特别是第三产业增加值从 1990 年的 241.17 亿元增加到
1995 年的 991.04 亿元,1997 年已达到 1530 亿元,而同期北京只有 987 亿元。
如果进一步分析其内部构成可以看到,上海服务业增加值高于北京的行业主要
是金融保险业(多 213 亿元)、商业和餐饮业(多 178 亿元)、房地产业(多 106 亿
元),以及交通运输仓储和邮电通信业(多 92 亿元)。但社会服务业、科学研究和
综合技术服务事业、教育文化艺术和广播电影电视业的增加值均低于北京(见表
15.1)。众所周知,在金融保险业的增加值中有上海证券交易的特殊因素,房地
产业的增加值中则有土地级差的价格因素。

表 15.1　上海和北京第三产业主要行业增加值比较　　　　　　　(亿元)

	交通运输仓储和邮电通信业	批发零售贸易和餐饮业	金融、保险业	房地产业	社会服务业	卫生体育和社会福利业	教育文化艺术和广播电影电视业	科学研究和综合技术服务事业
上海	227.88	380.78	459.63	147.51	120.06	33.77	64.70	52.29
北京	135.79	202.45	246.87	41.24	122.49	29.06	77.49	66.71

资料来源:《中国统计年鉴》(1998)。

因此,我们还要进一步考察服务业的就业规模。1997 年底,上海第三产业
从业人数为 340.5 万人,占全部从业人员的比重为 44.2%,远远高于全国平均

26.4％的水平,但却比北京(51.1％)低近7个百分点。当然,北京作为全国政治中心,其国家机关、政党机关和社会团体的从业人员较多,1997年达33.1万人,占其全部从业人员人数的5％;而上海只有13.8万人,占其全部从业人数的1.8％。如果撇开这一因素,那么上海除了批发零售贸易和餐饮业从业人员比北京多28万人,所占全部从业人数比重(13.9％)高于北京(12.1％)1.8个百分点外,卫生体育和社会福利业的从业人员15.4万人,比北京多1.6万人,所占总从业人数比重(2％)与北京(2.1％)相差无几;交通运输仓储和邮电通信业从业人员34.7万人,比北京多3.8万人,但其所占全部从业人数的比重(4.5％)却低于北京(4.7％);金融保险业从业人员6.3万人,比北京少1.2万人,所占比重也低于北京;房地产业从业人员7.3万人,也少于北京。而那些增加值低于北京的行业,其从业人员数量明显少于北京,如教育、文化艺术和广播电影电视业从业人员33.1万人,比北京(43.1万人)少了整整10万人,所占比重比北京低2.2个百分点;社会服务业从业人员只有38.4万人,比北京少了15万人,所占比重比北京低3.1个百分点;科学研究和综合技术服务业从业人员仅10.5万人,比北京少20万人,所占比重比北京低3.2个百分点。

由此可见,上海服务业虽然迅速增大,尤其是金融保险、商贸、房地产等行业,但与上海城市综合服务功能的要求相比,尚未达到足够充分的规模边界,特别是科学研究和综合技术服务业、社会服务业等行业还有待进一步扩大。

(2) 城市综合服务功能发展不平衡,存在个别瓶颈制约。上海作为一个特大城市,并以建设"一个龙头,三个中心"为目标,其城市服务功能不是单一型的,也不是多样型的,而是具有较明显的金融、管理、贸易、技术、信息、旅游、文化教育服务的综合型功能。然而,这种城市综合服务功能的发展过程呈现严重的不平衡性,一些服务功能迅速增强,而另一些服务功能发展滞后。

在上海服务业中,有些行业发展极其迅速,如邮电通信业增加值从1990年的3.73亿元迅速增加到1995年的48.98亿元和1997年的90.10亿元,其占第三产业全部增加值的比重从1.55％上升到5.89％;金融业增加值从1990年的42.17亿元迅速增加到1995年的179.50亿元和1997年的448.54亿元,其占第三产业全部增加值的比重从17.49％上升到29.32％;商业增加值从1990年的29.59亿元迅速增加到1995年的198.62亿元和1997年的348.44亿元,其所占比重从12.27％上升到29.32％;房地产增加值从1990年的3.75亿元迅速增加到1995年的91.29亿元和1997年的147.51亿元,其所占比重从1.56％上升到9.64％。

但有些服务行业的发展则相对缓慢,甚至有相对萎缩之势,如社会服务业增加值从 1990 年的 14.80 亿元增加到 1995 年的 83.01 亿元和 1997 年的120.06亿元,其所占比重从 6.14％上升到 7.85％,只上升了 1.71 个百分点;教育、文艺和广播电影电视业的增加值从 1990 年的 12.73 亿元增加到 1995 年的 44.80 亿元和 1997 年的 64.70 亿元,其所占比重从 5.28％下降到 4.23％;科学研究和综合技术服务业增加值从 1990 年的 10.60 亿元增加到 1995 年的 33.65 亿元和 1997 年的 52.29 亿元,其所占比重从 4.40％下降至 3.42％。

由于社会服务业、教育、文艺和广播电影电视业、科学研究和综合技术服务业在城市综合服务功能发挥中具有重要作用,其发展相对滞后导致某些服务功能较薄弱,并成为城市综合服务功能发挥的严重制约。

(3) 贸易服务功能较为突出,总体服务功能层级较低。在上海城市综合服务功能体系中,作为第一层级的金融、管理服务功能尚未居于主导地位。尽管上海的金融业发展迅速,特别是证券交易规模庞大,在上海证券交易所 470 家会员单位中,各地会员占总数的 90.8％;设在上海的 459 个证券营业网点中,异地公司占总数的 60％。而且上海融资能力较强,1997 年,上海基本建设投资额达 762 亿元,其中国家预算内资金只有 21.98 亿元(北京为 77.82 亿元),而利用外资要达到124.48 亿元(北京为 44.27 亿元),仅次于广东(254.15 亿元),占当年全国利用外资的比重为 9.2％;自筹资金达 406.53 亿元(北京为 178.13 亿元),仅次于广东(471.10 亿元),占当年全国自筹资金总量的 9.2％;国内贷款达 168.48 亿元(北京为 61.19 亿元),居全国之首,占当年全国国内贷款总量的 7.5％。但金融服务尚未达到相应规模。而以跨国公司和国内大企业集团为主要对象的中枢管理服务,在上海还只是刚刚萌芽。

在第二层级的贸易服务和制造业技术服务方面,上海的贸易服务功能相对稍强一些。商业服务方面,上海在全国较为突出。1996 年,上海批发贸易网点有 33131 个,从业人员有 50.79 万人;零售贸易业网点 13.8 万个,从业人员71.4 万人。1997 年,上海社会消费品零售总额 1325.2 亿元。其中批发零售贸易业的社会消费品零售额为 1072.4 亿元。批发、零售贸易业商品购进总额为3011.2 亿元,商品销售总额为 3604.3 亿元。大中型批发、零售贸易业增加值1955668 万元,利润总额达 1186573 万元,均居全国之首。商品销售税金及附加为 204708 万元,商品销售利润 1051917 万元,均居全国之首。在物流服务方面,上海也具有较大优势。1997 年,上海货运总量达 40641 万吨,在全国 35 个省会城市和计划单列市中居首位,比居第二位的北京(34128 万吨)多 6513 万吨,比

居第三位的天津(24464 万吨)多 16177 万吨。但 1997 年上海客运总量只有
5232 万人,远少于北京(10479 万人)、大连(10672 万人)、南京(13139 万人)、宁
波(21722 万人)、青岛(12984 万人)、深圳(17725 万人)、重庆(46138 万人)、成都
(29093 万人)、贵阳(13922 万人)。

　　然而,在制造业技术服务方面,上海并没能发挥出原有的优势,反而有减退
之势。1997 年,上海专利申请批准量只有 1886 项,其中发明专利只有 88 项。
北京、辽宁、江苏、浙江、山东、广东的专利申请批准量均高于上海,广东甚至达到
7173 项,是上海的三倍多。北京的专利申请批准量为 3327 项,其中发明专利达
281 项,比上海多近 200 项。1991 年,上海技术市场成交额达 93311 万元,占全
国成交总额的 9.84%,而北京已达到 224344 万元,占全国成交总额的 23.66%。
到 1997 年,上海技术市场成交额增加到 287568 万元,占全国成交总额的比重下
降为 8.18%,尽管北京技术市场成交额占全国成交总额的比重也较大幅度地下
降至 15.46%,但其成交额仍有 543192 万元,是上海的近两倍。

　　在旅游服务方面,上海有较大发展。1990 年,上海接待国际旅游人数为
89.3 万人次,1997 年增加到 165.35 万人次。国际旅游外汇收入从 1990 年的
23000 万美元增加到 1997 年的 131700 万美元。但与北京相比,则有较大差距。
同期,北京接待国际旅游人数从 100 万人次增加到 229.84 万人次,国际旅游外
汇收入从 65800 万美元增加到 224800 万美元。

　　(4) 服务功能得以发挥的硬件与软件之间不匹配,各项服务功能之间缺乏
整合性。经过多年来的建设,上海城市基础设施和娱乐文化设施得到较大的改
善。浦东国际机场建成并运营,大大增加了上海航空港的运输能力。1997 年
底,上海港口的码头长度达 23651 米,泊位达 238 个,其中万吨级泊位达 71 个,
均在沿海主要港口码头中居首位。信息港建设也初具规模,具有较强的服务功
能。市内交通已得以明显改善。1997 年上海人工煤气生产能力达 700 万立方
米/日,远高于居于第二位的北京(300 万立方米/日)。但这只能为本地服务,难
以向外扩散。另外,城市污水日处理能力也很强,达 188.7 万吨,远高于居于第
二位的江苏(129.89 万吨)和第三位的广东(121.94 万吨)。每万人拥有公共汽
(电)车辆 35.20 标台,居全国首位,远高于全国平均 8.57 标台的水平。

　　与城市基础设施的硬件条件相比,上海综合服务功能得以发挥的软件条件
尚不匹配,特别是在人力资源和科技资源方面。上海从业人员接受教育程度比
北京要低。大专以上教育程度的比重,上海为 11.6%,要比北京(18%)低 6.4 个
百分点;高中教育程度的比重,上海为 28.1%,要比北京(31.1%)低 3 个百分点。

1997 年,上海高等学校教职工达 62555 人,其中专任教师 20106 人,教辅人员
7860 人。而北京高等学校教职工达 101206 人,其中专任教师和教辅人员分别
为 36541 人和 12493 人。1997 年,上海政府部门属研究与开发机构及情报文献
机构有 261 个,职工人数为 74976 人。而北京的机构为 512 个,职工人数为
179557 人,均是上海的一倍之多。自然科学技术机构上海为 228 个,科技活动
人员 41997 人,而北京的机构有 409 个,科技活动人员达 107856 人。社会、人文
科学技术机构上海是 20 个,科技活动人员 1018 人,北京为 60 个,科技活动人员
4500 人。科技情报和文献机构上海有 13 个,科技活动人员 1370 人,而北京有
43 个,科技活动人员达 7586 人。在这些机构的科技经费收入和支出上,上海与
北京也有很大差距。1997 年,上海这些机构科技经费收入只有 522526 万元,经
费支出 488060 万元,而北京分别为 1468438 万元和 1405060 万元。1997 年,上
海开发区高新技术企业的规模及产出水平与天津差不多,但与北京相比则有较
大差距。北京开发区高新技术企业规模(职工人数)是上海的两倍,其总产值和
总收入均是上海的两倍多。唯有开发区高新技术企业的出口额,上海比北京、天
津都高(见表 15.2)。

表 15.2 京、津、沪三地开发区高新技术企业主要经济指标比较(1997 年)

开发区	企业数 (个)	职工数 (人)	总产值 (万元)	总收入 (万元)	出口总额 (千美元)
北京	3046	123635	2722326	4060283	312030
天津	1484	68553	1230536	1303897	412740
上海	290	64005	1199533	1532300	501971

资料来源:《中国统计年鉴》(1998)。

产品质量等级品率分为三类,即优等品率、一等品率和合格品率。1997 年,
根据 73 个重点工业城市抽样数据汇总的资料,上海产品的优等品率只有
8.67%,不仅远低于北京的 23.19%,而且低于全国平均优等品率 15.85% 的水
平,处于全国(除西藏外)倒数第四位,仅高于贵州(4.15%)、云南(0.13%)和甘
肃(4.24%)。而上海产品一等品率达 47.85%,超过全国 40% 的平均水平,也低
于天津的水平。上海新产品产值率较高,达到 28.77%,远高于全国平均水平及
北京、天津,质量损失率则低于北京(见表 15.3)。

(5) 自我服务功能较高,而对外服务功能较弱。现阶段上海城市综合服务
仍以“非基本服务功能”为主,服务范围为城市实体地域,服务功能组分大多是用

表 15.3　京、津、沪三地产品质量情况比较(1997 年)

	产品质量等级品率(%)			新产品产值率(%)	质量损失率(%)
	优等品率	一等品率	合格品率		
全国	15.85	40.00	43.78	12.88	0.74
北京	23.19	36.93	39.75	15.98	1.03
天津	13.01	49.62	36.76	10.11	0.43
上海	8.67	47.85	43.47	28.77	0.95

资料来源:《中国统计年鉴》(1998)。

于维持城市的正常运转和满足城市居民的基本生活需要,以及本市域的生产企业营运需要。1997 年,上海城镇社区服务设施达 12539 个,居全国之首,遥遥领先于北京(1328 个)和天津(2336 个)。但对外服务功能较弱。到 1997 年底,上海到外省市控股参股、联营的企业 3500 多家,投资 100 多亿元;建成市外商业项目 600 余个,在长江三角洲及沿江地区初步形成市外商贸的网络架构。显然,上海目前城市综合服务功能的能级水平并不是很高,对周边地区乃至更大范围的辐射影响作用不是很强,从而很难凸显上海的竞争优势。尽管周边地区纷纷提出要与上海接轨,但如果上海不能向其提供强有力的综合服务功能辐射,实际上是难以接轨的。因此,只有增强上海城市综合服务功能,才能尽快形成上海的竞争优势,提升上海在城市体系中的能级水平。

15.4　增强城市综合服务功能

15.4.1　发展思路及其重点

一般来讲,城市综合服务功能的增强,必须经过城市现代化、城市国际化和城市持续发展三个过程。城市的现代化包括经济发展现代化、社会发展现代化、基础设施建设现代化等内容,意味着经济和社会的繁荣与发展。没有经济、社会的繁荣和发展,也就没有充足的财力和人力来支撑其综合服务功能的发挥。城市国际化包含城市职能国际化、城市运行机制和运行方式国际化、城市运行环境国际化等基本内涵。因此,这并不是只针对国际性大城市建设而言。在开放条件下,所有的大中小城市要增强综合服务功能都必须走国际化道路,以形成一个良好的运行机制及环境。城市持续发展过程通常是从经济结构动力、科技文教基础、城市空间扩展和环境保护等方面来体现的。它也是增强城市综合服务功能的基础性建设。

在此过程中,重点在于城市功能深度开发:

(1)中心管理功能要大力培育。也就是,要大力发展总部经济,吸引大量国内外的跨国公司总部、金融机构、跨区域的企业总部进驻上海。这些功能性机构(公司)具有中心管理职能。它们在上海的高度集聚,才能使上海具有资源配置的中心管理功能。

(2)门户枢纽功能要强化。上海的三港(深水港、航空港、信息港)在亚太地区还是有一定优势的。从目前来看,这三港中,洋山深水港今后有二期,还会有第二条大桥。航空港方面,浦东机场将再增加两条跑道,虹桥机场再增加一条跑道,它们的客流量和货物运载量都会大幅度地提升。而信息港方面,上海的宽带国际出口、城际网线等很多设备本身就具有一定的领先地位。关键是怎么充分利用起来,将它们的枢纽作用发挥出来?特别是在信息枢纽功能方面,如何把各方面的信息孤岛连接起来。目前,各部门、各行业、各机构都有自己的数据库,但互相之间都不能连通,就好像一个个孤立的信息岛屿。现在舟山群岛都要搞"连岛工程",通过跨海大桥把岛屿都连成一片。显然,信息岛屿连接比这种"物理连接"更重要。所以在信息化过程当中,把信息孤岛连通起来很重要,这样才能发挥上海的信息枢纽功能。

(3)创新功能要进一步开发。应该讲,上海在研发、创意方面还是有很好的基础。特别是市委、市政府提出和实施了科教兴市主战略,并且在最近又出台了配套的36条,促进技术创新和发展,构筑创新平台,对创新活动进行更大激励。

(4)信息显示功能要增强。这具体表现为会展、论坛、国际性的交流活动。许多外地的政府及企业都认识到,在上海发布信息,开新闻发布会、推介会,到上海来招商引资等,产生的效果非常之大,其信息的散布面、影响面远比在当地搞这样的活动要大得多。比如,舟山市到上海来举办海鲜美食节、南海观音节和旅游节等等,甚至把沈家门的大排档都搬到了龙华地区,在上海一天的生意要超过在沈家门当地。现在,上海的会展、论坛、新闻发布会、推介会等活动越来越频繁,甚至有的连会展场地都借不到,已出现紧缺状态。因此,这个功能还可以进一步增强。

(5)教育、医疗、文化等服务功能要进一步提升。上海的教育资源在全国是领先的,医疗资源也是很强的,关键就是我们如何把这些东西做出来。

15.4.2　现阶段迫切要解决的问题

从上海目前情况来看,增强城市综合服务功能,从而提升城市综合竞争力,迫切需要解决以下几方面问题。

第一,发展生产者服务,提高城市综合服务功能的层级。城市综合服务功能不是凭空产生的,而总是有相应的产业载体才得以实现其功能。虽然这种产业载体是广义的,也包括制造业等,但最直接的是服务业。服务业是城市综合服务功能的主要产业载体,其发展规模与城市综合服务功能有较高的相关性。如果我们对服务业进行细分,那么消费服务由于其服务半径有限,更多地局限于城市实体城地域范围,对城市综合服务功能提升的作用力相对较小,而生产服务覆盖更大的区域范围,对城市综合服务功能的提升至关重要。

国际经验表明,一些国际性城市的综合服务功能提升,总是伴随着其生产服务规模的扩大。例如二战结束到 70 年代中期,纽约和伦敦的制造业产值和就业比重持续下降,第三产业中消费者服务业经过一定增长之后也开始下降,而生产者服务业却开始表现出迅速增长的趋势,但在产值和就业份额上仍未超过消费者服务业。70 年代中期至今,制造业和消费者服务业的产值和就业比重持续下降,生产者服务业在产值和就业份额上超过了传统的消费者服务业。在第三产业内部,消费者服务业就业人数持续下降,生产者服务业的就业人数持续增加,成为城市经济增长和财富积累的动力,并推动着制造业向服务业转变。

因此,从增强城市综合服务功能的要求出发,必须进行经济结构的战略性调整,推进城市服务业,特别是那些主要表现为中枢管理职能的现代生产服务业的发展。这类服务部门是为来自产业部门的中介性需求提供高度专业化服务,以减少企业的交易成本和管理费用。因此,能否提供最高质量的专业服务,是企业服务的提供者和用户之间形成牢固联系的关键,从而也是生产服务业生存与发展的根本所在。高水准、专业化且具有灵活性的企业生产服务将极大地延伸其市场半径,具有很强跨区域的辐射力。

第二,提高城市信息化程度,增强城市的辐射力。信息是服务功能的主要构件之一,特别是生产服务得以提供的重要条件。没有大量的信息集聚与扩散,就不可能有强大的服务功能,也无法提供专业化的生产服务。因此城市综合服务功能的重要基础性依托之一,就是城市信息化水平。

事实上,作为一个城市经济,本身就具有知识资源和信息资源的比较优势。这是由城市经济(特别是特大城市经济)的基本属性所决定的。换言之,也就是信息化的依附性问题。国外研究表明,信息化指数与人均收入和城市化指数是高度相关的,在这两种情况下的回归线呈略微上倾的曲线。这表明随着人均收入和都市化程度的提高,信息化的速度加快了。另外,信息具有不平衡流动的特殊属性。而决定"信息的不平衡流动"的主要因素,是经济(如贸易)和政治关系。因此,要寻求和充分发挥城市的比较资源优势,加快网络化、智能化、数据库的建设,通过知识和信息的比较资源优势来带动与组合其他资源配置,通过信息流来带动物质流、资金流和人才流,以增强城市综合服务功能。

第三,发挥城市之间的组合优势,形成各城市服务功能特色。从区域经济发展看,如果一个国家或者区域的经济同质性很高,则多数城市的基本活动的服务范围就较小,职能层次就较低。反之,如果经济的互补性很强(异质性很高),则多数城市的职能层次就较高。从中国现阶段情况来看,区域的经济异质性较高,城市综合服务功能发挥的潜力相当大。但问题在于,各城市之间如何发挥组合优势,以避免出现服务功能同质性高而带来的职能层次下降,特别在东部沿海地区的城市带中更是如此。

国际经验表明,城市服务功能的增强与充分体现,往往是与城市带内部的分工与合作相联系,并以此为基础的。例如,日本东海道各城市在加强原有特色的基础上,扬长避短,强化地域职能分工与合作。东京圈更进一步突出其全国中枢与国际金融中心的职能,加强信息网络的建设,拓展与国内外的交通联系,使其向国际化大都市方向发展,并有选择地向圈外分散职能。大阪圈的三个城市则以"商业的大阪,港口的神户,文化的京都"有机结合起来。名古屋圈内则由多个专业化的工业城市组成相互联系的集聚体。

因此,上海在增强城市服务功能中,要有全局意识,充分认识自身的区位、资源、人文、历史等因素,并考虑到与周边城市的关系,在完善城市一般服务功能的基础上形成自己独特的服务功能。特别在城市分布较密集的地区,独特的城市服务功能是最具有城市综合竞争力的。

第四,优化制度政策环境,保证城市综合服务功能的充分发挥。城市综合服务功能形成的首要前提,是各种资源的自由流动。城市综合服务功能的发挥,在于借助各种资源的流动,而不是让各种资源在城市中沉淀下来。因此,必须打破城市形形色色的封闭性,使其成为各种资源要素流动的中心。在此过程中,要进一步破除各种影响劳动力流动、资金流动、产品与服务流动的制度性障碍,特别是要打破各种行政性的行业垄断和地区垄断。还有,要纠正城市政策制定的指导思想上的偏差,把偏重于将各种资源"留"下来的思想转变为使各种资源"流"动起来的思想,从而打破各种地区保护主义政策。总之,要通过优化制度政策环境,培育城市在走向区域经济和世界经济一体化进程中的转化功能。

16 现代服务业理论及趋势分析[*]

目前,在世界 GDP 总量中,服务业产值已超过了 60%;服务贸易占到世界贸易总额的 1/4;服务消费占到所有消费的 1/2 左右。在此背景下,服务业特别是现代服务业已成为现代化程度和城市文明进步的重要标志,是拉动经济增长的重要力量。因此,我们要对现代服务业发展的理论及其趋势有一个深刻认识。

16.1 概念及内生性

16.1.1 概念界定

目前,现代服务业已成为一个"热点"词汇,在学界讨论研究及官方文件中被普遍使用。但这种新名词或新提法更多是作为"实用性"的具象描述,而不是概念化的阐述。这就很容易造成内涵不清、随意使用,甚至滥用等问题。特别对于理论研究来讲,不能停留在这一层面,首先必须对现代服务业进行概念化,明确其内涵及其实质。

就现代服务业概念本身来讲,"现代"这一前缀就具有更多时间相对性的特征,因此其概念内涵界定就比较容易发生歧义,形成各种不同的概念理解。例如,来有为(2004)认为,现代服务业指的是现代生产性服务业,即是为生产、商务活动和政府管理而非最终消费提供的服务;朱晓青等人(2004)则从与传统服务业的比较中引出现代服务业的内涵:高技术性、知识性和新兴性,等等。我对这两种具有代表性的观点作一分析。

* 本章根据周振华主编《现代服务业发展研究》(上海社会科学院出版社 2005 年版)总报告(周振华执笔)改编而成。

在以往理论研究中,服务业通常是从服务对象的视角进行分类的,即消费者服务业与生产者服务业。前者的服务提供对象主要是消费者,其服务半径通常限于本市域内;后者的服务提供对象主要是生产者,其服务半径通常超出本市域范围。当然,这只是一种理论上的服务业类型划分,现实中的一些服务行业,如银行、物流企业等,既为生产者提供服务,也为消费者提供服务。尽管有这种交集,但基于主要服务对象或其主要业务仍可以归类于生产者服务业或消费者服务业。然而,现代服务业这一概念的提出并不是基于服务对象的视角。我认为,现代服务业是从服务形态的视角来划分的,即现代服务业是服务业发展中的一种新型形态,相对于传统服务形态而言。根据中国产业统计体系的规定,现代服务业是指在工业化高度发展阶段产生的,主要依托电子信息等高技术和现代管理理念、经营方式及组织形式而发展起来的服务部门。因此,由于分类视角不同,现代服务业和传统服务业的概念显然与生产者服务业和消费者服务业的概念是不同的,不能混为一谈,即不能把现代服务业简单等同于生产者服务业,把传统服务业简单等同于消费者服务业。

但是,我也认为,不能简单地从与传统服务业的比较中引出现代服务业的内涵。因为新旧服务形态是相对的。事实上,新服务形态与旧服务形态是一个连续性过程,难以在某一时间点上将其切割开来,因而很难对现代服务业进行严格界定。而且,随着时间推移,现在所谓的新形态可能变成旧形态,又会出现更新的服务形态。这就使现代服务业的内涵变得很不确定,难以把握。

我认为,要通过寻求现代产业特征的若干“标准”来界定现代服务业的内涵及勾勒出基本范围或边界。现代产业特征的基本标准是:(1)通过新技术运用的服务创新,形成新业态、新方式、新商业模式,以及服务网络;(2)具有高度专业化程度、高要求的人力资本,以及创造高附加值;(3)满足现代消费需求,具有高增长率,且在服务业产值中占有较大比重。凡是符合上述这些基本标准,便是“现代”意义上的服务业。现代服务业本质上是服务业发展的现代化。从这一概念内涵出发,那么现代服务业的外延不仅包括现代经济中催生出来的新兴服务业,如信息服务、电子商务等,也包括现阶段保持高增长势头以及居于较大比重的服务业,如金融保险、专业化商务服务等,同时还应包括被信息技术改造从而具有新的核心竞争力的传统服务业,如现代商业、城市综合体、现代物流等。因此,理论研究中的现代服务业概念界定,与统计口径上的现代服务业是有区别的。

由此可见,现代服务业不仅包括大部分生产者服务业,也包括部分经过现代化改造的消费者服务业。但值得指出的,生产者服务业与现代服务业有更多的

"天然"联系。生产者服务业由于其服务对象、服务内容及服务半径的特点属性,通常要求提供账务、法务、融资、中介咨询、广告宣传、人力资源培训与管理等服务,且要求提供持久性客户维护、一揽子解决方案、创意性设计等,从而更具有较高的专业化程度、专业知识含量和人力资本,也更容易采用新技术、新商业模式、新的组织方式,并创造更高的附加值。而且,从现代经济中催生出来的新兴服务业,如信息服务、电子商务等,尽管也有部分是面向消费者的,但大都为生产者服务。随着服务经济发展,相对于消费者服务业,生产者服务业保持着高增长势头,且在服务业中的比重不断趋于提高,占据主导地位。因此,生产者服务业具有更多"天生"的现代意义,是现代服务业中的主力军。从这一意义上讲,现代服务业与生产者服务业有更多的重叠与交集。

由于服务对象始终存在生产者与消费者两大类,所以基于服务对象的服务业分类,其概念内涵与外延是相对固定的,也是可以比较容易把握的。与此不同,基于现代产业特征的服务业分类,其概念内涵与外延是动态化的,现代服务业只是一个相对概念。因此在现代服务业理论研究中,可以更多借助于生产者服务业的分析框架及其内容,但不能将其混为一谈。

16.1.2　内生性及动力学

这里,我们首先要对服务业与服务活动作一理论上的区分,即这是两个在内容上有一定交集而不相同的概念。服务活动可以是独立的,也可以是非独立的(依附于非服务部门之中,如制造业企业中的管理、财务、人力资源培训等服务活动);而服务业的服务活动则是专门独立化的。因此,服务业作为专门独立化从事服务活动的部门,其发展依赖于两方面条件:一是社会服务活动的泛化,或服务化;二是服务活动脱离其依附的部门而独立化。一般来讲,服务活动泛化有助于促进服务活动独立化,但并不一定导致服务活动独立化。从这一意义上讲,服务活动泛化是服务业发展的必要条件,而服务活动独立化是服务业发展的充分条件。

因此,在假定服务活动泛化的前提条件下,服务业发展存在着一个规律性的趋势,即由服务"内部化"(internalization)向服务"外部化"(externalization)的演进。所谓服务内部化是指消费者或生产者的自我服务方式,无须进行市场交易(当然,可以在企业内部进行非市场交易)。而服务外部化是指由专门机构向消费者或生产者提供服务,或消费者和生产者有偿使用由专门机构提供的服务,需要进行市场交易的购买。服务的内部化转向服务的外部化,表现为社会专业化分工程度的提高,通常与人均收入水平相联系,但也在很大程度上取决于与体制因素相关的市场化程度(如图 16.1 所示)。在市场化程度较高的情况下,表现为专业化分工程度提高的服务外部化与人均收入水平变动高度相关,但在市场化程度较低的情况下,由于其直接影响专业化分工水平,从而会大大削弱服务外部化与人均收入水平变动的相关性。

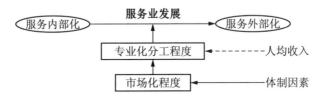

图 16.1　服务内部化向服务外部化转变的决定因素

图 16.1 表明,市场经济程度是现代服务业发展壮大的重要原动力之一。为了检验这一制度变量,我们将现代服务业看作 GDP 和市场经济制度的函数。当然,影响服务业发展的其他诸多因素,我们是不能忽略的,不过,幸运的是这里的 GDP 其实可以起到一个控制变量的作用。一般情况下,对现代服务业的有影响的因素,当然也基本上会对 GDP 产生相似的影响,这也是我们考虑让其他变量进入模型的原因。

这样,我们的分析框架模型即

$$MS_t = f(GDP_t, S_t) \tag{16.1}$$

这里,MS_t 表示第 t 年现代服务业的产值,S_t 表示中国改革以来的制度变化。由于中国从计划经济到市场经济的改革走的是渐进变革的道路,而且基本上可以看作一个从计划经济不断退出、市场经济不断增强的过程,因此我们用一个单调增的渐变指数函数(这个函数在国外研究渐变事件中也经常用到,详细情况可以参考一些高等的计量经济学著作)来表示这一制度变革。我们将现代西方国家的市场经济看作 1,1978 年之前中国实行的计划经济制度记为 0,即完全没有市场竞争,这样我们就可以建立起一个渐变的制度函数。

$$S_t = \begin{cases} 1 - \exp[-\theta(t - t_d)], & t \geqslant t_d \text{ 且 } t_d = 1978 \\ 0, & \text{其他} \end{cases} \tag{16.2}$$

同时,为了简便,我们将式(16.1)具体化为如下的一个指数线性形式:

$$MS_t = \alpha + GDP_t^{\beta_1} + \exp(\beta_2 S_t) + \varepsilon_t \tag{16.3}$$

我们进一步假定 $\ln \varepsilon_t = N(0, \sigma^2)$。

这样,对两边取对数,我们可以进一步将式(16.3)写作:

$$ms_t = \alpha^* + \beta_1 gdp_t + \beta_2 S_t + u_t \tag{16.4}$$

这里,$ms_t = \ln MS_t$,$gdp_t = \ln GDP_t$,$u_t = \ln \varepsilon_t$,$\alpha^* = \ln \alpha$,将式(16.2)带入式(16.4),这样式(16.4)就可以进一步写为:

$$ms_t = \alpha^* + \beta_1 gdp_t + \beta_2 (1 - \exp[-\theta(t - t_d)]) + u_t \tag{16.5}$$

这样,市场经济程度是否为服务业发展的动力之一的检验,就变成了对系数 β_2 的检验。即

$$H_0 : \beta_2 = 0$$
$$H_1 : \beta_2 > 0$$

估计上述方程得出表 16.1。

表 16.1　服务业发展动力机制分析表

因变量 log(MS)			
自变量	系　数	Z 统计量	P 值
log(GDP/PI)	0.645892	9.953655	0.00
S	0.133102	1.954986	0.05
C	−2.040436	−5.621513	0.00
AR(1)	1.036163	75.55814	0.00
方差方程			
C	0.000924	2.063142	0.0391
ARCH(1)	0.764785	1.886345	0.0592
调整后的拟合优度	0.996	F-统计量	2454.798
似然值	80.60	P 值(F-统计量)	0.000000

注:通过对原来方程的估计,我们发现原方程的参差存在自相关和条件异方差。所以,这里,对残差做了自相关和条件异方差的处理,即用了残差自回归模型 AR(1)和异方差条件自回归模型 ARCH(1)(关于这两个模型的详细介绍,请参阅威廉·H. 格林的《经济计量分析》1998 年版)。

资料来源:作者编制。

这里,MS 是我们使用的统计年鉴中第三产业的产值。在估计时,我们设 θ 为 0.4。这是因为通过和现在中国的市场化程度界定对比,我们认为,从 1998 年之后,除了国有经济比较强大和国有垄断仍存在之外,中国基本上是一个完全的

市场经济国家,同时,我们将 1978 年以前的经济认为是一个完全的非市场经济,即市场化程度为零。还有,我们从 1978 进行的改革,首先是从农村开始的,进而到沿海地区特别是南方的沿海地区,最后才是上海浦东新区开发的改革,所以从 1978 年到 1984 年左右,上海市作为沿海开放城市之中间,改革开放或者说市场化程度的进程应该是很缓慢的。我们是基于上述这些理由,反向推导得到这个 θ 的估计的。

可以看到,系数 β_2 在 5% 的置信水平下,显著不为零。这说明了,除了经济总体发展趋势之外,市场经济程度确实是中国现代服务业的原动力之一。

16.2　基础条件

与传统服务业相比,现代服务业发展所依赖的基础条件也有较大的不同。这里,我们从需求与供给两个方面来分析现代服务业发展的基础条件。

16.2.1　需求面的基础条件

1. 收入水平与服务需求

如果我们暂时撇开与体制因素相关的市场化程度这一变量,那么从人均 GDP 水平与产业结构变化的相关性来讲,在不同经济发展水平上,产业结构表现出特定的变化。但值得注意的是,人均 GDP 水平提高与产业结构变化并不是在任何时候(阶段)都呈现出同步对称性的。研究表明,人均 GDP 1500 美元和 5000 美元是两个重要的节点,越过这两个节点后,产业结构和服务业比重将发生重要的变化,如图 16.2 所示。在工业化前期阶段,人均收入达到 1000—1500 美元时,服务业产值比重会迅速增加,达到 45%—50%;工业化阶段,人均收入在 1500—5000 美元之间时,服务业比重基本保持不变,农业比重显著降低而工业比重显著提高;当进入工业化后期阶段或者说信息化阶段时,服务业比重又会出现迅速上升,达到 60%—70% 以上。需要特别指出的是,在前一个节点上,服务业产值比重的迅速提高,主要在于传统服务业的发展;而在后一节点上,主要是由现代服务业发展带动的。

即使从居民收入水平与服务需求来讲,也是如此。随着社会的进步,居民个人收入水平和生活水平的提高,休闲时间的增加,人的平均寿命的提高等,使得人们对生活有了更多的追求。产品的物质边际效用正递减,人们开始转向服务

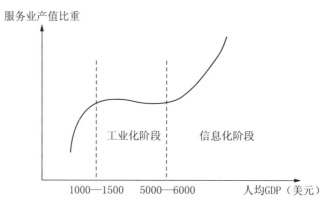

图 16.2　服务业比重与人均 GDP 的关系

消费,对各种服务就产生了直接而巨大的需求。服务产品是几乎不能存储的,它的增长毫无时滞地反映了当时服务需求的上升。服务产品,特别是一些社会服务和个人福利服务与制造业产品相比,收入弹性较大,其需求增长最大可能是居民收入增长的结果。同时,农业和制造业产品的价格相对于服务业产品价格的下降也可能是一个主要原因。由于农业和制造业产品的价格弹性小于服务产品,在农业和制造业产品上增加的开支要小于在服务业上增加的开支,整体上对服务的需求上升得较快。从 1987 年到 1997 年,OECD 国家教育、卫生、社会服务及其他在 GDP 中的平均比重从 8.6％上升到 10.1％,上升了 l.5 个百分点。这些服务业的增长主要与居民收入水平提高有关,也与国家的福利政策有关。

　　随着收入水平的提高,个人服务需求的结构和偏好转变可由图 16.3 简明地反映出来。国际经验表明,几个主要发达国家在 1970—1981 年间(分别对应人

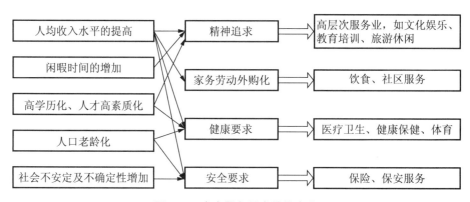

图 16.3　个人服务需求结构变化

资料来源:作者绘制。

均 GDP 4000—5000 美元到人均 GDP 8000—10000 美元阶段），服务消费支出均出现了 2—4 个百分点的增幅（见图 16.4）。由此可判断，个人服务消费比重在这一时期的提升是一种"程式化事实"。

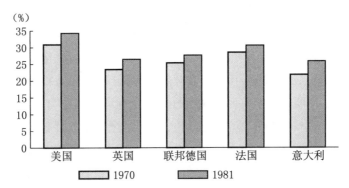

图 16.4　1970—1981 年间主要发达国家家庭服务消费占总消费的比重

资料来源：根据相关数据绘制。

因此，从经验实证来看，现代服务业发展与经济发展一定水平及特定经济时代相联系，其大规模的迅速发展是产业结构高度化及经济服务化的产物。

2. 工业化与服务需求

事实上，这种人均收入水平的提高是与工业化发展相联系的。工业化的高度发展以及向后工业化的过渡，产生了制造业对服务的大量引致需求。例如在日本 1970—1980 年的高速发展阶段中，制造业对服务业的中间需求年均增长率为 13.4％，要高于对制造业本身的中间需求的年均增长率（11.3％）。如果将制造业分解，可以进一步看出以机器装备工业为主体的制造产业对服务业的中间需求最为巨大（见表 16.2）。因此，工业化的高度发展，便大大增加了对服务性中间投入的使用。据美国 1997 年的公司调查，美国企业 8000 万美元以上的服务开支增加了 26％。在企业的总支出费用中，信息技术服务占全部费用的 30％，人力资源服务占 16％，市场和销售服务占 14％，金融服务占 11％，仅仅这几项服务支出已经占到总支出的 71％。与此同时，现代制造业发展也呈现"服务化"（servicisation）的新趋向，其附加值中有越来越大的比重来源于服务，而不是加工制造。可见，当制造业发展到其附加值和市场竞争力的提升要更多地依靠生产者服务业来支撑时，便会促进现代服务业的快速发展，使其成为经济中最具有增长力的部门。

表 16.2　日本制造业分行业对服务业中间需求年均增长率(1975—1980 年)

	化学制品	金属初级产品	机械设备	电气机械	运输机械
服务投入年均增长(%)	10.8	12.1	20.0	14.9	19.7

3. 企业活动外置与服务需求

随着企业竞争的加剧,为保持核心竞争力,做强其核心业务,企业活动外置将明显增多。据日本通产省在 1984 年开展的《关于制造业软化的调查》,作为制造企业的中间投入,从财务会计、产品开发、产品设计到交易对象的信用调查和机械修理共 19 项职能,均有不同程度的外购化倾向。其中有 50%—70% 的企业愿意将信用调查、机械修理、广告宣传、厂房维修等业务外包出去;有 20%—50% 的企业愿意将保安、软件开发、市场调查、人员培训、卫生福利外包出去;有 10%—20% 的企业有意将产品检查、产品维修、产品设计、统计等进行外购。而真正保留在制造企业内部的服务职能范围和比例均有很大程度的缩小,主要集中在与企业核心业务和商业秘密有关的几个领域内,比如财务、产品开发、设计等。美国 1997 年的公司调查表明,美国公司 8000 万美元以上的服务开支增加了 26%;在公司的总支出费用中,信息技术服务占全部费用的 30%,人力资源服务占 16%,市场和销售服务占 14%,金融服务占 11%,仅仅这几项服务支出已经占到总支出的 71%。

企业活动外置使得企业增加使用服务中间投入,促进新兴服务业快速发展。有数据表明,在 1980—1990 年间,多数 OECD 国家产品生产中的投入发生了变化:服务投入增长速度快于实物投入增长速度;只有美国和加拿大例外。从 1987 年到 1997 年,OECD 国家中,金融、保险、房地产和商务服务业在 GDP 中的平均比重从 15.4% 上升到 17.6%,上升了 2.2 个百分点。这些服务业的增长主要和企业增加中间服务的使用有关,是所有服务业部门中增长最快的部门。在发达国家,服务业占 GDP 的比重超过 70%,为制造业服务的生产者服务业占整个服务业的比重也在 70% 以上,其增幅是同期服务业增幅的近两倍。

4. 城市化与服务需求

在城市化的推进过程中,文化、教育、卫生、体育、保健、休闲、法律顾问等一些新兴的服务产业将渗透到城市居民家庭和个人的生活之中,而新的消费热点又会带动一系列服务业的发展,城镇服务消费支出占总支出的比例趋于迅速提高。城市功能转型也将带来消费结构升级和城市空间布局结构的大调整,促进服务需求的上升,将对产业发展及其内部结构变化形成强有力的推动,促进现代服务业发展。

　　5. 区域一体化与服务需求

　　在区域一体化发展中,尽管大城市的制造业往外转移,但由于区域内制造业企业活动外置,大幅增加使用服务中间投入,引发对大城市现代服务业的强烈需求。

16.2.2　供给面的基础条件

　　1. 技术基础变化与服务供给

　　现代技术,特别是信息和计算机技术的迅速发展,为服务部门的技术运用提供了条件,并在很大程度上改变了服务业的技术基础,为现代服务提供了强有力的技术手段,大大拓展了服务提供的范围及可交易性,增强了服务的供给能力。过去自然形成的进入壁垒,在服务行业中典型地表现为服务产品时间和空间上的传递障碍。然而,现代电信和传递技术使时间和距离的概念逐渐丧失了其重要性,服务不可储存性和不可位移的传统特性发生了改变。从此,许多生产和消费原需同时进行的服务现在可以实现生产与消费的分离,越来越多地在远离最终市场的地方提供。例如,金融服务、娱乐、教育、安全监控、秘书服务、会计及游戏程序都可以在远离最终用户的地方生产销售,特别是远程医疗服务等,并大大提高了服务的国际可贸易性。现代信息技术的广泛运用及网络化,使现代服务业也具有“制造化”的新趋向,即像制造业那样的规模经济和定制生产。这不仅使得许多新型服务(服务品种、种类)产生,而且赋予传统服务新的内容、改进服务的质量、改变传统服务方式,克服了原先只能提供个性化服务的缺陷,将规模化服务与个性化服务结合起来。正是在这种范围扩展和技术进步的条件下,现代服务业已成为由一种不同经济活动组成的多样化群组,并越来越呈现出“非中介服务”“虚拟化服务”的新特征。

　　2. 组织结构变化与服务供给

　　许多服务型跨国公司相对于直接投资建立子公司而言,更倾向于采用非股权安排形式或是合伙形式,同时母子公司之间保持着一种较松散的网络联系,各公司独立性较强,许多业务甚至采取外包形式。这就使得内部化优势不再变得显著,因此内部化理论也就不能很好地解释许多服务型跨国公司全球化过程中松散而富有弹性的网络型组织结构。由于最新的服务业发展主要由经济网络型服务带动,使经济网络型服务与工业的发展形成互补。

3. 人力资本变化与服务供给

随着收入水平提高及教育普及化与高等化,更多的人力资本投资,劳动者的专业知识与技能大幅提高。这为现代服务业发展奠定了人力资源基础。相对于传统服务业,现代服务业是提供高附加值的产业,内含的专业知识和技术较高,从而对专业人才的要求较高。尽管现代服务业中也有许多配套工作,只要求一般劳动力的素质,但缺乏了专业人员的主导,现代服务业就发展不起来。因此,人力资本提高增强了内含专业知识密集、高专业技能的现代服务供给,促进了现代服务业发展。

4. 政府管制与服务供给

与工业部门相比,服务部门在准入、经营、定价等方面受到较多管制。然而,现代服务业涉及提供高端服务内容、综合性解决方案、跨地区与跨部门的服务,以及与客户之间有更复杂的供求关系、与各服务行业有更密切的配套合作关系,因而要求有较宽松的政策管制环境。国际经验表明,在现代服务业发展中,政府管制政策的调整具有重大作用,直接决定了市场进入机会,并决定了市场结构以及竞争程度。因此,20世纪80年代后,许多发达国家的政策选择转向放松管制及其政策框架调整,包括允许混业经营、业务交叉等,予以现代服务业更大的发展空间和自由度,从而促使更多的企业进入,带动了相关的投资以及竞争活力,大大促进了现代服务业的发展。例如,德国、法国和西班牙电信部门的总要素生产力,因其法规改革提高了40%。除此之外,确立更高的服务标准、更严格的行业自律、更强劲的信誉保证、更坚实的社会信用基础等制度环境改善,也为促进现代服务业发展提供了有力保障。相反,传统的分头管制、多重管制以及过度管制的政策框架对服务业发展有较大的抑制作用。

16.3　世界现代服务业发展新动向

自20世纪80年代开始,全球产业结构呈现出"工业型经济"向"服务型经济"转型的总趋势。1980—2000年间,全球服务业增加值占GDP比重由55%升至66%,主要发达国家达到70%,中等收入国家达到55%,低收入国家达到44%(见表16.3)。进入21世纪,发达国家的服务业比重基本都达到2/3的程度。2001年,全球服务业增加值占GDP比重达68%,其中最高的是美国,2002年达到75%。纽约、伦敦、东京、香港等国际大都市服务业所占比重更高,

表 16.3 部分国家服务业占 GDP 比重   （%）

	1971	1975	1980	1985	1990	1995	2000	2002
美　国	62	63	64	67	70	72	74	75
英　国	54	57	55	58	63	66	70	73
加拿大	60	59	58	61	65	66	66[a]	—
法　国	54	56	59	63	66	69	72	72
澳大利亚	55	56	56	60	67	68	71	71[b]
德　国	48	53	55	57	59	65	68	69
意大利	51	51	53	59	63	65	68	69
墨西哥	56	56	57	55	64	67	68	69
日　本	50	54	56	58	58	64	67	68[b]
韩　国	44	41	45	46	48	51	53	55
印　度	34	36	37	40	41	44	49	51
泰　国	49	47	48	52	50	50	49	48
中　国	24	22	21	29	31	31	33	34
高收入国家	55	57	58	61	64	67	70	71[b]
中等收入国家	43	41	42	44	47	51	55	57
低收入国家	37	38	38	41	41	42	44	46
世　界	53	54	55	58	60	64	66	68[b]

注：(a)1999 年；(b)2001 年。

资料来源：World Development Indicators.

分别达到 86.7%、85%、72.7%和 86%。[1]而服务业产值比重提升速度最快的，则是中等收入国家。服务业吸收就业比重也不断增加，西方发达国家服务业就业比重普遍达到 70%左右。1999 年，大部分发展中国家就业劳动力占全部就业劳动力的比重平均达到 40%以上。同时，世界服务贸易占到贸易总额的 1/4；服务消费占到所有消费的 1/2 左右。因此，世界经济实际上以服务商品的生产为主，已经步入了"服务经济"时代。正是在这种背景下，现代服务业得以大规模发展并在整个服务业中占据主导地位。例如，发达国家的现代服务业在其整个服务业中的比重已达 50%以上。

从世界范围看，现代服务业的发展正逐步呈现若干显著特征：

（1）由于范围扩展和技术进步，现代服务业已成为由一种不同经济活动组成的多样化群组，并越来越呈现出"非中介服务""虚拟化服务"的新特征。例如，

---

[1]　数据来源：《国际统计年鉴》2003 年。

2002 年世界电子商务交易额比上年增长了 73%。① 又如,远程教育发展迅速。
1995 年,全美国只有 28% 的大学提供网上课程,到 1998 年猛增到 60%。据统
计,60% 以上的企业通过网络方式进行员工的培训和继续教育。现代服务业日
益成为智力密集型部门,处在高附加值的高端,其高能量通常是超地域的辐射。

(2)服务业对经济增长的贡献越来越大。这不仅反映在发达国家经济增长
中服务业的增长要超过其他部门,以及经济总量中服务业占据了 2/3 的事实,而
且反映在乘数效应上。以英国服务业为例,服务业正成为其他部门生产的一个
越来越重要的投入来源,服务业单位需求增长对整个经济产出影响已经接近于
制造业(见表 16.4)。

表 16.4　英国 100 个特定部门商品最终需求变化对经济直接和间接影响

商　品	对经济的最后影响(单位)
市场性服务	174
非市场性服务	126
制造业	180
初级部门	197

资料来源:Deanne Julius,"Inflation and Growth in a Service Economy",Bank of
England Quarterly Bulletin,November,1998.

(3)服务创新方兴未艾。1980 年以来,大多数国家服务业的研发活动和投
资急剧增长,服务业占据了越来越大的份额,OECD 国家企业研发支出中服务研
发所占比重从不到 5% 上升为 1997 年的 15%。② 服务业中研发最活跃、最多和
增长最快的,是工程与科学服务、计算机和相关服务、批发贸易,以及金融、保险
和不动产服务。③

(4)伴随着制造业的"服务化"(servicisation),生产者服务业得以迅速发展,
已经成为发达国家和地区最具有增长力的部门(见表 16.5)。其在服务业中的比
重,主要工业国已达 50% 以上。

(5)现代服务业具有在中心城市及中心区域高度集聚的特性,其产业集聚
带来的互补、共享等外部经济效应十分显著。目前,服务业集群发展的趋势日益
明显,尤其在大都市中央商务区(CBD)出现了一系列的产业集群,有以金融商务

① 联合国《2002 年电子商务与发展报告》。
② OECD,Innovation and Productivity in Services,2001,p.59.
③ OECD,Background Paper:Service Industries in Canada,1999.

表 16.5　日本、德国和美国 1970—1991 年生产者服务业就业变化情况　（百万人）

	日本		德国		美国	
	1970	1990	1970	1987	1970	1991
生产者服务	2522	5945	1187	1977	6298	16350
银　行	729	1181	438	658	1658	3286
保　险	376	783	244	257	1406	2419
房地产	274	707	92	109	789	2081
工　程	268	509	163	198	333	833
会　计	93	188	—	—	303	660
其他商务服务	741	2493	250	754	1401	5797
法律服务	42	85	—	—	409	1274

资料来源：Based on Castells and Aoyama，1994；转引自 Sassen，2000。

服务等高端服务业为主导产业的核心集群,有以旅游高档消费为主导产业的集群,有以文化艺术为主导产业的集群。

（6）现代服务业经营活动日益国际化、网络化和一体化。对外直接投资成为拓展服务地域范围的重要形式。服务业国际转移的规模越来越大,特别是商务服务的国际转移出现新的变化。2002 年与 1995 年相比,世界商务服务出口增长格局的特征,是由欧洲和非洲向亚洲转移,而北美国家保持着稳定。

17 上海服务业发展现状及前景[*]

上海在新一轮发展中培育竞争优势,增强城市综合服务功能,乃至建设"四个中心"和现代化国际大都市,必须顺应世界现代服务业发展潮流,大力推进现代服务业发展。为此,需要对上海服务业发展过程作一个全面梳理,进行深入的现状分析,以此展望"十一五"期间的发展前景。

17.1 现状分析及其比较

17.1.1 现状及其特征

回顾上海服务业发展的历史过程,我们可以看到,在 1949—2003 年的 54 年时间里,上海服务业占 GDP 的比重变化大致呈现 V 形。开始是从 1950 年的 47.66% 快速单边下挫,到 1972 年达到最低点(17.32%),随后几年小幅波动,从 1978 年开始,该比重逐年上升,从 18.6% 升至 2002 年的 50.95%。2003 年,上海第三产业增加值占全市生产总值的比重为 48.42%,比上年下降 2.53 个百分点。

如果考虑服务业发展与人均收入之间的关系,那么新中国成立以来上海服务业经历了三个发展阶段(如图 17.1 所示):(1)1949—1972 年,该阶段上海服务业发展急剧衰落,人均收入停滞不前,所以基本上是一条垂直于横轴的直线。(2)1972—1988 年,该阶段的上海服务业快速回升,但人均收入增长不大,所以其曲线的斜率较大。(3)1989—2003 年,该阶段上海服务业发展速度趋缓,但人均收入增长迅速,其曲线斜率则较小。

---

* 本章根据笔者主持的 2003 年上海市发展改革委"十一五"规划前期研究重大课题"'十一五'期间上海深化'三、二、一'产业发展方针,加快发展现代服务业的对策研究"的成果报告内容改编而成。

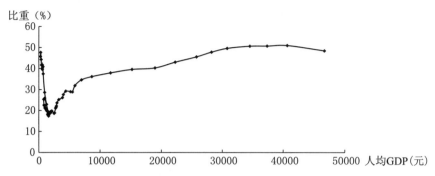

图 17.1　上海服务业增加值占 GDP 的比重与人均 GDP 的变化:1949—2003
资料来源:《上海统计年鉴》(2004)。

　　总之,自 1978 年以来,上海服务业增加值逐年递增。除个别年份(1988、1989 和 2003 年)外,服务业增加值占 GDP 的比重也呈递增趋势,并且是加速递增(见图 16.2)。也就是,服务业比重从 20%上升到 30%,用了 10 年时间(即 1981—1990 年);从 30%上升到 40%,用了 5 年时间(即 1990—1995 年);从 40%上升到 50%,用了 5 年时间(即 1995—2000 年)。特别是 1999 年,服务业增加值所占比重达到 49.59%,首次超过第二产业,高于其 1.16 个百分点,打破了"二、三、一"的传统产业格局。

　　目前,上海服务业发展进入一个迅速扩张后的临界"盘整"期,呈现出以下现状特征。

　　(1)增幅有所减缓,增长相对速度下降,但总体保持平稳态势。1990—2003 年,服务业增加值平均每年增长 12.6%,三次产业的比例关系由 4.3:63.8:

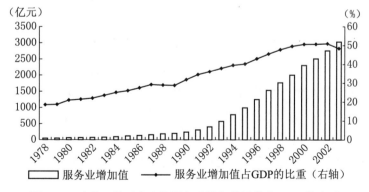

图 17.2　改革开放以来上海服务业增加值及其占 GDP 的比重
资料来源:《上海统计年鉴》(2004)。

31.9 调整为 1.5：50.1：48.4。在此期间，以 1997 年为界呈现两个非常明显的阶段，1997 年之前是快速上升，之后则发展趋缓，产业比重提升乏力甚至下降。2001—2003 年，上海服务业平均增长率只有 8.9%，落后于工业部门的快速增长速度。2003 年上海服务业全年实现增加值 3027.11 亿元，其比重比上年 (51%) 有所下降。但从总体上看，服务业发展仍保持平稳态势，并不存在增长持续下滑的势头。2004 年以来，上海服务业发展速度明显加快。统计数据显示，第一季度增长 10.6%，第二季度又提高到 15% 左右，上半年上海服务业共实现增加值 1602.11 亿元人民币，增长 13%，增幅同比提高 7.1 百分点。与服务业平稳发展相对应，全市服务业税收也占税收总量的 51%。按可比价格计算，比 1978 年增长 14.6 倍，占 GDP 的比重从 1978 年的 18.6% 上升至 48.42%。

（2）服务业从业人员比重大幅上升，劳动生产率迅速提高。1978 年服务业从业人员占全部从业人员的 21.1%，增加值占 GDP 的比重为 18.6%，低于服务业从业人员的比重，服务业相对劳动生产率[①]为 0.8815。自 1985 年开始，服务业增加值占 GDP 的比重开始高于从业人员的比重。90 年代以来，从业人员向服务业转移的趋势明显，其比重加速上升，由 1990 年的 29.6% 上升到 2002 年的 48.8%。2003 年上升至 51.9%，超过当年增加值占 GDP 的比重 48.4%，相对劳动生产率为 0.9344。按理，服务业在大量吸纳第一、第二产业转移的从业人员时，其劳动生产率[②]是趋于下降的，如 20 世纪 80 年代上海曾一度出现下降的情况。但目前上海服务业在从业人员增长的情况下，其增加值更是高速增长，从而推动了服务业劳动生产率迅速提高。1978 年服务业劳动生产率为 3488 元/人，2003 年则为 7.17 万元/人，增长 20.6 倍；而其从业人员由 145.53 万人发展到 422.21 万人，仅增长 2.9 倍。这表明上海服务业发展的基础较好，表现出较高的质量。

（3）主要支撑行业作用明显，内部结构稳定性较强。目前，金融、商贸、物流、房地产、旅游和信息六大行业在服务业增加值中的比重已超过 80%，成为上海服务业的主要支撑。2003 年，金融业、批发和零售贸易业、房地产业、交通运输仓储和邮政业、信息传输、计算机服务和软件业、住宿和餐饮业六大行业占上海市生产总值的比重接近 40%。然而，服务业内部结构升级速度较慢。近年来，传统服务产业尽管呈现负向变化，但变化幅度不大，而现代服务产业的正向

---

① 相对劳动生产率＝产值比重/从业人员比重。
② 劳动生产率＝增加值/从业人员。

变化幅度也同样微弱。交通运输、仓储及邮电通信业与批发和零售贸易、餐饮业等传统服务部门始终占较大份额,2003 年两者所占比重高达 35.3％,比 1997 年只下降了 4.5 个百分点;而卫生体育和社会福利业、教育文艺及广播电影电视业,以及科学研究与国家机关等部门的比重始终较小,2003 年四者合计所占比重仅为 17.4％,比 1997 年仅仅提高了 3.8 个百分点;金融保险业比重下降较多,2003 年比 1997 年下降了 9.4 个百分点。

(4) 囿于自我增强的发展,对其他产业推动的能量不足。根据 2000 年上海投入—产出表计算的服务投入率(服务投入占总投入的比重)分析表明,从三次产业的总体服务投入来看,服务业的服务投入率最高,达到 28.89％;其次是第一产业,为 18.62％;第二产业的服务投入率最低,仅为 14.85％。这说明,一方面,服务业自身的发展具有很强的自我增强效应;另一方面,第二产业对服务中间需求不强烈,经由生产者服务投入而与整个服务业的联系程度较低。利用上海市1952 年到 2002 年数据,对二、第三产业关系进行格兰杰因果检验也发现:第三产业不构成第二产业的格兰杰原因,而第二产业是第三产业的格兰杰原因。也就是,上海目前第三产业的发展很大程度上是由第二产业带动的,而第三产业还没有能够对第二产业形成强有力的推动。因此,上海服务业发展尚未建立在高度经济服务化的基础之上,缺乏强有力而稳定的产业需求支撑,其比重上升容易发生逆转。

(5) 吸纳集聚的要素分布不平衡,辐射影响力有限。目前,上海服务业具有相当吸纳集聚外部资源要素的能力,并对其发展形成强有力的推动。但服务业吸纳集聚外部资源要素的领域并不广泛,主要集中在少数行业部门,如投资于房地产的内资、外资一直占相当大的比重,而对于交通运输、电子通信、科技服务业、教育文化业等高新技术行业和资金短缺行业投资较少。与此同时,上海服务业的对外拓展能力不足。上海对外投资服务业,无论在服务的种类、层次上,还是在技术含量上都存在很大的差距。上海服务业对周边地区的辐射影响力也相当有限。

17.1.2　与国内城市比较

为对城市服务业发展特点有一个基本认识,综合评价上海服务业发展水平和地位,我们选取了与北京、天津、重庆、广州、南京、成都等 18 个副省级及以上城市进行服务业总体发展水平的比较,还选取了与北京、天津、重庆、广州和深圳等 5 个城市进行服务业内部结构的比较,其比较结果表明:

(1) 服务业产值增速波动不同步。"八五"时期,19 个城市(包括上海)年均增速均在两位数以上,除沈阳、大连和西安外,上海年均增速低于其他城市。"九五"时期,大多数城市增速减缓,而上海服务业年均增速却由"八五"时期的12.5%上升到15.1%。2001—2002 年上海服务业增速明显趋缓,年均增速仅为9.4%,而其他城市(重庆除外)均达到两位数的增长(见表 17.1)。在此期间,北京服务业增加值占 GDP 的比重分别提高了 2.2 个和 0.8 个百分点,广州分别提高了 1.9 个和 1.2 个百分点,而上海仅提高了 0.1 个和 0.3 个百分点。

表 17.1 19 城市各时期服务业增加值年均增幅和增速极差

	"八五"时期		"九五"时期		2001—2002 年	
	年均增幅(%)	增速极差(百分点)	年均增幅(%)	增速极差(百分点)	年均增幅(%)	增速极差(百分点)
上 海	12.5	7.3	15.1	4.9	9.4	1.3
北 京	14.5	8.4	11.0	3.2	12.4	0.8
天 津	13.4	10.4	11.5	9.8	11.5	0.5
重 庆	18.2	13.9	12.2	6.8	9.2	0.1
广 州	15.7	12.0	13.7	5.8	14.6	1.0
南 京	18.4	16.2	13.0	1.5	13.9	0.2
成 都	17.2	13.2	11.6	1.2	12.9	0.2
沈 阳	10.2	8.8	9.5	4.9	11.5	2.0
青 岛	20.4	34.0	12.7	10.7	14.4	0.7
济 南	21.2	15.1	17.7	11.4	14.9	2.0
深 圳	28.2	19.7	12.6	7.8	12.6	1.3
厦 门	25.4	23.4	13.0	11.5	10.7	1.3
大 连	11.7	16.2	10.2	4.8	13.7	2.2
长 春	21.6	21.2	14.3	3.9	13.6	0.8
哈尔滨	12.9	4.9	12.4	1.7	12.1	0.2
杭 州	22.3	8.9	12.2	7.2	13.6	2.2
宁 波	24.0	36.6	14.3	5.8	12.4	0.0
西 安	11.5	5.7	11.8	3.2	12.7	0.4
武 汉	21.3	24.2	15.2	6.2	12.3	0.3

资料来源:http://www.whtj.gov.cn/tjfx/2004tjfx.

(2) 20 世纪 90 年代以来,多数城市的服务业在产值和就业方面所占比重不断上升,但其就业比重上升幅度慢于产值比重上升幅度,服务业对增加就业的作用并不显著。与此不同,上海服务业的就业比重上升,则要高于其产值比重上升。这表明上海服务业发展的层次相对较低。因为传统服务业的劳动生产率水平较低,具有强大吸纳就业功能。

(3) 上海服务业各行业增加值与北京、天津、重庆、广州和深圳等 5 个城市相比较,尽管服务业增加值居首位,有 5 个行业的增加值居第一位,4 个行业的增加值居第二位,但服务业增加值占 GDP 比重只居第三位,低于北京和广州(见表 17.2)。从服务业内部构成来看,在六大城市中,上海房地产业增加值占服务业产值的比重最高,达到 13.56%,居于首位;批发零售贸易和餐饮业所占比重仅次于重庆,居第二位;金融保险业所占比重略低于深圳和北京,居第三位;科学研究和综合技术服务业仅占比重为 3.42%,分别低于北京和重庆 5.14 个和 1.88 个百分点;教育、文化和广播电影电视业所占比重低于北京、重庆和天津,居第四位;交通运输、仓储和邮电通信业以及卫生体育和社会福利业所占比重均居于第五位,仅高于北京;社会服务业所占比重在六城市中位居最末(见表 17.3)。

(4) 与北京、天津、重庆、广州和深圳相比,在服务业 9 个行业门类中,上海只有 3 个门类具有比较优势①。其中,房地产业和金融保险业具有较强优势;批发零售贸易、餐饮业也具有一定优势,但优势并不十分明显。其他行业均不

表 17.2　上海服务业各行业增加值与五城市比较(2002 年)　　　　(亿元)

	服务业增加值	服务业增加值占GDP的比重	交通运输、仓储和邮电通信业	批发零售贸易和餐饮业	金融保险业	房地产业	社会服务业	卫生体育和社会福利业	教育、文化艺术和广播影视业	科学研究和综合技术服务业	国家机关、政党机关和社会团体
上海	2755.83	51	382.82	602.29	584.67	373.63	328.86	88.96	196.5	94.34	88.92
北京	1998.13	62.2	235.56	256.32	469.44	163.12	322.6	55.45	212.16	171.00	84.26
天津	965.26	47.1	230.88	196.38	73.08	97.66	135.59	38.08	85.52	30.37	57.98
广州	1671.27	55.7	470.62	301.39	173.05	112.59	290.84	66.02	103.45	32.21	106.67
深圳	1003.08	44.4	192.27	196.62	236.24	124.96	126.31	32.61	42.08	9.41	24.69
重庆	827.97	42	123.97	182.51	78.25	70.9	133.89	30.37	83.79	43.87	80.42
上海位次	1	3	2	1	1	1	1	1	2	2	2

资料来源:各城市 2003 年统计年鉴。

---

① 采用"区位商"的方法来衡量上海服务业的比较优势。其的公式为:$Q_i = P_i/N_i$。Q_i 为某地区 i 行业的区位熵,$Q_i > 1$,表明该行业具有优势,且值越大优势越大;$Q_i < 1$,则该行业不具备比较优势。P_i 为某地区服务业增加值中 i 行业所占比重。N_i 为六城市服务业增加值中 i 行业所占比重。

表 17.3　上海服务业内部结构与 5 城市比较(2002 年)　　　　　(%)

	交通运输、仓储和邮电通信业	批发零售贸易和餐饮业	金融保险业	房地产业	社会服务业	卫生体育和社会福利业	教育、文化艺术和广播影视业	科学研究和综合技术服务业	国家机关、政党机关和社会团体
上　海	13.89	21.86	21.22	13.56	11.93	3.23	7.13	3.42	3.23
北　京	11.79	12.83	23.49	8.16	16.15	2.78	10.62	8.56	4.22
天　津	23.92	20.34	7.57	10.12	14.05	3.95	8.86	3.15	6.01
广　州	28.16	18.03	10.35	6.74	17.40	3.95	6.19	1.93	6.38
深　圳	19.17	19.60	23.55	12.46	12.59	3.25	4.20	0.94	2.46
重　庆	14.97	22.04	9.45	8.56	16.17	3.67	10.12	5.30	9.71
上海位次	5	2	3	1	6	5	4	3	5

资料来源:根据各城市 2003 年统计年鉴计算。

具备比较优势,卫生体育和社会福利业以及教育、文化艺术和广播电影电视业等 6 个行业均低于其他 5 个城市的平均水平;科学研究和综合技术服务业、社会服务业以及交通运输、仓储和邮电通信业比其他 5 城市的平均水平低得更多。

17.1.3　与国际大都市比较

上海在服务业发展方面,如服务业产值占 GDP 比重、服务业从业人员比重、外汇日交易额、证券年交易额、外国银行数、500 家最大跨国公司总部、政务电子化比例等,均与世界其他国际大都市还存在着相当大的差距(见表 17.4)。早在 1989 年,纽约服务业占 GDP 的比重就达到了 86.8%,而上海最高是 2002 年的 51%;纽约服务业从业人员比重在 1993 年即为 88.7%,而上海这一比重到 2003 年才仅达到 51.9%。从产值结构上看,1990—2000 年金融保险房地产业占 GDP 的比重,纽约从 26% 上升为 37%,上海从 10% 增加到21%,还有很大的发展空间;2000 年批发零售贸易和交通通信公用事业所占比重,两地基本相同;因统计口径的不同,上海没有纽约称为"服务业"的统计资料,纽约 2000 年这一比例为 21%,上海这一部分包含在"其他"中,即使全部算作"服务业",其所占比例也仅有 12%,且该部分多为高附加值、高技术含量的行业。

表 17.4　上海与世界城市部分经济指标比较

指　　标	纽　约	伦　敦	东　京	香　港	新加坡	上　海
GDP(亿美元)	1601 (1988)	1900 (1992)	5593 (1990)	1121 (1993)	553 (1993)	598 (2001)
人均 GDP(亿美元)	22041 (1988)	27500 (1992)	47177 (1990)	18683 (1993)	19750 (1993)	4515 (2001)
服务业占 GDP 比重(%)	86.8 (1989)	86.5 (1987)	80.7 (1990)	78.8 (1992)	72.3 (1990)	50.7 (2001)
服务业从业人员比重(%)	88.7 (1993)	86.2 (1995)	76.2 (1991)	78.5 (1994)	65.8 (1993)	47.21 (2001)
外汇日交易额(亿美元)	2440 (1994)	4640 (1994)	1610 (1995)	910 (1994)	1050 (1995)	2.4 (1999)
证券年交易额(亿美元)	89452 (1999)	33993 (1999)	1675 (1999)	2300 (1999)	1074 (1999)	378 (2000)
离岸金融月交易额 (亿美元)	4690 (1986)	11569 (1994)	7262 (1994)	7061 (1994)	—	0
外国银行数(家)	374 (1994)	429 (1994)	90 (1993)	303 (1994)	169 (1994)	69 (2000)
500 家最大跨国 公司总部(家)	38 (1996)	27 (1996)	92 (1996)	—	—	0
进出口总额(亿美元)	1000 (1986)	—	—	2716 (1993)	1590 (1993)	1205 (2001)
港口年吞吐量(万标准箱)	213 (1992)	—	335 (1992)	797 (1992)	1590 (1993)	1205 (2001)
空港年人流量(万人次)	7479 (1990)	6423 (1990)	6185 (1990)	1868 (1990)	1440 (1990)	1042 (2001)
政务电子化比例	50% (2000)	40% (2001) 到 2004 年 实现 100%	2003 年 3000 多项 网上政 府业务	—	130 多项 网上公 共服务	10% (估计数)
家庭上网率(%)	70 (2000)	30 (2000)	25 (2000)	—	42 (1999)	19 (2000)

　　资料来源:周振华、陈向明、黄建富,《世界城市——国际经验与上海发展》,上海社会科学院出版社 2004 年版;朱庆芳、莫家豪、麦法新,《世界大城市社会指标比较》,中国城市出版社 1997 年版;http://news.homeway.com.cn。

即使与亚洲其他大城市作一比较,可以发现,上海服务业无论在发展阶段上还是发展程度上也都有很大的差距(见表 17.5)。

表 17.5　上海与东京、香港和新加坡三城市服务业比较

		1983 年	2000 年	2001 年	2002 年
上　海	服务业比重(%)	23.6	50.6	50.7	51
	服务业增加值(亿美元)	179.8	278.6	303	333.2
	人均 GDP(美元)	1514	3725	4520	4914
香　港	服务业比重(%)	67.3	85.7	86.5	87.4
	服务业增加值(亿美元)	175	1350	1349	1405
	人均 GDP(美元)	5120	24782	24211	23797
新加坡	服务业比重(%)	62	71	74.2	72.5
	服务业增加值(亿美元)	107.8	649.6	630.1	630.8
	人均 GDP(美元)	6484	22769	20544	20877
东　京	服务业比重(%)	—	81.7	—	—
	服务业增加值(亿美元)	—	6200	—	—
	人均 GDP(美元)	—	38903	—	—

资料来源:历年《上海统计年鉴》,香港、东京及新加坡政府统计网站(http://www.info.gov.hk;http://www.metro.tokyo.jp;http://www.singstat.gov.sg)。

(1) 2000 年东京服务业增加值约为 6200 亿美元,是当年上海服务业增加值的 22 倍;香港服务业增加值约为 1405 亿美元,是当年上海的 4.2 倍;新加坡服务业增加值约为 631 亿美元,接近上海的 2 倍。同期,东京服务业占其国民经济的比重为 81.7%;2001 年,香港服务业比重达到 86.5%;2002 年,新加坡服务业比重为 72.5%,均高于上海 20—30 个百分点。

(2) 从服务业的内部结构看,上海与香港、东京、新加坡的差异,主要体现在除了商业、交通邮电业及金融保险房地产业之外的其他服务行业的地位上。这些行业涉及社会服务、医疗、教育、文化、信息咨询等广泛的领域,以知识型服务、生产型服务为其主要特征。上海这些行业部门在服务业中的比重明显低于香港和东京,表现为发展层次偏低、服务空间有限。尤其是体现国际大都市特色的贸易服务、信息服务、医疗服务、法律服务、设计咨询等服务业比重仍然较低,服务贸易还远未如货物贸易那样成为带动上海经济发展的主导力量(见表 17.6)。

表 17.6　上海、香港、东京、新加坡服务业的结构比较

		上 海 (2002)	香 港 (2001)	东 京 (1998)	新加坡 (2001)
人均 GDP(美元)		4914	24211	32350	20544
服务业增加 值结构(%)	服务业	100.0	100.0	100.0	100.0
	商业	21.8	30.8	22.2	20.6
	交通邮电	13.9	11.8	12.1	15.9
	金融房地产	34.7	26.1	22.2	18.5*
	社会服务及 其他服务业	29.6	31.3	43.5	45
服务业增加值占 GDP 的比重(%)		51.0	86.5	81.0	70.9

注：＊该数字中不包括房地产业。

资料来源：《上海统计年鉴》(2003)；《香港统计年刊》(2002)；《东京都统计年鉴》(1999)；《新加坡年鉴》(2002)。四个城市服务业指标的统计口径不尽相同，其中香港商业增加值的口径大于上海，包括批发、零售、进出口贸易、餐饮及旅馆业；新加坡商业服务业中不包括批发与零售贸易、酒店与餐饮业。为比较方便，本表把除商业、交通邮电业、金融房地产业之外的行业都归入社会服务及其他服务业中。

17.2　发展条件分析

从以上分析可以看出，与其他国际大都市相比，上海服务业总体而言处于较低的发展水平上，尚未进入以知识型、生产型等高级服务业为主导的发展时期。可见，大力发展现代服务业，提升城市综合服务功能是上海当前的现实选择。然而，我们首先要分析清楚上海现代服务业发展的可能性空间、条件及其机制。

17.2.1　服务需求

1.居民个人服务需求

随着社会的进步，居民个人收入水平和生活水平的提高，休闲时间的增加，个人平均寿命的提高等，消费者的需求结构和需求偏好将发生较大的变化，人们对生活方式和生活质量有了更多和更高的追求。而人均 GDP 5000 美元到 8000 美元正是需求结构和偏好发生重要转变的一个节点，超过这一点，物质产品的边际效用将逐步递减，而对享受型服务消费的偏好将逐步增加，由此产生了对各种个人服务直接而巨大的需求。由于服务产品几乎不能储存，其增长将毫

无时滞地通过服务需求的上升而反映出来。另一方面,服务产品,特别是一些社会服务和个人福利服务与制造业产品相比,具有较大的收入弹性,其需求的增长幅度将超过居民收入的增长幅度。上海现阶段人均 GDP 达到 9800 美元,正是需求结构和偏好发生重要转变的一个节点,个人消费需求也将出现持续增长及其消费需求结构的重大变化。

(1) 新兴消费需求。统计资料表明,上海居民消费中的交通通信、医疗保健、教育文化消费支出从 1990 年代以来一直保持着 15%—30% 的高增长,2003 年其占家庭总消费支出中的比重为 23.3%。1995—2002 年,城市居民医疗保健支出的年平均增长率为 29.7%,在总消费中所占的比重也由 1.9% 升至7.0%。1995—2002 年,上海城市居民通信支出的年平均增长率为 32.7%;1998—2002 年,上海城市居民交通消费支出的年平均增长率为 18.7%;两项合计在总消费中的比重由 1990 年的 3.0% 上升到 10.7%。1998—2002 年,上海城市居民教育消费支出的年平均增长率为 20.9%,文娱消费支出的年平均增长率为 14.8%,二者在总消费中的比重由 1995 年的 8.6% 上升到 15.9%。根据国际经验,在这一阶段,交通通信、医疗保健、教育文化三项的服务消费支出比重大约会上升 2—4 个百分点。因此到 2010 年,这三项服务消费支出比重将达到26%—28% 的水平。另外,最近几年刚刚在上海出现的金融消费、信息消费、个性化消费等新兴服务消费,其发展前景也非常可观。

(2) 社区服务需求。全国抽样调查表明,社区服务在几个大型城市中同样出现了需求激增的局面。中国劳动和社会保障部与联合国开发计划署 2000 年对上海等四个中心城市的抽样调查表明,目前需要社区服务的家庭总计为34.1%,其中只有 16.7% 的家庭已经得到了社区服务,还有 17.4% 的家庭处于等待状态,也就是说仅有一半的需求得到了满足。而像上海这样的城市,有 70%以上的家庭需要各种服务,其需求比例大致如下:社区清洁为 27%,家电维修为24%,上门送报为 24%,社区保安为 19%,房屋维修为 18%,家庭教师为 14%,家务小时工为 14%,看护小孩为 8%,陪伴老人为 6%,看护病老为 4%,学生送饭为 4%,接送小孩为 3%,净菜服务为 2%,洗衣上门为 2%,代人购物为 2%,送早餐为 2%,送午餐为 1%,其他为 3%。

(3) 世博会效应与服务需求。上海世博会期间,新增来沪游客将达到7000 万人次,其中海外和国内来沪游客各为 300 万和 6700 万。据预测,如果以2001 年来沪旅游者人均消费支出为基数(国内旅游者为 1223 元,国外旅游者为7311 元),考虑到人均消费支出随人均收入水平逐步上涨的趋势(年均递增

5%),2010年国内来沪旅游者人均消费(包括交通、住宿、餐饮、购物,门票、娱乐等)将达到1898元,总消费额将达1272亿元;海外来沪旅游者人均消费将达到11366元人民币,总消费额将达到341亿元。而2001年国内游客人均消费支出中购买商品和服务的比例为39:61,国外游客的这一比例为30:70。按这一比例计算,2010年国内游客服务性消费支出达776亿元,国外游客为238.7亿元,两者合计,新增的服务消费总额为1014.7亿元。这将使上海服务业比重在保守目标的基础上提升7个百分点,如果考虑到该项消费的乘数效应,其贡献率还将有所扩大。

总之,可以乐观地认为,在2010年,居民个人服务消费支出占总消费支出的比重将提高10个百分点左右,从2002年的45%提高到55%。由此使得服务产业占GDP比重提高2.5个百分点,平均每年提高大约0.3个百分点。

2. 生产者服务需求

(1)制造业发展对生产者服务业的引致需求。国际经验表明,制造业发展到一定阶段后,其附加值和市场竞争力的提升更多的是靠生产者服务业的支撑。制造业对服务业有着越来越大的引致需求。如果将制造业分解,可以进一步看出以机器装备工业为主体的制造产业对服务业的中间需求最为巨大。“十一五”期间,上海装备工业还有很大的提升空间,由此可以判断其对生产者服务业的发展将产生巨大的引致需求,这是上海生产者服务业发展的重要基础。

(2)企业活动外置与生产者服务需求。目前在上海各大工业集团中,生产者服务业占总销售收入的比例已经达到15%—20%。如果到2010年,能将这个比例提高到30%左右,则意味着届时上海生产者服务业的年产值将有望达到5000亿元—6000亿元左右。但问题的关键是如何将这种潜在需求转化为现实需求。

(3)区域经济发展中生产者服务溢出需求。长三角世界制造业基地的形成以及制造业企业活动外置,将促进企业增加使用服务中间投入,引发对现代服务业的强烈需求。例如近期抽样调查显示,无锡95%的企业希望剥离零件生产,50%的企业希望把物流全部交给社会,90%的企业希望分离部分物流业务,85%的企业希望剥离后勤服务。其中,有相当一部分是对上海的服务需求。如果上海在未来几年内经济的集聚能力和辐射能力能够达到一定的水平,则长三角生产者服务业总产值中的6%—15%有可能由上海创造出来。

综合上述分析,上海“十一五”期间生产者服务业面临着巨大的发展空间,理想状态下将拉动服务业整体比重提升10个百分点以上。

17.2.2　服务供给

（1）现代服务供给的技术基础。上海信息基础设施建设比较完善，信息技术运用，特别在现代服务领域中的运用正在不断普及，信息化程度迅速提高，从而为现代服务供给奠定了良好的技术基础。

（2）现代服务供给的组织结构。由于最新的服务业发展主要由经济网络型服务带动，使经济网络型服务与工业的发展形成互补，因此内部化优势不再变得显著，许多服务型公司日益采用松散而富有弹性的网络型组织结构。目前，尽管我们的现代服务供给的组织方式尚未完全形成这种网络型组织，但已经在向连锁化、联盟化、集成化等方向发展，开始初具网络型组织结构的雏形。

（3）现代服务供给的人力资本。上海的人力资本集聚能力在未来的几年内还将进一步增强。但在一些新型现代服务业务或项目方面，上海仍然缺乏相应的人才，其人才结构和比例还不能适应上海服务业巨大的需求前景。

（4）服务业国际转移对服务供给的影响。目前国际服务业转移已经扩展到IT服务、人力资源管理、金融、保险、会计服务、后勤保障、客户服务等多个服务领域。而这些领域正是上海服务业目前的"软肋"和未来的"重点增长区"，因此国际服务业转移将直接增加上海服务业的供给水平，改善上海服务产业的结构。

（5）CEPA对服务业供给的影响。具有世界一流水平的香港服务企业进入上海，短期内将直接增加上海服务业的供给规模，而长期内其所形成的竞争效应和示范效应将有效地促使本地服务企业市场化步伐的加快、组织结构的转变、生产效率的提高，从而促进上海产业结构进一步的高级化。

17.2.3　体制约束

目前，体制约束已经成为上海现代服务业发展的最大障碍。具体表现在：(1)准入环境中，存在不同所有制身份的差异性对待、准入门槛较高、行业检验趋严等问题。(2)市场环境中，存在价格管制日常化、政府干预经常化、无序竞争普遍化等问题。(3)支持环境中，存在公共平台尚未建立、公共服务体系发育滞后、信用体系不健全等问题。这给当前上海现代服务业发展带来了较严重的供给刚性和需求抑制。

服务供给刚性主要表现为有效供给严重不足，难以满足日益增强的服务需求。从供给上看，其服务种类、品种相当缺乏。在世界贸易组织划分的143个行业中，中国商业化的税务服务、民意测验服务、安全调查服务、信用查询与分析服务等行业,基本上处于空白状态,金融、保险、汽车中介、法律等的服务品种和范围也比较狭窄。因此在有支付能力的前提下,出现以下典型情况:(1)有钱可以购买到大众化服务,但还难以购买到高级服务与差别化服务。这反映了服务供给的单一化、简单化。(2)有钱可以购买到一般服务,但还难以购买到优质服务。这反映了服务供给的低水平、粗放式经营。(3)有钱可以购买到各种单项服务,但难以购买到复合型服务。这反映了服务供给的分割化、低附加值化。(4)有钱可以购买到某一时点的静态服务,但难以购买到连续性的动态服务。这反映了服务供给的短期化、短视化。由于有效服务供给不足,相当一部分潜在有效服务需求难以转化为现实有效服务需求。来自国家统计局的资料显示,在北京、上海、广州、成都、西安、沈阳和青岛这七个城市中,有70%以上的家庭需要各种服务,其中有近240万户居民目前得不到家电维修的服务,127万户居民得不到房屋维修的服务。在服务供给刚性的背后,实质上是价格失灵或非市场定价,不能灵敏反映多层次的服务需求并刺激相应的供给增加;是竞争不足或垄断,缺乏提供优质服务的内在动力和外部压力;是市场分割或行业分割,难以按照消费者综合性需求对各项服务进行整合;是市场营销意识与能力不强,缺乏不断开拓服务创新的能力。

服务需求抑制主要表现为服务供给的虚假信息或弄虚作假使消费者受骗上当,使其产生拒绝心理,敬而远之;服务质量的不稳定性或质量标准模糊化使消费者产生戒备心理,对服务消费持谨慎态度;不能很好履行承诺等服务信誉差劣使消费者产生抱怨情绪,降低了对其服务消费的积极性;等等。另外,由于我们正处在体制转型之中,一系列涉及个人利益的制度变革预期不稳定,如医疗保健、养老、社会保障、教育等领域的改革,在一定程度上也抑制了消费者的即期服务需求。

因此,上海现代服务业的发展必须突破体制性障碍,提高市场化程度,充分发挥市场机制对现代服务供求关系的调节。

17.3 服务业发展预测

对上海服务业在未来若干年内发展水平进行预测,需要深入分析和全面考虑各种错综复杂的因素。由于政策方面(特别是中央政策)不确定因素较多(比如人民币汇率问题,银行利率,入世后的应对措施,特别是对服务行业的开放力度等),同时 CEPA 的实施和 2010 年世博会的举办也为这种不确定增添了更大的变数。基于此,我们对上海服务业"十一五"期间发展的预测,将采用历史纵向比较和国际横向比较相结合的方法,并在充分考虑各种不确定因素的基础上,给出一个较为客观的评估。

首先,计量回归模型分析对 GDP 总量及服务业比重的预测。

从上海历史数据看,总产值及其结构同劳动力人数及结构、全社会固定资产投资规模显著相关,以此建立的计量回归模型的结果是:2004—2010 年七年间,服务业年平均增长率为 10.84%,而同期 GDP 的年平均增长率为 9.63%,第二产业年平均增长率为 8.6%。到 2010 年,服务业的比重将达到 51.5%。

其次,简单适应性预期法对 GDP 总量及三产比重的预测。

如果把 1998—2003 年五年间各项经济指标的年均增长率简单作为 2004—2010 年各项指标的年均增长率。六年间 GDP 年均增长率为 11.1%,以此推算 2010 年上海 GDP 总量将达到 13082 亿元(按现行计算口径)。五年间上海人口(户籍人口)增长率为 0.4%,2003 年上海总人口为 1341.8 万人,以此推算,到 2010 年上海总人口将达到 1380 万人。由此则 2010 年上海人均 GDP 为 9.75 万元人民币,如果按 2003 年汇率(1:8.26)计算,2010 年上海人均 GDP 将达到 1.1 万美元。五年间上海服务业年均增长率为 11.4%,高出 GDP 增长率 0.3 个百分点。以此推算,2010 年上海服务业增加值将达到 6454.9 亿元,占 GDP 比重将达到 49.3%。而第二产业将保持同 GDP 相同的增长趋势,在 2010 年达到 6552.79 亿元,占 GDP 比重为 50%。

计量回归预测和适应性预期预测的基本思想是"让历史告诉未来"。尽管这两种方法忽略了很多难以事前预料到的因素,而其中很多因素可能是对经济增长和结构转变至关重要的,但建立在这两种方法上的预测仍然在一定程度上具有借鉴和比较的意义。它向我们揭示出,如果经济仍然按以往的趋势平稳增长,那么在未来相对较短的一段时期内,经济增长的结果将是怎样的。

最后,国际横向比较法对 GDP 总量及三产比重的预测。

表 17.7 是选取的部分国家和地区在人均 GDP 从 5000 美元到 10000 美元转变过程中服务业结构变动的情况。美(1970—1978)及日、英、法(1975—1980)用了五年左右的时间完成了这一跨越,而中国香港和新加坡基本上用了十年的时间(1980—1990)。从表 17.7 可以看出:(1)选取的国家和地区在这一阶段均出现了服务业产值比重上升的情况,但程度有所差异,最高的中国香港上升了 7 个百分点,最低的英国上升了 0.8 个百分点,而日本也仅上升了 1.2 个百分

表 17.7 部分国家和地区人均 GDP 5000—10000 美元阶段所对应的服务业比重增长的比较

美 国	纽约州	日 本	英 国	法 国	中国香港	新加坡
62.4%— 64.6%	73.6%— 76.4%	52.4%— 53.6%	61.5%— 62.3%	57.3%— 60.2%	67.1%— 74.5%	62.0%— 64.9%

资料来源:根据有关数据编制。

点。(2)发达经济体人均 GDP 同产业结构之间并没有严格的相关性,在人均 5000 美元时美国已经达到 62.4%,而日本仅为 52% 多,相差 10 个百分点。(3)发达地区大城市的服务产业比重要比其国家高出许多,比如纽约州的服务业比重比美国高出 10 个百分点。而中国香港和新加坡的服务业比重也在 62% 以上。(4)发达经济体在人均 GDP 低于 5000 美元时,其服务产业已经达到一个相当的高度,基本上都在 50% 以上。有资料表明,发达经济体在人均 GDP 处于很低的水平时服务业比重已经很高,比如英国在 1910 年就已经到达到 57.9% 的水平,而同期欧洲各国的平均水平是 50.5%。

综合以上几点可以判断,产业结构转变绝没有一个统一的模式,除受 GDP 总量和人均 GDP 影响以外,还与一个国家和地区的资源禀赋、初始条件、需求结构、外部环境、市场化程度以及国家和地区发展政策有着密切的关系。尽管如此,我们还是可以初步得出一个结论,即上海的产业结构同发达国家和地区相比有较大的偏差。这种偏差主要来自上海服务业的市场化程度较低,一方面表现为服务活动(特别是制造业)的内部化,从而无法在统计上显现出来;另一方面,干预造成的垄断状态使得服务业的生产能力受到较大的抑制,产业链的延伸度不够,作为中间投入的服务业供给水平不足,许多有潜在需求的服务产业无法供给或供给质量较差、价格较高。

基于此,可以认为,上海在"十一五"期间如果能够大力破除服务产业的进入壁垒,提高服务业市场化程度,允许多元投资主体投资于服务产业,仅仅由于这种"体制释放"所带来的效应将会使上海的服务产业比重提高 5 个百分点以上,达到发达国家在人均 GDP 5000 美元时所对应的服务业水平。①如果再考虑到经济增长(一般规律是随着人均 GDP 从 5000 美元向 10000 美元迈进服务产业比

———————

① 这里所谓的"体制释放"具体是指:包括污水处理、自来水供给、垃圾处理、医疗卫生、教育领域在内的公用事业全面向社会资本开放;社区服务实行管办分离,实行市场化运作和经营;加大金融、保险、电信增值服务、出版发行服务、视听服务等领域的对内对外开放;采取多种形式推进机关、学校、医院及企事业单位后勤服务机构的社会化改革,培育专业化和市场化的保安、餐饮、保洁、交通、采购、维修等后勤服务企业集群,形成开放式、集约化的后勤服务体系。

重将持续上升,其上升幅度大致为 2 个百分点)、CEPA 的实施(CEPA 将有效提高上海服务产业的供给水平和供给质量)、办博(世博会的举办将为上海服务业带来巨大的需求空间)、入世(加入 WTO 将大大促进上海服务产业的市场化水平)等各种因素,上海在"十一五"期间服务产业的比重有可能进一步提高 5 个百分点,在 2010 年达到 60%,基本同发达国家在人均 8000—10000 美元时的水平持平。

综合以上分析,可以对上海"十一五"期间服务产业的发展空间作如下预测(如表 17.8 所示)。其中,GDP 年均增长率按 11% 计算,到 2010 年,GDP 总产值将达到 13000 亿元,人均 GDP 将超过 1 万美元,达到 1.1 万美元(按 2003 年不变汇率计算)。表 17.8 还列出了上海在未来几年内三种不同的服务业增长模式及其相应比重。

表 17.8　2010 年上海服务业产值比重及增长率预测值

服务业占 GDP 比重(%)	服务业年均增长率(%)	服务业总产值(亿元)	GDP 年均增长率(%)	GDP(亿元)
50	11.5	6500	11	13000
55	13.0	7150	11	13000
60	14.5	7800	11	13000

资料来源:作者编制。

(1) 保守目标:从 2003 年起,服务业产值年均增长率为 11.5%,高于 GDP0.5 个百分点。到 2010 年达到 6500 亿元,占 GDP 比重为 50% 左右。这种增长模式意味着上海服务产业供给水平严重不足,服务业特别是生产者服务业未能形成与世界城市相匹配的集聚力和辐射力,服务业的产业组织结构仍处于较低级的状态,部分服务产业仍处于较高的垄断状态,而充分竞争的服务市场内企业分散且规模偏小。

(2) 合意目标:服务业产值年均增长率为 13.0%,高于 GDP2 个百分点。到 2010 年产值达到 7150 亿元,占 GDP 比重达 55%,基本上达到发达国家在人均 GDP 5000 美元时所对应的水平。这一增长模式意味着市场机制的力量在产业结构调整过程中逐渐成为一种主导性力量,政策环境和市场环境日趋成熟和完善,能够积极承接国际服务产业的转移以及顺利实现与香港服务业的融合与对接,并在此基础上形成一种层次分明、比例适宜、功能互补的服务产业结构,同时能够充分有效地利用世博会的契机,把世博效应长期化和稳定化,为上海世界城市的形成奠定一个良好的产业基础。

（3）理想目标：服务业产值以每年14.5％的速度增长，高于GDP3.5个百分点。在2010年达到7800亿元，占GDP比重达到60％左右。这一增长目标的实现，意味着：①服务产业的行政性壁垒被有效打破，传统的垄断部门实现了投资主体的多元化，供给水平和供给质量有了明显的提高。②产业组织更趋合理化，制造业内部的各种服务职能被市场力量"挤压"出来，以外包的形式或成立独立的服务公司的形式而存在，分工进一步专业化和细化。③长三角地区经济一体化格局基本形成，服务产业的市场分割现象大大减弱，各企业各地区完全按照市场的力量（包括产品价格、生产成本、交易成本、商务成本、竞争环境等因素）配置资源，地区分工和产业布局更趋合理。同时在产业融合趋势的推动下，服务产业物理空间的约束力越来越弱化，传统产业的边界越来越模糊。由此，作为中间投入要素的服务产业（主要是生产者服务业）在整条价值链中的地位和功能越来越重要和突出，服务产业向区域中心城市的集聚现象越来越明显。

18 现代服务业的就业增长效应

现代服务业发展的就业增长问题,对中国经济发展有着特殊重大的意义。一方面,中国服务业将进入一个新的发展阶段,在未来一二十年内服务业占 GDP 的比重和服务业对经济增长的贡献将有明显的提高。在此过程中,现代服务业发展是其重要标志和主要推动力量。另一方面,中国现阶段的经济发展中,一个重要的现实特征是劳动力供给趋于无限大,存在着很大的就业压力,而且一般劳动力(缺乏高技能或专业技能的劳动力)占有很大的比例。因此一个现实的问题是:现代服务业发展是否有助于促进就业增长,或与就业增长形成矛盾与冲突?

18.1 问题的提出

服务业发展与就业的关系,一直是现代经济学研究的重要内容之一。[①]一般的研究结论认为,服务业部门具有较大的吸纳劳动就业的能力。其主要的支持依据是,服务业就业比重大大高于其产值比重,表明服务业劳动生产率水平低于制造业,[②]从而有较高的就业弹性。有关研究还表明,受一系列因素影响,例如

本章根据笔者主持的 2005 年国家哲学社会科学重点课题"现代服务业发展研究"的成果报告改编而成。

① 传统的理论一般建立在配第—克拉克(Petty-Clark)定理的基础上,即伴随着经济增长,劳动力将从农业向制造业转移,从制造业向服务业转移,而库兹涅茨(Kuznets, 1985)、富克斯(fuchs, 1980)和格鲁伯(1993)的实证研究均已证实了这一点。周振华(1995)对这一"程式化事实"给出了理论上的阐述和说明。但黄少军(2000)的研究表明,配第—克拉克定理是不严格的,在经济发展的不同阶段,服务业同就业之间的关系也是不同的,比如在工业化阶段,服务业的就业水平同经济发展之间并不存在严格的线性相关关系,服务业对就业的吸纳作用要受到其他诸多因素的影响。

② 例如,英国、加拿大、法国和澳大利亚等服务部门的比较劳动生产率指标系数都低于 1(根据 World Development Indicators Database 数据计算)。

工人技能水平、资本/劳动力比率、IT 产业投资未形成生产率、次佳规模和政府政策等,发达国家 20 世纪 90 年代以前服务业生产率呈现急剧下降状况。英国服务业生产率(人均产出)年均增长从 1971—1980 年的 1.7% 下降到 1981—1990 年的 0.8%;德国从 2.6% 下降到 2%,法国从 2.6% 下降到 1.9%,日本从 2.3% 下降到 1.9%,美国从 0.2% 下降到 0.1%。[1]

但 20 世纪 90 年代以后,发达国家服务业劳动生产率增长情况发生了较大的变化。例如美国服务业劳动生产率从 1979—1989 年的 1.2 上升至 1990—1997 年的 1.6,加拿大从 1.2 上升至 1.6,澳大利亚从 1.4 上升至 2.0,德国从 1.5 上升至 2.1。[2]在此过程中,主要是现代服务业的劳动生产率提升较快,而一些较少自动化和较少属于生产率改进范围的部门,例如社区、社会和个人服务等,则生产率增长缓慢。同时,是因为现代服务部门在整个服务业中开始趋于主导地位。[3]

从发达国家的发展经验及其相关理论研究来看,现代服务业已经成为经济增长的重要引擎,并对经济增长模式、产业结构以及就业总量和就业结构产生重要的影响和作用。[4]现代服务业,特别是生产者服务业具有较高劳动生产率这一特征的普遍性,打破了服务业生产率普遍偏低的思维定式,并提出了如何认识现代服务业与就业增长关系的问题。

这就要求我们首先把现代服务业作为一个独立的研究对象分离出来,专门研究与探讨其发展与就业增长之间的关系,并且不能囿于原有一般服务业发展的就业增长效应的假设及其检验,而要具体回答两个问题:(1)具有较高生产率的现代服务业是否也像传统服务业那样具有较大的就业增长效应? (2)现代服务业发展在吸纳高技能、专业性人才的同时,是否对一般劳动力有较大的排斥性?

对于这一问题的研究,从现有文献来看,有不同的分析视角以及在不同层面

[1] U. S. Department of Commerce, *Service Industries and Economic Performance*, 1996, p.13.

[2] OECD, *Innovation and Productivity in Services*, 2001, p.9.

[3] 例如作为现代服务业之一的生产者服务已经成为发达国家和地区最具有增长力的部门。其在服务业中的比重,主要工业国已达 50% 以上。

[4] Joseph F. Francois, "Producer Services, Scale and the Division of Labor", *Oxford Economic Papers*, New Series, Vol.42, No.4(Oct., 1990). Thomas, A. Hutton, "Service industries, globalization, and urban restructuring with the Asia-Pacific: new development trajectories and planning responses", *Progress in Planning*, vol.61(2004); OECD, *The Service Economy, Business and Industry Policy Forum Series*, 2000.

上展开的。一些文献把重点放在现代服务业及其就业增长的结构分析上。如沙森(Saskia Sassen)考察了纽约、伦敦、东京等城市现代服务业内部就业结构的二元性,即高收入的专业人员职位与低收入的一般人员职位并存,指出了与传统服务业一样,现代服务业也吸纳大量一般劳动就业。[①]还有一些文献研究了现代服务业增长周期性及其就业变化特征。如朱里斯(Deanne Julius)通过考察英国1973—1980年和1980—1990年两个经济周期中的服务业增长,得出服务业显著缺乏周期性特征的结论。[②]戈德曼(William C. Goodman)则从服务业分类的角度,对1947—2000年间美国16个服务业行业的衰退周期进行了统计检验,区分了周期型组和轻度反周期型组,并指出其不同就业变化特征。[③]显然,这些研究在不同程度上阐述了现代服务业发展与就业增长的关系,特别是沙森的现代服务业内部结构的二元性特征对就业影响的分析为我们提供了一个很好的研究视角。

　　本章试图在揭示现代服务业发展的趋势特征及内部构成变化的基础上,通过深入研究现代服务业发展与就业增长变化的内在机理,提出现代服务业的就业增长效应的假说。[④]

18.2　服务创新类型及其扩张性与就业总量增长

18.2.1　服务创新兴起

　　现代服务业是指在工业化高度发展阶段产生的,主要依托电子信息等高技术和现代管理理念、经营方式和组织形式而发展起来的新型服务部门。它不仅包括现代经济中催生出来的新兴服务业,如信息服务、电子商务等,而且也包括

---

①　Saskia Sassen, *The Global City: New York, London, Tokyo,* Princeton University Press, 2001.

②　Deanne Julius, "Inflation and Growth in a Service Economy", *Bank of England Quarterly Bulletin,* November 1998, p. 343.

③　William C. Goodman, "Employment in Services Industries Affected by Recessions and Expansions", *Monthly Labor Review*(U.S.), 2001.

④　现代服务业是一个门类庞杂,性质迥异的集合体,其经济特征并未像农业、工业那样有一种简明的一致性,而是表现出明显的异质性(heterogeneous)。因此,现代服务业中不同行业或部门对劳动力的吸纳程度是不同的,对劳动力素质的要求也是不同的。从这一角度讲,考察现代服务业的就业增长效应需要进行分门别类的分析,具体测算各个行业的劳动弹性系数。限于篇幅关系及本章考察的主要任务,我们这里暂且撇开各行业之间的差异性,把现代服务业作为一个整体来分析其就业增长效应。

现阶段保持高增长势头以及居于较大比重从而具有"现代"意义的服务业,如金融保险、专业化商务服务等,同时还应该包括被信息技术改造从而具有新的核心竞争力的传统服务,如各种咨询业务、现代物流服务业等。[①]

与传统服务业的发展路径不同,现代服务业发展主要由经济网络型服务带动,是依托于现代信息技术及其网络的,其服务部门的资本密集度更高,技术优势更强。随着范围扩展和技术进步,其已成为由一种不同经济活动组成的多样化群组,并越来越呈现出"非中介服务""虚拟化服务"的新特征。可以预见,随着全球市场的融合,信息成本降低,交易费用进一步的下降,也即在更加完全的市场中,现代服务业经营活动将日益国际化、网络化和一体化。

通常,研发活动及其创新大都发生在制造部门,在服务部门是比较少的。这在很大程度上与服务部门劳动生产率相对低下,具有逻辑的一致性。然而,在现代服务业发展中,一个突出的标志是服务创新的兴起。伴随着经济服务化,不仅带来了对服务的大量需求,同时对服务的质量、差异化和个性化等要求也越来越高,从而导致服务市场不断细分,服务专业化程度深化,服务的竞争日益强化。为了提高生产率,增强在国内市场特别是国际市场的竞争力,就形成了服务创新的强大动力。与此同时,现代技术,特别是信息和计算机技术的迅速发展,为服务部门的技术运用提供了条件。而且,现代信息技术的发展在很大程度上可改变传统服务的面对面、不可位移、不能存储等属性,大大拓展了服务提供的范围及可交易性。这不仅促使许多新型服务(服务品种、种类)产生,而且赋予传统服务新的内容、改进服务的质量、改变传统服务方式等。[②]

因此,现代服务业发展中正呈现出研发活动及其投资急剧增长的态势,服务创新越来越普遍。在 OECD 国家的企业研发支出中,服务的研发投入所占比重从 1980 年不到 5％上升为 1997 年的 15％。[③]尽管目前服务的研发投入所占比重还不是很大,但其增长迅速,甚至超过制造业部门。例如 1997 年与 1993 年相

---

① 由于现代服务业的概念本身就具有更多的时间相对性特征,所以其内涵的界定比较容易发生歧义,存在各种不同的理解。例如来有为(2004)认为现代服务业指的是现代生产性服务业,即是为生产、商务活动和政府管理而非最终消费提供的服务;朱晓青等(2004)则从与传统服务业的比较中引出现代服务业的内涵:高技术性、知识性和新兴性;等等。我这里主要是通过寻求现代产业特征的若干"标准"(如新增加的部门在时间序列上具有现代产业特征、具有高增长率,且占有较大比重的部门具有现代产业特征、通过创新而注入更高的技术和知识含量的传统部门也可以具有现代产业特征),并用其来勾勒现代服务业的基本范围或边界。如果更宽泛一些,还可以把满足现代消费需求、符合现代社会文化理念、适应现代人生活品质的各类服务业包括进来,比如社区服务业、保健服务业、教育服务业等。

② 参见周振华:《信息化与产业融合》,上海三联书店、上海人民出版社 2003 年版,第 58—64 页。

③ OECD, Innovation and Productivity in Services, 2001.

比,加拿大服务业研发支出增长了 41%,而全部产业部门的平均增长水平为
32%,制造业仅增长了 30%。①当然,各国的情况有较大的差异。1998 年,加拿
大服务业 R&D 支出比重达到 30%,澳大利亚为 28%,美国为 20%,英国为
16%,法国为 7%,仅日本为 4%(见表 18.1)。这些研发投入主要集中在现代服
务部门,而社会和个人服务业的研发投入相对较低。从加拿大的情况来看,目前
服务业中研发活动最活跃、最密集和增长最快的,是工程与科学服务、计算机和
相关服务、批发贸易,以及金融、保险和不动产服务。服务业创新率(企业创新比
重)最大的行业,是金融(62%)、通信(45%)和技术性企业服务(43%)。②

表 18.1　服务业的 R&D 支出(美元购买力平价)

		制造业	服务业	企业合计
加拿大	1990	2717	956	3976
	1998	4883	2321	7649
美　国	1990	88934	20793	109727
	1997	125902	30964	157539
澳大利亚	1990	923	468	1511
	1997	1857	811	3063
日　本	1990	45645	1315	47523
	1997	61231	2896	64576
法　国	1990	13266	557	14365
	1997	14454	1156	16554
英　国	1990	11188	1983	13817
	1998	12476	2541	15501

资料来源:OECD, Innovation and Productivity in Services, 2001.

　　现代服务业发展的这一变化特征,势必对其劳动生产率及其就业弹性带来
重大的影响。因此分析现代服务业就业增长效应,必须把这一变化特征作为既
定的前提条件之一。按照一般理论,创新带来劳动生产率提高,在其他条件不变
的情况下,将减少劳动量投入。服务创新是否也毫不例外地遵循这一逻辑路线?
这也许是值得检验的。

----

　　①②　OECD, Background Paper: Service Industries in Canada, 1999.

18.2.2　两种类型服务创新对就业的影响

服务创新既包括服务手段、方法、工具等方面的技术创新，也包括非技术创新，如金融服务中的许多功能创新。与制造业等部门创新有所不同，服务创新中有许多并不是技术性或者是过程的变动，而是功能性的开发。必须看到，这些功能性的创新，也许并不需要大量的 R&D 投入，而要求有大量的学习及知识积累、高素质的人力资本以及相应的制度环境。因此，服务业创新程度和效率客观上非常难以度量。用一些传统的 R&D 测量方法（如专利等）并不十分有效，可能会低估服务业的创新程度。

当然，服务的技术与非技术创新之间是有一定联系的，其技术创新往往会引发其功能创新，①而其功能创新也会产生某些对其技术创新的引致需求。但两者之间并不一定是互为因果关系。通常，服务技术创新带动其功能创新的概率比较大。但反过来，在没有明显发生技术创新（或新技术运用）的情况下，也可能出现大量功能性创新，如受管制政策调整等因素影响，出现大量金融衍生工具的功能性创新。这种功能性创新不一定带来劳动生产率的提高，但往往能开拓新领域、增添新业务，带来经营规模的扩大，从而有增大劳动投入量的倾向。显然，这将遵循另一条逻辑路线。

若区分了这两种类型的服务创新，那么其对就业的影响作用就有所不同。在其他条件不变的情况下，技术性服务创新与其他技术创新一样，对劳动投入量（就业量）有负向影响作用。也就是，遵循"技术创新—劳动生产率提高—劳动投入量下降"的逻辑路线。图 18.1a 中，R 代表创新程度，L 代表劳动投入量，其关系表现为：随着创新程度提高，劳动投入量趋于减少，形成向右下向倾斜的劳动需求曲线 A。而在其他条件不变的情况下（包括其技术水平），功能性服务创新则通过拓展新领域、增加新业务等扩大经营规模，对劳动投入量有正向影响作用。在图 18.1b 中，表现为向左上方倾斜的劳动需求曲线 B。

在这两种类型服务创新同时存在的情况下，其对劳动量投入的总体影响，就要视这两种不同类型服务创新的影响作用力的大小。为了分析的简便，假定这两类服务创新程度的提高带来的劳动投入量变化成相同比例，即 A、B 曲线斜率相同。如果两种类型的服务创新程度提高相等（图 18.2 中的 R^2 水平），那么技术性服务创新带来的劳动投入量减少，与非技术性服务创新带来的劳动投入

---

① 例如，随着信息技术的进一步发展，金融部门会演化出若干专业化的分支。

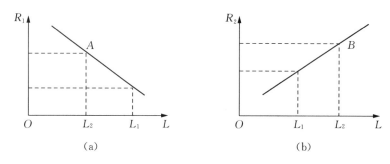

图 18.1　两种类型服务创新的劳动需求曲线

资料来源:作者绘制。

量增加正好相互抵消,其就业水平保持不变,如图 18.2 中 A 与 B 曲线相交的均衡点上的 L_0。如果两种类型的服务创新程度提高有差异(图 18.2 中,技术性服务创新程度在 R^1 水平,而非技术性服务创新程度在 R^2 水平),那么非技术性服务创新带来的劳动投入增加的数量超过技术性服务创新带来的劳动投入减少的数量,其总体就业水平上升,如图 18.2 中的 L_1。

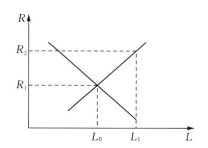

图 18.2　综合服务创新的总体劳动量需求变化

资料来源:作者绘制。

　　一般而言,服务业创新的特点之一就是有大量的非技术性服务创新。新技术在服务部门的运用,往往成为诱发大量非技术性服务创新的重要手段。这种非技术性服务创新带来的劳动投入量增加,足以抵消技术性服务创新带来的劳动投入量减少,从而使现代服务业就业水平提高。当然,这只是一个需要进一步实证检验的假说。

18.2.3　现代服务业发展的就业总量增长

　　接下来我们进一步分析,即便不对这两种类型的服务创新加以区分,假定其服务创新提高了劳动生产率,现代服务业是否就减弱了吸纳劳动就业的能力?

我们知道,在现代服务业产出规模既定的情况下,其部门生产率提高往往会导致自身就业的下降。图 18.3 中,Y 代表产出规模,L 代表劳动投入量,R 代表劳动生产率,当劳动生产率为 R_0 时,与 Y_0 产出规模相对应的劳动投入量为 L_0。随着劳动生产率从 R_0 提高至 R_1,在产出规模既定情况下就意味着单位产出的劳动占用量减少,从而其劳动投入量从 L_0 减少到 L_1。这种情况在运输、金融和分销业表现最为明显。

但在现代服务业产出规模变动(增大)的情况下,其生产率提高对自身就业的影响具有不确定性。一种情况是,产出规模增大(从 Y_0 上升至 Y_1)对劳动投入量增加的程度与生产率提高(从 R_0 提高至 R_1)对劳动投入量减少的程度处于均衡点上,其自身就业水平保持不变(即图 18.3 中的 L_2)。另一种情况是,产出规模增大(从 Y_0 上升至 Y_2)对劳动投入量增加的程度大于生产率提高(从 R_0 提高至 R_1)对劳动投入量减少的程度,其自身就业水平提高(即图 18.3 中的 L_3)。

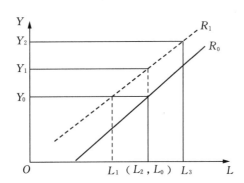

图 18.3 产出规模、生产率及劳动量的关系

资料来源:作者绘制。

从实际情况来看,现代服务业的产出规模扩大远远超出其劳动生产率的提高。因此现代服务业并未像工业和农业那样,随着劳动生产率水平的提高其就业份额出现相对和绝对的下降。相反,其就业份额的绝对比重在不断提高,且增长态势十分明显。例如在 OECD 国家中,金融、保险、不动产和企业服务是服务业中就业数量增长最快的部门,1980—1997 年间年均增长 4%,而社区、社会和个人服务业就业的年均增长 2.4%,运销增长 1.9%,运输和通信增长 1.3%。由此,我们可以判定:尽管现代服务业具有较高的生产率,但其产出规模的迅速增大,从而可以吸纳更多的劳动就业。

在假定现代服务业产出规模扩大超过其劳动生产率提高而增大自身的就业量的情况下,我们还要考察一个问题,即现代服务业发展与制造业服务活动外置的关系及其对就业总量变化的影响。我们知道,制造业内部也有许多服务活动,诸如管理、策划、研发、财务会计、营销、后勤运输等。伴随着制造业的"服务化",此类服务活动大量增加,而有相当一部分内部服务活动通过业务外包而分离出去。现代服务业,特别是为生产企业提供服务的部门,与制造业等部门有着密切的关系,其中有相当部分是生产企业服务活动外部化的结果。这就提出了一个问题,即现代服务业的就业增加是否来自制造业就业(从事其服务活动的人员)转移的结果?假若现代服务业就业的增长仅仅是"制造业就业的转移",那么现代服务业的就业增长就只有统计意义而对就业总量变化没有影响。

图 18.4 中,S 代表现代服务业就业人数,M 代表制造业内部从事服务活动的人数,L 为服务(S 与 M 之总和)就业曲线。假定初始期的制造业内部从事服务活动人数为 M_0,现代服务业就业人数为 S_0,随着制造业内部服务活动外置,制造业内部从事服务活动人数从 M_0 下降至 M_1,而现代服务业就业人数则从 S_0 增加到 S_1,服务就业曲线 L_0 不变。这种制造业内部服务就业份额的下降和现代服务业就业份额的上升,反映了从事服务职位的劳动力开始"脱离"(spin-off)规模缩减的制造业企业,而对服务就业总量没有影响。

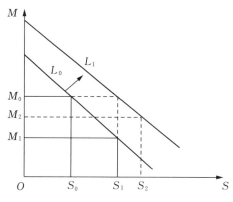

图 18.4 服务就业曲线

资料来源:作者编制。

美国商务部的一项实证研究并不支持这种"脱离"观点,认为 1983—1993 年间制造业和服务业职位结构并未改变,特别是制造业白领职位份额保持着稳定。数据表明,1993 年与 1983 年相比,美国制造业中的行政、专业、管理、生产人员和辅助工分别稳定在 7％、6％、12％、20％、45％左右,而服务业中的行政、专业、管理和服务人员比重分别保持在 6％、30％、20％和 25％左右。[①]如果在制造业内部服务就业保持不变的情况下,现代服务业就业增加,服务就业曲线的外移(从 L_0 移至 L_1),则表明服务就业总量增加。

比较现实的情况是:现代服务业的就业增长,一方面是制造业内部服务活动外置导致部分服务职位劳动向现代服务业转移,即图 18.4 中由 M_0 下降至 M_2;另一方面是服务业本身就业增量的增长,即服务就业曲线从 L_0 向 L_1 的外移。这两方面的综合结果,促使现代服务业就业人数增加到 S_2。

在前面的分析中,不论是非技术性服务创新的业务范围扩大,还是服务产出规模扩大以及服务就业增量,都涉及一个现代服务业本身扩张性的问题。如果现代服务业本身具有很强的扩张性,其就业增长并非仅仅是制造业内部服务就业"脱离"的结果,也较少受其服务创新及劳动生产率提高的影响。由此可以推断出,现代服务业发展的就业总量增长主要是由现代服务业需求与供给的增长带动的。

18.3　现代服务业的就业二元结构及其关联性带动

在考察现代服务业发展具有就业总量增长效应的基础上,我们要进一步回答的另一个重要问题,即现代服务业是否对一般劳动力也具有较强的吸纳能力?我们准备从两个层面来考察这一问题。一是从现代服务业本身具有的劳动就业二元结构特性来分析;二是从现代服务业对传统服务业就业的关联性带动来分析。

18.3.1　现代服务业的劳动就业二元结构特性

首先可以断定,现代服务业的属性决定了对高素质人力资本的需求,从而对劳动力需求结构产生积极的影响,主要表现在其将吸纳大量具有专业知识与专门技能的劳动力。如果缺少这一条件,现代服务业是发展不起来的。高素质的专业人士和服务从业人员阶层的扩展,大体上代表了知识型劳动力的增长。

但在现代服务业内部,与高级专业技术职位的工作相配套,尚有不少日常操

作性工作(如文件收发、柜台交易、一般信息处理、登记等)与辅助性工作(如保洁、保安等)。特别是在现代服务业的创新发展中,现代信息技术的运用改变了其工作流程的结构,从而出现了两个新的变化。

一是现代信息技术变换了技能要求,使现代服务活动的某些操作得以改变,如计算机化使许多中层管理工作不再需要,许多秘书工作降级为日常的文字处理。因此即使是在高技术、知识含量的服务业,如金融业,也产生了并不需要受过较高教育的低工资岗位。

二是现代信息技术运用使核心业务与非核心业务得以分离,并使非核心业务可零星发包出去由一般劳动力承担,从而促使非全日制工作增加。在美国,40%的销售工作、30%的服务工作、17%的 FIRE 工作都是非全日制的。日本的非全日制就业增长也很快,到 1998 年,其 30%的销售工作、24%的服务工作和18.7%的 FIRE 工作都是非全日制的。现代服务的非全日制工作增加,吸纳了相当一部分一般劳动力的低工资就业。更为普遍的是,在发达国家,那些容纳大量非全日制工作的现代服务产业,在 1983—1993 年间有很高的就业增长率。从总体来看,与制造业相比,服务部门有一种很强的提供或创造更多非全日制工作岗位的倾向。这种倾向明显根植于一系列基本的制度安排和具体的历史条件。[①]

那么,这种情况是短期的暂时现象,还是具有趋势性的稳定因素?发达国家的经验实证表明,无论是在经济的高速增长期还是在经济衰退期,现代服务业的专业技术职位的增加都是一个长期趋势。与此同时,现代服务部门的体力工作增加从而导致其低收入从业人员数量扩大,也是一个变化性的趋势。一项研究表明,20 世纪 80 年代在十个 OECD 国家中有九个国家的高技能白领工人增长总体快于其他工人,高技能的蓝领工人总体增长较低,但同时,许多服务部门提供了大量低技能就业机会。[②]20 世纪 80 年代,美国、英国和日本的 FIRE、贸易、商务服务业发展显示出:一般劳动力就业的低工资工作占很大比例,以及较高比例的非全日制工人和女工。日本学者町村在考察日本现代服务业时发现,在1975—1995 年这一时期,低技能工作和高技能工作都增加了。20 世纪 90 年代,呈现出增长趋势的职业有:专业技术、营销、服务、低技能体力劳动。因此,沙森教授在构建全球城市模型中明确地假设,新的增长部门(特别是生产者服务

---

① Saskia Sassen, *The Global City: New York, London, Tokyo,* Princeton University Press, 2001, p.289.

② OECD, The Service Economy, Business and Industry Policy Forum Series, 2000.

业)是一个促进高收入工作与低收入工作同时趋于增长的因素。[1]

值得指出的是,在现代服务部门中呈现的低收入的工作岗位增加趋势,及其在现代服务部门的全部工作中占据较大的份额,是现代服务业发展所必需的很重要的组成部分。这种低收入就业在现代服务部门中的大量增加,与经济停滞地区所发生的低收入就业相对大量增加,从本质上说是截然不同的。进一步讲,在蓬勃发展的现代服务部门中,其低收入工作岗位的增加,显然与边缘化的经济停滞地区的低收入工作岗位增加是完全不同的组合。

由此,我们得出的一个论断是:尽管与传统服务业相比,现代服务业具有知识密集、专业高技能的属性,但同时保持着鲜明的劳动就业二元结构的特征,表现为对劳动力的多样化需求,即与制造业一样,从很低技能的工人到高级的专业人员。

18.3.2 现代服务业对传统服务业就业的关联性带动

前面我们基本上是考察现代服务业发展带来的自身就业增长。除此之外,现代服务业发展通过产业关联性对其他部门的就业也产生重大影响,包括就业总量与结构。这里我们侧重于考察现代服务业发展对其他部门一般劳动力就业的影响。在此过程中,事实上也会折射出对就业总量的影响。

首先,我们从现代服务业提供产品(服务)的供给角度来分析。在现代服务业中,有相当一部分是生产者服务(面向生产的服务)。与消费者服务不同,生产者服务是一种"中间产品"或"中间投入"。作为一种中间投入品,它被服务业、制造业等各个生产领域广泛利用,从而形成不同类型的产业关联性。通常这可用服务投入占总投入的比重(服务投入率)来反映国民经济各部门的服务化程度。

通过这一产业关联性,现代服务业发展对整个经济所带来的影响是十分重大的。(1)促进经济总量的增长。(2)促进全社会的专业化与迂回生产。正如格鲁伯、沃克指出的"通过生产者服务业这一途径,人力资本和知识资本的积累、日益专业化与迂回生产表现为一个不断发展的经济"[2]。如果将其具体化到就业影响上,那么一个服务业部门生产率的提高总体上会使其他服务业部门及其他经济部门就业上升。一项通过 CGE(computable general equilibrium)模型模拟

① Saskia Sassen, *The Global City: New York, London, Tokyo,* Princeton University Press, 2001, p.362.

② 格鲁伯、沃克:《服务业的增长:原因与影响》,上海三联书店 1993 年版,第 225 页。

生产率变化对服务业就业结构影响的研究表明,一个服务业部门生产率的提高总体上会使其他服务业部门和其他经济部门的就业有所上升,最为显著的是运销服务,例如使运输业就业上升 11.7％,使公用事业上升 7.1％。[1]

其次,我们从现代服务业发展引致其他部门供给产生的需求角度来分析。正如前面已指出的,现代服务业发展要求有一大批高级专业人士和管理人员,与其高人力资本的收益相适应,形成了一批日益扩大的高收入人群。高收入人群的扩大与日常生活中出现的新文化形式相结合,从而形成一个高收入、高消费阶层。这一阶层的生活方式及其消费依赖于密集型的劳动,其购买的服务范围,从各种清洁和保养工作到女家庭教师、女按摩师和美容护理,乃至更精细更专业的工作,如会计、律师和信托管理人。这就增加了对各种传统服务的需求,直接或者间接地创造一系列的工作。

另外,高收入阶层所需求的商品和服务,都不是大批量生产或通过大众销路出售的。定制产品和有限的商品生产,将趋向要求劳动密集型的生产和小规模、全方位服务的销售。其结果是,增加了低工资的工作和进行生产销售的小型企业,促进了非正规经济的发展。从这一意义上讲,尽管城市中的现代服务部门比其他部门更容易获得发展空间,但与此同时,它又必须依赖于其他产业部门。

因此,一个收入两极分化比较严重而充满活力的现代服务部门,会间接地促使低报酬工作岗位的产生。这些工作岗位发生在消费(或社会再生产)领域。从这一意义上讲,现代服务业的发展同样会对传统服务业产生较强的带动作用,因此,一些低人力资本的劳动力同样将在现代服务业的发展过程中受益。

18.4　结论及其相关要点

第一,现代服务业发展是通过其扩张性特性,才对就业带来增长效应。而现代服务业的扩张性,则取决于其需求增长与供给能力。需求增长除了人口学的因素外[2],主要是不断提高的收入水平从三个方面创造着服务需求:一是直接增加服务消费,特别是非必需服务支出,例如旅游和个人服务;二是促进生产者服

---

[1]　Hiroki Kawai, Shujiro Urata, "The Cost of Regulation In the Japanese Service Industry", http://www.ide.go.jp/English/Publish/Apec/pdf/96wp_17.pdf, p.213.

[2]　例如女性劳动力的增长,一方面提高了家庭收入,另一方面也使一部分家务转向由市场提供,两者都刺激了服务业的需求;又如人口老龄化促进保健、金融等服务需求等。

务需求的日益增长；三是改变了消费者偏好，促进了高质量、个性化、便利性、复合性以及知识性的服务需求增长。供给增长主要受到三方面因素的影响。一是生产专业化水平的提高，不断演化出各种各样的专业化服务；二是基于信息化的产业融合，使许多服务部门突破传统的业务边界，相互交叉渗透，从中衍生出许多新型服务；三是管制政策调整，通过降低准入门槛、放宽经营范围、实行自由定价或浮动价格制定适宜的技术标准等促进服务供给。

第二，现代服务业的性质决定了其对产值增长和就业吸纳的贡献将在长期内存在。而且，从动态过程看，与制造业相比，现代服务业总体上并不具有显著的周期性特征。除了一些直接为生产者提供服务的部门，如工程和管理服务、企业服务、农业服务、汽车服务、其他修理、住宿等还有一定的周期性特征外，有相当部分的服务，如私人教育、法律服务、保健服务、社会服务和娱乐等则具有反周期性特征。这种不同的周期性特征将对就业变动产生特定影响，即现代服务业发展对劳动力的吸纳具有较大的稳定性。

第三，当现代服务业发展存在较严重的市场扭曲时，其扩张性受到抑制，从而会弱化其就业增长效应。例如，发展中国家服务业的工资水平往往较高，其原因并非来自较高的劳动生产率而是来自政府部门的行政垄断。这种行政干预的力量，在很大程度上导致现代服务业的供给水平同现实需求之间出现严重的不匹配。在现代服务业发展中，如果不能有效地破除行政垄断，对就业增长效应带来较大的负面作用。

第四，现代服务业发展将形成比工业化时代更为显著的高技能劳动力就业与低技能劳动力就业同步增长的局面，以及专业人员和管理人员高收入与一般人员、辅助人员低收入并存的格局。但首先要满足的是现代服务业对高级专业人员和管理人员的需求。如果高级专业人员和管理人员严重紧缺，对现代服务业发展形成制约，将直接影响低技能劳动力在现代服务业中就业的可能性，并间接影响其带动整个社会就业的波及效应。

19 现代服务业集聚区 *

现代服务业,特别是先进生产者服务业具有在空间上高度集聚的显著特征。这种空间集聚是现代服务业互为中间投入、"面对面"相互配套的必然产物。大力发展现代服务业,就要根据现代服务业发展的这一特点,营造现代服务业集聚的空间生态,创造性地探索现代服务业集聚区的发展模式。

19.1　理论分析

19.1.1　内涵及其特征

现代服务业的核心是生产者服务业,即在生产过程中提供生产性服务功能的组织载体。它包括金融、保险、房地产和各种商务服务业(法律、会计、广告、研发、设计、各种管理和技术咨询、各种专业服务、人力资本培训等等)。其特点可概括为"三新"和"三高",即新技术、新业态、新方式和高技术含量、高附加值、高人力资本。二战以后,生产者服务业在发达国家得到了超常规的发展,已经成为服务业的中坚力量,而且也是整体经济中最为活跃、创新能量最为强劲的一个组成部分。

生产者服务业的兴起,从三个方面对经济增长模式产生了重大影响:(1)通过人力资本和知识资本的积累提高了专业化的效率(比如研发、设计、咨询、培训、信息服务等);(2)通过信息技术的应用降低了交易成本(比如金融保险、批发、物流、交通、通信、会计、律师等);(3)更为重要的,生产者服务业的发展扩张

　　* 本章根据笔者主持的 2003 年上海市经委重点课题"上海现代服务业集聚区发展"的成果报告(周振华执笔)改编而成。

了市场的网络效用和知识的溢出效应,即各种信息、技术、物质资源和劳动力的联系更加紧密且从整体而言构成了一个更加有机的大系统。

生产者服务业的核心功能是创造知识和信息并使其溢出到整个生产体系中去,从而扩大了市场网络。这一功能对生产者服务企业的空间分布提出了一定的要求,主要表现为:(1)信息、知识在生产者服务企业之间以及企业同其他信息中心之间以尽可能短的时间和尽可能少的成本进行流动,这使得生产者服务业总是集聚于城市的主要经济活动场所周围,比如证券交易所、商业中心以及大学研究机构等,集聚保证了企业和企业之间有一个密切接触,为企业提供了一个动态的集体学习的过程,使企业之间能充分享受到知识和技术的溢出效应。(2)弹性生产体系所具有的迅捷响应和实时处理特征要求生产者服务企业同客户之间保持密切接触,因此,生产者服务企业总是集聚于大型企业总部密集的地方,或是集聚于交通枢纽特别是轨道交通站点周围。(3)高级人才要求同高档的生活和居住环境密切接触。总体而言,生产者服务企业对信息有特殊的要求,对人才有特殊的要求;对企业网络有特殊的要求,对市场关系(企业之间和企业同客户之间)有特殊的要求。这些特点使得生产者服务业总是集聚发展,形成一种功能互补、相互支撑的产业集群。

伴随信息技术和经济全球化的加快发展,国际大都市现代服务业在空间集聚的发展趋势日益明显,而且服务业集聚的方式由单点的大型中央商务区(CBD)模式转向多点的若干个集聚区域模式,呈现多样化、多层次、网络化的结构特征。同时,在大都市服务业集聚形态中,出现了"豪布斯卡(HOPSCA)"的现代商业综合体[成熟的现代服务业集聚一般要具备宾馆(hotel)、商务楼(office)、停车场(parking)、商场(shopping)、聚会场所(congress)、公寓楼(apartment)等六大元素],强调行业细分化、企业专业化和商务区多功能化,并将"以人为本"理念贯穿于商务区规划建设和营运组织全过程。这种空间形态的出现,为服务业规模化、高效率发展提供了一个有效的示范效应。

现代服务业集聚区的内涵主要是指以一个主导产业群为核心,按照现代理念统一规划设计,依托交通枢纽,将商务楼宇、星级宾馆、商业设施及相关生产生活配套设施合理有效地集中起来,在一定区域内形成形态美观,内外连接,商务、生态和人文环境协调,资源节约,充分体现以人为本的,具有较强现代服务产业集聚能力的区域,也可称为微型CBD。它是现代服务业发展的空间载体和组织形式,表现为服务产业发展的生态体系。

一般而言,现代服务业集聚区具有如下三个特征:(1)产业特征。现代服务业集聚区一般围绕某一主导产业群而形成,如金融贸易集聚区、国际会展集聚区、科技服务集聚区等,能通过相关服务型企业的集聚发展,形成产业发展新高地、新经济增长点。(2)地域特征。现代服务业集聚区一般集中在 20—30 平方公里的空间内,按照高效的连通方式,把集聚区内的建筑、交通、人流有效地连接好,在有限的空间里形成高密度、高效率集聚的特点。(3)网络特征。集聚区内的企业、各个机构组织实际上构成一个网络组织,能形成资源共享、信息交流的平台。

19.1.2　国际经验与发展规律

1. 国际大都市现代服务业发展的空间特征

从全球经济来看,现代服务业,特别是生产者服务业在世界城市中表现出明显的集聚性,比如纽约、伦敦和东京。这是现代服务业空间集聚的一个主要特征。从区域经济来看,生产者服务业在大都市区表现出明显的集聚性,其集聚度要高于规模较小的大都市区和非大都市区。比如美国十个大都市地区的生产者服务业的就业人口是非大都市地区的两倍。从城市内部来看,现代服务业又主要集中于中心城区,或中央商务区内。比如对英国城市的实证研究表明,生产者服务业高度集中于城市的中心区,越远离中心区,其集中度越低。或者受区位条件的影响(特别是交通条件、大学研究机构分布),生产者服务业高度集聚在城市的某一个或若干个点上,比如东京、悉尼,或者集聚于某一条或几条带状区域内,比如意大利的米兰。

随着信息技术和经济全球化的发展,大城市(大都市区)现代服务业集聚形态发生了一定的变化,主要表现为如下一些趋势:(1)若干全球性城市,比如纽约、伦敦、东京的现代服务业集聚程度仍然在加强,特别是控制、指挥、协调全球经济运营的高级服务业,如金融保险、国际贸易等。(2)现代服务业的集聚表现出明显的多中心、多极化分布的态势,比如伦敦有 27 个 CBD,而纽约、巴黎和东京则分别为 22、23 和 42 个。在这些城市中,一般有一到两个 CBD 是主要核心区,比如纽约的华尔街、东京的中央三区和新宿、伦敦的金融城和道克兰、巴黎的拉德芳斯,而在其他区域仍然存在着生产者服务业集聚的现象。(3)部分生产者服务业,主要是较低级的、后台办公型的生产者服务业开始向外围地区或城市副中心转移,比如英国的某些城市。(4)信息技术革命和中心城区商务成本升高的双重作用,使得某些大城市在其郊区规划建立了核心商务区,即中央商务区的外围化,最有代表性的是巴黎的拉德芳斯和伦敦的道克兰。(5)生产者服务业主要集聚于城市的主要经济活动场所,比如证券交易所、商业中心以及大学和研究机构等周围,其中具有战略性的行业位居中心,而非战略性行业则分布在外围地带。(6)生产者服务业集聚于交通中心附近,目的在于最大限度地同客户建立直接的联系。(7)生产者服务业区位的选择与城市环境的质量有密切关系。

表19.1是主要国际大都市现代服务业空间集聚的主要特征及演化情况,可以看出,CBD多极化、分散化是其中一个主要趋势,特别是在人口密度极高的东京,这一趋势表现得尤为明显。同时,非战略性行业逐渐从中心城区迁出,并出现了在郊区重新集聚的趋势。

2. 现代服务业集聚发展的条件和规律

纵观纽约、伦敦、东京等国际大都市现代服务业集聚发展的情况,可以发现,现代服务业与制造业集聚发展的条件是不完全相同的,它对区域环境、制度背景、相关产业发展以至城市管理水平的要求更高,它高度依赖于城市经济发展所缔造的经济基础、社会结构、产业网络、人才集聚、交通状况等基础条件,而且现代服务业集聚发展对外部知识、信息等要素的使用更多,对外部市场需求更大。其中,大都市现代服务业集聚发展有几个规律性的特点值得我们重视。

(1) 区位特点和资源优势是诱发现代服务业集聚发展的前提条件。现代服务业集聚发展,可以是市场自由选择的结果,也可以是政府精心规划的作品,但是它必须有适合其发展的市场基础。迈克尔·波特认为,特定的历史背景、良好的相关产业状态、一两个创新性企业,再加上特定的市场需求,都能诱发产业集群的形成,但这些特定因素都必须具有不可移动的本地特有的特征,是稀缺的、难以模仿和不可替代的。所以,上海在规划建设现代服务业集聚区,一定要依据区位特点及其资源优势为标准,比如重点考察区位的经济发展水平、产业基础、交通条件以及人力资源等情况。

(2) 主导产业群或关键性企业的产生是现代服务业集聚发展的内在增长引擎。在自发形成的现代服务业集聚区的发展初始阶段,必然伴随有一个主导产业群的崛起,比如华尔街的金融服务业、好莱坞的电影娱乐业,其中一个或几个关键性龙头企业的诞生恰恰是这个集聚区形成的引擎。而在规划建设的城市商务区中,也必须有一个明确的主导产业群发展导向,必须积极吸引或培育相关主导产业的龙头企业进驻,这是保证现代服务业集聚区持续发展的基础。通过关键性企业的引领、辐射作用,以产业链形式,相关配套产业的企业和机构会自动进驻。所以,上海规划建设现代服务业集聚区必须对主导产业群发展做出正确的定位。

表19.1　主要国际大都市现代服务业空间集聚的主要特征及演化情况

	悉尼	米兰	巴塞罗那	东京	纽约	首尔
空间分布	CBD集中了30%—40%的生产者服务企业，而内城区则集聚了近80%，除CBD及邻近地区企业中度集中过中央区域。不同类型的服务业分布较为平均	多中心多极化分布，服务业主要沿四条发展带分布，两个主要集聚区企业中度集中过中央区域。不同类型的服务业住在集聚于不同区域	中心城区集中了80%的商务服务业	典型的多中心结构，但不同中心的主要功能有所差异	高度集中于曼哈顿地区，其他四个城区集聚明显不足	三个主要的集聚中心，且各专业有明显的专业分工，基本上都在CBD周边地区分布
发展趋势	战略性部门，如管理咨询、金融、会计、法律等持续向CBD集中及内城区集中，其他行业出现分散化趋势	中心城区的密度下降，而次中心区域的密度在提高。轨道交通对服务业的分布有重要的影响，且对中心城区和外围区域的影响截然不同	高级服务业持续向中心城区集中，而在整个大度市区、商务服务业主要在工业发达的地区集聚，以及沿着两条交通轴线集聚	商务功能同商业、生活、娱乐等功能混合，形成多数小型综合性多代表服务业集聚区	战略性服务业持续向曼哈顿集中，其他城区不再具有吸引力	由单中心逐步向多中心演化，同传统的CBD相比，新集聚区的生产者服务业更具有创新性
影响因素	集中化趋势受全球化的影响，而分散化趋势则受到技术进步及居住偏好改变的影响	沿轨道交通线分布，或者在大学、交易所、商业区集聚；高级居住区；土地成本	交通轴线；公共机构和公司总部的区位	政府服务部门所在地；轨道交通	跨国公司总部所在地；城市基础设施；生活环境；以及路径依赖性	高质量的居住区；良好的道路交通和通信设施；高质量的公寓和商务楼

资料来源：根据相关资料整理。

（3）交通枢纽对现代服务业集聚发展起着关键的组织作用。现代服务业集聚发展需要有一定的空间形态作为载体和平台,完善的硬件设施,如发达的现代通信设施、便捷的交通网络、优美和谐的人居环境等都是吸引服务型企业集聚发展的重要方面。近年来,交通枢纽的规划建设对服务业集聚发展的作用日益突出,在这方面香港和东京的经验非常典型,它们充分利用城市交通体系,引导城市综合交通体系和集聚区的规划建设相结合,使集聚区的内外交通有序衔接、连成一体。例如,香港在地铁通道中增设与地面商场的连接出口,帮助商业与交通一线贯通,实现交通规划与现代服务业集聚区综合发展,从而获得协同收益。同时,它们还建立集聚区内部楼宇之间的连通体系,通过地下通道和空中连廊等形式将区域内楼宇有机相连。

（4）重要的政策平台是现代服务业集聚发展的重要因素。一套适宜的制度软环境是决定现代服务业集聚发展的重要依托,其中城市政府提供的政策环境和管理服务更为关键。从国际大都市高端服务业的集聚发展来看,大都市最大的卖点是其面向全球市场提供服务,这必然要求其制度体系是与全球接轨的,制度软环境更多地体现为一种与全球经济接轨的自由市场经济制度、监管制度、法治社会以及历史文化,统一的规则和标准、健全的政策体系,使市场交易成本更低、效率更高。而从面向国内市场服务业的集聚发展来看,政府的区域规划指导和政策扶持具有更为直接的作用,独特的产业导向政策、特定的财政补贴和政策优惠能有效地引导现代服务型企业集群发展。

（5）专业人才的规模和质量是决定现代服务业集聚发展的核心因素。现代服务业是高技术、高人力资本、高附加值的产业,人才在现代服务业集聚发展中起着非常关键性的作用。大都市现代服务业集聚发展,大多是基于大批高质量的专业人才集聚,而人际交往及相互沟通也是极端重要的,因为这是社会网络组织的最直接反映,能促进相关产业信息的交流。现代服务业集聚发展离不开人才,而人才的集聚发展不仅牵涉到区域人力资本开发管理、用人制度、激励机制等问题,更为重要的是要营造适合专业人才物质和精神文化需要的、时尚的、富有情调的生活环境和文化氛围。

19.1.3　发展现代服务业集聚区的重大意义

伴随着经济全球化和信息技术的加快发展、国际大都市地位的日益提高,现代服务业集聚区的崛起既是加快现代服务业发展的内在要求,也是城市综合功能提升、区域竞争优势提高的客观必然。特别是大都市高技能的专业人才市场、良好的交通枢纽功能、完善的商业商务环境、个性化的知识信息交流平台、面向全球市场的服务,都有助于大都市现代服务业集聚区的形成。国际成功经验表明,大力发展现代服务业集聚区,是提高现代服务业水平、增强城市国际竞争力的一个十分重要的战略举措,其重要意义主要体现在三个方面:

(1)集聚区为现代服务业发展拓展空间。完整的产业链衔接,人才、资金、技术要素集聚、相关条件支撑的产业生态体系是现代服务业赖以发展的基础。基于产业关联效应和社会网络效应而形成的集聚区,具有资源共享、服务网络系统以及品牌效应,客观上为现代服务业发展构筑起一个良好的产业生态环境,它不仅会通过品牌效应,保证服务企业的信誉,获得更高的市场认同性和占有率,从而进一步提高市场对该区域服务产品的需求,而且集聚区内企业之间的竞合机制,大大提高了服务产品的有效供给,保证了服务产品的质量,这都为现代服务业的加速发展拓展了市场空间。

(2)集聚区有利于促进服务型企业的快速成长。在集聚区内,紧密的产业关联、共享的资源要素、丰富的社会资本、有效的竞合机制,会形成强烈的外部经济优势,能实现规模经济与范围经济,降低交易成本,形成创新网络,从而成为吸引服务型企业进入的成本盆地,也加速了新的服务型企业的诞生。在现代服务业集聚区形成过程中,伴随着要素状况、需求条件、相关产业、企业战略和竞争态势经历了若干次的演化和升级,形成具有竞争力的人力资源、技术、设备、知识、资本、基础设施等生产要素,形成良好的产业配套和竞争环境,这无疑增加了区内企业的竞争力。同时,集聚区可以打包式地满足客户的一系列需求,有利于建立起拓展和维护客户的营销理念,建立集聚区品牌,并能有效地激发企业服务方式和品种的创新,促进内部主导产业的升级和服务型企业的发展壮大。

(3)集聚区有利于凸显大都市竞争力。现代服务业是后工业经济时代城市功能的主要承担者,多元化的现代服务业集聚区是城市发展的核心,塑造着城市功能和特色,充分显示了城市的集聚功能,凸显大都市的竞争力。集聚区促进资源集聚,强化了城市和区域的吸引力与对经济的影响力和控制力,加快城市经济的国际化步伐。

规划建设现代服务业集聚区是上海优先发展现代服务业的重要举措和抓手,是实施城市新一轮产业调整和形态布局的有效载体,是提升上海城市综合功能、增强城市国际竞争力的新亮点,是当前我们贯彻实施科学发展观和科教兴市主战略的具体体现。它对上海加快建设国际大都市和"四个中心"具有十分重要的意义。

19.2 发展环境和机遇分析

现代服务业集聚区的崛起和发展,是城市经济发展到一定阶段的客观要求与内在必然,也是服务业发展、城市功能提升和区域综合竞争力提高的真实写照。"十一五"时期是国际国内经济社会发展的一个重要时期,也是上海国际大都市和"四个中心"建设的关键时期,上海现代服务业集聚区面临着极大的发展机遇,但也存在新的挑战和竞争压力。

19.2.1 国际产业转移带来的发展机遇

当前国际产业转移具有三个明显的趋势特点:(1)产业转移从一般加工制造业过渡到先进制造业和高科技产业,产业布局呈现出制造、研发、服务联动的特点,并与新世界制造中心形成一致。(2)产业转移呈现地区集聚发展趋势,产业辐射性控制功能加强,跨国公司在世界各地的低附加值业务将被重新布局,其中生产加工和物流供应是两项重点。(3)国际服务业向新兴市场国家转移的趋势逐渐明显,以"商务流程外包"(BPO)为主体的服务业转移规模越来越大。近年来,跨国公司将服务业向中国转移的趋势日益加快,国际服务业通过项目外包、业务离岸化、外商直接投资等方式加速向中国转移,服务业正成为中国利用外资的新热点。

国际产业转移的新趋向为上海现代服务业发展提供了千载难逢的机会,为现代服务业集聚区发展拓展了新空间。伴随着在中国投资的制造业规模的日益扩大,大量的生产服务企业,如服务中心和研发中心等经济总部也会更多地向中国转移,而上海理应是这些生产性服务企业首选的区域之一。据统计,目前跨国公司在中国设立的研发中心已超过400家,上海浦东汇集了69家外资金融机构、91家跨国公司研发中心、26家跨国公司地区总部。同时,国际服务业转移规模的不断加大,有效地提高了中国企业承接的外包业务量,增强了服务业的国际竞争力。所以借助于服务业转移所带来的市场需求和要素供给的区域变化,上海只要抓住机遇,可以加快构筑现代服务业集聚区。

19.2.2 长三角发展提出的迫切要求

长三角经济圈是中国六大经济圈中实力最强的经济体,近年来,长三角经济圈作为中国承接国际资本的桥头堡,呈现出十分强劲的高速增长势头,其对中国经济增长的龙头地位和引领作用日益彰显。从长三角经济圈的现状特点和"十一五"期间长三角经济圈的发展前景来看,上海加快规划建设现代服务业集聚区不仅十分必要,也非常迫切。

一方面,区域内高度发达的制造业和强劲的市场需求,为现代服务业发展创造了广阔的市场空间。长三角经济圈产业门类齐全,轻重工业发达,是中国最大的综合性工业区,其纺织、服装、机械、电子、钢铁、汽车、石化等工业在全国占有重要地位,以微电子、光纤通信、生物工程、海洋工程、新材料等为代表的高新技术产业发展更为突出,这实际上隐含着对生产服务发展的巨大市场需求,特别是需要功能完善的服务业集聚区为其提供全方位的服务。长三角经济圈经济发展水平高,居民消费服务需求强劲,特别是对高层次、高品质的服务产品需求更为关注。

另一方面,区域内经济一体化的加快发展,要求区域内形成有序的城市等级及合理的产业分工布局。长期以来,长三角经济圈内部产业结构趋同,各行政区之间产业发展竞争过度,影响了区域整体竞争力的提高。近年来,长三角经济圈在统一市场建设中加强促进经济一体化发展,如共建区域性的商品物流市场、产权交易市场、人力资源市场、科技成果及知识产权保护市场、文化旅游共同市场等。经济一体化发展,加快了经济圈内部产业梯度分工的步伐,同时也加剧了区域内城市为占领新一轮产业分工制高点的竞争。

上海作为长三角的龙头,国际大都市、"四个中心"的战略目标定位,意味着上海未来的发展必然要进入世界城市体系,必然要连接全球的高端产业体系,必须对要素流动起着核心城市功能的作用,由此必然要求通过发展高水准、高竞争力的现代服务业,来增强城市综合服务功能,实现辐射长三角经济圈、带动长江流域、服务全国的战略目标,对全国经济发展起到引领带动作用。但是,随着新一轮国际产业结构调整步伐的加快,长三角经济圈内部也进入了资源整合、结构调整和产业提升的发展阶段,南京、杭州等一些城市纷纷提出要把发展现代服务业作为新一轮发展的重点,积极规划建设现代服务业集聚区。如果上海不抢占发展先机,加快发展现代服务业集聚区,很可能会在新一轮产业竞争中落后,形成制造业发展中的某些被动局面。

19.2.3 上海自身具有较好条件和前景

20世纪90年代以来,上海经济呈现加速发展的增长势头,连续十几年保持两位数的增长,从 1990 年到 2000 年的十年间,上海人均 GDP 由 5910 元跃升到 34547 元,服务业占 GDP 的比重从 31.9% 提高到 51.2%,提高了近 20 个百分点。2003 年人均 GDP 超过 5000 美元,上海已跨入由中等收入向高收入国家或地区发展的行列。"十一五"期间,是上海面临经济结构大调整、城市功能大提升、创建世界级城市的关键时期。国际大都市的发展经验表明,支撑这一发展阶段经济增长的主要推动力在于现代服务业。因此,大力发展现代服务业是上海实现经济转型的重要突破口,也是经济发展到一定阶段的必然选择,而促进资源集聚,将强化城市和区域的吸引力与对经济的影响力和控制力,加快城市经济的国际化步伐,内在地要求加快现代服务业集聚区建设。

2010 年世博会的举办,是上海完善城市形态、提升城市功能,加快国际大都市建设的加速器,是确保经济高速发展的辐射源。世博会要把国内外大量游客吸引过来,给世人留下精彩美好的回忆,不仅要靠"硬件",更重要的要靠"软件";不仅要在"形象"上做文章,更要在"内容"上下功夫,这无疑为上海规划建设服务业集聚区提供了一个极好的舞台和机会。集聚区要成为上海城市的名片,为上海世博会增色添彩,其发展前景必然是十分广阔的。同时,国家批准浦东进行综合改革试点,这将为上海下一步改革开放提供新的动力和支点,有利于上海在全国率先建立与国际规则接轨的市场经济体制和政策体系,所以,"十一五"期间上海现代服务业集聚区建设将有更为完善的政策体制环境。

19.3 发展过程及现状分析

19.3.1 上海现代服务业集聚发展过程回顾

20 世纪 80 年代初期,上海规划建设了第一个以服务业集聚发展为特征的外向型经济园区——虹桥开发区,它主要以涉外经贸为主要内容,集聚了展览展示、商务洽谈、办公居住和餐饮娱乐等一系列功能,建成了国际贸易中心、国际展览中心、世界贸易商城和高层办公楼、宾馆、饭店、商住楼等 20 多幢大楼,并拥有商业、文体、娱乐等综合服务设施,辟建外国驻沪领事馆区,一些国际知名的金融保险、会计、法律等服务类企业在此集聚,"虹桥"逐渐成为现代服务业中的强势品牌。

虹桥是上海现代服务业集聚区发展的缘起。发展至今,虹桥地区形成了环虹桥地区商务集聚区,已有 1000 多家外商投资企业和近千家外企办事处入驻,其中投资咨询、审计、律师、企业策划、WTO 事务咨询、广告等业务空前活跃。虹桥地区会展业一直保持领先地位,占上海常年会展业总量的 30%—40%。同时,虹桥开发区依托现已形成的东(上海多媒体产业园)、中(长宁信息园)、西(临空经济园)三大园区,全面拓展信息服务业,已有英特尔、爱立信、联想、神州数码等 500 多家 IT 企业集聚落户。

20 世纪 90 年代开始,上海服务业发展异常迅猛,其增加值占 GDP 的比重由 1990 年的 31.9% 上升到 2002 年的 51%,上升了 19 个百分点;就业人数比重也由 1990 年的 29.6% 增加到 2000 年的 46.1%,增速十分明显。其中,以金融保险、现代物流、信息咨询、教育文化等为代表的现代服务业更是呈现蓬勃发展的势头,其在服务业发展中的主导地位逐渐确立。伴随着上海现代服务业的蓬勃发展和浦东开发开放的深入,服务业集聚发展的趋势日益明显,出现了以虹桥、南京西路、淮海中路、小陆家嘴四大商务中心为主的现代服务业集聚区雏形,特别在浦东出现了若干新的现代服务业集聚区。

比如以金融贸易为核心的小陆家嘴区,是中国中外资金融机构、要素市场、国内外大企业总部和高层次专业服务机构集聚度最高的地区之一。到 2004 年底,面积仅为 1.7 平方公里的陆家嘴金融贸易核心区,云集了 141 家中外资金融机构,其中外资银行的机构数占全国的 1/4,跨国公司地区总部增加到 45 家,占全市的 1/2 以上。浦东地区 85% 以上的中介机构和 96% 以上的业务收入集中在陆家嘴地区。

外高桥保税区发展形成了以现代物流、国际贸易、产品展示等为核心的现代服务业集聚区。在集聚区内建有国际保税展销城,集保税展示、销售、仓储、分拨等功能于一体,提供销售、报关、检验检疫、物流等一站式服务和贸易平台。集聚区还规划建设物流园区,实现"港区联动"效应,并提供国际中转、国际陪送和国际采购等服务,该园区将以洋山深水港和浦东国际机场的"海空连动"为依托,成为浦东现代物流服务集聚带的重要组成部分。

伴随"聚焦张江"战略的提出,一些高科技企业和研发中心纷纷落户张江,吸引了相关服务企业云集,围绕高科技产业集群建设信息处理、科技创意、研发培训等现代服务业集聚发展的需求,文化科技创意产业区开始崭露头角。

跨入新世纪后,上海现代服务业集聚发展进入了积极规划、着力于品牌建设的成熟期。借鉴工业园区化发展的成功经验,市政府开始着手搭建现代服务业集聚区平台,通过功能定位、产业规划、政策导向、产业链招商等具体措施来引导扶持现代服务业集聚区的建设,吸引集聚优势资源,培育上海具有国际竞争力的高端服务业,现代服务业集聚区正逐渐成为上海新世纪城市的名片、产业新高地、经济增长新亮点。

19.3.2　现有发展状况及特点

近年来,上海依托中心城区的区位优势,形成了一批各具特色的现代服务业集聚区。

从空间布局来看,目前上海现代服务业集聚区发展的主体框架有点类似于"飞机型"模式:陆家嘴—外滩金融贸易区是现代服务业集聚的核心区,是"机头",代表着上海现代服务业发展的方向,具有领先的主导作用。沿着南京路和淮海路两条线由东向西所形成的商贸业产业廊可以看成是"机身",代表着上海现代服务业的主体内容,大量国内外知名的专业服务业企业集聚在产业廊所在的静安、卢湾、黄浦区。之后一直延伸到虹桥商务区,则是"机尾",具有强大辐射功能的外向型服务集聚区。徐家汇商业圈与不夜城商业区则是左右两个"机翼"。

从各区县的情况来看,目前上海现代服务业发展的点状网络体系还没有形成完整,大多数区县都在已有现代服务业集聚区雏形的基础上,进一步规划建立适合区县功能特点的现代服务业集聚区,如徐汇区的"4+3"模式,浦东新区的"1+4+4"模式,杨浦区的"科学园区增长极"模式等等。

徐汇现代服务业集聚区主要规划"4+3"的发展模式,以 IT 服务、商贸服务、金融服务和科技服务作为集聚区的四大支柱,区域内一点多线的格局,即徐家汇商贸服务区成为集聚区的核心点,以港汇广场双塔为标志性建筑,双塔商务楼宇将成为高端现代服务业云集地;徐家汇以东衡山路以风景区和老式洋房为依托,建设成高端文化休闲娱乐业集聚区,营造吸引 500 强企业总部落户的巨大磁场;向东,徐家汇枫林生命园区,构建医疗健康服务业为该区的主导产业;徐家汇以西,华亭宾馆背后的小闸镇地区,坐拥漕河泾开发区和交大两大优势,已初步发展成数字娱乐产业区。

黄浦现代服务业集聚区形成东为黄浦江黄浦沿岸金融贸易区,西为西藏路环人民广场现代商务服务区,中间为南京路商贸休闲服务区的"工"字形格局。在现代服务业集聚区的建设过程中,以巩固、提升以名牌商业街地位为突破口,构筑商贸、旅游、文化娱乐业联动的产业发展高地。该区推动黄浦江外滩沿岸老大楼、中央商场及金光外滩中心周边地区的功能调整,将万国建筑转变成银行、保险等金融机构的集聚地,并完善餐饮、宾馆、娱乐、交通停车等配套设施,建成经典的金融服务集聚区。以十六铺地区为中心的现代休闲娱乐服务区,利用城隍庙的文化遗产,结合十六铺的改建,在黄浦江沿岸建设江上旅游中心与休闲观光长廊,同时吸引广告、会展、旅游等中高端服务部门到此落户,建成以商务、旅游、休闲娱乐功能为主的综合功能区。位于交通枢纽地位的西藏路环人民广场地区,打造成商贸服务业集聚区。

杨浦现代服务业集聚区利用高校集中的优势,在高校周边建设一批具有强势学科支撑的科技园区,培育拉动区域经济增长和现代服务业发展的增长极。目前,杨浦已经建成各类科技园 14 家,呈现出"一区多园、一园多基地"的格局和"类型众多、合作多元"的特点,这些园区集教育功能、服务功能和产业功能于一体,复旦科技园、同济科技园、杨浦高新技术创业服务中心和复旦软件园是其中的典型代表。在科技园的建设过程中,一些部门和企业呈现出集聚化发展的态势。复旦科技园利用其信息技术的优势吸引了一些优秀的高科技研发企业进驻园区,并重点发展具有现代服务意义的网络软件开发、新材料、现代设计和环境保护等专业性孵化器,引导和辅导相关服务产业的发展。同济科技园大力发展设计、创意等现代服务业,着力打造中国设计中心,创意产业集聚。

19.3.3　差距及瓶颈

与国际大都市现代服务业集聚区的发展相比,当前上海服务业集聚区还存在较大差距。总体上来说,上海现代服务业集聚区还处于规划、引导、培育的初级阶段,形态和功能建设还不完善,各种要素资源的集聚度还不够高,服务型企业之间的产业链接和沟通互动尚缺乏有效的机制,集聚区内的经济总规模还较低,辐射能力不够强。目前上海集聚区发展的主要瓶颈问题表现在以下三个层面。

首先,现代服务业发展相对滞后导致集聚区发展缺乏坚实的根基。上海现代服务业在经济规模、产业能级、辐射能力、国际化程度等方面严重不足,如上海服务业增加值只是香港的 1/4、东京的 1/10,外汇日交易量仅为伦敦的 1/1000,商品批发销售总额不及纽约的 1/6。服务业门类和结构单一,层次低,特别是信息服务业、现代物流业、旅游服务业、证券保险业、中介服务业以及文化教育医疗等现代服务业发展还无法满足上海作为国际大都市的需要。服务业的区域结构分布也不合理,特别是郊区的服务业发展更是薄弱。这无疑影响了服务业集聚区的形成和发展。

其次,服务型企业规模小和缺乏核心竞争力束缚了集聚区的成长。现代服务业集聚区形成的一个关键要素,是拥有一批服务型企业,特别是主导产业群中的龙头企业。但上海本地的服务型企业大多规模小、实力弱,难以在服务业集聚区中发挥引领和带动作用。在吸引外部服务型企业进入的过程中,客观上也存在一定的市场准入障碍,特别是其中相当一部分至今仍被当作社会事业而不是作为现代服务业来发展。

最后,政府规划引导和政策支持力度不够影响了集聚区的发展。长期以来,政府对服务业集聚区发展规律还缺乏深刻认识,没有主动积极地规划引导集聚区建设,对一些自发生成的集聚区也缺乏相关的政策支持。在集聚区建设中,如何引入开发主体,体现国际先进的设计理念,按照现代国际大都市服务业集聚区发展的要求条件,来全面规划建设和组织运营,还没有足够的经验。

19.4　打造现代服务业集聚区

19.4.1　制定发展战略及主要原则

紧紧围绕贯彻落实科学发展观与科教兴市主战略,妥善制定科学发展规划,以服务业开放为依托,以制度环境优化为基础,以信息网络与社会网络为平台,以构建完善的市场环境为保证,充分运用市场力量,积极发挥政府作用,有效集聚专业人才资源要素,大力构筑良好的产业基础与发展环境,努力吸引与培育核心企业,统筹协调,突出重点,以点带面,以面促点,点面结合,稳步发展,分步骤分阶段地推进现代服务业集聚区建设。

上海现代服务业集聚区的规划范围总体上覆盖全市所有区县,规划实施主要采取“条”“块”结合的模式,在市里统一规划部署、统筹布局的前提下,充分发挥区县政府的规划引导作用,做到既注重全市资源的整体合理配置,又能促进区位优势的发挥,将提升上海城市综合服务功能目标与区县功能定位有机融合起来,实现跨区县的协调规划和联动开发建设。根据不同的定位目标和发展要求,规划建设不同等级层次的现代服务业集聚区:(1)主要定位在体现上海发展战略和竞争力方面的集聚区,如体现新世纪新标志的世博会区域,体现浦东开发开放、上海国际金融中心建设完善提升的陆家嘴区域,体现“保持风貌,重塑功能”、保护性再开发的外滩区域等。(2)主要定位在面向外部市场的大型服务业集聚区,以轨道交通为依托,将商务、商业、宾馆及休闲、生活配套设施配套集中的综合性集聚区。(3)主要定位在单一主导产业群的专业性项目,主要是结合区域产业优势和重点,新建或提升的特色专业型集聚区。(4)主要定位在面向区域市场的集聚区。

加快现代服务集聚区发展的主要原则有：

一是整体规划，统筹布局。上海现代服务业集聚区发展，要贯彻以人为本的思想，坚持可持续发展的科学发展观，做到整体规划、统筹布局。要根据上海新一轮城市发展规划，进一步明确中央商务区及相关副中心区的规划和功能建设，并依据不同区域的发展特点，确立发展各具特色的现代服务业集聚区，力求实现各个区域有分工的错位竞争。在规划中，充分考虑城市建设、交通、居住、环境等综合因素，使城市规划与产业规划有机地结合起来。

二是集聚功能，完善配套。现代服务业集聚区规划，要切实把建筑群的整体性、功能的系统性以及产业集聚协同起来，并使集聚区与公共交通联结贯通，与地下空间利用相结合，实现人流、车流的和谐统一，使建筑形态、人文特点、自然景观达到合理配置、有机融合。集聚区内以商务活动为基础，高级宾馆、商务办公楼、酒店式公寓、购物休闲娱乐等多种业态融为一体，实现各项服务功能的高密度、高效率集聚，充分体现公共设施在时间与空间上的共享互用。

三是有序推进，区别对待。对已有一定发展基础的集聚区要注重功能的拓展提升，加强招商选资，吸引关键性企业进入；对于新开发地块要实施全新打造，注重商务、生态和人文环境的协调，注重基础设施和产业功能的衔接配套。商务功能突出的要重点建设，需求强劲的要重点建设，对于一般性的商业娱乐为主的集聚区，可主要由市场调节，政府起到因势利导、顺水推舟的作用。

四是突出产业导向，强调集约利用。现代服务业集聚区发展，关键要发挥主导产业群和关键性企业的内在增长引擎作用。在集聚区规划实施过程中，要根据所在区域的区位特点、资源要素优势、经济社会发展状况，确立主导产业群的发展导向，科学合理地界定集聚区的核心功能定位及相关设施配套，切实完善产业发展生态环境。要强化功能设计和连通方式的创新，注重集聚区的建筑密度和高度，有效地实现土地资源的合理集约利用。

五是注重市场调节，完善政府服务。在坚持市场化导向的基础上，充分发挥政府第一推动力的作用，充分发挥政府的服务职能。通过制定相应的政策法规促进和规范企业对集聚区的开发；创造条件吸引发展商，高效灵活地服务发展商，破除各种行政壁垒，打破部门分割，促进各种社会资源和经济资源的合理流动，促进优质资源无障碍地向集聚区集中发挥；在基础设施建设、道路交通系统和通信系统建设、其他市政设施建设，以及人才的储备和引进体系的建设方面发挥积极的主导性作用。

19.4.2　确定发展目标及规划布局

"十一五"期间,上海现代服务业集聚区将实现整体布局完善、功能特色明显,多样化、多层次、网络化的发展格局,努力把集聚区建成"统一规划、功能集聚、形态新颖、生态协调"的城市新景观、新风貌,成为上海现代服务业发展的新高地,城市服务功能的新载体,经济增长方式转变的助推器。

(1) 数量目标。"十一五"期间,精心打造50个左右现代服务业集聚区。其中内环线以内25个,面积在5公顷左右;内环线与外环线之间15个,面积在10公顷左右;郊县10个,面积以20公顷为宜。总投资约为3000亿到5000亿元人民币。

(2) 形态目标。商务楼宇、星级宾馆、商业设施、生态绿地以及相关的生产生活服务配套设施比例协调,结构适宜、错落有致、疏密有别。通过集中体现集约化,通过开放、开阔体现人性化和生态化,通过建筑群落和生态绿地体现景观化。总建筑面积中,商务楼宇一般要占到50%以上,酒店公寓、商业设施各占20%左右。郊区集聚区的生态绿地比例可高一些,容积率也可适当降低。

(3) 功能目标。服务业集聚区将重点集聚金融、商务、房地产、创意文化、研发设计、专业服务等企业,以及大型企业特别是跨国公司的总部或地区总部。这些点状的集聚区通过产业链或创新链彼此相通、有机相连,使上海现代服务业的整体辐射能级进一步提升和放大。到2010年,集聚区内服务业增加值占到全市服务业总量的50%—60%左右,实际可达到3750亿—4500亿元。

以产业集聚理论和区位理论为指导,借鉴国际著名城市现代服务业的集聚特征和区位分布规律,结合上海的产业需求条件、交通设施条件、区位条件和历史文化背景,结合上海发展总体规划,特别是现代服务业发展规划、城市发展规划和交通设施发展规划,特提出如下规划布局方案:

到2010年基本形成"一轴""两带""多点",圈层式、网络状分布格局。"一轴":以延安路—世纪大道作为上海现代服务业发展的主轴线。"两带":黄浦江沿岸核心商务功能产业带和苏州河沿岸创意功能产业带。"多点":依托轨道交通节点、大学和研究机构、各类技术开发区以及重要产业增长点,打造一批特色鲜明、功能突出的专业性现代服务业集聚区。圈层式、网络状:内环线以内现代服务业高度发达和集中,由内环向外,服务业的密度将逐步降低,集聚区的数量也将逐步减少,基本形成一个以陆家嘴、外滩、人民广场为核心的,逐步向外扩散的,辐射状的,错落有致、疏密有别的现代服务业集聚区分布格局。同时,散布在外围的点状集聚区通过轨道交通同市中心紧密相连,各集聚区之间通过信息高速公路做到密切接触,基本上形成一个整体功能强大、各集聚区功能相互衔接配套的网络状结构体系。

(1)内环线以内区域:依托"一轴""两带",构筑上海现代服务业发展的核心功能区。

"一轴":以延安路—世纪大道为主轴线,以南京路和淮海路为两条副轴线,以陆家嘴和外滩地区为龙头,以虹桥开发区为尾翼,以中山公园和徐家汇地区为重要支撑。该区域服务业发达,人均收入高,有雄厚的经济基础,已经形成几个初具规模的现代服务业集聚区;该区域历史人文荟萃,有深厚的文化底蕴,教育设施、文化设施、历史建筑密集,是上海最耀眼的城市名片;该区域交通设施发达,有最为密集的立体交通网络,几乎所有的规划中的地铁或轻轨均在此区域内交汇;该区域同沪宁、沪杭两大高速公路相连,是沪杭甬和沪苏宁两大产业带的融会贯通之地,对外辐射力强劲。诸多优越条件集于一身,该区域无疑将成为上海发展现代服务业,特别是高端的生产者服务业的首选之地。

"两带":黄浦江和苏州河沿岸的历史文脉、产业基础和政策聚焦均十分突出,有着得天独厚的发展资源和条件。以苏州河两岸文化旅游资源开发为契机,结合对苏州河两岸老厂房、老仓库、历史建筑的保护性开发,重点引入研发、设计、创意、媒体、广告等产业,努力把这一区域打造成上海重要的创意设计、休闲娱乐、水上旅游现代服务业集聚带。该集聚带的发展重点在曲阜路、天潼路以南,苏州河以北地区,待开发成熟可向恒丰路延伸,同不夜城地区连接成片。以黄浦江两岸文化旅游资源开发和举办世博会为契机,在虹口区北外滩地区,以及北到苏州河,南至复兴东路,东至黄浦江,西至河南中路的长条地带内,适度规划四至五个现代服务业集聚区,重点引入金融、航运、商务、会展、旅游、文化等现代服务业企业,注重功能上同陆家嘴—外滩的配套和衔接;注重娱乐休闲配套的层次与结构;注重高级商务楼的风格和情调,既要同外滩历史建筑群的整体美感保持和谐统一,又要与小陆家嘴地区现代建筑群产生遥相呼应。努力把这一区域打造成上海重要的商务、航运、旅游产业功能带,成为上海对外形象展示的重要窗口。

目前,内环线以内区域已经形成若干个初具规模的现代服务业集聚区,比如小陆家嘴—外滩金融服务区,西藏中路—人民广场、南京西路、淮海中路以及徐家汇商务商业集聚区,卢湾区太平桥地区文化娱乐休闲集聚区,虹桥涉外商务区,中山公园多媒体服务业集聚区等。对比纽约的曼哈顿、东京的中央三区和新宿以及伦敦的金融城,不难看出,这一区域现代服务业集聚区的密度仍显不足,同时从区域内现有的资源条件来看,许多地块仍存在相当大的挖掘潜力。比如徐家汇小闸镇地区,交通设施发达,有三条轨道线经过;属于徐家汇城市副中心的自然延伸,有强大的商业商务产业群的支持;毗邻漕河泾经济技术开发区和上海交通大学,有强大的智力、人才资源支持。该地区可重点培育数字娱乐产业及相关的创意、文化服务业。又如新老锦江地区位于南京西路和环海中路两条副轴线之间,商业设施和休闲娱乐设施发达,交通便利,人气旺盛,有较高的地区知名度,适宜发展以信息、咨询、房地产、专业服务为主体的高级商务服务业。其他地区包括肇嘉浜路沿线、徐汇区枫林地区、南丹路地区、宜山路地区、大连路地区均有较大的发展潜力。随着上海现代服务业整体能级的提高和城市功能的进一步完善,类似的地区还将进一步突显出来。

总体而言,"十一五"期间,在内环线以内区域可形成25个相对成熟的现代服务业集聚区,从版图上看,将形成一片斑斑驳驳的"马赛克"图样。随着单个集聚区的成熟壮大,其规模和能级均将出现新的扩展和提升,集聚区同集聚区之间将通过功能衔接和耦合而形成更大的集聚区,东京的发展经验已经昭示了这一趋势。因此,由点及线,由线及面,由面成片,将成为该区域中长期发展的主要演化趋势,其未来的格局将是一条长约4公里、宽约8公里的现代服务产业发展走廊。

特别要指出的是,"一轴"和"两带"交汇的外滩、陆家嘴区域将成为上海现代服务业的"心脏"地带。该区域将大量集中银行、保险、证券、房地产、高端航运服务、高级生产者服务企业,且以公司总部或地区总部为主,从功能角度来说,这一区域将成为上海的金融、航运、信息中心,具有区域性甚至是全球范围内的指挥、协调和控制功能,该区域无疑将成为上海未来的"曼哈顿",成为上海的核心CBD。

(2)内环线与外环线之间区域:依托重要的大学或研究机构、科技园区及轨道交通枢纽站点,突出区位比较优势,打造核心功能的延伸区及特色功能区,形成各具特色、错位竞争的良性格局。

该区域目前尚未有较为成熟的现代服务业集聚区,但在同济大学附近的赤峰路地区、徐汇区的龙华地区、普陀区的真如地区、闸北区的不夜城地区已经出现了现代服务业集聚发展的雏形。因此,该区域发展的重点是打造全新的现代服务业集聚区。

借鉴东京品川、汐留、涩谷、池袋等地区现代服务业集聚的形态及功能特征,以及同中央三区 CBD 的关系,该区域现代服务业集聚区同内环线以内的现代服务业核心功能区主要体现如下的两种关系:一是核心—外围关系。金融、商务、信息等现代服务的高级功能在内环线以内的区域集聚,而各种较为低级的辅助功能和专业功能可向该区域转移,以缓解中心城区的人口、就业、交通等压力,有效降低各种交易成本和商务成本,以最大限度地发挥核心区域的组织、协调、管理、指挥功能。二是分工—协作关系。从上海的具体情况出发,多中心、网络型现代服务业集聚区应该成为上海未来发展的主要模式。鉴于此,上海发展现代服务集聚区的过程中要注重不同功能集聚区之间的分工协作关系,内环与外环之间区域的集聚区应具有鲜明的特色,专业功能突出,起到辅助和支持核心功能的作用,同核心功能区有机相连,互连互动,相依相生。

该类集聚区区位选择的主要考量因素是:是否有强劲的产业需求,是否毗邻大学或研究机构,是否有较为成熟完善的经济园区,交通是否便利,配套条件是否完善,等等。结合上述指标,除已经提到的几个地区有较大发展潜力外,其他可进行规划建设的现代服务业集聚区主要有:漕河泾科技服务园区、江湾—五角场科研服务区、浦东世博—花木国际会展集聚区、上海南站物流服务区、上海市文化科技创意产业园区(张江高科园区内)、长风公园生态商务区、上海西北物流园区等。总体而言,"十一五"期间该区域可规划 15 个较为成熟的现代服务业集聚区。

(3) 外环线以外区域:依托新城以及重大基础性、功能性项目,结合上海城镇发展的实际情况,结合上海重点行业的分布情况,结合郊区人口集聚和分布情况,充分发挥区县政府的引导作用,将现代服务业集聚区的发展同区县功能定位有机融合起来,通过跨区县的协调规划和联动开发机制在外环以外的广大区域有针对性地建设若干专业性服务业集聚区。

外环线以外区域规划发展现代服务业集聚区,重点依托重大功能性基础设施和项目,如港区、特大型工业区,依托特殊的自然资源,如旅游资源、文化资源,围绕加快发展生产服务业,规划建设现代物流、休闲度假、特色商贸等服务业集聚区。几个较有发展潜力的地区有:嘉定汽车文化和汽车服务集聚区、临港新城港口服务业集聚区、外高桥保税物流园区、浦东国际机场物流园区、松江欢乐谷旅游休闲区、青浦赵巷商业商务区等。随着上海城市功能的进一步转型和现代服务业的进一步拓展,奉贤的滨海资源、崇明的生态资源、金山和宝钢的先进制造业资源等将会成为现代服务业发展集聚的重要增长源。

总体而言,外环线以外区域在"十一五"期间可规划发展 10 个现代服务业集聚区,这对新城的发展、先进制造业基地的建设、人口的合理分布都将有重要的现实意义。

19.4.3 工作重点与实施措施

推进上海现代服务业集聚区规划建设,是上海市委、市政府的一项重要战略部署,是"十一五"期间,服务业发展和城市形态建设的一项重要工作。

(1) 规划建设集聚区的重点工作。"十一五"期间,上海现代服务业集聚区规划建设的工作重点主要体现在如下三个层面。

一是制定具体的集聚区规划实施方案,加强集聚区发展战略研究。借鉴国际大都市的成功经验,按照国际先进的设计理念和方式,结合上海未来发展的功能定位,高起点、高水平地进行规划设计,可通过国际招标的形式确立规划实施方案。集聚区规划实施方案一定要与上海国民经济社会发展"十一五"规划、城市规划、产业规划衔接好,与 2010 年世博会展示上海城市发展新风貌结合起来,充分体现规划方案的前瞻性和可操作性。

二是加快集聚区的形态和功能建设。通过房地产开发、硬件基础设施建设、各项软件制度建设等,营造独特的现代服务业发展良好的产业生态环境,以吸引要素资源、目标企业进驻,凸显集聚区功能效应。其中,在形态建设中特别要抓好交通体系、地下空间、产业集聚、生态环境的四个结合。同时,要加快建立政府与企业集团协同的联合开发机制,坚持政府推动、企业化运作,企业是集聚区开发主体,政府发挥产业政策导向作用,对于集聚区的开发模式,包括开发主题、开发方式、开发结构、开发投融资,政府要有规划引导。

三是加强集聚区的管理服务和配套建设。集聚区载体建设完善以后,重点工作就是招商引资,吸引国内外服务型企业落户集聚区。龙头服务企业在集聚区发展中具有核心作用,它不仅可以通过其广泛的市场触角,与世界上许多国家和地区建立密切的贸易联系,形成充分的市场需求,还可以通过产业链作用,将一大批相关联的中小企业吸引过来,或者在其周围逐渐培育起一批为它服务的衍生企业,形成高效率产出的集聚区。为了有效地形成产业集聚、企业云集的局面,集聚区必须成为人才集聚高地、管理服务高地、要素配置功能高地,所以,要加强集聚区的管理服务和配套建设。

(2) 规划实施的主要措施。规划建设现代服务业集聚区是一项系统工程,涉及城市土地、房产建筑、交通设施、人文景观等许多资源要素,要切实保证集聚区建设目标的实现,必须落实相应措施。

一是积极创新城市商务商业房地产开发模式。上海现代化商务楼宇供给严重不足已经是一个不争的现实,而土地资源稀缺也是房地产开发中的重要制约,所以在集聚区规划实施中,创新地产开发模式是一个关键举措,积极借鉴东京、香港等城市服务业集聚区的空间设计,在增加新建楼宇建筑高度和密度的同时,挖掘潜在的商务楼宇空间,加强保护性建筑的功能新开发,尽快完善集聚区内部配套设施。

二是加快信息高速公路的建设,推进地铁、轻轨、道路等城市交通规划建设。充分体现现代服务业集聚区建设的要求,加强交通网和信息网的功能性开发,切实保证各主要商务功能集聚区之间以及内部通过信息网络和交通网络互连互通。建立统一的中央信息平台,定期发布各集聚区人才、技术、专利、资金的供求信息,使各集聚区做到"形散而神不散"。

三是切实营造现代服务业集聚区独特的政策制度环境。集聚区不仅需要硬件设施环境,还需要政策制度等软环境。这一方面包括各种优惠政策,如在土地、融资、财税等方面设计出一系列对集聚区独特的扶持政策,以及吸引资金、技术、信息等要素在集聚区内集聚的相关政策措施,比如可设立专项基金作为引导资金,用于支持现代服务业集聚区的基础设施和公益性项目建设,或争取相关的专项投资向集聚区倾斜。另一方面,更为重要的是要使集聚区成为现代服务业发展体制突破的载体,积极改善投资环境,加快与国际体制接轨,比如利用服务业"先行先试"的政策,率先在集聚区放宽市场准入尺度,还可以率先加强诚信建设,培育良好的信用环境和市场经济秩序,形成集聚区服务业发展的品牌效应。

四是构建形成高级劳动者集聚机制,提高集聚区内聚力。大规模的专业化人才集聚是现代服务业集聚区发展的重要条件,政府的作用不仅要建立集中培训计划以开发本地人才,采取相关人才激励机制吸引外部人力资源以提升本区域人力资本,加大对教育投入的力度,扩大在职教育的规模等,更为重要的是要适应国际化发展需要,着力营造适宜高层次人才物质与精神需要的生活环境和文化氛围。

20 服务贸易发展*

作为现代服务业发展中一个重要组成部分的服务贸易,在全球化背景下越来越具有重要的战略地位。大力发展服务贸易是上海提升国际竞争力、改善国际贸易地位、参与全球经济分工与合作的重要环节;也是上海大力发展现代服务业、优化产业结构的重要内容之一。同时,上海"四个中心"的建设,中国加入世界贸易组织以及沪港经济合作框架正式实施都对服务贸易发展提供了新的条件,并提出了新的要求。

20.1 世界服务贸易发展及国际经验

20.1.1 世界服务贸易发展趋势

在经济全球化推动下,世界服务贸易得以迅速发展,并呈现出若干趋势性变化。

(1) 国际服务贸易规模不断增大,领域不断扩展,自由化进程不断加快。OECD 的研究表明,1990—1998 年间,世界服务贸易的平均增长率为 6.4%,高于同期商品国际贸易 0.5 个百分点。如果不考虑消费者流动和商业存在,全球服务贸易出口总值为 1.3 万亿美元,占总出口的比重为 19.4%;考虑到上述两项,则总值为 2.2 万亿美元,比重增加到 28.9%,大约占到当前全球 GDP 的 7%—8%。①服务贸易已成为世界经济中一个不可或缺的组成部分。随着《服务

---

* 本章根据周振华主编《现代服务业发展研究》(上海社会科学院出版社 2005 年版)分报告"上海发展服务贸易的基本思路及政策建议"(周振华、陶纪明)内容改编而成。

① OECD, 2000, The Service Ecomomy, Business and Industry policy Forum Series, OECD Publications, Paris, p. 25.

贸易总协定》的生效,有关服务贸易的各种壁垒限制将大为减少,贸易自由化进程将进一步加快。与此同时,随着西方发达国家经济结构从传统工业型向技术、知识型的转变,世界服务贸易领域有了开拓性进展,一些新兴服务业从制造业的附属地位中不断分离出来,形成独立的服务经营行业,新型服务产品不断涌现,金融、咨询、视听技术、数据处理等服务贸易发展迅速。

(2) 服务贸易结构向知识和技术密集型转变,互联网和电子商务的发展正成为国际贸易的重要平台。OECD 的统计表明,1997—2002 年间,服务贸易出口增长最快的行业是计算机和信息服务(年增长率为 17%)、保险服务、个人文化娱乐服务;同期进口增长最快的行业是保险服务、计算机和信息服务以及其他生产者服务。对于西方七国而言,2002 年扩张最快的行业是保险、个人文化娱乐服务和信息专利特许服务。由此我们可以看出发达国家知识密集型产业在现代服务贸易中的比重上升最快,其他传统服务业所占的比重虽有所变化,但幅度不大。

(3) 国际服务业以跨国公司为载体积极向发展中国家转移。以全球市场为目标的跨国公司是服务贸易全球化的主要推动者。生产资源配置的全球化带动了服务资源的全球化,同时服务资源的全球化又进一步促进了生产资源配置的全球化。服务贸易不断深化发展的实质是跨国公司开拓市场的商业活动的全球化。在经济全球化和产业融合的背景下,发达国家的跨国公司正逐步把部分服务内容通过项目外包、业务离岸化、外商直接投资等方式向发展中国家转移,且这一趋势呈愈演愈烈之势。①比如印度就是国际服务业转移的最大受益国之一,其软件业的发展在这一过程中受益良多。目前国际服务业转移已经扩展到 IT 服务、人力资源管理、金融、保险、会计服务、后勤保障、客户服务等多个服务领域。而这些领域正是上海服务业目前的“软肋”和未来的“重点增长区”,因此,国际服务业转移对上海现代服务业发展的影响是重大且深远的。如果上海能够积极有效地承接国际服务业的转移,则必将通过要素价格、技术水平的变动对上海生产要素和人力资本资源进行新的优化配置,从而带动产业结构的转变和升级。

(4) FDI 成为国际服务业转移的主体。以 OECD 国家为例,80 年代后期,其服务业的 FDI 已经超过制造业的 FDI,投资领域主要集中于零售业、银行业、商业服务业(business services)和电信业。而在教育、医疗、社会服务业和个人

---

① 来有为:《中国应积极承接服务业的国际转移》,《中国经济时报》2004 年 5 月 11 日。

服务业等领域,由于国际市场竞争较弱,其贸易和 FDI 规模均相对有限。[1]

20.1.2 国际经验借鉴

本章选择中国香港、韩国、新加坡三个新兴市场经济体作为上海发展服务贸易国际经验的借鉴对象。其理由在于:(1)发达国家与发展中国家在服务贸易的发展路径上有着迥然不同的进化模式,其规律和经验难以直接应用到发展中国家,生搬硬套可能会适得其反。(2)上述三个国家和地区是发展中经济体,其服务贸易发展在发达国家服务业已经充分发展的背景下经历了由弱变强的发展过程。(3)三个经济体在资源总量上同上海具有一定的可比性。(4)韩国和新加坡在服务贸易的发展过程中,政府发挥了重要且积极的导向作用,这一点同上海的制度背景较为接近。

1. 中国香港的经验

中国香港目前已经发展成为全球举足轻重的服务型经济体系,2001 年其服务业产值占 GDP 比重达 94.1%,就业比重为 93.1%,服务贸易额全球第十,在亚洲排名仅次于日本。香港地区的货物运输、金融及电信服务等产业在全球有重要的影响。

(1) 实行低税率的自由贸易政策,充分利用地理优势大力发展转口贸易,带动本地运输、仓储、金融、商业咨询等服务业共同振兴。

(2) 近年来香港地区的制造商纷纷把增加值较低的生产工序迁移至内地和发展中国家,而专注于管理工作和其他生产支持服务,比如原材料采购、样品和铸模制作、产品设计、生产规划、管理监控和质量控制。这种"前店后厂"式的分工模式为香港地区创造了在贸易、航运、融资和其他专业服务方面的大量需求,进一步加强了香港地区作为亚洲区贸易中枢和全方位服务中心的角色。

(3) 完善的法律法规体系。香港地区政府一般不通过经济或行政手段直接干预服务贸易市场,而是对其进行法制化管理,并通过许多半官方和非官方的行业协会、同业组织引导和监督服务业进行自我约束和自我管理。

2. 新加坡的经验

(1) 通过各种优惠政策扶持服务业的发展。主要包括:服务业与制造业同等享受"新兴产业"的各种优惠待遇,一旦被列为"新兴产业"则该类企业可免除

---

① OECD, 2000, *The Service Economy, Business and Industry Policy Forum Series,* OECD Publications, Paris, pp.25—26.

5—10 年的公司所得税;对于固定资产投资在 200 万新元以上的仓储业、工程设计和服务业企业,或营业额在 100 万新元以上的咨询服务业、技术指导服务等企业,其所得税可减半,并且对服务贸易出口只征收 10% 的所得税;提供特别优惠政策鼓励跨国公司在新加坡设立区域性总部,比如对其只课征 10% 的公司所得税(一般为 31%),减税期为 10 年,并可延长,并且这类公司所得的股利可以免征所得税;对离岸金融业务的收入免征所得税。

(2)产业政策随经济发展进行阶段性调整。新加坡大体经过了制造业,制造业和转口贸易,金融和服务,金融、服务、旅游等几个重要的发展阶段,不同阶段其产业政策的重心都有所不同。

(3)自始至终对金融行业给予大力的扶持,新加坡离岸金融中心的确立、区域性金融中心的确立都与政策的倾斜扶持密不可分。

3. 韩国的经验

(1)谨慎开放和行业壁垒并存。韩国政府采取渐进的方式开放国内服务业市场,并针对不同行业制定不同的开放计划,确定不同的开放深度,尽可能使竞争能力弱的行业有较长的适应和缓冲时间。

(2)注重中介组织和行业协会的作用。通过行业协会对小企业、小业主加以联合,以增强市场整体竞争力。通过中介组织和行业协会为企业提供各种服务,其中许多服务都是免费提供的,具体包括:提供市场开拓、金融、保险、技术、质量、设计、翻译等与出口有关的各种服务、信息以及洽谈咨询和教育等;通过对出口企业进行访问调查,了解企业的困难,帮助解决问题;对中小企业出口业务人员进行培训;免费为中小企业制作网页,在海外进行宣传推介活动。

(3)通过各种非关税壁垒对国内服务企业提供实际上的保护和支持。比如对商业零售业从业者规定经营资格,并加强行业管理。在运输方面,韩国不允许直接在韩办海运公司,对输煤、石油等特定商品也实行禁运。

(4)对重点行业实行政策扶持。比如对软件出口企业的产品出口和参加海外展览予以支持,对中小信息通信企业参加海外展览会予以支持等。

20.2　上海服务贸易发展的现状及条件

20.2.1　现状分析

1978—1993 年以来,上海服务贸易出口以每年 16.42% 的速度递增,高于同期对外贸易的增长速度。进入 21 世纪,上海服务贸易增长率呈加速上升的态势。按 BOP 统计的 2000—2003 年服务贸易出口外汇收入总额从 36.07 亿美元增加到 77.40 亿美元,年均增长率为 29.2％;进口外汇支出总额从 43.05 亿美元增加到 83.08 亿美元,年均增长率为 24.7％(如表 20.1 所示)。

表 20.1   2000—2003 年上海服务贸易进出口总额及结构

	国际服务贸易收入(亿美元)				国际服务贸易支出(亿美元)			
	2000	2001	2002	2003	2000	2001	2002	2003
合 计	36.07	46.05	56.97	77.4	43.05	48.9	58.75	83.08
运 输	19.24	24.2	24.88	36.8	22.4	26.24	28.24	43.95
保 险	1.71	1.68	1.71	2.9	1.56	1.73	1.92	3.67
旅 游	7.43	9.87	14.34	16.35	8.25	6.28	3.66	3.4
金 融	0.09	0.15	0.09	0.11	0.13	0.22	0.22	0.45
通信邮电	0.25	0.27	0.2	0.27	0.1	0.13	0.33	0.67
建筑安装、承包工程	1.32	1.56	2.02	1.11	1.28	0.7	1.36	1.24
计算机、信息服务	1.06	1.34	3.73	5.08	0.96	0.63	1.42	2.08
专利权使用费和特许费	0.36	0.41	0.39	0.16	2.51	5.38	8.72	9.01
咨 询	3	4.78	6.57	8.83	2.86	4	7.18	10.24
教育、医疗、保健	0.38	0.41	0.54	0.68	2.04	2.58	3.23	4.27
广告宣传	1	1.06	1.53	1.99	0.54	0.49	1.08	0.76
电影音像	0.02	0.12	0.15	0.09	0.04	0.05	0.3	0.09
其他(官方交往)	0.06	0.05	0.1	0.24	0.0004	0.02	0.02	0.12
个人劳务服务	0.14	0.15	0.71	2.78	0.39	0.47	1.06	3.15

资料来源:上海市统计局统计数据。

从服务贸易结构来看,行业的不平衡性较为突出,服务贸易活动主要集中在运输、旅游行业,其他各行业的交易额比重明显偏低。以 2003 年为例,在收入项中,前三项依次为运输、旅游和咨询,分别占总收入额的 47.5％、21.1％和 11.4％,三项合计占总收入的 80％;在支出项中,前三项依次为运输、咨询、专利权使用费和特许费,分别占总支出额的 52.9％、12.3％和 10.8％,三项合计占总支出的 76％。

从收支平衡角度看,上海服务贸易总体上一直保持着逆差状态,但逆差有逐步缩小的趋势,只是在 2003 年有所加大(如表 20.2 所示)。从行业分类来看,在 14 个子项中,有一半以上的项目出现逆差,前三位分别是专利权使用费和特许费、运输、教育医疗保健。顺差主要来自旅游行业、计算机、信息服务和广告宣传,但后两者的顺差额明显偏低。需要注意的是,上海具有比较优势且一直保持顺差的工程承包项在 2003 年出现逆差,这主要是受 SARS 和伊拉克战争的影响所致。扣除这一因素,可以看出上海在传统的旅游、工程承包行业仍然保持着较大的比较优势,另一方面,在计算机和信息服务、广告宣传等新兴服务业领域,上海企业也表现出了一定的国际竞争能力,这预示着上海在服务业领域的资源禀赋和比较优势正在静悄悄地发生着变化,新兴服务业的异军突起将可能成为上海未来服务贸易和服务产业整体能级和规模提升的助推器。

表 20.2　服务贸易及分行业差额　　　　　　　　　　　　　(亿美元)

	2000 年	2001 年	2002 年	2003 年
合　计	−6.98	−2.85	−1.78	−5.68
运　输	−3.16	−2.04	−3.36	−7.15
保　险	0.15	−0.05	−0.21	−0.77
旅　游	−0.82	3.59	10.68	12.95
金　融	−0.04	−0.07	−0.13	−0.34
通信邮电	0.15	0.14	−0.13	−0.4
建筑安装、承包工程	0.04	0.86	0.66	−0.13
计算机、信息服务	0.1	0.71	2.31	3
专利权使用费和特许费	−2.15	−4.97	−8.33	−8.85
咨　询	0.14	0.78	−0.61	−1.41
教育、医疗、保健	−1.66	−2.17	−2.69	−3.59
广告宣传	0.46	0.57	0.45	1.23
电影音像	−0.02	0.07	−0.15	0
其他(官方交往)	0.0596	0.03	0.08	0.12
个人劳务服务	−0.25	−0.32	−0.35	−0.37

资料来源:上海市统计局统计数据。

从服务贸易出口额占总贸易出口额的比重来看,上海同其他发达国家有一定的差距,但并不明显,如表 20.3 所示。从表 20.3 可以看出,上海服务贸易出口占比并没有明显低于其他发达国家,而且从全国来看,上海的服务贸易有着较强的比较优势,上海理应将服务贸易列为重点发展领域。

从 FAT 统计来看,上海服务贸易收入 2001 年为 81.43 亿美元,2002 年为98.21 亿美元,增长率为 20.6%。其中内向 FAT 2002 年收入为 83.21 亿美元,外向 FAT 为 15 亿美元。该年服务贸易增加值为 26.75 亿美元,占全市 GDP 比重为 4.1%,占第三产业增加值比重为 8%;对经济增长的贡献率为 5.5%,对第

表 20.3　发达国家和地区 1999 年服务贸易出口额占总出口额比重　（亿美元）

	总贸易出口额	服务贸易出口额	服务贸易出口占总贸易出口比重（%）
美　国	9981	2763	27.68
英　国	3858	1097	28.43
法　国	3718	804	21.62
德　国	6575	875	13.31
意大利	2999	575	19.17
日　本	4481	645	14.39
新加坡	1487	262	17.62
加拿大	3045	366	12.02
中　国	2994	333	11.12
中国上海	485	77	15.88

注：上海是 2003 年的数据，来自上海统计局统计资料，其他来自《中国统计年鉴 2003》，经笔者计算。

三产业增长的贡献率为 10.53%。不难看出，服务贸易已经成为上海服务业和经济增长的不容忽视的力量。从分行业统计来看（如表 20.4 所示），批发零售餐饮业和交通运输、仓储及邮电通信业不仅所占比重较大，而且上升势头迅猛；金融

表 20.4　2000—2002 年上海内向 FAT 分行业服务贸易收入变化　（亿美元）

	2000 年	2001 年	2002 年	2002 年增长率（%）	2001 年增长率（%）
交通运输、仓储、邮电通信业	7.57	14.24	20.05	40.8	88.1
批发零售贸易及餐饮	20.36	30.96	37.42	20.9	52.1
金融保险业	10.57	10.54	7.59	−28	−0.3
房地产业	3.17	6.17	8.96	45.2	94.6
社会服务业	3.38	6.05	8.38	38.5	79
卫生、体育和社会福利业	0.34	0.16	0.18	12.5	−52.9
教育、文化艺术及广播电影电视业	0.02	0.05	0.08	60	150
科学研究和综合技术服务业	0.34	0.28	0.55	96.4	−17.6
总　计	45.75	68.45	83.21	21.6	49.6

资料来源：上海市统计局统计数据。

保险业不仅所占比重较小,而且呈逐年下降的趋势;房地产业和卫生体育社会福利业虽比重较小但处于稳步上升的过程中;其他几类服务行业比重明显偏低,且增长幅度不大。

比较优势指数(又叫净出口比率)是服务贸易行业进行国际竞争力比较的一个有效工具,可以简明直观地反映出各行业的静态比较优势状况,其计算公式为:

比较优势指数=服务贸易净出口/服务贸易进出口总额

比较优势指数超过 0,则可以认为该行业具有一定的国际竞争力,其值越大,表明国际竞争力越强;其值小于 0,则可以认为该行业不具有国际竞争力,其值越小,则竞争力越弱。

表 20.5 是 2000—2003 年上海服务贸易分行业的比较优势指数值。从表 20.5 可以看出,上海服务贸易总体上比较优势低于世界平均水平,应该说这同上海区域性中心城市的地位并不相匹配,也同世界城市的建设有着较大的差距。但从全国来看,上海在服务贸易方面又具有一定的相对比较优势(如表 20.3 所示);从服务贸易发展态势来看,上海服务贸易的比较劣势在逐步缩小。基于此,大力发展服务贸易理应成为上海未来发展的重点领域。

表 20.5 2000—2003 年上海服务贸易及分行业比较优势指数

	2000 年	2001 年	2002 年	2003 年
合　计	−0.0882	−0.0300	−0.01538	−0.03539
运　输	−0.0759	−0.0404	−0.06325	−0.08854
保　险	0.0459	−0.0147	−0.05785	−0.1172
旅　游	−0.0523	0.2223	0.593333	0.655696
金　融	−0.1818	−0.1892	−0.41935	−0.60714
通信邮电	0.4286	0.3500	−0.24528	−0.42553
建筑安装、承包工程	0.0154	0.3805	0.195266	−0.05532
计算机、信息服务	0.0495	0.3604	0.448544	0.418994
专利权使用费和特许费	−0.7491	−0.8584	−0.91438	−0.9651
咨　询	0.0239	0.0888	−0.04436	−0.07394
教育、医疗、保健	−0.6860	−0.7258	−0.71353	−0.72525
广告宣传	0.2987	0.3677	0.172414	0.447273
电影音像	−0.3333	0.4118	−0.33333	0
其他(官方交往)	0.9868	0.4286	0.666667	0.333333
个人劳务服务	−0.4717	−0.5161	−0.19774	−0.06239

从 2003 年分行业来看,上海具有比较优势的行业有四项,前三项依次为:旅游、广告宣传、计算机信息服务,但其比较优势不明显。其他九个行业均呈现出程度不一的比较劣势,比较劣势最高的三个行业依次是:专利权使用费和特许费、教育医疗保健、金融,且其比较劣势十分明显。需要注意的是,这里所列出的六个分行业的比较优势或比较劣势在 2000—2003 年都逐步加大,表现出明显的强者恒强、弱者恒弱的态势。在其他七个不具有比较优势的行业中,比较劣势逐步缩小的行业有两个,即个人劳务服务和电影音像;其他五个行业的比较劣势在三年中均表现出走高的态势,其中本来属于上海比较优势的建筑安装、承包工程项也在 2003 年首次出现逆差,比较优势发生逆转。

综合上述分析,可对上海服务贸易发展现阶段的主要特征总结如下:(1)总量规模较小,但上升势头较快。结合上海服务业的发展水平来看,上海服务贸易正处于迅速扩张前的蓄势阶段。(2)结构比例不平衡较严重,贸易活动主要集中在批发零售餐饮等传统优势产业,而新兴现代服务业的进出口比例较低。(3)部分行业管制较严,开放的深度和广度仍有待进一步加强,开放受部门和地方利益的影响较大。(4)尚未形成一整套系统的、受法律法规保障的、管理有序高效的、利于国内企业迅速成长的制度和规则体系。

20.2.2 背景条件分析

(1)国际服务业转移将有力促进上海服务贸易发展。上海是最有条件承接国际服务业转移的城市之一。如果能够很好地承接国际服务业转移,消费者的可选择集将大为增加,生产企业可以获得更多创新性的技术、思想和观念,同时还将得到更为强大的跨国公司的技术和服务的支持。但我们也必须看到国际服务业发展的态势对发展中国家(当然也包括中国和上海)带来的负面冲击。如果说制造业的 FDI 是以利用发展中国家低端廉价劳动力为主要特征的话,那么服务业的 FDI 则将直接把发展中国家的优质劳动力和高素质人才纳入其生产和经营体系中去,从而在发展中国家本土形成对发展中国家劳动力和资源的全面利用,这对发展中国家本土企业的生长和发育可能构成严重的威胁。这是上海在制定服务贸易发展战略时首先要考虑的一个重要问题。

(2)CEPA 框架为上海服务贸易发展提供了重要契机。在 CEPA 框架下,沪港经济合作将主要集中于服务贸易领域,在航空港、港口航运和物流、世博会、旅游会展、投资和商贸、教育卫生和体育事业、金融服务、专业人才等 8 个领域展开,同时在管理咨询、广告、会计、建筑及房地产、医疗及牙科、分销服务、货物运输代理、仓储服务、运输、视听服务、金融服务、法律、增值电信服务等 18 个行业对香港全面开放。CEPA 框架所提供的优惠超过了中国对世贸组织的承诺,可以看作是中国和上海在全面放开服务贸易领域参与全球竞争前的一次重要的热身和预赛。

具有世界一流水平的香港服务企业进入上海,短期内将直接增加上海服务业的供给规模,而长期内其所形成的竞争效应和示范效应将有效地促使本地服务企业市场化步伐的加快、组织结构的转变、生产效率的提高,从而促进上海产业结构进一步的高级化。如果上海能在主动开放的基础上对香港服务业进行主动吸纳、主动接收和积极合作,则:内含于本地企业内部(特别是大型国有工业企业)的服务职能将被进一步置换出来;对个人服务业、社会服务业将产生明显的需求;将优化上海服务业的产业结构,提高供给水平和质量,将一些潜在的服务需求进一步激发出来,实现供求均衡下的稳定增长。

(3)上海正处于服务业迅速提升的关键时期。上海人均 GDP 已突破 5000 美元,正处于向 10000 美元迈进的过程中,上海服务业产值比重和就业比重均已突破 50%。国际经验表明,在越过 5000—6000 美元这一重要节点后,产业结构和社会需求结构将出现重大变化,服务业将迎来一个快速发展的黄金时期,产值和就业比重将迅速提高到 60%—70%左右。[1]上海在"十一五"期间如果能够大力破除服务产业的进入壁垒,提高服务业市场化程度,允许多元投资主体投资于服务产业,加快长三角经济一体化建设的步伐,同时再考虑到经济增长(发达国家和地区的经验是伴随着人均 GDP 从 5000 美元向 10000 美元迈进,服务产业比重将持续上升,幅度大致为 2 个百分点)、CEPA 的实施(CEPA 将有效提高上海服务产业的供给水平和供给质量)、办博(世博会的举办将为上海服务业带来巨大的需求空间)、加入世贸组织等各种因素,上海在"十一五"期间服务产业的比重有可能在 2010 年达到 60%,基本同发达国家在人均 8000—10000 美元时的水平持平。届时,上海 GDP 总量将达到 13000 亿元(以过去五年间平均增长率 11%计),服务产业产值将达到 7800 亿元(以 60%计),这将构成上海服务贸易快速推进的重要支撑和基本保障。

(4)长三角经济一体化为上海服务贸易发展提供了坚实支持。上海在长江三角洲地区乃至全国经济中心的地位已初步确立,这将有助于各种高级生产要素进一步地向上海集聚,由此可进一步确立上海在服务业领域的核心地位。蓬

---

[1]　数据来自黄少军:《服务业与经济增长》,经济科学出版社 2000 年版。

勃发展的长三角经济带为上海服务型企业提供了广阔的市场容量和发展空间，有利于上海服务产业核心竞争能力的提升，进而增强上海在服务贸易领域的国际竞争力。

(5) 优惠政策为上海服务贸易发展提供了先机。自浦东开发开放以来，中央授予浦东和上海各项功能性优惠政策，这些政策有许多与服务贸易有关，比如允许外商在金融和商品零售等行业投资经营，允许外资在整个上海的范围内开办银行、财务公司、保险公司等金融机构，允许外商在外高桥保税区开办贸易机构，批准建立中外合资外贸公司，批准部分外资银行经营人民币业务等。根据WTO公布的《服务贸易分类表》所列的 12 大类 150 多个项目，除金融保险的部分项目以及新闻、出版、电信等大类外，到 1999 年为止，上海已向全世界开放了大部分的服务贸易项目。1998 年外经贸部指定上海作为发展服务贸易试点城市。

(6) 世博会为上海服务贸易发展提供了巨大的需求空间。据预测，中国2010 年上海世博会期间，新增来沪游客将达到 7000 万人次，其中海外来沪游客为 300 万。如果以 2001 年来沪的国外旅游者人均消费支出 7311 元为基数，考虑到人均消费支出随人均收入水平逐步上涨的趋势（年均递增 5%），2010 年海外来沪旅游者人均消费（包括交通、住宿、餐饮、购物、门票、娱乐等）将达到11366 元人民币，总消费额将达到 341 亿元。而 2003 年上海服务贸易中旅游收入为 136 亿元，这意味着到 2010 年旅游的外汇收入将达到 2003 年的 2.5 倍。仅此一项就将占到 2010 年服务业产值（预计值为 7800 亿元）的 4.4%。如果考虑到该项消费的乘数效应，其对经济增长的贡献率还将有所扩大。

世博会对上海经济增长的拉动效应是十分明显的，但如何将"世博效应"长期化和稳定化，把短期内的"强心剂"内化为持续有效的"内力"，将"世博效应"同上海以及长三角地区的产业结构调整、资源重新整合有机相联，同样是上海应该重点思考的课题。

20.2.3 优势与劣势分析

1. 上海具有诸多发展服务贸易的优势

(1) 人才优势。现代服务业的核心是知识、技术、资本密集，而服务贸易的高端行业也大多符合这一特征。因此，服务贸易的发展同高素质的人才密不可分。上海拥有众多高水平的科研院所和高校，同时上海所具有的蓬勃的发展势头、强劲的发展潜力、浓郁的城市魅力越来越成为全球瞩目的焦点，正源源不断地吸引大批国内国外的高素质人才集聚上海,这是上海发展服务贸易的最重要的基础。

(2)产业优势。上海第三产业基础较厚,未来发展空间和潜力巨大,人力资源素质好,科技水平高,服务业的深度和广度必将决定了服务贸易的深度和广度,二者有着极强的正相关性。

(3)政策优势。上海作为外经贸部指定的服务贸易试点城市,享有许多先试先行的优惠性政策,其对外开放程度在全国处于领先水平。但加入WTO后,这些优惠政策的作用将逐步减弱乃至消除。

(4)区位优势。上海是中国最大的经贸中心,处于长江流域的出海口和太平洋西岸的中心位置,地理位置优越,港口设施良好,交通运输便捷。上海在未来几年内将全力打造国际性航运中心,大小洋山港、浦东机场二期工程的建设将为上海服务贸易特别是国际航运业的进一步腾飞奠定良好的基础。

2.上海发展服务贸易存在的劣势

必须认识到,上海的优势仅是在全国范围内所具有的,如果放在国际大环境下考察,则还存在明显的劣势和不足。

(1)服务业和服务贸易企业规模小,竞争能力较差。这一点决定了服务贸易出口档次较低,服务贸易长期处于逆差状态。服务贸易主要集中在境外承包工程、劳务合作、旅游等有限的几个领域内,利润回报率低、市场发展潜力有限。

(2)主要以"后天"开发为主的高级生产要素相对贫乏。比如现代化的电信网络、高科技人才、高校研究机构和领先学科等。上海目前虽然在全国有着较大的优势,但从全球竞争的角度看,上海的劣势仍然比较明显,特别是在新业务开发能力和人才,企业间营运流程和信息系统的衔接管理能力和人才,以及高端服务的销售能力和人才等方面,同国际水平有较大的差距。人力资源是服务贸易的核心基础,缺乏它,上海服务贸易只能在低层次上徘徊,只能靠现有的传统资源形成的比较优势来维持现状。

(3)服务贸易管理滞后。服务业多头管理、政出多门甚至相互掣肘的问题还没有完全解决。服务业的统计不规范,在行业划分标准、服务标准等许多方面还未能与国际接轨。缺乏对服务贸易的配套管理、信息统计和监控指导。

(4)有关立法工作滞后。目前中国有关服务贸易的立法,除了《对外贸易法》中的7条外,就是若干有关特定服务部门的立法,最高国家权力机关至今尚未颁布一部统一的服务贸易基本法。上海应该先行一步尽快制定一部针对上海服务贸易的地方性法规。比如《上海市外商投资企业清算条例》就是在国家尚未颁布相关法律之时由上海率先颁布的地方性法规。这也是符合服务贸易特点的,因为服务贸易不同于货物贸易可以通过海关的关税对本国产品进行保护,服务贸易主要都是依靠本国的立法对服务贸易进行监管和保护本国企业的。

(5) 服务业自由化程度相对较低,开放程度明显落后于制造业。由于历史原因,某些服务行业(如电信、金融、保险等)垄断性较强,不利于正常的公平竞争秩序的形成,影响了服务业的创新动力和效率。同时在已经开放的部分领域,开放的深度还有待加强,特别是在专业服务、金融保险领域,服务业仍然面临着审批手续繁杂、政出多门的体制性障碍。

(6) 服务层次和品种不足,特别是针对高端消费者的服务供给严重不足。这一问题事实上是上述若干问题的综合反映,普通存在于几乎所有的服务行业中。比如上海目前还缺乏系统、完整、功能齐备的专门针对中高档消费群体的"一站式"综合服务产品。以医疗服务为例,上海的医疗费用虽然很便宜,但许多外籍人士看病还是选择国外的城市。主要原因在于上海没有合适的医疗保险以及相应的高档且质优的专科医疗服务,服务理念、服务态度、服务质量以及语言方面还难以做到同国际接轨。高端服务供给不足,一方面减少了一个重要的消费增长点,更为重要的是,它增加了外资公司和外籍人员在上海的商务和居住成本,阻碍了跨国公司总部向上海的集中,妨碍了上海服务业进一步与国际接轨的进程,从而影响了上海产业的集聚力。

20.3　主要思路及政策建议

服务业是服务贸易的产业基础和产业支撑。国际经验表明,服务贸易同服务业和整体经济水平有着极强的相关性。在服务贸易前十位的经济体中,除香港外,其他九个全部是发达经济体。这九个经济体占了世界服务出口的 60%,其中美国一直占据着世界服务贸易第一大国的位置。因此,上海发展服务贸易最根本之处是建立功能完善、规模强大的现代服务业生产体系。缺乏发达的服务产业基础,服务贸易便是无源之水和无土之木;而发达的服务贸易不仅可以为上海带来先进的技术、管理理念、生产经验,而且也是优化服务产业资源配置,提高服务能级的有效途径。从这个意义上说,上海发展服务贸易既是深化"三、二、一"产业发展方针的必然要求,也是其必然的结果。

发达国家的经验表明,服务业和服务贸易的比较优势在于制度和规则,而不仅仅在于资本、技术和人才。从这个意义上说,上海服务贸易的发展首先要适应WTO的各项规则,其次要充分发挥上海企业在制度和规则上的本土优势,在具有比较优势和潜在竞争优势的领域与国外跨国公司展开全面的竞争与合作,在金融保险、专业服务、医疗等短时期内难以建立优势地位的领域通过改革开放的进一步深化,培育有利于本土企业集聚和发展的环境和土壤,逐步提升该行业的国际竞争能力。

上海服务贸易发展的主要思路为:以服务业的发展带动服务贸易的提升,以服务贸易的提升促进服务业的发展。破除各种不合理的行政性壁垒,加大市场开放程度,积极吸引有国际水平的服务性跨国公司入驻上海,优化上海服务业结构,促进服务业能级的进一步提升。充分利用优势资源,通过国际运输、国际物流、国际旅游、国际贸易等行业的发展,促进上海国际航运中心和国际贸易中心的建设。对目前不具有优势的服务行业,加大开放力度和深度,以开放促发展,培育区域性金融中心、信息中心和技术中心。

从一个更为宏观的视角出发,上海服务贸易在"十一五"期间实现规模和能级的突破,应该重点抓好以下几方面工作:

(1)大力推进国际航运中心和贸易中心的建设。"十一五"期间把上海建成集发达的航运市场、庞大的货物流量、众多的航线航班于一体的区域型航运中心,并以此为基础,把上海打造成国内市场与国际市场重要的对接地,进而以国内完整而发达的产业体系和广阔的国内市场为依托打造"腹地型"国际贸易中心。

(2)大力发展知识化、信息化、技术化的服务行业,对于这种类型的生产者服务业,政府应该给予一定的优惠政策。上海在计算机信息服务方面已经表现出较强的国际竞争力,但在金融保险、专利权使用费和特许费、咨询等方面比较劣势仍然十分明显。鉴于这些领域均为发达国家最具比较优势的领域,上海应该以优化竞争环境、培育本土企业竞争力为目标,力争在尽可能短的时间内实现"进口替代"。

(3)在国家相关的服务贸易法律法规的基础上,上海应尽快制定出符合上海特色的服务贸易的法律法规,特别是针对金融业、劳务输出、专业服务等行业。要完善服务贸易出口的有关法规,简化劳务人员出口手续,提高服务贸易出口的管理效率。有重点地选择具有比较优势和发展潜力的服务贸易出口行业,提供融资担保、政策性保险等金融支持。将对外援助与服务贸易出口相结合,为上海服务贸易出口争取有利的市场条件。

（4）有重点、有计划地培养自己的跨国企业，组建大型服务贸易企业集团公司。大型集团公司一方面容易实现服务业跨行业的联盟合作，另一方面也有利于通过商品贸易、技术转移和直接投资，把上海的服务业向国外输出。拿医疗卫生业来说，保险公司和医院只有通过联盟合作才可能推出新的医保产品，从而满足不同消费群体的医疗消费需求，并获取增值服务的利润。同时要对服务贸易集团公司予以政策倾斜与扶持，为大型服务集团拓展海外业务提供政策上的保障，比如充分利用其他成员方为中国提供的市场准入、国民待遇和最惠国待遇等权利，通过进出口信贷、信贷担保等国际通行手段，促使这些企业能够立足本土优势，同跨国企业在本土展开竞争，同时也能够走向国际市场，实现国内服务与国际服务的一体化。

（5）"入世"的本质是政府"入世"，政府应加强自身建设，使政府行为更加符合 WTO 的要求，比如 WTO 强调的透明度原则、国内法律规则统一原则、为企业提供公平公正公开的公共服务原则等。政府涉外经济管理的角色和方式必须从以往单纯的"管理者"向"管理与服务并重"转变。

（6）充分利用 CEPA 带来的机遇。政府应该努力创造出更多的双方对接、合作的机会，努力实现互动、互利、双赢，充分利用香港在服务业领域的先进的人才、技术、资金、管理经验和理念。

（7）充分利用"入世"过渡期，优先向国内资本开放服务贸易市场，或者至少要给予国内企业以"国民待遇"，打破行业垄断和壁垒，降低市场准入门槛，逐步形成公开透明、管理规范和全行业统一的市场准入制度，大幅度减少行政性审批，培育适度竞争，让不同的市场主体公平有效地竞争。

20.4　服务贸易重点发展行业选择

重点发展行业的选择标准应该综合考虑以下几方面的因素：（1）比较优势指数，即静态的比较优势；（2）动态比较优势，即考虑其未来发展的潜力；（3）产值和交易额，即考虑其对服务贸易总额和就业的贡献率；（4）行业的特殊性，即无论如何都应该重点发展的行业，即使其不符合上面所说的三项标准，比如金融保险业。以上述四方面因素为标准，我们选择出上海在"十一五"期间应该重点发展的四个行业为：金融保险业、运输业、旅游业、建筑安装与承包工程。

需要指出的是，尽管上海在计算机、信息服务项目上具有明显的比较优势，但深入分析该项目的出口企业构成则会发现,外商独资企业是该项服务的主要提供者,占到83%的份额,如果再加上中外合资和合作企业,则比重将达到95%左右。①也就是说,真正由上海本土企业提供的服务份额是微乎其微的。从进口企业构成来看,国有企事业单位占比为12%,与上年相比有大幅下降,而合资企业的占比则达到68%,比上年有了大幅提高。这一数字说明,上海计算机、信息服务主要是在具有中国居民身份的外商企业和不具有中国居民身份的外国企业之间发生的,这一份额的增加更大程度上是由于上海外资投资力度的增加和外商经营业务的转变造成的,并不代表上海本土企业在该项目上的真实竞争力。基于此,在重点发展行业中将其滤去。

20.4.1　金融保险业

金融保险业对于中国这样一个世界性大国,对于以世界城市为发展目标的上海而言,其重要性是不言而喻的,不论其目前的发展程度和未来发展的艰巨性如何,上海都应该将其列为重点行业积极予以支持。

上海金融保险业服务贸易具有如下特点:(1)增长较快,但占比较低,这预示着金融保险业有较大的发展空间。(2)基本上处于逆差状态,且有逐年增大的趋势,这说明上海本地金融保险业同国际相比处于明显的竞争劣势地位。不仅如此,金融保险业的服务贸易水平也明显同上海整体金融服务的发展水平不相匹配,比如2002年上海金融业增加值占GDP比重为10.8%,基本同香港(13%)、新加坡(11%)持平。但金融服务贸易进出口总额占总服务贸易比重仅为0.3%,而同期香港为5%,存在明显的差距。(3)涉外金融品种少,增值能力不强。(4)部分金融保险服务通过"地下"进行流通和交易,据平安人寿公司估计,"地下保单"规模已占到全国个人寿险收入的10%。(5)监管政策、监管措施以及相配套的税收、法律等制度措施不够完善。

金融保险业的发展是一个十分复杂的系统工程,其规模和效率受政策制约的影响十分明显,而其中的核心政策又直接来自中央。在目前这样一种制度背景下,上海在近几年需要做的工作是:

(1)制度创新和突破。对于金融企业而言,政策放开到哪里,市场就会开放到哪里,金融产品和服务方式也都会相应地发生改变和调整。上海应该利用"建设国际金融中心"这一国家战略,向中央争取一些有利的优惠政策,加大上海本

---

① 数据来自上海市统计局统计资料。

身的金融管理自主权限,在现有的制度框架下,尽可能地放开金融市场,鼓励上海金融机构"走出去",到境外设立分支机构并开展业务。

(2) 优化竞争环境、培育金融人才和大型金融集团公司,提高企业整体的竞争实力。争取在较短的时期内把原本由外国金融机构运作的部分业务留在上海,实现金融服务的"进口替代",扭转逆差逐年扩大的趋势。

(3) 吸引国内和国际跨国银行的总部向上海集中。上海的金融机构虽然在数量上在全国领先,但其总部大多在北京。而金融企业的国际业务都要通过总部进行,这也是上海金融服务贸易额比重偏低的一个重要原因。

(4) 注重培育非金融机构的发展。目前上海证券公司、投资信托公司、律师事务所和会计师事务所、金融投资咨询公司等非金融机构比重明显偏低,金融结构过于单一。

20.4.2　运输业

国际航运中心是上海在短时间内最有可能建成的"四个中心"之一,而加快运输业服务贸易的发展是建设国际航运中心的基本要求。

上海运输业服务贸易有三个特点:(1)占服务贸易总额的比重大,从2000年至今均占到交易总额的半壁江山;(2)逆差较大,是除专利权使用费和特许费之外的最大逆差行业,并且逆差状态有逐年增大的趋势,2003年逆差占总逆差的31%。但需要注意的是,运输业的逆差主要是上海进口贸易小于出口贸易所致,一旦这一格局有所变化,运输业的逆差也势必将得到扭转。(3)从服务内容来看,货运服务占比较大;从服务方式来看,海运服务占比较大。这一特点决定了随着洋山港的建成和使用,上海运输业服务贸易还将迎来一个新的发展高峰。

上海运输业拥有几家特大型运输和辅助性服务公司,包括中国海运集团公司、中远集装箱运输有限公司、东方航空公司、上海航道局、第三航务工程局、上海救捞局等。大型运输公司是国际运输业的主力军,上海已经初步具备了在运输服务上的国际竞争力。

目前国际运输业已经发生和正在发生着一系列的深刻变革,主要有:一是国际运输服务越来越向资本、技术密集方式转变,特别是随着远洋集装箱运输的发展,这一转变日益明显;相应地,航运公司越来越向专用化、高速化、大型化发展。二是港口向集团化、多元化经营发展,港口同大型物流公司或运输公司强强联合,优势互补。三是国际运输自由化已成为一种趋势。四是港口建设同城市发展之间的关系也越来越紧密,大型枢纽港已经成为重要的服务产业的集中地。应该说,上海目前的国际运输业还不能很好地适应这一变化,主要问题出在制度和政策层面。这是运输业发展的软环境,从某种程度上来说,它要比硬件建设更为重要。具体而言,上海应该在以下几方面形成突破:

(1)价格竞争优势。取消不合理的行政性收费及其所派生出来的经营性收费,从根本上降低上海的港口使用费。比如上海在通关和陆上运输过程中收费项目多达 39 项,进口箱的 90%、出口箱的 70% 为法规和政府行为的收费,其中不乏无实质性服务内容的"盖章费",由此导致上海服务费用偏高。比如在拖轮费和引航费两个项目上上海的收费水平是香港的 3.8 倍、釜山的 2.7 倍、深圳盐田港的 1.8 倍(上海统计局统计资料)。高收费已经导致部分集装箱向上海周边其他港口转移。

(2)政策竞争优势。争取"自由港"政策,大力发展国际集装箱自由中转业务,香港和韩国正是通过"自由港"政策逐步成为世界性运输服务提供者的。

(3)管理服务优势。尽快成立一个负责全市交通运输规划、决策和监督的部门,从总体上协调交通局、港口局、铁路局和民航华东管理局在运输服务方面的工作。同时还应该继续加大通关效率,减少通关时间。比如上海通关速度虽然在全国最快,但在海运服务上,所需时间仍然是韩国的 24 倍,香港的 48 倍。

(4)运营模式优势。大力推进国际集装箱的多式联运模式,降低交易成本,提高运输效率。比如上海目前没有一条铁路通入集装箱码头内,大大增加了集装箱的装卸成本和等待时间。

20.4.3　旅游业

旅游是上海服务贸易最有优势的项目,即使在受到 SARS 影响的 2003 年仍实现顺差 12.96 亿美元,其中因公旅游收入顺差 8.15 亿美元,因私旅游收入顺差 4.81 亿美元。因公旅游占比高达 63%,反映了上海同世界经济的联系越来越紧密,上海在全球经济中的重要性正逐步增加。从国内横向比较来看,上海旅游业在国内仍然具有很强的优势,如表 20.6 所示。

虽然上海国际旅游外汇收入低于广东和北京,但如果拿长三角经济圈、环渤海湾经济圈以及珠三角经济圈作比较,则以上海为中心的长三角地区在旅游业创汇方面要强于环渤海湾经济圈,但明显弱于珠三角经济圈。因此,无论从自身旅游实力的打造,还是从区域经济的可持续发展的角度来看,上海都应该进一步

表 20.6　2002 年各地区国际旅游外汇收入比较

	国际旅游外汇收入（亿美元）	占比（%）
中　国	203.85	100
北　京	31.15	15.28
天　津	3.42	1.68
河　北	1.67	0.82
上　海	22.75	11.16
浙　江	9.28	4.55
江　苏	10.50	5.15
广　东	50.91	24.97

资料来源：《中国统计年鉴 2003》。

深化旅游功能的强势地位，立足于辐射长三角和全国旅游市场，跳出自我发展的狭隘视野，通过区域化和一体化战略提升上海旅游业的服务能级。

同时，针对国际旅游业需求个性化、产品多元化、组织大型化和国际化、技术信息化等特点和发展趋势，上海应该进一步加强自身的旅游集团、旅游项目、旅游景观、旅游环境的建设，充分利用自身在国际上的影响力，全力打造国际旅游的集散地和中转枢纽，建立国际性的旅游经济网络体系。这是增加上海外汇收入、刺激商业消费、提升城市形象的重要手段。需要注意的是旅游资源大国和旅游强国是两个不同的概念。从国际旅游业发展态势来看，仅仅具备了旅游贸易的比较优势并不一定能够发展成为旅游强国，比如非洲的大多数国家；相反，不具有比较优势却仍有可能发展成旅游强国，典型的例子是新加坡和中国香港。因此，在国际旅游全球化、信息化、集团化、网络化的大背景下，国际旅游大国地位的建立有赖于动态的竞争优势而不是静态的比较优势，从这一视角出发，上海旅游服务在"十一五"期间应该在以下几个方面找准抓手，形成突破：

（1）旅游产品突破。根据上海城市的特点，大力发展商务会展旅游、都市旅游、休闲旅游、文化旅游、邮轮产业等新品种，深化和拓展旅游业的延伸产品，把商业、娱乐休闲、会展、文化体育、教育等市场需求潜力大、收入弹性高的行业作为国际旅游的配套行业加以重点发展，优化商业服务环境，为国外游客提供全方位的服务。其中重点应该发展商务旅游和邮轮产业，这两块是上海最具比较优势的项目。从美国的经验来看，商务旅游已经占据了美国旅行社全部业务的半壁江山。①而邮轮产业由海洋运输、休闲观光、旅游三大行业交叉构成,均是上海具有比较优势的行业。从国际经验来看,邮轮产业特别是游轮母港对当地经济发展的拉动作用是十分强劲的。②另外,国际比较也表明,上海已经初步具备了发展邮轮母港的一些必要条件,比如优的港口条件,周边有十分丰富的自然和人文景观、较高的人均收入水平、城市的国际知名度、发达的软硬件设施、便捷的交通等等。③

(2) 形象宣传突破。目前,上海对于旅游形象宣传和促销还没有给予足够的重视,而旅游业发达国家在这一块均有巨额资金的投入。据世界旅游组织统计,西班牙的促销费用每年近 8000 万美元,法国 7000 多万美元,中国香港也达到 3000 万美元。④上海应该通过设立旅游专项税或缴纳行业发展基金的形式多方筹措资金。比如可以仿照新加坡的经验,按旅游业对 GDP 增长的贡献提取相应比例的发展资金(新加坡是 4%),用于上海的旅游形象宣传推广工作。同时也应在国外广设办事处,积极从事国外旅游的调查、宣传工作,与国际旅游集团建立广泛的联系。

(3) 旅游政策突破。一是加大旅游服务设施的投资力度。目前全球旅游设施投资占 GDP 比重的平均水平是 9%,上海同这一指标存在着较大差距。二是仿照货物贸易出口退税政策,对服务产品出口采取退税政策,刺激旅游企业的发展,同时也可对入境游客购物实行退税,以进一步刺激国外游客在上海的消费支出水平。三是通过适当的措施,有计划地布置一些富有特色的旅游产品放在夏冬两季,吸引国外游客,改变上海目前春秋游客多,夏冬游客少的不均衡状态。比如可在夏季举办国际啤酒节、国际音乐节,在冬季举办国际服装节等。

(4) 企业组织突破。目前在长三角乃至在全国存在着较为严重的旅游市场地区分割现象,上海应该率先对本地旅游资源进行整合,筹建大型的旅游集团,将旅行社、宾馆饭店、车船队、旅行商店和部分旅游景点组合成团,同时还可同铁路、民航等大型机构联合,共同打造大型旅游公司或者旅游新品种。而旅行社作为旅游业的批发商和零售商在旅游业务链条中无疑具有重要的地位,针对上海

---

① 参见杨晓瑜:《中国旅游服务贸易中的入境旅游发展策略研究》,湖南大学硕士论文,2001 年,第 64 页。

② 参见章伯林:《"邮轮经济"崭露头角》,《开放潮》2003 年第 9 期;胡健伟、陈建淮:《上海邮轮产业机群动力机制研究》,《旅游学刊》2004 年第 1 期。

③ 参见林国泰、林致华、俞健萌:《邮轮经济:服务新概念》,《上海综合经济》2003 年第 3 期。

④ 参见杨晓瑜:《中国旅游服务贸易中的入境旅游发展策略研究》,湖南大学硕士论文,2001 年,第 58 页。

旅行社普遍存在的业务范围窄、经营规模小、集团功能散、网络功能弱等不足,上海特别要注重集团化、网络化、信息化的大型和特大型旅行社集团的发育和培养,通过旅行社整合其他相关资源,发挥更为强大的旅游产品销售主渠道的功能,实现覆盖全国的集团促销能力、信息交互共享能力以及服务规范化、标准化能力,从而才有可能在时机成熟时走向国际市场。这一功能决定了上海旅游集团在全国乃至在国际上的辐射力和影响力。

(5)制度突破和创新。同上面几项突破相比,制度突破和创新是核心和根本。上海旅游业目前存在的诸多问题都同制度层面有着千丝万缕的联系。制度创新的最重要的方面是实现旅游主管部门、旅游企业、相关企业和具有高度创新才能的企业家共同携手实现旅游业规模化、现代化的重整。比如,鉴于上海目前旅游企业的现状,可由旅游主管部门牵头,负责上海旅游网络资源的建设,为上海旅游业的需求者、供给者营造一个可以互动信息的平台。又如,上海可通过学校建设、学科建设加强旅游人才的培养,鼓励旅游人才输出。

(6)完善旅游经济统计体系,要全面准确地反映上海的游客数量及其消费比例构成。比如目前的抽样调查遗漏了外国留学生和来沪治病患者在上海的消费支出。

20.4.4 建筑安装与工程承包

建筑安装与工程承包主要包括国际工程承包、劳务输出、设计咨询等,其中国际工程承包在该项目中占有举足轻重的地位,2002年营业额占比达83%。由于上海劳动力所具有的比较优势,该项目一直是上海服务贸易中比较优势较大的项目。从统计资料来看,上海的建筑安装与工程承包不仅在纵向上有了巨大的发展,比如2002年国际工程承包的实际营业额是1986年的154倍,劳务输出是1985年的33倍;而且在全国的横向比较中其所占份额也节节攀升,从1999年占全国的5.37%上升到2002年的8.78%。从2000年以来这一项目一直处于顺差状态,只是由于受到SARS和伊拉克战争的影响,在2003年首次出现1300万美元的贸易逆差,并且进出口总额也出现一定程度的下降,由2002年的3.38亿美元,下降到2003年的2.35亿美元。

从工程承包来看,上海不仅保持了较高的发展速度,而且承包领域在逐步扩大,承包水平在逐步提高。上海目前对外承包工程已经扩展到房屋建筑、制造及加工业、石油化工、电力工业、电子通信、交通运输建设、航空航天和社会服务业等领域,工程规模逐年增大,合同标的额逐渐提高,技术含量和服务层次也不断有新的突破。比如上海建工(集团)总公司承包在上海的汤臣海景花园境内外资房屋建筑项目,合同额达 5732 万美元;上海振华港口机械(集团)股份有限公司承包美国弗吉尼亚港岸桥工程,合同额 4600 万美元;中国上海外经(集团)有限公司承包玻利维亚的阳光电力工程、伊朗的炼油厂改造工程项目和德黑兰北部高速公路工程项目,合同额分别为 3206 万美元、4000 万美元和 2.15 亿美元。而统计资料进一步显示,上海承包工程的中标率由 1999 年的 10.35% 提高到 2002 年的 37.46%,其中大型项目、高技术含量项目和总承包项目所占比重在逐步加大,分别从 1999 年的 76.8%、16.77%、23.83% 提高到 2002 年的 98.22%、72.86% 和 83.18%。这两个指标可以直观地反映出上海在这一领域的承包水平正在逐步提升。

目前上海对外承包行业主要存在的问题有:(1)劳务市场经营秩序混乱。除经商务部批准的正规公司外,许多未经批准的公司也从事代理出国劳务业务,一些私人公司也变相办理出国劳务。这一方面导致不规范和低价竞争,扰乱了市场秩序,另一方面也导致行业性乱收费,从而抑制了行业的良性发展。(2)劳务人员出国手续复杂,办证周期过长。(3)劳务合作信息不灵,渠道不多,信息服务体系不完善。(4)政府的服务体系尚未完全建立。(5)大型企业的国际竞争力不强。从工程承包国际发展的趋势来看,工程项目越来越大型化和复杂化,对承包商的要求也越来越高,仅仅具有劳动成本的优势越来越难以在国际市场中立足。实际上,自 80 年代以来,随着国际建筑业 BOT 方式的盛行,这两项服务越来越向资本、技术密集型服务方式转变,而上海在这两个方面基础均较为薄弱,相应的比较劣势也日渐凸现。比如目前大型工程项目往往需要承包商提供融资功能或垫付工程款,需要由承包商统一提供工程设备、物资和材料采购及施工管理等一系列职能。这都要求承包商具有相当雄厚的资金、技术和人才规模,而上海的企业同这一标准仍有较大差距。比如 2001 年上海最大的承包企业振华港机公司年营业额只有 2.9 亿美元,而同期瑞典的 Skanskag 公司的营业额为 121.5 美元,相当于上海全部营业额的 10.2 倍。

针对上述问题,上海应该在未来的一段时期内做好以下几方面工作:(1)鼓励企业带资承包,积极支持企业开拓国际工程承包市场。正如上面所分析的,带资承包既是一种发展趋势,同时也延长了传统工程承包的业务链和价值链,承包商在承担风险的同时将获得更大的投资收益。(2)拓展企业的经营领域,鼓励企业把工程承包和对外投资、对外贸易结合起来。(3)积极培育具有国际竞争实力的大型工程承包企业集团。事实上实现上述两个方面的最佳组织载体只能是大型企业集团。上海可在国有资产管理体制上实现创新,鼓励对外工程承包企业同制造企业、建筑企业、设计咨询企业实现强强联合。加大企业集团同金融企业之间的业务联系,对大型企业在融资、信贷、保险、外汇管理等方面提供优惠政策。比如,应该允许并支持国内银行对国际工程项目进行项目融资。(4)提高其他相关服务的深度和广度。加强信息网站的建设,及时收集和公布有关信息。加强行业协会的协调功能,维护行业的经营秩序。简化人员和设备的出国手续,特别是为重点扶持企业建立"绿色通道",减少审批环节,简化审批手续。同时在完善法律、加强劳务培训、保护海外劳工利益等方面加大政府的服务力度。

21 促进现代服务业发展*

大力发展现代服务业是适应国际产业分工新变化,走新型工业化道路,促进产业结构高度化的重要产业政策导向。但在促进现代服务业发展中,不能采取传统的推进一般服务业的政策手段和措施,甚至简单移植那种搞工业项目的做法,而要根据现代服务业的发展规律及内在性要求,针对现阶段现代服务业发展的状况及其特点,积极探索促进现代服务业发展的基本思路、主要路径、重点突破口以及对策措施。

21.1 基本思路

上海现阶段促进现代服务业发展的基本思路为:体制机制创新,激活第三产业发展的内在动力;全面增强经济服务化,实现二、三产业融合发展;传统服务业与现代服务业互动,优先发展生产者服务业;扩大产业规模与提高服务质量并举,以改善服务模式为重点;促进服务业集群,拓展服务辐射空间。

(1)突破体制性障碍,提高市场化程度。积极推进放宽市场准入、引入竞争机制、活跃与规范服务市场等重大服务业改革进程。在明确行业要求和经营资质的前提下放松进入管制,鼓励更多民间资本进入,扩大非公有经济比重,促进服务企业数量和规模的增大,形成多元经济主体参与的充分竞争的格局。在确定服务标准和加强行业监管的前提下放松经营管制,扩大服务企业经营范围,实行按质论价、差别化价格等市场定价方式。同时,要进一步加大整治服务市场经

---

* 本章根据周振华主编《现代服务业发展研究》(上海社会科学院出版社 2005 年版)分报告"推进上海现代服务业发展:方针、预测目标及对策思路"(周振华、陶纪明)内容改编而成。

济秩序的力度,加强服务市场监管,对市场价格行为实行有效的宏观管理,切实保障消费者权益。通过体制机制创新,促进专业化分工,带动服务外部化,从供给与需求两方面激活服务业发展的内在动力。

(2)现代服务业发展不能仅囿于自身产业部门来谈发展,要突破自我增强的产业内循环发展路径,在全面提升经济服务化的基础上寻求向整个经济系统渗透的发散型发展,特别是在二、三产业融合中找到新的增长点。这不仅要求其他产业,特别是制造业的企业活动外置,大幅度增加服务的中间投入,而且要促进制造业部门的服务化,使其经济活动由以制造为中心转向以服务为中心,具体表现为该制造业部门的产品是为了提供某种服务而生产的,随产品一同售出的有知识和技术服务,服务引导制造业部门的技术变革和产品创新。为此,上海应加快发展与制造业直接相关联的配套服务业,重点发展三个专业性服务业(汽车服务、工程装备配套服务和工业信息服务)和五个公共性服务业(技术服务、现代物流、工业房地产、工业咨询服务以及其他工业服务)。

(3)现代服务业发展要有一个全面振兴的过程,促进全行业的兴旺发展。从上海社会经济发展的阶段性水平和需求特点看,消费需求在相当一段时间仍是第三产业产出的主要来源,消费者服务作为传统的服务领域在第三产业中仍占非常重要的位置,必须全力提升传统服务业,扩大服务规模与延伸服务链,进一步提高服务质量,改善传统服务模式等。同时,要优先发展生产者服务业,开拓服务新种类与新品种,提高服务的知识密集度与技术含量,增强运行的稳定性,培育服务新增长点,增强跨区域辐射能力等。

(4)现代服务业发展既要有外延型的规模扩张,也要注重内涵型的质量提高,重点在于改善服务模式,增强人性化、便利化、信誉化的服务特色。规模扩张主要是增加服务门类和品种。在WTO提出的140多种服务门类中,我们只能提供40多种。因此要开拓新的服务种类和品种,增加新的服务门类和业务,改革第三产业的内部结构,改变第三产业发展程度低、产业门类不齐全局面。质量提高主要是用先进的理念改造服务业,用高新技术与信息技术装备服务业,使第三产业中更多的部门成为知识与技术密集型的现代产业部门。

(5)营造良好的产业生态环境,通过紧密的产业关联、共享的资源要素、丰富的社会资本、有效的竞合机制,充分发挥外部性优势,培育和促进服务业集群的形成与发展,实现规模经济与范围经济,形成产业共同进化机制。以中央商务区为载体和平台,形成以金融商务服务为主的核心集群、以娱乐高档消费为主的衍生集群、以旅游餐饮服务为主的支持集群;以高新技术园区为载体和平台,形成以产品研发和技术创新为特色的服务业集群。在多样化、多层次、网络化的现代服务业集群基础上,拓展服务辐射空间,使服务价值链向长三角地区及国内外延伸。

21.2　主要发展路径

由于现代服务业的产业属性及特点决定了其自身发展的特定条件及路径依赖,所以我们在大力推进现代服务业发展过程中要按照其内在性要求,寻求和选择有效的发展路径。

(1)通过市场深化,提高社会专业化分工程度,为现代服务业发展奠定雄厚市场基础。现代服务业发展,首先取决于市场需求的驱动,特别是要由产业部门和政府部门的中间需求来拉动。在一些发达国家,真正保留在制造企业内部的服务职能范围和比例均有很大程度的缩小,主要集中在与企业核心业务和商业秘密有关的几个领域内(比如财务、产品开发、设计等),而将信用调查、机械修理、广告宣传、厂房维修、保安、软件开发、市场调查、人员培训、卫生福利等,甚至将产品检查、产品维修、统计与报销等进行外购。这样,就为现代服务业发展奠定了雄厚的市场基础。根据投入产出表的计算,上海第二产业的服务投入率(服务投入占总投入的比重)明显偏低,比第三产业的服务投入率几乎低一半,甚至比第一产业的服务投入率还要低。这就要求改变社会专业化分工程度低下,许多服务活动在非服务业部门(除了农业、制造业部门,也包括政府与家庭部门)内部化并形成部门内部自我服务,从而造成对现代服务中间需求不足的局面。因此,要通过市场深化,提高社会专业化分工程度,特别是促进制造业内部服务活动的外部化和服务交易市场化。另外,现代服务业本身的专业化水平也要不断提高,以满足社会多样化需求。因此,要通过市场细分和专业化,尽快建立起门类齐全的新兴服务部门。

(2)通过现代技术运用及服务创新,形成现代服务业发展的良好技术基础。现代服务业不仅是现代技术广泛运用的部门,而且也是自身创新的重要部门。特别在信息化进程中,大量信息技术运用的服务创新正方兴未艾。服务创新,既包括服务手段、方法、工具等方面的技术创新,也包括非技术创新,如像金融服务中的许多功能创新。与制造业等部门的创新有所不同,服务创新中有许多并不是技术性或者是过程的变动,而是功能性的开发。这些功能性的创新,也许并不需要大量的 R&D 投入,但要求有大量的学习及知识积累、高素质的人力资本以及相应的制度环境。

(3) 通过产业区位集聚,优化现代服务业发展的生态基础。由于现代服务业具有在中心城市及中心区域高度集聚的特性,其产业集聚带来的互补、共享等外部经济效应十分显著,从而呈现出区位集中的产业集群发展趋势,尤其在大都市中央商务区(CBD)出现了一系列的产业集群。因此,要以中央商务区为载体和平台,形成以金融商务服务为主的核心集群、以娱乐高档消费为主的衍生集群、以旅游餐饮服务为主的支持集群;以高新技术园区为载体和平台,形成以产品研发和技术创新为特色的服务业集群。在多样化、多层次、网络化的现代服务业集群基础上,拓展服务辐射空间,使服务价值链向外延伸。

(4) 通过网络化架构,培育现代服务业发展的组织基础。在信息化条件下,现代服务业发展越来越由经济网络型服务带动,使经济网络型服务与其他产业部门的发展形成互补,因此服务的网络化优势变得十分显著,许多服务型公司日益采用松散而富有弹性的网络型组织结构。目前,我们许多服务供给的组织方式仍然是传统的单一结构及等级制架构,缺乏遍布各地的服务网络,其业务活动的开展十分有限。现代服务业发展必须依赖网络化优势,服务企业要向连锁化、联盟化、集成化等方向发展,形成网络型组织结构。

(5) 通过主动接受国际服务业的转移,促进现代服务业跨越式发展。现代服务业的经营活动正日益国际化、网络化和一体化。服务领域的对外直接投资日益成为拓展服务地域范围的重要形式。目前国际服务业转移正加快步伐,已经扩展到信息技术服务、人力资源管理、金融、保险、会计服务、后勤保障、客户服务等多个服务领域。我们要抓住这一机遇,主动承接国际服务业转移,引进跨国服务机构及其伴随而来的网络、人才、管理、制度等。服务业引进外资,要注重其功能性,而不囿于项目及其金额的大小。因此,服务业引进外资的质量标准,一是功能的稀缺性,越是我们缺失的服务功能,越是要引进;二是功能的大小,越是服务功能大的项目,越是要引进;三是功能的集聚性,越是能带来其他服务集群的项目,越是要引进。

21.3　发展重点及突破口

在现阶段,加快现代服务业发展的重点及其突破口,主要有以下几方面。

21.3.1　开发新的服务种类和品种，做大现代服务业规模

（1）填补目前尚缺乏的服务种类和品种的空白。目前，我们有不少国际分类的服务品种是空缺的，或者说还没有细分出来，从而也做不大、做不精。尽管这是专业化分工的产物，但也可以通过引进和开发，尽快发展商业化的税务服务、民意测验、安全调查、信用查询与分析服务等新型服务行业。

（2）在原有基础上细分和丰富服务品种。例如，在金融保险、文化娱乐、法律服务、技术服务、现代物流以及会展业等领域，细分服务品种，创新服务业务，扩大服务范围等，开拓更多小而专、专而精的服务品种。

（3）进一步完善配套性服务。沿着产业链和价值链，开发和增加新的配套服务项目，特别是专业性配套服务，例如汽车服务，包括交易中介、保养维修、租赁、信贷、保险、展示等配套服务；工程装备配套服务，包括工程设计、设备安装、工程承包、装备维修、设备租赁等；工业信息服务，包括电子商务、数字通信、自动控制软件开发、系统集成、数据服务、企业管理信息化等。

（4）改善和发展相对薄弱和滞后的服务产业。大力发展社区服务，包括社区清洁、家电维修、房屋维修、社区教育、家庭教师、家务小时工、看护小孩、护理病老、陪伴老人、上门送餐、接送小孩、净菜服务、洗衣上门、代人购物等服务项目。大力发展各类教育培训、医疗保健（护理、康复、健身、养生等）、养老服务、环保服务等。

21.3.2　创新服务模式，繁荣服务产业

（1）整合已有资源，为顾客提供新的增值服务。以系统集成方式将各种服务资源进行整合，提供全面、全套、全过程的舒适而有效的服务。例如，居家医疗服务"一条龙"，包括把依据医生处方调配的药剂、点滴等送到患者的家中；由护士进行定期的访问，打点滴或做生活指导；护士随身携带移动电话，24小时接受医疗咨询；家庭助理（Home Helper）定期到患者家访问，提供协助患者做饭、喂食和洗浴的看护服务等。这种整合资源服务的特点是：患者不必住院就可以持续接受治疗，然而又与医院的服务不同，它把包括家人在内的自助服务以及提供必要的技术、知识、药剂、装备、看护服务等辅助性系统提供给患者，从而使患者既能正常居家生活，又能得到更有效的治疗。

（2）改变服务的合约条件，使原本属于单次交易性质的服务转变为定期服务，为顾客提供持续性服务。通过各种类型和不同项目的终身服务，创造出顾客

与企业之间的紧密联结,使消费者一次性支付比较低廉的费用就能得到长期的优惠和好处,接受持续性的服务和得到追加的服务。例如,对汽车养护的终身服务等。

(3) 通过具有互补性的服务企业协同合作,打造出更有价值的"服务包"。众多相关的服务系统,通过垂直和水平的服务渠道进行合作,把相关服务整体"打包",推出整合化公司体系或契约体系,为顾客提供联合性服务。这种互补性服务企业在服务价值链不同环节的合作,也能使各方获取竞争优势,并为顾客提供新的附加价值。例如美国的花旗银行与美国航空公司共同推出优惠卡,为传统的信用卡业务注入了新的商机。花旗的卡友每刷一美元,即可赚取一英里的累计飞行里程。在这项联合业务中,花旗银行增加了信用卡的销售,美国航空公司也抓住了自己的顾客群,两方互蒙其利;而在相当一部分顾客的眼里,这种方式为他们提供了新的附加价值。

21.3.3 提高服务质量,丰富服务内容

(1) 通过标准化、精益化、连锁化等方式提高服务质量。针对服务质量难以控制的特点,实行服务标准化、精益化、连锁化,以提高顾客更好的体验。

(2) 通过树立服务行风,提高服务信誉,提供独特而有吸引力的服务承诺等提高服务质量,降低顾客购买服务的风险感和不确定感,刺激服务需求。例如,一些邮政快递公司承诺,他们的邮政包裹"绝对""铁定"隔夜送达,否则退款。达美乐比萨(Domino Pizza)承诺,在一定的范围内,顾客会在三十分钟内收到比萨饼,否则就可以免费用餐。萨福维(Safeway)超市提供"三人成行"服务承诺,顾客结账付款时,保证任何一队如果超过三个人,就立即开辟一个收款柜台。

(3) 增加实体线索,打造强劲品牌形象。针对服务无形化的特点,要尽可能地将服务有形化,设法增加服务的实体线索,强化顾客对服务的认知。

(4) 促进服务业技术进步,提升服务的技术含量。经过对服务业生产率增长的调查研究,美国经济学界得出结论,未来服务业将借助信息高科技提高生产率的广度和深度,在这方面,服务业甚至要超过制造业等其他行业。因此,要充分利用科技提高服务部门的生产率和提供更好的服务质量,运用增值技术创造新的附加价值。

21.3.4 壮大服务领域支柱产业,提升第三产业内部结构水平

根据上海现阶段现代服务业发展的实际情况,要做大和做强那些增长率高、

产值比重大、关联性强的支柱性服务部门。

（1）现代物流配送服务系统，包括集装箱、港口、公路、航空货运等运输枢纽，与电子商务衔接的物流配送，跨国、跨区域采购、流通中心。尽管发达国家的物流服务在整个经济中的比重几乎全部小幅下降，但在现阶段上海服务产业的产业关联中，交通运输与仓储业是影响力系数和感应度系数唯一处于双高位的部门，仍有较大的基础性作用。因此，要完善港口、机场、铁路、公路等物流通道，建设海港、空港国际物流基地，发展一批各具特色的物流园区、专业性物流中心和配送中心，建设物流信息服务平台，发展大型化、职能综合化的物流服务经营机构，提高现代物流配送服务的国际化程度，加快现代物流服务的网络化和信息技术运用，扩大物流服务的辐射面。

（2）商务服务和旅游业。目前这两大服务产业增长较快，功能越来越综合，其影响力系数处在高位，是具有较大带动性的重要服务部门。商务服务作为企业的中间投入，其在国内和国际经济交流中的作用迅速上升。上海商务服务发展的优势及其重点是在国内外经济关系中充当中介服务，进行内外经贸活动的沟通联系。旅游服务在整合众多服务资源（包括航空公司、旅游饭店、汽车租赁、订票代理、休闲娱乐区等）的基础上朝综合化、复合型的方向发展，全力打造国际旅游的集散地和中转枢纽，建立国际性的旅游经济网络体系，并利用上海旅游港口的优势拓展邮轮经济服务。

（3）金融保险、房地产服务业。这类服务产业增长率较高，在第三产业中的产值比重较大，但目前的影响力系数均处于低位，需要进一步开拓新的服务项目和品种，进一步规范发展信托、租赁、基金、财务、担保等非银行金融服务业，促进证券经纪、咨询、评估、投资等金融中介服务业的发展，扩大其对经济活动的渗透力和带动力。而且，目前金融保险服务业的感应度系数较高，容易产生起伏波动，需要建立预警系统和应急预备方案，形成抗经济波动的波及效应的熨平机制。

21.3.5　培育服务领域的新增长点，形成先导性服务产业

目前上海教育、文化、卫生等服务产值比重并不高，其影响力系数和感应度系数均处于低位。但根据国际经验，在主要发达国家服务业分部门的比重变化（1987—1997 年）中，教育、卫生、文化服务的比重全部大幅上升，特别是日本和英国，其增加值占 GDP 的比重分别高达 3.7％和 4.7％。[①]从发展趋势来看，上海

---

① OECD, 2000, *Services: Statistics on Value Added and Employment*, Paris.

这些服务部门将有很大的增长潜力,需要作为新的增长点加以培育。

(1) 教育培训服务。大力发展面向国内外的来沪求学、留学服务、特殊技能教育服务、职业培训服务、终身教育服务等。

(2) 文化娱乐服务。重点拓展文化消费服务、大众文化娱乐服务、文化景观游览服务等新领域。

(3) 卫生保健服务。全面推进社会保健服务(私人医生制、保健服务中心等)、专业医疗服务(非公立医院、国际医疗中心、居家医疗等)。

21.4 对策措施

21.4.1 调整管制政策,引入竞争机制

(1) 根据中国加入 WTO 的承诺,从促进现代服务业发展的要求出发,对服务领域的进入管制框架进行重大调整,全面清理和废除过时的规章制度及有关文件,制定和实施新的放宽市场准入的政策,并在条件成熟时予以立法。

(2) 破除各种各样不成文的"潜规则",打破部门分割,减少不必要的环节,简化前置审批,清理不合理收费。

(3) 有序地开放电视、报刊、发行、艺术表演等领域的私人投资,扩大非公经济在教育、卫生、体育、娱乐,包括旅游、信息、金融等行业的参与度,加快原有事业单位的改制,积极探索高度稀缺性服务资源的公开招标和拍卖方式,采用市场方式合理配置服务业的社会资源。

(4) 大力扶持居民在家创业,允许成立专职和兼职的家庭型服务公司,允许适合性的服务经营在家工商登记注册,大力开辟家庭型的服务行业,包括特殊活动服务、家政服务、生活服务、健康服务、宠物服务、企业服务、旅游娱乐业、绿色行业、工艺品行业等。

(5) 在明确区分并划定服务性质(公益或非公益)的基础上,对原有社会事业服务进行剥离,并调整经营管制政策,特别是价格管制政策,扩大服务市场化经营和促进服务的市场定价。

21.4.2 制定现代服务业总体政策,加大对服务业发展的扶持力度

(1) 建立科学的现代服务业管理体制和政策框架,制定服务业发展总体政策,衔接好与部门政策之间的关系,特别是在一些如经济增长、就业、物价稳定等

关系全局的重大问题上,做到政策到位、资金到位、管理到位。

(2) 在资金和项目安排上要向现阶段经济和社会发展中急需的公共服务业倾斜,必要时加大政府购买力度,如农业服务、科技服务、劳动力市场服务、农民工进城引导培训服务等。

(3) 增大和完善服务业发展引导专项资金,对能够实现规模化、产业化经营,能够创立服务著名品牌,有利于提高服务业增加值和扩大就业,在行业发展中具有示范作用的服务业项目,给予适当的项目贴息和专项补助。

(4) 有关社会事业的行政管理部门必须转变职能,综合运用经济、法律、行政等手段对经营机构、市场实行全行业管理。

(5) 在一些相关行业中加快信用评价体系的建设和服务标准的制定。

(6) 按照市场经济的原则和国际惯例,对政府、企业、行业协会进行准确定位。建立和完善各种类型的服务行业协会,使行业自律管理的主体明确到位,充分发挥行业协会在清理市场准入规定、促进民营经济发展、加强行业自律和监管、编制行业规划、完善服务业统计等方面的重大作用。

21.4.3　发展多元投资主体,完善服务产业组织结构

(1) 积极探索社会事业投资多元化的多种实现模式。例如:国家所有,委托私人经营并承担财务风险;作为非营利机构,私人所有,私人经营;作为营利机构,私人所有,私人经营;国家和私人共同所有。在产权问题上要有所突破,对社会事业的投资回报及产权问题要有明确的法定结论。

(2) 突破部门、行政区划的限制,通过兼并、收购、控股、参股、托管和战略联盟等多种形式,组建一批跨地区、跨行业、跨所有制的服务业"集团军",推动服务企业不断扩充规模,通过自身实力的外部化表现来提高声誉和扩大市场份额。

(3) 以服务大企业集团为核心,促进服务企业的战略联盟、连锁加盟、垂直和水平的紧密型合作等,联合打造服务品牌和提供复合型服务。

(4) 根据不同服务行业的特点,大力发展各种不同类型、分散化、具有灵活性的服务小企业,包括家庭型服务小公司,并通过网络型组织构架进行联结,形成全覆盖的服务体系,提升服务产品价值。

21.4.4　建立现代服务业密集区,促进服务产业群集

(1) 制定中心城区现代服务业密集区规划,加快商务楼及配套设施建设,在空间布局上形成若干高度集聚高端服务、商务环境优良、综合配套的现代服务业

密集区,成为具有示范性和强辐射的服务业核心节点,带动相关服务业的发展。

(2) 以中央商务区为载体和平台,形成以金融商务服务为主的核心集群、以娱乐高档消费为主的衍生集群、以旅游餐饮服务为主的支持集群;以高新技术园区为载体和平台,形成以产品研发和技术创新为特色的服务业集群。

(3) 制定现代服务业密集区的扶持政策,如租金补贴、部分税收返还等。

(4) 各中心城区在建设现代服务业密集区中,要寻找"比较优势",形成各具特色、错位竞争的服务产业分工格局。

21.4.5　加大服务领域的研发资金投入,加快服务业人才培养

(1) 对现代服务业的科技研发予以政策扶持,加大研发资金的投入力度,利用科技进步,努力提高现代服务业的知识、技术含量与发展水平。

(2) 用信息化改造服务业,促进现代新型业态和组织方式的运用。

(3) 全面推进执业资格证书制度,建立服务业职业资格标准体系。

(4) 拓宽人才培养途径,积极吸引和聘用海外高级人才,专职培养能够适应国际服务业要求、熟练掌握外语的实用型服务人才。加强岗位职业培训,提高服务业从业人员水平。

21.4.6　加大服务业的招商引资力度,为服务业外资流入创造新的环境条件

(1) 适当调整招商引资的主攻方向及策略手段,加快现代服务业基础设施及载体(商务区、商务楼等)建设,分行业制定承接服务业国际转移的策略,拓展服务业吸引外资的有效途径,增强服务业外资流入的吸引力,充分利用各种渠道和形式承接服务业的国际转移。

(2) 逐步解除现有的不合理限制,允许并鼓励境外投资者通过并购等方式对中国服务业进行投资,培育有利于吸纳并购的制度环境,为跨国公司参与企业的改组、改造创造条件。

22 全社会创新体系构建 *

当代世界经济社会的发展,使国家与地区之间的竞争越来越趋向于综合竞争力的较量,而创新能力是不断提高综合竞争力的重要前提。创新能力的增强,则是一个全社会的系统工程,特别在经济网络化条件下更是如此。本章拟通过构建全社会创新体系的基本框架,结合提高综合竞争力的要求,实证分析上海目前全社会创新体系的现存基础、障碍和难点,并提出建立全社会创新体系的对策建议。

22.1 全社会创新体系的基本框架

在当前经济全球化和知识经济浪潮席卷而来之际,人们对创新的重要性已基本形成共识,逐步体会到江泽民提出的"创新是一个民族进步的灵魂,是国家兴旺发达的不竭动力"的深刻含义。然而,在现实生活中,不少人把创新仅仅理解为技术创新,甚至将其仅仅局限于 R&D、发明创造、高新技术产业发展等范围。这种对创新的认识偏差阻碍着全社会创新意识的开发和全社会创新积极性的提高,从而将影响上海较快地增强综合竞争力。因此,我们首先通过全社会创新与综合竞争力提高的实证分析对全社会创新的内涵、基本框架、意义和作用进行概括与分析,以对创新形成一个较完整的认识。

22.1.1 基本内涵及特征

较早提出创新概念的经济学家熊彼特认为,创新是引入一种新的生产函数,

---

* 本章为笔者主持的 2000 年上海市决策咨询重大课题"全社会创新体系问题研究"的成果报告。

从而提高社会潜在产出能力。这种引起生产要素有机组合变化,改变各种生产要素,尤其是劳动和资本的相对边际生产率,改变其收益率之间平衡的创新,可能来源于新发明和技术进步,也可能是由于结构调整、规模经济、组织变革、管理方式改变、劳动力素质提高等因素的作用。因此,从创新的本质内涵来讲,它并不仅仅是指某项单纯的技术或工艺发明,而是将一种从来没有过的生产要素和生产条件的"新组合"引入生产体系之中以形成一种不息运转的机制。这里涉及以广义技术创新(包括技术扩散)为核心的体制创新、机制创新、组织创新和观念(理念)创新等多重内容,而且还需要一系列经济、社会、政治等方面的条件配合。

特别在当前美国"新经济"显现,知识经济浪潮席卷而来的新形势下,经济组织正在发生巨大变化,经济发展的基础开始从有形产品的生产逐步转移到知识的生产和应用上,作为其核心的创新,也越来越具有全社会整合的属性。为此,我们把全社会创新的基本内涵归纳为以下几方面。

1. 创新主体多元化

从时间轨迹及空间分布来讲,创新作为引入一种新的生产函数的活动,总是首先在个别企业或部门发生的,然后通过某种渠道和方式向其他企业或部门扩散,最终才引起整个社会潜在产出能力的提高。因此,即使从技术创新本身来讲,不仅仅是指个别企业或部门的 R&D 与发明创造,也包括创新的社会扩散(即技术扩散),且两者同样重要。因此,全社会创新体系的主体构成,不只是高新技术部门,也包括以接受技术扩散为主的传统工业部门和服务业部门;不只是研究机构(高校)、企业技术开发中心,也包括生产单位、供应商、消费者、中介服务机构等;不只是科技人员,也包括经营管理者、营销人员、公关人员、财务人员以及一般员工。当然,我们并不否认多元主体在创新体系中的地位及作用是不同的,但他们都是创新体系中不可缺少的组成部分,而且都有其特定的创新参与方式。

值得注意的是,在互联网时代发生的所谓企业"横向革命",改变了传统产业的科层组织形式,使企业在水平层面上高速扩展,而水平层面上的每一个点即每个员工都必须同时是产品设计员和市场营销员。与此同时,面向客户的产品倾向于从单一类型的大规模生产转变为"一对一"服务或"量身定做"的整个"价值链"。因此,企业的创新活动前所未有地依赖于每个基层人员独立动作的能力,日益众多的员工将直接投身于创新活动的第一线。

2. 创新过程网络化

在全社会创新中,创新的观念会有许多来源,它可以来自研究、开发、市场化和扩散的任何阶段。一个企业的创新活动,涉及各类企业以及与供应商和客户的密切联系。这种创新过程中行为主体及组织机构相互作用和相互影响,既表现为企业之间及与研究机构开展联合 R&D 活动,以及研究、开发、生产、销售联合体等的正式联系外,还表现为使知识和技能得以转移的企业之间的非正式联系,同时包括使用者和生产者之间的相互关系,以及作为资源和刺激创新的竞争者的作用。正是在这种网络化关系中,企业获得新技术的知识与创新信息,并形成 R&D、设计研制、制造工艺、生产销售的并行开发。因此,技术被发明和运用的创新过程已越来越成为一种集体努力,并形成一个有机整体和知识分享体系。

当然,企业还是研究、开发和创新来源的主要完成者,所以企业之间的技术合作以及非正规的相互作用产生的知识流在这个创新体系中是最有意义的。其中,最具有典型意义的就是技术战略联盟方式。在大多数 OECD 国家,这种企业以及策略性的技术同盟之间的 R&D 合作正在快速发展。特别在生物技术和信息技术的新型领域表现非常明显。因为这些领域的技术开发成本相当高,而通过企业合作来聚集技术资源、实现规模经济以及从人力资本与技术资产的互补中获得综合效益。早在 80 年代 IBM 公司在 R&D 方面委托名不见经传的 Cyrix 技术公司设计新的计算机芯片,委托当时还是"小弟弟"的微软公司开发微机 DOS 操作系统。

3. 创新能力综合化

创新及其扩散与采用者环境的相互作用取决于一系列基础性条件。企业是否接受某项创新,有一个刺激的临界点。同一个创新,对于有差别性的不同企业来讲,有的能获得新增收益(超过了刺激的临界点),自然会加以采用;有的则可能没有新增收益,也就不会采用。因此,当进一步考虑到企业间差别性这一变量后,创新扩散的时间轨迹将取决于企业规模的分布,取决于单个企业的增长率以及资本与劳动成本的变动。创新及其扩散将受到部门或企业的规模程度、技术基础、管理水平以及生产的技术性质等因素的影响。从这一意义上讲,全社会创新体系的运作依赖于其行为主体的活动能力,其能力越强,行为主体间的相互作用和相互影响就越大。

这种行为主体的活动能力越来越呈现综合化趋势,不仅包括研究与开发的科技能力,而且也包括创新活动组织方面的能力,以及两者的互相协调及对环境变化的应变能力,具体表现在对技术的获取、融合和利用,以及再设计与再创新等方面。因此,在这一全社会创新体系中,最具有创新精神的企业应该具备接收外部知识和连接进入知识网络的能力,包括非正式合约、使用者与提供者的关系及技术合作;同时也需要具备使知识和技术适合自己需要的能力。

4.创新活动多样化

全社会创新的活动,不仅表现为发明创造的创新,而且还表现为创新在其扩散过程中的一个极有明显效果的创新后改进。这实际上就是创新与采用者环境的相互作用使技术不断趋于成熟的变化过程。这种创新后改进所创造的收入、派生需求和对其他经济活动的刺激,能使整个系统的总量经济增长产生净增加。另外,一项初始创新,在其扩散过程中还将进一步生成相关的创新,形成对提高社会潜在产出能力更具有重大作用的创新群集。因为"一大批仿造者"将试图改进最初的创新,并在有关的产品、工艺、技术和组织机构方面作出其他的创新。这种创新群集有几种类型:一是部门关联型创新群集,这是以产业关联为纽带形成的创新群集。二是技术联系创新群集,即通过某些技术创新在很多部门的许多产品与工艺上的广泛运用,从而生成一系列相关创新的集合。

5.创新机制协调化

创新及其扩散的首要前提,是强化创新供给者与采用者的利益机制,并协调两者的利益关系。特别在经济网络化的条件下,创新和技术进步是人们在各种知识生产、分配和应用中通过相互关系协调而产生的复杂结果。创新的成果在很大程度上取决于这些行为主体如何处理好他们之间作为一个共同体系的相互关系。显然,在利益机制弱化或扭曲的情况下,创新及其扩散的速度都将是缓慢的。

因此,各国在促进技术创新的过程中都十分重视强化其利益机制。其中,最为突出的就是知识产权保护机制、技术创新的经济价值实现机制、与技术创新相匹配的风险投资运作机制、社会中介服务机制等。例如,美国 1958 年颁布了《中小企业投资法》,80 年代以来又先后颁布了《史蒂文森—怀特勒创新法》《小企业技术创新发展法》《加强小企业研究发展法》《联邦技术转移法》《贝赫—多尔法》《技术扩散法》等,形成了对风险投资、知识产权、技术转让、技术扩散等具有强有力保护作用的法律体系。其中,为了协调风险投资的利益关系,美国于 80 年代后期对税制进行了改革,规定风险投资额的 60% 免除征税,其余 40% 减半征税,总的风险投资税率由 49% 降到 20%。利益关系协调化,取决于制度创新基础上建立起规范的制度体系(包括政府采取的一系列促进创新活动的措施)。体制创新(包括机制创新)将为技术创新提供有效的组织结构、激励动因、市场体系,以及法律的、行政的和社会的制度框架,使技术创新保持一种主动创新和可持续创新的冲动。

6. 创新环境配套化

不管是单项创新及其扩散,还是创新后改进,都在很大程度上取决于采用者的吸收、消化能力及其环境条件。而全社会创新群集的发生,除了要具备单项创新活动的各种条件外,更需要有其他一些条件配合。对于部门关联型创新群集来说,还必须具备创新在相关部门传导的机制,以及相关部门创新能力的配套条件。对于技术联系型创新群集来说,还必须具备技术转让机制,以及使用同一技术的产品之间互相学习的条件等。因此,全社会创新必须有一个社会大环境来支撑,需要一系列配套条件。

如当前大规模发生创新群集的美国,不仅具有体系完善的法律环境和支持有力的政策环境,还具有良好的产业环境。其中包括一流的高科技成果产出环境(如 1995 年美国 R&D 经费达 1711 亿美元,居世界第一,同时也是世界上专利占有最多的国家),一流的技术转化环境,旺盛的高新技术产品需求环境。与此相适应,美国还具有十分有利于创新的成熟宽松的金融环境。据统计,美国至少50%的高新技术企业在其发展过程中得到风险投资的帮助,许多新建高新技术企业股权投资的 3/4 以上资金由风险投资基金提供。另外,美国还具备了充分市场化的经济环境。其中包括不断优胜劣汰、新陈代谢的企业生存环境(美国企业平均生命周期为 6 年,而日本则达 30 年以上),市场化的资源配置环境,成熟完善的市场体系。更有甚者,美国还具有促进创新活动的开放的人文环境。其中包括优越的生活条件(美国特别是硅谷地区为一流人才提供了良好的生活条件及文化娱乐、子女教育等配套条件),相互激励的文化环境(这种文化结构的构成成分包括对失败的宽容,对所谓"背叛"的宽容,喜爱寻求风险,自我再投资,对变化的热情,论功行赏,对技术的迷恋胜过金钱,合作精神,公司的多样化,以及每个人都可能成功的信念等)。

22.1.2　意义和作用

与单体的创新活动不同,全社会创新体系强调创新的系统性、创新资源的优化配置以及创新生态等,从而具有重大意义和作用。

1. 有助于通过形成系统集成创新模式来提高创新绩效

过去我们通常把创新过程视为线性的,或者是技术推动型的(即把创新归于由研究而揭示的技术机会的产物,市场只是被动地接受技术变革的一个承载工具),或者是市场推动型的(即考虑了在应用R&D时市场作为创新思维来源的重要作用)。以后进一步把创新过程视为技术推动与市场推动两者耦合型的,高度重视了企业的营销与科研活动之间、企业运作与科研机构之间的反馈作用,强调了在企业和国家层次上创新的R&D阶段与营销阶段的集成。

然而,在现代经济日益变成网络体系,并由变化速率和学习速率的加速度所推动的情况下,创新已不再是单个企业或部门封闭性、自主性的创造活动,技术变化也不以纯线性序列发生,而是在一个企业和其他机构既合作又竞争的复杂网络里运作,在一个系统中经过反馈循环发生的。全社会创新体系的建立,将使企业通过集成工作组的方式把R&D和商业化的各方面都联系起来。与此同时,企业也寻求与其他组织的合作性联系。这种创新方式在日本、美国和欧洲的大企业中,表现尤为突出。它们的研究工作小组,不仅包括专业研究人员、生产工程师、销售人员,同时还依靠遍布全球的与客户、供应商、技术型企业的各种联盟关系。

实践证明,广泛的技术合作将有助于企业创新成果的实现。例如在挪威和芬兰,加入共同投资的企业中,新产品在全部销售额中所占比重较高,当然这里还有其他因素在起作用。德国的类似研究也发现,在大多数部门中,研究协作与改进创新成果是相关联的。可见,全社会创新体系的构建将有助于系统集成创新模式的形成,促进与协调创新中的行为主体之间的广泛相互联系,进而推动创新过程和提高创新绩效。

2. 有助于通过市场创新为先导来保证技术创新有效性

全社会创新摆脱了狭窄的技术创新的范畴,在充分肯定研究开发是技术创新源泉的同时,更强调市场创新是技术创新有效性的根本保证。因为企业在开发新产品后,需要通过市场检验才能决定其成功与否。即使新开发的一项产品在技术上处于绝对领先地位,然而并不被市场所接受,那么企业在产品开发上仍要遭受巨大损失。因此,全社会创新体系要求与技术创新相适应的市场创新过程。

在中国,市场创新具有更为突出的作用和更为丰富的内容。因为中国市场经济处于起步阶段,庞大的市场潜力尚待开发,所以当企业实施技术创新哪怕仅仅是某一点上的突破甚至仅仅是外观上的改进,通过率先推出新产品,开辟新市场营销渠道,采用新的促销手段,推出全新的服务方式,采用新的交易方式,就可能创造出新的市场需求,占领较大的市场份额。

因此,企业识别技术创新成果的市场价值的能力,远比自身拥有多少创新成果重要得多。许多创新型企业都是通过市场创新为先导获得成功的。例如,联想集团通过开发"联想式汉卡"与国外计算机捆绑销售,使得国外的计算机进入中国市场需要与联想集团合作,从而促成联想集团的初步成功。又如,北大方正集团是首先在"汉字照排系统"方面取得突破,通过占据国内市场起步的;而深圳的华为技术有限公司是通过开发小型数字程控交换机,从占领农村市场开始,进而进入大型程控交换机的生产,通过价格策略抢占国内市场的。

3. 有助于通过组织创新来最大限度地动员创新资源

现代技术创新需要投入大量的技术设备、人力资本和信息等资源,创新资源不足是中国各地区、各行业存在的普遍问题,如何把社会各方面的创新资源充分利用起来是我们实现跨越某些技术发展阶段的关键。全社会创新由于容纳了各方面力量的参与和调动了各行为主体的积极性,将使许多潜在创新资源转化为现实创新资源,因此能最大限度地动员创新资源投入创新过程,从而促使潜在创新可能性曲线向外推移,大大拓展了创新活动空间。

从一个地区来讲,可以通过组织方式的创新来实现内外部创新资源的最大化动员。众所周知,与北京或上海相比,深圳的创新资源存量规模是很小的。但深圳通过营造良好的产业科技发展环境,从全国范围内广泛动员创新资源来深圳集聚,并通过政策引导把全社会创新资源(特别是资金)动员起来,从而使其创新资源增量大幅度上升。例如深圳原先科技经费投入总量并不多,但近几年来迅速扩张,已在全国城市处于领先地位。1998 年全社会科技投入总量达到193.37 亿元,比上年增长近 15%,投入总量规模已超过北京与上海;其中用于高新技术产品研究、开发经费达 25.89 亿元,比上年增长 34.21%。另外,深圳科技经费投入占 GDP 的比重高达 15%,R&D 经费投入占 GDP 的比重为 2%,也均高于上海和北京,处于领先地位。

对于企业来讲,也是如此。在企业自身创新能力较弱的情况下,通过合理的知识产权与资本产权的交易,与科研机构或其他创新型企业建立有效的动态联盟,是解决企业创新资源不足的有效途径。如联想集团就利用了中国科学院计算机所的牌子和计算机所的技术与人才这一外部资源,并在香港地区和美国的硅谷设立了研发中心,充分利用境外的信息与技术资源。北大方正集团所利用的外部资源是北京大学计算机研究所的技术和人才资源。北京大学的方正研究院既是方正集团的研究发展中心,又是北京大学的计算机研究所,这种创新组织方式为北大方正集团的技术创新提供了源源不断的资源支持。

4. 有助于通过管理创新来实现创新资源优化组合

本质上讲,技术、资金、人才、信息等要素是只是技术创新成功的必要条件,而要真正实现技术创新并使其走在前列,必须对这些资源进行有效整合。全社会创新体系正是从创新资源有效整合的角度强调了管理(体制)创新,以使原来处于分散、分离、分割状态下的科技资源和高新技术产业化基本要素联系和集成起来,起到促进技术创新与高新技术产业化的基本要素合理流动、有效利用与有机组合的作用。管理创新的核心内容,就是以人为本,建立国际规范化的技术创新管理体系。

目前,北京已开始注重科技资源的整合,其主要方式是建立"五网":一是孵化器网络。先后建立了 11 个"孵化器",如国际企业孵化器、北航新材料科技孵化器、清华科技园、北大生物留学归国人员创业园等。二是科技信息网络。把在京众多产业科技信息中心联合在一起,建立了北京科技经济信息联合机构开展信息服务。三是科学仪器与试验装备协作服务网络。将分散在各科研机构和高校的科学仪器设备联合形成协作网络,为高新技术企业的技术创新活动提供服务。四是人才培训网络。充分利用高校等中介机构的力量,建立了多个培训中心,为各类高新技术企业培养人才。五是融资协作网络。建立了以三个风险投资公司和三个融资担保基金为骨干的融资协作网络,各商业银行还与重点企业签订银企协议,并向处于不同阶段的高新技术企业提供资金支持。这一创新资源的有机整合,对促进北京特别是以中关村为代表的科技园区技术创新起到了重大作用。

5. 有助于把 R&D、高新技术发展与技术扩散融为一体

过去我们往往片面强调把力量集中于研究与开发或抢占技术密集型部门,从而忽略推进技术扩散。但对于那些自身也许没有研究与开发活动和创新活动的传统制造业部门和服务业来说,技术扩散有着特别重大的意义。在全社会创新体系中,R&D和高新技术发展本身就包含了技术转移的主要过程,从而为要解决的技术问题提供了一个更广泛的知识基础。国外学者对生产力方面的技术因素研究表明:一个企业或整个行业的生产率常常更多地依赖于外部技术,而不是立足于自我创新。大多数研究表明,技术扩散(即他人而不是创新者本人广泛使用某项技术)在总体上对提高工业生产率是有积极意义的。因此,技术扩散已被公认为 OECD 地区实现经济增长,提高国民收入的一个必要因素。在许多场合下,技术扩散也被表明,它与创新活动中的 R&D 的投资活动同样重要。例如在日本经济高速增长时期的前半期(1956—1964 年),日本共引进了 2600 多项新技术,平均每年引进新技术 550 项;在其后半期(1965 年至 70 年代初)平均每年引进新技术迅速增至 1350 项,到 70 年代初更猛增至每年近 2000 项。因此OECD 的研究发现,技术扩散对日本 1970—1993 年间劳动生产率提高产生的影

响比直接的 R&D 开支还要大。

为此,国际上已普遍认为简单地用 R&D 强度指数并不能充分说明产业技术的复杂程度,更为恰当的是用包括 R&D 实施绩效和外部获得技术能力的"总和技术"指数来说明产业水平。当考虑到技术购买的复杂投入因素时,高、中、低技术产业之间的差距就会减小。OECD 的实证分析表明,在 80 年代,当取得外来技术时,小国的技术强度明显提高;而在日本、德国、加拿大、荷兰等国的中技术产业中,也可明显看到技术强度有较大的提高;日本的总体综合技术强度甚至超过美国。与那些依赖进口获得 50% 以上技术引入的小国相比,大国技术更多地源自国内。除日本之外,所有小国通过进口获得技术的比重一直在上升。就总体综合技术强度指数而言,除美国、德国和日本外,其他所有国家的进口技术比其国内自有技术更重要。实践证明,现代经济中 R&D 高回报率很大程度上体现了它在技术转移中所起的主要作用。R&D 投资不仅是发展高新技术的必要条件,而且也会带来技术扩散效应和加强社会知识基础的效应。因此,在全社会创新体系中,技术扩散与技术创新居于相同的地位,两者是相兼容并相互促进的。在高新技术产业大力发展的基础上,要用高新技术推动传统产业改造和升级。

6. 有助于促进技术创新与体制等方面创新活动的互动

技术创新作为人们一种具有明确的目标趋向性的自觉行动,受到制度等行为规范的约束以及环境条件制约。在全社会创新体系中,制度等方面的创新具有与技术创新同样重要的地位,从而有助于促进技术创新与体制等方面的创新活动之间的互动。深圳在这方面表现比较突出。为了培育科技开发和产业化的市场主体,促进高新技术产业的发展,政府及时制定出新的市场规则,规范市场行为,保护高新技术创新和高新技术商品化、产业化中各方的正当权益,以形成一个良好的产业发展环境。例如在知识交易、知识或科技成果参与企业分配方面,制定了《深圳经济特区技术入股管理办法》《深圳经济特区无形资产评估管理暂行办法》《深圳市奖励企业技术开发人员暂行办法》等法规和政策。在知识保护方面,制定了《深圳经济特区企业技术秘密保护条例》《深圳经济特区计算机软件著作权保护实施条例》等。自 90 年代初以来,深圳市政府已先后颁布了300 多个地方性法规和条例,对高新技术产业进行引导,给予政策、体制创新、资金等方面的扶持。与此同时,政府还不断强化高新技术发展的配套服务体系,建立了全国第一家无形资产评估事务所,相继成立了科技成果交易中心、技术市场促进中心、技术经纪所、技术合同仲裁委员会、知识产权事务中心、知识产权审判庭,并与各级人才市场、会计师事务所、律师事务所等中介机构一起,共同组成了支持高新技术产业发展的技术交易、中介、咨询、评估、仲裁和审判相互配套的市场服务体系。

22.2　上海全社会创新体系的现状分析

按照上述全社会创新体系的基本框架,我们来实证分析上海全社会创新体系的现存基础、障碍及难点。

22.2.1　现存基础的基本特征

上海作为中国现代工业化的重要基地之一,靠长年的积累和改善,全社会创新的物质基础相对来讲还是较好的,特别是近几年来更有长足的发展。然而,受传统体制影响较深,上海全社会创新的机制及环境条件尚存在相当多的缺陷。实证分析表明,上海全社会创新的现存基础表现出以下方面的特点。

(1) 拥有一定的科技资源优势,但分布不均,且出现人才与经费分布的错位。上海科技资源存量规模是较大的,具有相当雄厚的科技实力,有近 100 万名各级专业人员,40 多所大学,28 个国家级的工程研究中心和技术开发中心,每年有 1500 多项科技成果。显然,这对于开展全社会创新,是一个非常重要的物质基础条件。结构分布分析表明,上海大量的科技人才主要集中在国有部门之中。据统计,国有经济单位平均每万职工拥有专业技术人员数从 1980 年的 940 人迅速增加到 1990 年的 2169 人和 1998 年的 2905 人。到 1998 年,国有经济单位各类专业人员总计达 752611 人,占全市专业人员总数的 84%,其中高级专业技术人员 65429 人,占其专业人员总数的 8.7%,而其他经济单位(包括集体事业单位、乡镇企业单位和外商投资企业单位)各类专业人员总计才 143685 人,占全市专业人员总数的 16%,其中高级专业技术人员 3013 人,占其专业人员总数的 2.1%。

在 20 世纪 90 年代初,与大量科技人员集聚在国有经济单位相适应,大量的技术开发经费也主要集中在国有经济单位。如 1990 年,上海大中型工业企业技术开发经费支出为 107164 万元,其中国有单位 99492 万元,占 93%,中外合资企业只有 4578 万元,占 4.3%。但近几年来,科技人才与科技经费分布出现了结构性的"错位"。1998 年,上海大中型工业企业技术开发经费支出达到

704114万元,其中中外合资企业已达到359079万元,占51%,超过了国有单位的280657万元。而且,1998年上海大中型工业企业研究与开发经费内部支出,中外合资企业达133084万元,远高于国有单位的52175万元。这种结构性"错位"从某一侧面反映了科技资源配置的结构性闲置,有相当一部分科技资源尚未融入全社会创新进程之中。

(2)创新主体的科技能力较均衡,但不同类型企业的创新综合能力有较大反差。由于上海具有工业基础较好的比较优势和竞争优势,因此长期以来就比较注重技术改造,以提升传统产业部门的科技含量,调整产品结构。1990—1997年,上海在传统产业上的技术改造投资高达2012亿元,其中大中型工业企业技术改造经费支出累计超过440亿元,传统产业技术改造投入是高新技术投入的9.4倍。这就使上海除了高新技术产业部门外,在传统产业部门也具有普遍较强的科技创新能力。从企业类型来看,国有企业主要是技术改造,而中外合资企业主要是技术引进和购买国内技术。1998年,大中型工业企业中国有单位的技术改造经费支出达568565万元,中外合资企业只有207124万元,但中外合资企业技术引进经费支出和购买国内技术用款却分别达135968万元和11300万元,远高于国有单位的112691万元和3498万元。由于传统产业部门注重技术改造,所以国有企业的科技能力也不低,整体的企业科技能力比较均衡。

但从企业创新综合能力来看,国有企业明显不如中外合资企业。以新产品开发为例。1998年,大中型工业企业中的国有单位与中外合资企业的新产品项目数差不多,前者为1632项,后者为1985项,但用于新产品开发的经费支出却不同,前者只有120612万元,后者为205128万元。由此,新产品开发的实际效果明显不同,国有企业新产品实现利税和销售收入分别为203303万元和1720539万元,而中外合资企业分别为797910万元和5109871万元,分别是前者的近4倍和近3倍。

(3)产业之间综合配套能力较强,创新企业种类齐全,有较大的互补性,但相互作用和相互影响的网络化程度较低,特别是非正式联系的网络化程度更低。长期以来上海作为全国工业基地之一,工业化程度较高,产业之间综合配套能力较强,而且有各种类型的企业,如科学基础型、规模密集型、供应商主导型、专业性供给者基本齐全,具有较大的互补性。但由于部门与地区的行政分割,各主体之间相互作用和相互影响的网络化程度较低。过去创新主体之间即使有一些相互作用与相互影响,也主要是由政府通过抓重大项目建设(包括高新技术产业发展的重大项目和建立工业新高地的传统产业技改项目)将其组合的。如 1988 年市政府确定了 14 个能出口创汇或替代进口并能带动相关产业技术进步的重点产品作为全市的重点工业会战项目(其中有桑塔纳轿车、光纤通信、精密数控和组合机床、核电设备、超临界电站、计算机等),组织各方面科技力量与生产企业密切结合,进行联合攻关。其后在发展电子信息、现代生物与医药和新材料高新技术产业中,也是以项目为龙头,设立由市领导牵头的若干领导小组,下设办公室具体负责项目立项、协调和落实工作。

这种由政府牵头组织联合攻关的方式所形成的创新主体及组织机构之间的相互作用与相互影响的网络关系,尽管也能带来一些成效,如 1988 年的项目攻关会战到 1995 年底取得的科技成果达 914 项,培育了一批高新技术的生长点,推动了工业支柱产业的形成和发展,但仍带有明显的行政强制性和分割性,从而使上海以市场为导向的创新主体之间的网络化关系发展迟缓,特别是企业间及与科研机构之间的非正式联系的相互关系相当薄弱。相反,上海不少企业、科研机构与周边地区的乡镇企业、私营企业的非正式联系却较强,有不少人才、技术、管理等要素输出及技术合作,对促进周边地区的技术创新起了较大推动作用。

(4) 创新资源存量规模较大,增量资源动员力度相对不足。与深圳等地相比,上海创新资源存量规模较大。这是开展全社会创新的有利条件之一。但在增量资源动员方面,由于其范围较狭窄,且动员方式带有较大的传统计划色彩,所以增量增长较慢,从而使科技投入水平总体上难以适应上海经济发展的要求。尽管 90 年代以来上海科技经费投入和 R&D 投入每年都有较大的增长,科技经费投入从 1990 年的 28.25 亿元增加到 1998 年的 124 亿元,R&D 投入从 1990 年的 10.13 亿元增加到 1998 年的 55.69 亿元,但科技经费投入总量规模还不及深圳和北京。1998 年,深圳和北京的科技经费投入分别为 193.37 亿元和 174.6 亿元,均高于上海。另外,上海科技经费投入占 GDP 的比重从 1990 年起持续上升至 1996 年的 4.70% 后,即大幅度下降至 1997 年的 4.25% 和 1998 的 3.36%,重新回到了 90 年代初的水平。R&D 经费投入占 GDP 的比重,一直徘徊在 1.4% 左右。而深圳科技经费投入占 GDP 的比重已高达 15%,R&D 经费投入占 GDP 的比重为 2%(见表 22.1)。

由于创新资源增量动员不力,上海企业自身的技术开发及新产品开发的投入是不足的。1994—1998 年,上海大中型工业企业技术开发投资占销售的比重分别为 1.63%、1.73%、1.62%、2.16%、2.04%,虽高于全国平均水平,但与经

表 22.1　1998 年沪、京、深三地科技投入比较

	科技经费 投入(亿元)	科技经费 投入占 GDP 的 比重(%)	R&D 经费 投入(亿元)	R&D 经费 投入占 GDP 的 比重(%)
上　海	124	3.36	55.69	1.51
北　京	174.6	8.7	—	—
深　圳	193.37	15	25.89	2%

资料来源:《上海统计年鉴》(1999);《深圳统计信息年鉴》(1999);《1998 年北京市科技统计公报》。

济发达国家技术开发经费占销售额的比重(一般都在 5%—10% 之间)相比已经有很大的差距,而其中用于新产品开发所占销售额的比重分别为 0.61%、0.81%、0.76%、1.05%、1.06%。

(5) 创新产出有一定的水平和规模,但数量规模明显趋减,科技投入—产出效率较低。由于上海科技成果产出有相当一部分是在政府抓重点建设项目中产生的,所以其产出变动较大。上海科技成果数量自 1991 年达到 2588 项高峰值后便一路下滑,1996 年只有 1094 项,1997 年和 1998 年分别稍微上升至 1193 项和 1305 项,仍低于 1984 年 1585 项的水平(见图 22.1)。从科技成果含金量来看,达到国际先进水平或国际领先水平的成果数量有较大增加。1984 年只有 167 项,占总数的 10.54%,1991 年曾达到 640 项,占总数的 24.73%,1998 年为 524 项,占总数的 40.15%。另外,自 90 年代以来,上海专利批准数量也有较大增加,从 1990 年的 924 件上升至 1996 年的 1610 件,1998 年进一步上升至 2334 件。从专利种类构成来看,1998 年发明专利数量为 97 件,占 4.2%;实用新型专利数量 1219 件,占 52.2%;外观设计专利数量 1018 件,占 43.6%。与 1990 年

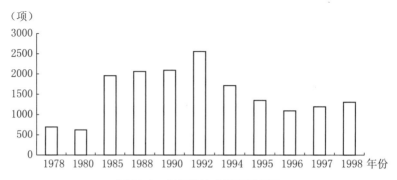

图 22.1　上海科技成果变动情况

资料来源:根据上海统计年鉴相差数据绘制。

相比,发明专利批准量比重减少了 6.5 个百分点,实用新型专利批准量比重减少了 31 个百分点,外观设计专利批准量比重上升了 37.5 个百分点。从平均数来讲,1984—1998 年间,上海每年平均科技成果数量达 1828 项,在全国尚处于领先地位,但与北京相比,上海创新产出的规模要小得多。

尽管上海创新产出的两项指标(即科技成果数量和专利批准数量)在全国还是较高的,1998 年上海的 1035 项科技成果占全国总量的 4.57%,2334 项专利批准量占全国总量的 4.24%,但同年上海科技经费投入和 R&D 经费投入占全国总量的比重分别为 10.99% 和 10.11%,要远高于其创新产出占全国比重值。当然,创新的投入—产出之间有一个时滞,不能简单进行同期比较。问题是,上海科技经费投入和 R&D 经费投入占全国总量的比重一直是较高的,如 1996 年上海科技经费投入和 R&D 经费投入占全国总量的比重分别为 11.9% 和10.1%,这说明上海创新的投入—产出效率是比较低下的。

(6) 新产品开发规模较大,但以引进技术的消化吸收和创新为主,尚未形成自主开发能力。由于上海全社会创新的物质基础条件较好,创新战线拉得较长,所以新产品开发的数量规模是较大的。1997 年大中型工业企业新产品开发 3634 项,1998 年增加到 4367 项。然而,上海新产品开发与技术开发的主要途径是引进技术的消化吸收和创新。1987—1999 年,上海全市累计引进技术 3 万余项,投入引进技术的经费总量约 280 亿元,其中用于消化吸收和国产化开发的经费约 46 亿元。通过引进技术的消化吸收和创新,到"八五"期末,已有 90% 的主要工业产品技术达到 80 年代水平,有 10% 的产品达到 90 年代国际水平,从而从整体上推进了上海工业产品结构的战略性调整。在此过程中,由于只重视引进硬件,忽视了引进软件,同时缺乏基础技术的支撑以及缺乏充足的资金来保证引进技术的消化、吸收、创新和推广,技术引进并没有成功地实现向自我开发转换、促进上海形成自身的技术开发能力和科技体系。日本在 50—60 年代每引进 1 元技术要投入 7 元资金用于消化、吸收,而上海 1987—1999 年间每引进 1 元技术,用于消化、吸收的资金只有 0.2 元。

因此,尽管上海新产品产值从 1990 的 130 亿元增加到 1998 年的 773 亿元,新产品销售收入从 128 亿元增加到 758 亿元,新产品利税从 9.5 亿元增加到 107 亿元,但具有自主知识产权的产品创新较为少见。目前在现代生物与医药领域,上海具有知识产权的一类新药极少,化学合成药几乎全部仿制,传统中成药缺少现代制剂,基因工程药物的研究开发基本上都跟在国外后面,节拍至少慢一至两拍。上海电子信息产业是从 80 年代中期开始从国外引进技术或与国外大企业合作,关键生产技术基本上沿用或依照国外的,短期内还难以有很强的自主开发能力。

22.2.2　主要障碍及难点

(1)创新模式比较陈旧。上海长期以来沿袭传统线性技术创新模式,强调革新的创始者是基础研究,在基础研究一端增加科学投入量将直接导致更多数量的新技术从终端流出。因此就过多地把创新资源集中于基础研究,致使中试开发研究投入严重不足,阻碍了科技成果产业化发展的进程,降低了整个研究与开发工作的效益。现阶段上海的实验室研究、中试开发研究、产业化发展三个阶段的投资比例仅约 1∶1.03∶10.5,与经济发达国家的 1∶10∶100 的比例相差甚远。

而且,在这一线性技术创新模式中,政府的推动就表现为直接组织由科研机构、企业参加的重大项目攻关,实行研究开发—中试—批量生产"一条龙"的推进,以主体工程带动配套工程。不可否认,这种传统线性技术创新模式以及政府在其中的推动作用也会产生一些实绩。但这并不能克服技术创新中存在的许多问题,如基础研究、应用开发、产业化发展三者之间脱节,技术引进的消化吸收与科技攻关计划脱节,研究开发中心和中试基地的建立进展缓慢等,从而导致创新资源利用效率不高。

(2)创新机制具有明显的政府主导色彩。长期以来,我们的技术创新活动是以计划为导向,建立在行政机制基础上的,即生产和社会生活中的问题通过计划部门以计划方式提交到科研部门,科研人员承接并完成下达的科研任务;而科研机构的成果又通过计划下达到生产部门,组织生产实施。尽管经济体制改革以来,这种行政性计划体制已逐步改变,但技术创新机制并没有得到彻底改变,仍留有较深的传统体制色彩,其突出表现就是政府仍充当着技术创新组织者角色,在技术创新体系中起着主导性作用。如政府通过组织重点项目攻关和直接抓项目把科研机构与企业连接起来;政府通过制定一系列优惠政策推动企业广泛吸收高校、科研机构的技术人才,建立企业技术中心;政府通过设立有形的技术成果交易市场来促进科技成果的转化;政府通过组建科技园区在一个特定空间范围内撮合科研机构与企业之间的"联姻";政府不得不扮演风险投资主体的角色,通过直接设立发展基金推动高新技术产业发展的投入等。

这种技术创新机制不仅不利于创新资源的有效配置和使用,而且更为严重的是它阻碍了创新资源增量的扩展,使技术创新缺乏后劲。一方面,这种技术创新机制无法有效动员全社会资源,无法使许多潜在的资源转化为现实的创新资源,特别是以社会自然人为主体的风险基金根本无法形成。由于风险投资机制和孵化机制尚未建立起来,上海在高科技发展投资中的贷款比重高达80%左右。根据规划,到2000年上海现代生物与医药产业要形成300亿元产值,"九五"期间约需投入70亿元,但政府部门只能投入1亿元,企业要从银行贷款30亿元。事实上,近两年市政府对现代生物与医药产业安排的每年2000万元项目贴息,就有相当部分用不了,其主要原因之一就是科研机构和企业缺乏贷款偿付能力。另一方面,这种技术创新机制并不能使研究开发与社会需求建立直接联系,为科技成果的应用提供广阔的天地,促进社会生产力的发展;反过来,也就不能为科研开发提供更好的物质基础,促进科技的发展。由于不能实现科技与经济互相促进的良性循环,创新资源增量的扩展就受到严重限制。

(3)创新主体利益关系协调不力,国有企业的行为方式有较大偏差。总体上讲,我们对技术创新中的利益机制强化及利益关系协调较弱,缺乏强有力的知识产权保护机制、全社会参与的风险投资运作机制,特别是长期以来重视有形产品的价值而忽略无形产品尤其是技术创新的经济价值,缺乏技术创新经济价值的实现渠道,极大地弱化了创新及其扩散的利益驱动,成为阻碍科技成果产业化的最主要障碍。

从企业层面讲,上海技术创新主体正趋于多元化,特别是中外合资企业成长迅速,在创新中所起作用日益增大,但上海民营科技企业发展相对滞后,与深圳、北京相比有一定的差距。更为严重的问题是,上海国有企业数量相对较多,而其行为方式又有较大偏差。尽管国有企业改革已取得较大进展,通过建立企业财产制度明确了出资人,但作为最大出资人的国家实质上是"缺位"的,所以国有企业的产权制度依然是残缺的。这种产权制度无法摆脱企业"内部人控制"的局面,也不能有效激励经营者从长远考虑进行技术创新。尤其是面对科技产业发展的高风险,国有企业要么毫无顾忌地冒险盲干,要么退避三舍消极待之。同时,国有企业内部有限的激励,也难以充分调动科技人员的积极性,致使大量科技人员外流。另外,受各方面条件限制,国有企业大量冗员、沉重历史包袱和"办社会"的制度性弊端至今尚未根除,也在很大程度上制约和影响了国有企业的创新能力。因此,从微观基础上讲,上海全社会创新所要解决的主要问题是创新主体结构合理化,以及国有企业行为方式的矫正。

(4)创新资源"条块"配置,缺乏集成性创新平台。受传统大工业管理模式的影响,上海大部分创新资源被凝固在各个部门(系统)内,而各部门(系统)的管理能力又较强,习惯于在本部门(系统)内进行创新资源的配置,采取各种措施推进本系统内的创新活动,由此形成了一个个封闭性的系统内创新平台。在创新重要性的不断强调和创新利益的驱动下,这些封闭性的系统内创新平台还在不断趋于加固和僵化。这不仅造成创新资源的部门(系统)分割,严重阻碍了创新资源的合理流动以及在更大范围内的合理配置,而且也形成了重复构建带来的资源浪费,恶化了创新可持续性的总体环境。更为严重的是,这些封闭性的部门(系统)内创新平台并不能涵盖全社会,把相当一部分创新资源排斥在外,不利于全社会创新活动的展开。这些创新平台之间的大小、高低等差异性,从全社会角度讲,客观上也造成了创新条件的歧视性差别,不利于创新活动的公平竞争。事实上,这种创新平台缺乏集成性的格局反映了总体创新环境条件的构建不足。然而,要改变这种格局也非易事,涉及打破创新资源部门(系统)的垄断性,进行利益关系的调整,更涉及行政管理体系及政府部门功能定位等深层次问题。

(5)创新环境尚不完善。近年来,上海的创新环境已有较大改善,如围绕建设人才新高地的战略目标,具体实施了青年科技启明星计划、优秀学科带头人计划、顶尖人才支持计划、曙光计划等人才培养工程,并出台了《上海市吸引国内优秀人才来沪工作实施办法》《上海市专业技术职称(资格)评定与专业技术职务聘任相分离的暂行办法》《关于深化本市事业单位分配制度改革进一步发挥分配激励作用的意见》《关于加速发展上海人才大市场的意见》等一系列配套措施,形成了较完善的人才政策法规体系。但在具体实施中,由于缺乏良好的环境条件,用人、分配和激励机制上仍有不足。例如,尽管在上海市促进高新技术成果转化的若干规定中正式提出了知识和技术资本化的条文——"高技术成果可作为无形资产参与项目产业化投资,其成果作价可占注册资本的35%。成果完成人和成果转化的主要实施者,根据实际贡献可获得与之相当的股权收益,所占比例不受限制",但在传统产业部门内部的知识资本化进展十分迟缓,对技术进步和科研人员的地位和作用仍未给予足够的重视,激励机制尚未真正形成。上海团市委在京沪深三地选择近3000名35岁以下、本科或中级职称以上的青年人为样本的大型专题调查显示,对于本地是否具有青年人才脱颖而出的企业环境,上海青年持认同观点的仅39%,比深圳低11个百分点。另外,上海青年中认为"实际工作成绩对收入影响较大"的仅占45.5%,明显低于深圳青年的50.1%和北京青年的56.7%。半数以上的上海青年认为,沪上一些单位还存在计划经济的用人模式和思维习惯。这些环境条件的缺陷,有其深层的人文、习惯、传统的根基,不是短期内可以消除的。

22.3   建立全社会创新体系的对策建议

构建全社会创新体系,是一个系统工程,要有各方面的参与和努力。但其中一个重要方面,就是要有相应的政策导向。这种政策导向要符合创新过程的内在规律性,适应当前创新模式转变的要求,以弥补市场失败为主导,着眼于系统性运作的完善。

22.3.1   系统集成型技术创新模式中政府职能重新定位

系统集成的技术创新模式依赖于这样一个前提:创新过程中的行动者之间的相互联系是改善技术成果的关键。技术创新是人们在知识生产、分配和应用中相互关系的复杂结果。创新的成果在很大程度上取决于这些行为主体如何处理好他们作为一个有机整体的相互关系。这就要求政府不能像过去那样把注意力放在刺激或提供研究与开发费用上,而要把注意力转移到可能的市场失败方面。因为这种市场失败可能有碍于企业的创新行为。例如,经济系统内各行为主体之间缺乏联系,研究机构的基础研究与产业部门更多的应用研究之间的配合不当,技术转移制度的失灵,一些企业缺乏信息和相应的吸纳能力等,都会严重制约技术创新。

因此,发展现代的系统集成技术创新模式,政府的主要职能就是协调和提高技术创新体系中行为主体间的相互作用和机构之间的相互影响,促进联合研究活动和企业间及与公共机构的技术合作。具体讲:(1)建立起一个竞争政策框架,鼓励创新团体的发展;(2)通过网络化建设向全社会提供技术创新发展动态以及供求方面的有关信息,在创新主体之间形成比较完整系统的信息流;(3)重视知识流动的非正规化以及技术系统化的重要性,政府的政策应强调努力扩大创新的系统合作,并以最有效的方式设计这种动态的联系与伙伴关系,促进联合研究活动和企业间及公共机构的技术合作,积极引导推动与国内的科研机构建立联系;(4)通过提供资金支持、技术支撑、咨询服务、劳动力培训等服务,改善企业吸纳技术创新的能力;(5)通过加强知识产权保护,促进个人流动性的劳动力市场政策等,使各种类型技术合作的交易方式显得更为卓越。

22.3.2　培育市场主导型的创新机制

尽管政府在技术创新中扮演组织者的角色在一定时期内对推动技术创新有积极的作用,但从根本上讲,在技术创新中,市场应起主导作用,而政府只是发挥引导作用。事实上,技术创新,特别是目前高新技术产业仍属于重大技术创新领域不成熟的产业,技术开发的成功会产生巨大的社会和企业效益,失败则会产生不可回避的经济损失。这与二战后,日本及东亚国家在实行赶超型战略中,可以充分借鉴西方国家成熟的产业发展经验,运用政府的力量促进产业结构调整的做法有很大差别。在此过程中,政府只是适应市场对高新技术产业发展进行有效的引导,而不是主导市场对高新技术产业发展实行行政干预。为此,要重构以市场为导向、全社会参与及资源动员的技术创新机制。

我们要改变过去那种把创新仅仅看作是科研机构和大学、高新技术企业等部门的事情的观念,培育多元化的创新主体,促进政府、企业与研究部门以及个人部门都进入这一特定体系。为使各行为主体在这一特定体系中发挥各自的作用,就需要形成激励多元化主体创新行为、不断提高其创新能力的新机制,特别是把创新纳入要素配置的体系之中,并且在参与企业经营和分配的过程中充分实现其应有的经济价值,形成包括技术创新成果参与分配、技术作价入股、科技人员持股经营、对技术开发成果进行奖励等具体方式的知识资本化机制。同时,建立更好的分配体系以在平等基础上进行创新资源的结构性分布调整,在企业内、企业间、企业与其他机构间形成新的组织形式,使所有部门、企业和个人都能参与创新活动。

与此相适应,科技政策的立足点不能只放在大学与科研机构、高新技术产业化以及具有技术基础的企业上,也要把眼光投向那些缺乏技术能力的企业,投向传统成熟的行业部门和服务部门;其政策目标不能仅集中在提高个别企业能力上,也应集中于促进企业或行业的网络化和创新行为上;政策措施不应仅把注意力放在刺激或提供研究与开发费用上,单纯追求向企业提供设备与技术及资金,而应注意提高它们自己发展及采用新技术的能力。

22.3.3　加快推进风险投资体系的建设

全社会创新体系中的一个重要运作机制,就是风险投资。风险投资发展要走社会化、市场化道路,发挥不同投资主体的作用,扩大风险投资资金的来源。与此同时,发展多种所有制形式的独立法人制的风险投资公司,特别是发展民营

风险投资公司,以大力启动民间风险资金。组建由投资银行、信托投资机构、高
科技企业、控股公司等机构参加的具有相当规模的投资基金,包括在国内上市的
风险投资基金,以及积极探索在海外上市的中国风险投资基金。吸引和联系海
内外创业投资者、优秀基金管理公司、风险投资基金来上海从事风险投资。加强
上海的证券公司、基金管理公司同国外特别是美国一流投资银行、风险投资基金
的交流合作,加快培育一批高素质的风险投资机构和人才。另外,积极探索和构
建高科技创业资本市场,争取早日建立上海高科技二板市场,为上海高科技企业
创造良好的上市、收购兼并的金融市场条件,形成高科技风险投资的进口与出
口,使科技与资本更好地结合,促进资金源源不断地注入高新技术产业。在此之
前,要积极支持中小高科技企业到欧美、日本、新加坡及正在筹建的中国香港二
板市场上市,这不仅可以为高科技企业发展提供有利的融资条件,还可以培育一
批经营规范、与国际接轨的高新技术企业和风险投资机构。

在建立"多方投入、风险共担、专家经营、利益共享"的风险投资运行机制时,
政府可采取两种方式对风险投资予以支持。一是直接扶持方式。如通过直接拨
款对参与某项科研课题研制和生产的民间企业给予资助;为高科技风险投资企
业提供各种经济补贴,尤其是提供种子资金;也可通过向高科技风险企业提供亏
损补贴来扶植风险投资企业发展。新加坡政府规定,凡投资于高科技产业的企
业,连续亏损三年者,可获得 50% 的补贴。二是间接扶植方式。其中可采取的
手段有:(1)制定优惠的税收政策来吸引更多的资金进行风险投资。如像美国那
样降低资本投资收益的税率,以增加风险资本净值,促进风险投资业的发展;或
像法国那样对风险投资公司从持有上市股票中获得的收益或资本净收益实行免
交所得税,最高额可达收益的三分之一。(2)通过信用担保制度,为风险企业向
金融机构的贷款提供担保,国家以少量资金带动大量的民间资本投向风险极大
的高技术风险企业。(3)政府制定有关风险投资的法律法规,明确风险企业的法
律地位、风险资金的来源、运作规范等。以法律形式规定有关税收减免、信贷担
保等方面的优惠政策,保证政策的稳定性和连续性,以便更大程度地吸收风险资
本进入高新技术领域。(4)组织建立高效、便捷、畅通的风险投资信息网络,为风
险投资者和风险企业服务。

22.3.4 通过网络化扩大创新的系统合作

在实际过程中,不管创新活动的总体水平如何,创新通常并不能在整个部门
范围内取得成功。但围绕关键技术、共享知识或技能,可以通过垂直或水平式的

连接方式把产业部门组织起来,形成企业间与行业间的相互作用关系。例如,我们可以把创新企业划分为四种类型,即科学基础型、规模密集型、供应商主导型、专业性供给者。科学基础型创新企业(如医药、航空)一般具有较强的研究与开发能力,有较多的专利,通过与公共研究部门的密切合作,直接得到基础研究或公共机构以及大学的支持,是对其自身研究活动的重要补充。规模密集型组织(如食品工艺、运输)通常没有开展更多的自主研究,其创新方式依赖于进口及其建立在别的先进技术之上的能力,特别重视创新过程,比较倾向于与技术机构和大学建立联系。供应商主导的组织(如森林业、服务业)倾向于通过进口资本品和相关产品来引进技术,其创新方式主要取决于与供应商以及在服务范围内建立联系的能力。专业性供给组织(如计算机硬件与软件)十分注重研究与开发,强调产品创新,通常需要加强它们相互之间的合作关系。

在创新的系统合作中,我们要强调创新活动的合理分工,各有其发展重点,并从全社会创新的角度予以适当的功能定位。例如,公共研究机构直接从事一些科研成果转化工作是必要的,但在全社会创新体系中,其更大的作用在于成为向全社会提供间接知识的源泉。虽然对于那些以科学为基础的行业,存在着从科学发现到技术发展的直接流量,但对于大多数行业来讲由于基础研究与创新的时间差,这种直接联系受到限制。这些行业部门需要作出相当大的调整,以适应技术创新的多重资源。相对而言,对于许多部门来讲,通过知识基地和技术网络的一般通道从公共研究机构到企业的知识间接流出量是相当大的。因此,公共研究部门作为直接的科学技术来源的作用,还不如作为间接知识源泉更为重要。

22.3.5 提高企业的技术吸收能力

为了推动全社会创新,就要把一些重大技术创新迅速扩散到各部门,以引发更大规模的创新群集。企业层面的创新活动正逐步依赖于接受创新扩散的技术运用。特别对于那些自身也许没有 R&D 活动和技术创新活动的传统制造业部门和服务业来说,这种创新扩散有着特别重大的意义。然而,企业要成功采用和使用技术还有很多障碍,如缺乏信息、资金和技术人才及一般组织管理人员,管理水平欠缺,组织变迁较慢等。因此,政府要通过各种计划和项目将技术扩散到这些部门中去,就要改变过去那种只是把一些公共研究机构的科研成果输送给企业的传统做法,而应把重点放在提高企业的技术吸收能力上,设法帮助企业增加其内部 R&D、职工培训和信息技术方面的投入,促进企业技术、管理和组织能力等方面的总体升级,以提高企业吸收来自国内外的信息和技术,以及在持续不断的基础上加以吸纳和利用的能力。

为此,政府要建立强有力的政策支持体系,为企业进行技术创新活动提供五个层面的支援:(1)财务支援。主要通过研究开发补助、融资与风险性资金提供来支援科技活动的发展。地方财政科技经费投入可采用部分拨款、部分有偿使用和贷款贴息等方式,用于科技开发和科技成果商品化与产业化启动期的投入。政府的风险投资基金,一方面用于对技术成熟、市场前景好、附加值高的高科技项目的投资或参股经营,另一方面为高新技术企业申请贷款提供担保服务。同时,对高新技术产品实行优惠税收政策,除了现有的优惠对象(技术服务、软件产品生产企业等)外,还可以继续扩大范围。(2)人力支援。主要是提供教育、人才培训与产学研的合作;营造人才高地,建立符合市场规律要求的人才机制,形成人才自由流动、双向选择、公平竞争、机会均等的人才管理和使用制度。(3)技术支援。主要是提供技术辅导,设立相关的研究机构,提供信息咨询服务,加强国家实验室或研究机构的功能,协助技术引进与转移。积极推进和共同参与著名的大公司和科研机构在上海建立研究开发机构。政府免费或优惠为国内著名院校建立科技产业基地,注资支持企业与科研院所进行的重大产业化项目。(4)需求支援。主要通过提供委托研究、政府采购开发的产品等来鼓励创新活动。明确规定市政府各部门优先采购本市有自主知识产权的高新技术产品,每年发布下一年或几年的政府采购项目(主要制定采购对象的基本标准,如环保、节能等方面的要求),以达到引导、推动高新技术产业发展的作用。(5)环境支援。主要通过提供减免税优惠等各项鼓励措施,优化产业发展环境;针对知识产权交易、知识或科技成果参与企业分配、知识产权保护等制定规范,形成以知识产权保护为核心具有操作性的地方性法规体系,切实保护技术创新者和风险投资者的利益,完善法制环境;通过强化科技兴市观念、风险观念、合作精神、开拓创新精神、包容精神,培育开放的文化环境,进一步优化上海的人文环境;通过加快改善上海的生活基础设施,创造良好的生活条件,为广泛吸引海内外优秀人才来沪工作提供高质量的生活环境。

22.3.6 提高全民素质,促进人才流动

创新是要由人来做的。人员的创新能力与网络关系能力是实施全社会创新的关键。先进技术上的投资必须与这种人员"运用能力"相匹配,而这种能力在很大程度上取决于经验、资历、拥有的知识以及劳动力流动。此外,无论是正式

的还是非正式的个人间相互作用,在产业内部及研究机构与企业之间都是一种重要的创新扩散渠道。在全社会创新体系中,拥有知识的人才流动是一个关键性的流动。因此,我们要打破人才使用的凝固化与封闭化,除了建立从业岗位变动的人才流动机制外,还要进一步完善社会兼职的人才流动机制。我们必须通过各种形式的教育、培训、轮岗等,实施终身学习计划,以提高全民素质,培育一流的劳动力队伍。

23 科教兴市战略 *

　　上海全面实施科教兴市战略,是基于当今世界科技革命发展趋势和知识经济时代的到来,基于融入世界经济一体化进程的必然性与紧迫性,基于国际城市综合竞争力较量的态势,基于对上海可持续快速发展的前途命运关心而作出的重大战略选择。本章旨在深化思想认识及对方法论梳理的基础上,构建科教兴市战略的指导性理论框架,用以政策推进的原则性引导与实施操作决策的指导性参考。

23.1　重大战略选择

23.1.1　背景分析

　　任何一项战略的提出,都有其背景。放在什么样的背景下来考虑,直接关系到对该战略所具有的意义及其本质内涵的认识与理解程度。上海科教兴市战略的提出,固然有其自身人均 GDP 5000—8000 美元发展阶段的特殊背景,也有整个国家实施科教兴国战略的大背景,但更有新一轮世界经济长周期的重要战略机遇的深层背景。我们认为,上海科教兴市战略的提出,并不单纯是为了迈过从人均 GDP 5000 美元向 8000 美元发展的这一道坎,也不是仅仅为了率先响应科教兴国战略而成为国内示范。上海建设现代化国际大都市的宏伟目标,决定其必须以世界经济发展为背景,把科教兴市战略放在新的世界经济长周期中来考虑,从而强调全面实施科教兴市战略是顺应新的世界经济长周期发展的唯一选择。

---

　　* 本章为笔者主持的 2003 年上海市决策咨询重点课题"科教兴市战略研究"的成果报告。

自 20 世纪 90 年代以来,世界经济进入了以信息技术革命为标志,以知识经济为基础的新一轮长周期。如果说 20 世纪 90 年代是这一轮长周期的启动、成长阶段,那么 21 世纪头二十年就是这一轮长周期的发展、成熟阶段。正如中共十六大报告指出的,"对中国来说,是一个必须紧紧抓住并且可以大有作为的重要战略机遇期"。因此,上海科教兴市战略的提出及实施,是紧紧抓住这一重要战略机遇,并积极有为的重大战略举措。

从目前情况来看,这新一轮世界经济长周期已呈现出一系列明显的变化特征,并引起世界经济战略性格局的重大调整。主要表现在以下几个方面:

(1) 在新一轮世界经济长周期中,科学技术发展出现重大的新变化。首先,产业技术变革速度在日益加快,技术和产品寿命周期在迅速缩短。其次,科学技术向着投资多、规模大的方向发展。再次,技术的综合化和融合化将成为今后的重要发展趋势,使原有技术界限发生变化,从而要求高适应性兼容工艺、多品种小批量生产、高水平的管理与技术、更密切的技术与经济的关系。最后,大公司或跨国公司越来越追求规模经营,采取全球战略,以新的或现代化的产品同时打入世界主要市场,以收回投入的巨额研究与开发费用。

(2) 在新一轮世界经济长周期中,出现了全球化与信息化两股力量的共同驱动。在此之前,经济全球化的趋势就已存在,并有所发展,但在信息化这股力量加入之后,使各国的经济交往越来越广泛,世界经济联系越来越紧密,并形成全球经济网络化新格局。首先,这在很大程度上引起世界产业结构、贸易结构的调整,促进现代服务业发展及全球服务贸易的发展,推动现代服务的跨国投资与流动。其次,在全球化与信息化两股力量的驱动下,世界产业布局大调整,全球制造业中心加速转移,全球的生产向具有生产优势的国家集中。在新一轮的国际产业转移浪潮中,由于中国在制造业方面在全球所具有的优势不可替代,正吸引着全球制造中心向中国移动。再则,全球化与信息化加剧了国际市场竞争程度,引起市场竞争结构的变化。特别是近年来,以技术法规、技术标准、认证制度、检验制度为主要内容的技术性贸易措施越来越突出,其影响和作用越来越大。当今,技术性贸易措施变得更加复杂和隐蔽,技术壁垒成为最普遍、最难以对付的贸易壁垒,已经从商品流通领域扩展到生产加工领域,不仅包括货物商品,还延伸到金融、信息等服务产业,成为非关税壁垒的主要组成部分。

(3) 在经济全球化和网络经济条件下,由于跨国公司和服务贸易的推动,国与国之间的经济贸易关系更多地表现为跨国公司在不同国家城市之间的内部贸易,或是不同跨国公司在不同国家城市之间的贸易联系。因此,城市的经济、政治地位显著提高,城市经济的作用不断增强,特别是特大型城市在国际竞争格局中居于特殊的地位。一国国际竞争力的增强,很大程度上取决于该国具有国际影响的大城市的国际竞争力,从而城市综合竞争力已成为国家竞争力的重要支柱。

这些因素构成了上海确立科教兴市战略的背景条件。我们要从这些背景条件来认识科教兴市战略的必要性和重要性,并赋予科教兴市战略的崭新内涵。

23.1.2　必要性与重要性

上海正处在跨越人均 GDP 5000—8000 美元的重大转折关口,需要寻找新的动力源,打造新的优势,创建新的发展模式。对此,必须纳入新一轮世界经济长周期背景下实施科教兴市战略的框架内来考虑。

上海 20 世纪 90 年代的经济迅速增长,经济总量的急剧扩张,本质上是改革开放带来的体制性能量释放的结果。这种能量释放的基础,主要是土地级差、地理区位、浦东政策、工业基础等比较优势。这些比较优势,有相当部分是过去长期沉积被继承下来的,有些是改革中被赋予的特殊优惠政策。但经过十多年的能量释放,有些比较优势已趋于能量衰减,有些已经退化或消失。与此同时,上海劳动力、土地等商务成本则不断上升。在周边地区的竞争态势下,技术含量较低的产业已难以为继。显然,上海新一轮的发展要求我们摆脱对传统比较优势的严重依赖,转换大规模投资驱动的发展模式,突破中心城区发展空间的限制。

面对上海经济发展的重大转折,全面实施科教兴市战略,要立足于新一轮世界经济长周期的战略机遇,有高的起点、大的布局、新的深度。只有这样,才能顺利实现从人均 GDP 5000 美元向 8000 美元的过渡,并且保持经济持续、快速、健康的发展。

(1) 全面实施科教兴市战略是实现以技术跨越推动经济跨越式发展所采取的一项根本对策。面对世界科技革命的发展趋势,各国都在积极调整科学技术发展的战略及政策,争取科学技术发展的领先地位,并以此来推动新经济形态的发展。显然,这将给我们带来巨大的挑战与压力。我们必须正视当代科技与产业发展形势的严峻性,重新审视我们的产业技术能级以及在全球价值链中的定位。但与此同时,世界高技术的迅速发展与扩散,也给后进国家和城市后来居上和实现跨越式发展带来了更多可利用的技术和物资条件,从而为我们提供了以技术跨越推动经济跨越式发展的机遇。

全面实施科教兴市战略,将有助于提高科学技术水平和劳动者素质,增强接受世界高技术扩散的能力,加快学习与吸收先进技术的速率,培养自主创新的能力,并在某些领域与发达国家基本处在同一条起跑线上竞争发展,就有可能实现科学技术发展的较大跨越,并以此来推动经济跨越式发展。

(2)全面实施科教兴市战略是尽快顺利融入世界经济一体化进程,培育与打造自己的跨国公司和品牌的长远大计。中国加入 WTO 后,进一步加大了对外开放的力度,加快了参与国际产业分工的步伐。因此,中国的开放对世界的影响以及世界经济对中国的影响将越来越大,中国参与经济全球化的过程已经不可逆转。而全球经济网络化带来的产业结构、贸易结构及市场竞争结构的变化,将给我们带来更大的竞争压力和促进技术进步的压力。但与此同时,也给我们提供了"引进来"与"走出去"相结合,培育和打造自己的跨国公司和品牌的机遇。

全面实施科教兴市战略,有助于大力提升产业技术能级,突破技术性贸易壁垒,促进货物贸易与服务贸易的发展,更有效地吸引跨国公司的投资,更大规模地接受国际现代制造业和现代服务业的转移,同时也有利于提高企业核心竞争力,促使一部分有竞争力的企业加快"走出去",发展成为中国的跨国公司,打造自己的世界品牌。

(3)全面实施科教兴市战略是建设"一龙头,四中心",向世界城市发展目标迈进的重要途径。在全球经济网络中,城市成为重要的节点,城市综合竞争力已成为国家竞争力的重要支柱,这无疑给上海城市发展提出了更高的要求,即更多地要从国家战略的高度来设定城市功能及发展框架,并作为中国经济实力的重要体现来参与国际竞争。

全面实施科教兴市战略,有助于增强创新活力,强化城市服务功能,提高城市综合竞争能力,营造良好的商务环境,创造更多的商业机会,从而吸引更多的金融机构、研发机构、跨国公司地区总部和国内大公司总部以及各种现代服务企业进驻上海,吸引更多的物流、资金流、信息流和人才流在上海聚集与扩散,加快国际金融中心和航运中心建设。

23.2　本质内涵及特殊规定性

上海全面实施科教兴市战略,从理论上首先要搞清楚,与科教兴国的基本国策是什么关系? 与其他城市的科教兴市战略又有什么区别? 只有搞清了这些共性与个性的关系,才能比较准确地把握上海实施科教兴市战略的本质内涵及特殊规定性。

23.2.1 本质内涵及动态特征

不论是科教兴国的基本国策,还是科教兴市战略,从基本精神与实质来讲,两者是完全一致的,都是要把科学技术和教育放在经济社会发展的重要位置,大力推动科技进步和创新,提高全民族的科学文化素质,把经济建设转移到依靠科技进步和提高劳动者素质的轨道上来,加速实现社会主义现代化。

在这当中,都是以邓小平同志"科学技术是第一生产力"和江泽民同志"人是生产力中最具有决定性的力量"等一系列重要思想作为其理论基础与指导,贯穿着两大基本点。其一,核心是创新。创新是一个系统工程,是全社会参与、全方位覆盖、全过程联动的全面性创新。这是一个由企业、高校与研究机构、政府以及广大市民共同参与、交互作用的创新体系,是一个覆盖各个领域、部门、行业和地区的共同体创新,是一个制度创新、科技创新、文化创新、理论创新、实践创新相互联动的一体化创新。其二,关键是人才。创新是人的行为和自觉行动,是由人来从事并完成的创造性活动。经济全球化的竞争,最终是竞争人,竞争人才。在竞争科技、竞争知识、竞争信息、竞争市场的背后,人力资源开发的竞争最为激烈。在以发展为主题、以创新为特征的新世纪,积极从事创新的人才显得更为重要。

此外,不论是科教兴国的基本国策,还是科教兴市战略,都是一个长期过程,其中要经历不同的发展阶段,具有动态性特征。我们将此大致划分为三个主要阶段。

在初级阶段,实际上是一个科教兴国(市)的导向阶段,即开始认识并重视科教的作用,把科教兴国(市)置于战略性地位加以实施,并推动科学与教育等方面的发展。

在中级阶段,实际上是一个科教兴国(市)战略推进应用阶段,即在科学与教育发展已具备相应基础的条件下,大力推进科学技术的转化及产业应用,大力发挥教育在产业应用与发展中的实际作用,从而使科教成为产业发展及产业结构提升的重要基础与支撑。

在高级阶段,实际上是一个科教兴国(市)战略普及化阶段,即科教的力量全面渗透到整个社会各个领域,创新精神成为全社会的文化,形成自我更新、自我批判和自我改进创新的良性循环,奠定以知识为基础、以创新推动发展的新格局。

总之,共性上来讲,这一战略所涵盖的内容相当广泛,具有横向的广大覆盖面,而其发展又有阶段性,具有纵向的动态性特征。下面我们在这样一种分析框架下来具体剖析科教兴市与科教兴国的关系,以及不同城市的科教兴市战略的区别。

23.2.2   基于城市的科技创新特殊规定性

逻辑上讲,科教兴国是一个基本国策,科教兴市是一个城市战略。也就是,科教兴市战略是科教兴国基本国策在城市层面的具体化运用,从而构成科教兴国战略的一个重要组成部分。上海全面实施科教兴市战略,是科教兴国的基本国策在上海大城市的实践运用。因此,全面实施科教兴市战略,要充分贯彻邓小平、江泽民上述重要思想,并在实践中加以运用。然而,科教兴市战略作为科教兴国基本国策在城市层面的具体化运用,也有其特殊性。具体表现在:

(1)出发点及其最终归宿是促进城市发展。科教兴国战略可能更多地强调在国家层面上的城市化,通过农村剩余劳动力转移,改变二元结构,增强国家综合实力和竞争力。科教兴市战略虽然也与城市化有关,但重点在于城市功能及其布局调整、城市综合竞争力提升。

(2)核心内容是创新城市。科教兴国战略可能更多地强调一个国家的创新、一个民族的创新,通过创新改变增长方式,走新型工业化道路。科教兴市战略直接要求创新城市,使创新意识成为市民思维不可分割的一部分,能将创新想法付于实施,并将创新实践和成果不断宣传、传播,维持城市不断进行新的创新过程。

(3)基本方式是高密度流动中的创新。科教兴国战略可能更多强调在吸收国外先进技术、管理等资源,积极参与国际产业分工的基础上,改善与提高内源质量,实行有效率的配置。科教兴市战略虽然也必须实行外源与内源的结合,但更主要的是在城市高密度的要素流动中进行创新及实行资源的有效配置。

(4)主要手段是城市对人才的集聚及其效应。科教兴国战略可能更多地强调提高全民族的科学文化素质,把经济建设转移到依靠科技进步和提高劳动者素质的轨道上来。科教兴市战略虽然也要有提高全民素质的社会基础,但更主要的是通过城市的集聚与扩散能力吸引大量人才,构筑人才高地,充分发挥人才集聚的创新效应。

上海实施科教兴市战略,与其他国内城市的科教兴市,也是有所区别的,凸显其特殊性。上海作为一个特大型城市,固然与一般大、中城市有较大的区别。

但在实施科教兴市战略方面,这种区别主要不在于城市的规模大小,而是在科教兴市战略的发展阶段上。

对于中国大多数城市来讲,由于其条件所限,科教兴市战略实施尚处在初级阶段。其表现特点为:(1)开始自我意识到创新问题的重要性,对科教兴市予以重视,采取一些个别的措施鼓励科技创新和产业部门的创意,但还没有总体的战略性考虑。(2)科教兴市战略实施的着眼点还是以比较优势为主,尽管也有一些示范项目和研究工作得到鼓励和实施,但在城市事务中仍然没有形成培育创新力的概念。(3)科教兴市战略的实施旨在促进传统产业发展,科技创新与产业发展的联系还比较原始,往往是由个别当地的企业家通过低层次的联络帮助创新者踏上最初的机会阶梯,少有措施来进行风险性投资。(4)科教兴市的支撑要素主要还是以传统的为主,人才的向外流失比较严重,稍好一些的地方,人才的流失和回归开始趋于平衡。对城市的组织和管理仍然是较传统的,但在公共部门或围绕着公共部门已存在着要求改变组织方式的压力。

上海实施科教兴市战略,已具备相应的条件,可望进入中级发展阶段。这也就决定了上海实施科教兴市战略有其特定的内容与表现,而区别于其他城市。

(1)以培育竞争优势为主。在创新战略层次上形成鲜明的综合性考虑,特别是在具有社会、文化、经济多元目标的创新项目上得到体现。而城市在各个方面要有一定的能力来保障创新者,以使得他们能够在当地实现其大部分的理想和抱负。上海已经取得的成功经验已成为一块磁石,吸引和引导着其他人和项目留在这个城市。

(2)发展新兴产业部门,特别是形成最具附加值的服务部门。上海不仅要拥有重要研究机构和创造性公司的总部,而且要大力发展各类支持性的组织,如活跃的中介机构,充分发达的金融网络等,形成公共部门与私人部门之间的合作伙伴关系以及部门之间的共享关系。在创新过程的五个阶段(即产生创意、生产、散布、传播和普及),都存在相应的支持机构。

(3)吸引与集聚高端要素。上海要具有能吸引人才的组织结构,成为吸引人才和技能的重要中心。当然,在这一阶段可能仍缺乏高水准的资源。另外,要求在商业、教育和公共领域有着活跃的技术传递和交流项目,提高当地高校、研究机构的研发能力,以致创新的原动力和循环得以保持和更新。

(4)转变增长方式。上海要具备产业网络,鼓励互动,刺激进一步创新,并能促使企业家把创意商业化,使企业以创新理念为基础在本地区茁壮成长。

(5)寻求新型生活方式。在创新思想大量涌现的基础上,上海要成为被公认的拥有丰富文化的重要地方,吸引来自全世界各个领域的有想象力的人士。要营造高质量的生活环境,使知识产业的从业者及创造性的企业乐于驻守本地。

23.3　战略构架分析

23.3.1　战略基点:释放创新潜力

全面实施科教兴市战略,固然要把科学技术和教育放在经济社会发展的重要位置,但其本质精神是创新。科教兴市,实际上就是创新城市。只有抓住创新这一核心,才能全面、准确地实施科教兴市战略。从总体上看,上海是有一定创新潜力的。我们可以通过国际上通用的一些测度创新潜力的评价指标(前四个是硬性指标,后四个是软性指标)来衡量。

(1)大学、政府研究机构和企业研究部门的研发能力。上海近五年用于科技创新的研究开发经费,年均以15％的幅度上升。目前,除了拥有一批大学、政府科研机构外,还有宝钢、上海汽车集团、广电集团等约500家大中型企业建立了产学研结合的技术创新中心。研发是创新的基础,公共和私人研发活动越广泛,城市就越有机会得到经济复兴和可持续发展。应该讲,上海已具备一定的研发能力,并在经济活动中显现出来。近五年,上海实施了约1000个重大创新攻关项目,涉及信息技术、现代生物医药技术、新材料等领域,目前80％的项目投入生产。统计显示,目前上海创造的年工业总产值约7600多亿元,其中高新技术成果转化成产业的产值达1660多亿元,占全市工业总产值的21.8％。高新技术应用于传统工业后,使传统工业年新增产值占到总量的30％左右。

(2)信息和通信的可获得性。上海在城市信息基础设施方面不仅在国内,而且在国外也算是领先的。各类数据库、图书馆系统,也比较完整,且规模较大。上海在电子政务、电子商务、电子社区方面的信息化程度也相对较高。到2005年,互联网用户普及率由32％提高到50％,计算机普及率由25.7％提高到35％,人均信息消费占人均消费总额的比重由7.44％提高到10％,电子商务交易额由5.1％提高到10％,企业上网比例由65％提高到80％,社会公共服务机构上网比例由85％提高到95％,政府公共服务项目网上实现比例由10％提高到90％以上,信息化水平将达到发达国家中心城市平均水平。上海作为信息交流中心,具备相当高的信息密集度,可以使个人和机构较容易地了解国内外创新活动的最新发展和具体实践。

（3）城市的综合教育体系。上海已形成包括从小学教育到技术性和人文性的各类大学的综合教育体系,教育资源比较丰富。理论知识及其应用都是创新的基础。同样,与大学、科研机构有着密切联系的各类科技园、孵化器都是吸引和留住科技人才的重要因素,从而为创新带来更多的机会。

（4）从大众文化到高雅艺术的各类文化设施。上海拥有较好的各类文化设施及活动,已日益成为城市重新定位和形象重塑的关键因素。这些良好的文化设施,不仅可以吸引更多的专业人才,同时也可以给城市中的居民提供创新的机会。

（5）城市的历史。上海有大量历史遗留下来的建筑物、街景、教育和文化设施等可供利用,可以成为创新重新涌现的基础。而且,正是它们的历史背景可激发创新的灵感。另外,历史所造就的上海这个城市的特有形象,也十分有助于创新。

（6）城市的危机感。上海自80年代以来就保持着危机感,不断主动接受更多更新的挑战。80年代,主要是经济增长速度低于全国平均水平的危机感;90年代,主要是接受浦东开发开放的新挑战;90年代末,主要是迎接迈向21世纪的上海新发展的挑战;近几年主要是面临商务成本不断上升,提升城市综合竞争力的重大压力。这种不满现状、自我挑战、不断进取的力量,激发出创新的灵感,使创新越能持久。

（7）城市的内在创新力。上海的海派文化,对中西文化具有很大的包容性,十分有利于融合而产生创新思想。另外,上海市民文化素质较高,比较具有自我意识和独立性,从而有利于调动每个人对创新活动的参与感和责任感。

（8）城市的组织能力。上海具有公认的较强的城市组织能力,组织网络健全,行政管理水平较高,从而有可能把创新元素贯穿到城市决策的每一个过程。这种组织能力是城市保持生机和活力的关键能力,可以使城市资源成倍扩张。

因此,实施科教兴市战略,关键是要把这些创新潜力充分发挥出来,特别是解放高端生产要素。在现实中,创新的机会无处不在,成功者就在于善于寻找这些机会,并加以利用。任何个人和组织包括企业、政府机构、大学、医院等,都可以创新,也都可以学会发挥创新精神。在一个创新的社会中,创新和创新精神是经常、稳定和持续的。

23.3.2 战略重点:形成多层次创新体系

为了把上海的创新潜力充分挖掘出来,要形成一个多层次的创新体系,即由创新、创新后改进、创新扩散等不同层面构成的创新"金字塔"(见图23.1)。其中,具有"毁灭性创造"含义的创新,是最高级的,也是少量的,处于金字塔结构的高端;创新后改进,是对原创的改善与补充,处于金字塔结构的中端;创新扩散作为一种广泛吸收与运用,是大量的,也是相对简单的,处于金字塔结构的下端。

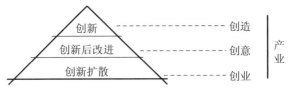

图 23.1 创新体系结构及其具体化的产业活动

与这一创新体系结构相对应,要进一步具体化为不同层面的产业活动,使人们在各自的产业活动中都能具体贯彻落实科教兴市战略。在金字塔结构下端的创新扩散层面,主要是大量吸收与运用创新成果的创业活动,包括产业集群、产业融合、企业网络化、战略联盟、资源整合、技能培训等。在金字塔结构中端的创新后改进层面,主要是大量创意活动,包括设计、咨询、策划、品牌、商标、知识服务等。在金字塔结构上端的创新层面,主要是开拓性的创造活动,包括基础理论研究、研发、高等教育等。

在这样一个由广大科技人员、知识分子、产业工人、干部与群众广泛参与的创新体系中,人力资源将起重要的作用。随着上海经济发展进入创新驱动阶段,在建设现代化国际大都市中,对各类人才的需求将急剧增加,高新技术人才、高级经济管理人才、对外经济贸易人才、高中级技术工人、各类需求量大的经济服务人才将出现严重短缺。与此同时,人才竞争也将更加激烈。

因此全面实施科教兴市战略,必须树立以人为本观念,充分认识到人才是经济社会发展中最为重要的宝贵资源,是现代经济中最为活跃的生产要素,是市场经济竞争中最有价值的经济资本,是带动社会公众走向文明富裕的中坚力量。真正在全社会形成一种尊重知识、重视人才、爱护人才、支持人才的社会风尚,形成有效吸纳人才、凝聚人才、发挥人才作用的机制。

23.3.3 战略突破口:构建创新机制

科教兴市作为一项长期的战略,不是用个别、零散、短期性的政策就可以贯彻实施的,而要建立起相应的长效机制,即创新机制。创新机制是科教兴市的重要组成部分,建立创新机制是实施科教兴市战略的基础性工作。从上海与国际、国内大城市竞争力比较来看,缺乏完善、有效的创新机制正是上海的薄弱之处。因此,全面实施科教兴市战略,要以构建创新机制为重点和突破口。

1. 创新动力机制

科教兴市的全社会创新活动,不能光靠政府的推动。这是不能持续与长久的,必须有内在的动力机制。这种创新的内在动力,来自高校科研机构、企业、居民对市场需求所作出的追求技术进步的强烈反应。因此,要坚持从市场需求出发,重视经济效益,促进创新成果商品化、市场化。

解决创新内在动力机制问题,关键是重塑创新主体,包括高校科研机构、企业与居民都应该成为创新的主体。其中,最主要是要推动国有大中型企业成为技术创新主体,同时积极推进中小企业创新,扶持科技型中小企业健康成长。为此,要建立现代企业创新制度,其主要内容:一是建立有关产品创新、工艺创新、资源创新、市场创新和管理创新等广义技术创新的规范化制度;二是建立有关技术创新的产权制度、组织制度、决策制度、管理制度、分配制度和培训制度等制度网络;三是在这些制度基础上形成有利于技术创新的激励机制、竞争机制和调控机制。

2. 创新竞争机制

无论是自主创新还是模仿创新都需要了解市场、适应市场需求,并只有通过市场才能在整体上减少创新的不确定性。因此,市场经济条件下的多种途径的竞争性开发,既可以形成良好的竞争性环境,也有助于尽快寻找到创新的捷径,从而提高创新的效率。同时,新科技革命使新技术不断涌现和迅猛发展,从而不断加剧着市场竞争,并通过"创造性破坏"打破原有的垄断格局,加快垄断与竞争的转化速度,市场的竞争功能大大强化。

为此,在实施科教兴市战略中,要强化创新竞争机制,通过竞争来强有力地驱动创新、创新后改进以及创新扩散。事实上,只有在市场竞争的前提下,产权等激励机制才能有效地刺激创新者进行创新活动,增进创新绩效。这就要求我们进一步放开市场准入,增强市场竞争功能,放松垄断性产业和服务领域的市场准入限制,除涉及国家安全和国家有特殊规定的行业外,拆除基于所有制、地区和行业的进入壁垒,真正给各类企业以平等进入的机会,为各类所有制主体开展公平竞争和共同发展创造宽松的市场环境。通过进一步打破垄断,放开市场准入,构建并完善竞争性市场结构,促进形成有利于高新技术产业发展和知识、科技创新的良好市场竞争环境。

3. 创新激励机制

在新科技革命条件下,现代企业制度及其组织形态已成为大多数重大创新的策源地。与此同时,创新体制正逐步从独立的发明制度走向企业 R&D 的内部化,以大型企业集团和产、科、研一体化为主,并相应产生了对创新者的重奖、期股、期权等激励制度。

为此,在实施科教兴市战略中,要实行激励制度的重新安排,遵循创新者的利益偏好来设计有效的激励机制。大胆探索和试行包括技术创新成果参与分配、技术作价入股、科技人员持股经营、对技术开发成果进行奖励等具体方式的知识资本化机制,并突破现行的知识资本化的股份比例的限制,依市场规律由企业自主决定,扩大知识资本化的范围,允许专利之外的知识资本,包括非专利型技术、管理和经营技术也能入股,加大政府对优秀人才的奖励力度,保证技术创新者、企业经营者、风险投资者取得与其贡献相称的高额报酬,以鼓励各行为主体在这一特定体系中发挥各自的作用。通过创新激励机制,把全社会的学习与创新纳入要素配置的体系之中,并且在参与企业经营和分配的过程中充分实现其应有的经济价值。

4. 创新协同机制

在新科技革命加强科技与经济一体化,形成系统集成创新模式的背景下,创新源趋向于多元化,不仅来自科研机构与制造商,而且来自用户与供应商。为此,在实施科教兴市战略中,要建立创新协同机制。也就是,遵循创新的系统性内在规律,强调不同创新领域、不同创新环节之间的耦合,以提高综合创新的经济效益和社会效益。

我们要改变过去那种把创新仅仅看作是科研机构和大学、高新技术企业等部门的事情的观念,培育多元化的创新主体,促进政府、企业与研究部门以及个人部门都进入这一特定体系。同时,建立更好的分配体系以在平等基础上进行创新资源的结构性分布调整,在企业内、企业间、企业与其他机构间形成新的组织形式,使所有部门、企业和个人都能参与创新活动。

在科技创新成果产业化过程中,要促进科研院所与企业技术创新的耦合。这不仅要求科研院所和企业都进入创新体系,建立起系统集成创新关系,而且还要强调创新活动的合理分工,各有其发展重点,并从全社会创新的角度予以适当的功能定位。在新产品和新服务的开发中,要促进生产、流通、分配、消费等环节的耦合。

5. 创新风险规避机制

在新的科技革命条件下,创新的风险日益增大。这主要表现为创新的成本上升,而创新的收益更加不确定。这在一定程度上形成对创新活动的制约。为了更好地促进创新活动,就要有创新风险规避机制。其中,风险投资这一新型融资方式,便是为适应新科技革命和高新技术产业发展而迅速兴起的风险规避机制。与传统的银行融资方式相比,风险投资是通过组织资金,购买企业资产,出售持有的企业权益来实现收益,投资对象主要是有巨大潜在商业价值的产品创新、工艺创新或服务创新的小企业或者非企业化的创新群体。企业的创新精神、整体素质,以及创新活动的潜在商业价值,是吸引风险投资的主要因素。

为此,在实施科教兴市战略中,要建立创新风险规避机制,大力培育与发展风险投资,特别是发展私人股权合伙制的风险基金模式。这种有限合伙制的风险投资对高新技术产业的发展具有极重要的意义,不仅为科技创新提供了强大的资金支持,有效地解决了高新技术产业化过程中资金不足的瓶颈问题,而且风险投资涉及全社会而不仅仅是政府与企业,是一种新型的高品质的社会投资方式,为高新技术产业化提供了最坚实的社会基础,同时有助于高新技术企业建立现代企业制度。

6. 创新资源积累机制

创新要有相应的资源,其中最重要的是人力资本。新科技革命强化了人力资本的作用,使其在学习与创新体系中日益扮演重要角色。作为人力资本物质载体的居民在学习与创新体系中,主要是通过其消费、投资、教育、生活方式等方面的改变,不仅作为劳动者直接参与创新活动,而且作为消费者以其需求变化的市场信号反馈间接影响企业的创新活动,在网络化条件下,更是直接与生产者形成互动关系,参与创新过程。

为此,在实施科教兴市战略中,要建立创新资源积累机制。建立一流的教育制度,大力抓全社会教育,把增加 R&D 投入、鼓励发明与创造、开展全民科技普及活动和强化素质教育、职业培训、终身教育,以及提高创新意识、弘扬民族创新精神等结合起来,促进教育水平和整体劳动者素质上一个新的台阶。教育产业要根据社会需求开发服务领域,提高产业服务质量和水平,涉及教育的各产业部门、新闻出版、广播影视、文化、卫生、体育等部门都要注意同教育配套发展。要重视和加强教育产品的开发和研制,要形成新型的教育管理服务模式。在调整与完善正规教育的同时,加强劳动队伍的发展系统并且促进终身学习。如推行更加灵活的就业制度和多元化的报酬方式,加强培训服务,建立"个人培训账户",使工人对自己的培训或再培训有更大的控制权和更多的选择。还有,提供进入各种培训和就业计划的方便通道,如技术评估、职业顾问、就业服务、成年教育等,促进劳动队伍的知识水平不断提高,并引导和改善居民的消费和投资观念、生活方式和行为方式等，保持人力资本不断积累与增值的良好态势。

7. 创新合作机制

新科技革命涉及众多的领域与内容，形成了庞大的经济技术生态系统，要求动员更多的创新资源进行合作攻关。信息化的发展，特别是互联网的发展，则为开展全球范围内的经济科技交流与合作提供了有利的条件。在这种情况下，全球经济科技合作体系正在加速发展，促进创新资源在世界范围内的整合与配置。对于发展中国家来讲，这是一条充分发挥自身科技优势（哪怕只具有很弱小的优势），实现跨越式科技发展的捷径。印度软件业的异军突起，在很大程度上就是参与了这一全球经济科技合作体系，发挥自身独特优势的结果。

为此，在实施科教兴市战略中，要建立创新合作机制，积极主动地参与到全球经济科技合作体系中去，从中共享与利用更多的创新资源，促进自身的创新。要推动研究机构与高校积极参与国际多边科技合作计划，设立权威性的咨询管理机构来协调国际性的科学研究项目。重点基础研究基地也要逐步加大用于国际和国内开发合作的经费比例，广开渠道，鼓励和支持科学家参与国际和国内学术交流和合作，制定有利于学术交流的指标体系。

8. 创新后援机制

企业作为创新的主体，是活跃在创新活动的第一线的。但相当一部分的创新活动具有公共性和较强的外部性，所以要有政府的支持。而且，新科技革命改变了传统企业组织结构，使企业规模效益边界发生新的变化：一方面使许多跨地区、跨国界实行多元化经营的大企业集团有可能在更大的空间范围内优化资源配置；另一方面使以往不具有竞争优势的中小企业迅速成长，呈现出强劲的发展势头。中小企业的发展会极大地有助于新的创新技术的出现，提高工业的竞争力，促进经济的增长和社会就业率的提高。当然它也有自己的独特之处，需要采取适当的激励措施和后援行动。

为此，在实施科教兴市战略中，要建立创新后援机制，重点调整有利于中小企业发展与创新的政策，建立强有力的政策支持体系为企业开展技术创新活动提供支援。一是财务支援，主要通过研究开发补助、融资与风险性资金提供来支援科技活动的发展。二是人力支援，主要是提供教育、人才培训与产学研的合作。三是技术支援，主要是提供技术辅导、设立相关的研究机构、提供信息咨询服务、加强公共实验室或研究机构的功能、协助技术引进与转移。四是需求支援，主要通过提供委托研究、政府采购开发的产品等来鼓励创新活动。五是环境支援，主要通过提供减免税优惠等各项鼓励措施，优化产业发展环境。通过创新后援机制,不仅增强企业的技术能力,同时也增强企业的决策能力、工程能力、生产能力和市场开拓能力等。

23.4　路径依赖及策略选择

在新一轮世界经济长周期的大背景下全面实施科教兴市战略,尽管可以充分利用外部有利条件和外部资源,如接受国际产业转移,引进先进技术和国际人才,动员与配置外部物质资源与教育资源等,但必须考虑实施科教兴市战略的路径依赖问题,特别是科技、教育发展方面的推进路线。因此,要根据上海实施科教兴市战略处于中级发展阶段的特点,以及这一阶段的创新主要在于产业运用的要求,根据上海现阶段的创新潜力的实际情况,制定切实可行的实施步骤和采取相应的策略手段。下面主要论述在实施科教兴市战略中矛盾比较突出,而认识上又有某种分歧的几个重点问题。

23.4.1　模仿创新、创新后改进

实施科教兴市战略,最终要落实到技术创新并带动经济增长上。但其重点,究竟是自主创新、原创性创新,还是模仿创新、创新后改进,直接关系到政策导向及扶植倾向。

理论上讲,任何国家或城市都可以走原创性科技革命的道路,推动本地制造产业的发展。但现实并非如此。不同产业的技术进步有快有慢、有大有小、有早有晚、有长有短,而在竞争机制的作用下,不同企业的技术水平落差会逐步缩小。产业起步阶段的原创性技术优势,会随着该产业的发展逐步消耗殆尽,产业发展必然进入下一次新技术革命等待期。此时新技术革命对教育、基础科研、应用技术开发等提出了更高的要求,并引导产业链条向教育、科研、技术不断延伸,从而大大抬高了实现技术创新所需要的物质资本、知识资本以及制度建设的门槛。其结果,使只有少数国家有能力抢占下一次技术革命的先机。事实上,历史仅仅把增加产品功能差异与提高生产规模两条发展道路留给了大多数国家。

我们作为后起发展中国家,并不具备抢占下一次技术革命先机的综合能力,不可能像英、美凭借原创技术优势成为强国。尽管我们也有可能在个别领域获得突破,取得一些世界领先的科技成果,但由于技术之间有很大的依赖性,形成一个技术生态系统,在多数技术落后的情况下,个别的原创技术很难发展为原创

性科技革命,成为新型产业兴起与发展的依托。因此,把大量的精力、财力放在超前性研究上,或个别原创技术开发上,往往会遭到夭折,造成大量的浪费。我们过去已有许多教训,值得记取。

在这方面,我们应该很好地总结与借鉴日本的发展经验。日本通过模仿创新与创新后改进,走了一条增加产品功能差异的发展道路。它主要是通过企业管理、现场管理、看板管理、精益化生产、弹性化生产等具体措施,实现了对产品成本、质量、功能的全面改进。更为重要的是,它并不仅仅停留在产品功能改进上,而是进一步加强了管理改进与组织改进,通过管理改进和产品功能改进相结合,形成了日本制造业的核心竞争力,为最终占领世界市场提供了强大的竞争武器。

事实上,我们在模仿创新、创新后改进方面并没有很好地去做。即使做了,也停留在产品功能改进上,没有深入挖掘组织、管理方面的改进。而这方面的创新潜力是很大的,也很适合我们目前所具有的主观能力与客观条件。而且,中国是一个地缘政治大国,拥有既定的巨大市场空间,还具有规模化发展的有利条件。不同于日本和其他亚洲国家只能走产品功能改进的发展道路,我们在产品的规模化和功能改进两个方向上,同时具有前进的通道。因此,更要把重点放在模仿创新、创新后改进上,加强这方面的政策引导与具体措施的落实,通过产品功能改进、产品规模化以及与管理、组织改进相结合,提高产业的核心竞争力。

23.4.2　高科技发展的实用性 R&D

在实施科教兴市战略中,促进高科技发展是其重要内容之一。在此过程中,也有一个如何发展的策略性选择。现在大家都认识到 R&D 的重要性,但大多数尚停留在一般性的泛泛而论上。根据中国的实际情况,要特别强调实用性 R&D。

这种实用性 R&D 是从现有水平出发,借助于和利用现有的研究成果、基础条件来开展 R&D 活动的。例如,利用半导体工艺及产品,如光蚀刻装置、真空工艺仪器、各种电子显微镜及其附属分析仪器,以及清洁设施等设备,进行纳米技术、NEXS(以十亿分之一为单位的细微电气、机械系统)及生物领域的 R&D 的研究。

为此,要选择与各企业拥有的传统研发课题有较高相关性和延续性的高科技 R&D 项目。例如在纳米技术或生物等高科技领域,特别是对于半导体、计算机、医疗、材料领域的企业来说,新的投资或者技术支持、技术开发等所需要的资金和时间不会有损失。这种选择的切入路径,不仅使研究项目一开始就比较容易启动,而且可以利用现存的设备、技术、人员迅速开展起来。当然,通过有效利用现存的设备或人员,也可以把初期投资控制在较小的范围内。

这种实用性 R&D 非常注重实际的收益,但并不追求一种全新产品的创造,以及要有较高的附加值。事实上,无论什么样的技术革新,极少能够产生过去从未有过的产品。虽说是高科技,大多还只是起着对现存产品进行调味料式改良的作用。这种实用性 R&D 是通过另外两条途径来实现其收益的。第一,这种实用性 R&D 强调应用领域的多样性,即其应用产品多种多样,也经常应用于没有相关性的多种产品之中。为此,这种实用性 R&D 通常把重点放在材料及其加工技术,以及设备的材料或零件上。因为这些材料或零件位于制造流程的第一步,一旦有所改良,其运用的范围就相当广泛,其链条也相当长。第二,这种实用性 R&D 强调应用过程的衍生性,即利用新发明,必须进一步开发一些崭新的相关技术。

23.4.3 现代公司功能拓展

在科技发展中,企业扮演着重要角色。但要改变其传统的模式,即在现有的生产功能基础上来转化科研成果,通过现代公司功能的拓展来发挥其作用。现代公司的发展,已经远远超出了工业公司和金融公司的范围,正在积极向科技、教育、文化、娱乐、信息、服务等领域全方位拓展。这种拓展的核心目的只有一个,就是以市场需求为导向,抢占下一次科技革命的制高点,谋取新的资本拓展空间。这种现代公司功能的拓展,主要在三个层次上展开:

第一,现代公司向教育领域拓展,通过基金的方式参与、控制高等教育资源,并按照市场经济原则逐步将其改造成为制造产业链条的源头以及产品研发的基础。

第二,现代公司向科技领域拓展,通过投资办科研来拓展新产业链条。实践证明,公司办科研的最大优势,是将基础理论研究与应用技术开发紧密结合起来,同时节约了科研成果的识别成本。并且,用公司化的具体人才标准替代政府抽象的人才标准,解决了科研人才短期及长期识别成本问题,从而为建立全社会有效的人才激励约束机制奠定了基础。在公司理念的影响下,知识、信息也在迅速资本化。

第三,现代公司向文化娱乐领域拓展,对其进行公司化运作。如果说教育、科研是从纵向、从供给角度延伸制造产业的链条,文化娱乐则是从横向、从需求的角度拓展制造产业的链条,特别是极大地拓展了每个人的需求效应空间。

24 增强自主创新能力 *

党的十六届五中全会明确提出,要把增强自主创新能力作为科学技术发展的战略基点和调整产业结构、转变增长方式的中心环节。近年来,上海不断加大科技投入力度,努力构筑科技发展新优势,科技自主创新能力有了明显提升,科技对经济社会发展的贡献率也不断提高。但与发达国家和地区相比,按照新阶段发展的要求,上海科技自主创新能力总体上还不强,还存在许多瓶颈制约。当前,关键是要深入分析制约上海科技自主创新能力提升的瓶颈问题及其存在的根源,积极选择解决这些瓶颈制约的突破口,制定实施相关的配套政策,聚焦重点、突破瓶颈,真正使上海科技自主创新能力的提高有一个质的飞跃。

24.1　分析框架

研究上海科技自主创新能力,必须从国际规范的理论解析着手,准确界定其内涵特征,构建起完整的分析框架。

24.1.1　概念界定

当前国际学术界对科技自主创新能力的理解,有几种不同的观点。熊彼特认为,创新是企业家的行为,创新能力是企业家对市场的一种反应能力,其瓶颈是企业家创新能力的缺乏。库姆斯认为,创新行为来自重大的技术和产品突破,自主创新能力是科研能力,其瓶颈是研究资金和研究人才不足。希克斯、施穆克

　　* 本章为笔者主持的 2005 年上海市科技发展基金软科学研究重点课题"实施科教兴市战略与科技宏观管理体制、机制研究"的成果报告。

勒等人认为,相对价格的变化或市场需求是诱致技术创新的主动力,自主创新能力是创新主体对市场变化的充分反应能力,其瓶颈是充分自由竞争的市场的缺失或不完善。新制度经济学派认为,对创新行为起决定作用的是制度因素,技术创新需要制度创新,而制度创新的核心是产权制度的创新,创新瓶颈往往来自制度层面,特别是产权制度的缺失或不完善。以弗里曼、伦德瓦尔等人为代表的国家创新体系学派认为,创新是国家主导的由公共和私有机构组成的网络系统,该网络中各个行为主体的活动及其相互作用旨在经济地创造、引入、改进和扩散知识和技术,国家通过技术、商业、法律、社会和财政等多方面的环节和手段改进和完善这种活动和相互作用以推动科技创新的发生和实现。创新的瓶颈往往表现在国家制度或各种机制的不完善、不匹配、不协调,使相互作用不能充分有效地发生。

我们认为,国家创新体系理论比较全面地反映当前科技自主创新能力的内涵及其形成发展机理。为此,科技自主创新能力的概念可以界定为:创新主体在特定环境中、通过某种配置机制、利用创新资源创造具有自主知识产权的科技成果,并将其市场化和商业化的能力。科技自主创新能力的强弱,主要表现为社会创新网络中创新要素之间的反应和作用强度,创新能力瓶颈是社会创新网络系统在各种创新环节和路径上的失效或失灵,表现为创新要素之间缺乏作用,缺乏反馈,缺乏竞争,或者作用、反馈、竞争不充分有效。

24.1.2 分析框架建构

借鉴国家创新体系理论,我们构建了一个科技自主创新能力研究的分析框架,这实际上就是科技自主创新能力形成和演进的一个大系统(如图 24.1 所示)。

在这一系统中:(1)创新主体,广义来说,是指企业、高校与科研机构、中介组织和融资机构、政府等,其中企业家是创新主体和创新网络中最为核心的要素;(2)创新资源,是创新网络中可以动员的一切社会资源和社会力量,包括社会知识科技存量、信息存量、人才、专利、资金等;(3)创新基础,是创新行为得以发生的起点和基本平台,如国家技术标准、数据库、信息网络、图书馆、大型科研设施等基本条件,创新基础越雄厚,创新起点便越高,创新成本也越低,创新范围就越广。三者之间以及创新主体之间的相互作用和交流反馈构成了现代自主创新网络,如图中虚线所示。创新系统最外部的因素是创新环境,它对创新网络产生直接或间接的作用,如图中虚线箭头所示。受创新环境支撑的创新网络形成了一个区域或一个国家的自主创新能力。

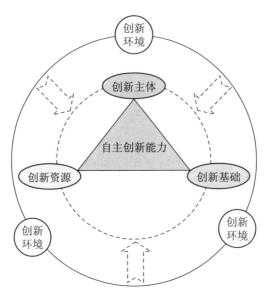

图 24.1　创新能力、创新网络与创新环境的作用关系示意图

资料来源：作者绘制。

　　创新环境主要由以下三部分构成：(1)宏观经济环境，包括经济发展阶段、利率汇率变动、融资环境、对外贸易、要素成本、消费者、劳动者权益的保护、环境和知识产权的保护、国内技术水平同国外技术水平的差距等等。宏观经济环境会直接影响到创新主体创新行为、创新模式、创新动机的选择。(2)社会文化环境，包括历史传统、民族习惯、宽容失败、鼓励创新的社会文化氛围，创新性教育方式、诚实守信的商业文化社会文化等等。(3)创新政策环境，主要包括两个方面：一是指影响各创新主体反应方式和行动方式的政策，比如影响产学研合作机制、联合开发机制、产权制度、激励机制等的政策；二是指影响创新资源流动路径、流动方向以及流动速度和速率的政策，比如影响人才流动、资金分配和流动、信息的使用和扩散等的政策。因此，创新环境指的是间接影响创新主体和创新资源相互反应和相互作用的各种因素的总和，它对创新行为的发生和深化进而对创新能力的提升有着深远的、潜移默化的影响。

　　在创新网络中，我们把创新主体、创新资源和创新基础的总和称为创新要素，不同的创新要素组合在一起形成不同的创新子系统，或者说构成创新网络中的一个反应循环链，所有的子系统和反应链共同构成创新网络的大系统。创新网络是一个由区域内各创新要素之间相互作用和相互联系所形成的具有创新各种特征的体制、机制的总和，是一种新的组合与运作方式，是在一定的地理区间内,功能指向为创新的、以横向联系为主的开放的创新系统。在这个网络中,创新知识的产生、传播、渗透以及在各个网络节点内部发生作用是整个网络能够存在和发展的重要特征。

创新网络的节点,既可以是网络中的一个组织单元,如企业、大学、研究机构、中介机构和政府,也可以是组织单元之间通过交流而产生的具有进一步扩散价值和作用的事物和行为,如交流中产生的新思想、合作研究的新成果等等。创新网络的交流是多层次、多通道且相对稳定的。在网络的各个单元之间,在各单元内部的各部门之间,以及在单元的内部部门与外部单元之间都存在着充分的交流。这种广泛的交流在把节点联成网络时,又会产生新的节点,而节点密度越大,交流机遇越多、越频繁;反过来,交流越频繁,节点越多;节点越多,创新机会越多,创新能力也就越强。因此,这种创新网络化意味着个体组织处于普遍联系(横向战略、垂直关系)之中,使个体组织不再依赖于自身内部的资源,而是更多地利用个体组织之外、蕴藏于有形和无形的网络之中的资源,它们共享资源,相互学习、交流和模仿。总之,创新网络提供了比等级组织更为广阔的学习和交互界面,使创新可以在多个层面、多个环节中发生。

一般来说,创新的网络效用越强,其所对应的创新成果越重大,创新的可持续性越强,创新越具有可预见性和可控性。但创新网络的拓展往往需要各部门多个机构的紧密协作,形成合力,其交易成本也更高,不确定性更强。较小的创新网络往往代表着分散的、个别的创新。因此,系统的自主创新能力越强,创新网络中的节点和相互作用的主体便越多,利益主体的作用、反应便越紧密,其对创新网络的协调能力、控制能力、引导能力便提出了更高的要求,而这样的一种协调、控制和引导能力需要一整套鼓励创新的环境来作为支撑。比如,完善的产权交易市场,分配和激励机制同创新主体行为方式的契合度,完全竞争的市场环境,政府同企业的协调机制,企业同科研机构的合作机制,以及政府创新政策的有效性和支援的科学性等等,都是创新网络的重要支撑。

从上面对自主创新能力构成要素的简要分析中可以看出,自主创新能力形成与演进系统的一个基本作用路径是:创新环境决定了创新网络的特点、性质和运作效率,而创新网络的效率又决定了创新要素之间的交流和融合程度,由此又决定了自主创新能力的发展。因此,从创新体系和现代自主创新网络的角度来看,创新环境在其中发挥着十分关键的作用。自主创新作为一种具有自主知识产权的创新活动,通常要求有深厚的知识积累与科学创造的基础、灵活有效的成果转化机制、良好的配套协同能力、强有力的商业化运作的支撑等条件。这些自主创新的基本特点,对其创新环境提出了特殊的要求:基于这种网络化和一体化的自主创新环境,必须是一种更为开放、更加宽松、更具有灵活性和柔性的环境,是一种引导创新主体产生技术创新冲动的环境,是一种有利于创新资源横向流动、知识流交互作用、创新要素集成、全社会参与,以及保证创新活动后续性、连续性和稳定性的环境。这一环境的核心作用,就是保证自主创新所必需的创新要素流动与整合、创新知识流的交互、成果转化环节的连通性和一体化等快捷、有效地展开和实现。

24.1.3　创新系统演进条件

创新系统的演进主要是指系统从低水平均衡状态向高水平均衡状态进行的进化、过渡、突变,这种演进需要相应的条件作为配套,这些必要条件有:

(1)创新系统的开放性,包括系统的开放性,以及系统内部各子系统之间的相互开放性,特别是信息和知识的开放及人力资本的流动性。系统能够充分地从外界吸收各种能量,是导致其演进的重要因素。

(2)创新基础和环境的完善性,比如公共实验室的质量和数量、大学和研究机构的合理配置、创新教育的普及性、创新文化的广泛性等等。其中由应试教育向素质教育的转变是一个非常重要的环节,即培养学生的创新、创造能力而不是对现有知识的简单的记忆能力。

(3)作用机制的合理性,即形成一整套使创新要素指向创新的机制。比如在保护机制盛行部门分割严重的情况下,企业的最优战略可能是不创新,维持现状;在风险特别大的情况下企业可能会选择简单的技术引进。对于国有企业来说,如果评价指标仍然还是产量、GDP、上缴利税等,则国有企业仍将沿袭引进—引进—再引进的老模式。因为,在这样的激励机制下,引进技术是国有企业的最优战略。这些都需要有相应的机制作为配套条件促进企业的创新行为的发生。

(4)政府支援的科学性。政府在支持科技自主创新能力时要注重对科研链和创新链的整体谋划,要根据系统的需要设计单项技术的支持力度和支持方向,以及支持的结构和比例。政府应充分利用市场机制内在的调解力量,政府应该起到诱导、推动的作用,而不是代替市场直接进行创新。比如目前政府支持的主要方式是对企业和研究机构直接注入资金,从国际经验来看,较好方式是把对企业的科研投入以适当方式冲抵税负,企业自己投入的 R&D 经费越多,通过减税获得的政府支持也越多。这样可以使企业和政府的力量形成合力,充分调动企业自主创新的积极性。政府应主要在企业不愿意或无力进行投入的领域发挥积极作用，与企业研究开发形成互补。政府应该将更大的资金用于支持基础性研究，提供公共品和发展公共技术平台。在应用技术领域，政府应在少数影响国家安全和产业竞争力的重点领域发挥作用。在产业技术发展中，政府应重点支持共性技术和影响整个行业发展的关键技术的研究开发。也就是说政府的支援应更多地体现在系统创新的瓶颈方面。

综合上述分析，我们发现，无论是自主创新能力的提升，还是其演进的方向和力度，都同创新网络所处的环境有紧密的关系。比如系统的开放性其实就是一个开放性环境的建设问题，创新基础的完善要求提供有效的公共产品，这事实上是创新环境中一个重要的硬件指标，而作用机制和政府的支援也是创新主体所处的创新环境中的重要软件指标，有效的政府支援可以最大限度地消除创新风险，弥补创新过程中存在的信息、资金和人才的缺乏问题。更为重要的，没有一个良好的创新环境，创新主体可能会失去创新的动力，创新网络难以有效建立。如果某一类创新主体缺乏自创新动力，则它所占有和支配的创新支援的流动性便会受到极大的抑制，整体创新网络中创新要素交互和融合便会受到影响，从而制约区域创新网络的整体有效性，进而影响到自主创新能力的提升。比如，我们在调研中发现，由于国有企业自主创新动力不强，创新要素在国有机构（包括企业和科研院所）之间的流动性很差，同时，国有机构控制下的创新资源同非国有机构控制的创新资源之间的流动和反馈也缺乏正常的保证机制。这些都严重制约了上海城市自主创新能力的提升。究其根源，一个重要的原因在于上海自主创新的环境尚未成熟和完善。关于这一问题，我们将在第三部分有详细的论述。

24.2　瓶颈制约分析

近年来，上海科技自主创新能力不断提升，有显著进步。国家科技部2005 年的科技监测报告显示，上海科技进步综合指数为 72.2%，首次超过北京跃居全国首位。另据"2005 年全球知识竞争力指数排名表"，上海比 2004 年又跨越 7 位。但总体上讲，上海科技自主创新能力还不够强，在此发展过程中存在瓶颈制约。根据科技自主创新能力的分析框架，我们着重从以下四个方面分析影响上海科技自主创新能力提升的瓶颈制约。

24.2.1 创新主体的行为方式偏差

自主创新能力是以创新主体的动能为基础,并通过创新主体的行为体现出来的,因此创新主体的行为方式对自主创新能力有直接的影响。目前,上海各类创新主体均存在行为方式上的偏差,这严重影响了自主创新能力的提升。

(1)企业创新的动能不强,技术创新的主体地位没有真正确立。从企业研发投入水平来看,上海在全社会研发总任务中,企业所承担的份额只占57%,而在发达国家则要达到70%左右。2004年上海全部大中型工业企业R&D经费总额为82.11亿元,虽比上年有较大幅度增长,但还不到索尼2004年50亿美元研究开发经费预算的1/5。作为自主创新主力军的国有大型企业集团,其R&D投入占销售收入的比重也严重偏低,除广电集团外,其余均小于2%(见图24.2)。参照国家及上海所规定的高技术企业R&D投入占销售收入的比例应大于5%的要求,以及OECD的标准(高于10%),大型企业集团合理的研发投入比例应该在3%—5%。另据统计,近年来,上海国有大中型企业技术消化吸收与技术引进投入之比仅为6%左右,企业发明专利授权量仅占发明专利授权总量的29.58%。同时,上海企业承接科研成果的主动性不强,据有关资料,从2000年至2005年,上海医药工业研究院共签订197项技术成果转让,涉及金额2.67亿元,其中132份(占67%)转让给外省市制药企业。

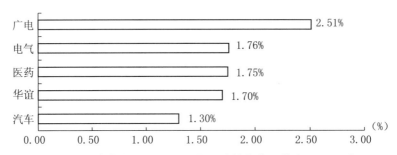

图 24.2 上海大企业集团 R&D 投入占销售收入的比重(2003 年)

资料来源:作者根据有关统计数据绘制。

从所有制的角度来看,上海国有企业自主创新动力不足,主要是由于体制机制改革滞后,以及缺乏有效的激励机制。而民营企业自主创新动能不强,主要是受制于自身经济实力弱小、技术力量薄弱以及融资困难等外部条件,缺乏强有力的基础性支撑,对自主创新显得"心有余而力不足"。上海外资企业技术和资金实力强,自主创新能力强。目前全市企业研发投入前 10 位的全部是三资企业,三资企业占全市企业研发投入的 75%。但是,三资企业的创新行为一般受制于母公司,是跨国公司内部发展战略的总体部署,其自主创新的成果不属于我们,特别是由于三资企业中外方控股比例较高,其创新能力的溢出效应也十分有限。

(2)高校与科研院所的目标定位不清,对科技创新缺乏强有力的支撑。高校与科研机构在创新体系中的分工不明确,公共(官方)科研机构与一般科研机构的分工重点不突出,高校不是集中力量主要进行知识创新,向社会提供公共知识,而是大量开展具体项目及成果转化等创收。公共科研机构不是突出重点实施公共创新项目,向社会提供通用性的科研成果,而是也大量地开展所谓有"经济效益"的科研项目。其结果,由于力量分散,精力不集中,作为整个社会创新基础的知识创新没有取得重大进展,基础性、前沿性领域的技术储备不足,而支撑整个社会创新的公共科技创新也没有搞上去。在一般科技成果及其转化方面,则出现低水平的过度竞争,特别是部分科研人员倾向于建立小企业,自我孵化成果,形成了"出一批成果,下一批海"的现象,基本上没有融入经济发展的大循环。

同时,高校、科研院所的职称评定、课题评审的目标指向,追求得更多的是学术价值,对科技人员进行管理、评审、考核时,看重的是论文数量、项目数量、创收前景等,与科技创新联系不强,而且由于科研经费往往向应用型项目倾斜,造成基础研究等一些传统项目优势萎缩。显然,这种科研导向是很难催生出重大原始性科研成果的。同时,在科研项目的申报、评定上,知名专家凭借自己的声望可以较容易地拿到项目,支配科研经费。他们摊子越铺越大,却很难有足够的精力把一项研究做深做透,有些重大项目名义上由知名专家承担,实际上真正做的是一些没有研究经验的博士生或硕士生。而一些有发展前途的年轻科研人员由于申请项目难、利益分配不到位而跳槽,导致科技骨干流失。还有,一些研究机构片面强调知名专家的作用,花重金从国外引进一流专家,把主要项目、科研经费都集中到引进专家身上,其他科研人员受到冷落,抑制了广大科研人员的积极性。

(3)政府在科技创新中的作用尚未充分发挥,创新服务体系没有真正形成。政府是科技创新的重要推动力,政府的战略规划、政策指导、资金扶持都是推动科技创新的主要方式,政府通过制定实施规划为科技创新指明方向,通过政策扶持引导学校、科研机构根据市场需求进行人才开发和科学研究,激励企业科技革新,推动企业与科研机构形成关联发展机制。同时,政府通过构建平台和中介服务机构促进科技创新发展,通过培育创新文化、营造创新氛围、实施创新战略等来促进科技创新。上海科教兴市主战略实施以来,政府主导科技创新发展的特点比较突出,政府科技投入和政策扶持的力度还是十分明显的。

但是,从目前来看,主要还存在三个方面的问题:一是政府科技投入与使用结构存在一定偏差,对具体应用性科技项目投入较多,而在教育、知识创新及其传播、公共科技服务投入以及软环境建设等基础性方面投入等尚不足。二是政府科技投入的管理与运作方式存在不足,在政府作用与市场机制作用的结合上力度不够。比如科教兴市专项资金的运作,在引入社会化、专业化资金和项目管理机制,加强科研项目的前期科学评审、中期动态管理、后期绩效评价等方面尚不够。政府采购自主创新产品制度是国外一种比较普遍的做法,这方面上海政府支持力度显然不够。三是公共服务平台等创新服务体系和环境建设相对滞后,特别是投融资服务平台建设还没有取得实质性的进展,对知识产权保护的措施和力度尚不完善,信用环境建设仍比较薄弱。

24.2.2　创新资源不足及投入结构偏差

近年来上海 R&D 投入迅速增加,从 1995 年到 2004 年连续 9 年复合增长率达到 20.2%,远高于同期 GDP 增长速度,2005 年上海 R&D 投入占 GDP 的比重为 2.34%。但是上海 R&D 资金的投入仍偏低,相对于发达国家尚有一定的差距,在 OECD 国家中相当于第 9 位[前 8 位依次为瑞典(4.27%)、芬兰(3.40%)、日本(3.09%)、冰岛(3.04%)、韩国(2.96%)、美国(2.82%)、瑞士(2.63%)、德国(2.50%)],属于中等偏上的水平。同时也显著低于国内的北京(7.1%)、陕西(2.8%)。特别是人均 R&D 经费比重,上海更是远远低于发达国家,不及美国和日本的 1/10,不及 OECD 国家平均水平的 1/5。

(1) 在投入方向选择上存在偏差。具体表现为,重应用研究而轻基础研究,重短期项目而轻长期项目。从整个 R&D 的资金流向来看,上海大量的 R&D 资金流入创新的应用领域,而对基础研究的资金投入明显匮乏。如表 24.1 所示,上海在基础研究领域投入的比例远远低于美英等国家,是日本和韩国的一半左右,而在应用研究和试验发展方面投入的比例又偏高。基础研究在科研资源投入的分配中往往处于"弱势地位",尤其是在创新投入短缺的条件下,基础研究在争取投入时通常受到应用研究的"挤压",面临着"后天失调"的困窘。

同时,重大原创性科技成果的取得往往是科学家多年潜心研究的结果,而现行的科技投入机制所支持的科研项目研究期限一般不会超过三年,这不利于扩大探索性研究空间和交叉学科的研究空间。这种"急功近利"的价值取向,不仅

表 24.1 R&D 经费支出的国际比较(按活动类型分)

	R&D 经费支出构成比(%)		
	基础研究	应用研究	试验发展
美国(2002)	20.9	20.6	58.5
日本(2001)	12.4	22.0	65.6
英国(1975)	16.1	25.4	58.5
法国(1977)	21.1	34.4	44.5
韩国(2001)	12.6	25.3	62.1
上海(2004)	6.03	25.78	68.19

资料来源:根据有关统计数据编制。

制约了应用研究的发展,也影响了可持续创新能力。以上海市授权专利为例,尽管从 1990 年至今专利授权数量翻了 11 倍有余,但代表原创性的发明专利占专利总数的比重仅从 1990 年的 10.7% 增加到 2004 年的 15.9%,远远低于美国(80.2%)、日本(75.1%)等发达国家。

(2) 投入主体结构存在偏差。具体表现为,政府的研发经费投入高于企业,外资企业高于本土企业。从 2004 年上海市发改委的有关资料来看,市政府投入比例最高(31%),其次是三资企业(26%),国有企业科技投入较低(15%)(如图 24.3 所示)。

从企业技术开发经费来看,依然存在着结构性不合理。以 2004 年上海规模以上工业企业技术开发经费为例,在总支出费用中,外资企业占到 45%,国有独

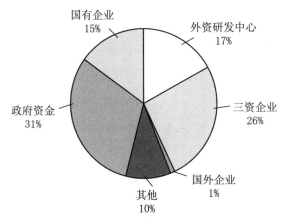

图 24.3 上海 R&D 经费(按资金来源分类)

资料来源:根据 2004 年上海市发改委的有关资料编制。

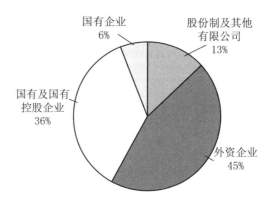

图 24.4   2004 年上海规模以上工业企业技术开发经费支出结构

资料来源:根据 2004 年上海市发改委的有关资料编制。

资企业仅占到 6%(见图 24.4)。从 2004 年上海大中型工业企业科技人员的数量结构来看,外资企业占到总人数的 66%,而国有企业仅占到 13%。从研发的投入产出效益来看,三资企业对上海创新体系的贡献度高达 44%,国有企业和其他单位(民营企业、高校等)对创新体系的贡献比率明显偏低。

(3) 在经费使用上存在偏差。在研发经费的使用上,政府和国有企业的研发经费大都用在"硬件建设"方面,而忽视"软要素"的投入。虽然扩大创新园区规模、改善硬环境对创新起着极为重要的作用,但现阶段创新的瓶颈主要还在于人才、信息、观念和制度环境等"软要素"。其次,在一些见效较慢,但收益却可能是边际递增的建设项目上投入较少。例如当前上海企业用于信息技术和系统的投资累计占总资产的比例不到 0.5%,与发达国家大企业在信息化方面的投入占总资产 8%—10% 的水平还相距甚远。最后,上海企业普遍存在着重引进轻消化吸收的现象。表 24.2 的数据表明,上海大中型工业企业用于消化吸收的费用只占到技术引进的一个很小的比例,而在韩国,这一比例是6:1。

表 24.2   上海大中型工业企业技术引进与消化吸收的基本情况

	1994	1995	1996	1997	1998	1999	2000	2001
技术引进(亿元)	16.7	45.6	25.9	27.9	25.5	29.1	39.0	45.9
技术引进/R&D 投入(%)	1.6	5.0	2.0	1.6	1.3	1.2	1.2	1.1
消化吸收/技术引进(%)	4	2	15	3	13	18	6	6

资料来源:根据有关统计数据编制。

24.2.3 创新系统集成不强与合力不足

自主创新能力最终是要通过创新成果的水平来反映的,而创新成果则是在一定创新资源投入的基础上通过相应的配置方式而形成的。因此,创新的作用机制直接决定了自主创新能力。目前,上海创新作用机制的问题主要表现为四个方面。

(1)产学研之间缺乏有效的合作机制。尽管上海在产学研的合作模式方面做了大量的探索,取得了一些经验。但是从实际运作效果来看,由于缺乏受认同的利益分配机制和知识产权保护机制等原因,创新要素部门垄断、创新资源分散、创新活动封闭的现象仍较严重,产学研之间缺乏有效协调,没有形成行之有效的运行网络,特别是产、学、研三方之间存在"四个不对接",即信息不对称、利益分配不合理、技术供需不匹配、价值取向不一致。这直接导致高校和研究机构未能有效地参与企业创新活动,产、学、研无法形成合力。比如 2000 年上海 R&D 资源普查显示,企业近八成半的 R&D 经费为内部开发使用;而 2006 年上海民营企业的技术来源也主要以自主研发为主(比例为 68.3%),委托和合作研发比重较低,仅占到 20.5%。从调研的情况来看,产学研机制没有有效展开的根本原因在于企业自主创新主体的地位尚未确立,企业缺乏承担风险、勇于攻关的动力,产、学、研缺乏坚实的合作机制。而研究机构也往往紧盯政府的创新资金,缺乏到市场中寻找项目空间的勇气和能力。产、学、研之间的这种不对接,导致创新系统内部技术开发、生产和市场需求严重脱节,严重影响创新成果的市场适应性、创新过程的效率和创新技术的升级换代。研究机构的开发成果因不能满足企业的创新需求而无人问津,造成本就极为有限的科技资源的巨大浪费,同时企业产品创新档次也难以提高,最终表现为创新过程中三个环节的低投入、低转化率、低产出效应,导致整个社会的科技创新在低水平陷阱中徘徊不前。

(2)创新过程中的诸多链条不完整。创新的政策链、技术链、资金链、服务链、人才链等均有不同程度的断裂与梗阻。其中一个主要原因是,中介服务机构现状还不能适应科技创新的需求。主要表现在:在成果价值的评估、风险分析、市场调研、产业化的推进和后续服务等方面,缺乏一支强有力的中介力量,科技中介服务机构数量少,服务范围小;科技中介组织发展水平参差不齐,服务单一,缺乏专业化特色;支持科技创新和科技创业的科技评估、技术产权交易、创业投融资服务等中介组织发展滞后,不能满足普遍高涨的创业热情和快速发展的高新技术产业的需要;现有的科技中介机构多数是从政府部门分离出来,或由事业单位改制而成的,市场化程度不高,运作机制不活,服务内容、服务方式缺乏创新,服务质量和效率不高。

（3）风险投资机制不完善。科研成果的学术价值和商业价值之间有"鸿沟",此间的转化需要风险投资机制参与。由于风险投资基金法至今尚未出台,风险投资公司和风险投资基金发展缓慢。尽管上海风险投资已有了一个良好的起步,但总体来说,当前风险投资规避"风险"的手段还比较"原始",风险投资主要以国有资金为主,其运行效率还无法适应市场的需求。另外,在研发与科技成果转化的资金分配结构上也存在着偏差。上海在科学研究和科技成果产业化的资源、资金配置为8∶1,即重点放在研发上,而发达国家两者比例为1∶2。另外,科技企业缺少市场融资意识和手段,主动到技术产权交易所等市场上去寻找资金的企业只有20%左右。

（4）资金融通渠道不畅。研发资金短缺是每一个创新主体都面临的最大的问题。我们在调研中了解到,企业对研发项目的投入是十分谨慎的,投入的前提是不能影响到企业正常的生产和销售活动,如果利润出现萎缩,企业首先要削减的就是研发费用。这是上海的企业和研究机构在发展初期必然会遇到的问题,或者说是长期发展和短期生存之间的矛盾问题。解决这一问题的根本,除了风险资金提供一部分创新资金外,还要求有一个良好高效的融资平台。目前上海中小企业普遍存在贷款难的问题,即便是规模庞大的国有企业集团,也往往会受到资金的制约。在这一问题上,我们不能一味地责备银行的消极和不作为,事实上银行在贷款安全稳健原则的作用下本能地会对高风险的创新项目有抵触心理。因此,上海应该出台鼓励银行同高科技企业紧密合作的政策,比如将银行的安全稳健原则同高科技企业高成长性有机契合的政策,以及鼓励担保公司发展的政策等。通过政府的专项资金和担保公司来共同为银行的贷款承担风险,构成一个多元投资、风险共担、利益共享、紧密合作的创新融资体系。

（5）开放式的合作平台尚未真正形成。上海在全国最早建立科技合作专业管理机构,最早建立专项合作计划和配套资金,最早开展面向西部地区的科技管理干部培训,最早组建全国性科技合作网络,并取得了相应的成效。但总体上尚未真正形成开放式的合作平台,目前上海的各类科技资源的国际化程度较低（包括人力资源、技术资源、信息资源等）,吸引世界各地包括内地的科技人员到沪开展科技活动还没有形成"气候",与世界科技创新双向的交流合作机制尚未形成。同时,上海与全国各地,尤其是周边地区在科技创新上的合作交流也不够。从高新技术成果交易会看,深圳和北京在高新技术产业发展方面的合作正在不断加强,有可能形成研究上游在北京、产业化下游在深圳的紧密区域合作关系。而在上海高新技术产业开发区的发展中,明显缺少与国内其他高新技术产业开发区的区域合作以及与硅谷、新竹等世界著名高技术园区的知识联系。

24.2.4　创新基础积淀不深与支撑不力

自主创新能力是建立在一定社会基础之上,并在与相关环境的交互作用中形成与发展的。创新基础主要是科学知识及技术的积累,而教育则是科技发展的发动机。创新环境是创新活动赖以展开的市场、产业、政策、人文等相应条件。与国内其他地方相比,上海的创新基础与环境相对较好,但仍显基础积淀不深和环境支持不力,这客观上也构成上海自主创新能力提升的瓶颈制约。

(1)上海的教育不能适应科技创新发展的需要。与国际著名大都市相比,上海教育的总体水平仍存在一定差距,尤其在高等教育普及率、名校资源的集聚能力方面仍有不小距离,尚缺少可以汇集世界各地优秀生源、云集大师的环境。例如,上海的高等教育毛入学率达到 51%,基本与发达国家(52%)持平,但远低于纽约、伦敦、东京等世界一流国际大都市的 80%—90%。上海接受高等教育人口占户籍人口比例为 3.5%,而纽约、东京等城市达到 6%—7%。上海高等院校 50 余所,学生数占全国高校大学生数不到 5%;东京则拥有高校近 300 所,集中了约占全日本 30% 的大学、40% 的大学生、50% 的科研机构,是名副其实的人才高地。英国最好的 10 所研究性大学一半集中于伦敦,从而打造了百年不衰的世界级知识中心。同时,上海的高职教育落后于形势发展,技术、技能型人才储备不足。从上海高职院校的专业分布来看,与一、二、三产业的分布基本一致,但在同一行业里,办热门专业出现"一窝蜂"现象,没有很好地进行市场细分和定位,教育模式仍沿用本科模式,学生缺少在实验室的机会和实习锻炼的机会。

(2)上海人才资源数量和结构不适应科技创新发展需要。上海科技队伍发展长期处于停滞状态,高级人才比例偏低。1990 年,上海科学家与工程师人数达 11.2 万人,而到 2002 年也只有 11.61 万人,仅增加了 4000 多人。科技活动人员 1990 年为 19.34 万人,其后一直呈下降趋势,到 2002 年已降至 15.18 万人,2003 年以后由于统计口径的改变,这一数值才又上升。把上海的科技活动人员的数量同全国及几个主要地区作比较,可以发现,上海显著低于北京,但人均值要高于江苏和广东(见表 24.3)。上海高级人才的比例也偏低,仅占人口的 0.51%,低于美国的 1.64%、日本的 4.97%。除了本土培养不够外,人才引入也不够。据统计,纽约目前有大学文凭的人口比例,移民超过本地人 50%,而具有

表 24.3　上海与主要省市科技活动人员的比较(全社会口径,2002 年)

指　　标	全　国	北　京	江　苏	广　东	上　海
1. 科技活动人员(万人)	322.19	25.73	32.86	26.74	17.89
其中:科学家和工程师和(万人)	217.20	20.88	20.16	18.98	12.56
2. 每万人口科技活动人员(人)	25	181	45	34	110
3. R&D 人员(万人年)	103.50	11.49	9.06	8.69	5.48
其中:R&D 科学家和工程师(万人年)	81.05	9.92	6.62	7.20	4.50
4. 每万人 R&D 科学家和工程师(人)	6	70	9	9	28

资料来源:根据有关统计数据编制。

科学和工程博士学位的高级人才,23%是移民。

目前,上海人才资源总体上出现三个不适应:一是素质不适应,普遍缺乏战略思维和世界眼光,不能熟练地掌握国际经济的游戏规则,缺乏跨文化操作的能力;二是技能不适应,对现代化知识的掌握仅局限于一般的工程技术,缺乏金融、证券、保险、会计等方面的专业知识;三是人才结构不适应,各行各业均缺乏适应WTO 的各类人才。与此同时,统一、开放、规范的人才资源市场尚未真正形成。对人才市场的日常监管,没有一个统一的机构,也没有形成有效的机制,从而使个人和单位的权益保障存在不少问题。而且公平公正的市场中介竞争平台难以形成,影响了人力资源市场的进一步发展。

导致上述现状的根本原因在于上海还未能有效建立起对高级人才的吸引机制和培育环境,突出地表现为:人才的充分流动受到诸多的体制限制;企业和科研机构用人机制不灵活,甚至僵化,使得隶属于不同机构的人才在组成创新团队时会受到很大制约;人才的贡献与报酬不能很好地匹配;人才的激励机制还尚未真正落到实处;官本位和重德轻能的现象还普遍存在,年轻的科研人员很难脱颖而出,等等。这些都严重抑制了人才的创新能力。

(3) 信息资源开发与利用不足。在当今信息和知识高度密集的情况下,信息化环境对自主创新活动的意义越来越重大。经过几年的努力,上海信息基础设施建设上了一个大的台阶,大大改善了信息化的硬件条件,但在信息资源的开发与利用方面则远远滞后。信息资源的部门和单位垄断,众多数据库的“孤岛”现象,以及缺少能够公开的信息资源共享的数据平台等,不仅严重制约了信息化应用能力的提高,而且也大大阻碍了广泛的知识交流与共享,影响自主创新能力的提高。

(4) 市场信用环境建设相对滞后。尽管经过治理整顿,市场秩序有所好转,但假冒伪劣、以次充好、恶性竞争、不讲信用等现象仍时有发生。这种"劣货驱逐良货"的倾向,不仅导致企业创新动力不足,而且使知识产权受到严重侵害,对创新成果的市场化形成阻碍。另外,市场流通,特别是产权流通不畅。产权的生命力在流通,其平均流通周期一般为 6—7 年,而目前上海的产权流通周期至少在 10 年以上。产权若长期不流通,科技创新将无从谈起。还有,市场竞争无序造成人为的市场空间狭小,致使部分转化项目因缺乏规模经济而中断。

(5) 缺乏鼓励自由探索的创新文化氛围。"鼓励创新,宽容失败"这句话在高校和科研机构中时常能听到,但真正做到却非常不容易。科学探索本身带有很大的不确定性和失败的风险,但目前几乎所有单位的考核体系都难容失败,项目一旦失败,不仅减少科研人员的收益,而且这种"不良记录"直接影响到今后的课题申请,结果导致大多数科研人员在申请课题时不敢轻易承接有较大不确定性的研究问题。

24.3　突破口选择

提升自主创新能力的突破口,有多重选择。每一重选择,都是针对现实中存在的瓶颈问题,也都很重要。我们只有经过比较研究,选择最具有问题集中性,也较容易近期操作的突破口。

突破口之一:激发创新主体,特别是企业自主创新的内生动力。整体而言,上海的企业普遍缺乏自主创新的动力。在比较优势原则的支配下,企业之间的竞争基本上采取的是"成本竞争"和"技术引进"相结合的战略,把国外先进技术同国内廉价的生产要素有效结合以获取市场利润和市场竞争力,其创新的方向主要集中于非技术型创新。大多数企业对技术往往采取"拿来主义"的策略,满足于简单的引进,甚至连模仿、消化、再创新的冲动都没有。究其根本,这是上海企业所处的整体发展阶段和宏观经济大背景所决定的。

首先,上海的企业还处于"要素驱动"的初级发展阶段,企业可以充分利用上海劳动力的廉价、政策的优惠、土地成本的低廉(甚至是免费),国有企业事实上还会受到政府或明或暗的行政保护,通过垄断地位来获取高额利润。其次,上海对消费者权益和劳动者权益的保护力度以及对环境的保护力度都远低于发达国家,这也给企业营造了一个低成本的运营环境。再则,上海对知识产权的保护存在缺陷,这不仅严重抑制了企业自主创新的动力,而且也在事实上鼓励企业对他人的技术进行简单地模仿。既然这些手段的风险和不确定要比自主创新小,而且效果更明显更直接,企业自然没有足够的动力去进行科技创新活动了。因此,自主创新动力在很大程度上是一个创新环境的营造问题。

从企业的内部构成来看,相比较而言,国有企业自主创新动力较弱,民营企业和外资企业的自主创新动力较强,且其在 GDP 中的比重也在逐年上升,2005 年达到 42.5%,几乎占据了半壁江山。因此,如果选择提高企业自主创新动力为突破口,相应的政策措施必然存在覆盖面小、不匹配、缺乏针对性等问题。

从国有企业内部来看,其创新动力不强固然有体制机制的问题,但也有一个创新环境不完善的问题。比如经理人市场不发达,为国有企业选择代理人带来很大的困难;创新政策不能到位,使得国有企业的诸多激励措施无法落在实处;考核评价体系不完善,使得国有企业负责人安于现状、保守封闭;任期制等激励机制的不完善,使得国有企业负责人短期行为严重,不愿在创新领域投入过多资源,等等。

突破口之二:完善产学研机制。产学研合作是创新网络中最为重要的一个网络体系,上海产学研合作一直未能取得实质性的进展,以其为突破口应该说有强烈的现实意义。但深入研究发现,影响产学研合作顺利进行的重要原因仍然在于创新环境的不完善。比如,我们在调研中发现,国有企业或研究机构成立的技术中心(产学研项目)大多形同虚设,没有发挥应有的效力,其中一个重要的原因是很多技术中心的成立往往来自行政干预而不是产学研主体之间的自由选择,企业对于这样的技术中心不愿进行长期投资。

另外,上海企业的发展阶段决定了其竞争力的比较优势在于要素成本,因而直接从国外引进技术的收益要远远高于自主研发的收益,这也是企业不愿意展开产学研合作的一个重要原因。从企业要素禀赋的比较优势来看,扭转这一现象的重要推动力量来自政府,政府通过营造一个有利于创新的政策环境,把企业的创新战略从简单的技术引进转向技术的"进口替代"战略上来(综合分析上海目前所处的发展阶段、宏观经济环境以及技术储备水平,上海的自主创新还很难达到大规模的原创技术创新的程度,对国外先进技术进行"进口替代"是一种现实的选择)。由于"进口替代"战略在创新的路径、目标以及创新资源的投入数量和结构上的不确定性要小得多,因此,政府应该有意识、有重点、有针对性地出台一些鼓励产学研合作的政策措施,比如重点放在创新收益分配机制的设计,知识产权交易市场的规范和保护,以及研究机构的研发机制同市场机制的有效对接上。

目前上海产学研合作没有有效展开的主要表现形式是中小企业特别是民营的中小企业同国有企业和国有研究机构的产学研合作没有充分展开,中小企业很难从科研机构获得急需的技术、信息和人才的支持。这同样需要政府出台一些鼓励中小企业创新的优惠政策,对中小企业创新给予有力的支持。

因此,以产学研合作机制为突破口,理顺产学研合作体制和机制,固然可以解决产学研不同主体之间进行合作的动力和愿望问题,但却不能保证产学研合作的有效展开,比如产学研合作过程中涉及的人才的流动、资源的交互使用、弹性创新团队的建立以及研究成果的分配等问题。

突破口之三:完善自主创新的环境。这主要基于以下几方面考虑:

(1)上文已有充分的阐述,即创新环境对创新网络的建立有重要的支撑作用,同时上海自主创新过程中表现出来的最主要的几个瓶颈,比如创新主体缺乏创新动力、产学研机制没能理顺或存在扭曲等,事实上都同创新环境有着千丝万缕的联系,在很大程度上是创新环境不成熟、不完善的必然结果。另一方面,打破创新资源和创新要素的固化状态和封闭式运作需要在理顺各种体制机制障碍的同时,也要营造良好的创新环境,通过创新环境来助推体制机制改革的动力。比如目前一个普遍的现象是,创新资源在企业、研究机构、大学以及各级政府和部门中分割配置,各执一方,彼此之间缺乏流动和交融。突破这一现状的抓手是通过有效的创新政策来完善市场竞争环境,完善创新主体的合作环境,完善资金融通环境,完善政府支援的方式和手段,打破政府行政权力的分割配置对创新资源的影响。

(2)上海自主创新能力不强在很大程度上受制于目前城市发展阶段和宏观经济大背景,其总体上并不利于上海大规模的自主创新行为的产生。解决这一问题的抓手,在于出台若干有针对性的创新政策,改变创新主体的创新预期,提高企业走粗放型、资源耗费型发展道路的成本,增大企业不尊重知识产权、不尊重消费者和劳动者权益的代价,降低创新主体的创新风险,为其提供有效获取信息、人才和资金的环境,等等。

(3)上海作为国际化大都市在创新方面的特殊要求。作为力争成为世界城市网络中一个重要节点的上海,其创新的开放性、包容性和平台效应要比其自身创新能力的提高有更为重要的现实意义。上海首先要做到的是吸引更多的富有创新能力的国内外企业来上海创业,并通过上海这一平台获得更宽广的发展空间。其内在的逻辑关系是:以创新环境的完善吸引到更多的创新能力强的企业入驻上海,进而提升上海整体的自主创新能力。因此,与国内其他城市相比,上海区域创新能力的提升还有一条更为重要也更为有效的路径。

总之,创新环境的改善对创新网络的建立和效率有着积极的能动作用,其主要表现为:(1)创新主体具有充分的创新自主性,有强烈的创新动机和创新欲望,这是创新网络得以形成的基石,它需要产权交易市场、分配和激励机制等方面的环境因素进行支持。(2)适当的创新资源同最适宜的创新主体相结合,且成本最低,这是创新网络得以运行的基石,它必须提供一个完全市场环境下所不能提供的更有利于创新的机制。比如,政府科研经费向最富有创新能力的科研人员集中,各种创新思想、信息和资金通过各种途径(市场、中介组织或政府的服务平台)向最富有创新精神的企业家集中。(3)创新技术和创新产品同市场的充分结合,这是创新网络运行的导向目标,它引导着企业向上游和下游组织开放,向一切创新资源和创新信息开放,在创新过程中达到制造商—供应商—客户的"三位一体",从而真正实现创新的价值。其中,完全竞争的市场机制、政府同企业的协调机制、企业同科研机构的合作机制、企业内部的激励机制、产权转让市场等都是其重要的支撑。

24.4　主要举措及配套措施

针对当前影响上海科技自主创新能力的瓶颈制约,我们提出突破口的选择在于"优化自主创新的环境"这个关键环节,而是否能真正实现这个突破,我们认为,关键要在如下方面采取相应的配套措施。

24.4.1　建立健全组织架构

科技创新是一个全社会参与、全方位覆盖、全过程联动,在各个层面将政府和企业资源进行发动和整合的过程。因此,营造一个能支撑创新的外部环境,前提是要建立健全一个组织体系架构,加强社会组织与协调。如伦敦就有一个专门的高层次创新城市机构(由"伦敦发展局"会同中央政府部委、地方政府、民间商会、基金会、教育和科研机构、大企业等19个法人组成紧密的合作组织),美国《国家创新倡议》报告明确提出,要建立总统领导下的创新最高决策机构。上海实施科教兴市主战略以来,在组织体系构建上进行了许多探索,建立了科教兴市领导小组,下设协调办、推进办,又设立上海市决策咨询委员会作为科教兴市领导小组专家顾问的常设机构,并组建了科教党委,以利于整合上海科教系统资源。在 2005 年的全市科技大会上,上海市委又提出加强在"驱动＋服务＋综合"三个层面形成科教兴市合力。为此,我们认为,上海科技自主创新的组织架构正在逐渐形成,下一步的关键是要进一步界定组织体系内外的关系,健全各个组织的内部构造,完善其功能定位,特别是要调整和深化科教兴市领导小组及下设两办的组织功能,要积极拓展决策咨询委的研究范围和对重大决策的影响力,整合全市研究力量,扩大专家队伍,吸收民间力量参与战略决策,要加大科教党委对全市科技和教育资源的整合力度。

科教兴市领导小组作为一个战略决策、政策制定、全面协调的领导机构,更要体现决策的民主性和规划的战略性。协调办在原来协调面上工作的基础上,其职能要进一步涵盖创新研究、创新规划、创新指导、创新评价、创新经验推广等,要促进公共与私营部门之间的合作,形成广泛支持科技创新的公众氛围,研究用于跟踪和评测创新绩效的评价体系,比如设立"创新计分牌"以衡量创新绩效,设立创新奖以表彰创新行为。推进办要在原来重大科技产业化项目审批推进的基础上,进一步加大产学研结合方面的服务工作,发挥政府在科技创新中的服务功能。决咨委的功能要强化,要吸收科技、经济、管理、法律等方面的资深专家,以及产业界、企业界著名人士作为决策咨询机构的顾问,提供有关科技发展报告,预测科技发展前景,开展科技发展的调研,提出科技发展的建议,并对有关科技决策与政策进行可行性研究和咨询等。决咨委的研究与咨询应成为科技战略性决策与重大政策制定的一个必经程序,一个重要支撑,而非可有可无的参考性意见。另外,与 R&D 能力相关的政府部门(包括科教委)设立首席科学家办公室,负责协调和落实政府在鼓励和支持 R&D 方面的政策,评估和分配高科技资助资金和各种支持。为了及时沟通情况,加强联系,还应建立政府相关部门的科教联席会议制度。

24.4.2　切实完善政策支持体系

要建立完善科技创新的政策支持体系,关键是在政策设计上要突出重点难点,细化政策规则,强化政策的普惠性,体现政策的整体效能;在政策落实上,要提高政策执行力度。当前,特别要利用上海浦东综合配套试点改革的契机,提高政策资源运用限度,推进政府在创新投融资机制、知识产权保护、税收优惠等方面加大扶持力度,提高政策落实的整体效能。

(1)加大知识产权保护的力度。政府加大知识产权的运用与保护,是促进科技创新的重要制度保障。而由于当前市场秩序不完善和诚信制度缺损,知识产权没有得到有效保护。为此,政府应积极推进地方性知识产权立法工作,如适时制定发布上海市知识产权保护条例、上海市著名商标认定与保护条例等,特别要完善知识产权评估、登记、投资入股等实施办法,加强技术市场的执法力度,优化知识产权保护和服务的环境。从操作层面来看,一方面要加大技术标准专项资金资助力度,制定有关奖励办法,重点支持企业为主体参与制定国家和国际技术标准,鼓励企业在产品开发中采用国际标准。另一方面,建立重大活动知识产权特别审查机制,对涉及国际利益并具有重要自主知识产权的企业并购、技术出口等进行监督和调查。建立知识产权举报、投诉中心,加强对科技企业、科技人员依法维权的法律援助。

(2)完善科技创新的投融资体系。按照科技创新创业的阶段性特点和发展要求,当前着重要解决的是创新企业的融资难、担保难、退出难等问题。加快培育和发展创业风险投资,通过建立政府创业投资引导基金,引导社会创业风险资金加大对种子期、起步期科研项目的投入力度。要对风险投资公司给予抵扣税的税收优惠,把风险投资工作与孵化器和高新技术园区、特色产业基地建设结合起来,建立完善风险投资协作网,支持风险投资协会开展培训、交流、协作等工作。积极探索各种风险投资的退出机制,推进上海区域性资本市场建设,特别要以张江高新技术产业开发区为试点,建立非上市高新科技企业股权转让和交易的平台,完善科技企业产权交易市场,风险投资的二板市场,企业并购和管理者回购等等。进一步拓宽科技创新企业的投融资渠道,政府可通过提供担保来拓宽中小企业间接融资的渠道,对政府担保机构的项目代偿损失,由贷款担保损失补偿资金按规定给予在保余额一定比例以内的限率补偿。同时,通过设立产业投资基金,为中小科技企业提供资金来源。

(3)完善优惠政策来促进科技创新。用"税收抵扣"的形式间接资助中小企业的 R&D 活动;对企业与大学和公共研究机构的 R&D 合作进行补贴;加大对中小企业购买专利和其他软技术的补贴;在对中小型企业在技术的原创性应用研究和技术开发的投资上,采取早期阶段"择优、资助、孵化"的方式,鼓励小企业加入政府重点支持的 R&D 活动,并将有商业前景的技术带入市场,对具有自主知识产权的新技术,通过政府采购制度为其提供市场需求。通过政府优先采购来扶植、支持本国创新产品的发展,是国际通行而又行之有效的途径和方法。为此,有必要建立政府采购自主创新产品制度,对纳入科技创新产品目录的产品,可给予优先政府采购,或者在招投标上给予一定的价格优惠。对于企业开发试制、首次投向市场并具有较大市场潜力的产品,可采取政府首购和定购的政策优惠。

24.4.3　加快产、学、研三个层面体制机制改革

要建立以企业为主体、市场为导向、产学研相结合的技术创新体系,使企业真正成为研发投入主体、技术创新活动主体和创新成果应用主体。全面提升上海科技自主创新能力,关键是要深化体制机制改革,具体来说,重点要采取如下措施:

(1)深化企业改革。转变对国有企业的管理模式,由管资产转向管股权,由管企业转向管资本运作。在管人方面,由董事会、监事会、高管层齐抓共管转向只抓产权代表,对国有独资企业,只抓法定代表人,对高管层由企业自行通过市场解决。对董事会、监事会、高管层分别采取不同的激励方式,形成一个有效的要素按贡献分配体系。董事会要着眼于长期发展,按资产增值的情况获取报酬;监事会人员的报酬由派出方支付,以稳定和公正为主;经营管理层完全市场化,坚决杜绝组织人事任命,对其采取基本工资加股权期权进行激励;对于技术要素,可采取较高的工资加宽松的工作环境的方式,不能把技术要素分配片面地理解为技术入股,要辅以多种形式的精神奖励。同时,要改变目前对国有企业研发的支持方式。把无偿拨款改为有偿使用,把资助改为对企业创新的担保、贴息,变"撒胡椒面"改为"重拳出击",把对企业的科研投入以适当方式冲抵税负,企业自己投入的研发活动经费越多,通过减税获得的政府支持也越多,从而激励企业更多地投入研发。对于民营企业,也要促进其加强现代企业制度建设,改变其家族式的管理模式。

(2)打破创新资源自由流动的障碍。对国有创新体系来说,必须打破部门所有、分割占有、封闭配置等制度安排,真正使创新资源组合发挥最佳作用,比如市科委、市经委、市信息办、市农委、市建委等可以通过联席会议等方式,对每年立项的重大项目进行整合,然后联合投资,将项目做大做深,而不是各自为政、将资源分割利用。对全社会创新体系来说,要在国有和非国有创新主体在人员流动机制、创新合作机制、创新扩散机制、创新利益分配机制、创新风险机制等方面取得实质性的突破。比如在国有资产制度性约束和创新能力提升方面进行积极探索,寻找到一个适合上海具体情况的平衡点,把国有资产保值增值和自主创新的高风险活动有机地契合在一起;细化"十八条",重点对国有企业技术要素和管理要素的股权分配进行明确和规范;完善产学研机制,鼓励各创新主体多种形式的联合与合作,保证人员、资产、技术要素等充分自由流动;政府设定的研究项目、课题要对全社会公开招标,并对投标主体一视同仁。

(3) 加快教育体制改革。要改革教育评价体系,改革应试教育,倡导素质教育和创新教育。建议教育部门制定规章,鼓励广大学生参与科技创新活动,组织观看科技影片、科普教育片;开展年度科技制作大赛、发明展览以及科学建模等科技创新实践活动。规定各级学校组织教师系统学习创新理论,同时组织创新观摩课,树立创新样板课,使广大教师都能关注创新教育,努力实现创新教育。其中,特别要加强高等职业教育改革和研究型大学建设,切实发挥大学在科技创新中的作用。纽约以经济发展需要为导向调整高等教育的投入,伦敦把科技成果产业化率引入大学评估体系来决定政府的拨款经费,新加坡国际化的职业教育造就了大批知识密集型产业大军。借鉴国际经验,改革上海现有高等教育模式,关键要立足科技创新发展需要,发挥多学科综合优势,积极开展原创性研究,真正形成开放型、面向国际市场的现代高等职业教育体系。

(4) 加大科研院所改革改制工作。通过科研院所的改革切实提高科研单位的独立地位,改变政府用行政式的方法来管理科研单位以及负责人的任免。只有在科研单位获得真正的独立性后,科学的评价体系才可能建立起来,鼓励创新、宽容失败的制度才能够水到渠成。政府的扶持主要应通过设立基础研究的"自主创新"专项拨款或基金,拨给基础研究条件好的单位,由该单位学术委员会自主支配,以专门支持具有创新性思想的研究和需要长远积累的探索性工作。同时,改善科研人员的薪酬体制,保证科研人员的收入水平具有竞争性,在课题经费中应该体现科研人员的"人力资本"。科研单位在保证研究人员合理报酬后,应用市场化标准来对科研人员进行管理、考核、评比。

24.4.4 加大人力资本开发与人才吸引力度

要特别重视创新人才的培养和集聚,努力营造尊重知识、尊重人才、尊重创造的良好氛围,建立有效的人才激励机制,加大人力资本要素在分配中的比重,探索人力资本股权化等多种形式,积极参与国际人才竞争,加大吸引国内外人才力度,建立全球人才信息网和人才储备制度。其中重点要采取三大措施。

(1) 启动高层次科学家推出计划。要推动创建一批"学科特区",以培养战略型科学家、学术带头人和科学家团队为重点,将国家重大科技项目和人才培养计划有机结合起来,特别是要针对国家科技重点跨越目标,以"国际性科学研究中心""交叉研究中心群""青年科学家研究中心"形式,加大力度对重点科研基地优先配置研究资源,并实行与国际接轨的管理模式,努力推出上海自己的高层次科学家和科学家团队。同时,要支持上海科学家参加国际大科学研究计划,重点支持科学家发起和牵头的重大合作研究计划和项目,支持与国际高水平研究机构和团队之间的实质性合作,大力促进上海科学家在重要的国际组织担任领导职位。

(2) 实施"企业家培育"计划。企业家是推动科技创新和企业发展的中坚力量,企业家精神的本质特征就是创新,许多发达国家都曾在工业化期间,实施过相关的"企业家"计划,通过企业家去推动科技、管理和市场各个领域的创新活动,取得了巨大的成功。"企业家培育"计划包括:一是加强对现有企业家的培训;二是营造创新氛围,为企业家搭建创新舞台。对企业家的培训内容为:定期组织中外企业家学习交流,提高企业家的创新意识和创新能力;定期组织企业和科研单位见面会,向企业家推荐产业化成果;设立企业家创新奖,表彰企业家在创新中做出的贡献等等。营造一个有利于企业家进行创新的社会氛围,是一项长期艰巨的工作,目前关键是要完善市场竞争机制,提高市场信用;营造一个宽容对待失败,宽容对待失败者的舆论导向;还有,政府可以尝试从企业的税收中分流一部分设立创新风险基金,用于支持企业在科技创新中的抗风险能力。

(3) 加大吸引归国留学人员的力度。"浦江人才计划"是上海吸引留学人员归国,构建国际化创新人才高地的重要举措,下一步需进一步拓宽广度,加强力度。建立留学回国创业人员的资助机制,吸引海外留学人才来沪创业。资助出国留学人员带高新技术成果、项目来沪实施转化和从事高新技术项目的研究开发。除给予资金补贴外,还应在户籍、项目审批、税收等问题上予以政策支持。在产权制度上,对研发及创业项目,试点引入期权等制度,并在完善分配制度等方面提供强有力的政策支持。同时,要引入期权制度和持股计划,吸引和激励高新技术人才。实施股票期权制度,使创业者、企业家形成对未来收益的合理预期,并使个人目标与企业利润最大化目标激励相容。在高科技企业推行职工持股计划,通过使员工成为企业的股东而将员工个人利益与企业利益有机结合起来,使员工与企业形成利益共同体,从而在更大程度上激发人才的创造力和积极性。

另外,实行国外人才国内兼职制度,鼓励国内研究单位、大学聘请国外优秀人才兼职、合作培养博士生等。建立国家"海外咨询专家"制度,邀请国际优秀人才参与中国重大项目、工程、课题的立项和评估工作,以及科技政策制定的咨询工作。加快研究制定技术移民法,鼓励海外优秀科技人才来中国创业或工作。

24.4.5　尽快构建国际化的创新网络

随着经济全球化的发展,创新源、知识流与创新人才的国际集聚与流动性进一步增强。上海要不断提升科技自主创新能力,必须积极参与科技创新的国际合作,成为全球创新网络的重要节点。

(1)构建国际化创新网络。上海要构建国际化创新网络,必须在创新领域上坚持"有所为,有所不为"的原则,一是紧密围绕航空航天、现代制造业、生物医药等重点优势产业,增强创新支持,形成3—5个产业创业集群,具备较强的国际创新源功能,获取比较优势。二是对于不具突出优势的产业,要注重国际分工,填补国际创新链的空白环节,形成独特竞争力。三是打造特色产业,吸引国际人才集聚。创新人才的国际流动是创新国际化的重要特色,发达国家为了继续保持高新技术与高科技产业的世界领先地位,在不断增加教育投入与研发投入的同时,对技术人才实行更加开放的移民政策或入境签证政策。所以上海要打造若干个优势产业集群,吸引大批国际顶尖创新人才,逐步构建国际化的创新网络。

(2)大力发展科技创新社会中介服务机构,发挥其在创新网络体系中的联结作用。发展生产力促进中心、创业服务中心以及技术咨询公司等服务机构,在科技创新与经济发展之间架起桥梁。建立科技成果交易中心,技术经纪所和技术转让中心等技术市场,以及为技术交易提供法律服务的技术合同仲裁委员会、知识产权事务所等配套组织。促进科技咨询业和科技信息业的发展,为企业科技创新提供规划,与大学和研究所合作进行技术开发或委托大学和科研所进行技术开发,建立"咨询机构—企业—大学"彼此结合的技术创新模式。建立科技创新策划机构,以投资银行为主体,挖掘、组织一批懂科技、经济、金融和市场的高级人才,专门进行项目选择,培育并推出成熟的科技投资项目,减少创新投资风险。

24.4.6　加强创新文化建设

上海应不断优化城市创新的软环境,营造"鼓励创新、宽容失败、崇尚合作"的氛围,激发创新群体的活力和合力。鼓励创新、宽容失败,在创新活动中我们可体验到大胆的设想与创新机会同在。没有大胆的尝试,就不可能有重大的创新突破,但创新中的"冒险"又可能会导致失败。也正因为如此,创新活动对失败应极为宽容,正确认识创新中的失败。在我们的创新文化中如增强对失败的宽容,就可极大地激发企业家和科研人员大胆尝试、勇于探索的创新热情。因此,我们应从体制入手,在管理体制和考核机制上容忍失败,在激励机制上鼓励创新和合作;以制度创新带动科技创新,不断优化城市创新软环境。同时,在我们的创新文化中,不仅要强调个人的创新精神和竞争意识,同时还要增强团队合作精神,由于技术复杂性增强,知识更新快,而且往往需要跨学科的综合知识,任何个人和组织都无法单独完成复杂的技术创新,而必须依靠群体合作的力量,在这种相互合作交流中不断激发出新的灵感,完善新设计,解决新难题。鼓励建立创新的研究伙伴关系,合作使用尖端设备和大型设施,在相互合作中提高知识转移和科技创新的效率。

24.4.7 建立健全法律法规体系

与法律相比,政策效力的不确定较强,不利于创新主体形成稳定的预期。而在创新水平较高的国家,基本上都通过法律来规范创新主体的创新活动,对各种优惠措施给予保证。比如美国发达的风险投资市场的形成依赖于其一整套的风险投资法律法规,如 1978 年《收入法案》、1979 年《雇员退休收入保障法》(ERISA)修改条款、1980 年《鼓励小企业投资法》,1980 年《雇员退休保障法"安全港"条例》,以及 1981 年《恢复经济税法》;另外,通过立法来加强对高科技小企业的风险投资管理和监督,如《小企业发展法》,并在《银行法》中规定允许信贷机构将自有资金的 5%用于风险投资业务,从而为高科技小企业的成长创造了一个良好的宽松的法律环境。制定法律的意义在于:(1)各种政策必须有法律依据,减少政策制定的随意性和短期性;(2)各类主体,包括政府都在法律规范的范围内,这样可以使政策做到公平有效;(3)在政府行为被规范的同时,各种社会中介组织或非营利性的中介机构将得到极大的发展。事实上发达国家科技创新方面的许多活动都是由中介组织来完成的,包括各种小企业技术促进中心、技术推广中心、孵化器等等。

25 优化自主创新环境[*]

    自主创新能力是城市可持续发展的根本动力,是优化产业结构、提升产业能级、构建和谐社会的根本保证。资金、技术、人才和信息等创新要素投入,对增强自主创新能力固然重要,但更需要适宜的环境条件。良好的创新环境会不断孕育出大量创新思想,增强创新动力,形成创新成果,促进创新扩散。因此优化自主创新环境,是增强自主创新能力的根本保证。

25.1　基于网络化的自主创新环境

25.1.1　分析框架

    自主创新是任何一个试图创新的个体最理想的创新模式,因为自主创新的利润回报是最大的,除非环境不支持他这样做。比如在风险特别大的情况下,企业可能会选择简单的技术引进;在保护机制盛行的情况下,企业的最优战略可能是不创新。然而,在创新环境日渐成熟和完善之后,企业的最优策略便转向自主创新的模式。知识、信息、技术人才、资金和企业家是创新的五大基本要素,任何一种创新行为的发生都是上述若干创新要素的组合和化合作用的结果。自主创新过程实际上就是诸多创新元素在特定的创新环境中所发生的一种化学反应,其结果是产生了以前所没有的新的产品、新的思想或新的技术,或具有自主知识产权的成果。其主要方式,就是原始创新、集成创新和改进创新。与一般创新不同,自主创新作为一种具有自主知识产权的创新活动,通常要求有深厚的知识积

* 本章根据笔者主持的上海市哲学社会科学基金 2004 年系列课题"科教兴市战略系列研究"子课题"进一步完善与优化自主创新环境研究"的成果报告改编而成。

累与科学创造的基础、灵活有效的成果转化机制、良好的配套协同能力、强有力的商业化运作的支撑等条件。这些自主创新的基本特点，对创新环境提出了特殊的要求。

现有为数不少的研究文献中，均在不同的程度上涉及创新环境问题。有的是从创新定义或创新活动的角度提出创新环境的重要性。例如，德鲁克把创新定义为赋予资源以新的创造财富能力的行为。他认为，任何组织包括企业、政府机构、大学、医院等都可以创新，并强调在一个创新社会中创新和创新精神是经常、稳定和持续的，从中引申出创新环境问题。有的是从创新体系的角度，强调创新环境是重要的组成部分。例如，伦德瓦尔把创新体系看作是从事具有经济价值的新知识的生产和传播的要素以及这些要素之间的关系，并从这些关系中引申出创新环境的重要性。更多的研究，则是从涉及创新活动的相关条件中分别阐述市场环境、产业环境、投融资环境、政策环境、法律环境、人文环境等的改善。例如，有国内学者从社会经济、制度、教育培训、政策、市场与法律、信息情报与服务、社会文化等七个方面入手，对中国技术创新体系效率低下的原因作了分析研究。综观这些研究成果，大多都是从一般创新的角度泛泛研究其环境问题，而没有从自主创新的特定要求来深化对环境优化问题的研究。本章所要深入探究的，就是自主创新所要求的特定环境及其优化问题。

那么，自主创新需要什么样的特定环境呢？在回答这一问题之前，首先要分析什么是最适宜于自主创新的方式，然后从中引申出相应的环境特征。从国际经验和中国实践来看，在科技全球化和信息化的条件下，现代创新网络是最适宜于自主创新的一种方式。罗伊·罗思威尔在比较了美国和日本两国的创新活动后首先提出了创新网络的概念。他认为，这两个国家的创新活动是建立在广泛的网络和一体化基础之上的。创新网络的特点是网络战略、技术战略、一体化的产品与制造战略、灵活性（组织的、管理的、产品制造的），这些是企业适应复杂性和不确定性的要求而采取的理性选择。

对于自主创新来讲，网络化的方式是十分重要的。因为在知识创造及其再组合过程中，市场的能力是有限的，单个企业不能支配创新的全过程。而当代企业是对环境开放的组织，为了创新，它必须向上游和下游组织开放，在创新过程中达到制造商—供应商—客户的三位一体。网络是在市场以外以及在等级组织以外的新的组织形式，它比市场稳定，比等级组织灵活，从而更适合自主创新的需要。在这种创新网络的框架下，创新主体或参与者的接触是全方位的，其反应方式是互动的或多方联动的，反馈是多向的，从而使各种创新要素完全可以任意地组合成各种创新要素群或要素簇,从而实现最佳的创新模式。因此,通过创新网络的方式,有助于促进创新信息的传播、创新知识的交流与互动,在更大范围内有效地促进创新要素充分而快速流动,实现创新资源的集约化及合理配置,使创新活动的普遍开展成为一种常态,并使创新的成本更低、速度更快、反应更敏捷、发挥的潜力更大。而且,这种网络体系深深地根植于城市经济,能够产生巨大的集聚性和集聚效应,增强城市创新能力,促进城市经济的发展。

基于这种网络化和一体化的自主创新环境,是一种更为开放、更加宽松、更具有灵活性和柔性的环境,是一种有利于创新资源横向流动、知识流交互作用、创新要素集成、全社会参与以及保证创新活动后续性和连续性的环境。这一环境的核心作用,就是保证自主创新所必需的创新要素流动与整合、创新知识流的交互、成果转化环节的连通性和一体化等快捷、有效地展开和实现。

25.1.2 国际经验

国际经验表明,这种基于网络化和一体化的自主创新环境,涉及政治、经济、文化、科技和教育等方面内在联系的综合性调整,本质上是一种全面的制度设计与安排。从国外的实践探索及其积累的经验来看,这种基于网络化和一体化的自主创新环境主要有以下几方面的内容。

(1) 把提高自主创新能力上升为国家意志,并通过法律制度和切实可行的手段有效贯彻这一国家意志,形成自主创新的良好社会氛围。与传统自主创新模式不同,基于网络化和一体化的自主创新要求在社会网络基础上进行创新知识的交互和创新资源的整合,因而不能把自主创新作为某些部门和地区的事情,也不能分割为部门和地区各自为政的局面。为了推动基于整个社会网络的自主创新,就要把提高自主创新能力上升为国家意志,并通过法律制度及切实可行的手段加以贯彻,从而为自主创新营造一个良好的大环境。

对于发达国家来说,由于其处于科技领先地位,并想继续占领世界科技制高点,因而通常会把提高自主创新能力列为基本国策。对于后起发展中国家来说,通常会采取"跟随"策略,引进、学习和模仿发达国家的先进技术,但要想赶上发达国家的科技水平,则必须把提高自主创新能力上升为国家意志加以贯彻,否则将永无翻身之日。所以,这对于后起发展中国家更显得特别重要。

韩国在这方面做得比较突出,坚持把发展科学技术、提高民族的创新能力作为国家意志加以贯彻。并成立了由总统任委员长的国家科技委员会,定期研究国家重大科技政策和决策,及时制定了发展科技创新的战略计划。如 1989 年的

"尖端产业发展五年计划",重点推进微电子、新材料、生物工程和光纤维等七个高科技项目的研究;1991 年提出了为期长达十年的科技发展"G7 工程"("先导技术开发事业"),重点是由政府主导的 17 项高新科技研究项目,包括新一代核反应堆、高新材料、新能源、环境等九项基础高新技术和超高集成半导体、宽带信息通信网、人工智能电脑、高清晰度彩电等八项应用高新技术;2001 年又推出为期五年的"科学技术基本计划",对信息通信、生物工程、纳米、航空航天等国家战略科技进行攻关;2004 年又启动了定名为"十大新一代成长动力"的科技发展工程,重点发展数码广播、智能型机器人、新一代半导体和未来型汽车等十大高新技术产业。为了保证和促进这些科技战略计划的实施,韩国陆续出台了一系列具体的法律,主要有《科学技术基本法》《科技振兴法》《技术开发促进法》《技术开发投资促进法》。在贯彻这一国家意志过程中,各个部门、各个环节形成有机的整体,共同把扶持和发展本国高科技企业当成使命,并围绕这一核心内容形成了国家和地方经济的评价体系,从而为自主创新营造了一个良好的大环境。

还有,芬兰作为一个只有 520 万人口的小国,连续三年在全球竞争力排名中位居第一。其取得成功,固然有着多方面的因素,但强烈的忧患意识对民族创新精神的推动,并将其上升为国家意志是至关重要的。芬兰由此成为一个创新意识很强的国家。支持科技与教育的国家政策,形成了有利于促进自主创新的良好环境,从而提高了国家的创新能力,使芬兰在技术创新方面走到世界的前列。

(2) 按照科技发展规律,通过市场化运作的有效载体,形成促进创新资源有效整合与配置的良好环境。基于网络化和一体化的自主创新,其基本运作方式就是通过网络节点之间的连接实现创新资源的有效整合与配置。这不仅要求作为网络节点的高校、研究机构、企业、政府等必须是开放式运作,而且其节点之间的连接要有相应的载体。这种连接必须是遵循科技自身发展的规律,而其连接载体则是以市场化运作为基础的。因此,这种有助于促进网络节点形成及广泛连接的环境,也是自主创新不可或缺的基本条件。

美国联邦政府为了促进创新资源的有效整合与配置,制定利于产、学、研三者互动合作的法案。如 1982 年制定的小企业创新研究(SBIR)计划,谋求联邦实验室技术与商界相结合。1984 年国会通过《国家合作研究法》,1993 年国会又通过《国家合作研究与生产法》,带来了企业合作研究制度环境的自由化。"合资研究"的企业技术联盟迅速增长,到 1998 年已有 741 家,大学、联邦实验室都参与其中。同时,在组织上建立有利于三者互动的中介机构。如通过资助非营利性工业研究会中的行业研究所,将大学、行业研究所与小企业技术创新联结起来。在 70 年代初国家科学基金会支持组建企业与大学合作的研究中心。在 1986 年政府组建"联邦实验室技术转移联合体（FLC）"，将联邦政府实验室的科研成果迅速推向企业界。在 1992 年组建"国家技术转让中心（NTTC）"，将联邦政府实验室、大学和私人研究机构的科研成果迅速推向企业界。

在纽约，主要是通过联邦基金、政府拨款和私人捐助等方式，促进各种研究机构进行联合科研。纽约全市设立了十几个技术中心，使企业有机会接触到最新的技术，使知识迅速由科研机构流向市场。90 年代末，纽约市政府前瞻性地将生命科学确定为未来经济发展的重点，制定了"纽约市生命科学研发计划"，鼓励各学术研究机构结盟或开展项目合作。由纽约市 20 所顶尖医学研究所组成的纽约市癌症行动组，属非营利性团体，通过信息共享、资源互补，依靠联邦政府国家健康基金的拨款，对 30 万当地居民进行将长达 20 年的跟踪，目标是破译癌症。纽约生命科学战略中心则是在私人资助下由 10 家大学和医院合作建立起来的。

另外，许多国家还通过科学园区建设，使其成为网络节点广泛连接的一个主要载体。例如芬兰的科学园是最早建立起来的，也取得了较好的成效。目前共有 10 个科学园分布在 10 个城市，完成了芬兰 90％的研究工作，技术领域涉及大部分高新技术产业。这些科学园区均建立在大学周围，几乎所有大公司都要在其中占有一席之地，通过相互参股、项目合作、成果转让与引进及进驻等多种方式与校方实现了内在的有机融合。通常，科学园区是根据当地大学和科研机构的优势来确定其专业领域，而各种项目也围绕这些优势领域展开。借助于这一载体，企业、大学和研究机构联手进行创新活动，将科研成果推向产业化，使研究成果几乎在产生的同时即转化为生产力。

伦敦市政府为支持创新者，成立了"伦敦创新中心"，使之成为城市创新的旗舰和展示窗口，成为观测和了解企业反响的最好地方。一些地区建立了"知识码头"，专门推荐伦敦创新中心的中介服务等。在伦敦，不仅科技中介服务机构齐全，服务专业化，而且中介服务还深入和融合到创新过程之中。政府进行了金融管理专属导师的培养和认证，并派遣这些导师到学术单位和研究机构建立强大的管理团队，为科研项目提供敏锐的商业眼光，以期促进学术商业化的发展。

东京虽然很早就提出了"官产学一体化"，但由于操作限制过细，除了少数国家重点项目，很难普遍开展。为了促进创新资源的有效整合，近年来，东京对此体制进行了诸多改进。例如，过去企业使用国家委托研究费进行技术开发产生的专利，归国家所有，现在改归企业所有，极大地激发了企业投入研究的热情。

又如,过去国家资助高校研究者"共同"开发的成果,100％归国家所有,现在个人可得专利收入50％—80％。还有,过去大学、国立科研机构的研究人员属"国家公务员",不得在企业兼职,现在这一禁令不但完全废除,政府还鼓励产业界与高校建立"共同研究中心",由科技厅专款补贴。

印度在这方面后来居上,为了让大学和科研机构能够更好地服务于创新,大学和企业之间建立了各种各样的联系形式。其中,比较典型的是印度理工学院在1992年成立的"创新与技术转让基金会"。该基金会吸收企业,大学和科研机构为会员,向会员提供技术和信息服务,帮助学术和科研单位与相关企业建立联系,促进知识和技术的流动。在该基金会的帮助下,金融机构或企业可以更好地接触和了解新技术的发展方向,可以将更多的资金投入到创新活动中。同时,科研机构和企业的共同创新,更有利于新兴科技的商业化,为创新开拓广阔的市场。

(3)强化知识产权保护,激励自主创新的动力,为创新网络关系的稳定及发展提供良好的环境。基于网络化和一体化的自主创新,不仅要求各节点的行为主体具有自主创新的意识和动力,而且要求各节点之间的连接保持动态稳定,以及形成更多的节点及其连接。在这当中,产权,特别是知识产权的保护起着十分重要的作用。知识产权保护不仅是对拥有知识产权的主体的利益保护,而且也是对不拥有知识产权的主体的有效激励。在知识产权缺乏保护或保护不力的情况下,人们将更多地选择仿造和假冒等机会主义做法,缺乏自主创新的动力。而且,这也将导致各行为主体之间的利益冲突,不利于创新网络关系的稳定及发展。因此,随着国际贸易和国际投资的全球化发展,世界各国都愈来愈意识到知识产权保护的重要。不仅发达国家不断强化知识产权保护,大幅提升知识产权的保护水平,而且发展中国家为激励自身的自主创新,也越来越重视知识产权保护。

近年来,日本在知识产权保护方面采取了许多措施。2002年,日本出台了《知识产权战略大纲》《知识产权基本法》,并将其"技术立国"的国策修改为"知识产权立国"。2003年3月,政府内阁又成立了首相亲自挂帅的知识产权战略部,制定了"有关知识产权创造、保护及其利用的推进计划"。为加强司法保护力度,日本专门成立了知识产权高等法庭,拥有一大批精通技术和知识产权的专业法官。为了防止违法、侵权行为,保护权利人的利益,日本特许厅设立了知识产权打假及110咨询服务台,对知识产权的管理深入到企事业单位的生产经营中去,最大限度地减少知识产权侵权行为的发生。各个知识产权主管机关都有一批集体管理组织和中介组织,开展相关的社会活动,作为知识产权机关、权利人和社会公众之间的桥梁。另外,通过民间知识产权协会,帮助权利人管理知识产权并解决侵权纠纷,如提供法律咨询和诉讼服务等。同时,加强知识产权保护的信息化建设,特许厅下设的工业产权综合情报馆,连接世界80多个国家,并与日本地方情报机构联网,可以进行远程登录,日本公民可以免费使用工业产权综合情报馆检索数据库。同时,政府有关部门还利用网络及时传播知识产权动态、法律法规、申请程序等内容,更好地帮助公众熟悉知识产权,从而熟练地利用知识产权制度保护好自己的权益。经济产业省于2003年10月还建立了知识产权保险制度,对宣布破产的外国企业未能付清的日本知识产权使用费予以赔偿,从而大大减小了日本企业知识产权使用费无法回收的风险,使日本企业大胆地向外国企业转让知识产权使用权。

(4) 构建以法律为保障的风险投资机制,规避和分散创新风险,为自主创新提供抗高风险的良好环境。自主创新是一项高风险、高收益的经济活动。基于网络化和一体化的自主创新,则具有系统的高风险和高收益的特征。这种系统高风险直接影响到创新主体之间的长期合作关系,对创新网络的稳定及发展带来较大的冲击。这就需要有一套创新风险规避和分散化的机制,为基于网络化和一体化的自主创新提供克服高风险冲击的环境。因此,为提高自主创新能力,一些发达国家在长期的发展过程中形成了一套比较成功的风险投资机制,并为其创造了一个良好的法律环境。

目前,美国的风险投资公司多达4000多家,每年为10000多家高科技企业提供资金支持,高居世界第一位。美国政府的主要官员积极地利用演讲和撰文来倡导风险投资,将其作为国家经济发展的重要战略。并在长期的探索实践中,形成了一整套有利于风险投资发展的法律法规。此外,美国政府地大力倡导,配合出台了一系列财政、税收、立法上的优惠政策,特别是准许保险资金和养老基金进入风险投资,从而使每年风险资本的新筹集数额得到了持续稳步增加。1998年,美国风险资本的净增加额达到了279亿美元,其中养老基金为167亿美元,所占份额增加到60%。另外,美国风险投资的主体组织形式是有限合伙制,其约占80%。在有限合伙制的公司中,独立的风险资本家的作用是有限合伙制产生与发展的关键因素。风险资本家具有广泛的社会网络、行业知识、管理技能和分析判断能力,加上他们长期专注于某个行业、领域甚至某个特定阶段,积累了丰富的投资经验。

近年来,东京专供高科技小企业上市的OTC股票交易市场(类似中国筹建中的"二板市场")热闹红火,交易量和影响力不断扩大,为众多高科技小企业迅速扩张提供了资金支持。其对注册资金的门槛限制,比东京证券交易所低得多,进出灵活,方便了风险资本的退出。东京还成立了"研究开发企业培植中心"。当那些符合政策意图和导向的高新技术企业面临还贷危机时,可由该中心负责偿还全部或部分贷款,最高比例可达80%。这一做法降低了投资基金的风险,吸引了更多游资注入。

(5)重视教育和人才培养,构建各种知识交流和人才流动的渠道,形成尊重知识、尊重人才的社会氛围。基于网络化和一体化的自主创新,不仅需要有深厚的知识积累和人才基础,而且要求大规模的知识交互和融合,以及人才流动和交流。因此,注重于自主创新的国家,通常对教育和科学研究十分重视,为知识积累和人才培养打下扎实的基础,并努力构建知识交流和人才流动的机制,促进自主创新的协同。

秉承美国重视教育的传统,纽约一直将教育作为财政扶持重点,每年大约有20%的财政支出用于教育。并且,不断进行教育革新,以保证使其能够和科技的发展紧密结合。纽约的很多大学都建立了与知识经济相关的专业,专门培养适合新兴产业的专业人才。纽约大学甚至将商学院研究所设在华尔街,专门培养符合不断变化经济形势下的要求的创新人才。同时,实施职业培训计划,帮助失业的人接受再教育,提高文化水平,实现重新就业。

东京在促进人才流动和知识交流方面也采取多种措施,如鼓励跨学科、跨专业的交流,倡导研究机构之间互换研究人员,企业向大学、政府研究机构派遣特别研究员,政府研究机构向大学派遣客座教授,从而使全社会的科研人力资源得以充分调动。同时,要求国立研究所接纳外国研究者达到平均每个研究室一人,以推进国际性的共同研究。通过这些途径,促使不同高技术领域的结合、复合,由此经常形成新领域、新产品的"生长点"。

印度在这方面,特别是IT的软件产业领域,也有成功的经验。班加罗尔所在的卡纳塔卡邦从70年代开始进行教育改革,目前是印度平均受教育程度最高的邦之一。卡邦共有工程学院125所,数量上居印度首位。班加罗尔云集了印度许多名牌大学,例如印度理工学院、印度管理学院、国家高级研究学院和印度信息技术学院等。这些高级科研试验室最大限度地向各国科研人员开放,既可以使技术向整个社会溢出,又可以增加实验室的资金来源。自20世纪60年代以来,大学毕业后到美国留学或工作或移民的印度人累计有50多万人。1980—1997年,印度移民在硅谷共创办了565家科技公司。到1997年,印度人在硅谷成立的科技公司年收入达到了 32 亿美元,并雇用了 13664 人。到 1998 年,印度移民在硅谷创办的科技公司已达 774 家。随着印度软件产业发展环境的改善,在硅谷的印度软件企业家开始兴起"归国潮",在印度自主投资开办软件公司,或者受跨国公司(多数位于硅谷)的委派回印度开设软件加工基地或软件研发中心。印度政府还十分重视吸引在美国等发达国家留学或移民的印度科技人员为印度软件产业的发展牵线搭桥,献计献策。正是由于前期的人才输出,在为印度储备大量科技人才的同时,也在印度和美国之间建立起科技产业的"桥梁"和"纽带"。这种师徒相承的"人脉关系"网络,使印度和软件发达国家,尤其是和美国之间在高技术产业方面的市场联系非常密切,促进了印度的科技创新站在世界的高度。

25.2　上海自主创新环境分析

目前,上海已确立了科教兴市的总战略,并将增强自主创新能力作为结构调整的中心环节。但由于一些体制性障碍,市场经济成熟度不高,基础较薄弱等原因,上海自主创新的环境并不很理想,与基于网络化和一体化的自主创新的要求相比,尚有较大的差距,存在较严重的环境缺陷。

25.2.1　尚未形成全社会参与创新的协同环境

虽然上海已明确提出了科教兴市总战略,并通过大讨论和广泛的社会动员,在较大程度上取得了一致的共识,增强了自主创新的意识,在此基础上还制定了相应的行动纲要和发展规划,加以贯彻实施。但在实际操作中,各部门、各环节并没有真正围绕这一科教兴市总战略形成有机的整体,还只是一些相关的科技部门、科教领域和部分企业在忙于操作此事,如分配科教兴市重点项目,构建科技公共服务平台,促进产、学、研的联合等。

其背后的体制性障碍,主要是两个方面的问题。一是考核评价体系仍然以经济产出、引入资金与项目、扩大规模、改善形象等为主,以短期表现及效应为主,而没有注重于自主创新能力的培育等长期性的发展。这种评价体系的导向,往往造成口头上讲的是增强自主创新能力,而实际做的则是另一回事,这势必削弱全社会参与创新的协同力。二是各类创新主体均存在行为方式上的偏差,难以产生协同力。例如,企业创新的动能不强,还没有真正成为技术创新的主体。

高校与科研机构在创新体系中的分工不明确,公共(官方)科研机构与一般科研机构的分工重点不突出。政府在促进自主创新中尚未真正到位,提供的公共产品不足等。由于这些基本关系没有理顺,相互错位与越位,因而也就无法很好地协同。

25.2.2　缺乏利益共享基础上的合作环境

近年来,尽管上海在产学研的合作模式方面做了大量的探索,取得了一些经验,但从目前企业、高校和科研院所承担的研发项目运作分析来看,由于缺乏受认同的利益分配机制和知识产权保护机制等原因,创新要素部门垄断、创新资源分割、创新活动封闭的现象仍较严重,产、学、研各方的力量尚未围绕"创新"的内核相互融合、互动。一方面,企业之间、高校之间、研究机构之间缺少合作,如缺少富有效率的企业战略联盟,缺乏大型骨干企业与中小企业的创新互动;另一方面,企业与高校、企业与研究机构、高校与研究机构之间缺少合作,如研究机构间的跨部门联合与客座研究较少,高校门跨学科、跨院系、跨校的合作与人才培养数量有限,更多的是互相争抢政府的科研资金、研究课题及项目。2000 年全市 R&D 资源普查结果显示,全社会 R&D 经费外部支出为 7.96 亿元,仅占当年全社会 R&D 经费投入(76.73 亿元)的 10.4%,这意味着全市只有一成左右的 R&D 经费用于跨部门的联合开发。同年,企业 R&D 外部支出仅为 6.6 亿元,占当年企业 R&D 经费总支出的比重仅为 16.0%,意味着企业近八成半的 R&D 经费为内部开发使用,高校和研究机构未能有效地参与企业创新活动,产、学、研没有形成合力。

由于产、学、研之间缺乏密切合作,科技和人才的优势资源难以集中,削弱了科技成果转化和产业化的能力,影响了相关产业技术领域的重大科技突破。从组织模式上看,上海现在属于一种多角分散组织模式,政府、教育、产业等各执一方,尚缺乏有效协调,没有形成有效的运行网络。由于创新过程中企业和科研机构之间缺乏有效的合作机制,创新系统内部技术开发、生产和市场需求严重脱节,严重影响创新成果的市场适应性、创新过程的效率和创新技术的升级换代。研究机构的开发成果因不能满足企业的创新需求而无人问津,不仅造成科技资源的巨大浪费,而且企业产品创新档次也难以提高,最终表现为创新过程中三个环节的低投入、低转化率、低产出效应,导致整个社会的科技创新在低水平陷阱中徘徊不前。

25.2.3　滞后发展的中介协调环境

上海目前创新链的诸如环节之间,以及各种创新资源的配置中,均存在不同程度的断裂与梗阻。目前,主要是通过政府部门的行政协调来加以疏通。作为市场协调的重要机构——中介服务机构,发育相对滞后,还不能适应科技创新的需求。其主要表现在:在成果价值的评估、风险分析、市场调研、产业化的推进和后续服务等方面,缺乏一支强有力的中介力量,其机构数量少,服务范围小;科技中介组织发展水平参差不齐、服务单一,缺乏专业化特色;支持科技创新和科技创业的科技评估、技术产权交易、创业投融资服务等中介组织发展滞后,不能满足普遍高涨的创业热情和快速发展的高新技术产业的需要。在上海技术交易合同结构变化中可以看到,技术咨询和技术服务所占份额不仅较低,而且总体上是趋于下降的(见表 25.1)。

表 25.1　上海技术交易合同结构变化

年份	技术开发份额(%)	技术转让份额(%)	技术咨询份额(%)	技术服务份额(%)
1999	10.04	9.57	8.86	71.54
2000	13.48	49.31	4.76	32.46
2001	26.6	47.76	4.37	21.27
2002	37.76	38.42	3.85	19.97
2003	35.69	35.57	4.28	24.45

资料来源:历年《上海统计年鉴》。

在这背后的体制性障碍,主要是服务领域的管制较多,市场竞争不充分。现有的科技中介机构多数是从政府部门分离出来,或由事业单位改制而成,市场化程度不高,运作机制不活,服务内容、服务方式缺乏创新,服务质量和效率不高。

25.2.4　尚未构建起富有活力的激励环境

随着分配制度和人事制度改革的深化,创新激励正趋于强化,但更深层次、更有效的产权激励机制尚不健全。目前,上海已有 700 多家转化项目单位实现了要素分配,70%的科技人员平均持股额 40 万元。但也有相当多的转化单位尚未实施要素分配,再加上转化过程中又遭遇一些障碍,导致科技人员跳槽而使科技成果无法正常转化的局面。事实上,只有当科技人员的科技成果和知识变成可以投资的资本时,科技人员才会把自己的知识和成果运用于生产中并不断加以创新。

另外,科技评估制度存在较大的问题,从而影响了对科技创新成果的正确评估及激励效果。目前,从项目申报、资金申请,到最后的成果评估往往都停留在理论上的论证,并且通常是由科技部门或一组科技专家说了算,或由"圈子"内评估,在实际操作中往往忽视社会回报、市场认同的标准。由于评估缺乏科学性和公正性,导致创新成果奖励缺乏合理性。创新利益分配的不合理,势必对科技创新人员的积极性有较大的打击,严重挫伤他们的创新动力。

25.2.5　相对薄弱的市场运作环境与融资环境

尽管经过治理整顿,市场秩序有所好转,但假冒伪劣、以次充好、恶性竞争、不讲信用等现象仍时有发生。这种"劣货驱逐良货"的倾向,不仅导致企业创新动力不足,而且使知识产权受到严重侵害,对创新成果的市场化形成阻碍。另外,市场流通,特别是产权流通不畅。产权的生命力在流通,其平均流通周期一般为 6—7 年,而目前上海的产权流通周期至少在 10 年以上。产权若长期不流通,科技创新将无从谈起。还有,市场竞争无序造成人为的市场空间狭小,致使部分转化项目因缺乏规模经济而中断。

另外,创新活动的市场融资能力也较薄弱,资金来源渠道单一。一般科研资金还依赖数量有限的财政支持,并缺少对科研经费使用的过程监控,使得政府大量的科研经费没有发挥应有的作用,有相当部分被用于购买交通工具、购买办公设备、作为职工福利、公费吃喝等方面。银行对创新项目如何评估缺少必要准备,创新信贷远远不能满足企业创新资金的需求。由于风险投资基金法至今尚未出台,风险投资公司和风险投资基金发展缓慢。尽管上海风险投资已有了一个良好的起步,但总体来说,当前风险投资规避"风险"的手段还比较"原始"。由于市场融资能力薄弱,很难满足创新活动的需求,特别是中小企业极难得到创新资金。

25.2.6　缺乏宽松的人才培养、发展与流动的体制环境

中国的传统教育体制严重禁锢学生的想象力和创造力,极不利于创新人才的培养。上海高校虽然致力于教育体制改革,但仍然存在一些问题。其一,教育、教学评价体系落后。对高校教师的评价还只是停留在授课时数、发表论文数量等上面,而没有考察课堂教学的质量;对学生的评价也还是停留在考试的成绩上。其二,课堂教学方法简单,绝大多数还是停留在"填鸭式"教学,一言堂,缺少

启发式、诱导式教学;缺少实践课和创新课。其三,学籍管理不利于学生创新创业。一方面,学生很少能像在发达国家那样被允许在读期间,保留学籍出去创业;另一方面,一般也不允许跨系、跨专业选课,造成高校毕业生知识结构普遍单一,与现代科技创新所要求的多学科交叉、融合极不适应。其四,课程设置不合理:重理论教育,轻实践教育;重知识教育,轻创新思想、创新观念教育;重理工科,轻文科、社会科学教育。

另外,人才流动的环境不宽松。单位、企业用人机制不灵活,甚至僵化,通常只接受档案人事关系正式转入者,即任职者,不愿接受兼职或挂职的。同时,单位、企业对本单位人才流出的限制过死。有些人才明明本单位用不上,或在本单位发挥不了作用,企业还总是千方百计阻拦其流出,宁肯其在本单位"烂掉",也不肯放人。由于现行用人制度的主要弊端是人的贡献与报酬脱节,以及官本位、重德轻能的年功序列制,许多有个性、有能力的创新人才因不能与领导搞好关系而缺少创新积极性,希望调换单位、部门,但却经常遭到主管领导的压制而不能顺利流动到适合自己的地方。

25.2.7　缺少激励自主创新的税收体制

尽管近年来中国进行税收体制改革,上海通过税收鼓励科技创新的情况有所改观,但与发达国家的税收设计仍有较大差距,主要表现为:(1)对科技创新减免或政府补贴的力度不够。(2)对高科技产业化阶段的财税减免方式单一,应该由单一的税收减免向投资减免、再投资退税、加速折旧等多种方式运用转变。(3)增值税没能很好发挥对科技创新的支持和激励作用。以后应该实现"消费型"增值税;对技术转让费、研究开发费等可以比照免税农产品按10%的扣除率计算进项税额;对专利、非专利技术转让按其实际所得的营业税予以扣除。(4)差异化税收的导向作用有待改善。财税政策应从高科技产业化为主向科研开发、中试孵化转移;从"产品导向"技术逐步向基础技术、高新技术的消化吸收和自主创新转变。

25.3　优化自主创新环境的着力点

基于创新网络的自主创新环境建设是一个涉及方方面面的系统工程。在此过程中,要紧紧抓住改变企业、科研院所、政府等主体的行为方式,作为优化自主创新环境的着力点。

25.3.1　以激活企业自主创新内在动力为目标

上面已经分析到,上海的企业目前普遍采取的是"成本竞争型"的策略,对技术创新缺乏内在动力。但从国内国际的大背景来看,支持企业采取这一策略的外部条件正在悄悄发生变化,比如入世承诺的逐步兑现、人民币升值压力、能源短缺及价格上涨、环保压力、劳动者权益和消费者权益保护逐步完善、知识产权的保护力度逐步增强等等。可以预计,在未来的 5—10 年内,上海企业自主创新的宏观背景将发生较大变化。政府应该充分顺应这一趋势,因势利导,未雨绸缪,通过收入分配政策、就业保障、最低工资、社会保障、环保政策、加大消费者权益和知识产权的保护力度等多种手段来提高企业降低生产成本和服务成本的刚性,"引逼"企业进行科技自主创新。这不仅是政府职能所应该发挥作用的领域,而且也符合构建和谐社会的要求。

但深入企业内部,不同所有制的企业在自主创新动力方面又存在着不同的问题。为此,完善创新环境还要区别不同企业的不同情况,进行分类指导,采取差别化措施,促进全社会所有企业都积极投身到科技创新活动中。

(1) 打造"引逼"国有企业创新的环境。首先要改变企业负责人任期制管理和短期绩效考核方式。自主创新往往要经历一个较长的过程,其中蕴含着巨大的风险和不确定性。而目前国企老总的任期制管理和短期绩效考核方式在很大程度上导致企业决策层和管理层不愿承担风险,不愿长期投资。年薪制①的激励方式同创新行为之间存在着一种激励不相容,它更多的是鼓励企业安于现状而不是积极创新,鼓励经营层选择"稳妥型"和"维持型"的经营模式。其次,要加强政策引逼,建立健全国企的考核评价机制,将研发投入、品牌创新、专利授权和运用、科技成果转化等作为国企负责人业绩考核的重要内容,建立国企创新项目契约化管理机制,激励、保护创新者的积极性。此外,要完善相应的法律法规,尽快从法律或政策层面对创新失败的情况下管理人员和技术人员相应的薪酬和职务安排给出一个较为明确的具有可操作性的说明,解除创新人员的后顾之忧,把"鼓励创新、宽容失败"真正落在实处。

(2) 形成鼓励外资企业科技创新本地化发展的环境。上海外资企业的自主

---

① 上海对国有企业管理人员的薪酬制度一直在进行着积极的探索,但在股权激励方面并没有取得实质性突破,主要原因在于给管理人员股权同国有资产流失之间在政策和法律上并没有一个明确的界定,相应的操作规程也无法规范和统一。

创新能力最强,但其对上海科技自主创新能力提高的贡献却非常有限,特别是一些外方控股企业的自主知识产权、品牌都是属于外方的,中方由于在引进技术的同时没有加大消化吸收再创新的力度,从而逐渐丧失了对自主知识产权的控制,这在汽车、通信、家电等行业表现得非常典型。海立(集团)公司和三菱电梯公司是上海三资企业中加强自主创新、发展国内品牌的佼佼者,其成功之处就在于,努力把握中方在企业经营中的主动权,而且积极开展引进、消化、吸收、再创新。为此,下一步上海要采取有效措施,鼓励支持中外合资合作企业创造和掌握自主知识产权,拥有核心技术,推进技术创新成果产业化,发展自主品牌,实现知识产权落地,以更好地带动产业链发展。特别是要引导中方企业在扩大对外合资合作中,更加注重对核心技术的引进消化吸收再创新。鼓励外资企业扩大与本市企业、高校、科研院所的技术交流与合作,参与重大关键技术的研发开发,对技术创新成果实施本地化和产业化。

(3)建立引导与支持民营企业提高自主创新能力的环境。上海民营企业总体上由于经济实力弱小、技术力量薄弱、人才资金不足等因素,其自主创新能力较低。但是近年来也涌现出一批民营科技企业,特别是一些归国留学人员创业兴办的企业,具有很强的潜力和发展前景,这些企业在自主创新发展上面临的主要问题是融资困难、市场开发难等。为此,提高民营企业的自主创新能力关键要做好两个方面工作:一是通过营造公平的政策环境,特别要破除政策上的各种"玻璃障碍",引导民营企业自觉地进行科技创新,努力实现与国有企业的战略对接和产业配套。二是加强创新服务平台建设,为民营企业科技创新提供资金融通、市场开发等方面的便利,特别要完善政策性融资担保机制,加强科技型小企业信贷金融服务,建立和健全风险投资体系,完善面向科技型中小企业的担保体系,拓展民营科技企业的投融资渠道。还要进一步发展产权交易市场,促进民营企业通过技术购买和交易加快科技创新。

25.3.2　以激发科研院所自主创新积极性为目标

20世纪90年代中期开始,上海逐步实施了一系列鼓励研究机构和科研人员自主创新的政策措施,如保护知识产权、引进人才战略等,取得了不错的效果。但是,研究机构行政式的管理模式和科研项目政府主导型的发展模式,以及建立在这种模式上的激励—评价机制,极大地抑制了科研人员和科研机构的创新动力。要引导大学科研院所进行自主创新,突破口就是摒弃行政式管理的弊端,营造宽松的创新环境和氛围,改善激励和评价机制,实现激励与创新相容。

(1) 优化科研评价体系。摒弃对科研人员和研究机构的量化考核模式,解决目前存在的以职称、职务为主的评价机制,以论文、课题、出书等量化指标为主的考核体系,切实扭转重量轻质、重论文轻市场、重职称轻能力的现状,逐步建立以基础科研、成果转化和解决实际问题能力为主的科研水平评价机制。比如在基础科研的评价上,可适当放长评价的周期,简化评价的手续和程序,保证科学家们能够有充分的时间和精力集中于研究工作。在成果转化的评价上,鼓励高校科研院所围绕企业需求开展科技创新,逐渐把职称评定、课题评审等科研评价机制与企业创新结合起来,支持科研人员投身科技成果产业化活动。而且把内部评估和外部评估、定性评估与定量评估、长期评估与短期评估、事前评估与事中事后评估等多种手段结合起来,综合运用,保证创新项目和人才脱颖而出。出台科技成果由中介机构鉴定的具体操作办法,实现科技部门由直接“做鉴定”向以“管鉴定”为主的转变;改革科技评奖办法,推动科技人员致力于高新技术及产业化,形成有助于社会各方面重视增强自主创新能力、有利于调动科研人员积极性的评价导向。

(2) 完善科研项目立项和评审监督机制。在科研项目的立项上,不仅要支持共识性技术项目的研发,对于非共识性项目也要给予积极支持,鼓励真正的原始性创新。相比较而言,共识性项目往往是国外已经获得成功的项目,而非共识性项目则很可能蕴含着真正重大的创新。同时,要扭转论资排辈以及研究资金向“官僚型”学者或“资深”学者倾斜的现状,重视和鼓励年轻科研人员的创新,使各种创新资源和创新资金尽可能地向富有创新精神和创新意识的青年科研人员倾斜。在项目评审上,要建立客观有效的项目评审机制,完善同行评议和第三方评议,避免“熟人评价”“人情评价”等不合理的评价方式。

(3) 建立健全利益分配的保障措施。上海现有鼓励科技创新的政策规定,科技成果以股权方式转化的,职务发明人可享有其中不低于 20% 的股权。但在实际操作中很难实施,因为职务发明人得到股权需要何种程序,由哪一个机构批准等等,都没有明确的规定。又如,某研究所与某集团合作设立新公司,双方商定无形资产作价 180 万元折股,并将其中 20% 奖给 4 名主要发明者,但工商不予登记。再如,专利法明确规定了对专利发明人的奖励政策,但因没有财税部门有关的配套文件无法兑现。所以,要激发高校科研院所及其科研人员科技创新的积极性,关键是在建立健全利益分配机制的基础上,细化相应的规章制度,保证政策实施的有效性。比如,对于政府资助科研项目形成的知识产权,由承担单位所有,其发明权、发现权等属于科技人员,并享有不低于 50% 的收益。利用高校条件形成的知识产权,学校与发明人或设计人按合同约定知识产权的归属和利益分配。其中,特别要加大知识产权创造激励政策的力度,确保职务发明人的奖酬收益落实到位。同时,要完善知识产权评估、登记、投资入股等实施办法,防止知识产权流失并引起知识产权收益缺乏保障。

25.3.3　充分发挥政府的导向作用

在城市创新体系中,政府作为一个重要的参与者,在优化创新环境、制定创新政策、完善激励机制、建设创新平台、规划创新战略等方面发挥着至关重要的作用。上海政府在提高科技自主创新能力方面已经作了大量积极有效的工作,但是从当前来看,最突出的问题是政府在创新服务体系建设方面相对滞后,这客观上也是构成上海科技自主创新能力提升的一个重要瓶颈。比如,企业尤其是中小企业在创业创新中对技术、资金、人才等创新要素需求十分迫切,高校科研院所对技术成果转让的需求也十分迫切,而科技中介服务机构发育不足、功能发挥不到位。为此,建立完善创新平台,把高校科研机构、产业界和投资者有效组织到一起,促进科技中介市场发育,是当前政府在科技创新中发挥主导作用的关键所在。具体来说,可从以下三个方面加大力度。

(1)加大对现有创新服务平台的功能整合。上海现有科技创新服务平台大多分属于不同的政府部门和机构,由于条块利益分割,这些服务平台之间联动、协调不够,基础设施和网络平台没有形成统一体系,还存在各类服务平台功能交叉重叠,专业化服务特征不明显等问题。为此,下一步要着眼于企业自主创新需求,以已建的平台为基础,加强资源和功能的整合,进一步优化创新创业服务链条,集聚创新资源,增加创新机会,形成面向全社会开放、共享的多功能、多层次的自主创新服务体系,使企业需求、技术供给、各类人员、创新资金、中介服务、政府政策等要素在平台上实现有效对接,为提高上海科技自主创新能力提供一个良好氛围。对现有创新服务平台的功能整合,关键在于打破管理体制的分割,加强全市统筹协调,真正构筑集企业技术攻关项目需求发布、高校科研院所科研成果供给、委托研发及技术成果交易等功能于一体的创新公共服务平台,并努力做到各专业创新服务平台服务界面清晰,服务功能各异,错位竞争,优势互补。

(2)促进科技中介服务组织的发育成长。创新服务平台是企业自主创新的"导航站",是高校科研院所技术创新的方向标,是上海全社会提高科技自主创新能力的主战场。但是,建立完善创新服务平台,不仅要发挥政府的主导作用,还需要注意发挥市场机制在资源配置中的作用,特别是需要科技经纪、评估、代理、管理咨询等大量社会中介服务机构以及行业协会的发育成长,让它们在这个平台上能够更好地为企业、高校科研院所提供个性化服务,发挥催化剂的作用。当前,上海科技中介服务机构发育不足的一个重要方面是大量公共服务机构具有行政垄断性,所以下一步的重点要进一步转变政府职能,改革与政府部门有依附关系的中介服务组织,为市场化运作的中介提供平等竞争的环境,打破不利于中介服务市场竞争的行政和区域垄断。同时,要加强行业管理与指导,提高中介组织的公信力,着力培育一批有实力、有信誉、有品牌、有特色的中介机构,逐步形成社会化科技中介服务网络。

(3) 积极发展鼓励全社会参与的创新文化交流平台。创新服务平台建设不仅表现为面对面信息服务的物理形态、信息网络的虚拟服务形态,还表现为一种旨在促进全社会参与创新的交流平台。比如伦敦市政府成立了一个"创新模范联合会",成员都是以创新而获得成功的普通人,每个星期联合会成员都到附近社区和学校巡回讲演,宣传他们的创新之路。上海完全可以借鉴这种做法,在加强创新教育、创新文化、创新观念培育的同时,积极培育创新文化的交流平台,促进开放型的合作与沟通。比如,搭建各种类型的人才与知识交流的平台或场所,既要有经验交流会、交流中心、论坛等正式场合,还要有俱乐部、咖啡馆、健身房和创新人才协作网等非正式场合,使得人才的交流与合作成为一种常态。比如,简化规章,建立宽松、友好的交流环境,取消各种人事等方面的障碍,鼓励科技人员流动与兼职,使研究人员能在各体系间自由流动。创造各种条件鼓励国家实验室、研究所、大学和企业之间展开各种形式宽松的交流联谊活动,促进基础、应用与开发之间,学科之间开展合作研究。

(4) 实施扶持自主创新的政府采购政策。通过政府采购提升企业自主创新能力是市场经济条件下国际通行的一种做法,美国、日本、韩国等国家在扶持民族产业发展过程中,都十分强调政府采购的市场引导作用。近年来,上海政府采购在积极支持上海本土产业产品发展方面起到了积极作用。但是,专门扶持自主创新产业产品发展方面还基本上是个空白。为此,要改革政府采购制度,保障政府采购能起到激励企业进行自主创新的作用。当前关键是要建立财政性资金采购自主创新产品制度,在政府招投标中要贯彻自主创新产品优先原则,对纳入自主创新产品目录的产品,政府应给予优先权或一定的优惠率。同时,对于企业生产或开发的试验品和首次投入市场的大型产品,要实施政府支持首台业绩制度,通过政府首购和定购以确保这些企业自主创新的风险规避。

25.4　优化自主创新环境的行动策略

25.4.1　基本思路

基于创新网络的自主创新环境建设要有一个通盘的考虑和设计,进行制度和组织创新,动员全社会的力量,加大创新投入,树立创新意识、创新观念;培养创新人才;打造社会创新平台,构建一个组织完善、范围广泛、运行高效的创新网络,促进创新主体的多元化、创新资源的多渠道与快流动、创新活动的全方位,以及创新成果的多产出。

1. 强化自主创新的集成导向,营造全社会协同支持的氛围

针对目前自主创新导向性的零星化、分散化、局部化,从而难以形成全社会协同支持的局面,要在科教兴市总战略指引下,形成全方位、综合性、整体性的自主创新导向性。为此,不仅要继续强化自主创新的认识导向、舆论导向和发展导向,而且要加强其政策导向、服务导向、评估导向等,并使这些导向性有机配合与系统集成,形成强有力的自主创新的社会导向。

(1) 通过确立自主创新在经济发展和科技发展中的战略地位,明确增强自主创新能力是实现结构调整的中心环节的重要作用,把增强自主创新能力上升为国家意志和国家战略,形成对增强自主创新能力的认知导向。

(2) 通过制定增强自主创新能力的长远规划,明确增强自主创新能力的指导思想、基本原则、总体目标与阶段性目标及主要任务,提出增强自主创新能力的主要途径和方法,形成对增强自主创新能力的发展导向。

(3) 通过制定与实施增强自主创新能力的行动方案,明确现阶段所要解决的主要问题、重点发展的领域及重点项目,提出实施步骤和操作性措施以及相应的配套政策,形成促进自主创新活动广泛开展并有所重点突破的政策导向。

(4) 通过完善科技创新的基础设施,构建研发活动的公共服务平台和科技成果转化服务平台,促进科技信息服务机构、风险投资机构、科技创新策划机构、技术交易服务等组织灵活、形式各样的社会中介机构发展,形成为科研机构和企业创新活动提供技术、设备和信息服务,协助科研机构和企业完成创新活动的服务导向。

(5) 通过完善现有的评价标准和考核体系,突出自主创新能力增强的重要性,建立以自主知识产权、产业化绩效、科技持续创新能力为取向的价值评价标

准体系;出台科技成果由中介机构鉴定的具体操作办法,实现科技部门由直接"做鉴定"向以"管鉴定"为主的转变;改革科技评奖办法,推动科技人员致力于高新技术及产业化,形成有助于社会各方面重视增强自主创新能力、有利于调动科研人员积极性的评价导向。

(6) 通过全社会动员和宣传,树立创新意识,强化科技兴市观念、创新风险观念,发扬创新中的合作精神、开拓精神、包容精神,鼓励自主创新,宣传典型事例。形成以创新为灵魂,以知识和技术的传播与转化、资本和人才的流动、高科技商品的流通为血液,以价值的实现为动力的舆论导向。

2. 培育创新生态场,促进开放型的合作与沟通

任何一项自主创新都不是孤立的,而是依赖于相关技术、产业能力等条件的配合与支撑,存在于一个创新生态系统中。在这一生态系统内,自主创新能力方面的明显提高,很少源于单独一个要素的改善,无论其改善看起来的意义多么重大。而整体要素改进产生的累积效应可能是非常巨大的。因此,根据自主创新的科学技术要求高、配套依赖性大、集成性强的特点,强调创新要素整体改进的累积效应,着力培育适合于创新的生态场,为自主创新提供必要的环境条件。

从根本上讲,创新生态场的营造,其目的是促进知识的流动,形成创新资源的集聚,从而内生出知识及创新资源的自我循环与生长能力。为此,要通过提高市场化程度,放松政府管制,打破部门与单位的分割与封锁,创造各种条件鼓励国家实验室、研究所、大学和企业各种伙伴合作关系,建立科学研究中心、工程研究中心等,促进基础、应用与开发之间,学科之间的合作研究的开展。简化规章,建立宽松、友好的交流环境,取消各种人事等方面的障碍,鼓励科技人员流动与兼职,使研究人员能在各体系间自由流动。这是成果转化最重要和最有效的工具,也能为科技人员在流动中寻找到最能发挥才能的位置创造了条件。同时,搭建各种类型的人才与知识交流的平台或场所,既要有经验交流会、交流中心、论坛等正式场合,还要有俱乐部、咖啡馆、健身房和创新人才协作网等非正式场合,使得人才的交流与合作成为一种常态。

从微观层面来讲,由于科技园区高密集地集聚了各方面大量的创新资源,从而是培育创新生态场的主要载体。目前,无论从数量还是从质量上,上海科技园区建设还远不能达到科技创新发展的要求。因此,首先要进一步完善现有科技园建设,主要是加强园区制度、创新文化和配套设施的建设,以吸引更多境内外著名的高新技术大企业(集团)、大院大所、留学回国人员和国外专家,加快产业集聚。其次,要进一步抓好孵化工作,为创新创业者提供种子基

金、风险资金、企业经营、政策法规等全方位的服务,培育拥有自主知识产权的科技型中小企业。再则,要以重要大学为依托,通过相互参股、项目合作、成果转让、引进及进驻等多种方式与校方实现内在融合,建造更多的科学园区。并根据当地大学和科研机构的优势来确定自己的专业领域,围绕这些优势领域进行各种科研项目,加强科学园和科研机构及当地工业界的联系,促进科研成果的迅速转化。最后,要在新兴特色产业明显且相对集中的地区,建设一批高新技术特色产业基地。

3. 融入科技全球化,拓展对外创新合作网络

鉴于全球化浪潮中的科技创新已由"国家创新系统"向"国际创新体系"或"全球创新系统"变化,资金的跨国、跨地区流动,国际贸易的日益增加,以及信息、知识、人才的跨国界流动对创新系统的影响日益重大,因此要把科技创新活动置于全球化的背景之下,主动融入科技全球化进程,在全球的技术研发和转移过程中争取到最大利益,或者得到有利的国际环境。

在科技全球化背景下,科技活动的主题、领域和目的在全球范围内得到认同,科技活动要素在全球范围内自由流动和合理配置,科技活动成果实现全球共享,科技活动规则与制度在全球范围内渐趋一致。因此,积极主动地融入这一发展过程,与国际科技要素相结合,开展国际科技活动交流、合作研发,无疑有助于更广范围的创新网络的形成,加速创新环境建设。更重要的是,能站在世界科技的前沿,利用世界的资源,少走弯路,进行二次创新和自主创新,实现跨越式发展。因此,要积极参与各种国际组织和论坛,加强与世界其他国家和地区的交流和沟通,通过主动选择恰当的合作伙伴、合作形式和合作时机,广泛发展对外科技合作关系,并主动地、有选择地在自身有一定优势的领域中引导国际科技活动的发展。有必要成立国际创新环境研究中心,全程、动态地研究发达国家先进的创新机制,如创新合作机制、创新人才流动机制和创新利益分配机制等,为政府、科研院所和企业提供及时的信息服务,便于普遍加强国际创新合作。

同时,在国际科研合作、国际技术转移等方面也将面临与其他国家控制与保护的博弈,以及如何在国际规则制定中获取自身最大利益等全球治理问题,需要通过参与、谈判与协调等手段,调和各方面的利益。在此过程中,要主动参与全球性科技制度的制定与完善,争取自身的合法权益。加强对现行国际规则的研究,在有关的政策选择中,更多地强调主动的、有目的、有意识的参与,充分利用科技全球化中的多极化趋势,以增强自身在科技全球化进程中的主动性,在全球规则的制定中争取有利地位。

4. 构建协调发展的合约关系,促进创新活动的有序性和稳定性

针对参与创新活动的行为主体功能定位紊乱,合约关系不稳定,运作秩序混乱从而导致创新环境恶化的现象,要在合理功能定位的基础上,构建协调发展的合约关系,形成良好的商业环境和运作秩序。

首先要理顺参与创新活动的各类行为主体之间的关系,形成相对明确、各个侧重的功能定位。企业,特别是大企业应该成为研发投入、成果转化的主体。企业的研发投入在整个社会研发投入中应占主要比例,其研发投入主要用于应用研究与成果转化,在有条件的情况下,也可部分用于与其应用研究相关的基础研究。高校主要从事基础研究和人才培养,向全社会提供强有力的知识流和大规模的专业人才,同时兼顾一些应用研究与科研成果转化。科研机构主要从事重大关键性技术的基础研究和应用研究,开展共性技术和基础技术的 R&D 活动,促进相关技术学科的平台建设和发展。政府主要是提供公共产品,大量投入在基础研究上,资助共性技术和基础技术的 R&D 活动。而且,企业之间、高校之间和研究机构之间,还应进一步细分出层次性,形成专业化和特色化的格局。

在此基础上,要加快制定、修改和完善相关的法律法规;建立健全各种配套体制和机制,如知识产权保护制度、科技管理制度、组织人事制度、利益分配制度、风险投资机制、市场竞争机制、产学研结合机制等,形成互利互惠、长期稳定的合约关系,促进各行为主体之间的协调发展。

同时,加强法律监督和执法力度,保证创新要素的自由流动、公平竞争,维护正常的市场秩序。竞争的压力就会逐步释放企业过去长期压制的创新动力。因此,特别是要打破行政性行业垄断,严肃处理采用不正当竞争手段阻碍竞争运作秩序的做法,对知识产权保护进行严格执法,严厉打击侵权行为,创造一个健康的鼓励竞争的商业环境,从而刺激技术创新。

25.4.2　主要政策措施

要建立完善科技创新的政策支持体系,关键是在政策设计上要突出重点难点,细化政策规则,强化政策的普惠性,体现政策的整体效能;在政策落实上,要提高政策执行力度。当前,特别要利用上海浦东综合配套试点改革的契机,提高政策资源运用限度,推进政府在创新投融资机制、知识产权保护、税收优惠等方面加大扶持力度,提高政策落实的整体效能。

1. 加大政府的科技投入,为自主创新提供必需的公共产品

当前上海创新环境建设过程中,政府的功能和角色定位非常关键。短期内,

政府在创新环境形成和运作过程中还是主导地位,在组织过程中更是要发挥好协调功能。政府的主要作用是解决创新环境建设过程中系统失灵和市场失灵的问题。

其中之一,就是要加大对科技的投入规模,并提高投入质量。首先是增加对教育和培训的投入,无论是基础教育,还是高等教育和职业教育。其次是增加对公共研究的投入,保证政府对基础科学研究和基础工程研究有足够的投入。最后是对基础设施建设的投入,如公共科研设施、公共图书馆、信息化建设等。

在间接性科技投入方面,要按照加入 WTO 后的通行规则,改变长期以来以支持商业化阶段为主的技术创新财政金融刺激政策,转向支持前期研发活动为主的刺激政策。例如,用"税收抵扣"的形式间接资助企业的 R&D 活动;对企业与大学和公共研究机构的 R&D 合作进行补贴;加大对专利和其他软技术购买的补贴;支持研究与开发中介机构授予和采购企业 R&D 合同,为技术创新创造良好的需求条件。对中小型企业在技术的原创性应用研究和技术开发的投资上,采取择优早期阶段"资助、孵化"的方式,同时鼓励小企业加入与政府重点支持的相关的 R&D 之中,并将有商业前景的技术带入市场。建立政府采购自主创新产品制度,对纳入科技创新产品目录的产品,给予优先政府采购,或者在招投标上给予一定的价格优惠。对于企业开发试制、首次投向市场并具有较大市场潜力的产品,采取政府首购和定购的政策优惠。

2. 大力发展科技中介服务机构,发挥其在创新网络体系中的联结作用

科技中介服务组织是市场经济中非常活跃、不可替代的元素,是科技、经济互动发展,促进科技创新成果转化为经济效益的重要纽带。同时,它还可以引导本地企业进行创新,帮助企业推进创新成果商品化,以促进科技创新与经济的联动发展。一是发展生产力促进中心、创业服务中心及技术咨询公司等服务机构。二是建立科技成果交易中心,技术经纪所和技术转让中心等技术市场,以及为技术交易提供法律服务的技术合同仲裁委员会、知识产权事务所等配套组织。三是促进科技咨询业和科技信息业的发展,为企业科技创新提供规划,与大学和研究所合作进行技术开发,或委托大学和科研所进行技术开发,建立"咨询机构—企业—大学"彼此结合的技术创新模式。四是建立科技创新策划机构,以投资银行为主体,挖掘、组织一批懂科技、经济、金融和市场的高级人才,专门从事科技投资项目的选择、培育。

3. 通过法律法规的制定、修改和完善,建立和完善科技创新的投融资体制

在入世过渡期结束后,中国长期以来以支持商业化阶段为主的技术创新财

政金融刺激政策,将面临极大的挑战。培育风险资本市场,就成为政府替代现行技术创新财政金融刺激政策,及时填补政府退出后高技术创新的资金缺口,拓宽高技术创新融资的重要途径。同时,政府按照市场机制,采取股权资本形式进行风险资本投资,支持高技术企业,也符合《补贴与反补贴措施协议》的有关规定。按照科技创新创业的阶段性特点和发展要求,当前着重要解决的是创新企业的融资难、担保难、退出难等问题。

(1)加快培育和发展创业风险投资,通过建立政府创业投资引导基金,引导社会创业风险资金加大对种子期、起步期科研项目的投入力度。要对风险投资公司给予抵扣税的税收优惠,把风险投资工作与孵化器和高新技术园区、特色产业基地建设结合起来,建立完善风险投资协作网,支持风险投资协会开展培训、交流、协作等工作。积极尝试非上市的中小科技企业的柜台交易,探索建立科技企业产权交易的风险资本市场。积极配合国家,促进产业投资基金法尽快出台,诱导社会风险投资基金的创立,同时培育风险投资公司,对投资于风险投资公司的法人和个人给予抵扣税的税收优惠。

(2)积极探索各种风险投资的退出机制,推进上海区域性资本市场建设,特别要以张江高新技术产业开发区为试点,建立非上市高新科技企业股权转让和交易的平台,完善科技企业产权交易市场,风险投资的二板市场,以及企业并购和管理者回购机制等。

(3)进一步拓宽科技创新企业的投融资渠道,政府可通过提供担保来拓宽中小企业间接融资的渠道,对政府担保机构的项目代偿损失,由贷款担保损失补偿资金按规定给予在保余额一定比例以内的限率补偿。同时,通过设立产业投资基金,为中小科技企业提供资金来源。

4.加大知识产权保护,推动有关知识产权所有权的民间化、社会化

政府加大知识产权的运用与保护,是促进科技创新的重要制度保障,但由于当前市场秩序不完善和诚信制度缺损,知识产权没有得到有效保护。为此,政府应积极推进地方性知识产权立法工作,如适时制定发布上海市知识产权保护条例、上海市著名商标认定与保护条例等,特别要完善知识产权评估、登记、投资入股等实施办法,加强技术市场的执法力度,优化知识产权保护和服务的环境。

从操作层面来看,一方面要加大技术标准专项资金资助力度,制定有关奖励办法,重点支持企业为主体参与制定国家和国际技术标准,鼓励企业在产品开发中采用国际标准。另一方面建立重大活动知识产权特别审查机制,对涉及国际利益并具有重要自主知识产权的企业并购、技术出口等进行监督和调查。建立

知识产权举报、投诉中心，加强对科技企业、科技人员依法维权的法律援助。

由政府资助给公益性科研机构或小型营利企业所完成的发现和发明，在正常的情况下，应让该机构有权优先申请专利，而且可以自行转化或授权使用被批准的专利。但接受资助的研究机构也要承担一些义务，例如未经提供资助的政府部门允许，不得将专利权整体转让给其他法人；除非客观条件不许可，否则在对外授权使用时，必须优先授权给小企业；转化与授权所得收益必须优先给予发明人提成（国外通常这一比例不少于15%），而所获收益除支付个人以及支付政府有关管理部门的各种费用外，余额应全部用于教育和科研事业。同时，对于这类知识产权的成果，允许企业参与进来，由具有产业经验和市场意识的研究人员来进行后续开发。通过专利授权转让机制，让企业参与进来开展试验工作。获得授权的企业，在一定期限内有权利用该专利开发产品，这种授权可以是排他性的，也可以是非排他性的。根据被授权专利的可能估价和商业化难易程度，授权可以采取授权费、权利金和一次性权利金等一种或多种结合方式，以保证研究机构和企业的利益。

5. 加快教育体制改革，提倡创新教育

首先要改革教育评价体系，最大限度地消除历史科举文化的影响，改革标准化考试，降低其对学生自由思想空间和创造才能的抑制。其次要改革应试教育，倡导素质教育和创新教育。在日常教学中，教师要加强创新意识、创新思想和创新方法的传授。这方面教师的任务极其艰巨，因此，建议全市组织一批创新专家、科学家首先对学校教师进行具体指导和集中培训；教育部门要制定规章，规定教师日常教学中要体现一定程度的创新教育内容；各级学校组织教师系统学习创新理论，同时组织创新观摩课，树立创新样板课，使广大教师都能关注创新教育，努力实现创新教育。再次，鼓励广大学生参与科技创新活动。最后，创新教育要从幼儿抓起，到小学、中学、职业专科及大学各个层级，使全体学生都崇尚创新，参与创新，实现创新。由于学生的活动在改变自身的同时也会广泛而且深入地影响到各个家庭、单位，以至社会各个角落，其影响力和穿透力是无与伦比的，因此创新教育的结果将是在全社会形成一个人人关注创新，人人崇尚创新并努力实现创新的良好文化环境。

26 产业技术创新与产业技术能级[*]

全面实施科教兴市战略,一个重要的方面就是促进产业技术创新,不断提高产业技术能级。产业技术能级是经济均衡增长速度快慢的决定性变量。在产业技术能级不变的情况下,追求更高的经济增长速度,是不可能长久维持下去的。当发生产业技术创新,不断提高产业技术能级时,经济均衡增长的路径也将转移,出现更高的增长率。因此,只有促进产业技术创新,提高产业技术能级,才能保证上海有更快的经济均衡增长速度。

26.1 背景及问题分析

26.1.1 趋势性变化的挑战

1. 世界范围内的知识经济兴起及当代科技发展特点

在知识经济逐步兴起的背景下,科学技术发展日益呈现新变化与新特点。首先,产业技术变革速度在日益加快,技术和产品寿命周期在迅速缩短。其次,科学技术向着投资多、规模大的方向发展。随着电子工业技术和产品变得越来越复杂,为保持领先地位的投入费用在迅速提高。此外,用于产品的研究与开发、新工厂和新设备的费用也在迅速提高。再次,技术的综合化和融合化将成为今后的重要发展趋势,使原有技术界限发生变化。生产以高适应性兼容工艺、多品种小批量为特点,管理与技术要求高。这些特点要求供应厂商与用户之间具有更加密切的技术与经济的关系。最后,大公司或跨国公司越来越追求规模经

———————————

   * 本章根据笔者主持的 2004 年上海市哲学社会科学基金系列课题"科教兴市战略系列研究"的子课题成果报告,以及笔者演讲稿《上海高技术产业发展基本思路探索》改编而成。

营,采取全球战略,以新的或现代化的产品同时打入世界主要市场,以收回投入的巨额研究与开发费用。

在竞争日益激烈的、以技术为基础的全球经济中,各国都从当代科技发展新特点的要求出发,重新调整科学技术发展的战略,采取强有力的措施。例如,美国制定的技术发展新战略,要求技术必须迅速转向促进经济增长的新方向。为此,政府不能仅限于支持基础科学和政府的研究开发项目,还应当在帮助工业界和私人企业的技术创新中起到关键的作用。英国提出了面向 2020 年的新一轮"前瞻工程",包括材料、信息与通信、能源与自然环境、医疗卫生、电子商务、化学、交通、国防和航空航天等关键领域。2001 年 3 月,英国政府宣布投资 1500 万英镑,以"前瞻联系奖励基金"(英国一项科技发展专项基金,主要用于对英国未来发展有关键意义的科技项目)的形式,通过竞争方式拨给有关大学和企业,重点用于生物材料、清洁能源、纳米技术和移动通信的研究与开发。日本在 2001 年 7 月发布了《第七次科技预测》,从 16 个领域选出了 1065 个项目,对未来 30 年的科技发展进行了预测。在最重要的前 100 项里,生命科学和环境科学占 26 项,信息科学占 21 项。

显然,这对于中国及上海的科技发展也带来了巨大的挑战与竞争压力。我们必须正视当代科技与产业发展形势的严峻性,重新审视我们的产业技术能级以及在全球价值链中的定位。

2. 融入世界经济一体化的技术性贸易壁垒

中国加入 WTO,既给经济和企业发展带来了机遇,也带来了更加激烈的市场竞争和更大的技术进步的压力。上海作为联结国内外市场的桥梁,更要利用加入 WTO 的机遇尽快融入世界经济一体化进程。但近年来,随着经济全球化和贸易自由化进程的加快,关税逐渐降低,进出口数量配额、许可证制度、外汇管制等非关税措施日益受到约束和限制,而以技术法规、技术标准、认证制度、检验制度为主要内容的技术性贸易措施则越来越突出,其影响和作用越来越大。当今,技术性贸易措施变得更加复杂和隐蔽,技术壁垒成为最普遍、最难以对付的贸易壁垒,已经从商品流通领域扩展到生产加工领域,不仅包括货物商品,还延伸到金融、信息等服务产业,成为非关税壁垒的主要组成部分,成为各国保护产业和促进对外贸易发展的重要手段。因此,上海要尽快融入世界经济一体化进程,必须大力提升产业技术能级,突破技术性贸易壁垒。

3. 保持经济持续快速发展的技术瓶颈制约

当前中国经济形势已发生了根本的变化,这一变化的基本标志是相对低水平过剩经济的形成,在人均收入相对低水平的条件下出现了大量产品过剩和产业生产能力的相对过剩。中国出现的过剩经济是在中国工业化进程远没有完结、人均收入水平相对较低、二元经济结构问题尚未解决的条件下以及经济体制转轨中出现的相对过剩经济。从经济发展上看,这种相对过剩经济反映出的突出问题是产业结构失衡、技术进步不足和管理体制的不适应。从科技发展上看,突出的问题是科技自主创新能力不足,以企业为基础的产业技术进步缓慢,远不能满足社会和经济发展的需要。在这种新的形势下,科技自主创新能力不足的问题凸显出来,成为中国经济发展的主要瓶颈之一,中国科技发展的主要矛盾也在发生急剧的转变,科技自主创新实力不足和科技支撑经济能力不足的矛盾迅速上升成为新时期中国科技发展的主要矛盾,主要表现为企业的技术创新能力不足。

上海也同样面临这一主要矛盾,有不少重要基础产业曾靠引进二手设备实现产业扩张,相当一部分行业的企业研究开发还处于引进技术消化吸收、改进的阶段。如果不能改变这种状况,上海社会经济的发展速度就会减缓,就会受到阻碍。因此,上海也处于产业技术升级的重要阶段,提高产业技术水平,增强产业竞争力是当务之急。

26.1.2 当前需要解决的主要问题

1. 增强内在动力与活力

产业技术创新,提高产业技术能级,不能光靠政府的推动,这是不能持续与长久的,必须有内在的动力机制。因此,首先要解决内在动力问题。产业技术创新,提高产业技术能级的内在动力,在于企业对市场需求所作出的追求技术进步的强烈反应。因此,要坚持从市场需求出发,重视经济效益,把科学技术成果商品化、市场化。企业要以市场的需求作为生产经营活动的出发点和归宿,努力使其科学研究与技术开发工作适应市场的变化,把科学技术成果商品化和市场化。

事实上,现代科技发展表明,社会和经济发展的需求已成为科技发展最主要的动力,人类有目标地用于发展社会经济的科研投入已占整个科研投入的绝大比重,并且呈现出日益增强的趋势。在德国,企业选择科学研究与技术开发项目,首先考虑的是市场需求和企业的经济利益。企业研究和开发一种新产品,不仅考虑技术的可能性和企业的实际情况,而且从经济上考虑市场容量、企业的竞争能力及市场占有率。企业在研发一种新的产品时,一般都要进行成本分析,只有预计到这种新产品正式投产和进入市场之后,能够较快地收回全部研究开发费用,并不断带来盈利,才正式投产。此外,在研究、试制和生产过程中,可能遇到一些难以预见的导致成本增高的变化因素,如果这些变化因素的影响系数达到15%左右,在做成本分析时也要考虑过去。为此,它们不仅重视市场预测,深入调查消费者的意见和要求,吸收各方面力量对科学技术成果进行评议,而且设计和试验人员常常深入用户现场进行试验,解决出现的各种技术问题。在美国,尽管2001年遭受了"9·11"恐怖袭击,经济发展减缓,但政府在鼓励私人加大研发投资方面仍不遗余力,如实施研究领域永久税费优惠。由于美国私人企业研发经费约占美总研发经费的2/3,因此研发的永久税费优惠,可刺激私人企业加大研发的长期投资。在2001财政年度,美私人研发投资约为1800亿美元。

然而,我们的高校和研究机构还没有真正成为推动经济发展的创新源泉,还没有真正地面向市场,与企业之间的联系不紧密,而企业的科技创新活动也没有成为多数企业的自觉活动。企业作为技术开发和创新的主体,市场目标不明确,还没有把依靠创新作为市场竞争的取胜之本,缺乏主动从外部获取知识源进行创新的动力和活力。

因此,解决内在动力问题,关键是重塑创新主体,主要是要推动国有大中型企业成为技术创新主体,同时积极推进中小企业创新,扶持科技型中小企业健康成长。为此,要建立现代企业创新制度,其主要内容:一是建立有关产品创新、工艺创新、资源创新、市场创新和管理创新等广义技术创新的规范化制度;二是建立有关技术创新的产权制度、组织制度、决策制度、管理制度、分配制度和培训制度等制度网络;三是在这些制度基础上形成有利于技术创新的激励机制、竞争机制和调控机制。

2.形成产学研密切合作的创新网络和整体化系统

企业是提高产业技术能级的行为主体,但离不开大学、研究机构和政府。尽管大学是基础研究和人才培养的行为主体,政府则进行政策指导和创造有利环境,并侧重投资基础研究,但它们都是企业提高产业技术能级和核心竞争力的有力支持。因此,企业、大学和政府并不各行其是,而是结为紧密的合作伙伴关系。

大量实证研究表明,创新源是多种多样的。这里所说的创新源是指首先将某种创新技术开发至可用状态的个人或企业。美国麻省理工学院冯·希普(Eric Von Hippel)等人根据创新者与创新之间的关系将创新分为用户创新、制造商创新和供应商创新。他们的研究表明:在科学仪器领域的技术创新中,用户创新占77%,制造商创新占23%;在半导体和印刷电路板制造工艺创新中,用户创新占67%,制造商创新占21%;在铲车技术创新中,用户创新占6%,制造商创新占 94％；在工程塑料技术创新中，用户创新占 10％，制造商创新占 90％；在塑料添加剂技术创新中，用户创新占 8％，制造商创新占 92％。范德·沃夫（Vand Warf）的研究表明：在以氮气和氧气为原料的设备创新中，用户创新占42％，制造商创新占 17％，供应商创新占 33％；在以热塑塑料为原料的设备创新中，用户创新占 43％，制造商创新占 14％，供应商创新占 6％；在电力终端设备的创新中，与联结端子相关的产品创新，有 83％是由联结端子供应商完成的。由此可见，用户、制造商和供应商都是重要的创新源。来自用户的创新实际上是反映了市场的需求方面。

美国从 80 年代开始，其政府与企业和大学就建立了合作伙伴关系，把双方的目标和利益结合起来。美国政府在 1986 年通过的《联邦技术转让法》为国家实验室同企业发展伙伴关系建立了框架，并允许企业拥有合作研究的知识产权。通过一系列技术伙伴计划和投资支持民用技术开发、商业化和应用，分担新技术投资的风险和成本。美国先后推出了"先进技术计划""下一代汽车计划""高性能计算和通信计划""制造技术推广伙伴计划"。例如商务部推出先进技术计划使小企业有机会和能力同研究机构和大学合作开发分摊成本，应用、开发有很大潜力的先进技术。这种伙伴关系在克林顿执政期间得到了前所未有的重视和加强。从政府的决策和规划，到资源利用和研究开发，以至技术转让和贸易，无不是包括联邦政府、州政府、工商界、大学以及非营利机构的所有从事科技的部门共同参与。这种伙伴关系已经被十几年的实践证明是十分有效的。许多企业转而通过技术联盟获得补充性技术，增强技术优势，加快发明速度，获取有形和无形资源，降低研究与开发的成本与风险。政府与企业和大学之间的伙伴关系被认为是克林顿政策措施的核心。

因此，政府要创造各种条件鼓励建立公共实验室、研究所、大学和企业等各种伙伴合作关系，打破不利于产学研结合的障碍，引导并促使企业与研究机构之间依靠双方的利益驱动，建立产学研密切合作的创新网络和整体化系统。政府应通过政策、项目等手段，降低那些妨碍有效的合作研究活动和人才流动的制度壁垒，使研究人员能在各体系间自由流动。这是成果转化最重要和最有效的工具，也能为科技人员在流动中寻找到最能发挥才能的位置创造条件。

随着科学技术的迅猛发展，R&D 费用急剧上升，R&D 难度越来越大，单个企业将巨额资本投入 R&D 项目中风险很大。为了分散风险，要鼓励企业进行合作，通过建立研究合资企业（Research Joint Venture，RJV）共同进行某项产品的研发，共同承担 R&D 成本，共同享用 R&D 成果生产的产品并在产品市场

上竞争。或由政府通过政策、项目、财税等手段,促使企业或由行业组织牵头,以
共同开发、共建研发机构,共同支持研究机构的研究与开发、形成产业群等形式,
从互补的人力和技术资源中获得协同作用,促进企业之间的知识流动。这些政
策和措施不应该仅仅针对以技术为基础的企业,而且也要针对有较低的技术能
力、在传统和成熟的工业部门以及服务部门中经营的中小企业。并且,这些政策
不仅应该集中于提高个别企业的能力,而且也应该扩大网络的能力和企业群以
及产业部门的创新实绩。

3. 科技管理体制改革

科技管理体制改革中,一个重要的方面就是政府的定位及其行为方式。在
一些战略性关键产业的关键技术的创新上,由于风险大和投资规模大,往往是企
业所回避的,或者是无力承受的,所以需要实行政府主导的投资创新模式。这对
于发展中国家来说尤其如此。发展中国家均面临着经济赶超的战略性任务,技
术创新促成的跳跃式发展有助于实现产业结构和经济整体发展水平的跃升。对
发展中国家,这在一定程度上也可以认为是一项公共产品,需要政府的特殊关注
和支持。另外,在一些有重大前景的技术开发领域,由于其成本太高、风险太大,
也需要有政府的投入,以降低大企业的风险。例如美国政府的"新一代汽车计
划"则是由七个联邦政府机构和 20 个国家实验室同美国三大汽车制造商和
400 多个零部件供应商联合进行的计划,期望在 2004 年实现每加仑汽油能跑
80 英里,汽车重量减轻 40%,排放减少等提高效率的目标。

但政府资助产业技术研究开发不等于由政府来确定技术发展方向,产业技
术的发展要靠市场选择。要根据市场原则,以企业为主体,处理好政府资助与遵
循市场原则的关系。在选择资助方向时,要增加企业参与决策的程度,实行政府
与企业相结合。产业技术的应用研究应尽量采取政府与企业合作研究开发的形
式,要求企业有一定比例的投入。编制资助计划时,要征集企业的建议方案,充
分吸收产业界的意见。在项目管理方面,引入竞争机制,对可竞争的项目,采取
竞争招标的办法;规范政府资助形成的知识产权和资产管理;明确产权关系和扩
散责任。

日本经济产业省和特许厅正在研究制定相关对策,引导产业界进行体制及
制度上的创新,从根本上摆脱注重引进欧美基础技术加以改良利用的"拿来改良
型"的陈旧模式,逐步转变为以富有独创性为主的"前瞻创新型"的研发模式。将
知识产权作为国家或企业产业竞争力的源泉,以此来构筑新一轮极具竞争力的
产业发展战略。

德国在继续对企业提供直接资助的同时,更加强调提供间接资助。直接资助一般同项目联系在一起,要求得到资助的企业必须提出申请,接受有关政府机构的审查,一旦获批,资助额最高可达受资助项目经费开支总额的50%。间接资助不同项目直接挂钩,国家也不对企业进行特别的审查。只要证明项目符合进行科学研究与技术开发的条件,就可以得到资助。

政府对研究开发的资助不是代替企业的投入,而是对企业研究开发的补充。因此,不能全面出击,平均分配资源,应该采取有进有退,有所为有所不为的原则,把有限资源集中到重点领域和重点环节。财政资助方向要集中力量投向涉及国家安全和整体竞争力的领域,减少一般性领域的投入;集中力量投向基础研究和应用研究等企业不愿意或者没有能力进行投入的关键领域,减少对具体产品技术和工艺技术开发的直接投资;集中力量投向受益面大的共性技术研究开发项目和研究开发联合体,减少对单个企业和差别技术的资助。政府应把支出重点放在科技基础设施建设投资上,特别是人才培养上。

从对象来看,政府应重点资助对中小企业的技术转移,以多种形式扶持一批面向中小企业的研究开发中心和技术服务机构。

从产业发展阶段来看,政府要重点支持新兴产业技术的研究开发,主要是对那些早期发现的继续研究开发。对成熟产业,政府则重点支持能够带动产业技术升级的共性技术的研究开发,主要是联合研究开发。

科技管理体制改革的另一项重要内容是科研机构改革,但不是让科研机构简单地进入企业或转化为企业,还要根据行业技术经济特征和产业组织特点,确定科研机构重组方式和产权结构。整合现有各种类型的中心,形成一些集资金筹集、研究开发、技术扩散功能于一身的研究开发联合体,采取基金会或协会等非营利性机构的组织形式;战略和公共性较强的行业建立国家级产业技术研究开发机构,实行国家实验室制度;通过政策引导,形成一批具有行业带动作用的各种形式的产业技术研究开发联合体;对一些企业比较分散、规模不大的行业,应充分发挥行业性或区域性科研机构的作用;吸收相关中小企业参与组成行业性技术中心或联合体,为中小企业服务。

26.2　促进高技术产业发展

产业技术能级反映的是产业部门技术结构的总体水平。它既取决于各产业部门的平均技术水平,也取决于具有较高技术水平部门在产业结构中所占的比重。如果具有较高技术水平的部门所占的比重较大,则产业技术能级就比较高。而且,高技术产业部门有较强溢出效应,对其他产业部门技术进步具有较大带动性。因此,促进高技术产业发展是重中之重。

26.2.1　高技术产业发展模式转变

上海高技术产业发展要实现发展模式的根本性转变,改变那种由政府直接选定技术和项目加以直接推动的高技术产业发展道路,改变那种以实物资本投入为主的外延扩张型的高技术产业发展方式,改变那种少数人参与的单一风险投资推动的高技术产业发展格局,改变那种完全依赖合资合作和技术引进的高技术产业发展类型。

在发展高技术产业的过程中,政府的引导和支持作用是重大的,但高技术产业的发展不是政府计划造出来的。政府只能适应市场而不能主导市场。因此,必须勇于改革传统体制,明确政府在发展高技术产业中的角色,建立和形成市场导向、政府促进、企业选择的高技术产业发展机制,坚持走以市场为导向,以产业为重点,以企业为主体的高技术产业发展道路。

在高技术产业发展中,知识具有特殊的作用,一种新的创意往往会引发一场新的市场需求和产业变革,知识资本化已成为高科技企业的主流特征。高技术产业发展中的风险投资特点是高投资、高回报,而风险投资只有与人力资本投资的回报紧密结合,才可能获得成功。因此,在高技术产业发展中必须突出人力资本投资的重要性,建立和形成促进实物资本与人力资本相融合的知识资本化机制,实现以知识为主要投入增长源的集约型发展方式。

高技术产业发展的基础条件就是高科技成果的商品化、产业化,这需要有大量的风险资金投入。单纯依靠政府资金,投资渠道狭窄,就难以支撑高技术产业的发展。因此,必须改进资金投入方式,扩大投入渠道,建立和形成政府引导、企业法人和自然人广泛参与的社会化多元主体的风险投资机制,促进高科技成果的商品化、产业化,推动高技术产业的发展。

在高技术产业发展过程中,通过合资合作和技术引进来奠定其发展基础,快速提高技术水平,缩短与国外发展差距,是一种有效途径。但长期停留在单纯引进技术的阶段,不能形成引进、消化、创新、推广的良性循环,不能形成自身的技术开发能力和科技体系,就难以从根本上改变科技落后的局面。因此,要立足于从自身特点出发,利用自己的优势,走引进与开发相结合、强化自我开发、增强自主创新能力、拥有自主知识产权的道路。

26.2.2 高技术产业发展战略调整

在实现发展模式转变的同时,上海高技术产业发展还要进行战略性调整,以适应当今世界高新技术发展潮流的要求,寻求最佳的发展路径,实现高技术产业的快速发展。为此,提出以下发展战略:

(1) 实行跃升式技术创新战略,充分利用全球科技开发资源,面向全球技术开发市场,吸引全球科技开发机构来进行技术创新的研究工作,发挥后发性优势,通过"引进—消化吸收—技术提升",实现技术上新的突破,绕过过去技术创新走过的某些阶段直接进入到较高的技术创新水平阶段。

(2) 实行组合式产业创新战略,把产品创新与工艺创新相结合,把渐进性创新与重大技术创新相结合,把技术创新与管理创新相结合,把技术创新的显性效益与潜在效益相结合。

(3) 实行集成化开发战略,利用高新技术产品集成度高的特性,通过对现有高新技术而非独立研制发展的技术进行集成重组设计,形成新的技术产品体系。

(4) 实行联盟合作战略,在成员企业之间通过不同技术优势的整合来提高整体竞争力,利用高新技术产品消费连带性强的特性,提高技术产品销售的联动效应,实现市场互补,建立稳定的市场领域。

(5) 实行开放式的国际化战略,把高技术产业发展融入国际分工体系之中,在细分化的国际分工体系中体现比较优势。

26.2.3 推进高技术产业发展的政策措施

1. 建立强有力的政策支持体系

政府要充分发挥在高技术产业发展中的导向作用,进一步加大政策支持力度,通过税收、担保、贴息等政策手段引导和鼓励高技术产业发展,构建包括人才培养与引进、研究与开发、企业科技投入、融资担保、土地使用、技术入股、技术交易、产权交易等方面政策在内的政策支持体系。高技术产业发展政策提供五个层面的支援:

(1) 财务支援。主要通过提供研究开发补助、融资与风险性资金来支援科技活动的发展。地方财政每年新增高技术产业发展专项拨款,采用部分拨款、部分有偿使用和贷款贴息等方式,专项用于重大高新技术成果商品化和产业化启动期的投入。实行对高新技术产品的优惠税收政策。现在已对技术服务、软件产品生产企业等的税收明确了优惠政策,但还可以继续扩大范围。

(2)人力支援。提供教育、人才培训与产学研的合作;营造人才高地,建立符合市场规律要求的人才机制,形成人才自由流动、双向选择、公平竞争、机会均等的人才管理和使用制度。

(3)技术支援。提供技术辅导,设立相关的研究机构,提供信息咨询服务,加强国家实验室或研究机构的功能,协助技术引进与转移。积极推进和参与著名的大公司和科研机构在上海共同建立研究开发机构。政府免费或优惠为国内著名院校建立科技产业基地,注资支持企业与科研院所进行重大产业化项目。

(4)需求支援。通过提供委托研究、政府采购开发的产品等来鼓励创新活动。明确规定市政府各部门优先采购本市有自主知识产权的高新技术产品,每年发布下一年或几年的政府采购项目(主要制定采购对象的基本标准,如环保、节能等方面的要求),以达到引导、推动高技术产业发展的作用。

(5)环境支援。通过提供减免税优惠等各项鼓励措施,优化产业发展环境。通过针对知识产权交易、知识或科技成果参与企业分配、知识产权保护等方面制定规范,形成以知识产权保护为核心的具有操作性的地方性法规体系,切实保护技术创新者和风险投资者的利益,完善法制环境。通过强化科技兴市观念、风险观念、合作精神、开拓创新精神、包容精神,培育开放的文化环境,进一步优化上海的人文环境。通过加快改善上海的生活基础设施,创造良好的生活条件,为广泛吸引海内外优秀人才来沪工作提供高质量的生活环境。

2. 加快推进风险投资体系的建设

针对高技术产业发展高投入、高风险的特征,为解决高技术产业发展中资金制约的瓶颈,加快推进风险投资体系的建设。

(1)加强项目资源的培育。一方面加强技术开发的投入,进一步提高企业自筹 R&D 经费的比例,鼓励各类科研机构以市场为导向从事科研开发;另一方面形成开放的项目市场,完善有关政策,吸引全国乃至国外的先进成果来上海实现产业化。

(2)建立"多方投入、风险共担、专家经营、利益共享"的风险投资运行机制。风险投资发展要走社会化、市场化道路,发挥不同投资主体的作用,扩大风险投资资金的来源。政府主要发挥种子资金、担保和鼓励及导向的作用,出资参股风险投资基金或担任公募、私募创业投资基金的发起人。

(3)加快组建风险投资机构和吸引国内外投资基金。发展多种所有制形式的独立法人制的风险投资公司,特别是发展民营风险投资公司,以大力启动民间风险资金。组建由投资银行、信托投资机构、高科技企业、控股公司等机构参加的具有相当规模的投资基金,包括在国内上市的风险投资基金,以及积极探索在海外上市的中国风险投资基金。吸引和联系海内外创业投资者、优秀基金管理公司、风险投资基金来上海从事风险投资。

(4) 充分利用现有资本市场,推荐有实力、成长性的高新技术企业上市。通过定期举办信息交流会等形式,促进上市公司、证券公司及高新技术企业之间的沟通,使证券二级市场的资金显著向高新技术企业倾斜。同时,扩大和提升技术产权交易市场的规模和功能,多渠道开辟科技风险资本套现循环的路子。

(5) 积极探索和构建高科技创业资本市场,争取早日建立上海高科技二板市场,为上海高科技企业创造良好的上市、收购兼并的金融市场条件,形成高科技风险投资的进口与出口,使科技与资本更好地结合,促进资金源源不断地注入高技术产业。

3. 发展和健全市场化的中介服务体系

为了沟通高科技研究开发与生产之间的信息,使高科技成果转化更加规范化,建立和完善技术中介、技术评价等一系列中介机构,形成支持高技术产业发展的技术交易、中介、咨询、评估、仲裁和审判相互配套的市场服务体系。

(1) 顾问咨询服务。为企业和研究机构提供有效的技术/市场信息,制定新技术方案,并针对用户的实际情况提出特别建议或咨询报告。

(2) 技术转让服务。与国内外的研究机构、金融机构、商务机构等建立稳定的合作关系,形成广泛的联系网络,并借助于这一网络为企业提供最新技术转让及相应的金融、商务、管理等方面的援助。

(3) 研究与开发服务。在关键技术方面拥有一流的技术专家,根据企业要求与市场需求,对技术进行二次开发。

(4) 技术培训服务。帮助用户掌握与应用新的技术转让成果,并建立相应的技术体系和管理系统。

(5) 商务推进服务。为企业提供新技术商务前景评价,支持企业实施新技术方案的商务计划,组织高新技术产品的营销推广。

4. 推进以企业为主体的技术创新体系建设

(1) 确立企业在高技术产业发展中的主体地位,使企业成为自主决策、风险自负的投资主体,积极培育重点市场,开拓国际市场,瞄准国际高技术产业发展动向,敏捷地把握和不失时机地介入新兴的、具有高速发展潜力的新领域、新产品。通过建立健全市场机制,在竞争中不断激发高新技术企业提高技术开发能力的内在动力,以寻求技术机会来赢得市场机会。

(2)充分发挥上海科研机构、高等院校云集的优势,加强校企合作、院企合作,鼓励应用型科研机构整体或部分进入企业,建立协同研究开发并实现成果转化的产学研相结合机制,逐步形成以科技机构、高校为依托的技术开发体系,以及以企业为主体、以市场为导向的技术转化体系,实现科技资源的优化配置。

(3)鼓励大企业到本行业高新技术最发达、最集中的国家或地区单独或与外方合资合作设立技术开发机构,以利用当地的人才、最新的科技成果、先进的测试手段,不断开发具有当代水平的新工艺、新产品。

(4)加强各个层次的企业技术中心建设。一方面加强现有国家级、市级企业技术中心的建设,深入研究本领域世界先进技术的发展趋势和市场形势,加大技术开发投入,切实做好技术储备;另一方面鼓励企业追求长期的、战略性的发展,强化技术开发投入。有条件的高科技企业要建立博士后工作站,吸纳国内外优秀人才参与上海高新技术产品的研究开发。

(5)探索新的企业技术中心管理体系。参照国外著名技术开发机构的管理经验,引导一些技术开发中心实行项目负责制或部分实验室实行课题负责制。技术开发中心在企业里要有相对独立性,有条件的应成为独立法人。在管理上实行"双线管理",即行政管理和项目技术管理分开,以项目技术管理为核心,行政管理为之配套服务;在分配上分为两个层次,一个是工资为基本保障,一个是按知识贡献由项目负责人根据综合评价来进行分配。技术开发中心以本企业、本领域的技术开发为主,有条件的可以成立面向全社会的头脑型公司,专门从事设计与开发。

5. 高技术产业组织和企业组织调整

(1)根据高技术产业组织变动呈现高科技企业大型化和高科技企业小型化并存的趋势,既要培育有实力开发核心技术和关键技术,能产生重大技术扩散影响,集设计开发和市场营销于一体的高科技企业集团,也要扶持高度专注于市场细分、应变速度快的高科技小企业。

(2)民营高科技企业是高技术产业最活跃也是最有前途的企业组织形式。发展民营高科技企业是基本方向。要进一步明确民营高科技企业的战略地位,强化对民营企业的政策支持,形成以民营为主体的多元化所有制形式的高科技企业发展格局。

(3)创造一个更加适宜科技人才和企业家生存、发展的环境,造就一批有战略眼光、勇于创新、务实求进的企业家队伍,发展一批既能开发创新又懂市场营销的项目经理队伍,集聚一批掌握最前沿的新知识和新技术、具有创新能力的科技人才队伍,培养一批具有较高专业技术水平和较强发展后劲的跨世纪学术、工程技术带头人,以保持高科技企业旺盛的活力和生命力,有效地促进"学习型"企业的发展。

(4) 完善高科技企业技术人员与经营者的激励机制。通过改革传统分配体制,充分发挥市场对人才资源配置的基础性作用,大胆探索和试行技术作价入股、科技人员持股经营等分配方式,突破现行的知识资本化的股份比例的限制,依市场规律由企业自主决定,扩大知识资本化的范围,允许专利之外的知识资本,包括非专利型技术、管理和经营技术也能入股,加大政府对优秀人才的奖励力度,保证技术创新者、企业经营者、风险投资者取得与其贡献相称的高额报酬,以鼓励有关人员进一步为高技术产业各尽所能。

6. 加快高科技开发园区建设

(1) 改革现行的孵化器和高新技术园区的管理模式,增强其公益和事业的性质,引进国外留学人员参与管理,切实提高高新技术企业发展的政策支持,开展从注册、高新技术资格认定、企业投资战略咨询、协助融资等多方面的服务。对拥有自主知识产权的高新技术企业在土地出让金等税费的征收方面给予优惠政策。

(2) 尽快把张江建设成为面向 21 世纪发展的新一代高科技开发区,发挥高新技术园区的集聚和辐射效应,吸引国内外企业加盟。同时,促进市高技术产业开发区"一区六园"形成各自特色,实现共同发展,成为上海高技术产业发展的坚实基地。

26.3 构建基础性大平台

从全社会角度讲,促进产业技术创新,不断提高产业技术能级,需要构建各种基础性大平台。

26.3.1 科技创业平台

提高产业技术能级不仅要促进一般性的科学研究与技术开发工作,而且还要大力鼓励创办旨在开发新技术和新产品的企业,更要支持这些已经获得的新成果尽快转变为投入市场的新技术和新产品。因此,必须构建技术革新的创业平台。

通过税收优惠给它们以投资补贴以及直接资助创办开发技术的新企业,分担部分风险以鼓励银行向新创办的技术企业提供贷款,向新创办的企业提供优惠利率等。在德国,为私人企业的技术革新活动筹资原则上是银行系统的事情。德国有 30 多家银行参加风险资本公司,国家与之签订分担风险的合同。但由于这些风险资本公司是以盈利为目标,因而信誉尚不足的新的技术革新企业很难有机会得到风险资本。为此,国家的复兴信贷银行出面为这些企业提供 75％的担保。

鼓励建立在技术革新领域内从事投资活动的风险资本公司,以利于促进中小企业的创建和它们的革新活动。改变目前以财政资金或银行贷款为风险投资主要来源,以政府资金组建的风险投资公司为主导的基本格局,大力发展由政府特殊政策扶持的民间风险投资基金、中外合资风险投资基金和通过上市或以其他方式公募的风险投资基金。

对已有的用政府资金组建的风险投资公司进行改制,尽量吸收其他投资主体加入,并对这类风险投资公司的组建程序、管理与项目运行、资金的投资、公司管理人的资格、经营绩效审计、监管管理办法、法律责任等问题,要作出明确的法律规定。

根据权利义务对等的原则,对享受政府特殊优惠政策的风险投资基金要明确规定其投资于政府扶持的高技术产业的义务,规范其投资行为,并对其设立程序、基金管理人的条件、资金的运用方向、投资比例、享受政府优惠政策的程序和范围、罚则等问题作出明确的制度规范。

组建中外合资风险投资基金,中方可利用在国内的优势,提供可以投资的项目并负责具体运作。外方则从海外引进资金、技术和必要的基金管理经验,开拓国际市场。该方式既有利于引进国外风险投资及其管理运作模式,亦可促进中国风险投资尽快与国际市场接轨,提高国内风险投资的操作水平。如能进一步在国外建立高科技开发的风险投资公司,不仅能吸引和利用外资,而且会提高中国高新技术的国际化水平。事实上,中国广阔的市场潜力以及一些具有发展潜力的高新企业已吸引了许多国外风险投资家的眼光。最近的一个成功之例为1999 年 8 月创维集团融入 2600 万美元风险投资资金,其中欧洲最大的风险投资基金 ING 集团投入 1100 万美元,购入创维集团 6.2％的股份;专门从事高科技投资的瑞士银行集团(东方汇理)投入 1000 万美元,占股份的 5％;美国硅谷的风险投资基金中国华登投入 500 万美元,占股份的 3％。

上市或以其他方式公募的风险投资基金涉及千家万户中小投资者的利益，而这些投资者的信息获取能力往往很低，在投资者（委托人）和管理人（代理人）之间存在着明显的信息不对称性和代理人风险。因此，为了保障投资者的合法权益，在风险投资基本法中，很有必要就这类基金设立的条件（包括基金发起人、托管人、管理人等资格）与程序、投资限制、投资者的权益保护、基金费用与收益分配、基金的变更、终止与清算、信息披露、监督管理办法、法律责任等问题，作出明确的法律规定。

为了造就富有独创性的风险投资企业和中小企业，在现有政策的基础上，制定出有利于知识产权作为资产利用的制度。利用知识产权扩大资金的筹集，充实专利的市场流通，在 2002 年推出专利权证券化的试点，在此基础上，2003 年对该制度进行补充修正。另外，为促进技术转让，有必要采取优惠税制、知识产权的信托制度。

26.3.2　组织管理平台

促进产业技术创新，提高产业技术能级和企业核心竞争力，要充分依靠科研机构的引领作用。但这种引领作用必须是由不同层次科研机构构成的完整组织体系，通过发挥各自作用的协同来实现的。既要有从事尖端科学领域的基础研究和技术开发的科研机构，也要有主要从事应用研究的专业研究机构，还要有企业（特别是大企业）中的科学研究与技术开发机构。它们之间既有分工，又有合作，围绕促进产业技术能级提升的共同目标协同运作。

例如在德国，从事尖端科学领域的基础研究和技术开发的科研机构，主要是联邦和各州所属的由国家资助的 15 个大研究中心，其科学研究和技术开发的任务同工业部门有着密切的联系。根据规定，国家与这些大研究中心是双重的关系，国家根据国民经济的需要提出任务，拟订重点科学研究与技术开发项目，并为其提供经费。政府每年为 15 个研究中心投资 30 亿马克，相当于研究和教育部总经费的 25％，以加强德国能源、交通、环境、航空航天、关键技术和材料等领域的研究。同时，国家又对这些大研究中心采取整体控制的方针，协调科学研究与技术开发单位之间的工作，负责成果鉴定。另外，联邦和各州还有专业研究机构，主要从事应用研究。而在企业界中有很多科学研究与技术开发机构，主要从事应用科学研究与技术开发，目的是推出新技术和新产品。大企业一般都设有专门的科学研究与技术开发机构，配备了雄厚的科学技术力量和设施。在这类企业界的科研机构中，其科学研究与技术开发的人数和经费约占全国的 2/3。

另外,要推行企业知识管理新形式,增强企业技术创新能力。这涉及适应知识经济与企业技术创新需要的企业知识管理新形式。所谓知识管理,是指企业经营和战略建立在知识、信息和智力基础上的一种管理活动,是把知识的生产、传播和应用贯穿于企业研究开发、产品生产和市场营销全过程的一种管理形式,其目的在于通过建立企业内外部的知识网络,实现知识共享,运用集体智慧,提高企业的应变能力与创新能力。

企业知识管理的基本内容是在建立管理信息系统或决策支持系统的基础上,围绕技术创新与市场创新两个焦点构建企业内部和外部的知识网络。内部知识网络是将企业从研究开发到市场营销全部经营活动的知识和智力发挥出来,达到知识共享,集中集体智慧;而外部知识网络,一方面以技术创新为中心,与高等学校、科研机构进行知识与人员的流动,建立产学研一体化的知识网络;另一方面以市场创新为中心,与代理商、供应商、顾客群相互沟通,建立供产销一体化的知识网络。

作为资源配置单元的企业,其知识性资源越来越成为占主导和主体地位的生产要素。然而长期以来,不善于知识管理,每每使企业竞争败北。现在,应特别强调的是如何设计和建立专门技术和程序来制造、保护新知识;保护和使用已有知识,设计、创造一种环境和开展多种活动以利于知识的发现和知识能量的释放。同时,把知识作为一种资源进行管理的目的与知识管理的本质属性结合起来,使之渗透到公司运作的全过程之中等,都要求有一个由 CEO 直接任命的、置身 CEO 高层管理团队的首席知识官(CKO)。因此,为将企业知识管理付于实施,关键在于建立最高知识主管制度。设立 CKO,正成为国外许多公司知识管理的一种趋势。CKO 是仅次于公司总裁的一个职位,具有对企业知识和智力进行战略性经营的能力。其主要任务是通过企业内外的知识网络,激励员工共享知识,调动员工的集体智慧,培育和提高企业的创新精神与能力,向公司最高决策层提交具有前瞻性的经营战略方案,从而使企业知识管理与战略管理融为一体,落到实处。

26.3.3　促进服务平台

促进产业技术创新,提高产业技术能级,要借助于社会性的科技促进与服务平台,充分发挥各种类型的科技促进与服务机构的作用,使之能够依据企业需求,开展技术中介、技术孵化、技术集成、技术培训、企业技术诊断等服务工作,促进与资助各个领域里的技术开发与提升。

国际经验表明,科技促进与资助机构在提高产业技术能级中起着重要的作用。例如德意志研究联合会(设在波恩)是一个全国性的独立科学管理机构,其任务是促进和资助各个领域里的科学研究工作。大众汽车厂基金会(汉诺威)是德国的一个独立的民法基金会,其任务是推动、资助某些正在进行或计划进行的重点科学研究与技术开发项目。弗朗霍费学会在科学技术成果转移过程中起着重要的作用,通过大量承接委托研究任务,推动新技术在生产中的应用,使企业直接受益。学会内部设有一个专利利用机构,即推动各种科学研究机构的科学技术成果和技术专利向企业转移,又积极向企业推荐和提供各种科学研究和技术开发成果,帮助企业用于生产。鲁奇工程公司是专门从事技术贸易的公司,它既从国外引进先进技术,也进行冶金、煤炭、化工、石油、环保等方面的应用性研究,同时又向国内外提供技术服务。美国高度发达的资本市场及投资银行业,则为创业企业的投资者提供了一流的投资咨询服务和其他中介服务。

因此,政府要通过直接投资、项目、财政、税收等各种手段牵动社会各方面的投入,构建科技促进与服务平台,大力发展生产力服务中心(企业孵化器)、科技创业服务中心、技术转移机构、人才交流机构、经纪人队伍、评估咨询机构等社会中介组织,加大对各类工程技术中心、生产力促进中心、创业服务中心的投入强度,提高其服务能力和水平,引导各类社会中介服务机构实行开放式的管理,实现组织网络化、功能社会化、服务产业化,使其行为更加规范,效率得到充分的发挥,真正起到促进科技成果转化、人才交流、技术转移,提供科技服务,培育高新技术和成果,促进企业间技术联盟等作用,起到促进知识网络联系的作用。

在此过程中,特别要鼓励创办面向高技术企业的创业投资顾问公司。由于中小企业实力单薄,经营决策上有失误极易导致企业陷入困境,因此获取外界咨询显得更为重要。据调查,1995年以后在纽约、芝加哥、加州等地涌现出了与硅谷类似的高科技开发区"硅巷""硅室",其中有许多中小企业是通过咨询机构才决定经营科技项目的,包括融通资金、购买专利、物色合作伙伴和选择销售商等。我们现有的一些投资顾问公司通常围绕上市公司和证券市场开展业务,或是市场咨询型,或是从事行业研究、上市公司调查、重组顾问等资本市场业务。各大综合类券商的投资银行部也开展了不少高技术行业研究工作。但真正面对私人投资者的理财服务,尤其是向高技术创业企业进行投资的顾问型理财服务并未开展起来。因此,要鼓励开展创业投资服务,为国内外投资者评估并推荐风险投资项目,受投资者的委托对项目进行管理。项目可来自国内尚未转化的科研成果,也可以来自境外学者拥有的发明和专利,并可直接将项目推荐给个人投资者,促进创业者与投资者合资建立风险企业,进而实现科技成果的转化。

26.3.4　科技信息平台

促进产业技术创新,提高产业技术能级,建设知识创新系统、技术创新系统、知识传播系统和知识应用系统,都需要一个收集、加工、传播和应用知识的基础平台来支撑。在如今的信息时代,不懂得如何搜集、整理、利用信息,比缺乏知识与技术更为可怕。美国硅谷的奇迹同其完备的信息与咨询服务体系是分不开的。在美国,高技术创业企业至少可以通过以下渠道获得信息与服务:由联邦小企业局设立的免费电脑电话咨询台,从联邦、州到地方政府提供的免费公共信息服务,网上百业顾问,高技术创业小企业导航网,小企业局因特网等。这些平台均可向企业提供网上培训、信息交换、销售信息、政府采购等信息与服务。

从国内来讲,已有部分公司借助其从国外归来的专业人员的协助,开始建设国际性的"科技信息服务平台",在提供高新技术成果与风险资本对接的咨询服务业务上先行了一步,并在"科技信息服务平台"的支持下,为广大客户提供专业的风险投资咨询与中介服务。1999 年底开通的"中国技术与投资网"(www.TechCN.com)就是基于上述理论而设计的一个解决中国技术成果转化难题的实践。因此,要加强重大技术供需信息库以及科技信息网络等基础设施的建设,充分利用现有的创新中转中心(IRCS)网络和 CRAFT 网络节点,提供全面有效的针对企业的信息、援助、合作和促进创新的手段,并对传统的科技信息工作进行改革和创新,向收集、加工、整理、传播、研究和利用知识的知识服务行业发展。

科技信息平台旨在为企业获得信息和咨询服务提供方便。首先,可利用现有的网络基础设施及网络优势改进科技信息、科研计划和技术成果的传播制度,以服务于企业。在提供联合信息服务的过程中,更加有效地宣传科学研究和技术创新活动。其次,通过提供技术发展趋势预测、形势分析等经济和技术方面的信息,帮助企业认识到自己的需要,促进其对科技信息服务的利用。第三,鼓励企业利用在战略管理、质量、金融、研究与开发计划和技术创新等领域提供的高质量的咨询服务,进一步提高公司的技术接受能力,以帮助它们提高自己的创新能力。第四,充分利用网络和网络提供的多种功能开展企业之间、企业与其他社会团体和经济实体(包括服务性企业)的科研合作、知识交互、资源共享,从而提高研究项目的合作效率。第五,为了适应用户对多样性知识产权活动的具体要求,必须建立有助于知识产权政策制定的有关知识产权的日常统计制度。并及时公布知识产权价值评价信息,根据评价结果来判断其收益性及企业的价值,便于企业资金的筹集及企业经营队伍的稳定,最终有助于企业竞争力的增强。

26.3.5 人力资本平台

要加大科技人力资本的投入比重,广泛吸引科技人才。新加坡的 R&D 经费主要用于三个方面:人员开支、资产设备开支和运行费开支。从总体上看,人员开支最高,达到 42.7%;资产设备开支占 28.6%;运行费约占 8.7%。这表明,一个 10 万新元开支的项目中,将有 4 万多新元是支付给研究人员的。分部门看,以参与 R&D 活动的科学家、工程师数平均计算,私营部门、政府和公共研究机构的年人均费用分别为 8.67 万、8.06 万和 8.97 万新元,高等教育机构是 6.08 万新元。在新加坡人均 3 万美元(约 4.5 万新元)的收入水平背景下,科研人员的人均费用是相当高的。这也成为新加坡吸引科技人才的一个基本条件。为了提高科研实力,加拿大政府增加对科研和人才培养的投入。联邦政府在 2001 年预算案中,提出今后三年拨款 110 亿加元,用于人才培养和研究开发。该笔拨款是预算案中除安全事务外联邦政府的最大支出。

为此,要加大对人力资本投资的鼓励力度,特别是改革现有的税收制度。目前中国个人所得税中对科技人才的优惠政策甚少,只限于省级以上政府发放的"科技奖金"和"政府特别津贴",在调动科研单位和科技工作者的积极性,促进企业和个人进行人力资本投资方面力度明显不够。另外,所得税重复征收抑制企业重用科技人才加强研究开发。在劳动力市场业已形成的情况下,企业为留住科技开发人才,势必要向他们支付较高薪酬,同时缴纳较多的个人所得税,但在税务部门征收企业所得税时,科技人才高薪酬部分又往往不允许计入企业成本开支而必须进入企业所得税应纳税所得额,形成重复课税,抑制了企业重用科技人才、加快研究开发的积极性。

26.3.6 技术标准平台

中国至今没有建立起全国各行业、各地区协调、统一的技术法规体系。标准化工作还不能适应社会主义市场经济体制的建立和国民经济战略性调整的需要。主要表现在:标准时效性差,标准修订和复审周期长,有些行业或产品根本没有自己的标准,高新技术领域的标准研究几乎是空白。在国外,有关合格评定程序规定要授权、委托给民间具备第三方性质的技术机构执行,这些机构应是具有社团法人和社团法人地位的技术机构;而在中国无论官方或非官方,即使是注册法人经营,也实际受政府机构控制,难以实现公平公正的原则。

因此,首先要改革标准制定和管理体制,建立政事分开、科学高效、统一管理、分工协作的管理体制。各国的技术标准由谁来制定,认证机构是政府部门还是私营机构,情况不尽相同。这和各国标准法规制定的历史沿革和因袭传统有着密切的联系,很难说哪种更好一些。各个国家的做法虽不相同,但是都有一个共同的趋势,就是逐渐把大量的技术标准制定工作和合格评定(资格认证)工作等交给一些非政府机构来运作,而政府部门只负责宏观调控和一些强制性立法工作。在过去,日本负责工业技术标准起草和修改的机构是隶属于经济产业省的跨行业的"工业标准调查会"。其成员一般来自产、学、官等各个方面。日本的技术标准一般是五年修订一次。但是目前,日本的技术性标准措施及其相关技术性贸易壁垒措施出现了民间行业协会化和企业行为化的两大趋势。

目前中国的大量技术标准都是由政府机构和有关质量部门制定的,由行业协会、质量认证机构来制定的标准很少。这样不仅造成政府职能过度,机构臃肿,压力过大,还有可能造成技术法规和技术标准的制定工作不能随着行业技术水平的发展而及时更新,阻碍产业发展。因此,必须充分发挥非政府机构在技术标准和认证制度方面的积极作用,把一些与行业技术紧密相关的、非强制性的工作交给非政府机构来完成。当然,要有专门的行政部门或者专门的行政职能进行有关技术性贸易壁垒的管理工作。该行政部门应该能够发布有关产品技术标准的宏观指导要求,推动各产业政府部门和非政府机构的技术标准制定、适用工作,但是不必涉及每个行业产品的具体标准制定;应该对一些关键性产品,例如农水产品、家电产品、汽车产品等直接制定强制性技术法规;还应该协调国内商品检疫、海关等部门执行有关的技术法规和技术标准。然后就是鼓励和促进各行业部门和行业协会,根据本行业情况,结合产业技术标准的宏观指导要求,制定本行业产品的技术标准。

另外,要加强企业标准化和质量管理等技术基础工作;努力推进农业标准化和服务标准化,完善相关质量标准和检测体系;重视高新技术标准化工作,促进高新技术产业发展;依循国际惯例和 WTO/TBT 协议,逐步改革中国标准化工作,并在清理强制性国标的基础上,从内容、覆盖范围和事先通报等方面改革强制性标准;加快标准制定修订速度,适应市场变化的需要。鼓励企业参与各种国际标准化组织活动,加强与发达国家和中国主要贸易伙伴的双边或多边标准化项目合作。通过参与、参加与合作,不仅要把国际标准和国外先进标准吸收过来,更重要的是力争把中国的标准化意图和标准反映进去。

27 科技管理体制机制改革 *

　　上海全面实施科教兴市战略,科技创新与发展势必居于首位。特别是上海要成为全国的研发中心和技术中心,更需要有大量自主的科技创新。这对科技宏观管理体制、机制提出了新的更高的要求,以发挥其在优化科技创新资源配置、提高科技运行效率等方面的重要作用。从社会主义市场经济体制进一步完善的趋势出发,根据上海进入创新驱动为主的发展阶段的要求,按照科技发展的规律,特别是新科技革命带来的新变化,我们要构建以市场导向为根本、微观活力为基础、人才为核心、立法为依托的新型科技宏观管理体制与机制,促进科技资源的有效配置与全社会创新,为实施科教兴市战略提供重要的制度与组织保证。

27.1　科技管理体制机制变革的内生性要求

　　从国际经验来看,各国政府对科技进步都予以高度重视,制定了一系列科技政策,但由于科技管理体制与机制的不同,所取得的实际成效有很大的差别。因此,世界各国都在摸索当今新科技革命下的科技发展规律,并按照其规律的要求构建和完善科技管理体制与机制,提出了国家创新体系等措施。

27.1.1　科技管理体制机制的基本模型

　　按照客观规律来构建和完善科技管理体制机制,关键在于揭示其变动的内

---

　　* 本章根据笔者主持的 2003 年上海市科学技术发展基金软科学项目"实施科教兴市战略与科技宏观管理体制、机制研究"的总报告改编而成。

生性要求。这就需要把科技管理体制机制置于一定的时空维度之中,分析影响其变动的诸多自变量。我们认为,有三个重要的自变量对科技管理体制机制产生决定性的影响,即经济体制、经济发展阶段以及科技发展等因素。这些自变量与因变量之间的函数关系,构成科技管理体制机制的基本分析模型(见图 27.1)。

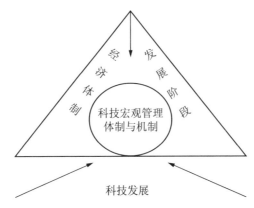

图 27.1 科技宏观管理体制、机制模型

资料来源:作者编制。

(1) 在整个经济社会体制及其运行机制中,科技管理体制机制只是其中的一个子系统,服从于其大系统的协同性要求。因此,科技管理体制的基本构架及其机制的基本属性,是受制于整个经济社会体制及其运行机制的基本要素的性质,并由其总体框架所决定的。当经济社会体制及其运行机制发生重大变化时,势必要求科技管理体制机制随之转变,成为新体制及其运行机制中的一个有机组成部分。

(2) 科技与经济是紧密结合在一起的。不同的经济发展阶段总是伴随着相应的科技发展内容及其水平,并对科技发展提出相应的要求。由于不同经济发展阶段的驱动力是不一样的,对科技资源投入程度及其配置方式有较大的差异性,从而要求有相应的科技管理体制机制。

(3) 它与其管理对象即科技发展本身有密切的关系。科技发展每一重大阶段的不同内容及其水平,要求与之相适应的管理体制机制。

从上海现阶段情况来看,这些对科技管理体制机制具有决定性影响的自变量正发生着重大变化,从而给出了科技管理体制机制特定的时空维度,并将赋予其新的内容与特点。对这些因素变动的分析,是我们建构科技管理体制机制基本框架的重要依据。

27.1.2　经济体制转轨中的科技宏观管理体制机制变动趋向

改革开放以来,随着计划经济体制向社会主义市场经济体制的转轨,上海科技管理体制机制发生了重大的本质性变化。但在过去一段时间里,主要是建立社会主义市场经济体制的基本框架,初步确立市场主体的地位及其关系,形成市场运作体系与运行机制,培育市场配置资源的功能等。在这一经济体制设定的基本构架下,科技管理体制机制仍不免带有传统计划痕迹与行政管制的特征。

在今后一个阶段,随着进一步完善社会主义市场经济体制,市场主体的产权保护及其地位将更为巩固,所有制结构调整将更加趋于合理,公共权力运用及政府职能转变将更加到位,社会中介组织将进一步发展并发挥作用,多方参与的社会治理结构将逐步形成。在这种经济体制不断趋于完善化的情况下,科技管理体制机制作为其子系统也将发生重大的变化(见表27.1)。

表 27.1　体制转轨中的科技管理体制机制变化要求

	市场经济体制基本框架建立	市场经济体制进一步完善
主体	具有传统计划性色彩,政府掌控与分配科技资源	科技资源市场化配置,企业等主体成为科技创新的主力军
构架	行政性分割占有的分散化,以及"多头管理""分头管理"	综合科技管理与协调的方法,对全社会的创新活动进行系统集成
手段	经济、法律工具比较贫乏,方法比较陈旧,运用行政手段居多	更多运用各种经济手段、法律权益保护机制
方式	重点是国有经济部门,强调倾斜性援助政策,注重项目与成果	覆盖全社会的管理,塑造良好的环境,调动整个社会的积极性
途径	管理的社会化程度不高,高度依赖职能部门	社会化管理方式,发挥社会中介服务机构的作用

资料来源:作者编制。

(1)在建立社会主义市场经济体制基本框架的过程中,政府、市场、企业之间的关系尚未真正理顺,政企不分、政资不分等现象仍然存在。这反映在科技管理体制中,就表现为政府、企业、高校与研究机构、消费者等行为主体之间的关系仍带有一定程度的传统计划性色彩。在进一步完善市场经济体制的过程中,随着企业、消费者的市场主体地位的真正确立,企业将在明确的市场目标下成为技术开发与创新的主体,主动要求获取知识源进行创新,在市场拓展的同时大力开展研发活动,加快技术进步和科技成果转化的步伐。科研机构与高校通过改革与改制将越来越面向市场,在积极提供公共知识的同时,强化科研工作的市场化导向,加快科技成果产业化。这对科技管理体制机制提出了新的要求。

(2)在建立社会主义市场经济体制基本框架的过程中,各级政府之间的事权与财权以及政府各职能部门之间的关系尚未正规化与规范化,条块分割、地区封锁、各自为政等现象时有发生。在进一步完善市场经济体制的过程中,公共权力的运用将法制化和规范化,政府职能转变将取得实质性的进展,政府的服务功能将进一步强化,政府管理职能将优化整合,更多的政府职能部门将改变为具有面向全社会的综合功能。这势必要求并促进科技管理体制发生新的变化。

(3)在建立社会主义市场经济体制基本框架的过程中,由于市场体系尚不健全,市场发育尚未成熟,客观上形成政府宏观管理可用的经济手段有限,而政府也比较习惯于行政手段,不是很熟悉各种经济手段的运用。与此同时,经济活动中的法治化程度还比较低,法律体制不完善。这反映在科技管理体制上,就表现为科技管理手段工具比较贫乏,方式方法比较陈旧,运用行政手段居多,以及有关科技发展的法规体系建设滞后。在进一步完善市场经济体制的过程中,随着市场体系健全、市场发育成熟,各种经济杠杆与手段将应运而生,经济手段的运用也将越来越熟练,法制建设将取得实质性进展。这将为科技管理体制机制提供新的方式与手段,使其能更多地运用市场化方式和各种经济手段实施科技管理。

(4)在建立社会主义市场经济体制基本框架的过程中,所有制结构的调整尚未到位,民营经济及各种形式的经济类型处于起步发展之中,市场中还存在诸多非竞争因素的影响以及竞争的非规范性问题。在进一步完善市场经济体制的过程中,多种所有制经济的发展,混合经济的蓬勃兴起,以及市场竞争秩序的完善,不仅使各种非国有经济类型的企业越来越成为科技发展的生力军,特别是高科技中小企业日益成为科技创新的重要组成部分,而且促进了科技方面的竞争,使科技竞争的作用日益强化。这势必要求科技管理体制机制与此相适应。

(5)在建立社会主义市场经济体制基本框架的过程中,市场中介组织处于成长之中,自身有一个发展的过程,同时也受到行政垄断造成的行业进入壁垒等制约,使其门类尚不齐全,组织规模较小,发挥作用有限。这在客观上造成科技管理运用间接管理方式缺乏相应的中介载体与组织基础,从而使科技管理的社会化程度不高。在进一步完善市场经济体制的过程中,随着行政垄断造成的行业进入壁垒等制约的破除,以及市场体系的健全与市场功能的完善,市场中介组织在原有的基础上将得到长足的发展,从而为实行以间接管理方式为主的科技管理提供了组织保证。

27.1.3　经济发展阶段转变对科技管理体制机制的新要求

在过去相当一个时期内,上海经济发展处于投资推动型阶段。在此阶段,由于人均 GDP 水平相对较低,人们的消费尚处在温饱与小康层次,其消费需求相对稳定和比较确定。与此相对应,传统产业部门的发展前景比较明朗,新兴产业部门的崛起比较清晰,从而产业政策导向也比较清楚。与投资推动型的发展相适应,当时的科技管理体制机制也带有其明显的特征。

随着上海经济发展向创新驱动型阶段转型,在人均 GDP 5000—10000 美元的水平上,社会消费需求呈现多样化,需求弹性增大,从而使消费需求具有较大的不确定性。与此相对应,产业结构的进一步升级有赖于产业、工艺和产品创新,其不确定性也大大增加,产业政策导向的明确性趋于减弱。因此,创新驱动型发展阶段势必对科技管理体制机制提出新的要求(见表 27.2)。

表 27.2　不同经济发展阶段对科技管理体制机制的要求

	投资推动发展阶段	创新驱动发展阶段
要素	以资本为主,采取一些个别的措施鼓励科技创新和产业部门的创意	以科技资源为主,培育与发展全社会创新体系
技术	重点在于内含于资本品中的技术进步以及更新改造	技术进步泛化,科技创新与产业升级有机结合
方式	接受国外技术扩散,推进模仿创新活动,并与引进项目结合在一起	逐步发展自主创新,吸引与聚集高端科技要素
基础	产业发展依靠比较优势,与科技创新尚未形成全面的密切联系	更多依赖于竞争优势,在充分竞争中形成并通过持续创新培育出来
政策	更多地依附于产业扶植之中,带有较明显的部门与行业的倾斜性	更加趋于宏观导向性与指导性,重点在于鼓励产业体系的技术创新

资料来源:作者编制。

(1)在投资推动型经济发展中,资本要素起着主导性作用,技术要素只是充当配角,科技创新的要求相对较低。尽管也开始自我意识到创新问题的重要性,但主要是采取一些个别的措施鼓励科技创新和产业部门的创意,还没有上升到总体的战略性考虑和全面的战略性管理。当进入创新驱动发展阶段,科技资源将成为主要的投入,并开始起主导性的作用,经济发展对科技创新的依赖性明显提高。这就要求科技管理体制机制有利于培育与发展全社会创新体系,充分调动各方面的科技资源并挖掘其潜力。

(2) 在以资本密集型为主体的产业中,技术进步主要体现在物化于资本品中的技术含量(即技术装备)及其更新改造上。科技管理的重点在于提升技术装备水平,其科技推进主要结合在大项目投资上,以项目投资来带动科技进步。进入创新驱动发展阶段后,技术进步进一步泛化,不仅要提升技术装备水平、改善原材料及开发新产品,而且还要大力发展新兴产业部门,特别是形成最具附加值的服务部门,以提高整个产业体系的技术含量水平。为此,科技管理体制机制要有利于科技创新与产业升级的有机结合,把管理的重点移到全方位的技术进步上来。

(3) 当先进的技术装备大部分靠"引进"时,其技术进步主要是通过接受国外技术扩散来实现的。科技管理的侧重点在于吸收国外技术扩散效应,推进模仿创新活动,并且是与引进项目的工作结合在一起的。进入创新驱动发展阶段,尽管仍然需要引进国外先进技术,但要在模仿创新的基础上逐步发展自主创新。这就要求科技管理体制机制有利于促进吸引人才的组织结构的形成,具有吸引与聚集高端科技要素的能力,使上海成为吸引人才和技能的重要中心。

(4) 投资推动型的经济发展,主要依托的是比较优势。这种比较优势与产业发展紧密联系在一起,成为产业发展的主要法宝。相对而言,科技发展比较单一和缓慢,科技创新与产业发展之间尚未形成全面的密切联系,甚至出现"两张皮"的现象。尽管在科技管理中也鼓励一些研究项目,选择与推介一些示范项目,但并没有形成全社会创新的管理理念及其模式。进入创新驱动发展阶段,更多地要依托于竞争优势。这种竞争优势不是与生俱来的,而是在充分竞争中形成并通过持续创新才能培育出来的。因此,科技管理体制机制要有助于促进持续创新。

(5) 投资推动型经济发展突出了产业政策,特别是产业扶植政策的重要性,并使科技政策更多地依附于产业扶植政策之中。因此,科技管理及其科技政策实施带有较明显的部门与行业的倾斜性,具有较大的政策倾斜与重点扶植的特征。进入创新驱动发展阶段,产业政策将更加趋于宏观导向性与指导性,重点在于鼓励产业体系的技术创新,寻求新型生产方式。这就要求科技管理体制机制要覆盖全社会和整个产业体系,着力于构建科技公共平台,从各个方面为不同类型企业的技术创新提供服务。

27.1.4　新科技革命赋予科技管理体制机制的新内容

在世界新科技革命条件下,科技创新的内容、模式、方式及其对经济、社会的影响都发生着新的变化。尽管上海本身科技发展尚未达到国际先进水平,但上海科技发展的目标是尽快缩短与先进水平的差距,处于国内领先地位。而且世界新科技革命正在迅速扩散,上海也迫切需要接受这种新技术革命的扩散。因此,我们要以世界新技术革命的新变化为参照系,按照新技术革命的规律性要求来探索与之相适应的科技管理体制机制,提高科技资源的配置效率(见表27.3)。

表 27.3　新技术革命赋予科技管理体制机制的变化要求

	原技术发展	新技术革命
市场	传统垄断性市场结构,存在进入与退出壁垒,突出规模经济与范围经济的作用	市场的竞争功能大大强化,管理效率、技术能力和服务质量的重要性明显提高
组织	传统的公司治理结构及产权制度安排,垂直型的组织结构,以大企业为主	现代企业制度及其组织形态,企业组织扁平化,中小企业竞争力加强
融资	创新的投融资方式比较单一,形成传统的企业融资结构	形成创新风险规避机制,建立风险投资的融资方式及其平台与制度
资本	物质资本的作用明显,强调技术装备的先进性	人力资本扮演重要角色,教育、劳动就业制度发生新的变化
关系	创新主体之间的联系不是很紧密,形成调控主体与调控对象的古典式关系	创新主体之间关系复杂化,调控主体与调控对象形成更为复杂的交互作用和博弈关系

资料来源:作者编制。

(1)在原有科技发展情况下,技术运用的专用性及其稳定性较强,从而比较容易造成固定化的产业边界与市场边界,形成传统的垄断性市场结构,客观上会构筑起一定程度的进入与退出壁垒,并大大突出与强化规模经济与范围经济的作用。新科技革命中的新技术大量涌现和迅猛发展,不断加剧市场竞争,并通过"创造性破坏"打破原有的垄断格局,加快垄断与竞争的转化速度,市场的竞争功能大大强化。同时,在一些新兴产业和服务领域,新技术的引进使规模经济和范围经济效应相对于管理效率、技术能力和服务质量的重要性明显下降。为此,必须进行较大范围的以加强市场竞争、打破垄断、降低和取消进入和退出壁垒、强化市场功能为主要内容的规制改革,为高新技术产业发展和科技创新创造新的市场环境。

（2）在原有技术发展情况下，发明专利等创新源主要来自高校与科研机构，企业以科研成果转化为主，从而形成了传统的公司治理结构，以及以生产经营为导向的企业产权制度。与当时的技术发展要求相适应，大都形成传统的垂直型企业组织结构，限定了企业有效管理半径和企业规模效益边界，并使中小企业发展受到一定的限制。在新科技革命条件下，现代企业制度及其组织形态已成为大多数重大创新的策源地。创新体制正逐步从独立的发明制度走向企业 R&D 的内部化，以大型企业集团和产、科、研一体化为主。而企业组织结构日趋扁平化，企业有效管理半径空前扩大，使许多跨地区、跨国界实行多元化经营的大企业集团有可能在更大的空间范围内优化资源配置。与此同时，市场交易突破了技术瓶颈所导致的时间和空间限制，极大改善了供求信息不对称的状况，使以往不具有竞争优势的中小企业迅速成长，呈现出强劲的发展势头。因此，为中小型科技企业成长创造良好的制度环境，已越来越重要。

（3）在原先技术发展情况下，创新活动比较平稳，创新风险相对较小，从而创新的投融资方式比较单一，主要来自传统的银行信贷与自筹资金，形成了传统的企业融资结构。新的科技革命条件下，创新的风险日益增大，其成本上升而收益更加不确定，在一定程度上形成对创新活动的制约。为了更好地促进创新活动，就要有创新风险规避机制，其中迅速兴起了风险投资这一新型融资方式。为此，需要建立风险投资的运作平台及制度保证。

（4）在原先技术发展情况下，大批量的生产线生产方式使物质资本的作用表现比较明显，且有大量技术进步内含于投资品中，从而更加突出了技术装备先进的重要性。与此相比，人力资本则处于附属地位，特别是一般员工只需要具备机械性操作的技能。新科技革命强化了人力资本的作用，使其在学习与创新体系中日益扮演重要角色。为此，要求建立一流的教育制度，吸引优秀人才，推行更加灵活的就业制度和多元化的报酬方式，特别是对创新者激励制度的重新安排，把创新者的经济利益与企业经营状况直接挂钩。

（5）在原先技术发展情况下，技术创新的路线相对明确和比较简单，各行为主体之间的信息传递则有较多的阻碍，创新主体之间的联系不是很紧密，特别是政府与企业、高校和科研机构之间形成调控主体与调控对象的古典式关系。在新科技革命条件下，技术创新的不确定性增大，创新主体之间的关系复杂化。而且，新科技革命大大改善了政府与市场主体信息不对称和信息不完全状况，改变了以往信号逐级传递的路径，中间层次的作用减弱，信息沟通更直接、更快捷、更方便，调控主体与调控对象之间形成更为明显、更加复杂的交互作用和博弈关系。这就要求调整和重构政府管理体制,加强政府公共服务功能和在战略性领域的先导作用。

27.2　科技管理体制机制改革的主要内容及调整重点

中国社会主义市场经济体制的进一步完善,上海经济发展阶段的演进,以及新科技革命带来的一系列变化,对上海科技宏观管理体制机制提出了全面变革的内在要求,并赋予其变革框架的基本规定性。结合目前我们科技宏观管理体制机制的现状及存在的问题,在此体制机制变革中所需解决的主要问题及调整重点有以下几方面。

27.2.1　科技管理体制的核心问题

科技管理体制从其核心内容来讲,主要是设定行为主体之间的关系,如政府与企业、高校与研究机构、消费者等行为主体之间的关系;政府职能部门之间在参与科技管理中的关系,以及对其他行为主体之间的关系;市场行为主体之间的关系等。适应体制完善、经济转型和新科技革命要求的科技管理体制,在设定行为主体关系时具有较大的包容性、全面的覆盖性与强有力的黏合性,以及比较宽松、有容忍度、开放性等特征,有助于加强科技创新与改善生活质量、促进经济增长的有机结合,促进微观组织的创新活力。针对目前上海存在的问题,以下几方面的制度安排要给予重新考虑和调整。

1. 复合功能性的制度安排

传统科技管理体制基本上属于单一功能性的制度安排,侧重于狭义的科技发展与进步的功能,局限于科技工作管理本身,其管理重点主要是科研机构、高校以及科技队伍的力量,并由专门的科技管理职能部门(如科委)来履行其职责。虽然其他政府职能部门(如原计委、经委、农委等)也下设有科技处,但只是其行使主要职能中附带的部分,且工作范围限于所谓本系统内的科技进步。在这种单一功能性的制度安排下,科技活动及其管理并没有很好地与经济、社会发展的全局性要求和中心任务密切结合起来,往往造成科技、经济、教育相分离的"三张皮"。这在一定程度上使科研机构、大学游离于企业之外,科研机构与大学之间相分离,大学里教育与科研"分家",也使科研内部、上中下游之间、部门之间脱节,成为建立以企业为主体的产、学、研紧密结合的创新机制的体制性障碍。

体制与经济转型以及新科技革命加强了科技与经济一体化趋势,要求把技术创新的政策安排作为改善生活质量、促进经济增长和保障国家安全的重要手段,以提高综合创新的经济效益和社会效益。与此相适应,科技管理体制要实行一种复合功能性的制度安排,把科技政策同政府在经济、财贸、工业、社会等方面的政策结合起来制定,并扶植直接服务于经济发展的科学研究和新技术开发工作,以促进科技、教育、经济的互动和有机结合。

科技管理体制的复合功能性的制度安排,关键是要解决科技游离于经济、社会发展的边缘化倾向,保证科技研究方向以及合理利用科技成果,为人类的长期利益服务。同时,也是为了促使企业努力使其科学研究与技术开发工作适应市场的变化,把科学技术成果商品化和市场化。先进技术必须找到恰当的市场切入点,方能转化为经济效益。技术决策如果忽视市场因素,先进技术也难逃被淘汰的厄运。因此在选择科学研究与技术开发项目时,首先在考虑市场需求和企业的经济利益,以提升企业的竞争能力及市场占有率。

与这种复合功能性的制度安排相适应,围绕科技、经济、教育一体化,科研机构之间、科研机构与企业、企业之间在科技创新上要形成更多的沟通与创新集成;政府科技管理部门、宏观调控部门和专业行政管理部门之间要有更多的协同,发挥科技—经济管理的集成功能。

2. 全社会覆盖的制度安排

科技管理体制涉及科技资源分配与使用及其配置方式,其中要解决的一个关键性问题就是"管理覆盖面",即是仅仅覆盖科技及与此相关的领域,还是覆盖全社会。这直接关系到科技管理的基本体制构架。

传统科技管理体制是建立在"小科技"概念基础上的,其覆盖面主要集中在科技及其密切相关的领域,并围绕科技项目进行科技资源的分配与使用。例如,科技管理往往局限在以"科委"系统为主的狭小范围内,以政府的科技投入为主要的科技资源进行分配与使用。这种科技管理具有较大的自我封闭性,可动员的科技资源十分有限,而且难以使科技资源得到有效配置。

前面的分析已经指出,创新驱动的发展阶段以及新技术革命带来的新变化客观上提出了建立全社会创新体系的迫切要求。全社会创新体系是一个多层级的金字塔结构。处于顶端的是具有"毁灭性创造"含义的研发创新,主要包括基础理论研究、研发、高等教育等。处于中端的是创新后改进,是对原创的改善与补充,主要是大量创意活动,包括设计、咨询、策划、品牌、商标、知识服务等。处于下端的创新扩散,主要是大量吸收与运用创新成果的创业活动,包括产业集群、产业融合、企业网络化、战略联盟、资源整合、技能培训等。因此,科技管理体制要与全社会创新体系相匹配,必须覆盖全社会,促进科技资源的有效配置。

科技管理体制对全社会覆盖的制度安排,是建立在"大科技"概念之上的。我们要改变过去那种把创新仅仅看作是科研机构和大学、高新技术企业等部门的事情的观念,培育多元化的创新主体,在企业内、企业间、企业与其他机构间形成新的组织形式,使所有部门、企业和个人都能参与创新活动。因此,科技管理体制要有助于充分调动各方面力量,形成全社会广泛参与的新局面,使社会中的创新和创新精神保持经常、稳定和持续。

在这样一个创新体系中,有一个科技资源的配置问题。与其他资源一样,科技资源也具有稀缺性。对于发展中国家来讲,更是一种稀缺性很强的资源。科技管理体制机制对全社会的覆盖,其基础性的目标之一就是促进科技资源的有效配置。首先是投入在企业、大学、国立及民营研究机构之间的配置,以及其他研究开发资源的配置,其次是研究开发体系中上游、中游、下游之间的资源配置。在同样条件下,研究开发要素的运行情况如何,能否形成良性循环,将是至关重要的。因此,要建立更好的分配体系以在平等基础上进行创新资源的结构性分布调整。

科技管理覆盖全社会以及动员与促进科技资源的有效配置,关键在于遵循创新的系统性内在规律,促进不同创新领域、不同创新环节之间的耦合。因此,这一体制构架不仅要有足够的容纳度,而且更要有强有力的黏合度。也就是,要强化科技创新系统的各个组成部分(大学、研究中心、实验室、教育和培训基地、知识产权和保护机制、金融中介机构,以及其他科技信息网络等),并改善各部分的有机联系,在创新活动合理分工、各有其发展重点的基础上,建立起系统集成创新关系,以提高综合创新的经济效益和社会效益。

3. 促进微观活力的制度安排与政府科技导向

科技管理体制必须有相应的微观基础。这涉及政府与市场主体之间关系的核心问题,即主导与被主导的关系,还是合作互动的关系。

传统科技管理体制通常是政府主导型的,并予以其被主导者一定的分工。政府不仅直接分配科技资源(主要对政府研究机构)及政策导向,还亲自抓一些涉及政府目标的项目,如信息、生物医药和新材料等。其被主导者各有侧重,大学以基础研究为主,研究机构以应用研究为主,企业以开发研究为主。这种体制优点是推动力强,分工明确,但却存在着创新环节之间脱节的隐患,容易造成重大技术路线决策失误。例如日本90年代技术路线的几次决策失误(发展模拟式高清晰度电视,放弃个人电脑而重点发展大型电脑,错过了发展移动电话的时机,以及信息化的落后等)不仅是技术上的原因,还与上述政府管理体制及政策有密切关系。因此,这种体制已难以适应新变化,从而影响科技进步的步伐。

前面的分析已经表明,新技术革命和创新驱动型的经济发展日益要求具有强大的创新活力,而且随着市场经济体制的进一步完善,企业内在的创新动力将不断强化,最贴近市场的企业将成为科技创新的主力军。例如1998年美国研究与开发投资达2206亿美元,其中:联邦政府投资占30.2%,主要用于基础研究;高等学校投资占4.7%,既参与基础研究又与企业合作开发新产品;而企业投资自1980年超过政府投资以来急剧增加,占65.1%。因此,科技管理体制要趋于更加宽松,政府与市场主体之间形成一种合作互动关系,以激发企业科技创新的活力。

这种科技管理体制的核心,是有效地增强企业的创新活力。在这种体制下,政府政策(如财税政策、产业政策等)将促进技术创新作为重要的出发点,硬化预算约束,减少政府开支,创造充满活力的融资环境等等。例如美国于2001年开始实施研究领域永久税费优惠,以刺激私人企业加大研发的长期投资。不仅如此,即使对政府资助科研项目的知识产权也要实行"放权让利",以调动大学、国家试验室等在申请专利以及产、学、研结合等方面的主动性。如美国《拜杜法案》(1980年)、《联邦技术转移法》(1986年)、《技术转让商业化法》(1998年)、《美国发明家保护法令》(1999年)等,都体现了这一精神。日本于1999年5月制定的《关于促进大学等的技术研究成果向民间事业者转移的法律》,中国台湾地区制定的"科学技术研究发展成果归属及运用办法"(2000年),也突出了"放权让利"的内容。这对于激励创新、保持竞争优势至关重要。总之,在这种制度安排下,科技资源分配将极大地向企业、高校与科研机构倾斜,实行市场化的配置与运作。也就是,要让最贴近市场的企业成为科技创新的主力军,激励企业投资R&D的积极性。同时,这种制度安排不仅要增强企业的技术能力,而且还要同时增强企业的决策能力、工程能力、生产能力和市场开拓能力等。

4. 动态开放性的制度安排与促进内外科技资源的整合

科技管理体制涉及对科技资源配置的方式,其中要解决的一个重要问题,即内源式的科技资源配置途径,还是外源式的科技资源配置途径。

传统科技管理体制通常针对本地区或本系统的科技发展,以整合和利用内部科技资源为主,并在本地区或本系统范围内进行配置。在这种体制下,科技投入的主要来源是当地各级政府财政、当地企业的研发费用以及当地金融机构的相关支持;科研项目的组织主要是当地高校、研究机构和企业或本系统内的机构和企业;参与科研攻关的人员主要是当地或本系统内的人才。显然,这种体制构架只能动员相当有限的科技资源,而且难以在更大范围内进行科技资源的有效整合。

前面的分析已经表明,目前科技创新的特点之一是"突破"或"超越"而标新立异独树一帜。创新的程度越高,超越或突破原有知识、学科或技术行业的程度也越高。搞科技创新,往往需要有不局限于一门一类一行一业的多方面知识和创造性的联想与探索。另外,新科技革命涉及众多的领域与内容,形成了庞大的经济技术生态系统,要求动员更多的创新资源进行合作攻关。这就要求科技管理体制具有开放性,增强横向联系,有效利用外部创新资源,在更大范围内整合科技资源。这种开放型的科技管理体制立足于广泛吸收和利用各种内外部科技资源,实现内部科技资源与外部科技资源的有机整合。除了充分挖掘当地科技资源潜力、加大培育当地科技创新能力外,更要有助于引入各种外部科技资源,吸引民间资本和外资加速进入高新技术产业,吸引国内外科技成果进入上海孵化。

目前,全球经济科技合作体系正在加速发展,科技管理体制要适应其发展趋势,推动研究机构与高校积极参与国际双边和多边科技合作计划,开展全球范围内的经济科技交流与合作,促进创新资源在世界范围内的整合与配置。可以借鉴以色列在推动双边 R&D 伙伴关系方面的经验,即由双方共同设立一个基金,鼓励双方建立 R&D 的战略伙伴关系。以色列每年支出约 2230 万美元用于与德国、法国、日本、印度、韩国和中国的联合研究项目。这些协定中的内容还包括定期交换学者和举行研讨会等。以色列建立的这些双边技术合作关系涵盖了几乎所有当今的世界技术强国,使以色列得以充分掌握和吸收世界各国的先进技术。在重点基础研究方面,也要逐步加大用于国际和国内开发合作的经费比例,广开渠道,加强同国外有关研究组织的合作。鼓励和支持科学家参与国际和国内学术交流和合作,制定有利于学术交流的指标体系,提高研究开发能力和水平,设立权威性的咨询管理机构来协调国际性的科学研究项目,鼓励有实力的企业在海外开设研究开发机构。

27.2.2 科技管理的作用机制

科技创新是一种特殊的智力劳动。其特殊之处就在于具有相当大的"不确定性"。科技创新不仅是无法预先规划的,而且也是要冒风险的。而在市场经济条件下,作为科技创新生力军的企业,其投入必须寻求回报,其高风险必须与高收益相对称。因此,我们要从科技创新的不确定性和企业盈利模式出发,构建具有灵活的、可调整的科技管理的作用机制,从而使科技资源的投入较准确地用在经过选择的科技创新项目上,提高科技创新的投入产出比。

1. 竞争机制

科技管理的重要内容之一,就是保证研究开发要素的正常运行。其中,一个是资金的运行,一个是人才的代谢。这里关键是引入竞争机制。只有在竞争中,研究开发要素才能得到充分的利用,并形成自身良性循环。在实施科教兴市战略中,要特别注重发挥竞争机制在促进全社会学习与创新中的推动作用,通过强化竞争机制来强有力地驱动创新、创新后改进以及创新扩散。事实上,只有在市场竞争的前提下,产权等激励机制才能有效地刺激创新者进行创新活动,增进创新绩效。

这就要求我们进一步打破垄断,放开市场准入,完善竞争性市场结构,优化全社会科技资源配置。例如,为顺应新科技革命带来的市场结构的变化,美国在70年代末期开始进行政府规制改革,先后放松对铁路、公路、航运、原油加工、银行业务范围等方面的限制,其中影响最大的是电信业打破垄断和重塑现代金融体制,以创造充满活力的市场环境和融资环境,增强企业的创新活力。实践证明,在科技创新中引入竞争机制,包括把竞争机制引入基础研究领域,是十分有效的。这种市场经济条件下的多种途径的竞争性开发,既可以形成良好的竞争性环境,也有助于尽快寻找到创新的捷径,从而提高创新的效率。

2. 评价与激励机制

科技管理的重要杠杆之一,就是评价与激励。科学的评价制度与符合利益偏好的激励,会给予科技创新活动巨大的推动力。因此,要建立起与原始性创新相适应的评价制度,以及符合科学和技术发展规律的激励机制。

科技创新的评价体系,其评判标准要有利于鼓励具有原始性创新、风险大的研究项目,高度关注创新性强的小项目、边缘项目以及学科交叉项目。改变那种对科技活动产出的主要评价指标多为成果、论文、鉴定、获奖、登记等,较少考虑知识产权问题的局面。完善科技创新评估过程,减少和简化评估程序,评估方法权威化,可邀请国外专家参加重大、重点项目的全程评估。完善评价活动的监督体系,保证评价的公正性和严肃性。

遵循创新者的利益偏好来设计有效的激励机制,保证技术创新者、企业经营者、风险投资者取得与其贡献相称的高额报酬,以鼓励各行为主体在这一特定体系中发挥各自的作用。一是产权激励制度。技术创新的产权激励也就是专利权制度，属于一种无形资产产权的激励制度。二是市场激励制度。创新成功所带来的巨大收益能够有效促使企业和个人甘冒创新风险，而且市场竞争的压力也迫使企业进行不断的创新，否则就会面临被淘汰的危机。三是企业激励制度。大胆探索和试行包括技术创新成果参与分配、技术作价入股、科技人员持股经营、对技术开发成果进行奖励等具体方式的知识资本化机制，并突破现行的知识资本化的股份比例的限制，依市场规律由企业自主决定，扩大知识资本化的范围，允许专利之外的知识资本，包括非专利型技术、管理和经营技术也能入股。四是政府政策激励，包括财政激励，以及加大政府对优秀人才的奖励力度等。

3. 人才脱颖机制

科技管理贯穿的核心灵魂，就是以人为本，把人们的创新潜力充分发挥出来，特别是解放高端智力要素。因此，要在全社会形成一种尊重知识、重视人才、爱护人才、支持人才的社会风尚，形成有效吸纳人才、凝聚人才、发挥人才作用的机制。

政府资助技术研究开发不仅是为了获得科技成果，而且要培养高素质科技人才。政府科技经费的支出科目设计要体现尊重知识尊重人才的原则，充分调动科技人员的创造性和积极性。通过各种有效途径，充分吸纳优秀创新人才积极创业，积极有效地实施人才引进战略。例如，美国引进人才的战略是"极富活力"和"卓有成效的"。目前美国的人口虽只占世界 1/22，却拥有世界 1/2 的研究生、1/3 的大学生，以及 1/4 的科研人员。

人才脱颖机制的基础，是大力抓全社会教育，把增加 R&D 投入、鼓励发明与创造、开展全民科技普及活动和强化素质教育、职业培训、终身教育，以及提高创新意识、弘扬民族创新精神等结合起来，促进教育水平和整体劳动者素质上一个新的台阶。为此，在政府开支中要加大教育投资的比重，多渠道培养创新人才。例如美国诸项开支中增长最快的就是教育投资，特别是二战结束以来，教育投资一直占美国 GDP 的 6%—7%。到 2000 年教育投资已从 1989 年的 3530 亿美元增加到 6000 多亿美元。在美国政府的高技术发展规划中，针对人力资本的教育是主要内容，包括中小学的理科课程教学，以培养适应知识经济需要的劳动力，推动生物技术、信息技术、材料技术等高技术领域的研究和开发。因此，在调整与完善正规教育的同时，要加强劳动队伍的发展系统并且促进终身学习。改善公共就业及培训服务，建立"个人培训账户"，使工人对自己的培训或再培训有更大的控制权和更多的选择。提供进入各种培训和就业计划的方便通道，如技术评估、职业顾问、就业服务、成年教育等,促进劳动队伍的知识水平不断提高,并引导和改善居民的消费和投资观念、生活方式和行为方式等。

4. 引导与服务机制

科技管理的主要内容之一,就是前瞻性、宏观性的引导,以及为此提供相应的服务。特别在如今的信息时代,不具有预见性,不懂得如何搜集、整理、利用信息,比知识与技术的缺乏更为可怕。因此,科技管理要建立引导与服务机制。

加强科技创新的宏观指导与前瞻性引导,特别是关键技术选择和技术前瞻,要纳入 R&D 管理范围之内。例如 1991 年韩国修订的《科技进步法》第四条规定国家每隔 5 年进行一次中期和长期技术预测,前瞻覆盖时间由 20 年扩展到 30 年;并采用自上而下的方法,首先确立战略目标,然后根据战略目标来确定需优先发展的关键技术,从而确定新的科技政策。1992 年,为配合"高度先进国家计划"(又称 HAN 计划或 G7 计划),韩国卓有成效地开展了大规模的技术前瞻工作。

此外,还要全面完善科技创新服务机制,包括完备的信息与咨询服务体系。

5. 保障机制

科技创新中的利益关系及其行为方式,直接影响创新主体的积极性及其参与程度。科技创新中的利益保护、利益关系的调整以及行为方式规范,成为科技管理的一个重要组成部分。

在企业成为创新主体的同时,政府转向大力保护各类科技创新主体的产权(包括知识产权),特别在高科技项目的知识产权结构化、系统化基础上的所有权、发明权、经营权、管理权等问题,以及知识产权在企业价值中的股权权益收益问题等方面,形成对科技创新能力提升有着持久动力的法律法规体系。通过这种运用法律权益的保护机制,创造既能减少风险又能促进企业、科研机构创新发展的制度环境,使其能够有效地运作。为了保护风险投资者的利益,促进本国高技术产业和风险投资业的发展,80 年代以来,世界上一些发达国家加强了高技术领域内软件、信息技术、集成电路、生物技术成果和技术秘密等的知识产权保护的立法工作。例如,美国 1986 年通过《联邦技术转移法》,为建立各方合作研究开发机制提供法律保障。日本于 2003 年通过了《知识产权基本法》,提出了"知识产权推进计划",修订了《专利法》和《防止不正当竞争法》,开始切实执行"知识产权立国"的政策。"知识产权推进计划"旨在追求专利审批的迅捷,实施知识产权的信托制度,建立知识产权高等法庭,打击盗版、假冒、仿制商品。

此外,要促进城市在各个方面形成一定的能力来保障创新者,使得他们能够在当地实现其大部分的理想和抱负。特别是建立有利于原始创新的文化环境,培育勇于创新、大胆探索、追求真理、宽容失败、鼓励竞争、崇尚合作、热爱科学、淡泊名利的良好的文化风尚,创造科学精神和科学道德,克服浮躁现象,反对学术腐败。在由创业者和投资者共同支撑的创业企业中,培育自己的企业精神、价值观念、行为准则和环境责任等,使之成为当代社会价值体系和社会主义精神文明的有机组成部分。

6. 协同与援助机制

创新源趋向于多元化,不仅来自科研机构与制造商,而且来自用户与供应商。这就要求建立创新协同机制,强调不同创新领域、不同创新环节之间的耦合,保护产业的技术创新动力,鼓励企业之间的合作研究开发和联合竞争,形成系统集成创新模式。

特别要强调的是,这种创新协同机制要把中小企业包容进来。在新的条件下,中小企业已越来越成为创新的重要力量。在欧盟,就每单位的研究资金投入而言,中小企业取得创新的数量是大企业的 4 倍,有些研究甚至认为是大企业的 24 倍。中小企业人均技术创新量是大企业的 2.5 倍。因此,中小企业的发展会极大地有助于新的创新技术的出现,提高工业的竞争力,促进经济的增长和社会就业率的提高。当然它也有自己的独特之处,需要采取适当的激励措施和后援行动。因此政府要建立强有力的政策体系对企业,特别是中小企业的创新活动提供支援。一是财务支援,主要通过研究开发补助、融资与风险性资金扶持来支援科技活动的发展。二是人力支援,主要是提供教育、人才培训与产学研的合作。三是技术支援,主要是提供技术辅导,设立相关的研究机构,提供信息咨询服务,加强公共实验室或研究机构的功能,协助技术引进与转移。四是需求支援,主要通过提供委托研究、政府采购开发的产品等来鼓励创新活动。五是环境支援,主要通过提供减免税优惠等各项鼓励措施,优化产业发展环境。

27.3 构建新型科技管理体制机制

构建新型科技管理体制机制是一项系统工程,也是一个制度演进的过程。既要全面统筹和多方协调,也要重点突破和稳步推进,争取在较短时间内取得较大的改观和成效,尽快地为全面实施科教兴市战略提供制度保证。

27.3.1　战略共识

对于科技管理体制机制改革,首先要有一个基本的战略共识,即对科教兴市战略的深刻认同。"世博会与上海新一轮发展"的大讨论,已对此形成了初步的共识。现在的问题是,要把这种初步统一的思想认识融合到实践活动之中,成为一种自觉的行为方式。只有在此基础上,才能顺利推进科技管理体制机制的改革。目前,在战略共识上需要进一步强调的是:

(1) 除了促进技术装备升级与技术改造外,更要鼓励包括专利发明、研究与开发、技术成果转让及产业化等各种创新。引导鼓励人们大胆探索努力创新,发展产业与技术创新网络,鼓励科研机构、企业、个人以及供应商、客户之间的互动,刺激进一步技术创新,并促使企业家把创意商业化,使企业以创新理念为基础在本地区茁壮成长,以致创新的原动力和循环得以保持和更新。

(2) 打破传统的垄断性市场结构,降低和取消进入和退出壁垒,强化市场功能,为高新技术产业发展和科技创新活动快速成长创造新的市场环境,促进商业、教育和公共领域的活跃的技术传递和项目交流,提高当地高校、研究机构的研发能力。

(3) 广大居民在学习与创新体系中,主要是通过其消费、投资、教育、生活方式等方面的改变,不仅作为劳动者直接参与创新活动,而且作为消费者以其需求变化的市场信号反馈间接影响企业的创新活动。在网络化条件下,更是直接与生产者形成互动关系,参与创新过程。因此,科技宏观管理体制要与教育体制、劳动就业制度新变化联动。其中,要从公共财政的角度出发,明确财政科技经费的职能定位,把支出重点放在科技基础设施建设投资上,特别是人才培养上。

(4) 在创新战略层次上要形成鲜明的综合性考虑,特别是在具有社会、文化、经济多元目标的创新项目上得到体现。现代科研型战略工程越来越成为科学、技术、经济与社会各方面协同发展的必然进程,已经引发出、并正在日益深刻改变着当代人类社会的技术进步方式、生产方式和经济发展方式。因此,要改变过去注重抓单一性的具体科研项目或科技成果的思维定式和习惯做法,培养和形成运用现代组织方式实施一系列科研型战略工程的管理意识,并不失时机地选择、组织实施具有全局意义的创新型战略工程,组织力量搞好前期的调研工作,提出组织实施具有全局意义创新型战略工程的具体项目和具体组织实施方案。

27.3.2 模式更新

科技管理体制机制改革,关键在于政府管理模式更新。政府必须首先自觉意识到管理模式更新的重要性和必要性,从自身做起,改变观念,调整行为方式。

(1)服务主导的管理理念。改变政府掌控大部分科技资源,对其实行行政性分配,直接参与重点科技项目和注重抓具体的科技项目,使企业、高校与科研机构围绕政府手中的科技资源与项目打转以争取项目经费与资助的局面。在激活微观创新力的基础上,政府主要转向政策导向、信息服务和战略性领域的前期投资,为创新者提供宽松的创新环境。通过构建各种公共平台,如公共实验室、技术转移机构等技术平台,检索、交流、评估、咨询等信息平台,生产力服务中心、科技创业服务中心、经营管理、财务金融等服务平台,以及人才交流、经纪人队伍等人才平台,服务于科技创新活动和知识网络联系。

(2)系统集成的管理要求。通过综合科技管理与协调的方法,以及提供科技公共服务和对重点科研项目进行个别指导与跟踪服务等,注重对全社会科技资源进行跨部门、跨地区的有效整合,促进研究机构之间、研究机构与企业、企业之间以研发为主的产业联盟。目前研发为主型产业联盟主要盛行两种模式:一是以企业研发中心、大学和特定研究机构为主体组合的研发联盟,二是广泛联系的虚拟研发网络联盟。美国商业周刊 2000 年的调查表明,在全球以技术为主导的产业战略联盟中,60%是以研发为主的;而且,虚拟网络联盟在研发型产业战略联盟中又居主流模式。研发型产业战略联盟的出现,尤其是虚拟网络研发联盟的流行不但大大降低了企业 R&D 重复投入的风险,而且突出和强化了企业的核心研发能力。研发联盟的发展为技术创新产业化发展开拓出了新的成长空间。科技宏观管理方式要避免造成 R&D 低水平重复的投入,而要将有限的力量联合起来,对全社会的创新活动进行系统集成,在协同研发创新中寻求新的发展之路。

(3)规范有效的管理手段。逐步取消不必要的补贴和不合理的政府支持措施,用经济和法律手段进行管理和协调,把科学研究与技术开发工作的方向、内容控制在科技政策和重点规划范围内。依法行政,形成规范化的管理程序,通过政府的直接投资、项目、财政、税收等方面的导向,调动社会各方面的创新投入。对于大量的科学研究项目的确立、机构设置和撤销、经费支出等,通过学会、资助机构和科研机构根据实际情况决定;政府只是通过其科技发展规划及政策施加影响,而不是靠行政命令。

(4)分类指导的管理方式。改变过去对科研项目不分类型、不分轻重、一揽子混杂的粗放型管理方式,区分不同的科研项目类型,根据其性质及特点进行指导性管理,划分科研项目的不同等级,根据其重要程度制定不同的组织实施方法,从而使科技宏观管理趋于科学化和精益化。这方面可借鉴日本 2003 年开始实施的科研项目分级制度。该制度按项目的重要程度分为 S、A、B、C 四级。S 级是特别重要,须积极实施;A 级是重要的,须切实实施;B 级是解决问题的,须快速有效实施;C 级是研究内容、计划、体制等改革中所需要的。在当年共制定的 312 项重点课题中,S 级 90 项,占总数的 29%;A 级 129 项,占 41%;B 级 66 项,占 21%;C 级 27 项,占 9%。

27.3.3　政策调整

根据科技管理体制机制改革的要求及趋势,在相关的科技政策方面率先进行调整,特别是基本政策框架的调整。这既是科技管理体制机制改革的重要内容之一,也是促进科技管理体制机制改革的重大举措。

(1) 加大具有战略性意义的重大科技政策的研究,对那些提高国家竞争力和上海城市综合竞争力有直接影响的重大科技问题提出政策导向。加强科技政策的宏观指导力度,尽可能减少特殊性政策和个别性政策的运用,加大政策的覆盖范围,把各种类型经济形式的科技创新纳入政策指导范围,注重于全社会科技创新环境塑造的政策制定与实施,以调动整个社会的科技创新的积极性。加大基础研究和重大战略高技术研究的投入力度,加大支持由科学家自由选题的探索性研究,加大对重点科研成果产业化的应用性开发、科研成果的工程化等方面的支持力度。

(2) 不仅促进一般性的科学研究与技术开发工作,而且要大力鼓励创办旨在开发新技术和新产品的企业,更加支持使这些已经获得的新成果尽快转变为投入市场的新技术和新产品,即重视资助整个技术革新活动。其中包括政府分担部分风险以鼓励银行向新创办的技术企业贷款,向新创办的企业提供优惠利率,通过税收优惠给它们以投资补贴,以及直接资助创办开发技术的新企业等。

(3) 科技政策与经济政策的合理搭配,促进科技与金融的有机结合,特别是把风险投资广泛引入技术创新领域。加大这类政策创新的探索,出台一系列新政策,如试点成立科技信用社,通过合法途径让合资、外资金融机构进入高新技术园区,设立中外合资风险投资基金,甚至在国外建立高科技开发的风险投资公司等。

(4) 注重技术扩散政策,加快对科技成果的转移,并建立各种转移渠道,向企业提供咨询服务、信息和科学技术成果,重点在于提高企业的技术吸收能力。

通过实际运用的技术示范,向众多企业和部门扩散一项特定技术,促进企业采用和适应某项具体技术。通过技术援助,帮助企业诊断技术需求和解决困难;借助信息网络,使企业获得技术资源的信息和实施小型 R&D 项目的援助等,提高企业自我技术发展能力,从而提高企业一般性技术的吸收能力。通过制定全行业的技术路线蓝图,对未来战略技术投资进行系统规划;利用诊断工具,帮助企业形成创新导向型管理(包括组织变迁);制定标准程序,推广好的准则;促进产学合作,提升企业知识存量,从而构建企业创新能力。

27.3.4 机构重塑

与科技管理体制机制改革相适应,组织机构要重新塑造。借鉴国外经验,如美国成立由总统牵头的技术发展委员会,以色列成立"首席科学家办公室"等,以及根据我们的行政体制的现状,提出如下设想与建议。

(1) 设立"科教领导小组"。它是一个战略决策、制定政策、全面协调的领导机构,组长由市长兼任,副组长由主管副市长兼任,成员主要由与科技发展有直接、密切联系的宏观调控部门、专业部门和行政管理部门等主要负责人组成。"科教发展专家顾问委员会"是领导小组的一个常设决策咨询机构,由科技、经济、管理、法律等方面的资深专家,以及产业界、企业界著名人士组成。专家顾问委员会主要工作是提供有关科技发展报告,预测科技发展前景,开展科技发展的调研,提出科技发展的建议,并对有关科技决策与政策进行可行性研究和咨询等。"专家顾问委员会"的研究与咨询,应成为提出科技发展战略性决策、制定重大政策必须经过的一个程序。

(2) 科教领导小组下设"科教委员会",制定全市科学研究与技术开发的规划和政策。"科教委员会"设立"首席科学家办公室",以协调许多跨部门的重要科技决策。"首席科学家办公室"负责协调和落实政府在鼓励和支持 R&D 方面的政策,评估和分配高科技资助资金和各种支持。要赋予"首席科学家办公室"充分的职权,配备充裕的财政预算,使其具有举足轻重的地位。根据以色列的经验,"首席科学家办公室"对高科技的资助,既不能像美国政府的无偿资助模式,也不同于中国台湾地区当局通过将工研院技术分拆上市然后退出继续投入的模式,而是要求资助后成功商业化的 R&D 项目每年按照销售额 3%—5% 的比例向"首席科学家办公室"缴纳费用,缴纳的最高数额不超过原来资助数额的本息。这种资助和回收 R&D 资助的方式是值得借鉴的。

(3) 政府相关部门的科教联席会议制度。宏观调控部门(如发改委等)、专业部门(如经委、农委、建委、教委等)以及相关的行政管理部门(如财政、工商、税务、审计等),负责各自职能范围内的科教发展工作。发改委侧重于与经济社会发展相适应的科教发展长远规划、重大科教项目立项、科教体制改革等;专业部门侧重于工业科教、商业科教、农业科教、建筑科教等发展事项;行政管理部门则对科教发展预算及财政支持、科技企业注册及税收办法、知识产权保护、人才流动和人力资本投资等方面进行相关的行政管理。为了及时沟通情况,加强联系,可由科教委员会牵头定期召开科教联席会议。

(4) 各区县均成立相应的"科教委员会"及其机构,与市里的组织机构衔接对口,形成一个有机联系的组织网络。

27.3.5　组织培育

新型科技管理体制机制对全社会科技资源的综合管理与调节,将更多地运用社会化方式间接实施。与这种间接管理相配套,要大力培育社会化组织机构。

(1) 除了在战略性和公共性较强的行业建立政府的产业技术研究开发机构,实行政府实验室制度外,其他的研发机构应该更多是"非官营"的。因此要根据行业技术经济特征和产业组织特点,确定科研机构重组方式和产权结构。整合现有各种类型的中心,形成一些集资金筹集、研究开发、技术扩散功能于一身的研究开发联合体,采取基金会或协会等非营利性机构的组织形式。

(2) 通过政策引导形成一批具有行业带动作用的各种形式的产业技术研究开发联合体,吸收相关中小企业参与组成行业性技术中心或联合体。大力扶持民间性的科学研究促进和资助机构,发挥其在协调全市科学研究与技术开发工作中的重要作用。

(3) 大力发展各类支持性的组织,包括各类中介服务机构以及协调大科学项目(尤其是国际性大科学项目)的权威性咨询管理机构和促进同外国进行科学交流的机构。特别要鼓励民间中介服务机构的发展,不断强化和规范社会中介服务组织市场化运作机制,实行中介服务的组织网络化、功能社会化、服务产业化。通过社会中介服务机构对重大科研项目从投资、工程、市场、法律、财务等各个方面进行综合性评估,对项目的产业价值、战略前景、产业化途径等提供深入的定量化分析研究,以此作为科技发展的政策性导向。通过活跃的中介机构、充分发达的金融网络等,为创业者与投资者进行创业投资服务,包括融通资金、购买专利、物色合作伙伴和选择销售商等,并形成公共与私人部门之间的合作伙伴关系和部门之间的共享关系。

主要参考文献

[1] 阿瑟·刘易斯:《经济增长理论》,上海三联书店 1990 年版。

[2] 巴顿:《城市经济学》,商务印书馆 1986 年版。

[3] 查尔斯·舒尔茨:《宏观经济决策导向——致总统备忘录》,上海远东出版社 1994 年版。

[4] 陈宪:《市场经济中的政府行为》,立信会计出版社 1995 年。

[5] 程大中:《中国服务业增长的特点、原因及影响——鲍莫尔—富克斯假说及其经验研究》,《中国社会科学》2004 年第 2 期。

[6] 丹尼尔·W.布罗姆利:《经济利益与经济制度——公共政策的理论基础》,上海三联书店、上海人民出版社 1996 年版。

[7] 傅建华主编:《上海中小企业发展战略研究》,上海财经大学出版社 1998 年版。

[8] 富克斯:《服务经济学》,商务印书馆 1987 年版。

[9] 格鲁伯、沃克:《服务业的增长:原因与影响》,上海三联书店 1993 年版。

[10] 郭克莎:《中国:改革中的经济增长与结构变动》,上海三联书店 1993 年版。

[11] 赫伯特·G.格鲁伯、迈克尔·A.沃克:《服务业的增长原因与影响》,上海三联书店 1993 年版。

[12] 胡健伟、陈建淮:《上海邮轮产业机群动力机制研究》,《旅游学刊》2004 年第 1 期。

[13] 黄少军:《服务业与经济增长》,经济科学出版社 2000 年版。

[14] 江小娟:《中国服务业的增长与结构》,社会科学文献出版社 2004 年版。

[15] 姜杰、张喜民、王在勇:《城市竞争力》,山东人民出版社 2003 年版。

[16] 来有为:《当前中国需大力发展现代服务业》,国研网,2004 年 3 月 26 日。

[17] 来有为:《中国应积极承接服务业的国际转移》,《中国经济时报》2004 年 5 月 11 日。

[18] 李善同、华而诚:《21 世纪初的中国服务业》,经济科学出版社 2002 年版。

[19] 林国泰、林致华、俞健萌:《邮轮经济:服务新概念》,《上海综合经济》2003 年第 3 期。

[20] 林兆木、邵宁《跨世纪的发展思路研究》,中国计划出版社 1995 年版。

[21] 刘春敏:《提升南京城市综合竞争力的思考》,《南京社会科学》2002 年增刊。

[22] 罗纳德·I.麦金农:《经济市场化的次序——向市场经济过渡时期的金融控制》,上海三联书店、上海人民出版社 1997 年版。

[23] 迈克尔·波特:《国家竞争优势》,华夏出版社 2002 年版。

[24] 曼纽尔·卡斯特:《网络社会的崛起》,社会科学文献出版社 2000 年版。

[25] 倪鹏飞主编:《中国城市竞争力报告》,社会科学文献出版社 2003 年版。

[26] 平狄克等:《微观经济学》,中国人民大学出版社 1997 年版。

[27] 钱纳利等:《发展的型式:1950—1970》,经济科学出版社 1988 年版。

[28] 钱纳利等:《工业化和经济增长的比较研究》,上海三联书店 1995 年版。

[29] 上海市《迈向 21 世纪的上海》课题领导小组编:《迈向 21 世纪的上海》,上海人民出版社 1995 年版。

[30] 沈立人:《优势·特色·竞争力》,《南京社会科学》2002 年增刊。

[31] 世界银行:《1987 年世界发展报告》,中国财政经济出版社 1987 年版。

[32] 世界银行:《1991 年世界发展报告》,中国财政经济出版社 1991 年版。

[33] 世界银行:《1995 年世界发展报告》,中国财政经济出版社 1995 年版。

[34] 世界银行:《1996 年世界发展报告——从计划到市场》,中国财政经济出版社 1996 年版。

[35] 世界银行:《1997 年世界发展报告——变革世界中的政府》,中国财政经济出版社 1997 年版。

[36] 世界银行:《2020 年的中国》,中国财政经济出版社 1997 年版。

[37] 世界银行:《中国:对外贸易与外资》,中国财政经济出版社 1989 年版。

[38] 世界银行:《中国:计划与市场》,中国财政经济出版社 1990 年版。

[39] 孙尚清主编:《经济结构的理论、应用与政策》,中国社会科学出版社 1991 年版。

[40] 泰勒尔:《产业组织理论》,中国人民大学出版社 1997 年版。

[41] 汪丁丁:《经济发展与制度创新》,上海人民出版社 1995 年版。

[42] 王积业、王建:《中国二元结构矛盾与工业化战略选择》,中国计划出版社 1996 年版。

[43] 王小平:《服务业竞争力——一个理论以及对服务贸易与零售业的研究》,经济管理出版社 2003 年版。

[44] 魏作磊:《对第三产业发展带动中国就业的实证分析》《财贸经济》2004 年第 3 期。

[45] 沃纳·赫希:《城市经济学》,中国社会科学出版社 1990 年版。

[46] 徐康宁:《文明与繁荣——中外城市经济发展环境比较研究》,东南大学出版社 2002 年版。

[47] 徐长乐:《上海在长江三角洲区域联动发展中的作用》,《浦东开发》2003 年第 1 期。

[48] 杨晓瑜:《中国旅游服务贸易中的入境旅游发展策略研究》,湖南大学硕士论文,2001 年。

[49] 姚锡棠主编:《迈向 21 世纪的浦东新区》,上海人民出版社 1994 年版。

[50] 叶芳和:《农业——先进国家产业论》,日本经济新闻社 1982 年版。

[51] 于涛方、顾朝林、涂英时:《新时期的城市和城市竞争力》,《城市规划汇刊》2001 年第 4 期。

[52] 俞文华:《战后纽约、伦敦和东京的社会经济结构演变及其动因》,《城市问题》1999 年第 2 期。

[53] 张蕴岭、顾俊礼:《西欧的区域发展》,中国展望出版社 1988 年版。

[54] 章伯林:《"邮轮经济"崭露头角》,《开放潮》2003 年第 9 期。

[55] 中国市长协会、《中国城市发展报告》编辑委员会编著:《中国城市发展报告(2001—2002)》,西苑出版社 2003 年版。

[56] 周振华:《信息化与产业融合》,上海三联书店、上海人民出版社 2003 年版。

[57] 周振华:《产业结构优化论》,上海人民出版社 1992 年版。

[58] 周振华:《现代经济增长中的结构效应》,上海三联书店 1991 年版。

［59］周振华主编:《地区发展——中国经济分析 1995》,上海人民出版社 1996 年版。

［60］周振华主编:《增长转型——中国经济分析 1996》,上海人民出版社 1997 年版。

［61］朱晓青、林萍:《北京现代服务业的界定与发展研究》,《商贸论坛》2004 年第 10 期。

［62］Abramovitz, M. and P. David. 1973. "Reinterpreting Economic Growth: Parables and Realities", *American Economic Review*, May, 63(2):428—439.

［63］Abramovitz, M. , 1952, "Economics in Growth", in Haley(ed.), *A Survey of Contemporary Economics*.

［64］Aghion, P. and P. Howitt. 1990. "A Model of Growth Through Creative Destruction", NBER Working Paper, No. 3223.

［65］Arthur, Brian, 1994, *Increasing Returns and Path Dependence in the Economy*, University of Michigan Press.

［66］Baumol, William J. , John C. Panzar and Robert D. Willing, 1982, *Contestable Markets and the Theory of Industry Structure*, New York: Harcourt Brace Jowanovich.

［67］Commission of The European Communities, 1998, *The Contribution of Business Services to Industrial Performance: A Common Policy Framework*, Annex3.

［68］Julius, Deanne, "Inflation and Growth in a Service Economy", Bank of England Quarterly Bulletin, November 1998.

［69］Dearden, J. and B. Ickes, L. Samuelson, 1990, "To Innovate or Not to Innovate: Incentives and Innovation in Hierarchies", *American Economic Review*, Dec. 80 (5): 1105—1134.

［70］Webster, Douglas, Larissa Muller, 2000, "Urban competitiveness assessment in developing country urban regions: the road forward", Paper prepared for Urban Group, INFUD, The World Bank, Washington, D. C.

［71］Friedman, John, 1997, "World City Futures: The Role of Urban and Regional Policies in the Asia-Pacific Region", Hong Kong Institute of Asia-Pacific Studies, The Chinese University of Hong Kong.

［72］Goodman, B. , and R. Steadman, 2002, "Services: Business Demand Rivals Consumer Demand in Driving Job Growth", *Monthly Labor Review* (U. S.), April.

［73］Grossman, G. and E. Helpman, 1990. "Comparative Advantage and Long Run Growth", *American Economic Review*, 80.

［74］Begg, Iain, 1999, "Cities and Competitiveness", *Urban Studies*, Vol. 36, No. 5—6, 802.

［75］Deas, Iainand Benito Giordano, 2001, "Conceptualizing and measuring urban competitiveness in major English cities: an exploratory approach", *Environment and Planning A*, Vol. 33, 1411—1429.

［76］Francois, Joseph F. , 1990, "Producer Services, Scale and the Division of Labor", Oxford Economic Papers, New Series, Vol. 42, No. 4(Oct.).

［77］Kresl, P. , 1995, "The Determinants of Urban Competitiveness", in Kresl P. and Gapert G. (ed), *North American Cities and the Global Economy and Opportunities*, Urban Affairs Review no. 44, London: Sage Publications.

［78］Leo van den Berg and Erik Braun, 1999, "Urban competitiveness, Marketing and the need for organizing capacity", *Urban Studies*, Vol. 36. 5-6. 987-999.

[79] Lucas, R., 1988. "On the Mechanics of Economic Development", *Journal of Menetary Economics*, 22.

[80] Sotarauta, Markku and Reija Linnamaa, 1998, "Urban Competitiveness and Management of Urban Policy Networks: Some Reflections from Tampere and Oulu", Paper presented in Conference Cities at the Millenium, 17. 12.—19. 12, 1998, London, England.

[81] Nelson, Richard R. and Sidney G. Winter, 1982, *An Evolutionary Theory of Economic Change*, Cambridge: Harvard U. Press.

[82] North, Douglas C., 1990, *Institution, Institutional Change and Economic Performance*, Cambridge University Press.

[83] OECD, 1999, Background Paper: Service Industries in Canada.

[84] OECD, 2000, Services: Statistics on Value Added and Employment, Paris.

[85] OECD, 2000, The Service Economy, Business and Industry Policy Forum Series, OECD Publications, Paris.

[86] OECD, 2001, Innovation and Productivity in Services.

[87] Kresl, Peter Karl, 1995, "The determinants of urban competitiveness: a survey", in P. K. Kresl and G. Gappert(Eds), *North American Cities and the Global Economy*, pp. 45—68, Thousand Oaks, CA: Sage publications.

[88] Pike, R., Reed, G., 2000, "Introducing the Experimental Monthly Index of Services", Office For National Statistics U. K..

[89] Porter, Michael, 1990, *The Competitive of Nations*, New York: The Free Press.

[90] Romer, Paul M., 1986. "Increasing Returns and Long Run Growth", *Journal of Political Economy*, 94.

[91] Ruttan, Vernon W. and Yujiro, Hayami, 1984, "Toward a theory of induced institutional innovation", *Journal of Development Studies*, 20.

[92] Saraswat, B. P., 2003, "Service Leadership Study", *Journal of Services Research*, Vol. 3(2).

[93] Sassen, Saskia, 2001, *The Global City: New York, London, Tokyo*, Princeton University Press.

[94] Scully, G., 1988, "System Building and Economic Growth", *Journal of Political Economy*.

[95] Thomas, A. Hutton, 2004, "Service industries, globalization, and urban restructuring with the Asia-Pacific: new development trajectories and planning responses", Progress in Planning, vol. 61.

[96] Thompson, E. C., 2004, "Producer Services", Kentucky Annual Economic Report.

[97] U. S. Department of Commerce, 1996, Service Industries and Economic Performance.

[98] U. S. Bureau of Economic Analysis, 2001, "Changing Trends in U. S. States Services".

[99] United Nations, 1991. "World Urbanization Prospects 1990", New York: Department of International Economic and Social Affairs, United Nations.

[100] William C. Goodman, 2001, "Employment in Services Industries Affected by Recessions and Expansions", *Monthly Labor Review*(U. S.).

附　录

《增长方式转变》原后记

自攻读国民经济计划与管理专业博士学位以来,我就开始从事增长理论方面的研究,主要是结合我国经济发展的实际探索经济增长中的结构、体制等重要变量的内生化问题,先后出版了《现代经济增长中的结构效应》《体制变革与经济增长——中国经验与范式分析》等专著。这些研究成果主要集中于对全国范围内的经济增长的实证分析,以揭示中国经济增长的特殊路径。

由于工作与生活在上海的缘故,并或多或少参与了一些上海经济发展的战略研究与政策决策咨询工作,所以对上海经济增长(特别是 90 年代以来的经济增长)的实际感受更为深切一些,研究工作也就自然延伸到上海这一区域性的范围。尤其是上海社会科学院在调整学科建设中成立了上海经济研究中心,将其列为学科建设的新的增长点,并由本人担任该中心主任,更使我对上海经济增长问题研究投入了较大精力。

地区性的经济增长,既与全国经济增长轨迹有高度的吻合性,同时也有其特殊性。因此,从研究方法上来讲,地区性的经济增长研究要以全国经济增长基本格局为其背景,同时也要选择一个较为合适的分析切入点,以揭示该地区经济增长的内在特殊性。世纪之交的中国正面临经济体制与经济增长方式两个具有全局意义的根本性转变,上海在建设"一个龙头、三个中心"的国际大都市中也面临着城市功能转变和发展路径转换,因此从增长方式转变的角度来研究上海经济增长问题,以揭示近阶段上海经济增长的内在机理是再合适不过了。

在此期间,本人有幸承接了上海市哲学社会科学"九五"重大课题"上海转变经济增长方式研究",并将其列入了博士点重点学科建设的研究课题。在研究过程中,陆续出了一些中间成果,发表了若干论文。现在呈现给广大读者的这本书,就是这些课题的最终研究成果。另外,这一研究成果被列入向新中国成立50 周年献礼的"上海经济发展丛书"。由于本书研究内容涉及上海经济发展的各个方面,具有较强的综合性,所以在这套丛书中带有总论性质。

本书中的个别章节是由我主持的集体研究项目,徐国贞、杨建荣、侯忠云、汤静波、葛伟民、张颉华、顾光青等人参与了课题研究,并提供了有关资料和部分研究成果,在此一并表示感谢。

最后,谨向支持和帮助我顺利开展这一研究工作的院所领导、同仁、编辑、朋友及家人表示衷心感谢。

周振华教授学术贡献梳理

周振华教授长期从事产业经济、宏观经济、城市经济理论与政策研究,出版个人专著、译著及主编著作百多部,在《经济研究》等期刊发表学术论文百余篇。本文梳理周振华教授自上世纪 80 年代研究生阶段直至今天的主要学术经历与学术著述,概述周振华教授横跨 40 年的重要学术成就与学术贡献。

学术生涯开端:确立产业经济学研究方向

周振华教授在攻读硕士学位期间,师从我国《资本论》研究的权威人物陈征教授。硕士论文研究的是运用《资本论》原理分析社会主义流通问题,论文成果先后在《福建师范大学学报》和《南京大学学报》刊发。

硕士毕业后,在南京大学经济系任教期间,周振华将《资本论》的逻辑演绎与西方经济学分析工具相结合,用于研究中国改革开放及经济发展问题,撰写和发表了相关学术论文;并与金碚、刘志彪等几位青年学者合作开展关于市场经济的研究,以超前的学术眼光和思维探究"市场经济是什么样的,是怎样一种市场体系结构"。在这一研究的基础上,周振华领衔完成《社会主义市场体系分析》一书的撰写。该书于 1987 年底由南京大学出版社出版,这是国内较早一部全面系统研究社会主义市场经济的专著,我国杰出的经济学家、教育家,新中国国民经济学学科开拓者胡迺武曾为该书撰写书评并发表在《经济研究》上。

其后,周振华进入中国人民大学深造,师从胡迺武教授攻读博士学位,并参与胡迺武、吴树青承接的"中国改革大思路"国家重大课题。该课题成果因研究扎实,并提出独到的改革思路,获首届孙冶方经济科学奖论文奖。

周振华选择产业问题作为其博士论文研究内容,并挑战了从经济学角度研究产业政策这一世界性前沿课题。因为在当时,国际上针对产业政策的相关研究主要是从政治学角度或是从历史发展过程入手,而真正从经济学角度展开的研究几乎是空白。周振华提早一年完成并提交了这一高难度课题的论文,提前进行答辩,获得校内外 20 余位专家一致的高度评价。博士论文最终以《产业政策的经济理论分析》为书名于 1991 年由中国人民大学出版社出版。

胡汭武评价这部著作"把产业政策提到经济理论的高度进行深入系统的研究,从而能为产业政策提供理论依据",认为其在研究方法上的创新在于"根据影响产业政策的基本变量,构造了一个产业政策分析的基本框架,强调了经济发展战略和经济体制模式对产业政策的制定和实施所具有的决定性影响作用;建立了产业政策总体模型和产业政策结构模型,并据此展开分析"。这部著作还提出了许多新见解,例如,把创新和协调看作是产业政策的根本指导思想,提出产业政策选择基准的新假说,即"增长后劲基准、短缺替代弹性基准、瓶颈效应基准"。胡汭武评价这一新假说"比之日本经济学家筱原三代平的'收入弹性基准'和'生产率上升基准'更加切合中国的实际"。

学术精进:完成产业经济学研究"三部曲"

1990 年,周振华进入上海社会科学院经济所工作,开始进行产业经济学的深化研究,从产业结构演化规律、经济增长与产业结构关系两个方面展开深度理论挖掘。不仅在《经济研究》等刊物上发表论文,而且接连出版了《现代经济增长中的结构效应》(上海三联书店 1991 年版)和《产业结构优化论》(上海人民出版社 1992 年版)两部专著。二书延续了《产业政策的经济理论分析》的研究轨迹。

其中,《现代经济增长中的结构效应》是国内最早系统研究产业结构作用机理,揭示全要素生产率索洛"残值"中结构因素的专著。该书从产业结构的内部关联、外部联系及其发展成长和开放等方面,考察它们对经济增长的影响,分析结构效应的主要表现及其对经济增长的作用机理,深入探讨发挥结构效应所必须具备的条件和实现机制。该书在研究方法上,侧重于产业结构的机理分析。这种机理分析以动态结构的非均衡变动为基础,把总量增长描述为一种由结构变动和配置的回波效应促使经济增长不断加速的过程,重点研究的是产业结构变动及调整的资源再配置对经济增长的作用及其机制。这一机理分析的重要立论是,在更具专业化和一体化倾向的现代经济增长中,产业部门之间联系和交易及依赖度不断增大,结构效应上升到重要地位,成为现代经济增长的一个基本支撑点。这种来自结构聚合的巨大经济效益,是推动经济增长的重要因素。

如果说《现代经济增长中的结构效应》揭示了产业结构变动在经济增长中

的效应释放机制，那么《产业结构优化论》则更踏前一步，探讨如何使产业结构的变动与调整朝着更优的方向行进，以更好地发挥结构效应、推动经济增长。该书从现代经济增长的特征与本质着手，建立产业结构优化分析理论模型，描述产业结构变动的一般趋势，分析产业结构高度化问题，并针对中国发展规律深层分析中国产业结构变动模式，进一步阐释如何以宏观经济非均衡运作的战略导向，建立起以人民需要为中心的发展模式，形成良性经济发展模式。中国社会主义政治经济学主要开拓者之一的雍文远教授评价该书的学术价值与贡献主要在于：

一是研究的角度和立意新颖。有别于国内外学术界对产业结构理论的研究通常集中于产业结构变动趋势方面，侧重于从国民收入变动的角度研究产业结构变动与之相关性以揭示产业结构变动的规律性，周振华的《产业结构优化论》的研究着眼点则在于如何使产业结构变动符合其规律性的要求，即如何实现产业结构优化。这一研究角度不仅独辟蹊径，而且使得对产业结构问题的研究更加深化，有助于推动产业结构理论的发展。

二是针对中国产业结构现实问题，在充分论证的基础上对一系列有争议的理论问题发表了独创之见。例如，周振华认为中国产业结构超常规变动与中国特定经济环境条件有关，问题并不在于这种超常规变动本身，而在于产业结构超常规变动中缺乏协调和创新。根据这一判断，周振华提出了实现中国产业结构优化的关键是加强协调和促进创新，而要做到这一点，不仅需要采取相应的政策措施，更主要的是实行新的经济发展战略和建立有效率的新体制和经济运行机制。这些新见解的提出，对中国社会主义现代化建设具有现实意义。

三是在体系结构上有所创新且合理。产业结构理论研究在国内刚刚起步，尚未形成一个较完整的理论体系。《产业结构优化论》则呈现了一个总体的分析框架，以及在此框架下的很强的逻辑性，具有相当的理论力度。

四是综合运用各种研究方法，对现实经济问题进行研究。周振华在研究产业结构优化问题上，采用了理论实证分析、经验实证分析、规范分析以及对策研究等方法，并根据其研究内容和对象的要求，把这些研究方法有机地统一起来。

改革开放以来，尽管中国经济持续高速增长，但产业结构偏差与扭曲一直存在，产业结构调整升级及解决产能过剩问题始终是先务之急。《现代经济增长中的结构效应》与《产业结构优化论》的研究也因此始终具有理论前瞻性，二书中关于产业结构的机理分析和现象分析至今仍有适用性，对于解释中国新时期经济转型升级的深刻内涵及指导实际工作具有长久的积极意义。

博观约取:在产业经济及相关研究领域理论建树卓著

在 1991 年破格晋升为研究员之后,周振华继续专精于产业经济学研究。而随着他对现实问题的思考层层深入,其涉猎的研究范围也越来越广,包括经济增长与制度变革、经济结构调整以及企业改制等问题。并在《经济研究》《工业经济研究》等期刊发表了多篇学术论文,研究进路不断拓展。1994—1999 年间,先后出版了《步履艰难的转换:中国迈向现代企业制度的思索》(1994)、《体制变革与经济增长——中国经验与范式分析》(1999)、《积极推进经济结构的调整和优化》(合著)(1998)、《市场经济模式选择——国际比较及其借鉴》(主编)(1995)等多部专著。

其中,《步履艰难的转换:中国迈向现代企业制度的思索》切入微观视角,研究企业改革的问题。这看似突破了产业经济研究边界,但如周振华自己所言,其出发点在于理论研究关联性和系统性的需要,特别是中国宏观经济方面的现实问题大多要从微观基础予以解释。周振华在书中重点分析了中国现代企业制度的目标模式,尖锐地指出了转换机制尤其是国有企业制度创新的难点与关键所在,并对如何迈向现代企业制度提出了基本的对策思路和方案设想。这一研究是基于周振华对中国实行现代企业制度前景的总体把握和历史瞻视,体现了他敏锐的学术直觉与深刻的理论洞见。书中所提炼的财产所有权构成特征、所有权与控制相分离的特征、监督权结构特征、剩余索取权转让的特征等现代企业制度的"中国特色",以及由这几方面特征有机组合而成的中国现代企业制度的目标模式假说等,不但为 90 年代中国现代企业制度建设之路的开启提供了基本理论架构,而且在该书出版后的近 30 年来,不断被中国企业改革与发展的实践所一一证实。

《体制变革与经济增长》则进一步研究产业结构背后的体制机制问题。该著作对改革开放前 20 年的体制变革与经济增长的交互关系进行了全面、深入的实证分析,从不同角度总结了中国改革开放与经济发展一系列富有成效和具有特色的经验,并将其提升到理论高度,进行了中国范式分析,通过国际比较归纳出中国范式的一系列基本特征。在该书中,周振华创造性地提出了"制度—增长"的分析框架及各种理论假设,并予以了初步检验。对政府政策制定者"改革程序"设定的论述是全书的灵魂;而该书最大的理论建树则是提出了一个以利益关系为主线,以行为主体间的博弈方式为联结的体制变革与经济增长互动模式。该书的学术贡献在于,不仅书中关于中国改革 40 年中前 20 年的经济发展过程的研究性描述成为重要史料,而且其构建的理论分析框架更成为得到时间检验、对中国经济至今仍然富有解释力的理论成果,书中所建立的"制度—增长"理论分析框架仍可继续用来解释后 20 年乃至今天及未来中国的改革开放与经济发展。

在改革开放早期,周振华就已前瞻地提出,在社会主义市场经济条件下,特别在买方市场条件下,经济结构调整必须以市场为导向,充分发挥市场机制配置资源的基础性作用。同时,也要注重政府的经济调控在结构调整中的作用,政府主要运用经济手段和法律手段,引导和规范各类经济主体的行为,通过政策支持,促进结构优化。概言之,要保持政策支持与市场导向之间的平衡,在结构优化上发挥政府和市场的双重优势。这些观点在他的《积极推进经济结构的调整和优化》《市场经济模式选择——国际比较及其借鉴》等早期论著中,都有所体现。这些论著分别探究了如何以市场为导向,使社会生产适应国内外市场需求的变化;如何依靠科技进步,促进产业结构优化;如何发挥各地优势,推动区域经济协调发展;如何转变经济增长方式,改变高投入、低产出,高消耗、低效益的状况;等等。这些观点与研究结论,在今天看来,仍具有重大的现实意义和深远的历史意义。

超前的研究意识和学术自觉还体现在周振华主编的《中国经济分析》年度系列研究报告上。尽管核心研究领域仍然是产业经济学,而且 1990 年回到上海后关注更多的是上海经济发展,但他始终意识到无论是中观层面的产业发展,还是地区和城市的经济发展,都离不开宏观层面的、国家层面的经济运行大背景及其相关条件制约。所以周振华也一直把中国经济运行分析放在一个重要的研究地位。1993 年开始,周振华开始主编《中国经济分析》年度系列报告。这一研究报告既涉及年度性的中国经济形势分析与预测,又涉及对当时中国经济运行中突出问题的深入研究。

周振华认为,与一个较成熟且稳定的经济体系下的经济运行不同,改革开放下的中国经济运行呈现出更深刻的内涵、更复杂的机理、更丰富的内容、更迅速的变化等特征。因此,中国经济运行分析不是西方经济学的一般周期性分析,也不能仅停留在经济形势分析与预测层面上,而是要做基于制度变革的经济运行及其态势的深度分析。这要求理论工作者既进行中国经济运行动态跟踪分析,又进行中国经济运行中热点、难点和重点的专题研究。在此目标下,《中国经济分析》每一年度性研究报告都有一个明确主题,由周振华根据当时中国经济运行中的热点、难点及重大问题来确定,如"走向市场""地区发展"

"企业改制""增长转型""结构调整""金融改造""收入分配""挑战过剩""政府选择""外部冲击与经济波动""经济复苏与战略调整""复苏调整中的双重压力""危机中的增长转型""供给侧结构性改革与宏观调控创新"等。围绕特定主题,周振华设计全书主要内容及体系架构,撰写导论,并选择与组织不同专业领域的学者、专家共同参与各章撰写。《中国经济分析》系列的研究自90年代初开始,一直持续近25年,形成了关于中国经济运行的长达四分之一个世纪的跟踪分析与学术研究成果。

着手"范式转变":开拓产业经济学研究新境界

90年代,信息化浪潮逐渐席卷全球,周振华敏锐地捕捉到信息化之于产业发展的又一学术前沿课题。1998年,以承接上海市政府决策咨询重大课题"上海信息化与信息产业发展研究"为契机,周振华在产业经济学领域的深化研究进入了新的境界,即跳出传统产业经济理论范式,而使用溯因推理、外展推理的方法来寻求信息化进程中产业融合现象的一般性解释。

在2003年出版的《信息化与产业融合》一书中,周振华选择电信、广电、出版三大行业为典型案例,从个案分析到系统研究,建立起产业融合的基本理论模型,并依据产业融合新范式的内在机理提出了新的产业分类方法。在此基础上,对传统意义上的结构瓶颈制约、产业协调发展和结构动态平衡、产业结构高度化的线性部门替代及其基本表现特征等概念进行根本性的改造,赋予其新的内容或用新概念予以替代。进一步地,该书分析了产业融合在新型工业化道路中得以孕育与发展的内生性,探讨了新型工业化必须具备的基础性条件及相应的实现机制,从而揭示了走新型工业化道路是我国促进产业融合的唯一选择。该书中关于产业融合、产业边界、产业分类等维度的新颖讨论,至今仍被各种相关研究所引用,尤其是书中所探讨的电信、广电、出版的"三网融合",于今还是理论热点。

在对产业经济理论研究进行"范式转变"的过程中,周振华不仅先见性地把信息技术的变量引入产业经济理论研究,而且还开创性地把空间概念运用于产业经济尤其是服务经济的理论研究中。《信息化与产业融合》已经关注到网络型组织结构的特定属性、产业空间模式、产业集群方式等。在其后出版的《崛起中的全球城市:理论框架及中国模式研究》《服务经济发展:中国经济大变局之趋势》等论著中,周振华进一步发展了产业空间载体、空间价值的研究,以及网络分析等产业经济学的崭新研究方法。

　　例如,在《崛起中的全球城市》中,周振华针对发展中国家崛起中全球城市的背景条件、发展基础、路径依赖等约束条件,引入全球生产链、产业集群、全球城市区域等新的理论元素,进行理论分析框架的新综合,并提出借助于全球生产链促进城市功能转换的逻辑过程、依赖于大规模贸易流量的流动空间构造方式等创新观点。在《服务经济发展》中,周振华提出相对于制造业生产的分散化,服务产业具有明显的空间高度集聚特性,特别是生产者服务业以大城市为主要载体的产业集群,不仅促使知识外溢与信息共享,有利于专业服务人员的流动与合理配置,而且带来了专业性服务的互补,增强了服务的综合配套能力,促进了产业融合;因此对于服务经济发展来说,城市化规模比区位条件更为重要。

　　鉴于产业发展尤其是高端(先进)服务经济必须有其空间载体的依托,周振华把产业经济学研究的新的聚焦点放在了"全球城市"上。"全球城市"概念肇始于欧美发达国家,全球城市理论阐述了当代全球化的空间表达,研究核心是其独特的产业综合体及全球功能性机构集聚,集中表现为总部经济、平台经济、流量经济等。周振华认为,全球城市研究的很大一部分内容是产业综合体及其空间分布规律,由此便可打通产业经济理论与全球城市理论之间的研究通路。

　　2007年,周振华撰写出版的《崛起中的全球城市》成为国内最早系统研究全球城市理论的专著。该书立足于经济全球化和信息化两大潮流交互作用导致世界城市体系根本性变革的大背景,从全球网络结构的独特角度重新审视了全球城市的形成与发展,对传统的主流全球城市理论提出了批判性的意见,并通过吸收新政治经济学和新空间经济理论等研究成果,结合发展中国家的全球城市崛起的路径依赖等实际情况,原创性地提出了新综合的理论分析框架,从而进一步完善了当时既有的全球城市理论,使其具有更大的理论包容性。在这一新综合的分析框架下,该书对中国全球城市崛起的前提条件及约束条件作了详尽的实证分析,富有创造性地揭示了中国全球城市崛起不同于纽约、伦敦等发达国家城市的发展模式及路径选择。

　　《崛起中的全球城市》出版后获得了国家"三个一百"原创图书奖和上海市哲学社会科学优秀成果奖一等奖,其英文版亦在全球发行,得到"全球城市"概念提出者萨斯基亚·沙森教授等国际学者的首肯。这一研究当时在国内是相当超前的,直到2010年之后,随着全球化流经线路改变和世界经济重心转移,上海、北京等城市日益成为世界城市网络中的重要节点,国内的全球城市研究才逐渐兴起,《崛起中的全球城市》则成为不可多得的重要文献。

关照中国现实:以理论研究反哺改革实践

一如当年选择产业问题作为博士论文题目的初心,周振华教授的学术研究从不隐于"象牙塔",而是始终观照中国现实。周振华不仅致力于以产业经济学为主的本土经济学研究的发展进步,而且致力于社会经济本身的发展进步,90年代中后期开始,他的研究更是紧接上海发展的"地气"。在当时开展的"迈向21世纪的上海"大讨论中,周振华的研究贡献主要在于分析了世界经济重心东移和新国际分工下的产业转移,为上海确立"四个中心"建设战略目标提供背景支撑。在洋山深水港建设前期论证研究中,周振华通过分析亚洲各国争夺亚太营运中心的核心内容及基本态势,论证了加快洋山深水港建设的必要性和紧迫性,并评估了优势与劣势条件。在此期间,周振华还先后承接和完成了一批国家及市级的重大研究课题,凭借深厚的理论功底、广阔的学术视野,在完成这些问题导向的课题的同时,也在核心期刊上发表了相关课题的系统化和学理化研究成果,如"城市综合竞争力的本质特征:增强综合服务功能""流量经济及其理论体系""论城市综合创新能力""论城市能级水平与现代服务业"等。

2006年,周振华调任上海市人民政府发展研究中心主任,其工作重心转向政策研究和决策咨询,但他的学术研究也一直在同步延伸。前述已提及的《服务经济发展:中国经济大变局之趋势》一书,即是周振华在发展研究中心时期写成的又一部学术力作。

该书的研究对象主要是服务经济之发展,涵盖工业经济与服务经济两个不同社会经济形态中的"孕育脱胎"发展和成熟化发展。在书中,周振华首先从理论上回答了"何为服务经济"的一般性问题;其次,通过对服务经济发展动因及其作用机制的分析,揭示了服务经济演进轨迹及发展趋势性特征,回答了"服务经济从何处来"的问题,从而构建了服务经济发展的一般理论分析框架。在这一理论框架下,通过中国案例分析了影响服务经济发展的若干重要变量,尤其是结合中国实际情况剖析了发展战略及其模式、市场基础、制度政策环境等对服务经济发展的影响,以及服务经济发展中固有的非均衡增长问题。进一步地,从未来发展的角度,探讨发展转型与改革深化、信息化创新和国际化等重大问题,从而回答了"如何促进服务经济发展"的现实问题。

要而言之,《服务经济发展》的理论建树与学术价值在于从社会经济形态的层面来研究服务经济发展,从世界(一般)与中国(特殊)两个维度进行服务经济发展的交互分析,并立足中国发展阶段来认识与理解服务经济,扩展与充实了服务经济一般理论框架,使其具有更好的适用性和解释力,而且也为进一步探索如何促进中国服务经济发展提供了重要线索和思路。当前,中国仍处在工业化中期向后期过渡阶段,工业发展及其比重在国民经济中仍居主导地位。作为在2010年代上半期完成的关于中国服务经济发展的理论研究成果,该书再次体现了周振华出色的学术前瞻力与洞见力。该书2014年出版之后,获国际著名学术出版机构施普林格(Springer)青睐,于翌年出版发行了英文版。

在改革开放30年和40年的两个节点,周振华教授先后牵头,组织上海大批专家学者开展相关研究,分别形成《上海:城市嬗变及展望》(三卷本)和《上海改革开放40年大事研究》(12卷本)重大理论成果。2010年出版的《上海:城市嬗变及展望》对上海建埠以来的历史、现状、未来开展系统研究,以翔实的史料、清晰的脉络和开阔的视野,全面记录了改革开放前后两个30年上海这座城市所发生的深刻变化,整体勾勒了未来30年上海发展的远景。该三卷本获上海市第十一届哲学社会科学优秀成果奖著作类一等奖。2018年出版的《上海改革开放40年大事研究》以时间为经线、事例为纬线,抓住敢为天下先的大事,体现勇于探索实践的创新,反映上海改革开放的历程,凸显中国特色、上海特点和时代特征。该丛书是改革开放40年之际的首套大规模、成系统的地方性改革开放研究丛书,获得新华社、人民日报等主流媒体多方位报道。2019年1月30日,《中国新闻出版广电报》刊发关于该研究成果的头版文章《〈上海改革开放40年大事研究〉:讲理论说案例,展现排头兵先行者足迹》。周振华还执笔其中的第一卷,即丛书总论性质的《排头兵与先行者》一书。

这两套关于上海改革开放实践的代表性理论专著,不仅具有重要的历史价值,而且具有承前启后、继往开来的重大现实意义,为上海和全国不断全面深化改革,推动经济与社会发展,提供了坚实的学术支撑和理论支持。

填补理论空白:奠定全球城市研究领域学术地位

在2007年《崛起中的全球城市》完成之后,2017年,周振华教授立足中国发展模式及上海发展路径的研究成果《全球城市:演化原理与上海2050》出版。这部"十年磨一剑"的著作对全球城市内涵进行了系统化、范式化的研究,建构了全球城市演化的理论框架。

全球城市领域的既有文献几乎都聚焦于既定(已经形成)的全球城市上,探讨其在经济全球化中的地位与作用、所具备的主要功能及其通过什么样的运作方式发挥等内容,而对"一个城市是怎样成为全球城市的",即全球城市的动态演化这一问题则几无探讨。《全球城市：演化原理与上海2050》突破静态研究范式，充分考虑全球化进程仍在持续、上海等中国大城市正在快速发展的事实，以半部篇幅，从生成、崛起、发展、趋向的动态演化视角，运用演化本体论、演化生态环境、演化物种论、演化动力学、演化模式与形态及空间等理论和方法，来阐释全球城市，揭示全球城市动态过程中的复杂、不确定和非均衡意义。由此，周振华填补了用动态演化框架和演化理论支撑全球城市研究的空白。

在《全球城市：演化原理与上海2050》的下半部分中，周振华把上海作为案例，全面分析了上海全球城市演化的宏观与微观变量，推演了演化可能性，勾勒了上海真正演化为全球城市之后的目标定位、核心功能、空间表现、战略资源等面向。

关于目标定位，周振华提出，就连通性覆盖范围和连接种类范围而言，上海应该成为全球主义取向的综合性全球城市；从位置战略性和网络流动性角度看，应成为高流动的战略性城市；从基于枢纽型的递归中心性与基于门户型的递归权力性位置组合角度看，应成为门户型的枢纽城市。

关于核心功能，周振华认为主要体现为四大功能，即全球价值链管控功能、全球财富管理功能、全球科技创新策源功能、全球文化融汇引领功能。这些功能并非凭空产生，而是基于上海现有城市功能的转换和演进，其具体内涵则会随时间变迁而动态调整。

关于空间扩展，周振华分别从全球城市过程、全球城市区域过程、巨型城市区域过程三个层面展开论述。他提出，在全球城市过程阶段，上海中心城区功能会向郊区延伸，形成具有足够持续性和非常大的内部互联的多中心、多核城市空间结构，新城和新市镇的培育将是关键。在全球城市区域过程阶段，网络关系跨越市域边界向周围邻近地区拓展，很可能演化为形态单中心（上海）与功能多中心相结合的区域空间结构。在巨型城市区域过程阶段，上海全球城市空间向长三角地区更大范围扩展，即向长江三角洲巨型城市区域演化，空间结构仍将是形态单中心和功能多中心，其中存在若干核心城市（南京、杭州、合肥、苏州、宁波等）将共同成为全球资源配置的亚太门户。

在书中，周振华还强调城市演化本质上是基于主体参与者的城市心智进化，因而人力资本是重要的战略性资源。他鲜明地指出了人力资本的"二元结构"，即由"职位极化"带来的"劳动力极化"。除高端专业化人才外，全球城市的知识型全球功能性机构也离不开大量配套性服务人员，包括信息收集处理、办公文档管理等，以及餐饮、交通、快递、家政之类的社会服务人员。此外，周振华也预见了一些值得关注的影响演化全局的问题，比如，土地使用约束趋紧导致的空间拥挤将形成强烈的"挤出效应"，房地产过度依赖，社会极化与城市治理难题，以及生态环境压力等。

《全球城市：演化原理与上海2050》出版的同时，《崛起中的全球城市：理论框架及中国模式研究》再版。2018年4月，以两部著作发布为契机的"迈向卓越的全球城市：全球城市理论前沿与上海实践"高端研讨会在上海中心成功举办，"全球城市理论之母"萨斯基娅·萨森教授也应邀出席。这次研讨会影响深远，由周振华教授倡导和发展的"全球城市"前沿理论也得到更进一步的传播。

2019年，周振华教授写就的简明读本《卓越的全球城市：国家使命与上海雄心》及《全球城市：国家战略与上海行动》出版。这两本书化抽象的概念范畴为具象化的内容，化繁杂的理论验证为简明扼要的推论，化学术语境的规范表述为浅显易懂的表达，以通俗的话语解读了上海建设卓越全球城市的历史必然性、所承载的国家战略使命、面临的时代新命题，以及如何破题书写历史新篇章等等。由此，"全球城市"理论、理念的传播，面向了更广泛的群体，为非专业领域的受众提供了全球城市理论的基本常识。正是在周振华不遗余力地引介、发展、推广下，"全球城市"理论在国内从学术前沿层面逐步走向理论普及层面。

与此同时，在完成引进理论的"本土化"之后，中国学者的"全球城市"研究成果成功"走出去"。继《崛起中的全球城市》出版英文版之后，《全球城市：演化原理与上海2050》英文版也由世界知名学术出版商世哲（Sage）出版发行。周振华教授跨越数十年学术努力，为国内学界、政界创造国际化语境，构建中国学术界与国际同行或政府间交流话语权的学术初心初步实现。

在潜心完成"全球城市"理论的本土化工作和基本理论体系的构建之后，周振华教授着力开展多维度的深化研究，继续推动"全球城市"理论的发展和"全球城市"实践的进程。2018年正式退休后，周振华即出任新成立的上海全球城市研究院院长，创办并主编《全球城市研究》季刊。在周振华的带领下，研究院坚持面向全球、面向未来，对标国际最高标准、最好水平，整合和运用多方面研究力量，开展对全球城市发展的跟踪研究，为以上海为代表的超大特大城市的发展和更新，在学术理论层面、实践经验层面、政策建议层面，提供了诸多新理念、新方法、新思路。代表性的成果包括三大标志性年度报告即《全球城市发展报告》《全球城市案例研究》和《全球城市发展指数》，《上海都市圈发展报告》系列，《全球城市经典译丛》系列，等等。

其中，三大年度标志性报告围绕"增强全球资源配置功能""全球化战略空间""全球化城市资产""城市数字化转型""全球网络的合作与竞争"等各年度主题,基于国内外相关理论成果、丰富的案例和扎实的数据资料,以图文并茂的呈现形式,发展全球城市前沿理论,总结全球城市实践经验,提出全球城市建设策略。由周振华教授设定的各年度主题,都紧扣"全球城市"概念所强调的特质,也就是"全球城市"不同于"国际大都市""世界城市"等传统说法而具有的特质。多年来,周振华教授始终致力于"全球城市"这一概念在国内生根发芽,主张使用"全球城市"的提法和观点,强调以上海为代表的国内特大型城市在建设发展中,其核心功能并不在于财富、资本、跨国公司总部的单纯积累,而是在于资金、人才等要素的进出的流量、连通性与平台功能,在于生产者服务业的发展,在于萨斯基亚·沙森教授所提出的"中介化"功能。

2022年,由周振华教授领衔的"以全球城市为核心的巨型城市群引领双循环路径研究"获国家哲社重大课题立项。至此,周振华教授在产业经济学、全球城市理论等领域的研究成果愈加丰富立体,学术贡献不断突破,学术境界再上新高度。

以上概要评述了周振华教授40年来的主要学术贡献,这些学术贡献既为中国经济发展提供了坚实的学术支撑,也为中国发展自己的哲学社会科学理论提供了丰厚的积淀。与此同时,我们从中既可以窥见周振华教授的超前学术思维、极度开阔的学术视野、对现实问题的超强敏锐度,以及广纳厚积的学术功力,也能真切感受到周振华教授所坚守的学术关怀与学术精神。

（忻雁翔整理）

后　记

　　近大半年时间,断断续续在做这套学术文集的整理和编纂工作,似乎并没有太多兴奋与激情,反而有一种"年在桑榆间,影响不能追"的落寞,叹人生一世,去若朝露晞。但不管怎样,这套学术文集凝结了自己毕生心血,又即将面世,不免感慨万端。借此后记,有感而发,略表心声。

　　一个突如其来的惊喜。也许,当初并没有在意,或已习惯"挥手过去",没有完整存留数十年来的研究成果,更未想过有朝一日汇编为一整套的学术文集。当格致出版社忻雁翔副总编辑提出要汇编出版这套学术文集时,我一时愣然,惊喜之余,又有点不知所措。首先想到一个问题,这能行吗? 这并不是担心成果数量能否形成文集规模,而是顾虑成果质量是否有汇编为文集的价值。毕竟这些作品,早的都已过去三十多年,近十年的也在快速"折旧",赶不上时代迅速变化啊! 忻总解释道,我们翻阅过,一些早期作品的主要观点在当时是比较超前的,为此还曾多次再版,不仅有历史价值,也有现实意义。随之,我又有点畏难,数十年的成果收集和整理势必琐碎,要花费太多时间与精力。忻总说,在我们这里出版的大部分著作,存有电子版,那些早期或在别处出版的著作,可以由专业排版人员做先期录入;你只要负责归类与编排,以及内容补充与修改完善即可。接着,我开玩笑地问道,现在汇编出版这套学术文集是否早了点,说不定以后还会有新的作品呢。忻总答,没关系,有了新的作品,以后再加进文集中去。至此,我才开始着手成果整理和编纂。应该讲,格致出版社和上海人民出版社是此事的始作俑者,是他们的大胆设想和务实精神促成了这套学术文集的诞生。

　　一种发自内心的感激。对于学者来说,出版社及编辑是"伯乐"之一。他们见多识广,博洽多闻,通晓理论前沿,谙熟学术规范。十分幸运,我的大部分专著是在上海三联书店、格致出版社和上海人民出版社,并经少数较固定的责任编辑之手出版的。在与出版社的长期合作中,他们成为我学术生涯中的良师益友。

上海世纪出版集团原总裁陈昕将我一些主要著作,如《现代经济增长中的结构效应》《体制变革与经济增长——中国经验与范式分析》《服务经济发展:中国经济大变局及趋势》等列入他主编的"当代经济学系列丛书·当代经济学文库",其对中国经济学界的发展产生了重大影响。当时,陈昕社长还经常召集"当代经济学文库"的主要作者,举行理论研讨会,激发学者创作热情,促进理论创新,并多次邀请我去世纪出版集团给社领导及编辑讲述最新研究成果,进行学术交流。后来,忻雁翔女士负责编辑出版我的许多专著以及我主编的著作,并多次举办新书发布会,向社会大力宣传和推荐我的新作品。基于对学者研究的长期跟踪和了解,她这次还专门为这套文集撰写了"周振华教授学术贡献梳理"。这种学界与出版界的长期紧密合作与互动,在我身上得到淋漓尽致的体现,对我的学术研究有很大的帮助,成为我学术生涯中不可或缺的重要组成部分。借这套学术文集出版之机,向这些出版社和出版人表示由衷的感谢。

一股由来已久的感动。在我的学术生涯中,虽然长期坐"冷板凳",但我并不感到孤独与寂寞。这一路上,不乏"贵人"和"高人"指点迷津和遮风挡雨,得到陈征、胡洒武恩师以及张仲礼、袁恩桢、张继光等学术前辈的惜护与栽培,得到中学老师王佩玉、香兰农场党委书记刘荣栻等长期关心和教导。这一路上,最不缺的,是一大批风雨同舟、枝干相持的朋友。大学时期和读硕、读博时期的同窗好友,他们"书生意气,挥斥方遒"的风华,时时感召和激励着我。南京大学、上海社科院的同仁,以及一大批在学术领域一起合作过的专家学者,他们"才华横溢,竿头日进"的风采,极大促动和鞭策着我。上海市政府发展研究中心、上海发展战略研究所和上海全球城市研究院的同事挚友,他们"将伯之助,相携于道"的风尚,深深感动和温暖着我。我真切地看到,在这套学术文集中处处闪现他们留下的身影,有对我的鼓励、启发,有对我的批评、促进,也有对我的支持和帮助。当然,在这当中,也少不了父母大人、爱人秦慧宝、女儿周凌岑等家人的理解和支持,少不了他们所作出的无私奉献。借此机会,一并向他们表示深深的敬意和感谢。

一份意想不到的收获。原以为文集编纂比较简单,主要是根据不同内容构建一个框架。然而,实际做起来,便发现了问题,即已出版的著作并不能反映全部研究成果,致使呈现的学术研究不连贯,从而有必要把一些重大课题研究成果补充进去,作为学术研究的重要组成部分。为此,在这方面我下了较大功夫,进行系统收集、整理、归类乃至个别修改,有的补充到原有著作中去,有的经过系统化独立成册。"产业卷"的三本中,除《现代经济增长中的结构效应》外,《产业结构与产业政策》由原先出版的《产业结构优化论》和《产业政策的经济理论系统分析》汇编而成;

《产业融合与服务经济》由原先出版的《信息化与产业融合》和《服务经济发展：中国经济大变局及趋势》汇编而成。"中国经济卷"的三本中，除《体制变革与经济增长》外，《市场经济与结构调整》由新编的"市场经济及运作模式"和"结构调整与微观再造"两部分内容构成；《经济运行与发展新格局》由历年《中国经济分析》中我个人撰写章节的汇编内容和"经济发展新格局"新编内容共同构成。"上海发展卷"的三本中，《增长方式与竞争优势》由原先出版的《增长方式转变》一书和基于重大课题研究成果新编的"竞争优势、现代服务与科技创新"两部分内容构成；《改革开放的经验总结与理论探索》在原先出版的《排头兵与先行者》一书基础上，增加了一部分新内容；《创新驱动与转型发展：内在逻辑分析》是基于重大课题研究成果和有关论文及访谈的新编内容。"全球城市卷"的三本中，除了《全球城市：演化原理和上海2050》外，《全球城市崛起与城市发展》由原先出版的《崛起中的全球城市：理论框架及中国模式研究》和《城市发展：愿景与实践——基于上海世博会城市最佳实践区案例的分析》汇编而成；《迈向卓越的全球城市》由原先出版的《全球城市：国家战略与上海行动》和《卓越的全球城市：国家使命与上海雄心》，以及新编的"全球城市新议题"板块汇编而成。这样一种整理和补充，虽然又花费了不少功夫，但完善了整个学术研究过程及其成果，梳理出了一以贯之的主线及融会贯通的学术思想，四卷内容得以有机串联起来。在此过程中，通过全面回顾个人学术生涯的风雨与坎坷，系统总结学术研究的经验与教训，认真反思研究成果的缺陷与不足，使自己的学术情怀得以释放，学术精神得以光大，学术思想得以升华。

　　一丝踟蹰不安的期待。按理说，学术文集也应当包括学术论文的内容。无奈时间较久，数量较多，且散落于众多刊物中，平时也没有存留，收集起来难度很大，故放弃了。这套学术文集主要汇编了一系列个人专著及合著中的个人撰写部分，如上已提及的，分为"产业卷""中国经济卷""上海发展卷""全球城市卷"，每卷之下安排三本书，总共 12 本。这套学术文集纵然是历经艰辛、竭尽全力的心血结晶，也希望出版后能得到广大读者认可并从中有所收获。但贵在自知之明，我深知这套学术文集存在的不足，如有些观点陈旧过时，有些分析比较肤浅，有些论证还欠充分，有些逻辑不够严密，有些判断过于主观，有些结论呈现偏差。在学术规范与文字表述上，也存在不少瑕疵。因此，将其奉献给读者，不免忐忑，敬请包涵，欢迎批评指正。

周振华

2023 年 7 月

图书在版编目(CIP)数据

增长方式与竞争优势/周振华著.—上海:格致
出版社:上海人民出版社,2023.8
(周振华学术文集)
ISBN 978-7-5432-3469-7

Ⅰ.①增…　Ⅱ.①周…　Ⅲ.①区域经济发展-研究-
上海　Ⅳ.①F127.51

中国国家版本馆 CIP 数据核字(2023)第 090006 号

责任编辑　忻雁翔
装帧设计　路　静

周振华学术文集
增长方式与竞争优势
周振华　著

出　　　版　格致出版社
　　　　　　 上海人民出版社
　　　　　　 (201101　上海市闵行区号景路 159 弄 C 座)
发　　　行　上海人民出版社发行中心
印　　　刷　上海盛通时代印刷有限公司
开　　　本　787×1092　1/16
印　　　张　41.25
插　　　页　8
字　　　数　715,000
版　　　次　2023 年 8 月第 1 版
印　　　次　2023 年 8 月第 1 次印刷
ISBN 978-7-5432-3469-7/F・1512
定　　　价　199.00 元

周振华学术文集

产业卷

1. 产业结构与产业政策

2. 现代经济增长中的结构效应

3. 产业融合与服务经济

中国经济卷

4. 市场经济与结构调整

5. 体制变革与经济增长

6. 经济运行与发展新格局

上海发展卷

7. 增长方式与竞争优势

8. 改革开放的经验总结与理论探索

9. 创新驱动与转型发展:内在逻辑分析

全球城市卷

10. 全球城市崛起与城市发展

11. 全球城市:演化原理与上海 2050

12. 迈向卓越的全球城市